Theodor Geiger
Gesamtausgabe
Abteilung VI
Band 2

AF733765

Theodor Geiger Gesamtausgabe

Herausgegeben von Klaus Rodax

Abteilung VI: Wirtschafts- und Betriebssoziologie

Band 2

PL ACADEMIC RESEARCH

Theodor Geiger

Kritische Betrachtungen über Reklame

Aus dem Dänischen von Elisabeth Bergunde †

Herausgegeben und erläutert von Klaus Rodax

PL ACADEMIC RESEARCH

Bibliografische Information der Deutschen Nationalbibliothek
Die Deutsche Nationalbibliothek verzeichnet diese Publikation in der DeutschenNationalbibliografie; detaillierte bibliografische Daten sind im Internet über http://dnb.d-nb.de abrufbar.

ISBN 978-3-631-64819-3 (Print)
E-ISBN 978-3-653-03724-1 (E-Book)
DOI 10.3726/978-3-653-03724-1

© Peter Lang GmbH
Internationaler Verlag der Wissenschaften
Frankfurt am Main 2013
Alle Rechte vorbehalten.
PL Academic Research ist ein Imprint der Peter Lang GmbH.

Peter Lang – Frankfurt am Main · Bern · Bruxelles · New York · Oxford · Warszawa · Wien

Das Werk einschließlich aller seiner Teile ist urheberrechtlich geschützt. Jede Verwertung außerhalb der engen Grenzen des Urheberrechtsgesetzes ist ohne Zustimmung des Verlages unzulässig und strafbar. Das gilt insbesondere für Vervielfältigungen, Übersetzungen, Mikroverfilmungen und die Einspeicherung und Verarbeitung in elektronischen Systemen.

Dieses Buch erscheint in einer Herausgeberreihe bei PL Academic Research und wurde vor Erscheinen peer reviewed.

www.peterlang.de

Theodor Geiger

Kritische Betrachtungen über Reklame

Aus dem Dänischen von Elisabeth Bergunde †

Herausgegeben und erläutert von Klaus Rodax

PL ACADEMIC RESEARCH

Bibliografische Information der Deutschen Nationalbibliothek
Die Deutsche Nationalbibliothek verzeichnet diese Publikation in der DeutschenNationalbibliografie; detaillierte bibliografische Daten sind im Internet über http://dnb.d-nb.de abrufbar.

ISBN 978-3-631-64819-3 (Print)
E-ISBN 978-3-653-03724-1 (E-Book)
DOI 10.3726/978-3-653-03724-1

© Peter Lang GmbH
Internationaler Verlag der Wissenschaften
Frankfurt am Main 2013
Alle Rechte vorbehalten.
PL Academic Research ist ein Imprint der Peter Lang GmbH.

Peter Lang – Frankfurt am Main · Bern · Bruxelles · New York · Oxford · Warszawa · Wien

Das Werk einschließlich aller seiner Teile ist urheberrechtlich geschützt. Jede Verwertung außerhalb der engen Grenzen des Urheberrechtsgesetzes ist ohne Zustimmung des Verlages unzulässig und strafbar. Das gilt insbesondere für Vervielfältigungen, Übersetzungen, Mikroverfilmungen und die Einspeicherung und Verarbeitung in elektronischen Systemen.

Dieses Buch erscheint in einer Herausgeberreihe bei PL Academic Research und wurde vor Erscheinen peer reviewed.

www.peterlang.de

Inhaltsübersicht

Vorrede

I.

In kapitalistischen Wirtschafts- und Konkurrenzgesellschaften scheinen Konsum und Reklame eng miteinander verknüpft zu sein, denn globaler Handel und Massenproduktion von Luxus- und Gebrauchsgütern sind deren tragende Säulen. Es gibt nur sehr wenige Studien, die sich damit überhaupt auseinandergesetzt haben.[1] Theodor Geigers nach siebzig Jahren hier erstmals in deutscher Übersetzung in Buchform publizierte Monographie ist fraglos eine solche. Sie ist – werkgeschichtlich gesehen – zweifellos die bedeutendste unter den (wirtschafts-)soziologischen Studien, denen Geiger sich in der ersten Hälfte der vierziger Jahre als einem Forschungsschwerpunkt besonders widmete, und die er unmittelbar nach seiner Berufung auf den Lehrstuhl für Soziologie und Wirtschaftsgeschichte an der Universität Aarhus im Spätsommer 1938 mit Elan in Angriff nahm.

Wie ernst Geiger seinen Untersuchungsgegenstand nahm, der damals im Deutschen üblicherweise „Reklame" hieß, und wie akribisch er die Forschungsarbeit anging, geht aus einer seiner wenigen verbürgten Äußerungen in einem Brief an den Dekan der Wirtschaftswissenschaftlichen und Juristischen Fakultät der Universität Aarhus hervor, in dem er wegen „des unvorhergesehen umfangreichen Stoffs" darum bittet, seine Übungen und Vorlesungen im Semester „mit Blick auf den unmittelbaren Nutzen" seiner Recherchen an der Handelshochschule in Kopenhagen „für meine Lehre" verschieben zu dürfen:

---

[1] Siehe dazu auch in diesem Band den Abschnitt „Historische Schriften" im Kapitel „Die Genesis der Reklame", Seite 45 f.

Kopenhagen, den 14. Februar 1940.
Vanløse[2].
Skjulhøj Allé 68^{I} m[3].

Lieber Dr. Illum,

die Bearbeitung des unvorhergesehen umfangreichen Stoffes, den ich an der Handelshochschule gefunden habe, wird mehr Zeit beanspruchen als ursprünglich geplant. Es handelt sich in erster Linie um umfassendes Zeitschriftenmaterial, und es wäre ungünstig, dieses mit nach Aarhus zu nehmen, um letztlich womöglich nur ein paar einzelne kürzere Artikel zu verwenden. Für eine annähernd vollständige Bearbeitung würde ich meinen Aufenthalt daher gerne verlängern. Wäre es unter diesen Gesichtspunkten und mit Blick auf den unmittelbaren Nutzen dieser Arbeit für meine Lehre verzeihlich, meine Übungen und Vorlesungen bis zum 4. März auszusetzen? Falls Sie der Meinung sind, daß dies nicht mit den Interessen der Fakultät zu vereinbaren ist, bin ich selbstverständlich bereit, meine Arbeit zu unterbrechen, und mit dem nächsten Flieger zurückzukehren.

Wir hoffen, daß Sie und Ihre Frau wohlauf sind und freuen uns, Sie nach unserer Heimkehr wiederzusehen.

Freundschaftliche Grüße von uns beiden –
Ihr

Th. Geiger.[4]

Diese Aufgabe hatte Geiger sich übrigens, worauf er in einem Brief an den in Kopenhagen lehrenden dänischen Rechtsphilosophen und Juristen Alf Ross (1899 bis 1979), mit dem er einen regen wissenschaftlichen Gedankenaustausch pflegte, als einen wichtigen Gesichtspunkt aufmerksam

---

[2] Stadtteil im Westen der dänischen Hauptstadt

[3] Die hochgestellte römische I gibt das Stockwerk der Wohnung an und m bezeichnet die mittlere Lage der Wohnung im Stockwerk.

[4] Das Original des dänischen Handschreibens Geigers wird in seiner Personalakte im Archiv der Universität Aarhus verwahrt (Deutsch von Philipp Micha).

machte, als Forschungsschwerpunkt „nicht selbst ausgesucht", sondern sie wurde ihm im Rahmen seiner Lehr- und Prüfungsverpflichtungen von der Wirtschaftswissenschaftlichen und Juristischen Fakultät der Universität Aarhus „auferlegt":[5]

Odense, den 16. Februar 1942.
Sdr.[6] Boulevard 38 A.

Lieber Professor Dr. Alf Ross,

da ich einige Zeit krank gewesen bin, sende ich Ihnen erst jetzt meinen Dank für Ihre Abhandlung über die Illusion des Bewußtseins[7]; meine Krankheit hatte allerdings den Vorteil, daß ich alles völlig ungestört und ohne Unterbrechung lesen konnte. Und ich kann Ihnen sagen, daß ich, was Ihren erkenntnistheoretischen Funktionsmonismus betrifft, ganz Ihrer Meinung bin – aber dies wissen Sie ja bereits. Der philosophische Scharfsinn, mit dem Sie die Untersuchung vorgenommen haben, verdient meine größte Bewunderung; aber lassen Sie mich ganz ehrlich gestehen, daß ich Ihnen mit meiner bescheidenen philosophischen Schulung nicht in allen Einzelheiten, insbesondere den kritisch polemischen, folgen konnte. Je älter ich werde, um so mehr bedauere ich, daß ich mich in meinen jungen Jahren nicht mehr der Philosophie gewidmet habe. Nun ist es zu spät, und ich muß sehen, wie ich den Rest meines Lebens mit einem ziemlich fragmentarischen Wissen in diesem Bereich auskomme.

Während meiner Arbeitstage beschäftige ich mich zur Zeit mit einem Thema, das fernab jeder Philosophie liegt, nämlich mit reklamekritischen Studien – einer Aufgabe, die ich mir nicht selbst ausgesucht habe, sondern die mir in Verbindung mit meiner inzwi-

---

5 Ob Geiger sich nicht schon an der Technischen Hochschule Braunschweig mit dem Gedanken trug, eine Studie über Reklame zu schreiben und entsprechende Vorarbeiten begann, aber diesen Plan nach seiner Entlassung aus der Professur für Soziologie nicht weiter verfolgenden konnte, muß offenbleiben. Es gibt allerdings Hinweise im wirtschaftswissenschaftlichen Fachbücherbestand der Universitätsbibliothek der TU Braunschweig aus dem Jahre 1933, die eindeutig von Geiger vorgenommene Anstreichungen und Hervorhebungen von Zitaten mit Kopierstift aufweisen, die er in seine Reklamestudie übernommen hat.

6 Die Abkürzung steht für das Dänische „Sønder", also im Deutschen etwa „Südlicher Boulevard".

7 Gemeint ist damit Ross' Zeitschriftenartikel „On the Illusion of Consciousness. Do Mental Data (‚Phenomena of Concsciousness') Exist?", der in: Theoria 7 (1941), 3, Seite 171–202, erschienen ist.

schen abgebrochenen Lehre auferlegt wurde. Ich hoffe, daß ich bis April fertig sein werde; womit ich mich dann beschäftigen werde, hängt leider in erster Linie von den recht begrenzten wissenschaftlichen Möglichkeiten dieser Stadt ab. –

Mit freundlichen Grüßen
Ihr ergebener

Theodor Geiger.[8]

Schon in der Begründung der Fakultät für das Ausschreibungsprofil der Professur für Soziologie wurde in der Anlage eines kurzen Begleitschreibens vom 19. April 1937 an die Universitätsleitung und die Professorenversammlung (akademischer Senat) der Universität Aarhus, das sehr wahrscheinlich vom Dekan Jørgen Pedersen mit dem Namenskürzel P. gezeichnet war, ausdrücklich darauf hingewiesen, daß der zu Berufende Wirtschaftsgeschichte des 19. und 20. Jahrhunderts und Grundlagen der Nationalökonomie in der Lehre zu behandeln hätte:

An die Professorenversammlung.

Mit Rücksicht auf den Lehrplan des Herbstsemesters 1937 wäre es überaus wünschenswert, daß Vorlesungen in Wirtschaftsgeschichte und Soziologie stattfinden würden. Die Fakultät ersucht daher hiermit um die Ausschreibung der im Schreiben des Unterrichtsministeriums vom 28. Februar 1936 behandelten Professur für Soziologie, damit eine Besetzung im Hinblick auf die Lehre des Herbstsemesters erfolgen kann.

Die Fakultät hält es daher für wünschenswert, daß der zukünftige Professor für Soziologie imstande ist, auch an anderer Lehre teilzunehmen. Ganz besonders erwünscht wäre zudem, daß der Betreffende imstande ist, Lehre in der Wirtschaftsgeschichte des 19. und 20. Jahrhunderts zu bestreiten. Die Vorlesungen müssen in diesem Fach wegen der relativ kurzen Studienzeit des ersten Abschnitts für das Wirtschaftsexamen (in der Regel zwei Jahre)

[8] Das Original des dänischen Handschreibens Geigers wird im Nachlaß Ross in der Handschriftenabteilung der Königlichen Bibliothek Kopenhagen verwahrt (Deutsch von Philipp Micha).

mindestens jedes dritte Semester angeboten werden. Einer der ordentlichen Professoren für Geschichte wird diese Lehrlast daher kaum auf sich nehmen können.

Deshalb wird vorgeschlagen, die Stelle der Professur für Soziologie mit der Verpflichtung zur Erteilung der Lehre in Wirtschaftsgeschichte, eventuell auch der Grundlagen der Nationalökonomie, auszuschreiben und die Ausschreibung auf folgende Weise zu formulieren:

„An der Wirtschaftswissenschaftlichen und Juristischen Fakultät der Universität Aarhus ist zum 1. August 1937 die Professur für Soziologie zu besetzen.

Neben der Lehre in Soziologie verpflichtet die Stelle in Übereinstimmung mit einem von der Fakultät ausgearbeiteten Lehrplan auch zur Lehre in Wirtschaftsgeschichte des 19. und 20. Jahrhunderts und eventuell auch zur Lehre von Jurastudenten in Nationalökonomie."

gez. P.[9]

Geiger schloß die Arbeiten am Manuskript nach seiner Krankheit jedenfalls nicht, wie beabsichtigt, schon im April, sondern erst im Juni 1942 in Odense auf der Insel Fünen ab, worauf er auch mit seiner kryptischen Bemerkung von der „abgebrochenen Lehre" im Brief an Ross anspielte und wo er sich im übrigen alle zwei Tage bei der Polizei melden mußte.[10] Er hatte nach Odense als „Exil" ausweichen müssen, weil ihm, nach dem Einmarsch deutscher Besatzungstruppen in Dänemark im April 1940, der Aufenthalt in der „jütländischen Sicherheitszone", in der die Küstenstadt Aarhus lag, und in Kopenhagen von den deutschen Militärbehörden zum 30. November 1940 untersagt worden war.[11] Er mußte deshalb seine Lehre und Forschung an der Universität Aarhus einstel-

9 Die Durchschrift des maschinengeschriebenen Briefes wird im Landsarkivet for Nørrejylland [Landesarchiv Nordjütland] in Viborg verwahrt (Deutsch von Philipp Micha).

10 P. Trappe: Theodor Geiger, in: D. Käsler (Hrsg.): Klassiker des soziologischen Denkens. Zweiter Band von Weber bis Mannheim, München 1978, Seite 269.

11 Siehe dazu auch meine näheren Erläuterungen in der Vorrede zu Geigers Monographie: Konkurrenz. Eine soziologische Analyse. Aus dem Dänischen von Gert J. Fode. Herausgegeben und eingeleitet

len und konnte seinen Prüfungsverpflichtungen nur noch eingeschränkt nachkommen.

In einem Brief aus Aarhus vom 19. Juni 1946 an den Soziologen Leopold von Wiese (1876 bis 1969), mit dem ihn eine enge Freundschaft und gegenseitige Hochachtung verbanden, schilderte Geiger ohne jede Larmoyanz rückblickend unter anderem diese für ihn und seine Frau einschneidende Maßnahme als nüchterne Tatsache: „In '40, the Germans drove us out of town at 24 hours notice. We settled in Odense, and lived there in the hide-out three long years, each and every day in fear of arrest or abduction to a German concentration-camp. Finally, in the beginning of October, 1943, we were compelled to make our get-away from Denmark into Sweden, the Gestapo having been in out flat."[12, 13]

Es versteht sich von selbst, daß das Damoklesschwert einer Razzia der Gestapo ständig auch über Geigers Forschungsarbeit hing und ihn Angst und Sorge begleiteten – auch wenn sie seine Persönlichkeit oder seinen Geist nicht zu brechen vermochten. Denn er mußte stets damit rechnen, wie er an von Wiese schrieb, von der Gestapo verfolgt, verhaftet und in ein Konzentrationslager eingewiesen zu werden. Das ließ ihn nur mit eisernem Willen die Arbeit am Manuskript „Kritische Betrachtungen über Reklame" in Odense fortsetzen und war seinen weiteren Forschungsambitionen nicht eben förderlich, wovon in bloß Angedeutetem wiederum ein Brief an Alf Ross beredt Zeugnis ablegt:

---

von Klaus Rodax (Theodor Geiger Gesamtausgabe. Herausgegeben von Klaus Rodax. Abteilung VI: Wirtschafts- und Betriebssoziologie, Band 1), Frankfurt am Main 2012, Seite X f.

[12] Das Original des maschinengeschriebenen englischen Briefes wird im Archiv der Deutschen Gesellschaft für Soziologie verwahrt; eine Ablichtung dieses Schreibens befindet sich auch im Theodor-Geiger-Archiv an der Technischen Universität Braunschweig.

[13] Eline Marie Geiger hatte nach der Flucht ihres Mannes nach Schweden vom Sekretär der Universitätsleitung der Universität Aarhus, Professor Dr. jur. Knud Illum, erfahren, daß die deutschen Behörden gegen sie – während der Verhandlungen über den Wegzug ihres Mannes aus Aarhus – den Vorwurf des Hochverrats erhoben hatten und folgte ihm daraufhin unmittelbar mit ihrem Kind nach Schweden. Der Vorwurf stützte sich darauf, daß sie bereits im Spätsommer 1933 „wegen illegaler Tätigkeit [als Sekretärin des Gewerkschaftsbundes in Flensburg], der Unterstützung deutscher Emigranten bei der Flucht über die dänische Grenze und des Versands illegaler Literatur nach Deutschland" zur Fahndung ausgeschrieben war, worauf sie nach Dänemark emigrierte (siehe dazu auch die in der Personalakte Geiger im Universitätsarchiv Aarhus befindliche Durchschrift des von Eline Marie und Theodor Geiger an das Dänische Emigranten-Hilfskomitee in Kopenhagen gerichteten maschinengeschriebenen dänischen Briefs vom Mai 1946 mit der Bitte um Ausstellung einer schriftlichen Bestätigung ihrer Flucht vor dem nationalsozialistischen Regime).

Odense, den 3. November 1942.
Sdr. Boulevard 38 A.

Lieber Professor Alf Ross,

vielen Dank für Ihr „Folkeret“[14] und meinen herzlichen Glückwunsch hierzu! Es erweckt meine Bewunderung und auch meinen Neid, daß Sie Ihre Gedanken in der jetzigen Atmosphäre in einer für ein solch umfassendes Werk erforderlichen Art haben konzentrieren können. Ich selbst habe in den letzten beiden Jahren nur mit größter Mühe und in verzweifeltem Kampf mit meinen Gemütsunruhen eine Arbeit durchführen können, die weitaus geringere Anforderungen stellte – und mit der ich mich in naher Zukunft nach besten Kräften revanchieren möchte.

Seit Ende des Sommers habe ich mich mit einem alten, vor neun Jahren aufgegebenen schriftstellerischen Plan beschäftigt,[15] aber die jetzige Zeit entmutigt mich, und Entmutigung ist nicht gerade die rechte Stimmung, die wissenschaftlichem Arbeiten förderlich ist.

Mit vielen freundlichen Grüßen
Ihr ergebener

Theodor Geiger.[16]

[14] Der genaue Titel der 1942 in Kopenhagen veröffentlichten Studie lautet: Laerebog i Folkeret. Almindelig Del [Lehrbuch über Völkerrecht. Allgemeiner Teil].

[15] Gemeint ist damit höchstwahrscheinlich Geigers Monographie: Die dänische Intelligenz von der Reformationszeit bis zur Gegenwart. Eine empirisch-kultursoziologische Untersuchung. Aus dem Dänischen von Mette Mygind und Horst Liedtke, Frankfurt am Main 2005 (Titel der dänischen Originalausgabe: Den danske intelligens fra reformationen til nutiden. En studie i empirisk kultursociologi, København 1949), die im Rahmen der Theodor Geiger Gesamtausgabe als Band 3 der Abteilung *Soziale Schichtung und Mobilität* erschienen ist; die deutschen Vorarbeiten daran reichten als Entwurf („Stämmische Verbreitung von Hochbegabungen. Ethnotopik der Begabungen“) bis in das vorletzte Jahr seiner Professur an der Technischen Hochschule Braunschweig im Jahre 1932 zurück.

[16] Das Original des dänischen Handschreibens Geigers wird im Nachlaß Ross in der Handschriftenabteilung der Königlichen Bibliothek Kopenhagen verwahrt (Deutsch von Philipp Micha).

II.

Es mag paradox klingen, aber die Zeit in Odense war – aller Anflüge von Verzagtheit und aller Tragik unerachtet – für „Geigers *Opus magnum* zur medialen Massensuggestion“[17] auch in gewisser Weise eine glückliche Fügung, konnte er doch weitgehend ungestört von den Anforderungen des Universitätsalltags an ihm schreiben und ihm dort den letzten Schliff geben. Er war auch viel zu sehr davon fasziniert, um sich länger von mißmutigen Gedanken lähmen zu lassen. Liest man indes nur seine allgemein gehaltene Anspielung im Brief an Ross zur eigenen Arbeit, „die weitaus geringere Anforderungen stellte“ als das von diesem übersandte Lehrbuch, würde man nicht vermuten, daß es sich dabei schlicht um ein Understatement handelte. Gemünzt war diese Formulierung Geigers natürlich auf seine kritische Studie über Reklame, und er äußerte sich über sie, bevor Ross sich nicht ein eigenes Urteil über sie gebildet hatte, inhaltlich nur sehr zurückhaltend.

Geigers disziplinübergreifend angelegte Studie ist „keine theoretisch orientierte soziologische Analyse im engeren Sinne“, die einem bestimmten theoretischen und methodischen Forschungsansatz verpflichtet wäre, „sondern eine *kritische sozialwissenschaftliche Bearbeitung eines Problems in seinen vielfältigen Verflechtungen*. Die engeren Grenzen der Fachdisziplin Soziologie werden dabei absichtlich überschritten; die Reklame (...) wird nicht nur aus dem Blickwinkel des Soziologen“,[18] sondern wird etwa auch unter ihren geschichtlichen, psychologischen, betriebswirtschaftlichen, rechtlichen und sprachlichen Gesichtspunkten analysiert. Diese Art der Problembehandlung hing mit seinem wissenschaftlichen Grundverständnis zusammen und konzentrierte sich in erster Linie auf Formen und Begriffsanalysen der Reklame.

Geiger lehnte deswegen eine verengte soziologische Perspektive – oder sollte man besser sagen: déformation professionelle – stets ab und pflegte

[17] So Rainer Geißler und Thomas Meyer in ihrem Beitrag: Theodor Geiger (1891–1952), in: Dirk Kaesler: Klassiker der Soziologie. Band I. Von Auguste Comte bis Norbert Elias, München 1999, Seite 287.
[18] Rainer Geißler und Horst Pöttker: Anmerkungen zu Theodor Geigers „Kritik der Reklame“, in: Soziale Welt, 38 (1987), 4, Seite 493 f.

sich als einen „middle-grounder"[19] zu bezeichnen, der sich nicht zu einer bestimmten erkenntnistheoretischen Richtung bekannte, die ihm keine beweiskräftigen Ergebnisse versprach. Zwar zog er, wie auch in dieser Studie zu sehen ist, bürgerliche und marxistische Sozialtheorien als Erklärung mit heran, doch überzeugten ihn deren Ergebnisse nicht. Geiger neigte deswegen nicht zu extremen Sozialtheorien und hatte nichts für ihre barfüßigen Doktrinen über Reklame übrig. Theoretischer Extremismus, das wußte er nur zu gut, ist vielfach extremer Konformismus.

So gesehen, sind Geigers sozialwissenschaftliche Studien zur Reklame auf der Höhe der Zeit. Jedoch haben ihn – neben der Selbstverständigung über Begriffe, Gegenstände und Resultate, worauf noch einzugehen sein wird – bestimmte eigene Gesichtspunkte geleitet. Geiger ging es nicht in erster Linie nur um „eine wissenschaftliche Auseinandersetzung mit vorgebrachten Theorien" (Seite 3)[20], sondern vor allem auch um „eine Beleuchtung und Kritik der im Wirtschaftsleben herrschenden Reklamementalität" (Seite 3), so, wie sie besonders in den Abhandlungen mit der Praxis vertrauter Autoren zweiten oder dritten Ranges zum Ausdruck kommen; diese sind vielfach ihrem Gegenstand gegenüber – allen Behauptungen und Beteuerungen der Werbefachleute und der mit Werbung in den Massenmedien befaßten Journalisten zum Trotz – um poetische, intuitive oder weltanschauliche Worte nicht verlegen und gehen nicht über eine unkritische und apologetische Sicht auf die Reklame hinaus. Einerlei, ob Gebrauchs- oder Luxusartikel, so ihr Credo, einfach jedes Produkt bedürfe des Marketing und der Werbung. Die damit einhergehende Überredungsrhetorik, die im Gewand intimer Kenntnisse der Verhältnisse daherkam und nicht mehr als Dreistigkeit oder, im schlimmsten Fall, plumpe Täuschung war, stellte für Geiger deswegen das gravierendste ökonomisch-soziale Problem dar.

Ein illustres und illustratives Beispiel hierfür ist eine kluge Reiseschilderung zweier sowjetischer Literaten, die – aus dem sozialistischen Gesellschaftssystem kommend – Mitte der dreißiger Jahre mit Billigung Stalins die Vereinigten Staaten bereisten und in ihrer scharf konturier-

[19] So charakterisierte Geiger selbst seine Position in einem Brief an Alf Ross vom 16. März 1941 aus Odense.

[20] Dieses Zitat und die folgenden Zitate aus der Monographie Geigers beziehen sich stets auf den vorliegenden Band.

ten und schonungslosen Sicht auf die Methoden der Reklame sich sehr skeptisch über deren gesellschaftlichen Nutzen und Wert für Kultur und Zivilisation äußerten: „Damit er [der Automechaniker, Verkäufer, kleine Geschäftsmann, eben der Durchschnittsamerikaner und wichtigste Käufer] Ihren Worten glaubt, müssen Sie sie so oft wie möglich wiederholen. Darauf baut (...) ein bedeutender Teil der amerikanischen Werbung auf – die kommerzielle, die politische und alle möglichen anderen.

Sie lauert Ihnen überall auf – zu Hause und bei Freunden, auf der Straße und der Chaussee, im Taxi, in der U-Bahn, im Zug, im Flugzeug und im Krankenwagen – überall.

Als wir noch auf der *Normandie* waren und die Schlepper unseren Dampfer gerade erst in den Hafen von New York bugsierten, fielen uns zwei Dinge auf. Das eine war klein und grünlich – die Freiheitsstatue. Das andere war riesig und dreist – eine Werbetafel für *Wrigley's* Kaugummi. Seitdem verfolgt uns die flache grüne Fratze mit dem riesigen Megafon von dem Plakat durch ganz Amerika, argumentiert, fleht, sucht uns zu überreden, dass wir *Wrigley's* kauen sollen, den aromatischen, unvergleichlichen, erstklassigen Kaugummi.

In den ersten Monaten blieben wir standhaft. Wir tranken keine Coca-Cola. Das hielten wir fast bis zum Ende unserer Reise durch. Noch ein paar Tage, und wir wären auf dem Ozean außer Gefahr gewesen. Aber die Werbung setzte sich doch durch. Wir hielten es nicht mehr aus und probierten das Getränk. Wir können ganz aufrichtig sagen: Ja, Coca-Cola erfrischt in der Tat die Kehle, regt die Nerven an, wirkt heilend auf die angegriffene Gesundheit, lindert Seelenqualen und macht aus dem Menschen ein Genie wie Leo Tolstoi. Versuche einer, das zu bestreiten, wenn man es ihm drei Monate lang jeden Tag, jede Stunde und jede Minute eingehämmert hat!

Noch schlimmer, aufdringlicher und marktschreierischer ist die Zigarettenwerbung. *Chesterfield, Camel, Lucky Strike* und andere Tabakwaren werden mit einer Hysterie beworben, die man sonst nur noch bei den tanzenden Derwischen oder beim Aschurafest der Schiiten findet, wo sich die Gläubigen selbstvergessen mit Dolchen verletzen und blutüberströmt ihrer Gottheit huldigen. Bei Nacht strahlen über Amerika die

Leuchtreklamen[21] und bei Tag schreit es von grellbunten Plakaten: ‚Die besten der Welt! Getrocknete Zigaretten! Sie bringen Erfolg! Die Besten im ganzen Sonnensystem!'

Allgemein gesagt, je umfangreicher die Werbung, desto trivialer der Gegenstand, um den es geht. Nur durch den Verkauf irgendeines Schnickschnacks rechnet sich eine derart irrsinnige Reklame. Die Häuser der Amerikaner, ihre Straßen, Felder und Bäume sind mit aufdringlichen Plakaten verunziert. Die werden vom Käufer mitbezahlt. Man sagte uns, eine Flasche Coca-Cola für fünf Cent kostet den Hersteller einen Cent, aber für die Werbung gebe er drei Cent aus. Wohin der fünfte Cent geht muss nicht erläutert werden. Das ist ohnehin klar.

Die Hersteller hervorragender Erzeugnisse von Technik und Komfort, an denen Amerika so reich ist, können ihre Waren nicht derart hysterisch bewerben, wie es bei blödsinnigem Kaugummi geschieht oder braunem Whisky, der stark nach Arznei riecht und widerlich schmeckt."[22]

Reklame hatte also etwas mit Produktplazierung und -erinnerung zu tun und ist eine Folge der modernen Wirtschaftskonkurrenz. Wer nicht von seinen Konkurrenten überflügelt werden wollte, so scheint es, der mußte die Werbetrommel rühren. Es wurde geschickt in Werbekampagnen mit schönfärberischen Worten gespielt, die zu einem Sammelsurium der abgeschmacktesten Phrasen zusammenschrumpften, und die Waagschale der Wahrheit nach Belieben zurechtrückten, denn der „größte Teil dessen, was über Reklame geschrieben ist, stammt von Autoren, deren Existenz ganz oder teilweise damit verbunden ist"(Seite 3). Überdies ermangelte es diesem Typus der Reklameliteratur vielfach – aller Werbeprosa der Fachleute zum Trotz – einer theoriegeleiteten erfahrungsreichen Empirie. Insofern ist der Begriff der Theorie auf diesem Forschungsfeld oftmals

[21] Dieser Gesichtspunkt des raffiniert technischen Spektakels der New Yorker Leuchtreklame fiel schon Friedrich Engels besonders auf, als er von Bord des Schiffes ging, welches ihn nach New York gebracht hatte. In einem Brief an Marx' Tochter Laura Lafargue vom 5. September 1888 bemerkte er: „(...) naked electric arc-lights over every ship, not to light you but to attract you as an advertisement, and consequently blinding and confusing everything before you (...)" In: Karl Marx, Frederick Engels: Collected Works. Vol. 48. Frederick Engels Letters: January 1887 – July 1890. Übersetzt von Peter and Betty Ross. Herausgegeben von James E. Jackson, Victor Perlo, Betty Smith und Dirk J. Struik. New York 2001, Seite 211.

[22] Ilja Ilf, Jewgeni Petrow: Das eingeschossige Amerika. Eine Reise mit Fotos von Ilja Ilf in Schwarz-Weiß und Briefen aus Amerika. Band 1. Aus dem Russischen von Helmut Ettinger. Mit einer Vorbemerkung von Alexandra Ilf und einem Vorwort von Felicitas Hoppe (Die Andere Bibliothek. Begründet von Hans Magnus Enzensberger), Frankfurt am Main 2011, Seite 174 f.

irreführend. Theorie würde doch auf eine irgendwie geartete Hypothese, eine Fragestellung, einen Satz von Annahmen oder zumindest eine vage Vorstellung verweisen, worum es dabei überhaupt ginge. Diese Reklameliteratur bot indes, wenn man es zugespitzt formulieren sollte, nichts dergleichen. Allen Mühen unerachtet, blieb ihre Realität – was sie genau bedeutet, was sie besagt, wovon sie eine Theorie ist – im Ungewissen.

Das traf selbst für gewisse Publikationen amerikanischer Professoren der Reklamewissenschaft zu, die auf diesem Gebiet den Ton angaben, und die Geiger bei seinen Studien aufmerksam las. Gewiß: Ihre Publikationen „sind in dem Sinne wissenschaftlicher als die der Werbeagenten und Journalisten, wie der theoretische Apparat der Verfasser größer, ihre wissenschaftliche Schulung gründlicher ist"(Seite 491). Denn als „Verfasser von Lehrbüchern über die Reklame besitzen sie eine überlegene Kenntnis von deren Technik"(Seite 3), aber auch „ihre theoretischen und gesellschaftspolitischen Meinungen über die Reklame sind allzu deutlich dadurch geprägt, daß der Gegenstand der Betrachtung ihr Beruf ist"(Seite 3). Und der „Einfluß des Geschäftslebens auf die Universitäten ist in den USA so groß"(Seite 491), so konstatierte Geiger lapidar, „daß ein Professor für Reklamewissenschaft, der eine skeptische oder stark kritische Haltung einnähme, bald seine Rolle ausgespielt hätte. Selbst in Deutschland gab es 1908/9 einen Aufschrei der Empörung, als Sombart, Professor an der Berliner Handelshochschule, sich erdreistet hatte, einen abfälligen Artikel über die Reklame zu schreiben"(Seite 491).

Geiger trat diesem Typus in der Reklameliteratur, der Bekenntnisse statt fachwissenschaftliche Erkenntnisse forderte, in seiner Studie entschieden entgegen, indem er:

1) methodisch Reklame – im Gegensatz zur reinen Markinformation – gleich am Anfang seiner Studie als „die mit geschäftlichem Eigeninteresse vor Augen ausgeübte suggestive Beeinflussung von Personen in Massen, um sie als Käufer für Waren oder Dienstleistungen auf dem öffentlichen Markt zu gewinnen"(Seite 15), bestimmte und begründete.[23] Das Attribut „suggestiv" „bedeutet in modernen Fachsprachen nichts anderes

[23] Siehe auch Rainer Geißler und Horst Pöttker: Theodor Geigers Geschichte der Werbung, in: Publizistik. Vierteljahreshefte für Kommunikationsforschung, XXXII (1987), Heft 3, Seite 321.

als eine Beeinflussung des Denkens und des Willens anderer mit Hilfe gefühlsbetonter Vorstellungen"(Seite 16 f.). Vieles, was im Alltagsleben als informative Reklame gilt, also Preislisten, Bekanntmachungen, Analysen, Gebrauchsanweisungen usw., fällt mithin nicht unter diese Definition. Überdies eignet sie sich gerade dadurch „als Grundbegriff für eine Reklamebetrachtung, die alle fachlichen Gesichtspunkte" (Seite 43) zu verknüpfen vermag. „Die hier vorgeschlagene Abgrenzung", so fügte Geiger noch an anderer Stelle hinzu, „erhebt keinen Anspruch darauf, erkenntnistheoretisch notwendig zu sein, wird aber als praktisch für eine Analyse der Wirtschaftsstruktur empfohlen, und sie hat den Vorteil, mit jedem anderen Erkenntnisziel verglichen werden zu können" (Seite 40);

2) methodisch zwischen Reklame und Propaganda für die Reklame, die ebenso Teil des Problems ist, also ihrem Goodwill, differenzierte, denn ehe „die Ware über den Ladentisch gereicht wird, laufen, neben der verkaufsorganisatorischen Arbeit, gewisse Gesellschaftsprozesse ab, die man unter dem Namen Markt- oder Käuferbearbeitung zusammenfassen kann. (...) sie ist eine Marktbearbeitung mit Propagandamethoden und umfaßt, mit anderen Worten, die Absatzveranstaltungen, die sich unterschiedslos in verlockender Form an potentielle Käufer"(Seite 17) richten;

3) methodisch eine „klare Charakteristik gewisser typischer Formen des Reklameverhaltens (...) mit dem Zeugnis der Werbefachleute"(Seite 3) stützte, denen fehlende Kritik gegenüber den eigenen Leistungen innewohnte, um seinen Einwänden „den Verdacht der Parteilichkeit"(Seite 4) zu nehmen;

4) methodisch in einzelnen Fällen gar keine eigene Beurteilung äußerte, „sondern die Werbefachleute ihre Vorgehensweisen und Auffassungen durch eigene Aussagen selbst entlarven"(Seite 4) ließ, weil „keine Polemik (...) das so wirkungsvoll und glaubwürdig tun"(Seite 4) konnte wie sie selber.

Die Zeugnisse dieser Werbeexperten nutzte Geiger zugleich, um in die sozialwissenschaftliche Debatte über Reklame einzuführen in präzisen und konzisen Kapitelabschnitten, die sehr gute Kenntnisse und einen

Blick für das Wesentliche der entsprechenden spezifischen Reklameliteratur verraten. Seine Darstellung ist deshalb nur auf den ersten Blick auf die Experten als Personen konzentriert; sie wurden gleichsam als typische Vertreter für seine Erörterungen herangezogen – nicht um sie vorzuführen, sondern um etwa zu zeigen, wie problematisch ihre vielfach als wissenschaftlich deklarierten Vorgehensweisen und Auffassungen waren, und er wies auf die perfiden Fallstricke ihrer „Forschung" hin. Gleichzeitig machte Geiger an ihren Beispielen klar, wie ein Denkstil die Reklame lange Zeit beherrschen konnte, obwohl schon Zeitgenossen daran zweifelten und oftmals empirische Belege dafür fehlten.

Geigers Analysen waren – soweit das der damalige Forschungsstand zuließ – weitgehend von einem auf empirischen Befunden, für die er eine große Vorliebe hegte, plausiblen sozialen Tatsachen und selbstkritischen Einschätzungen von Werbeexperten gestützten skeptischen Grundton gegenüber dem „Wes Brot ich ess', des Lied ich sing'"(Seite 491) geprägt. Er bemühte sich um größtmögliche wissenschaftliche Sachlichkeit, um weder dem propagandistischen Charakter der Reklameliteratur noch ihrer Kehrseite, der vehementen Kampfliteratur gegen Reklame aufzusitzen. Dabei ist bezeichnend, daß er vorzugsweise amerikanische Schriften über Reklame heranzog[24] und besonders aufmerksam einander konkurrierende Theorien und ihre Annahmen sowie ihr methodisches Instrumentarium und die gewonnenen Ergebnisse in seinen kritischen Betrachtungen erörterte. Diese behielten – und das ist zugleich der Schlüssel zu seiner Studie – immer den gesellschaftlichen Gesamtzusammenhang der Reklame und deren gesellschaftspolitische Folgen mit im Blick.

Dabei wurde zugleich Geigers ideologiekritischer Impetus deutlich, der nach seiner Emigration vor dem Naziregime immer stärker hervortrat. Als „ideologisch" bezeichnete er solche Aussagen, *„die ihrer sprachlichen Form und dem in ihnen ausgedrückten Sinne nach sich als theoretische Sachaussagen geben, die aber a-theoretische, nicht der objektiven Erkenntniswirklichkeit zugehörende Bestandteile enthalten."*[25] Der Ideologiekritik fiel damit hinsichtlich der Reklame die Aufgabe zu, den unwahren und unehrlichen Charakter der Reklamebotschaften zu enthüllen, ihre suggestiven auto-

[24] Siehe zu den herangezogenen Literaturquellen auch die statistische Aufstellung im „Editorischen Bericht", Seite 558.

[25] Theodor Geiger: Ideologie und Wahrheit. Eine soziologische Kritik des Denkens, Wien 1953, Seite 65.

nomiefeindlichen Strategien bloßzustellen „und die Gewinninteressen zu entlarven, die sich hinter allen Aktivitäten und beschönigenden Äußerungen der Werbewirtschaft verbergen."[26] Ihre Experten pflegten denn auch in kleinerem Kreis, beispielsweise auf Kongressen, wenn sie ihren Window-dressing-Jargon beiseite lassen und kein Blatt mehr vor den Mund nehmen mußten, ganz freimütig zu reden: „Die Reklame ‚erfordert die größtmögliche Kenntnis der menschlichen Natur, ihrer starken und schwachen Seiten, ihrer Begierde, ihrer Vorlieben, ihrer Schwächen und Torheiten. Aller dieser Züge muß man sich um des Profits willen bedienen. – Dieser Reklamestil ist der direkte Weg zum Geldbeutel der Leute'"(Seite 118). Der „ökonomische Eigennutz" offenbarte sich hier „als die eigentliche Triebkraft der Reklame"[27]. Geiger versachlichte und schärfte so zugleich die Debatte um das Für und Wider der Reklame.

Der damit einzuschlagende Forschungsweg deckt sich nun keineswegs – worauf Rainer Geißler und Horst Pöttker sich in ihren sehr soliden und aufschlußreichen „Anmerkungen zu Theodor Geigers ‚Kritik der Reklame'" als eine ähnliche semantische Begründung für das Erkenntnisinteresse der Studie berufen[28] – mit Geigers bildungspraktisch orientiertem Entwurf einer auf dem Fundament der jüngeren „Problemwissenschaften" (Biologie, Psychologie, Soziologie) beruhenden modernen Volkshochschulbildung, wie er sie gleichsam wie in einem Brennglas gebündelt in seiner Zielsetzung im Artikel „Wissenschaft und Proletarier" von 1921 zum Ausdruck brachte: „Ein deutliches Zeichen dafür ist die in der Wissenschaft immer klarer durchbrechende synthetische (aufbauende) Richtung im Gegensatz zur analytischen (zergliedernden); neue Wissenschaften verlassen den geebneten Pfad überlieferter strenger Systematik und wagen sich – die alten Wissenschaften zu Hilfe nehmend – zielbewußt an neue Probleme, mit dem Streben, sie nach jeder Richtung hin zu klären und ein *Gesamtbild* zu gewinnen, wo die alten Wissenschaften mit ihren systematischen Methoden die gegebenen Einheiten der Erscheinungen zergliedern, in ihre Teile aufgelöst haben."[29]

---

[26] Rainer Geißler und Horst Pöttker: Anmerkungen zu Theodor Geigers „Kritik der Reklame", in: Soziale Welt, 38 (1987), 4, Seite 495.

[27] Ebenda, Seite 495.

[28] Ebenda, Seite 494.

[29] Theodor Geiger: Wissenschaft und Proletarier, in: Arbeiter-Bildung, II (1921), Heft 12, Seite 289.

Aus dieser Zielsetzung resultiert das zentrale Problem der Schlußfolgerung: Sie als Begründung heranzuziehen, bedeutet doch nichts anderes, als mit einem diffusen soziologischen Schlüsselbegriff des „Gesamtbildes" als Krücke zu argumentieren, der für die Arbeiterbildung und ihrer eine Gesamtschau vermittelnden Erkenntnisse in der Volkshochschule sachlich geboten war, aber nicht taugt für eine genaue sozialwissenschaftliche Untersuchung der Reklame. Insofern ist Rainer Geißlers und Horst Pöttkers Aussage, den „Kritischen Betrachtungen über Reklame" liege eine „problemorientierte, gesamtheitliche Analyse"[30] zugrunde und sie sei „eine *kritische sozialwissenschaftliche Bearbeitung eines Problems in seinen vielfältigen Verflechtungen*"[31] in dieser Form doch recht allgemein gehalten und ist kein sprachlicher Lapsus, weil sie weder auf den der Studie zugrundeliegenden gesellschaftlichen Gesamtzusammenhang der Reklame noch auf ihr methodologisches Fundament näher eingeht.

Gewiß: Die inhaltlichen Schwerpunkte der Reklame werden, wie Geiger im Vorwort vor allem wohl im Hinblick auf den Forschungsstand mit Bedacht und Vorsicht schreibt, „in einzelnen, lose gruppierten Abschnitten"(Seite 3) in ihren historischen, psychologischen, betriebswirtschaftlichen, allgemein-wirtschaftlichen und gesellschaftlichen Grundzügen behandelt und erstreben keine „systematische Vollständigkeit"(Seite 3). Gleichwohl wollen sie „keine Stellungnahme zu einem Zug der Reklame, der von allgemeineren Gesichtspunkten her wesentlich ist"(Seite 3), vermissen lassen. Geiger wollte, anders gewendet, also die zentralen sozialwissenschaftlichen Schwerpunkte dieses Forschungszweiges systematisch und differenziert darstellen und prüfen, wie triftig sowohl ihre Gedankengänge und methodische Stringenz als auch wie robust ihre Aussagen und Ergebnisse sind. Es verstand sich für ihn von selbst, daß er der damit verbundenen erkenntnistheoretisch-logisch-methodologischen Grundlegung einer sozialwissenschaftlichen Kritik an der Reklame große Aufmerksamkeit schenkte. In Wortwahl und Duktus ist die Studie deutlich von der Handschrift des Soziologen und nicht von der des Volkshochschulbildners geprägt.

[30] Rainer Geißler und Horst Pöttker: Anmerkungen zu Theodor Geigers „Kritik der Reklame", in: Soziale Welt, 38 (1987), 4, Seite 494

[31] Ebenda, Seite 493 f.

Geiger legte vor dem Hintergrund dieses allgemeinen Erkenntnisinteresses seinen Überlegungen ein *heuristisches Strukturmodell von gesellschaftlichen und personalen Einflüssen in der Wirtschaftsgesellschaft* zugrunde,[32] das sowohl in Fragestellungen und begrifflich-theoretischer Konzeption als auch in seiner methodischen Ausrichtung eine Analyse unterschiedlicher Kontexte der Reklame erforderte,[33] die die zu untersuchenden Zusammenhänge auf der Individualebene mit den sie bedingenden Zusammenhängen auf der Handlungs-, Institutions- und Gesellschaftsebene in Beziehung setzt und in ihrer Bedeutung kritisch zu beleuchten erlaubte: Die *Gesellschaftsstruktur* (die Struktur funktionaler sozialer Differenzierungen, die sich aus der gegenseitigen Abhängigkeit der zentralen sozialen Teilsysteme wie Staat, Recht, Kultur, Technologie, Wirtschaft usw. ergibt und die die Rahmenbedingungen für die Reklame festlegen sowie die Struktur der Klassengesellschaft, deren Kenntnis für den Streuungskreis der Reklameadressaten bedeutsam ist) bestimmt, zusammen mit der dominierenden *sozialen Wert- und Normenstruktur*, Funktion und Funktionsbereich des *Wirtschaftssystems* als institutionelle und organisatorische Verfassung der einzelnen *Wirtschaftsorganisationen* (Unternehmen, Betriebe, Geschäfte, Werbeagenturen usw.). Die Festlegung ihrer wirtschaftlichen Aufgabenfelder und ihrer sozialen Rollen- und Machtstrukturen sowie die aus der dominierenden sozialen Wert- und Normenstruktur resultierenden Zielvorstellungen für den profitablen Absatz der Produkte (Gewinnstreben) bestimmen ihrerseits in hohem Maße *die Strategien der Werbefachleute in der Geschäftswelt*, also aller derjenigen Interaktions- und Kommunikationsprozesse, die in unmittelbarem Bezug zu *Form* und *Inhalt* der Reklame stehen (siehe das auf Seite XXIV in graphischer Form wiedergegebene vereinfachte Geiger'sche Strukturmodell).

Stellenwert und Funktion des Strukturmodells sind in erster Linie darin zu sehen, als Beschreibungs- und Analyserahmen für den Forschungsstand in der Reklamewissenschaft zu dienen, der einerseits der sozialwissenschaftlichen Komplexität der behandelten Sachverhalte gerecht wird, andererseits die Mängel dieser Wissenschaft (ungeprüfte theoretische Vorannahmen, methodische und empirische Probleme etc.) aufzu-

---

32 Dieses Strukturmodell hat Geiger zwar nicht explizit in Worte gefaßt, aber aus der Anlage der Studie wird es deutlich erkennbar.

33 Auf diesen Gesichtspunkt hat nur Frederik Zeuthen in seiner Rezension (siehe unten) aufmerksam gemacht, ohne ihn indes weiter auszuführen.

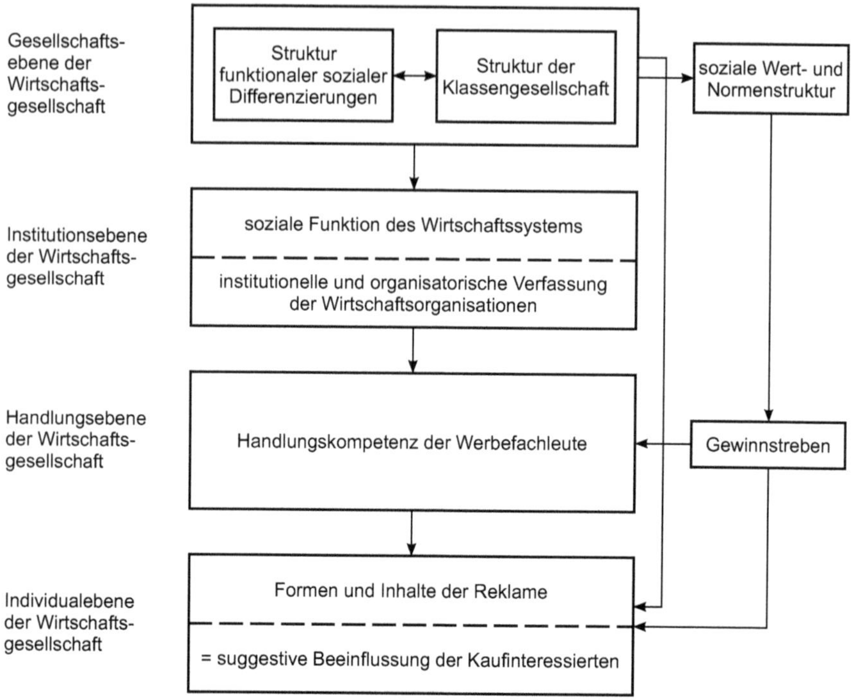

Geigers heuristisches Strukturmodell der gesellschaftlichen und personalen Einflüsse auf die Reklame

zeigen erlaubt. Dem Strukturmodell liegt die Prämisse zugrunde, daß die Suggestivbotschaft der Reklame der Wirtschaftsstruktur des Hoch- und Spätkapitalismus mit seiner forciert-progressiven Marktstruktur entspricht.[34]

Geiger folgerte das aber – im Unterschied zur herrschenden Meinung der Reklamewissenschaft – aus dem Studium der großen Linien der Geschichte der Reklame[35] und legte dabei folgendes sehr subtile Résumé seinen weiteren wissenschaftlichen Analysen zugrunde:

[34] Hier folgte Geiger durchaus Marx, der die wirtschaftliche Entwicklung selbst mit den Mitteln der ökonomischen Theorie, die die gängige Wirtschaftstheorie sträflich vernachlässigte, zu behandeln versuchte, obwohl Geiger einige seiner zentralen Ideen zurückgewiesen hatte (vgl. Theodor Geiger: Sociologi. Grundrids og Hovedproblemer [Soziologie. Grundriß und Hauptprobleme], København 1939).

[35] Diese nur auf die sozialgeschichtlichen oder wissenschaftsgeschichtlichen Gesichtspunkte verkürzen zu wollen, würde deren Stellenwert in den Geiger'schen Überlegungen schlicht verkennen.

„1) Vorläufer der Reklame kann man in der Wirtschaftsgeschichte Europas weit zurückverfolgen, aber sie waren vereinzelt und bei weitem nicht typisch.

2) Alle Quellen deuten darauf hin, daß die Reklame zu Beginn des 19. Jahrhunderts Zutritt zum regulären Wirtschaftsleben erhielt.

3) Eine genaue Zeitbestimmung ist für das Verständnis der Rolle der Reklame in der Entwicklung der modernen Wirtschaft von untergeordneter Bedeutung. Die einzelnen Datierungen liegen nur wenige Jahre auseinander; dies verringert das historische Gewicht der einzelnen Datierung um so mehr, als in keinem Fall ein unbedingt erster Schritt konstatiert wird, sondern ein In-Mode-Kommen von etwas, das zuvor als einzelne Ausnahme bekannt war.

4) Als die Wirtschaft gegen 1800 in ihre hochkapitalistische Phase trat, waren viele Gewerbezweige für die Reklame reif. Die Reklame fand in rascher Folge Eingang in diese Gewerbezweige, ja fast gleichzeitig auf verschiedenen Gebieten. Teils geschah das in einzelnen Branchen und Ländern unabhängig voneinander, teils wirkte das an einer Stelle gegebene Beispiel ansteckend und befruchtend an anderen Stellen"(Seite 67 f.).

Erst mit der Frühindustrialisierung, als sich die kapitalistische Produktionsweise durchgesetzt hatte, begann also die eigentliche Ära der modernen Reklame als allgemeine Geschäftsinstitution. In der Folge kristallisierte sich – allmählich und in verschiedenen Gewerbezweigen ungleichzeitig – eine gesellschaftliche und wirtschaftliche Situation heraus, die für die große Reichweite und Bedeutung der Reklame aus sozialen und ökonomischen Gründen enorm wichtig werden sollte: Die anonyme Existenz und Entfremdung eines großen Teils der Bevölkerung, die mit den geschichtlichen Umwälzungen der *Klassenstruktur*, *Urbanisierung*, *sozialer Mobilität* und *technologischer Entwicklung* bereits in Gang war, bildet gewissermaßen den gesellschaftlichen Hintergrund, auf dem sich die Reklame ausbreiten konnte, und „die *Großbetriebe* einer hochkapitalistischen Wettbewerbswirtschaft, die aus Rentabilitätsgründen die Nachfrage nach ihrer Produktion stimulieren müssen, sind die ökonomische Triebkraft der Reklameexpansion."[36]

Um vor diesem Hintergrund den hohen Stellenwert der Reklame zu untersuchen, versuchte Geiger systematisch, wie ein Blick auf das heuristische Strukturmodell zu verdeutlichen hilft, einer überprüfbaren Antwort durch das Eingehen auf unterschiedliche Gesichtspunkte der Reklame näher zu kommen. Scheinbar unverbunden werden unterschiedliche Vorgehensweisen der Reklame auf den Prüfstand gestellt und auf verschiedenen Ebenen abgehandelt. Dabei behielt Geiger aber stets die eigentlich entscheidende Ausgangsfrage nach dem Nutzen der ökonomischen *und* sozialen Funktion der Reklame als „Hebel der Markterweiterung"(Seite 62) im Hoch- und Spätkapitalismus im Blick. Er begann – sozialwissenschaftlich wohlbegründet und didaktisch geschickt – zunächst die unmittelbar die Reklame beeinflussenden Sachverhalte abzuhandeln, indem er:

1) im *psychologischen* Teil die von den wissenschaftlichen und professionellen Ratgebern empfohlenen Werbestrategien, die den Kaufinteressierten direkt beeinflussen, in ihren entsprechenden epistemologischen Voraussetzungen und Entwicklungen darstellte und kritisch ihre Annahmen, Ergebnisse und Konsequenzen des Suggestionsprozesses der Reklame als „Psychotechnologie" beleuchtete (siehe auch Tabelle I[37]).

Die Bilanz für die Psychotechnologie fiel ernüchternd aus. Auf die Frage nach der Bedeutung der ökonomisch-sozialen Funktion der Reklame als „Hebel der Markterweiterung" im Hoch- und Spätkapitalismus läßt sich also als eine *erste These* festhalten: *Die psychotaktischen Mittel zur Beeinflussung des Kaufinteressierten halten einer wissenschaftlichen Kritik in allen wesentlichen Punkten – mit Ausnahme der Hochfrequenzreklame, deren Anwendungsgebiet eng begrenzt ist – nicht stand und sind ohne kommerziellen und allgemein-gesellschaftlichen Wert.*

---

[36] Rainer Geißler und Horst Pöttker: Anmerkungen zu Theodor Geigers „Kritik der Reklame", in: Soziale Welt, 38 (1987), 4, Seite 494.

[37] Die in dieser Tabelle und in Tabelle II und III in Frageform gekleideten grundlegenden Behauptungen der Reklameliteratur und die Antworten Geigers darauf dienen als Orientierungshilfe zur Lektüre und sollen keinesfalls die Auseinandersetzung mit seinen Argumentationslinien ersetzen.

Sachverhalt	Frage (nach grundlegender Behauptung der Reklameliteratur)	Antwort (Forschungsresultat Geigers)
Psychologie und Psychologismus in der Reklame	Kann durch zweckgerichteteres Abfassen der Reklamebotschaft ein positiveres Kaufverhalten des Kaufinteressierten erwartet werden?	nein
Reklame und Massenpsychologie	Gibt es eine massenpsychologische Beeinflussung des Kaufverhaltens durch Reklame?	nein
Das Wirkungsprinzip der Reklame	Sind Hochfrequenz-, Verstandes- (reason-why) und Gefühlsreklame (human interest) als psychotaktische Verkaufsmethoden wirksam?	nein
Die Wahrhaftigkeit der Reklame	Ist die Bewegung für „Ehrliche Reklame" als Reaktion auf unehrliche Reklame glaubwürdig?	nein

Tabelle I *Psychologische Gesichtspunkte der Reklame*

2) Danach wurden im *betriebswirtschaftlichen Teil* die institutionellen Absichten, die mit dem unmittelbaren Nutzen der Reklame und der Reklamepropaganda in Unternehmen, Betrieben und Geschäften verbunden und für die eingeschlagenen Werbestrategien bedeutsam sind, dargelegt und kritisch ihre Annahmen, Ergebnisse und Folgerungen erörtert (siehe auch Tabelle II, Seite XXVIII).

Auch in betriebswirtschaftlicher Hinsicht sah die Bilanz für den Reklameertrag enttäuschend aus. Auf die Frage nach der Bedeutung der ökonomisch-sozialen Funktion der Reklame als „Hebel der Markterweiterung" im Hoch- und Spätkapitalismus läßt sich also als *zweite These* festhalten: *Die Behauptungen über den betriebswirtschaftlichen Nutzen der Reklame und der Reklamepropaganda halten einer wissenschaftlichen Kritik in allen wesentlichen Punkten – mit Ausnahme der Methode des Trial-shots, dessen Anwendungsmöglichkeiten allerdings äußerst begrenzt sind – nicht stand und sind ohne allgemein-kommerziellen und gesellschaftlich-kulturellen Wert.*

Sachverhalt	Frage (nach grundlegender Behauptung der Reklameliteratur)	Antwort (Forschungsresultat Geigers)
Reklame und Konkurrenz	a) Ist Reklame eine wirksame moderne Absatzmethode?	nein
	b) Begünstigt Reklame den Großbetrieb und damit monopolistische Konzentration?	nein
Gemeinschaftsreklame	a) Heben gegenseitige Konkurrenz und Gemeinschaftsreklame in derselben Branche einander auf?	nein
	b) Hat die Gemeinschaftsreklame einer Branche die beabsichtigte verbrauchsumlenkende Wirkung?	nein
	c) Ist Gemeinschaftsreklame rein erzieherische Reklame?	nein
Reklamewirkung und Wirkungskontrolle	Stützen mathematisch-statistische Methoden der Wirkungskontrolle der Reklame das Vertrauen in ihre Exaktheit?	nein

Tabelle II *Betriebswirtschaftliche Gesichtspunkte der Reklame*

3) Endlich wurde im *allgemein-wirtschaftlichen* und *gesellschaftlich-kulturellen Teil* der Zweck der Reklamepropaganda, mit psychologischen Mitteln Stimmung bei Kaufinteressierten für die Reklame als einem Bestandteil des modernen Wirtschaftslebens zu machen, erörtert und scharf mit ihren Annahmen, Ergebnissen und Schlußfolgerungen ins Gericht gegangen (siehe auch Tabelle III).

Auch in gesamtgesellschaftlicher Hinsicht war die Bilanz für die Reklamepropaganda nicht gerade ermutigend. Auf die Frage nach dem Gewicht der ökonomisch-sozialen Funktion der Reklame als „Hebel der Markterweiterung" im Hoch- und Spätkapitalismus läßt sich also als *dritte These* festhalten: *Die Behauptungen über die allgemein-wirtschaftliche und gesellschaftlich-kulturelle Akzeptanz der Propagandareklame bei Kaufinteressierten halten einer wissenschaftlichen Kritik in vielen wesentlichen Punkten – mit Ausnahme der Appelle an die „breite Masse", Mittelklasse und Frau sowie Verschiebungen im Machtgefüge des Handels – nicht*

Sachverhalt	Frage (nach grundlegender Behauptung der Reklameliteratur)	Antwort (Forschungsresultat Geigers)
Verbrauchererziehung und ökonomische Expansion	Trägt erzieherische Reklame zu einer Steigerung des Sozialprodukts bei?	nein
Reklame und Konjunktur	Kann Reklame Konjunkturschwankungen ausgleichen?	nein
Reklame, Preis und Qualität	Werden Waren durch Reklame für Konsumenten billiger?	nein
Das Publikum der Reklame	a) Spricht Reklame in erster Linie die „breite Masse“ an?	ja
	b) Wendet sich Reklame vorwiegend an Wohlhabende (Oberklasse)?	nein
	c) Richtet sich Reklame an die Mittelklassen?	ja
	d) Appelliert Reklame an die Frau?	ja
	e) Zielt Reklame auf bestimmte Altersgruppen ab?	nein
	f) Vermittelt Reklame dem Konsumenten ausreichende Warenkenntnis?	nein
Soziale Machtverschiebungen	a) Kommt es durch landesweite Reklame der Markenartikelproduzenten zur Eliminierung des Groß- und Einzelhandels?	ja
	b) Ist der Einzelhändler dem Markenartikelproduzenten gegenüber tatsächlich so machtlos wie der Großhändler?	nein
	c) Werden durch Konkurrenz der Markenartikelproduzenten um Einzelhändler deren kommerzielle Fähigkeiten gefordert?	nein
	d) Zahlt sich Konkurrenz der Markenartikelproduzenten um Einzelhändler für den Konsumenten aus?	nein
Die Reklame als Kulturfaktor	a) Hat Reklame ästhetisch-künstlerischen Wert?	nein
	b) Hat Reklame für die Presse positive Kultureffekte auf Vielfalt, Preis und Niveau?	nein
Zeitung und Reklame	Ist die Presse in ihrer journalistischen Arbeit ökonomisch von Reklame unabhängig?	nein

Tabelle III *Allgemein-wirtschaftliche und gesellschaftlich-kulturelle Gesichtspunkte der Reklame*

stand und sind ohne großen kommerziellen und allgemein-gesellschaftlichen Wert.

Die Diskussion dieser Sachverhalte der Reklame erlaubte es Geiger, ihre „Meilensteine" gleichsam pars pro toto auf der Handlungs-, Institutions- und Gesellschaftsebene der Wirtschaftsgesellschaft abzuhandeln: einerseits, um der methodologischen Voraussetzung der Reklamewissenschaft wegen, andererseits, um seinen Urteilen einen festen Boden zu geben, um unhaltbare Doktrinen und Plattitüden zu entlarven. Er konzedierte der Reklame wiederholt, daß es ihr methodisch erlaubt sein müsse, sich ihrer Sache „mit so wirkungsvollen (...) Mitteln wie möglich anzunehmen. Der Verkäufer ist nach der geltenden Moralauffassung nicht verpflichtet, die Interessen des Käufers wahrzunehmen, und der Käufer weiß das. Ihm entsteht kein Schaden, wenn der Verkäufer seine Ware im günstigsten Licht vorführt. So ist es im Verkaufsgespräch mit dem einzelnen Käufer; warum sollte es in der Reklame anders sein? So ist es übrigens auch außerhalb des Wirtschaftslebens überall dort, wo Interessenten einander gegenüberstehen. Die wirkliche Unehrlichkeit, die der Moral widersprechende Heuchelei, liegt nicht in der Reklame als Methode, sondern in der Behauptung der meisten Werbefachleute, die Reklame sei wahr"(Seite 175).

Was die Fehlbarkeit wissenschaftlicher Aussagen und Ergebnisse der Arbeiten zur Reklame selbst anging, so ließ Geiger aber keinen Zweifel daran, daß man es in ihnen mit Behauptungen zu tun habe, die sich bei näherem Blick als haltlos erwiesen. Er nahm hier geradezu einen Popper'schen Standpunkt ein, denn er gab keine Anschauungen über Reklame wieder, sondern kritische Anhaltspunkte, die der weiteren Überprüfung in Untersuchungen bedurften und widerlegbar sein mußten. Sein Einwand war, wenn man so will, ein methodologischer Gegenentwurf zur induktiven, vielfach auf intuitiven Überlegungen fußenden methodischen Vorgehensweise in der Reklamewissenschaft, die in der scheinbar paradoxen These gipfelte: „Falls man ein allgemeingültiges Gesetz für die Reklame aufstellen könnte, wäre es das, daß sie keinen festen Gesetzen und Regeln folgen dürfe"(Seite 277). Sie befand sich also gleichsam im Zustand einer Wissenschaft, deren Hypothesen und Thesen sich als überholt und für die Wirtschaftsgesellschaft als nicht brauchbar erwiesen.

Ebenso rügte Geiger die mangelhafte Konzeption der Untersuchungen: Sie waren handwerklich schlecht gemacht, das heißt: ihre Methodik war so wenig ausgereift, daß ihre Resultate zu keinen klaren Aussagen taugten. Auch monierte er das Räsonieren auf der Basis wenig gesicherter empirischer Daten, fehlende, der Kontrolle bedürfende Qualitätsstandards, aber auch mangelnde Kenntnisse statistisch-methodischer Zusammenhänge in den wissenschaftlichen Veröffentlichungen über Reklame. „Wir wissen in Wirklichkeit nichts Bestimmtes über die Wirkung der Reklame, weil es unmöglich ist, ihren Effekt von anderen mitwirkenden Faktoren zu trennen"(Seite 265). Wenn er deshalb „nicht mit der besonderen Sympathie der Werbebranche"(Seite 4) rechnen konnte, so gilt auch hier, was Geiger im Vorwort generell bemerkte, „ist damit nicht gesagt, das Buch sei für den Praktiker wertlos. (...) allein durch die umfassende, referierende und kritische Verarbeitung fremdsprachlicher Reklameliteratur und deren Theorien" wird es „sich als für die Praxis nützlich erweisen"(Seite 4).

Die praktischen Folgen für die Wirtschaftsgesellschaft liegen auf der Hand. In der Reklame für die Reklame, also der psychischen Beeinflussung Kaufinteressierter durch Reklame zu profitablen Geschäftszwecken, sind es vornehmlich betriebswirtschaftliche Gewinne und besondere Vorzüge einzelner Reklameformen, die die Hauptrollen spielten und verworfen wurden. „Betriebswirtschaftlich gesehen," so Geiger, „hat sich die Reklame gerade durch ihre ungeheure Verbreitung selbst überlebt. Die Reklame der einzelnen Unternehmen wird zum großen Teil im Konkurrenzkampf aufgehoben, und das gleiche gilt auch für die Gemeinschaftsreklame. Es ist zweifelhaft, ob der vollständige Fortfall der Reklame auf lange Sicht die relativen Anteile der seriösen Verkäufer an den Märkten wesentlich verändern würde. Es gibt zwar Verkäufer, die sich nur durch Reklame auf dem Markte halten können, und diese würden ruiniert werden – zum Nutzen der ganzen Gesellschaft. Es wäre nur wünschenswert, wenn die beste Ware und nicht das größte Mundwerk den Sieg davontrüge. Als Wettbewerbsmittel wird die Reklame bereits jetzt von vielen Reklamisten selbst als ein Hemmnis empfunden; man wirbt, weil man damit nicht aufhören kann, solange die anderen nicht ebenfalls damit aufhören, und niemand traut sich, der Katze die Schelle umzuhängen (...)"(Seite 521 f.).

In der Propaganda für Reklame, die ihren wirtschaftsexpansiven Nutzen, ihre preissenkende und qualitätsverbessernde Wirkung, ihre Wahrhaftigkeit in neuerer Zeit, ihre allgemein belehrende und verbrauchererziehende Funktion, ihren künstlerischen Wert und ihre Bedeutung für das Bestehen der Presse einsichtig machen will, sind es der behauptete gesellschaftliche Nutzen der Reklame und ihr Wert für Kultur und Zivilisation, die die Hauptrolle spielten und verworfen wurden. „Volkswirtschaftlich gesehen," so wiederum Geiger, „ist der Nutzen der Reklame allzeit problematisch gewesen (...). Die Frage ist, ob die Reklame – selbst mit allen früher gemachten Vorbehalten – immer noch ein geeignetes Mittel zur Markterweiterung darstellt. Natürlich werden ständig neue Waren kommen, die eine Einführung auf dem Markt verlangen; hier wird eine gewisse Pionierreklame stets sinnvoll sein, obwohl eine neutrale Marktinformation – etwas langsamer – auch zum Ziele führen würde, da unser Verlangen nach neuen Dingen nun einmal stark entwickelt ist. Im großen und ganzen wird die Ausweitung des Verbrauchs künftig wahrscheinlich weniger durch Einführung neuer Verbrauchsformen als durch Ausbreitung der bekannten Waren in weiteren Kreisen geschehen. Hier hat die Reklame zweifellos ihre Mission in einer Zeit gehabt, in der die sozialen Abstände zwischen den einzelnen Bevölkerungsklassen viel größer und die Verbrauchsgewohnheiten in großem Umfange in der Tradition verankert waren. Auf dem jetzt erreichten sozialen Niveau ist es kaum notwendig, ‚den Leuten beizubringen, mehr Dinge zu wünschen'. Eine Demokratisierung des Bedarfs ist nicht mehr zeitgemäß. Wir hätten alle gern all die guten Dinge, die es gibt, und wenn sich der einzelne von seiner speziellen Geschmacksrichtung her ohne Reklameimpuls etwas nicht wünscht, wird sich daran wahrscheinlich auch durch Reklame nichts ändern. Es muß nicht mehr der Bedarf der Verbraucher stimuliert werden, um den Absatz zu steigern. Unser aller Bedarf übersteigt unsere Kaufmacht, und die Reklame für Luxus als Impuls zu vermehrtem Arbeitseinsatz ist eine Legende, da der größte Teil der Bevölkerung sein Einkommen nicht willkürlich vergrößern kann. Die Produktionserweiterung geschieht nicht durch vermehrten Arbeitseinsatz, sondern durch technische Intensivierung, und die Verbrauchsausweitung wird in Zukunft keine Frage der Popularisierung des Luxusbedarfs, sondern der Egalisierung der Einkommensverteilung sein. Diese Aufgabe wird nicht von der Reklame gelöst, sondern durch Lohn- und Steuerpolitik"(Seite 522 f.).

Es muß vor diesem Hintergrund geradezu als ein Glücksfall für Werbeexperten angesehen werden, wie Geiger es in spöttischem Ton in seiner Studie formulierte, „daß die Wirkung der Reklame so schwer festzustellen ist. Die Zuverlässigkeit der Reklame für die Reklame ist unkontrollierbar. Geht ein Geschäft gut, so ist es das Verdienst der Reklame; geht es schlecht, liegt es an anderen Faktoren oder an einer zu schwachen oder falschen Reklame"(Seite 493). Und: Ein ebensolches Manko weist die Reklamepropaganda beim Käufer auf, „weil das wachsende Mißtrauen des Verbrauchers gegenüber der Reklame und seine abnehmende Reaktionsfreudigkeit den Wirkungsgrad der Reklame und damit ihre Verkäuflichkeit zu vermindern drohen"(Seite 498). Es versteht sich im übrigen von selbst, daß Geiger mit diesen Bemerkungen den Sack schlug und in erster Linie den Esel meinte, nämlich die Professoren der Reklamewissenschaft. Man muß gleichwohl nicht so weit gehen wie manche Autoren, sie als „eine theoretische Beschönigung oder eine Verschleierung der Unaufrichtigkeit in der Reklame"(Seite 177) zu bezeichnen, aber man kann durchaus mit Geiger von ihr sagen, sie sei „vielleicht das Unsolideste an der ganzen Reklame. Es gibt nicht einen Satz, hinter den man nicht ein großes Fragezeichen setzen muß – abgesehen von denen, die man leicht widerlegen kann"(Seite 278). Solange nämlich Psychologie, Betriebswirtschaftslehre und Soziologie noch nicht zu Leitwissenschaften ausgereift sind, leisten sie solchem virtuosen Dilettantismus Vorschub.

Nun beließ es Geiger, für den wissenschaftliche Analyse und praktische Konsequenzen aus den Ergebnissen stets zusammengehörten, nicht bei diesen Einwänden gegen die Reklame. Er ging ebenso auf die Frage ein, wie der einzelne Konsument und die Gesellschaft der Suggestion durch Reklame entgegentreten könnten und diskutierte – ganz in der Tradition der kritischen Aufklärung stehend – eine breite Skala abgestufter positiver Vorschläge für einen effizienten Konsumentenschutz vor den Ausschweifungen der Reklame (siehe auch Tabelle IV, Seite XXXIV).

Geiger setzte – das ergab sich aus diesen Vorschlägen eindeutig – in erster Linie auf die Abwehrkräfte des mündigen Konsumenten, um ihn vor den suggestiven Verführungen der Reklame zu bewahren und dadurch ihrer suggestiven Wirkung und vermeintlichen wirtschaftlichen Bedeutung die Stoßkraft zu nehmen. Die Gewähr dafür bot ihm vor allem eine Stärkung des kritisch-rationalen Verhaltens der Konsumenten. Es

schwache	mittlere	starke
Schutzmaßnahmen vor den Ausschweifungen der Reklame		
• staatliche Gesetzgebung und Kontrolle • Zwangsanwendungen von staatlicher oder anderer Seite • Hebung des moralischen Niveaus der Geschäftsleute (Bewegung für „Ehrliche Reklame")	• Verbraucherbewegung (Aufklärung über Qualitätstests und Standardqualität von Waren) • Verbraucherberatung (Bluffs oder Tricks der Reklame aufdecken)	• Immunisierung der Konsumenten (kritisch-rationale Einstellung gegenüber Suggestion im allgemeinen und Reklame im besonderen)

Tabelle IV *Schutzmaßnahmen vor den Ausschweifungen der Reklame*

wäre indes naiv zu glauben, so fügte er einschränkend hinzu, „davon eine vollständige Unempfänglichkeit für Suggestion zu erwarten. Zum einen kann die Suggestibilität des Menschen durch starke Hemmungen nur abgeschwächt, aber nicht ausgerottet werden. Zum anderen hilft die Immunisierung nur gegen die gefühlsmotivierte Reklame (oder andere Propaganda), aber nicht gegen die Hochfrequenztechnik, die ja rein psychomechanisch wirkt und sich damit außerhalb der Reichweite intellektueller Hemmungen befindet. Aber das, was auf diese Weise erreicht werden könnte, wäre ausreichend, um die Rentabilität der Reklame so bedeutend herabzusetzen, daß diese auf eine Menge beschränkt werden müßte, die in einem vernünftigeren Verhältnis zu unserem sonstigen kulturellen Niveau stünde"(Seite 517).

Daß Geigers kritische Ausführungen zur Reklame noch im Jahr der Veröffentlichung 1943 sehr unterschiedliche Reaktionen in ausführlichen Rezensionen hervorriefen, überrascht nicht sonderlich. Es gibt verschiedene Gründe dafür, ob Geigers Werk gelungen ist oder nicht. Formale (beispielsweise: Verständlichkeit und Präsentation der Sachverhalte), vor allem aber inhaltliche (beispielsweise: Klarheit der Begriffe und Sätze in logischer und inhaltlicher Hinsicht, wissenschaftstheoretisch-methodologisches Problembewußtsein hinsichtlich des Gegenstandes Reklame und seiner Formen, Inhaltsreichtum bei Konzentration auf das Wesentliche, Kenntnis und Berücksichtigung des Forschungsstandes). An diesen Qualitätsstandards gemessen, fallen die Urteile in den Rezensionen höchst unterschiedlich aus:

So schrieb der Anzeigenchef und Werbefachmann der dänischen Tageszeitung *Social-Demokraten*, Lorentz Albeck-Larsen (1916 bis 1985), in seiner – bei allem Lob für die wissenschaftliche Leistung Geigers – doch im Tenor kritisch gehaltenen Rezension,[38] die Reklame sei eine demokratische Ausdrucksform, die von demokratischen Prinzipien geleitet werde: „Eine totalitäre Reklame (die der Verfasser respektvoll anspricht) würde in festen Formen ohne Leben erstarren, ohne Berechtigung als sozio-ökonomischer Faktor. Das ganze Buch ist eine kritische Analyse der Reklame. Der Verfasser möchte das Aus der Reklame proklamieren, behält aber vernünftigerweise auf jeden Fall ein Bein auf der logischen Seite des breiten Zerstörungsmaßes. Die vielen guten Gedanken, die sachliche und eingehende Kritik, gibt dem Buch sehr wohl einen Platz in der umfangreichen Fachliteratur, aber die Ungeheuerlichkeit, die negative Kritik, der Unwille zur Freiheit, hätte nicht sein dürfen. Zwang erreicht jedenfalls in der Reklamewelt keine reinere Luft, und man wünscht sich, daß die Unterstützung des Laurits Andersen-Fonds ein anderes Mal auch den praktischen Reklamefachleuten unter die Arme greifen würde, wenn sie Probleme mit der Reklame hätten.

Die ganze Kritik der ‚Kritischen Betrachtungen über Reklame' ist vor dem Hintergrund der *dänischen* Reklameverhältnisse geschrieben – und dänische Reklame – wie übrigens auch schwedische und norwegische – läßt sich davon nicht beirren. Es kann durchaus sein, daß die Reklame als Ganze der Erneuerung bedarf; diese aber wird ganz sicher kommen, wenn die Reklame, wie so viel anderes auf der Erde nach dem Kriege auch, einem reinigenden Bad unterzogen wird, um die ‚Spreu vom Weizen' zu trennen und im Dunkel der Unzulässigkeiten aufzuräumen!"[39]

Daß sich Albeck-Larsen mit der Geiger'schen Studie insgesamt außerordentlich schwer tat, der er im Kern „negative Kritik" und „Unwillen zur Freiheit" vorwarf, war, von seiner Funktion als Anzeigenchef einer

---

[38] Es stellt sich grundsätzlich die Frage, so formulierte es Zeuthen in seiner Rezension in einer aufschlußreichen Nebenbemerkung über Albeck-Larsens Kritik, ohne ihn namentlich zu erwähnen, ob in „einem Arbeiterblatt (...) die Besprechung des Geiger'schen Buches" über Reklame „dem Anzeigenchef überlassen" werden sollte; der Interessenkonflikt der Reklame gegenüber trete doch nur allzu offenkundig zu Tage (Frederik Zeuthen: Kritik af Reklamen, in: Nationaløkonomisk Tidsskrift for Samfundsspørgsmål, Økonomi og Handel [Nationalökonomische Zeitschrift für Gesellschaftsfragen, Ökonomie und Handel], Band LXXXI (1943), Seite 223).

[39] Lorentz Albeck-Larsen: Analyse af Reklamen, in: *Social-Demokraten* vom 3. Juli 1943, Seite 10 (Deutsch von Philipp Micha).

überregionalen Tageszeitung her gesehen, erwartbar gewesen und gehörte gleichsam zum guten Ton. Gleichwohl wirft die Rezension mehr Fragen auf als daß sie Antworten gäbe. Man kann nicht einmal erahnen, welche Einwände Geigers er mit diesen allgemeinen Etikettierungen für tolerierbar, substantiell überzogen oder für gänzlich unhaltbar hielt und floskelhaft auf die selbstreinigenden Kräfte der Reklame verwies, die nach dem Kriege schon die Spreu vom Weizen trennen werde. Kurz und gut: Er scheute die differenzierte wissenschaftliche Auseinandersetzung mit Geigers Studie.

Von ganz anderem Kaliber war indes die Rezension Wolmer Clemmensens[40], die scharf mit Geigers methodischer Vorgehensweise abrechnete und deshalb in ihren zentralen Argumenten hier wiedergegeben werden soll. Es ging ihm weniger um den Inhalt der Kritik als darum, voreingenommen und befangen einseitig Partei einer bestimmten wissenschaftlichen Auffassung zu nehmen. Schon in seinen einleitenden Bemerkungen machte er auf subtile Weise deutlich, was er von Geigers Arbeit hielt:

„In Professor Geigers letztem Buch ‚Kritische Betrachtungen über Reklame', das – im Gegensatz zu seinen früheren Werken – mit journalistischem Schwung geschrieben und ausgesprochen unterhaltsam zu lesen ist, wimmelt es nur so von in der Tat grellen Beispielen irreführender Reklame. (...) – Man muß uneingeschränkt einräumen, daß Geiger eine verdienstvolle Aufgabe wahrnimmt, wenn er das Publikum gegen *diese* Art der Reklame immunisieren kann. Die Frage ist allerdings, ob das im Buch wiedergegebene Material typisch für die Reklame im allgemeinen ist. Und auf diese Frage bleibt Geiger eine Antwort schuldig; denn aus isolierten und verstreuten Beispielen kann man ja nicht auf irgend etwas Generelles und Typisches der Reklame schließen."[41]

François Simiand (1873 bis 1935)[42, 43] habe allerdings, so meinte Clemmensen Geiger einen Ausweg aus dieser Misere aufzeigen zu können, „in seiner *précepte de la revue sélective* eine Methode zur Überwindung dieses

[40] Wolmer Clemmensen: Om Kritik af Reklamen, in: Handelsvidenskabeligt Tidsskrift [Handelswissenschaftliche Zeitschrift], 7 (1943), 3, Seite 196–205 (Deutsch von Gerd J. Fode).

[41] Ebenda, Seite 196

[42] Französischer Soziologe und Nationalökonom, der am Collège de France in Paris lehrte und dort den Lehrstuhl für die Geschichte der Arbeiterbewegung innehatte.

[43] Siehe Le Salaire. L'évolution sociale et la monnaie, 1932, I.

Problems aufgezeigt; und diese Methode wurde auch in der Reklamewissenschaft angewandt. ‚Es sind zwar hier und dort Versuche gemacht worden, die Wirkung der einzelnen Faktoren, namentlich die der Reklame zu isolieren (...).' Keiner dieser Versuche scheint, Geigers Referat nach zu urteilen, auf eine Weise durchgeführt worden zu sein, daß man ihn beweiskräftig nennen könnte; Geiger glaubt sogar behaupten zu können, daß *jeder* Versuch in dieser Richtung von vornherein hoffnungslos und sogar schädlich sei. ‚Es ist schade um die statistischen Fähigkeiten, die oft auf ein von Anfang an hoffnungsloses Problem verwendet werden'. – ‚Ja, der große statistische Apparat kann schädlich wirken, da er einen vertraueneinflößenden Anschein einer Exaktheit erweckt, die infolge der Natur des Problems selbst unerreichbar ist.'"[44]

„Beim Versuch, die Faktoren zu entwirren, die dafür verantwortlich sind, ob die Reklame im gesellschaftlichen Leben überhaupt eine Rolle spielt, geht Geiger jedoch selbst so vor, daß er festzustellen versucht, welche anderen bedeutsamen sozialen Phänomene gleichzeitig und an denselben Stellen sich geltend gemacht haben wie die Reklame (...). – Geiger meint eine zwangsläufige Verbindung zwischen der Entwicklungsstufe der Reklame und den Strukturveränderungen der Wirtschaft nachweisen zu können (...). Reklame hat etwas mit Wettbewerb zu tun. Man hat sie als Exponent des Wettstreites oder als Korrelat des freien Wettbewerbs bezeichnet. Die Reklame geht der Konkurrenz nicht voraus; sie entwickelt sich, im Gegenteil, verhältnismäßig spät unter der Herrschaft des Konkurrenzprinzips. Das bedeutet nicht, daß die Reklame unabhängig von der Konkurrenz ist. Kurz und gut: Nicht die Konkurrenz, sondern ein bestimmtes Entwicklungsstadium derselben macht die Reklame zu einem Mittel der Konkurrenz (...). Der Markt muß, um sich der Reklame bedienen zu können, größer sein als die begrenzten lokalen Märkte des Mittelalters. Selbst der mittelalterliche Großhandel war an internationale Personenkreise gebunden, deren Mitglieder sich untereinander kannten (...). Die Anonymität des Marktes ist die Voraussetzung für das Entstehen der Reklame (...)."[45]

---

[44] Wolmer Clemmensen: Om Kritik af Reklamen, in: Handelsvidenskabeligt Tidsskrift, 7 (1943), 3, Seite 200.
[45] Ebenda, Seite 202.

„Wir können nun im Hinblick auf Geigers Methode zusammenfassen: 1) Er bestreitet die Möglichkeit der revue sélective, wenn es darum geht, die Effizienz der Reklame zu messen; 2) Er meint selbst, auf der Grundlage von ‚psychologischen Überlegungen und Beobachtungen' urteilen zu können, das heißt: von losen Vermutungen, die ebenso gut falsch wie richtig sein können; 3) Er wendet selbst prinzipiell die verketzerte revue sélective-Methode an, wenn es darum geht, die Ursachen des Entstehens der Reklame als sozial bedeutsames Phänomen zu finden, obwohl die Methode nur skizziert und nicht so durchgeführt wird, daß sie etwas beweisen könnte. (...) – Vereinzelte Aussagen bei Geiger könnten darauf hindeuten, dass er eigentlich die Aufgabe im Grunde genommen für unlösbar ansieht (Sociologi, Seite 428 und Seite 663). Und wenn er sich endlich darauf einläßt, geschieht das oft, wie wir gesehen haben, in Form von ‚psychologischen Überlegungen und Beobachtungen'. (...) – Angesichts der Lockerheit von Geigers eigener Methode erscheint es sonderbar, daß er selbst seine Kritik an den Arbeiten anderer Forschung so ungewöhnlich scharf formuliert."[46]

Daß Clemmensen Geiger vielfach das Wort im Munde herumdrehte, war nicht das Entscheidende; wissenschaftstheoretisch-methodologisch entscheidend war, daß er, um den Schwierigkeiten einer empirischen Ursachenerforschung in den Sozialwissenschaften zu begegnen, allein Simiands *précepte de la revue sélective* als naheliegende Konsequenz und Methode ansah. Wie sorgsam Geiger seine Vorgehensweise im einzelnen in seiner Studie auch immer begründete und seine damit einhergehenden Absichten darlegte – seine Argumente fanden kein Gehör. Verwunderlich ist das nicht – Abneigungen unter Soziologen sind nichts Ungewöhnliches und äußern sich oftmals zwischen Wissenschaftlern so. Clemmensen entpuppte sich in diesem Stellvertretergefecht gewissermaßen als „Master's Voice" von Geigers soziologischem Widersacher Svend Ranulf (1894 bis 1953). Dieser hielt Geigers „Sociologi" (Kopenhagen 1939) in seiner „Socialvidenskabelig Metodelære"* (Kopenhagen 1946) vor, aufgrund dessen Affinität zur geisteswissenschaftlichen Forschungsmethode keine Kausalitätsgesetze beispielsweise zwischen Realfaktoren (etwa: „proletarische Verhältnisse") und Ideologie (etwa: „sozialistische Ideologie")

[46] Wolmer Clemmensen: Om Kritik af Reklamen, in: Handelsvidenskabeligt Tidsskrift, 7 (1943), 3, Seite 205 f.

* „Sozialwissenschaftliche Methodenlehre"

aufdecken zu können. Geiger hatte dieses Problem dort aber bereits gründlich diskutiert und war nochmals in seiner Streitschrift „Ranulf contra Geiger" (Kopenhagen 1946) differenziert darauf eingegangen, um sich scharf gegen diesen Vorwurf und andere unberechtigte methodische Einwände zur Wehr zu setzen:

„Die Erforschung eines polykausalen Gesetzes setzt voraus, daß die als mögliche Ursachen verdächtigten (‚relevanten') Faktoren bekannt, fixierbar und unterscheidbar sind. Sonst ist schon der erste Schritt, nämlich eine *revue sélective*, undurchführbar. Was ich in meiner Sociologi auf Seite 472 ff. darlege, ist in Wirklichkeit der Beweis für die Schwierigkeiten, die sich für eine *revue sélective* in diesem besagten Fall auftürmen. Die möglichen Ursachen dafür, daß gewisse Personen einer gewissen Ideologie huldigen, sind erstens außerordentlich mannigfaltig. Zweitens sind viele ganz unwägbar. Drittens ist (nach gewissen makroskopischen Symptomen zu urteilen) zu vermuten, daß einige dieser Faktoren nicht als einzelne, sondern im Zusammenspiel mit anderen wirken, ja daß derselbe Faktor einmal so wirkt, ein anderes Mal genau umgekehrt, je nachdem, wie er mit dem einen oder anderen Begleitfaktor kombiniert ist. Viertens läßt sich vermuten, daß diese Faktoren zum Teil selber in äußerst variablen Wirkungs- und Wechselwirkungsverhältnissen zueinander stehen. Schon die Katalogisierung möglicherweise relevanter Faktoren wird dann fehlerhaft und ihre Koordination unmöglich: Man kann nicht wissen, ob die Faktoren, die man miteinander in einer Reihe aufstellt, äquivalente Glieder sind oder nicht"[47] – und demonstrierte das anschließend an einem Beispiel. Nicht akzeptieren konnte Geiger ebenso Ranulfs Diktum, daß bei der Überprüfung von Kausalgesetzen die wissenschaftliche Methode induktiv-empirisch vorgehen, also forschungslogisch dem Verifikations- und nicht dem Falsifikationsprinzip folgen müsse.[48] Geigers Versuch, Ranulf durch Argumente zu überzeugen, war letztlich kein Erfolg beschieden. Er mußte zur Kenntnis nehmen, daß Logik und Argumente, die Mittel des Sozialwissenschaftlers, in die-

---

[47] Theodor Geiger: Ranulf contra Geiger. Ein Angriff und eine offensive Verteidigung. Aus dem Dänischen von Gert J. Fode. Herausgegeben und erläutert von Klaus Rodax (Theodor Geiger Gesamtausgabe. Herausgegeben von Klaus Rodax. Abteilung III: Allgemeine Soziologie, Band 5), Frankfurt am Main 2011, Seite 37.

[48] Siehe dazu auch die Anmerkungen in meiner Vorrede, in: Theodor Geiger: Ranulf contra Geiger. Ein Angriff und eine offensive Verteidigung. Aus dem Dänischen von Gert J. Fode. Herausgegeben und erläutert von Klaus Rodax (Theodor Geiger Gesamtausgabe. Herausgegeben von Klaus Rodax. Abteilung III: Allgemeine Soziologie, Band 5), Frankfurt am Main 2011. Seite XVII und passim.

sem Disput nicht viel zu bewirken vermochten, denn Ranulf verwies stets auf die Fachautorität Simiands und ließ sich auf keinen ernsthaften wissenschaftlichen Schlagabtausch ein.

Wissenschaftlich redlicher und sachlicher als die zwischen wissenschaftlichem und geschäftlichem Interesse changierende Rezension Albeck-Larsens und der Verriß Wolmer Clemmensens setzte sich der an der Kopenhagener Universität lehrende und als einer der bedeutendsten Nationalökonomen seiner Zeit geltende Frederik Zeuthen[49] in einer Buchbesprechung mit Geigers Studie auseinander und maß sie an Geigers Anspruch. Für ihn zeuge sie von beeindruckender Vertrautheit mit der kaum überschaubaren wissenschaftlichen Reklameliteratur und den zahlreichen Broschüren der Werbeagenturen und Werbeexperten jener Jahre, beruhe auf einem abgewogenen Urteil gegenüber den vielschichtigen Problemen, sei in begriffscharfem Stil geschrieben, und besteche zudem durch eine umfassende Darstellung, tiefgreifende Analyse und anschauliche Schilderung der Sachverhalte.

Natürlich könne man bei den vielen augenblicklichen politischen Problemen sagen, so brachte Zeuthen seine Überlegungen auf den Punkt, die Reklame sei eine unbedeutende Frage und es nicht wert, so umfangreich in einem Buch abgehandelt zu werden. „Erkenntnispsychologisch und -soziologisch ist die Reklamekritik allerdings von Interesse für das weitaus größere Problem der Propaganda. Und mit Blick auf die Frage der wirtschaftlichen Gesellschaftsordnung geht es um die äußerst wichtige Stellung für die freie Erwerbsausübung, ob die Anhänger sie beizeiten als hoffnungslos aufgeben sollen, oder aber, in welchem Umfang die Widersacher ihre Kritik auf angrenzende und verwandte Gebiete ausdehnen können. Wo ist die Grenze zwischen Reklameschwindel und gesunder Geschäftspolitik?

Sowohl hinsichtlich der psychologisch-soziologischen als auch hinsichtlich der sozio-ökonomischen Frage scheint Professor Geigers Buch einen wesentlichen Beitrag zur Diskussion zu leisten. Etliche Anhänger als auch Kritiker der Reklame werden vielleicht meinen, das Buch zeige eine

[49] So der Wirtschaftstheoretiker Erich Schneider (1900 bis 1970) in seinem Nachruf auf Zeuthen (siehe Erich Schneider: Frederik Zeuthen: In Memoriam (1888–1959), in: Econometrica. Journal of the Econometric Society, 27 (1959), 4, Seite 685.

viel zu überwältigende und in Wirklichkeit überflüssige Dokumentation dessen, was sie bereits im voraus wußten: daß Reklame und Reklametheorie sich nicht bloß für die reine Wahrheit interessieren."[50] Eine wichtige Frage ist in diesem Zusammenhang, ob sich Konsumenten durch Werbung leicht ein X für ein U vormachen lassen. Denn Werbeexperten beschränken sich in der Regel nämlich, sofern sie sich nicht an Fachleute für die beworbenen Produkte wenden, nicht auf nüchterne Produktinformationen; sie lancieren in aller erster Linie griffige Botschaften an ihr Publikum mit dem Hauptziel, Kaufwünsche zu wecken. Dafür übertreiben, beschönigen, tricksen, täuschen und schwindeln sie.

„Dieser Sachverhalt wird im öffentlichen Bewußtsein von den Fürsprechern der Reklame und den Repräsentanten der öffentlichen Meinung in einem Maße verschleiert, daß eine ehrliche und detaillierte Analyse notwendig ist. Als gefürchteter Detektiv und *lie-hunter* erjagt Geiger in mehr als 700 oft äußerst banalen Werken über die Reklame eine überwältigende Menge an Beutestücken. Noch dankbarer sind wir ihm für seine scharfzüngige und vielschichtige Analyse, die oft bescheiden als Rahmen hervortritt, aber gleichwohl den Kern des Buches ausmacht. Daß Ökonomen vielleicht seine Behandlung einzelner spezieller Fragen, unter anderem der sinkenden Kosten, unpräzise finden könnten, hat keine wesentliche Bedeutung. Da das Buch, wie schon erwähnt, keine Gebrauchsanweisung für Reklame ist, und auch nicht nur die augenblicklichen Verhältnisse dieses Landes unter die Lupe nimmt, werden vernünftige Reklamefachleute sicher auch imstande sein, von gewissen technischen Details oder von eventuellen Abweichungen in der gegenwärtig geläufigen Terminologie absehen zu können."[51].

Diese „scharfzüngige und vielschichtige Analyse, die oft bescheiden als Rahmen hervortritt," resultierte, worauf Frederik Zeuthen in seiner Rezension ebenso aufmerksam machte, aus Geigers klaren Definitionen, seinen Überlegungen über die Wirkungsmechanismen und die

[50] Frederik Zeuthen: Kritik af Reklamen, in: Nationaløkonomisk Tidsskrift for Samfundsspørgsmål, Økonomi og Handel, Band LXXXI (1943), Seite 225 (Deutsch von Philipp Micha).
[51] Ebenda, Seite 226 f.

wirtschaftlichen und sozialen Funktionen der Reklame[52] sowie aus den daraus zu ziehenden Konsequenzen. Ein großer Teil der Reklame verpuffte – trotz immer ausgefeilterer Methoden – wirkungslos und führte beispielsweise zu hohen Streuungsverlusten bei der Einführung neuer Markenartikel. Zeuthen imponierte besonders Geigers scharfe Auseinandersetzung mit den Denksystemen der Reklamewissenschaft und den von ihr etablierten „Wissens-Kirchen" sowie jene Strenge und zergliedernde Schärfe den vielfältigen Erscheinungsformen der Reklame gegenüber, die keine anerkannte wissenschaftliche Klarheit oder gar Wahrheit unwidersprochen ertrug. Es war dabei nicht sein Bestreben, die Reklame als entbehrlich darzustellen, sondern aufzuzeigen, daß sich keine klaren Anhaltspunkte für eine zuverlässige Beurteilung ihrer psychologischen, betriebswirtschaftlichen und gesamtgesellschaftlichen Zweckmäßigkeit nachweisen lassen – sieht man einmal von der Pionierreklame ab.

Das ist wohl nicht zuletzt ein Verdienst und Vorzug der methodologisch grundlegend und umfassend angelegten Studie Geigers, was auch unmittelbar einleuchtend wird, wenn man sie beispielsweise mit den späteren, als bedeutsam angesehenen kritischen Studien Vance Packards (1914 bis 1996) „The Hidden Persuaders" (1957) oder Martin Lindstroms „Brandwashed. Tricks Companies Use to Manipulate Our Minds and Persuade Us to Buy" (2011) vergleicht, die ausschließlich all jene immer raffinierter werdenden Psychotricks und Taktiken der Marketing- und Werbexperten offenlegen, mit denen diese die Wahrheit verschleiern, den Konsumenten hinters Licht führen und zum Kaufen überreden wollen. Ein Blick auf das Geiger'sche Strukturmodell lehrt, warum die Auffassungen Packards und Lindstroms in ihren verallgemeinernden Analysen zu kurz greifen und zu methodischen Fehlschlüssen führen können. Denn nicht eine bloß undifferenziert an der Oberfläche sich bewegende Kritik der Reklamemanipulation, sondern eine kritische Darstellung der Sache selbst in ihren vielschichtigen Aspekten leistete Geiger. Das innovative Potential seiner Studie ist noch keineswegs ausgeschöpft und könnte den wissenschaftlichen Repräsentanten einer kritischen Ökonomie, Psychologie und Soziologie eine Quelle der Inspiration sein und Konsumenten noch

---

52 Ähnlich argumentierten Rainer Geißler und Horst Pöttker in ihren „Anmerkungen zu Theodor Geigers ‚Kritik der Reklame'", in: Soziale Welt, 38 (1987), 4, auf Seite 495.

manchen klugen Fingerzeig geben, welchen verborgenen Verführungstechniken und -mechanismen ihre Kaufentscheidungen unterliegen.

III.

Dieser Band der Theodor-Geiger-Gesamtausgabe ist von vielen unterstützt und gefördert worden und hätte ohne ihren Beistand und ihre Ratschläge in dieser Form nicht veröffentlicht werden können, erwiesen sich doch gerade die Vorarbeiten in mancherlei Hinsicht als äußerst schwierig und langwierig. Ich möchte all denen besonders danken, die mir bei der Entstehung dieses Bandes im Laufe der vergangenen drei Jahre behilflich waren:

Mein Dank gilt vor allem Herrn Geißler und Herrn Pöttker, die mir das Übersetzungsmanuskript von Elisabeth Bergunde (1927 bis 1994) für die Publikation in der Theodor-Geiger-Gesamtausgabe überlassen haben.

Danken möchte ich auch Walter A. Büchi, Håkan Hallberg (Uppsala universitetsbibliotek), Helmut Obst (Martin-Luther-Universität Halle-Wittenberg) und Raymond-Josué Seckel (Bibliothèque nationale de France, Paris) für ihre ausführlichen Erläuterungen zu einigen Literaturquellen und Zitaten.

Für ihre großzügigee Hilfe bei der Überprüfung der zahlreichen Zitate und Sachverhalte durch Auskünfte und Kopien danke ich den Leiterinnen und Leitern beziehungsweise den Bibliothekarinnen und Bibliothekaren folgender Antiquariate, Archive und Bibliotheken: Anna-Seghers-Bibliothek, Berlin-Lichtenberg; Aarhus Kommunes Biblioteker; Antiquariat Bourcy & Paulusch, Wien; Antiquariat Lücke, Schweinfurt; Antiquariat Rudloff, Bremen; Archiv der Sektkellereien Henkell & Söhnlein KG, Wiesbaden; Bayerische Staatsbibliothek München; Baylor University Libraries, Waco; Biblioteca Centrale (Facoltà di Economia), Universitaria di Torino; Biblioteca Universitaria di Pavia; Biblioteket ved Norges Handelshøyskole, Bergen; Bibliothek der Universität der Bundeswehr, München; Bibliothek der Fernuniversität Hagen; Bibliothek der Friedrich-Ebert-Stiftung, Bonn; Bibliothek der Helmut-Schmidt-Universität, Hamburg; Bibliothek der Hochschule für Grafik und Buchkunst, Leipzig; Bibliothek der Hochschule für Technik und Wirtschaft, Berlin; Bibliothek der Industrie- und Handelskammer, Frankfurt am Main; Bibliothek der Universität der Künste, Berlin; Bibliothek der Wirtschaftsuniversität Wien; Bibliothek des Deutschen Museums, München; Bibliothek für Bildungsgeschichtliche Forschung des Deutschen Instituts für Internationale Pädagogische Forschung, Berlin; Bibliothek des Landesmuseums für Technik und Arbeit, Mannheim; Bibliothek Institut für Zeitgeschichte, München; Bibliothek des Instituts der deutschen Wirtschaft, Köln; Bibliothek des Museums der Arbeit, Stiftung Historische Museen Hamburg; Bibliothèque cantonale et universitaire, Lausanne; Bibliothèque d'Angers; Bibliothèque nationale et universitaire de Strasbourg; Bibliothèque royale de Belgique, Bruxelles; Bloomsburg University Library, Bloomsburg; Brown University Library, Providence; Büchereien Wien am Stadtgürtel; Buffalo and Erie County Public Library, Buffalo; Chicago Public Library; Det Kongelige Biblioteket, København; Deutsche Internetbibliothek; Deutsche Nationalbibliothek, Leipzig/Frankfurt am Main; Duke University Libraries, Durham; ETH-Bibliothek, Zürich; Florida State University Libraries, Tallahassee; Gerd Bucerius Bibliothek des Museums für Kunst und Gewerbe, Hamburg; Graceland University Libraries, Lamoni; Heckman Library – Calvin College, Grand Rapids; Hochschul- und Landesbibliothek Fulda; Hochschul-Informations- und Bibliotheksservice HIBS, Hamburg; Hochschulbibliothek Pforzheim; International Labor Organization (ILO) Library, Genf; Kentucky Wesleyan College Library, Owensboro; Konrad-Zuse-Zentrum für Informationstechnik, Berlin; Konzernarchiv der Henkel AG & Co. KGaA, Düsseldorf; Kraft Foods Deutschland Services GmbH & Co. KG, Bremen; Kunstbibliothek Staatliche Museen zu Berlin – Preußischer Kulturbesitz –; Københavns Biblioteker (Rådhusbiblioteket); Landesbibliothek Mecklenburg-Vorpommern, Schwerin; Landesbibliothek / Pfälzische Landesbibliothek, Speyer; Library of Congress, Washington; Lingner-Archiv, Dresden; McGill Library – McGill University, Montréal; McMaster University Library, Hamilton; Medizinische Zentralbibliothek, Magdeburg; National Library of Scotland, Edingburgh; Niedersächsische Staats- und Universitätsbibliothek, Göttingen; Northwestern University Library, Evanston; Ohio State University Libraries, Columbus; Österreichische Nationalbibliothek, Wien; Pennsylvania State University Libraries, State College; Public Library of Cincinnati and Hamilton, Cincinnati; Queen's University Library, Kingston; Roskilde Universitetsbiblioteket; Saarländische Universitäts- und Landesbibliothek, Saarbrücken; Staatsbibliothek Bamberg; Staatsbibliothek zu Berlin – Preußischer Kulturbesitz –; Staats- und Universitätsbibliothek, Hamburg; Stadtbibliothek Bielefeld; Stadtbibliothek Braunschweig; Stadtbibliothek Leipzig; Stadtbibliothek Magdeburg; Stadtbibliothek Wuppertal; Sächsische Landesbibliothek – Staats- und Universitätsbibliothek, Dresden; Sam Houston State University – Newton Gresham Library, Huntsville; State Library of New South Wales, Sydney; Statsbiblioteket Aarhus; Stiftung Rheinisch-Westfälisches Wirtschaftsarchiv zu Köln; The British Library, London; The National Library of Wales, Aberystwyth; Thüringer Universitäts- und Landesbibliothek, Jena; Toronto Public Library; Trinity College Library, Dublin; Universitätsbibliothek Basel; Universitätsbibliothek Bielefeld; Universitätsbibliothek Bochum; Universitätsbibliothek Duisburg-Essen; Universitätsbibliothek Erlangen-Nürnberg; Universitätsbibliothek Frankfurt am Main; Universitätsbibliothek Freiburg; Universitätsbibliothek FU Berlin; Universitätsbibliothek Heidelberg; Universitätsbibliothek Karlsruhe; Universitätsbibliothek Kiel; Universitätsbibliothek Leipzig; Universitätsbibliothek Mainz; Universitätsbibliothek Mannheim; Universitätsbibliothek Regensburg; Universitätsbibliothek Siegen; Universitätsbibliothek Stuttgart; Universitätsbibliothek Tübingen; Universitätsbibliothek TU Berlin; Universitätsbibliothek TU Braunschweig; Universitätsbibliothek TU Hamburg-Harburg; Universitätsbibliothek TU München; Universitätsbibliothek Wien; Universitäts- und Landesbibliothek Bonn; Universitäts- und Landesbibliothek Düsseldorf; Universitäts- und Landesbibliothek Köln; Universitäts- und Landesbibliothek Münster; Universiteitsbibliotheek Erasmus Universiteit Rotterdam; Universiteitsbibliotheek Universiteit van Amsterdam; Universiteitsbibliotheek Universiteit Utrecht; Universitetshistorisk Udvalg Aarhus Universitet; University at Buffalo Libraries – The State University of New York; University Libraries – American University Washington; University Libraries – Bowling Green State University, Bowling; University of Alabama at Birmingham – Libraries, Tuscaloosa; University of Arkansas Libraries, Fayetteville; University of Guelph Library, Guelph; University of Iowa Libraries, Iowa City; University of Kansas Libraries, Lawrence; University of Memphis – University Libraries, Memphis; University of Minnesota Libraries, Minneapolis; University of Missouri – Libraries, Columbia; University of New Brunswick Libraries, Fredericton und Saint John; University of Southern California Libraries,

Los Angeles; University of Toronto Libraries; University of Western Sydney Library; University of Wisconsin – Madison Libraries, Madison; Winterthus Museum, Garden and Library, Wilmington; Wirtschaftsbibliothek Industrie- und Handelskammer zu Köln; Yale University Library, New Haven; ZBW – Deutsche Zentralbibliothek für Wirtschaftswissenschaften – Leibniz-Informationszentrum Wirtschaft, Hamburg/Kiel; Zentrale Hochschulbibliothek Flensburg; Zentrale Hochschulbibliothek Lübeck; Zentral- und Landesbibliothek (ZBL), Berlin.

Für das Einrichten der Druckvorlage mit dem Textsatzsystem LaTeX2e sowie der digitalen Aufbereitung der Figuren und Tabellen danke ich Benjamin W. Faßmann und Christina D. Faßmann, für das Erstellen der Druckvorlage des Geiger'schen Inhaltsverzeichnisses Felix Quandt und für die Vorlagen der Figuren und Tabellen mit dem Textverarbeitungssystem Micorosoft Word Benjamin Rodax.

Schließlich und endlich schulde ich Annelie Rodax großen Dank für ihr Lektorat; vor allem sprachlich gewann der Band dadurch sehr an Qualität.

Halle (Westfalen), im Frühjahr 2013

Klaus Rodax

THEODOR GEIGER

KRITISCHE BETRACHTUNGEN ÜBER REKLAME

Verily, man shall not live by bread
alone but mainly by catchwords.
R. L. Stevenson

Injudicious liars have brought
all liars into bad repute.
Mark Twain

Vorwort

Der Titel dieses Buches sagt, was der Leser erwarten kann und was er nicht erwarten darf. Es ist kein Lehrbuch für die Technik der Reklame, auch keine Gesamtdarstellung ihrer ökonomischen Probleme. Das Thema wird in einzelnen, lose gruppierten Abschnitten kritisch beleuchtet. Systematische Vollständigkeit ist nicht erstrebt; doch hoffe ich, daß man keine Stellungnahme zu einem Zug der Reklame, der von allgemeineren Gesichtspunkten her wesentlich ist, vermißt.

Der kritische Grundton ist nicht gerade geeignet, sich Freunde innerhalb der Reklame treibenden Geschäftswelt zu machen, und namentlich nicht innerhalb der Werbebranche. Aber der Außenstehende wird unweigerlich in eine kritische Haltung gedrängt, sowohl der Reklame selbst gegenüber als auch gegenüber der Literatur über sie. Der größte Teil dessen, was über Reklame geschrieben ist, stammt von Autoren, deren Existenz ganz oder teilweise damit verbunden ist. Als Verfasser von Lehrbüchern über die Reklame besitzen sie eine überlegene Kenntnis von deren Technik; aber ihre theoretischen und gesellschaftspolitischen Meinungen über die Reklame sind allzu deutlich dadurch geprägt, daß der Gegenstand der Betrachtung ihr Beruf ist. –

Die große Anzahl der Hinweise scheint vielleicht im Widerspruch zu dieser wenig günstigen Bewertung der Literatur zu stehen. Die Sache ist jedoch die, daß ich nicht in erster Linie eine wissenschaftliche Auseinandersetzung mit vorgebrachten Theorien bezwecke, sondern eine Beleuchtung und Kritik der im Wirtschaftsleben herrschenden Reklamementalität; diese kommt gerade bei Verfassern zweiten und dritten Ranges zum Vorschein und äußert sich sehr deutlich durch häufige Variationen derselben Behauptungen und Vorstellungen. Eine klare Charakteristik gewisser typischer Formen des Reklameverhaltens muß außerdem mit dem Zeugnis der Werbefachleute untermauert werden; sonst würde die Kritik in den Verdacht der Parteilichkeit geraten. In gewissen Fällen erscheint es jedoch ratsam, gar keine Beurteilung von meiner Seite zu äußern, sondern die Werbefachleute ihre Vorgehensweisen und Auffassungen durch eigene Aussagen selbst entlarven zu lassen; keine Polemik könnte das so wirkungsvoll und glaubwürdig tun.

Wenn ich auf diese Weise nicht mit der besonderen Sympathie der Werbebranche für meine Arbeit rechne, ist damit nicht gesagt, das Buch sei für den Praktiker wertlos. Ich will vielmehr annehmen, daß es allein durch die umfassende, referierende und kritische Verarbeitung fremdsprachlicher Reklameliteratur und deren Theorien sich als für die Praxis nützlich erweisen wird. Der reichhaltige Stoff, der angeboten wird, kann vielleicht in gewissem Grade die Werbebranche mit den Schlußfolgerungen und Standpunkten des Verfassers versöhnen. Schlechte Presse und eifriger Gebrauch sind nicht das schlechteste Los, das ein Buch treffen kann.

Die große Menge der Literaturhinweise hat den Anlaß zur Verwendung einer besonderen Zitiertechnik gegeben. Eine entsprechende Anzahl Fußnoten würde die Lektüre allzu beschwerlich machen und durch Wiederholung der vollen Titel oft angeführter Werke unnötig viel Platz einnehmen. Die benutzte Literatur ist deshalb hinten im Buch in einer alphabetischen Liste aufgeführt, wo jedes Werk mit einer laufenden Nummer versehen ist. Die Zitate sind in den Text eingefügt; die in Klammern folgende Zahl gibt die laufende Nummer der Quelle und die Seitenzahl an, zum Beispiel **90**, 117 = Burtt: Psychology of Advertising, Seite 117. Die römische Zahl hinter der laufenden Nummer gibt den zitierten Band an, wenn das Werk mehre Bände umfaßt. Der Name des zitierten Verfassers ist im Text angegeben, soweit er von Bedeutung ist; wo die angeführte Literatur nur typische, reklamefachliche Vorstellungen und Stimmungen illustrieren soll, erscheint es überflüssig, den Verfasser ausdrücklich zu nennen. –

Ohne die Verantwortung für ein Detail in meiner Darstellung ablehnen zu wollen, sage ich hier meinem Freunde, Professor Dr. polit. Jørgen Pedersen, Dank für eine genaue Durchsicht des Manuskriptes und für guten Rat in Punkten, wo mein nationalökonomisches Wissen unsicher oder mangelhaft war.

Odense, im Juni 1942.

Theodor Geiger.

Inhalt

I. Teil

Wesen und Genesis der Reklame

Das Wesen der Reklame

Definition. Reklame ist die mit geschäftlichem Eigeninteresse vor Augen ausgeübte suggestive Beeinflussung von Personen in Massen, um sie als Käufer für Waren oder Dienstleistungen auf dem öffentlichen Markt zu gewinnen. – Diese, in einer früheren Studie (**229**, 170) gegebene Begriffsbestimmung wird hier eingehender begründet.

Ein Zweck und die Anwendung einer Methode begründen zusammen den Begriff „Reklame". Eine vollständige Definition muß deshalb zweidimensional sein. Psychologen und Werbefachleute richten die Augen gern auf die Methode und erweitern den Begriff, bis er alle psychische Bearbeitung von Menschen umfaßt, auch außerhalb des Wirtschaftslebens. Betriebswirtschaftslehre und Handelskunde legen gerade entgegengesetzt das Hauptgewicht auf den gewerbsmäßigen Zweck und wollen oftmals unter Reklame alle verkaufsvorbereitenden Veranstaltungen verstehen. Beide, in verschiedener Richtung erweiternde Begriffsbildungen erscheinen mir unpraktisch. Definitionen, die „einen ökonomischen ... und einen psychologischen Bestandteil ... vermengen" (**324**, 11), sind die einzigen, die das zusammengesetzte Wesen der Reklame treffen.

Propaganda und Zwang. Sieht man vom ökonomischen Zweck der Reklame ab, kommt man zum weiteren Begriff „Propaganda". Diese ist ein Verfahren, während Reklame dessen Anwendung im Dienste des Geschäftslebens bezeichnet. Die Propaganda versucht, mehrere für etwas zu gewinnen – für eine Auffassung, eine Glaubensrichtung, eine Lebensform, eine Verhaltensweise. „Zu gewinnen" schließt Gewalt und Zwang aus. Religionsverfolgung ist Terrorismus, nicht Propaganda. Drohung ist Zwangsankündigung und deshalb nicht Propaganda. – Zwang und Propaganda können jedoch zusammengehen. Zwingt der Staat alle Kinder, die öffentliche Schule zu besuchen, wird dadurch das Wirkungsfeld für nationale Propaganda der Schule erweitert. Zwang unterstützt dann die Propaganda. Aber von dieser, nicht vom Staat, erwartet man, daß sie eine nationale Haltung herbeiführe. – Der Staat kann zwangsweise aller unerwünschten Propaganda Einhalt gebieten und ein Meinungsmonopol etablieren. Zwang schützt dann eine privilegierte Propaganda, so daß andere Einflüsse ihr nicht entgegenwirken können. – Schreibt der Staat eine Zwangsanleihe aus, kann er gleichzeitig durch Propaganda eine günstige Stimmung für die Anleihe erwecken. Zwang allein würde das gleiche äußere Resultat erzielen, aber Propaganda wirkt wie Schmieröl; psychischer Widerstand gegen das Aufgezwungene wird gebrochen oder geschwächt. Propaganda paßt sich dem Druck des Zwanges an, die beiden ergänzen einander.

ANONYM UND IN MASSEN. Propaganda spricht zu den Leuten ohne Unterschied, nicht zum namentlich genannten einzelnen. Die Anstrengungen der Jesuiten, die schwedische Königin Kristina in den Schoß der Römischen Kirche zurückzuholen, sind nicht Propaganda, sondern Proselytenmacherei. Sicher können auch diese Hand in Hand gehen; eine politische Partei macht Propaganda durch Zeitung und Volksversammlungen, beauftragt aber vielleicht außerdem ihre Getreuen, Freunde und Bekannte zu bearbeiten. Doch eine mögliche Verknüpfung der Methoden hebt nicht den Unterschied zwischen ihnen auf. Die Proselytenmacher packen ihre Opfer am Kragen – der Propagandist wirft sein Netz aus, wo der Schwarm steht.

SUGGESTION. Propaganda wirkt, wenn nicht gegen, so doch um die kritische Vernunft herum; sie ist nicht informative, sondern suggestive Beeinflussung der Öffentlichkeit (Gérin/Espinadel **234**) und wendet sich an Phantasie und Gefühlsleben. Das Wort „Propaganda“ wurde, bezeichnend genug, zum ersten Mal in Verbindung mit dem Glaubensleben in einer Schrift der Gegenreformation verwendet, wo logisch-kritische Urteile nicht am Platze sind („Sancta congregatio de propaganda fide“, 1622).

Die verbreitete Abneigung der Werbebranche gegen die Verwendung des Begriffes „Suggestion“ in Verbindung mit der Reklame rührt teilweise daher, daß man Suggestion mit Hypnose und Taschenspielertricks verwechselt. Aber Suggestion bedeutet in modernen Fachsprachen nichts anderes als eine Beeinflussung des Denkens und des Willens anderer mit

Hilfe gefühlsbetonter Vorstellungen. Propaganda ist Suggestion, denn sie will nicht zu kritisch-logischen Urteilen anregen, sondern verlocken und betören.

Propaganda und Reklame. Propaganda ist eine zweckindifferente, psychische Technik, verwendbar für viele Zwecke, immer den besonderen Erfordernissen des Zweckes angepaßt. Man unterscheidet zum Beispiel zwischen politischer, kultureller, religiöser, sozialer und geschäftlicher Propaganda, und die letzte wird in der Regel mit der Reklame gleichgesetzt. Dieses entspricht der ursprünglichen Bedeutung des Wortes und den Vorstellungen, die es auslöst. – Es gibt eine weitere Art der Propaganda, die einen besonderen Namen hat, nämlich politische Agitation. Zwischen den übrigen Arten wird unterschieden durch Adjektive und zusammengesetzte Ausdrücke, die Inhalt und Zweck bezeichnen.

Die Reklame ist ein Glied im Absatzsystem eines Verkäufers oder einer Verkäufergruppe. Ehe die Ware über den Ladentisch gereicht wird, laufen, neben der verkaufsorganisatorischen Arbeit, gewisse Gesellschaftsprozesse ab, die man unter den Namen Markt- oder Käuferbearbeitung zusammenfassen kann. Dazu gehört die Reklame; sie ist eine Marktbearbeitung mit Propagandamethoden und umfaßt, mit anderen Worten, die Absatzveranstaltungen, die sich unterschiedslos in verlockender Form an potentielle Käufer wenden.

Die Reklame ist damit in groben Zügen ins Verhältnis zu psychologisch und ökonomisch verwandten Phänomenen gesetzt worden – zu Propaganda und Agitation auf der einen, Marktinformation und Verkaufstätigkeit auf der anderen Seite. Ein graphisches Schema (Figur 1, Seite 18) macht das anschaulich. Einzelheiten müssen hinzugefügt, Trennungslinien durch Klärung der Grenzformen begradigt werden, Modifikationen werden notwendig sein – aber die ersten Marksteine sind gesetzt.

Den anglo-amerikanischen Verfassern fehlt ein kurzer Ausdruck, der ihren eigentlichen Gegenstand, die Geschäftsreklame, von „advertising", das auch die Ideenpropaganda umfaßt, unterscheidet. Sieht man ihre terminologischen Qualen, so kann man nicht begreifen, daß einige auf den Vorteil verzichten wollen, der ihnen dadurch entsteht, daß die dänische Umgangssprache durch die aus dem Französischen übernommene Voka-

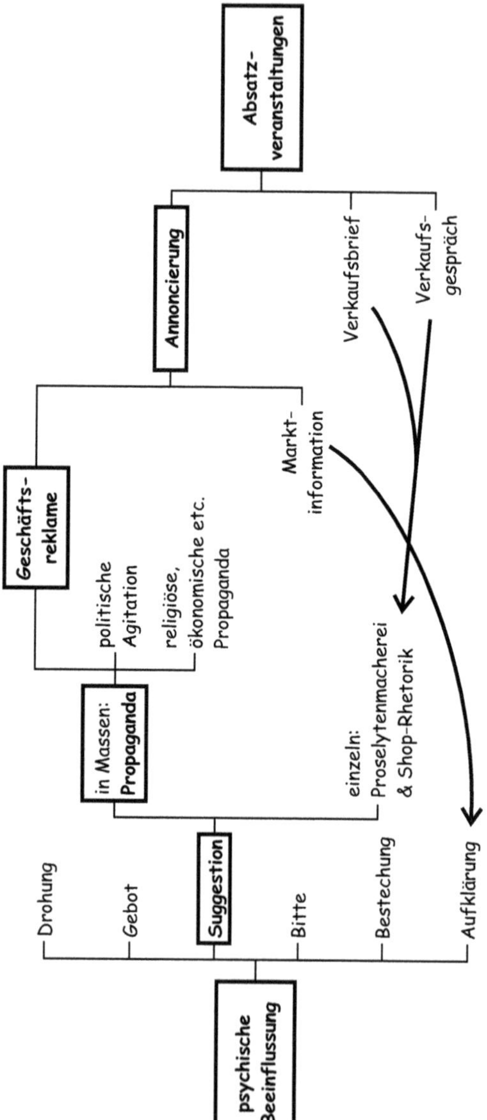
Absatz-
veranstaltungen
Annoncierung
Verkaufsbrief
Verkaufs-
gespräch
Geschäfts-
reklame
Markt-
information
politische
Agitation
religiöse,
ökonomische etc.
Propaganda
in Massen:
Propaganda
einzeln:
Proselytenmacherei
& Shop-Rhetorik
Drohung
Gebot
Suggestion
Bitte
Bestechung
Aufklärung
psychische
Beeinflussung

Figur 1

bel „réclame" eine natürliche Grenze zwischen Ideen- und Geschäftspropaganda setzt. Kjær Hansen will dagegen die Grenze verwischen, die „leicht den Eindruck erwecken kann, als beständen – wenn auch nicht direkte Gegensätze, so doch – Unterschiede zwischen allgemeiner Propaganda und Reklame. Dies ist jedoch nicht der Fall. Die Arbeit, die ausgeführt werden muß, hat denselben psychologischen Hintergrund, und die Mittel, die angewendet werden müssen, sind von gleichem technischen Charakter, ob es sich nun darum dreht, Proselyten für eine Überzeugung oder Kunden für ein Geschäft zu gewinnen" (**345**, 84 f.). Das mit dem psychologischen Hintergrund stimmt; deshalb ist ein Allgemeinbegriff in der Psychologie notwendig. Die technischen Mittel sind nur teilweise die gleichen; die Reklame kennt zum Beispiel keine Mittel, die der Volksversammlung und der Kanzel der Ideenpropaganda entsprechen. Im Hinblick auf den Zweck unterscheidet Kjær Hansen selbst zwischen Anhängern und Käufern, Überzeugung und Geschäft; der Unterschied ist in der Tat groß genug, um zu wünschen, ihn auch in der Begriffsbildung ausgedrückt zu sehen, da die zwei sich auf scharf voneinander getrennten Gebieten des gesellschaftlichen Lebens befinden. Es läßt sich nicht ändern, daß Christentum, Vegetarismus und Frauenbewegung auf einer anderen Ebene liegen als Füllfederhalter, Schuhwaren und Würste ... Die Regel ist dann auch eine Unterscheidung in Übereinstimmung mit dem hier Ausgeführten. „Dem allgemeinen Sprachgebrauch entspricht es m. E. mehr, mit Reklame einzig und allein die Werbetätigkeit des Geschäftsmannes ... zu bezeichnen, und in allen anderen Fällen der Werbung von ‚Propaganda' zu sprechen" (**313**, 15). Selbst Verfasser, die sonst keine scharfen Abgrenzungen lieben, meinen, „daß der Begriff ‚Reklame' kaum eindeutig zu geben ist ... ‚Reklame machen' und ‚Werben' sind nicht identisch – am ehesten könnte man ‚Reklame' mit ‚kaufmännischem Werbewesen' übersetzen" (Hartungen **265**, VI f.).

TERMINOLOGIE. Um weitschweifige Ausdrücke zu vermeiden, benutze ich von jetzt ab folgende Bezeichnungen: Reklamist ist die Person, Institution oder Gruppe, die Reklame macht. Reklamand ist die Person, an die sich die Reklame wendet. Reklamat ist die Ware oder Dienstleistung, für die sich die Reklame einsetzt.

KÄUFERBEARBEITUNG IN MASSEN UND EINZELN. Die Reklame ist eine Botschaft an Verbraucher in Massen, nicht an namentlich genannte einzelne. Persönliches Verkaufsgespräch, Besuch von Handelsvertretern und Geschäftsreisenden, Verkaufskorrespondenz und Telephonanruf fallen damit aus dem Begriff heraus. Sie stehen in demselben Verhältnis zur Reklame wie Proselytenmacherei zur Ideenpropaganda.

Die Notwendigkeit dieser Unterscheidung wird von vielen eingesehen, ist aber doch nicht allgemein anerkannt. Betrachtet man die Reklame rein psychologisch als suggestive Beeinflussung, so ist es ziemlich gleichgültig, ob das Resultat durch eine persönliche oder eine öffentliche Botschaft hervorgerufen wurde. Sieht man rein geschäftsmäßig nur auf den beabsichtigten Verkaufseffekt, ist es ebenfalls von untergeordneter und rein technischer Bedeutung, ob das Resultat am besten durch Käuferbearbeitung in Massen oder einzeln erreicht werden kann.

Unter anderen Blickwinkeln gesehen, ist der Unterschied zwischen Einzelansprache und Massenaufruf wesentlich. Der Ausdruck „Massenaufruf" besagt nicht, daß die Reklame psychische Gesamtheiten der unter dem Namen „psychologische Masse" bekannten Art in Bewegung zu setzen sucht. Die Reklame beeinflußt immer Einzelpersonen, aber es besteht ein Unterschied zwischen einer Botschaft an einzelne einer nach dem anderen und einer unterschiedlos an eine große Anzahl gerichteten Botschaft. Unsere Definition spricht nicht von Beeinflussung der Massen, sondern von Beeinflussung von Personen in Massen, um das Mißverständnis zu vermeiden, man ziele auf kompakte Gesellschaftsbildungen.

Die Frage der Käuferbearbeitung stellt sich zunächst psychotaktisch ganz verschieden, ob ich einen namentlich genannten Käufer oder viele ohne Unterschied anspreche (**344**, 576; und andere). Steht der Verkäufer dem einzelnen gegenüber, kann er sich von Anfang an ein Urteil darüber bilden, welche Linie einzuschlagen klug wäre und welcher Gesprächsstil der passende sei; er kann während des Gespräches vorfühlen und möglicherweise seine Taktik ändern. Die Reklamebotschaft dagegen richtet sich in endgültiger Form an Verbraucher, die der Reklamist nur als einen Typus, nicht als Persönlichkeit vor sich sieht. Der Verkäufer muß deshalb für die Tausende psychischer Nuancen im Gespräch mit Kunden Sinn haben und sie berücksichtigen, während der Reklamist nur mit einer begrenzten Anzahl von Psychotypen rechnet (**376**, 6 f., 77 ff., 85 ff.). Er kann nicht vorfühlen; für ihn ist das eine Frage von Treffen oder

Verfehlen. – Das Verkaufsangebot ist zwar auch eine endgültige Form, und der Empfänger kann eine fremde Person sein. Aber ein Angebot an einen namentlich genannten Empfänger kann in Form und Inhalt den Aufklärungen, die man sich verschafft, angepaßt sein oder doch den Vorstellungen, die man sich über dessen Person und Verhältnisse gebildet hat. – „Die *Reklame* ist eine Veranstaltung *sui generis*, die sich von allen angrenzenden Phänomenen durch ihren unpersönlichen Charakter unterscheidet, der sich sowohl in den verwendeten Mitteln offenbart als auch darin, daß die *Reklame* niemals diese oder jene Person anspricht, sondern ganze Klassen oder Konsumentenkreise" (**110**, 12; **665**, 99).

Historische und wirtschaftsstrukturelle Gründe deuten in dieselbe Richtung. Käuferbearbeitung findet überall statt, wo gehandelt wird. Aber die öffentliche Käuferbotschaft an anonyme Käufermassen gehört einer bestimmten wirtschaftsgeschichtlichen Periode an. Das Verkaufsgespräch ist so alt wie die Tauschökonomie. Der Handelsvertreter tritt auf, wo es Handel über große Entfernungen gibt. Das Verkaufsangebot wird geschickt, wenn und wo eine einigermaßen regelmäßige Postverbindung besteht. Aber eine Streuungsbotschaft von Verkäuferseite an anonyme Käufermassen hat erst Sinn, wenn das Verhältnis zwischen Käufern und Verkäufern anonym ist, das heißt: auf dem modernen Großmarkt, wo nicht mehr namentlich genannte Käufer namentlich bekannten Verkäufern gegenüberstehen, sondern wo man auf der einen Seite eine Verkäuferfront hat, auf der anderen eine Front von schnell wechselnden Verbrauchern mit einem typisierten Bedarf. Zwei ökonomische Zeitalter trennen sich, wo der Übergang vom persönlich-bekannten zum unpersönlich-anonymen Marktverhältnis stattfindet. Die Streuungsbotschaft des Verkäufers ist bezeichnenderweise an das letztere geknüpft. Diesen Stufen der Marktstruktur entsprechend, muß unterschieden werden zwischen Käuferbearbeitung als individuelle und anonyme Marktbearbeitung. Einige, die beide Teile Reklame nennen, teilen dann auch diesen Begriff in Massenreklame und individuelle Reklame (**432**, 57 f.) oder in individuelle Reklame, Berufsklassenreklame und Massenreklame (**265**, 12; **170**, 109).

Um der Theorie willen ist es gleichgültig, welche Namen man benutzt, wenn man nur die Dinge getrennt hält. Aber das Natürliche ist, mit Reklame nur die an anonyme Käufer in der Masse verbreitete Botschaft zu bezeichnen. Selbst das Wort „Reklame" gehört der Periode der anonymen Großmärkte an und entstand als Bezeichnung für etwas, was die damalige Zeit als neu empfand; erst später hat man rückblickend ältere Erscheinungen mit unter diesem Namen erfaßt. Die Vorstellungen, die das Wort „Reklame" auslöst, konzentrieren sich jedoch stets um eine Botschaft an ein anonymes Publikum – selbst bei denen, die prinzipiell an der umfassenderen Begriffsbildung festhalten. Eine erkleckliche Anzahl Bücher über Reklame beginnt mit einer Definition, die sowohl Einzel- als auch Massenbearbeitung umfaßt, um danach Seite um Seite die letztere zu behandeln, während die erstere sich mit dem Platz des Aschenputtels begnügen muß.

Es gibt – hauptsächlich unter der älteren Generation der Werbefachleute – einige, die daran festhalten, die Reklame wirke um so besser, je persönlicher sie sei (**491**, 24), man solle sich nicht an die Verbraucher als eine Masse, sondern an jeden einzeln wenden und müsse ihn so behandeln, als ob man nur zu ihm persönlich spräche (**298**, 119). In Wirklichkeit kann das niemals etwas anderes als ein angestrengtes Manöver sein, das gegen die Grundbedingungen der Reklame verstößt.

Verkaufsangebot und direkte Reklame. Man bezeichnet es als direkte Reklame, wenn selbständige Reklamesachen in eigener Regie des Reklamisten verteilt werden, nicht durch ein Verbreitungsmedium, von dessen Reichweite der Reklamist abhängig ist. Die Annonce erreicht diejenigen, die das Blatt halten; das Plakat wird von jenen gelesen, die dort vorbeikommen, wo es angeschlagen ist. Das Verkaufsangebot, in Umlauf gebrachte Reklamezettel, Kataloge und Firmenprospekte kommen dagegen „direkt" vom Reklamisten durch den Briefschlitz des Reklamanden, und man glaubt aus diesem Grunde, daß sie persönlich (**242**, 8) oder individuell (**234**, 8) wirken. Wenn diese Formen wirklich persönlich sind, so sind sie nicht Reklame in der hier festgelegten Bedeutung. Im Hinblick auf das einzelne Verkaufsangebot ist die Frage schon entschieden. Eine Botschaft von Person (Firma) zu Person ist keine Reklame. Die übrigen Formen müssen einzeln beurteilt werden. Die Verteilung von unadressierten Drucksachen durch die Post oder bezahlte Austräger sind Reklame und wirken ausgesprochen unpersönlich. Eine gleichlautende Botschaft wird hier aufs Geratewohl an eine ganze Kategorie Personen verschickt. Der Reklamist bearbeitet schematisch eine namenlose Menge von Einzelpersonen. Diese Methode scheint in den 1860er Jahren unter den englischen Manufakturwarenhändlern beliebt gewesen zu sein; eine Quelle aus dem Jahre 1863 bezeichnet es schon als „Geldverschwendung“, eine Reklame „an die Hausherrin zu richten“ (**628**, 33 f.) – denn allerhöchstens das Dienstmädchen werde sie lesen.

Auf einer etwas anderen Stufe steht das Versenden von Drucksachen oder mit Hilfe von Matrizen vervielfältigten Reklamebriefen mit adressiertem Kuvert. Die anonyme Form ist da durch die polynyme ersetzt worden, aber davon wird eine Massenbotschaft nicht persönlich (**344**, 609). Der Inhalt ist auch hier gleichlautend, nicht im Hinblick auf einen namentlich bekannten Empfänger abgefaßt, sondern für einen Typus berechnet und nach einer Adreßliste versandt. Deren Beschaffung, zum Teil auch das Versenden nach dieser Liste, ist ein besonderer Geschäftszweig. Ein Büro in New York bietet zum Beispiel 30 Millionen Adressen an, geordnet nach 29.000 Kategorien. – Das Maßgebende für eine Unterscheidung zwischen persönlichem Ansprechen und Massenaufruf muß sein: 1) Die Ansicht des Reklamisten über die Empfänger – sieht er sie als namentlich genannte Personen oder als Repräsentanten für einen Typus? – 2) Die Auffassung des Empfängers von der Botschaft – fühlt er sich als Einzelperson angesprochen oder als Mitglied einer Kategorie?

Der beste Beweis dafür, daß direkte Reklame gerade nicht persönlich wirkt, sind die vielen kleinen Kunstgriffe, womit man dem Aufruf einen persönlichen Anstrich zu geben versucht (**719**, 4). Es gibt Schemabriefe, die nicht vervielfältigt, sondern einzeln auf der Maschine geschrieben werden, Drucksachen, die – von Hand adressiert – als Brief geschickt werden; Schemabriefe im Privatumschlag, eingeschrieben, als Eilbrief, im Kuvert mit Trauerrand. Ein deutsches Wochenblatt versandte Tausende von Geldanweisungen über 5 Pfennig; der schmunzelnde Geldbriefträger „strich sie wieder ein – als Bestellgeld für die Geldanweisung“, und zurück „blieb nur der Abschnitt der Anweisung, auf dem gedruckt stand: Lesen Sie die Wochenschrift ...“ (**254**, 185). Ein englischer Möbelhändler verschickte telegraphische Angebote, als Glückwunsch aufgemacht, an alle Verlobung Feiernden, um seiner Botschaft „den Reiz oder zumindest den Schein des ‚Persönlichen‘ zu geben“ (**279**, 2). Aber der Empfänger läßt sich kaum irreführen. Während die Reklamisten neue Tricks erfinden, um der Reklame ein persönliches Aussehen zu geben, werden wir anderen darin geübt, das Manöver zu durchschauen, und gelingt es wirklich einmal, uns zu täuschen, werden wir nur ärgerlich (**662**, 69 f.).

Der Grenzfall zwischen direkter Reklame und persönlichem Verkaufsangebot ist ein Schemabrief, variiert mit irgendeinem individuellen Bestandteil. Amerikanische Versandhandelshäuser haben dies zu einer raffinierten Kunst entwickelt (**530**, 174 ff.). – Ein Wiener Bankhaus kam auf den Gedanken, sämtlichen Inhabern eines Postscheckkontos Lose mit ihrer Gironummer und der Bemerkung anzubieten, „daß dieses zufällige Zusammentreffen als besonders glückbringend angeschaut werden möge" (**265**, 192) – später übertragen auf Telephon- und Automobilnummern.

Der Aufdruck auf dem Firmenbriefpapier wird oft als Reklame bezeichnet, ist es aber nicht, soweit es nur den Namen der Firma, Adresse und Branche angibt. Der Aufdruck kann aber durch die Form des Textes, durch ein Bild des Firmengebäudes usw. als Reklame benutzt werden. Der Text des Briefes ist in dem Falle eine persönliche Nachricht, der gedruckte Briefkopf aber ist eine Reklamebotschaft, die jeden Empfänger eines persönlichen Geschäftsbriefes erreicht.

Verkaufsgespräch und mündliche Reklame. Eine lange Reihe von Definitionen knüpft den Reklamebegriff an die Anwendung bestimmter Ausdrucksmittel, meistens Schrift und Druck (selling by print); nur in sieben Fällen fand ich das gesprochene Wort unter den Ausdrucksmitteln der Reklame hervorgehoben. Ein einzelner Amerikaner unterscheidet zuerst zwischen der Verkaufstätigkeit von Angesicht zu Angesicht und Verkauf durch Druckerschwärze (= Reklame), bekommt dann Schwierigkeiten mit der Rundfunkreklame, die weder das eine noch das andere ist, und bildet für diese eine besondere Kategorie „Verkaufsvortrag", der keine Reklame sein soll, da der Rundfunk „nur der verlängerte Aktionsradius der Stimme" (**259**, 2) sei. Es erscheint jedoch unlogisch, den Rundfunk auszuschließen – überhaupt die mündliche Mitteilung –, wenn die Sprache (Französisch, Italienisch, Deutsch, eine skandinavische) das Wort „Reklame" verwendet, das gerade eine verbale Vorstellung („laut" oder „oft rufen") ausdrückt.

Welche Formen der mündlichen Käuferbearbeitung sind nun Reklame? Das Verkaufsgespräch im persönlichen Nahkontakt ist es entschieden nicht. Es wird nur von jenen zur Reklame gerechnet, die hierunter alles verstehen, was dazu dient, die Verbraucher zum Kauf zu bewegen. Ich habe in der Literatur fünfzehn unbestreitbare Fälle davon gefunden. – Als Nummer zwei gibt es den Handelsvertreter, den Geschäftsreisenden und den Repräsentanten. Einige, die den Verkäufer hinter dem Ladentisch nicht als Reklameorgan anerkennen, rechnen doch den Besuch des Handelsvertreters mit zur Reklame. Für sie scheint es ausschlaggebend zu sein, ob der Käufer zum Verkäufer kommt oder umgekehrt, offenbar aus der Vorstellung von „aggressiven" Verkaufsmethoden heraus. Aber der Verkäufer kann sehr aufdringlich sein, und der Handelsvertreter besucht zum Teil regelmäßig Kunden, die direkt auf ihn warten. – Bei anderen scheint der Gedanke an Verkauf im Fernkontakt entscheidend zu sein; so schließt Strøm Tejsen Handelsvertreter und Telephongespräch aus – weil der Kaufinteressierte augenblicklich zum Käufer werden kann (**650**, 11). Aber ein Schild „Rauch' Nihil Sine!" ist ausgesprochene Reklame; ist es gegenüber einem Automaten angebracht, kann der Käufer auch stehenden Fußes kaufen. – Wir ziehen uns auf unseren ursprünglichen Standpunkt zurück; das Verkaufsgespräch ist keine Reklame, da es kein typisierter Aufruf an ein anonymes Publikum darstellt, sondern in persönlicher Form vor sich geht.

Wiederholt der Handelsvertreter schematisch von Haus zu Haus seinen Sermon (canned sales talk), wirkt er gleichsam wie ein wandelndes Grammophon. Er ist ein schlechter Verkäufer, der nicht die besonderen Möglichkeiten des persönlichen Gesprächs ausnutzt. Am ausgeprägtesten ist es beim Telephongespräch, das eigentlich nur eine Intensivierung des Schemabriefes darstellt; man will verhindern, daß die Verbraucher die Botschaft ungelesen in den Papierkorb werfen. Legt man das Hauptgewicht auf die schematische Bearbeitung einer ganzen Personenkategorie, wird man diese Fälle mit zur Reklame rechnen; sieht man das Wesentliche darin, ob die Bearbeitung nacheinander oder gleichzeitig geschieht, muß man sie zur persönlichen, wenn auch schablonisierten Einzelbearbeitung zählen.

Der Ausrufer wendet sich an ein bestimmtes Publikum, ob er nun Straßenverkäufer oder Plakatträger (Sandwichman) ist. Eng verwandt mit ihm sind andere von jeher bekannte Gestalten, nämlich Scharlatan und

Gaukler auf dem Jahrmarkt. Die Marktschreierei des Ausrufers und Budenbesitzers ist der Vorläufer der modernen Reklame.

Über den Demonstrationsvortrag und die Rundfunkwerbung braucht man hiernach kein Wort mehr zu verlieren; ihre Plazierung ist selbstverständlich.

MARKTINFORMATION UND REKLAME. Die Grenzen zwischen Marktinformation und Reklame werden gern verwischt. Die Reklame wird kurz und bündig als Anzeige definiert, die jedes Angebot umfaßt, oder im engeren Sinne als das für den modernen Großmarkt typische anonyme Massenangebot. Die suggestive Absicht wird mit geschickten Wendungen wie „wirkungsvolle Information", „Tatsachen in ansprechender Form" und ähnliches geleugnet oder verschleiert.

Die Reklamebotschaft enthält in der Regel – nicht immer – bestimmte informative Bestandteile – einen Namen, die Angabe des Bedarfs, den die Ware befriedigt, des Preises und der Verkaufsstelle. Darüber hinaus gibt es suggestive Bestandteile, eine Versuchung, Verlockung, und diese ist die Hauptsache. Mit journalistischer Unbekümmertheit wird behauptet, daß „die Reklame schlicht und einfach ‚Information' sei und als solche eine klare und unverzichtbare praktische Funktion für die Gesellschaft habe – den theoretischen Nationalökonomen zum Trotz, die sie als nutzlos und unproduktiv abstempeln" (**293**, 57 f.). Kein Nationalökonom hat sich jemals gegen „schlichte und einfache Information" ausgesprochen, während einige das Suggestive in der Reklame bekämpfen. Der anonyme Großmarkt kann keinen Informationsdienst entbehren, der dem Käufer zeigt, wo er seinen vorhandenen Bedarf decken kann. Der Verkäufer meldet sich auf dem Markt, nimmt dann aber eine abwartende Haltung ein. Aggressive Reklame gehört dagegen dem expansiven Wirtschaftsleben an. Die Werbebranche ist stolz darauf, daß die Reklame durch Ermunterung der Nachfrage eine Produktionserweiterung ermöglicht und auf diese Weise den ökonomischen Fortschritt fördert. Um zum vermehrten Verbrauch anzuregen, muß sie entschieden mehr sein als reine Marktinformation. Diese sagt nur: „Hast du Verwendung für Firnis, so kannst du den bei mir bekommen"; zur Verbraucherstimulierung gehört mehr – eine Verlockung, ein Ruf über das ganze Land: „Save the Surface and You Save All – Paint and Varnish!" „Der Sinn der Werbung ist nicht, etwas bekannt zu machen – mit Unrecht spricht man von ‚Anzeigen' – sondern ihr Sinn ist, eine Begehrlichkeit zu erregen. Sie soll anreizen, sie soll das seelische Gleichgewicht stören" (**662**, 52).

Selbstverständlich kann man das Wort „Reklame" in einem weiteren Sinne verwenden, indem man auch die Marktinformation mit einbezieht, wenn man nur die beiden Funktionen auseinanderhält, zum Beispiel durch eine Unterscheidung zwischen informativer und suggestiver Reklame. Das Natürliche ist aber wahrscheinlich, den Namen „Reklame" auf suggestive Käuferbearbeitung zu beschränken. Daran denken die Leute, wenn sie das Wort hören. – Manche werden geltend machen, daß die Grenze in der Praxis verwischt ist. Eine Geschäftsbotschaft kann rein informativ oder rein suggestiv sein oder beides zusammen. Aber wir nennen sie Reklame, weil sie mehr als nur mitteilend ist. „Das Annoncieren ist in der heutigen Zeit eine untergeordnete Funktion der Reklame. Ihre Hauptaufgabe ist es, zu überreden" (**668**, 4). Wir nennen es nicht Reklame, wenn eine Firma nur ihr Auf-dem-Markt-Sein bekanntgibt, sondern wenn sie den Willen der Verbraucher zu beeinflussen versucht (**699**, 141). Erfüllt die einzelne Botschaft beide Funktionen, sind sie dennoch deutlich als Typen getrennt.

INSERAT UND REKLAME. Das englische Wort „advertising" verführt dazu, ein Gleichheitszeichen zwischen Reklame und Annoncierung zu setzen. Das Dänische hat die Bezeichnung „reklame-annonce", was keineswegs „doppelt gemoppelt" ist, sondern ausdrückt, daß es Reklame- und andere Annoncen gibt.

Viele Inserate fallen aus der Reklame heraus, weil sie nicht dem Geschäftsleben dienen, nämlich 1) Bekanntmachungen der Behörden, – 2) private Fund- und Verlustanzeigen, – 3) Familienmitteilungen in Annoncenform, – 4) die sogenannten Familienanzeigen, – 5) Vereinsmitteilungen. – Die Reklame wird hier ausdrücklich auf das Geschäftsleben und den öffentlichen Markt beschränkt. Private Kleinanzeigen in „Dagens køb og salg" und die Personalbörse fallen heraus. So gesehen, ist es unberechtigt, daß historische Darstellungen dem von Montaignes Vater vorgeschlagenen (1569), vom Pariser Arzt und Menschenfreund Renaudot (1630) eingeführten und bald im übrigen Europa nachgeahmten Intelligenzkontor (bureau d'adresse et de rencontre) so große Bedeutung für die Entwicklung der Reklame beimessen (**673**, 15 ff.). Diese Kontore hatten 1) rein informative Aufgaben und 2) zielten sie nicht auf den Handelsmarkt ab. Aus beiden Gründen hatten sie nur lose Verbindung mit der Geschichte der Reklame.

Die Inserenten privater Kleinanzeigen in „Dagens køb og salg" sind zufällige, nicht gewerbsmäßige Verkäufer. Sie suchen nicht Käufer in größtmöglicher Anzahl für „ihre Waren", sondern einen Käufer für den Gegenstand, den sie gern loswerden wollen. Die Annoncen der Altwarenhändler unter dieser Rubrik sind jedoch echte Reklame; die Rubrik wird da nur gewählt, um die Aufmerksamkeit der in Frage kommenden privaten Verkäufer auf sich zu ziehen.

Die Personalbörse umfaßt zunächst den Arbeitsmarkt, auf dem Stellen gesucht und angeboten werden. Das ist keine Reklame, da der Verkäufer nur eine Transaktion abzuschließen sucht. Dann gibt es den Dienstleistungsmarkt, auf dem Dienstleistungen offeriert werden. Das Angebot von Diensten durch Firmen (Transport usw.) gehört dem öffentlichen Markt an und ist deshalb Reklame. Persönliche Dienstleistungen nehmen einen anderen Platz ein; ich rechne es zum privaten Markt, wenn ein Student Nachhilfestunden für Gymnasiasten anbietet, während Ärzte und Rechtsanwälte Reklame machen, da sie ihren Dienst gewerbsmäßig ausführen.

Die Abgrenzung ist damit im Hinblick auf den Gegenstand der Annonce vorgenommen worden. Aber der öffentliche Markt kennt sowohl Marktinformation als auch Reklame, die beide in Annoncenform auftreten. Die bloße Mitteilung von Einkaufsquellen ist keine Reklame; der Inserent gibt da in neutraler Form bekannt, welche Ware er zu verkaufen hat, zu welchem Preis und wo. Man nennt das eine eindimensionale Reklameannonce im Gegensatz zur zweidimensionalen (**110**, 14; **63**, 18; **513**, 14). Die Zweidimensionalität der Annonce liegt nicht immer in der Art der Botschaft selbst – Eigenlob, Empfehlung, verlockende Beschreibung, appetitliche Abbildung usw.; eine Botschaft neutralen Inhalts kann in die zweite Dimension aufrücken durch 1) Größe, – 2) Gestaltung (**131**, 229), – 3) Plazierung und 4) Wiederholung (**513**, 32 f.). Alle diese Mittel streben danach, besondere Aufmerksamkeit auf die Annonce zu lenken und den Leser psychisch zu beeinflussen.

„EINKAUFSREKLAME". Die private Einkaufsinserierung fällt hier aus dem Reklamebegriff heraus, da dieser auf den öffentlichen Markt beschränkt ist, und die Einkaufsinserierung des Geschäftslebens spielt, mengenmäßig gesehen, eine so untergeordnete Rolle, daß man sie beiseite lassen kann. Unter ständiger potentieller Überproduktion drängt der Absatz, nicht das Angebot auf Stimulierung. Nur auf einzelnen Gebieten gibt es regelmäßige Einkaufsinserierung; sonst tritt sie nur in Zeiten der Knappheit auf. Der erste größere Fall war R. Foys Suche nach alten Lumpen im Jahre 1732, als die USA unter Papierknappheit litten. Kriegszeiten lassen die Einkaufsinserierung zeitweilig anschwellen. Abgesehen davon, hat sie ihre bestimmten Gebiete, nämlich Altmetalle, Bücher, Hausrat, Kunstgegenstände und Sammelobjekte, also Dinge, die der Inserent zum Weiterverkauf sucht. Manche meinen deshalb, daß die Einkaufsinserierung indirekt zur Reklame gehöre, obwohl diese als Verkaufsveranstaltung definiert wird; das erscheint jedoch an den Haaren herbeigezogen, denn selbst wenn der endgültige Zweck der Verkauf ist, steht die Einkaufsinserierung doch am entgegengesetzten Ende der Reihe.

Die Einkaufsinserierung in normalen Zeiten gilt gebrauchten Dingen, die aus privater Hand in den ökonomischen Kreislauf zurückgeführt werden sollten. Das Natürliche ist, daß die zentrale Instanz, die Sammelstelle, sich an verstreute Einzelpersonen wendet, ob es sich nun um Kauf oder Verkauf handelt. Der Einkäufer gibt seine Adresse öffentlich bekannt, so daß die privaten Verkäufer ihre Sachen zu ihm bringen können. Dies ist Marktinformation; für besondere Verlockung besteht kein Bedarf. Aus *diesem* Grunde fällt die Einkaufsinserierung aus der Reklame heraus. Die verhältnismäßig seltene Einkaufsinserierung in Fachblättern, wo Gewerbetreibende Rohstoffe usw. von Gewerbetreibenden zu kaufen suchen, hat dann auch rein informative Form. Privaten Verkäufern gegenüber werden oft lockende Wendungen benutzt („höchste Tagespreise"), aber das ist vielleicht Gewohnheitssache. Da man als Verkäufer mit „niedrigsten" Preisen renommiert, verspricht man als Käufer unwillkürlich „höchste" Preise, wahrscheinlich, ohne etwas damit zu meinen. *Alle*

Silberschmiede kaufen altes Edelmetall zu „höchsten Tagespreisen" – das heißt im Klartext: alle bieten das gleiche.

Sieht man dieses schwache Reklamemoment als entscheidend an, muß man in seiner Reklamedefinition ausdrücklich für die Einkaufsinserierung Platz schaffen (**324**, 12); aber das kann sich kaum lohnen, weil sie in einer Darstellung der Reklame doch nur im Schatten der großen Schwester, der Verkaufsreklame, stehen wird.

Die Ware selbst als Reklame. „Hochwertige Waren werben schon allein durch ihre bloßen Vorzüge für sich" (**279**, 7). Man kann jedoch in Annoncen lesen: „Wir können unsere bessere Ware für den Preis liefern, weil wir kein Geld für Reklame ausgeben" und: „Die Qualität unserer Ware wirbt für sich selbst". Hier wird damit Reklame gemacht, daß man – keine Reklame macht. In derselben Schublade finden wir eine Form verschleierter Reklame, die bis ins Jahr 1857 zurückgeht. So verwendete die Stahlfedernfirma J. Alexandre in Birmingham und Brüssel im August jenes Jahres in der Leipziger *Illustrirten Zeitung* einen Annoncenplatz, wo, statt einer Annonce, folgender Brief an die Redaktion abgedruckt war: „Herr Redakteur! Gestatten Sie mir, mich Ihres vielgelesenen Blattes zu bedienen, um zur Kenntnis des Publikums zu bringen, daß in Folge überhäufter Aufträge auf meine Cementfeder keine Bestellung vor drei Monaten ausgeführt werden kann und ersuche ich die Personen, welche keine Verspätung erleiden wollen, höflichst, mir ihren Bedarf ohne Verzug einzusenden, um ihn der Reihenfolge nach effektuieren zu können" (**708**, 59). Das gleiche Prinzip hat später große Verbreitung gefunden. – Die Betonung, die Ware spreche für sich selbst, beweist nur, daß sie genau dies offenbar nicht tut. Ihr Wert und ihr Ruf können die Reklamewirkung unterstützen. Aber die Anziehungskraft, welche die Ware selbst ausübt, kann nicht als Reklame bezeichnet werden, ohne den Reklamebegriff zu verwässern und ihm allen theoretischen und praktischen Wert zu entziehen. Die Reklame ist eine besondere Veranstaltung, die die Ware groß aufmacht und ihr einen besonderen Anstoß gibt. Hopkins nennt aus seiner Praxis ein nettes Beispiel dafür, wie raffiniert man seiner Ware diesen kleinen suggestiven Extraschub geben kann. Er forderte im Jahre 1910 im Namen der Konservenfirma Van Camp die Verbraucher auf: „Versuchen Sie auch die Ware unserer Konkurrenz! ... Dieser Appell, diese Taktik gewann noch mehr. Wenn wir von unserer Ueberlegenheit gegenüber der Konkurrenz überzeugt waren, daß wir einen solchen Vergleich eingehen konnten, so kauften die Menschen bestimmt" (**298**, 144 f.).

Die Phrase von der der Ware innewohnenden Reklamewirkung betrifft gewöhnlich die Schaufensterausstattung, die eine Doppelfunktion als Werbemittel und als informative Ausstellung hat (**180**, 3). In früheren Zeiten war das Schaufenster rein marktorientiert. Aber eine Reiseschilderung aus dem Jahre 1739 erzählt von London als den „geschicktesten Ort von der Welt, sein Geld los zu werden. Die Kaufleute legen daselbst in kleinen gläsernen Schränckеn alles aus, was nur schön ist, damit sie die Neugierigen, und vorbeygehenden herbey locken mögen" (**15**, 150). Fast hundert Jahre später (1837) bezeichnet Balzac die Fassaden der Läden als „Geschäftshymnen". Bahnbrecher waren die Modezeitschriften der damaligen Zeit, und nach ihnen folgten auf einem höheren Geschmacksniveau die Warenhäuser (**671**, 2). Das Schaufenster wird von einer marktorientierten Warenausstellung zum verlockenden Reklameschaufenster umgestaltet. Die Spezialgeschäfte folgten notgedrungen nach, um sich in der Konkurrenz zu behaupten. Man kann daher kaum sagen, daß das Schaufenster erst um 1900 zu einem bewußten Werbemittel wurde (**115**, 107); gerade im Jahre 1900 spricht Sherman von „dem phänomenalen Aufschwung der Schaufensterreklame in den letzten zehn bis zwanzig Jahren" (**618**, 9).

Die Literatur betont im selben Atemzug naiv die Reklamekraft „der Artikel selbst" und die Notwendigkeit, für eine verlockende Schaufenstergestaltung zu sorgen. „Keine Reklame kann so gut sein wie die vom Artikel selbst ausgehende. ... Das Prinzip der Schaufensterdekoration ist es, den Artikel in seiner betörendsten Form vorzuführen und ihn so auszuschmücken, daß sie die Illusion ausstrahlt, begehrenswert zu sein" (**694**, 10). Es ist also nicht die bloße Ware, sondern es sind die Zauberkünste der Beleuchtung und der Aufmachung, die die Reklamewirkung hervorrufen. Diese beruht, psychologisch gesehen, darauf, daß wir einen Gegenstand niemals isoliert sehen, sondern als Mittelpunkt seiner Umgebung, die auf unseren Eindruck abfärbt (**603**, 101). Es ist die in Szene gesetzte Ware, die den Käufer für sich einnimmt; er will das Wunder des Schaufensters besitzen – aber er bekommt nur die Ware. Die Berechnung der Wirkung kann sehr weit gehen. Ich habe eine Anweisung dafür gefunden, wie man durch optische Täuschung einen Gegenstand größer und kleiner als in Wirklichkeit erscheinen lassen könnte (**466**, 277).

FREIWILLIGE REKLAME. Unter freiwilliger Reklame versteht man die für den Verkauf und den Ruf günstige Erwähnung, die eine Firma oder eine Ware erfährt. Es braucht nicht einmal Lob zu sein. Ford zog jahrelang Vorteil aus den wenig schmeichelhaften Scherzen über sein Automobil. Die Begriffsbildung berücksichtigt teils ausdrücklich die freiwillige Reklame, teils schließt sie sie genau so ausdrücklich aus, indem sie den Reklamebegriff auf die Fälle begrenzt, wo bezahlte Medien genutzt werden.

Die Erwähnung kann unpersönlich oder von Mund zu Mund vor sich gehen. Beispiele für das erste sind Buchbesprechungen und die entsprechende publizistische Erwähnung neuer Erfindungen und ähnliches. Als Sonderfall kann man Josephine Lowells New Yorker Consumers League (1890) nennen, deren „weiße Listen" über Verkäufer, die bestimmte personalpolitische und produktionshygienische Anforderungen erfüllten, als Empfehlung gegenüber den Mitgliedern der Liga wirkten (**273**, 43 ff.; **663**, 82). Das, woran man in der Regel bei freiwilliger Reklame denkt, ist jedoch die Empfehlung des Kunden an Bekannte. Sie kann spontan oder vom Verkäufer herausgefordert sein. „Sind Sie zufrieden, sagen Sie es anderen! Sind Sie unzufrieden, sagen Sie es mir!"

Weder spontane noch inspirierte Empfehlung gehört zur Reklame im eigentlichen Sinne. Empfehlen Käufer spontan ihre Einkaufsquelle, liegt keine Aktivität von seiten der Verkäufer vor. Der Gedanke an eine „Reklame, die nicht von ihnen selbst ausgeht" (**273**, 45), löst den Reklamebegriff in Luft auf. Die Käufer werden immer zu einem gewissen Grade ihre Ansichten über ihre Einkaufsquellen austauschen. Frauen sollen das mehr tun als Männer (**387**, 21). Zolas Warenhausbesitzer Octave Mouret machte davon in großem Stile Gebrauch (**716**). Persönliche Empfehlung kann manchmal die Reklame überflüssig machen. Auf dem Buchmarkt war zum Beispiel spontane Empfehlung bis zum Beginn des 19. Jahrhunderts der wichtigste Absatzfaktor. Fachbücher und gediegene Belletristik wurden an einen scharf abgegrenzten sozialen Kreis verkauft, dessen Mitglieder sich gegenseitig kannten. Da diese Zirkel erweitert und aufgelöst wurden, stieg die Bedeutung der Buchbesprechung; öffentliche

Empfehlung trat neben die persönliche. Zu Beginn des 19. Jahrhunderts entwickelte sich die Reklame gerade in Verbindung mit der Buchbesprechung (vgl. Seite 64 f.). Wir haben Balzacs und das Wort anderer Zeitgenossen, daß die Verleger junge Schriftsteller für lobhudelnde Bücherbesprechungen bezahlten, mit denen diese die Redaktionen bombardierten. Empfehlung von Mund zu Mund hat während dieser ganzen Entwicklung und bis zum heutigen Tage nicht ihre Bedeutung für das Buch verloren. Ein angesehener Verleger bezweifelte noch im Jahre 1905 den Wert der Verlagsreklame, da der Ruf der Bücher sich von selbst unter den Interessierten verbreite; er annoncierte in literarischen Zeitschriften „aus Prestigegründen und um mit ihnen auf freundlichem Fuße zu stehen" (**506**, 117) – das heißt: als Belohnung für wohlwollende Besprechungen. – Die Reklame kann entbehrt werden in Geschäftszweigen, deren Käufer einem exklusiven Kreis angehören, zum Beispiel internationale Modekünstler, die großen Kunsthändler, Spezialisten für wissenschaftliche Apparate und ähnliches.

Empfehlung von Mund zu Mund und Reklame beruhen auf gerade entgegengesetzten Gesellschaftsstrukturen. Die Reklame gehört dem anonymen Massendasein an, während persönliche Empfehlung direkte Fühlung innerhalb eines überschaubaren Kreises voraussetzt; sie gehört zur Proselytenmacherei, nicht zur Propaganda. Deswegen ist sie in dem alten, auf unmittelbarem Nahkontakt beruhenden Milieu, wo die Massenbotschaft der Reklame sinnlos wäre, alleinbestimmend. In der modernen anonymen Massengesellschaft hat sie sich eine gewisse Bedeutung bewahrt, soweit persönlicher Nahkontakt aufrechterhalten ist.

Man sagt, es gehöre mit zum Wesen der Reklame, daß die Erstkäufer für die Ware die Werbetrommel rühren (**617**, 7), ja, daß Nichtkäufer durch Erwähnung der Reklamebotschaft zum Werkzeug der Reklame werden (**234**, 24). Aber das Lob des Kunden kann nicht nur „der verlängerte Arm der gedruckten Reklame" (**271**, **II**, 254 ff.) sein. Ware, für die gar nicht geworben wird, erfährt ja auch Erwähnung. Persönliche Empfehlung unterstützt die Reklame, ist aber eine selbständige Kraft. Für sich betrachtet, ist sie keine massenweise Beeinflussung, sondern Beeinflussung des einzelnen – und deshalb nicht Reklame. Betrachtet im Verhältnis zur Streuungsbotschaft derselben Ware, ist sie nicht deren Nachwirkung, sondern eine Folge der Ansicht, die der Erstverkäufer von der Ware hat

– gleichgültig, ob er durch Reklame oder auf andere Weise gewonnen wurde.

Etwas ganz anderes ist die Ausnutzung des spontanen oder inspirierten Lobes des Verbrauchers für den Reklamezweck durch den Verkäufer. „We are advertised by our loving friends." „Der eine sagt es dem anderen." – Empfehlungsreklame, Veröffentlichung lobender Äußerungen von Verbraucherseite ist eine öffentliche Botschaft, die sich auf die Zufriedenheit namentlich genannter oder nicht genannter (oft sogar nicht existierender) Verbraucher beruft. – Endlich kann mündliche Reklame als spontane Käuferäußerung ausgegeben werden. So hat man „Lockvögel" eingesetzt, die herumgehen und mit anderen über die Ware sprechen (Flüsterkampagne), und ein Warenhaus ließ junge Frauen paarweise im Fahrstuhl von Bürogebäuden hinauf- und hinunterfahren, wo sie laut über den spottbilligen Kleiderkauf sprachen, den sie gerade in dieser oder jener Abteilung des Warenhauses gemacht hätten (**90**, 427).

„Wertreklame". Der deutsche Ausdruck „Wertreklame" deckt eine Reihe Formen ab, deren gemeinsamer Zug es ist, daß die Reklamewirkung an eine Leistung von einigem Wert geknüpft ist, die der Reklamand erhält. 1) Rabatt, der als Regel nach dem Einkauf einer gewissen Menge und im Verhältnis zum Gesamtbetrag des Einkaufs gewährt wird. – 2) Zugabe, das heißt: ein Geschenk, das der Reklamand beim einzelnen Einkauf oder als Prämie erhält, wenn die Einkäufe einen bestimmten Gesamtbetrag ausmachen (Bonsystem). – 3) Werbegeschenk. Die Botschaft wird auf Gegenständen angebracht oder unmittelbar durch Gegenstände repräsentiert, die einen gewissen Gebrauchswert haben. – Alle drei Formen werden gelegentlich als „speciality advertising" im Gegensatz zum „space advertising" (**85**) bezeichnet. Zugabe und Werbegeschenk nennt man auch Prämienreklame (**86**, 21).

Nur das Werbegeschenk ist echte Reklame; hier tritt ein Gebrauchs- oder Schmuckgegenstand an die Stelle eines anderen Werbemittels als Träger der Botschaft. Rabatt und Zugabe wirken ganz anders. Der Reklamist verspricht dem, der bei ihm kauft, einen besonderen Vorteil. Diese Art der Käuferbestechung wird bisweilen ganz offen zugegeben (**85**, 26 ff.). Sowohl Rabatt als auch Zugabe bilden einen Bestandteil des Reklamats, wodurch dieses sich von konkurrierender Ware unterscheidet.

Niedriger Preis und gute Qualität sind auch Vorteile der Ware, für die Reklame gemacht wird, aber selbst keine Reklame. Die Reklame unterstreicht sie nur als besonderes Merkmal der Ware und als Kaufargument (**439**, 151 ff.). „Nicht der Preis selbst, sondern die Ankündigung des Preises ist Reklame" (**198**, 31). Das gleiche gilt für Rabatt und Zugabe (**170**, 142). Die Reklame liegt in der Hervorhebung des Versprechens, wie sie in anderen Fällen auf der Betonung liegt, besser, billiger usw. als andere zu liefern.

Die Ausgaben für Rabatt und Zugabe sind jedoch Werbekosten, da Extraausgaben für diese spezielle Art der Reklame nötig sind. Das gleiche gilt für den wirklichen Werbepreis. Der Verkäufer renommiert oft mit „Werbepreis", um den Eindruck eines Sonderangebotes zu erwecken, während er in Wirklichkeit bereit ist, auf unbegrenzt Zeit zu diesem Preis zu verkaufen. Echte Werbepreise kann man nicht auf Dauer aufrechterhalten; sie dienen nur dazu, Käufer anzulocken, von denen man hofft, sie danach halten zu können, auch wenn man später den normal kalkulierten Preis verlangt. Der Unterschied zwischen dem normal kalkulierten Preis und dem zeitweiligen Werbepreis ist ein Teil der Werbekosten. Es ist in diesem Zusammenhang interessant, daß gewisse Billigläden in ihrer Buchführung den Preisnachlaß als Werbekosten aufführen (**289**, 20); das ist die verkehrte Welt; der niedrige Preis ist keine Reklame, sondern macht die Reklame überflüssig.

Personalpropaganda. „Personalreklame" ist das In-Szene-Setzen einer Person mit Hilfe von Reklamemethoden. Damit ist gesagt, daß sie selbst keine Reklame ist. Die Methode der Reklame heißt Propaganda, und Propaganda für Personen ist keine Reklame, da dieser Begriff auf Marktgüter begrenzt ist. Das In-Szene-Setzen adliger (**640**, 12 ff.) und anderer Personen ist politische Propaganda oder Agitation, wenn es der Zweck ist, eine politische Richtung, Haltung oder Denkweise zu fördern, für welche die herausgestellte Person eintritt. Die Person wird als Exponent ideeller Bestrebungen in Szene gesetzt. – Ist der Beweggrund nur persönlicher Ehrgeiz oder Eitelkeit, so hat man Personalpropaganda im engeren Sinne. Dazu rechne ich auch die Fälle, wo das Ziel ein materieller Vorteil von nicht geschäftlicher Art ist, beispielsweise, wenn ein Beamter durch öffentliches In-Szene-Setzen einen begehrten Posten zu erzwingen sucht.

Man nähert sich der echten Reklame, wenn die Propaganda von Personen ausgeht, die mit bezahlten Leistungen auf dem Markt sind, zum Beispiel ein Facharzt, der durch öffentliche Erwähnung einer Leistung auf dem Gebiet der Forschung auf mehr Patienten und ein höheres Honorar hofft; ein Künstler oder Autor, der mit Verkaufschancen für seine Werke rechnet, wenn sein Name rühmend erwähnt wird. Eine kleine österreichische Broschüre von 1887 gibt geradezu Anweisung in der Kunst, sich selbst in Szene zu setzen (**596**), und ist so ein Vorläufer für einen ganzen Literaturzweig derselben Art, der in den USA floriert. – Geht man einen Schritt weiter, ist man mitten in der Geschäftsreklame; Kunsthändler, Verleger und Pressebüros der Filmschaffenden inspirieren Zeitungsartikel, die ihre Maler, Schriftsteller und Schauspieler ins Rampenlicht bringen. Derjenige, für den Reklame gemacht wird, steht für die Ware des Reklamisten, Personalpropaganda ist eine Goodwillreklame für die Produktion des Betreffenden. – Endlich gibt es die Personalpropaganda der großen Geschäftsleute für sich selbst – durch Stiftungen, Mäzenatentum usw., was Anlaß zur Erwähnung in der Zeitung gibt. Dies ist die kostspieligste Form des sogenannten institutional advertising (Prestigereklame).

Reklame und Ideenpropaganda. Reklame für Waren kann indirekt einen ideellen Zweck fördern. Damit versucht man oft, die Nützlichkeit der Reklame für die Gesellschaft aufzuzeigen. Die stereotypen Beispiele sind Seifen- und Zahnpastareklame, die angeblich die Leute zu Reinlichkeit und Hygiene erzogen haben. Eine solche Nebenwirkung macht die Reklame nicht zur Ideenpropaganda. Die Zahnpastafirma bezweckt nicht, die Volkshygiene zu heben, sondern ihre Ware zu verkaufen und an ihr zu verdienen. – Umgekehrt gilt das Entsprechende. Die Reklame für Pornographie ist keine Propaganda für Unsittlichkeit. Der Verkäufer will Geld verdienen und kümmert sich nicht um die Moral der Leute. Er propagiert nicht Unsittlichkeit, sondern lebt – recht geschmacklos – davon, daß manche Menschen Schweine sind.

Ideenpropaganda kann andererseits den Markt für eine Ware vergrößern. Die Sportpropaganda unterstützt den Verkauf von Sportgeräten, die Luftschutzpropaganda nützt der Gasmaskenindustrie und die Sodawasserfabriken ziehen Vorteil aus der Abstinenzpropaganda – aber die Ideenpropaganda wird dadurch nicht zur Reklame, solange eine Idee, Lebensweise usw. das Ziel und die Marktwirkung nur ein Nebeneffekt ist. Der Geschäftsmann betrachtet diese Propaganda als Quelle eines willkommenen Konjunkturaufschwungs für die Branche.

Insofern hat man reine Formen, die jede auf ihrer Seite der Begriffsgrenze stehen. Aber dann gibt es da den Mann, der ein Reformgeschäft besitzt und gleichzeitig Matador im örtlichen Rohkostverein ist; oder den Führer einer politischen Bewegung, der seine Propagandaschriften selbst verlegt. Das Ideelle und das Geschäftliche sind hier so sehr miteinander verquickt, daß vielleicht nicht einmal der Urheber selbst weiß, was überwiegt. Wir wollen ihm zu dieser günstigen Kombination gratulieren, die es ihm gestattet, die Werbetrommel für seine Sache zu rühren und Geld zu schaufeln mit der erhebenden Gewißheit, damit für seine Idee zu wirken.

Kirchliche Reklame. In dieser Grenzzone liegt die für europäische Vorstellungen groteske amerikanische church-advertising. Man glaubt zuerst, daß „advertising" hier im weiteren Sinne gebraucht wird, ähnlich der Propaganda, sieht aber bald ein, daß tatsächlich Reklame in eigentlicher Bedeutung gemeint ist. „Auch wenn die Kirche eine religiöse Institution ist, muß sie doch nach Geschäftsprinzipien geführt werden" (**128**, 98). Mit der gleichen moralischen Behendigkeit, mit der der Amerikaner seinen Geiz zum Gottesdienst veredeln kann, vermag er offenbar, die Verkündigung als eine Form des Money-making zu betrachten, ohne daß ihm dabei übel wird. „Industrielle Massenproduktion wurde möglich durch die vermehrte Nachfrage, die die Reklame hervorrief. Das selbe Mittel steht zur Verfügung, um die Produktionskosten der Kirche herabzusetzen und ihre Dienstleistungen auszuweiten" (**109**, 21). Ein graphisches Schema über die Methoden der Kirchenreklame und ihren Zweck vergißt nicht, den Zuwachs an Tafelgeldern und Stiftungen zu erwähnen. Alle denkbaren Werbemittel werden erwähnt, das Telephongespräch nicht ausgenommen (**501**, 354; **642**). Die Notwendigkeit, die Rentabilität im Auge zu behalten, wird betont. „Lohnt sich Reklame? ... **Kann verstärkte Reklame einen Zuwachs an Tageskollekten bewirken?**" (**515**, 34). Man findet danach, daß Agnew sich seine Kritik hätte sparen können: „Die Kirchenreklame ... entbehrt jeglichen Verkaufsanreizes. ... Hier ist das richtige Wirkungsfeld für den, der die Anzahl der Kirchenmitglieder erhöhen und damit das finanzielle Gedeihen der Kirche fördern will. Es gibt keine allgemeine Feindseligkeit der Kirche gegenüber unter den amerikanischen Nichtkirchgängern, eher Gleichgültigkeit, die durch gute ‚Geschäfts'reklame überwunden werden kann" (**7**, 168 f.).

Versteckte Reklame. Der Zweck entscheidet, ob etwas Ideenpropaganda oder Reklame ist. Der Mäßigkeitsapostel will keinen vermehrten Verkauf von Sodawasser, sondern eine nüchterne Bevölkerung. Was aber, wenn eine Sodawasserfabrik ihre Propaganda mit Geld unterstützt, oder wenn eine Malzkaffeefabrik Ärzte dafür bezahlt, daß sie über die Schädlichkeit des Koffeins Artikel schreiben und Vorträge halten? Das bezahlte Sprachrohr kann Ideenpropagandist in gutem Glauben sein; von seiten der Unterstützung leistenden Firma ist es versteckte Reklame, versteckt in doppeltem Sinne: 1) inhaltlich, weil gegen Koffein oder Alkohol propagiert wird, während der Zweck die Reklame für Muckefuck oder Sodawasser ist; – 2) formal, weil der Appell des Verkäufers an die Käufer wie die Botschaft eines Arztes oder Philanthropen an Süchtige klingt.

Häufiger ist offene Geschäftsreklame mit ideellen Argumenten. Der Verleger betont, „Wissen ist Macht"; Versicherungsgesellschaften sprechen lyrisch von den ethischen Werten des Familienlebens und der Verantwortung des Familienvaters; Obstbauern sind über die Ernährungshygiene der Menschen besorgt. Diese distanzierte (**513**, 9) oder indirekte Reklame (**652**, 106) geht nicht unmittelbar auf ihr Ziel los, sondern benutzt einen Umweg. Ein „behaupteter Wertanspruch wird plötzlich offen in eine private Aktion aufgelöst" (**594**, 79). Es ist vermutlich vertrauenerweckender, wenn der Verkäufer für etwas Ideelles eintritt, woran der Kauf der Ware als Folge geknüpft ist, als wenn er geradeheraus sagt, daß er seine Ware verkaufen will. Der Vorteil kann vollkommen genutzt werden, wenn die Botschaft anonym als Gattungs- oder Gemeinschaftsreklame ausgesandt wird. „Wissen ist Macht – Bücher sind ein Weg dorthin." Das Geschäftsinteresse kann sich dann hinter dem ideellen Appell verbergen.

Wirtschaftspropaganda. Auf dem Gebiet des Wirtschaftslebens gibt es Propagandaformen, die keine Reklame sind, weil der Beweggrund kein geschäftliches Eigeninteresse ist. Geschäftsreklame hier – volkswirtschaftliche Propaganda dort.

Der Staat nutzt Propaganda zur Förderung seiner Wirtschaftspolitik insgesamt oder einzelner volkswirtschaftlicher Bestrebungen. Ein besonderer Zweig davon ist die Marktpropaganda, die dasselbe Feld bearbeitet wie die Reklame, aber aus anderen Gesichtspunkten heraus. Sie sucht, wie die Reklame, die Nachfrage zu steuern, aber das geschieht mit Blick auf das Allgemeinwohl. Auch hier tritt eine Doppelwirkung ein. Der Staat propagiert vermehrten Verbrauch von Inlandswaren um der Beschäftigung willen – aber größerer Profit für die Industrie des Landes ist die Wirkung. Die Marktpropaganda nützt zwangsläufig bestimmten Branchen (und schadet anderen), weil sie die Verteilung der gesamten Kaufmacht über die Branchenmärkte beeinflußt. „Kauf' Dänisches" wirkt zugunsten der Industrie – aber auf Kosten der Importeure.

Volkswirtschaftliche Marktpropaganda kann von einer freien Organisation anstatt vom Staat ausgehen. Entscheidend ist nur, daß der Zweck kein geschäftlicher Vorteil, sondern das öffentliche Wohl ist. Man wird jedoch mißtrauisch im Hinblick auf den Beweggrund, wenn die Propaganda von den Kreisen getragen wird, zu deren Gunsten sie wirkt; das ist dann wahrhaftig Gemeinschaftsreklame im ideellen Gewand. – Der Staat kann andererseits die Gemeinschaftsreklame einer Branche unterstützen, weil sie mit seinen wirtschaftspolitischen Zielen übereinstimmt.

Staatliche Reklame. Die Behörden können auch als Geschäftstreibende Reklame machen, zum Beispiel die öffentlichen Unternehmen. Eine Sonderform ist die mit Ausgangspunkt in der Reklame der Badeorte entstandene Kommunalreklame. Die Kurverwaltung in den internationalen Badeorten ist oft nur eine Unterabteilung der Stadtverwaltung; die Gemeinde ist finanziell am Florieren des Kurortes interessiert. – In den USA waren die Interessen der Grundstücksspekulanten die Triebfeder für das sogenannte town-boosting. Die Grundstückseigentümer bezahlten eine Art Gemeinschaftsreklame aus der Stadtkasse, über die sie die Kontrolle hatten. Dieser Reklamezweig ist so stark entwickelt, daß man im Jahre 1916 ein besonderes Community Advertising Department innerhalb der Associated Advertising Clubs of America einrichtete (**458**, 2 f.).

Die Propaganda des Staates für die Landesprodukte ist im Ausland schwieriger zu plazieren. Ein Schritt in dieser Richtung ist die staatliche Unterstützung für die Reklame der Exportwirtschaft. England tat seit 1918 viel in dieser Richtung; 1926 wurde ein Empire Marketing Board mit dieser besonderen Aufgabe betraut, für die 1930 eine vom Staat bewilligte Summe von einer Million Pfund Sterling verwendet wurde.

Soll man diese Art mit zur Reklame rechnen oder zur Wirtschaftspropaganda? – Es ist entschieden volkswirtschaftliche Propaganda, wenn der Staat gegenüber den einheimischen Verbrauchern für einheimische Waren eintritt; ein solcher Schritt ist die Folge einer Wirtschaftspolitik, die der Staat auch mit Zwang (Importkontrolle) durchsetzen könnte. Tritt der Staat dagegen im Namen der nationalen Wirtschaft auf ausländischen Verbrauchermärkten auf, bekommt die Sache einen mehr geschäftsmäßigen Anstrich. Nach innen gibt er sich als autoritativer Beschützer der gemeinsamen Interessen des Volkes; nach außen repräsentiert er staatswirtschaftliche Interessen auf dem Weltmarkt. Auf dem internationalen Markt sind die Staaten mehr oder minder unmittelbar selbst Marktsubjekte, besonders seit der Außenhandel überall durch Kontingentabsprache staatlich kontrolliert wird. Ich rechne deswegen diese Form mit zur Reklame. Sie nimmt auch oft die Gestalt einer staatlich organisierten und gestützten Reklame von seiten der interessierten Handelszweige an, wie zum Beispiel Japans Reklame für Tee seit 1893, die Griechenlands für Korinthen seit 1905, die Brasiliens für Kaffee seit 1908 und dergleichen mehr. Der Staat tritt da nicht allein für das Wohl seiner tragenden Gesellschaftsklassen ein, sondern auch für seine daran geknüpften Steuerinteressen.

Begriffsbildung mit unterschiedlichen Absichten

Reklametechnik. Jede Begriffsbildung kann man rechtfertigen, wenn sie nur praktisch als Werkzeug einer Arbeitsrichtung dient. Die hier vorgeschlagene Abgrenzung erhebt keinen Anspruch darauf, erkenntnistheoretisch notwendig zu sein, wird aber als praktisch für eine Analyse der Wirtschaftsstruktur empfohlen, und sie hat den Vorteil, mit jedem anderen Erkenntnisziel verglichen werden zu können.

Die Werbebranche würde, sofern sie, im ganzen genommen, wissenschaftliche Begriffsbildung benötigt, am ehesten von den Werbemitteln ausgehen und dann zu einem technischen Reklamebegriff kommen. Für den Reklamisten ist es verhältnismäßig gleichgültig, zu welchem Zweck die Technik und die Methode angewandt werden. Aber ökonomische Aussagen über Reklame sind unmöglich, es sei denn, man beschränkt diesen Begriff auf das Wirtschaftsleben als Anwendungsgebiet der Reklametechnik. Für den Werbefachmann ist diese Begrenzung, seinen rein technischen Gesichtspunkten entsprechend, nicht notwendig; er ist ebenso bereit, für die Demokratie „die Werbetrommel zu rühren" wie für Schuhcreme (**262**; **227**). Andererseits kann ihn eine Beschränkung auf das Wirtschaftsleben auch nicht behelligen. Zum einen kann er seinen umfassenderen technischen Begriff durch die Betonung aufrechterhalten, daß die gleiche Technik auch zu nichtgeschäftlichen Zwecken verwendet wird. Zum anderen ist er in der Praxis doch fast ganz auf die Geschäftsreklame begrenzt. Ja, eine neuere Entwicklung in der Werbebranche fordert geradezu ökonomische Begriffsbildung, da Reklametechnik und Marktanalyse eine unlösbare Verbindung eingegangen sind; die Werbeagenturen sind zum großen Teil Absatzratgeber geworden, die alles von der Waren- und Marktanalyse bis zur Verbreitung der Botschaft selbst übernehmen (**229**, 170 f.). – Die Frage der Information und Suggestion ist, reklametechnisch gesehen, nebensächlich; man kann sagen, daß sie in diesem Zusammenhang von gradueller, nicht von prinzipieller Bedeutung ist. Zwischen passiver Information und Manipulation bildet aktive Information in der Reklame eine Übergangsform (**34**, 23). Für den Reklametechniker gibt es einen graduellen Unterschied zwischen Information und Suggestion. De facto hat er es aber nur mit suggestiver Beeinflussung zu tun; niemand bittet einen Werbefachmann, ihm mit einer rein informativen Botschaft zu helfen; hier ist der branchenkundige Verkäufer der überlegene Fachmann. Eine Werbeagentur tritt höchstens als Käufer oder Vermittler eines Annoncenplatzes auf.

REKLAMEPSYCHOLOGIE. Für den Reklamepsychologen sind die psychischen Mechanismen, die mit im Spiel sind, das Zentrale. Ein psychologisch brauchbarer Reklamebegriff kann nicht ungetrennt sowohl Information als auch Suggestion umfassen. Der Unterschied zwischen Massenbotschaft und Einzelbearbeitung hat seine psychologische Bedeutung, kommt aber in zweiter Linie. Die Grenze zwischen Ideen- und Geschäftspropaganda ist zunächst einmal unwichtig. Die erste psychologische Aufgabe ist nämlich eine Darstellung der allgemeinen Voraussetzungen dafür, durch eine suggestive Botschaft das Verhalten der Empfänger zu beeinflussen. Alles, was die Psychotechnik über den Wert der

Farben und Drucktypen, der Größe der Annonce und der Plazierung im Hinblick auf die Erregung der Aufmerksamkeit usw. sagen kann, trifft mit derselben Gültigkeit für die Ideenpropaganda zu. Untersuchungen zur Beeinflußbarkeit von Menschen gelten sowohl für Reklame als auch für Ideenpropaganda.

Aber damit hat die Psychologie nur die allgemeinen Voraussetzungen für die Beeinflussung und die Wirkungskraft der technischen Mittel erklärt. Es gilt jedoch, Personen in bestimmter Richtung zu beeinflussen; die Botschaft hat einen Inhalt, der auf die einzelnen unterschiedlich wirkt. Wenn die Psychologie darauf eingeht, kann sie nicht länger darüber hinwegsehen, ob die Botschaft einem religiösen Glauben oder dem Verkauf von Waren gilt. Nicht der beeinflußbare Mensch, sondern Personen im Verhältnis zu bestimmten Vorstellungsinhalten werden dann zum Forschungsgegenstand. Die allgemeine Propagandapsychologie hat nur den formalen Teil der Aufgabe gelöst. Der andere Teil kann nicht gelöst werden ohne eine politische Psychologie, Religionspsychologie, Käufer- und Verbraucherpsychologie – alles nach dem Inhalt und Zweck der Botschaft.

Die Reklamepsychologie braucht also einen allgemeinen Propagandabegriff für ihre generelle Grundlegung; hiernach ist ein engerer Begriff „Geschäftsreklame“ für die spezielle Reklamepsychologie notwendig. Diese hat die formale Grundlage mit der übrigen Propagandapsychologie gemein, muß aber auf deren Hintergrund reklamepsychologische Gesetze oder Regeln aufstellen können, deren Gültigkeit auf die Anwendung der suggestiven Botschaft auf dem ökonomischen Markt beschränkt ist.

Betriebswirtschaft. Die Betriebswirtschaft ist von vornherein nur an der Geschäftsreklame interessiert. Sie kann nicht mit einem Begriff arbeiten, der daneben auch die Ideen- und Personalpropaganda umfaßt. Ein Bedürfnis nach Begriffserweiterung wird hier in eine andere Richtung gehen. „Absatzsteigernde Veranstaltungen“ werden hier die zentrale Vorstellung sein; betriebswirtschaftlich gesehen, ist es von untergeordneter Bedeutung, ob die Verkaufszahlen durch Einzelbearbeitung Kaufinteressierter oder durch Massenbotschaft gesteigert werden. Unter betriebswirtschaftlichem Gesichtspunkt ist die Wirkung das Entscheidende – welche Methoden oder technischen Hilfsmittel sie hervorrufen, ist eine Frage zweiten Ranges und muß in jedem Einzelfall aus praktischer Sicht entschieden werden.

Wirtschaftssoziologie und Wirtschaftsgeschichte. Vergleicht man alle diese Gesichtspunkte, bleibt der hier vorgeschlagene Reklamebegriff der engste. Er deckt nur das zentrale Feld ab, das den reklametechnischen, psychologischen und betriebswirtschaftlichen Reklamebegriffen gemeinsam ist. Gerade dadurch eignet er sich als Grundbegriff für eine Reklamebetrachtung, die alle fachlichen Gesichtspunkte synthetisch sammelt.

Was man auch immer von seiten der einzelnen an Reklame interessierten Disziplinen gegen diesen Reklamebegriff einwenden mag, eine Sache läßt sich beweisen: Er erfüllt die Anforderungen im Hinblick auf eine Betrachtung der Reklame als eines spezifischen Phänomens, das an eine für ein wirtschaftsgeschichtlich bestimmtes Zeitalter bezeichnende Marktstruktur geknüpft ist.

1) Wirtschaftsgeschichtliche und -soziologische Rücksichten fordern eine Begrenzung auf Reklame als Hilfsmittel im Dienste der Marktaktivität.

2) Soziologisch gesehen, ist es entscheidend, ob eine Bearbeitung Kaufinteressierter einzeln oder in der Masse geschieht. Die letztere Form geht unter besonderen sozialen Kontaktformen vor sich und ist außerdem an die anonyme Lebensweise geknüpft. Dementsprechend gehört die Massenbearbeitung von Käufern zur wirtschaftsgeschichtlichen Periode, deren Struktur im Zeichen des unpersönlichen Massenmarktes steht.

3) Beschränkung auf die suggestive Botschaft – im Gegensatz zur Information – entspricht der Marktstruktur des Hoch- und Spätkapitalismus mit einem forciert-progressiven Markt, wo der Verkäufer sich nicht damit begnügen kann, die spontane Nachfrage zu decken, sondern wo er in jeder einzelnen Marktphase etwas von dem bisher nur potentiellen Bedarf zu mobilisieren sucht. Diese marktstimulierende Wirkung geht nicht von indifferenter Marktinformation aus, sondern erfordert das Anwenden suggestiver Mittel.

Die Genesis der Reklame

Historische Schriften. An erster Stelle unter den Historikern der Reklame stehen der Engländer Sampson (**543**), der Holländer de Potter (**498**), der Franzose Datz (**141**), der Deutsche Paneth (**482**) und der Amerikaner Presbrey (**502**). Cronau (**136**) und Lancelotti (**377**) geben mehr anekdotische Schilderungen, der letztere bietet aber außerdem wertvolles Gedankenmaterial. Mermet (**446**) beschränkt sich auf die Geschichte der französischen Reklame. – Eine Reihe Arbeiten stellt die Entwicklung der einzelnen Reklamearten dar; so Grand-Carterets (**248**) Prachtwerk über französische, Larwoods und Hottens (**382**) Buch über englische, van Lenneps und ter Gouws zwei Bände (**395**; **396**) über holländische Ladenschilder, Maindrons (**430**) und Hiatts (**284**) Studien über das Bildplakat, Ehmckes (**162**) Arbeit über den Warenmarkt. – Die meisten Werke über Zeitungswissenschaft enthalten Darstellungen der Geschichte der Annonce, und man findet besondere Berichte über dieses Thema. Lewis (**400**) hat die Annoncen in einer einzelnen englischen Zeitung bearbeitet, Darwin (**140**) die in der ersten Reihenausgabe von Dickens' Romanen. Consentius (**134**) schreibt über das deutsche Annoncenwesen bis 1740, Munzinger (**462**) schildert die Geschichte der Annonce in Deutschland, Wuttke (**708**) gibt, begrenzt auf ein einzelnes illustriertes Blatt, eine interessante Längsschnittdarstellung der Handelsformen und der Reklame seit 1840. Die *Quarterly Review* enthält schon 1855 eine Studie über Annoncen in Großbritannien seit Entstehen der Zeitung (**529**). Von Sydow (**655**) behauptet Skandinaviens Platz mit seinem Werk über alte schwedische Annoncen. – Dann gibt es historische Untersuchungen über die Reklame der einzelnen Gewerbezweige, unter anderem Buchhandel (**461**), Warenhaus (**707**), Arzneimittel (**373**) und Tabak (**556**; **592**). – Dazu kommen als wertvolle Quellen Biographien und Selbstbiographien einzelner Reklamepioniere, von denen ich hier nur den Meister der Werbetrommel, Barnum, nennen kann (**36**; **37**; **651**; **688**). – Fast alle systematischen Werke über Reklame enthalten einen historischen Abschnitt, selbst die praktischen Leitfäden, mit denen Journalisten und Werbeagenten die Literatur bereichert haben.

Aber einem geht nichts verloren, wenn man diese Auslese dessen, was die Verfasser in den angeführten Standardwerken fanden, überspringt. Die Quelle ist selten genannt, aber der Inhalt des Referats verrät sie in der Regel.

Geschichte oder Panoptikum? Knies (**353**) sah schon um 1850 ökonomische und soziale Probleme mit der Reklame verknüpft. Im übrigen hat die akademische Literatur über die Reklame ihren Ursprung in historischen Betrachtungen.

Die Nationalökonomie des 19. Jahrhunderts sieht in der Reklame Auswüchse des Wirtschaftslebens; sie wird mit einem verächtlichen oder anzüglichen Wort gestreift, aber eine Untersuchung der Reklame als eines regulären Wirtschaftsphänomens lag außerhalb des Gesichtskreises der damaligen Ökonomie. – Die Psychologie befand sich noch im Bannkreis der Philosophie; es mangelte ihr an Methoden, die später eine Reklamepsychologie ermöglichten; und sie mußte von ihrer geisteswissenschaftlichen Höhe auf die Reklame herabsehen als auf einen Gegenstand, zu dem ernsthafte Forschung sich nicht bekennen wollte. – Die Soziologie fürchtete sich zwar niemals, in die Niederungen des Alltagslebens hinabzusteigen, aber sie war vor 1900 nur schwach entwickelt und stand einer überwältigenden Mannigfaltigkeit jungfräulicher Themen gegenüber, von denen viele in praktischer Hinsicht wichtiger waren und theoretisch mehr versprachen als die Reklame. – Von den Wissenschaften, von denen man annehmen kann, daß sie sich der Reklame widmen würden, bleibt nur die Kulturgeschichte.

Es war obendrein die leichte Muse der Kulturgeschichte, die bei den oben erwähnten Standardwerken Pate stand – mit Ausnahme Presbreys. Der Gesichtspunkt der Kuriosität und des unterhaltsames Tones herrscht vor. Cronau will nichts weiter, als unterhaltsam sein; aber Sampson und Datz, die mit wissenschaftlichem Gewicht auftreten, stehen nicht viele Stufen höher. Namentlich muß man dies von Sampson sagen; der bleibende Wert des umfangreichen Werks liegt in den fleißig gesammelten Daten, derer sich alle später bedient haben, oft, ohne sich zu bedanken. Sampson konnte jedoch auf seiner breiten stofflichen Grundlage nur eine redselige und geschwätzige Folge von Episoden präsentieren. Schon fünf Jahre später beklagt sich de Potter darüber, daß Sampson in der

Antike krame, nur auf Unterhaltung aus sei und es ihm an Ordnung und Methode fehle (**498**, 9). Die Kritik ist berechtigt – aber de Potter ist selbst nicht viel besser. Weit härter urteilt Sampsons Landsmann Russell: „Sampson ... war kein ernsthafter Autor; ihm ermangelte jede Kenntnis über – und wahrscheinlich auch das Interesse für – Reklame. Sein Buch ist in keiner Hinsicht vollständig. Es springt unbekümmert über lange Zeitabschnitte, verweilt unnötig lange bei den Dingen, die der Verfasser für unterhaltsam hielt ... Es gibt keine Anzeichen dafür, daß Sampson jemals die Reklame als eine ernsthafte Sache betrachtet hat. Sein Buch ist ein klägliches ‚Machwerk'. Das Thema wartet noch auf seinen seriösen Historiker" (**535**, 2). Der scharfe Tadel wirft eher ein Licht auf einen Mangel an historischem Sinn beim Beurteilenden als beim Beurteilten. Im Jahre 1874, als Sampson schrieb, befand sich die Reklame noch in ihrer Elixier- und Zirkusphase; während sie ihre Flegeljahre durchmachte und nicht einmal die Nationalökonomen sie ernstnahmen, konnte der Journalist Sampson kaum etwas anderes als eine amüsante Skandalchronik schreiben. Russell, der ohne alles historische Verständnis ist, kann oder will nicht unterscheiden zwischen dem, was im Jahre 1920 klar vor ihm steht, und dem, was Sampson im Jahre 1874 erblicken konnte. Gerade diese 45 Jahre enthalten die eigentliche Geschichte der Reklame. – Der von Russell gesuchte ernsthafte Historiker kam erst zehn Jahre später; das war Presbrey.

Die technische Geschichte der Reklame. Eine Folge der Auffassung der Reklame als kulturhistorische Kuriosität ist das einseitige Hervorheben ihrer äußeren Erscheinung. Reklame – das scheinen Plakate, Schilder, Annoncen zu sein. In diesen Formen tritt sie in unserer Umgebung auf, prägt das Bild der Straße und das Gesicht der Gesellschaft. Aber das sind unwirtschaftliche Gesichtspunkte, die nicht das berühren, was die Reklame in der Gesellschaft bewirkt. – Auch in der Sicht des Praktikers bleiben die Ausgangspunkte für die Geschichte der Reklame die Erfindung der Buchdruckerkunst und die Entstehung der Zeitung, der Siegeszug des Films und des Rundfunks, der Fortschritt der Reproduktionstechnik – kurz gesagt: die reklametechnischen Instrumente. Man kommt auf diese Weise zur technischen Geschichte der Reklame, das heißt: zu einer Betrachtung darüber, wie die Wirkungsmittel der Reklame sich unter wechselnden äußeren Bedingungen entwickelten. Viele andere Dinge als die Medientechnik spielen hier mit hinein. Englische

Annoncensteuer, preußisches (und dänisches) Intelligenzmonopol haben zum Beispiel die Entwicklung der Reklame in diesen Ländern gehemmt. Volle Freiheit in der Anwendung von Medien muß zu der schwindelerregenden Entfaltung der Reklame in den USA beigetragen haben. Fakten dieser Art gehen in die technische Geschichte der Reklame ein.

Die ökonomische Geschichte der Reklame. In der ökonomischen Geschichte der Reklame geht es zuallererst darum, die Entstehung derselben an eine ökonomische Periode zu knüpfen. Danach wird eine zwangsläufige Verbindung zwischen der Entwicklungsstufe der Reklame und den Strukturveränderungen des Wirtschaftslebens aufgezeigt. Die Geschichte der Reklame ist nicht an deren äußere Erscheinungen und technische Mittel geknüpft, sondern an deren Funktion. Von hier aus wird neues Licht auf gewisse Verhältnisse geworfen, die in der technischen Geschichte der Reklame nur registriert, aber nicht erklärt werden. Redlich fragt, wie es zugehe, daß so erhebliche Verschiebungen in der quantitativen Anwendung einzelner Werbemittel einträten, warum bald dieses, bald jenes an der Spitze liege, um später wieder in den Hintergrund zu treten. Ziehen die Geschäftsleute die Konsequenz aus dem psychologischen Gesetz über die Wirkung der abnehmenden Stärke? Äußere Fakten wie Plakatsteuer und Annoncenabgabe können mitwirken, aber nicht alles erklären (**513**, 31). Man erahnt den Gesichtspunkt bei Wuttke, der bestimmte Perioden im Anzeigenteil der *Illustrirten Zeitung* der Entwicklungsstufe des Handels zuzuordnen suchte (**708**). – Eine Enttäuschung bereitet in dieser Hinsicht French; er verspricht, die Geschichte der eigentlichen Reklame zu schreiben, „die doch erst im 20. Jahrhundert begonnen hat" (**212**, 1), während das vorige nur die ersten Schößlinge hervorgebracht habe. Die Stoffbegrenzung auf die neueste Zeit müßte die wirtschaftsgeschichtliche Anschauungsweise begünstigt haben. Aber Frenchs Schilderung der neuen Errungenschaften der Reklame überschreitet in keinem Punkte das Chronistische; die großen Linien, die die Entwicklung der Reklame an die ökonomische Bewegung knüpfen, sind nirgends angedeutet – nicht einmal dort, wo sie sich aufdrängen müßten. Größeren Gewinn bringen jene Teile in Presbreys Buch, die die neuere Zeit behandeln. Von seinem Werk sagt man mit vollem Recht, daß es turmhoch alle anderen dieser Art überrage (**513**, 12). Den ersten planmäßigen Vorstoß in Richtung auf die wirtschaftliche Geschichte der Reklame unternahm Redlich (**513**). Er untersucht zunächst die ökonomischen Sonderfunktionen der einzelnen Werbemittel, dann die Gestaltung der Werbebranche als selbständigen Gewerbezweig und die nach Land und Zeitalter verschiedenen Typen von Werbeunternehmen und endlich die Eroberung der einzelnen Gewerbezweige durch die Reklame.

Die Archäologie der Reklame. Eine andere Folge des Vorherrschens des kulturhistorischen Gesichtspunktes war, daß man die Wurzeln der Reklame zu Olims Zeiten suchte. Es wird über die Reklame im alten Griechenland und in Rom (**377**, 17 ff.), bei den Ägyptern, Phöniziern und Israeliten (**363**, 13 f.) berichtet. Bald ist die Reklame 2.000 Jahre alt (**56**, 9 ff.), bald „meint man, ihre erste Anwendung liege mehr als 3.000 Jahre zurück“ (**6**, 195), was überall mit dem Ägypter illustriert wird, der seinen entflohenen Sklaven gegen Belohnung durch eine Mauerinschrift sucht, mit dem Album der Römer, der immer gleichen Abbildung des Fassadenschildes des pompejischen Schlachters und den gleichen Wiedergaben der Flugblätter des mittelalterlichen Quacksalbers. Der Wert der Altertumsbetrachtungen wird treffend von Calkins beurteilt: „Die frühe Geschichte der Bekanntmachungen ... ist nur von Interesse für die Archäologie, aber für den Geschäftsmann ist sie wertlos. Sie trägt noch weniger zum Verständnis der modernen Reklame bei, als die alten phönizischen Münzen zum Verständnis des modernen Bankwesens beitragen“ (**102**, 2). Was über den Geschäftsmann gesagt wird, gilt uneingeschränkt auch für den Wirtschaftshistoriker. Unsere Reklame ist durchaus kein Entwicklungsprodukt dieser antiken Phänomene. „Eine gewisse Ähnlichkeit kann man vielleicht bei sorgfältiger Auswahl der Daten aufzeigen, aber solche Vergleiche können nur gemacht werden, wenn man von den wesentlichen Entwicklungen absieht, die gerade die moderne Reklame in ihren Hauptcharakteristika auszeichnen“ (**644**, 47). Es ist ein Zeichen für unverzeihliche Oberflächlichkeit, wenn selbst ein Nationalökonom die Verknüpfung der Reklame mit dem Kapitalismus widerlegen will – mit einem Hinweis auf pompejische Anschläge für Zirkusveranstaltungen und Gladiatorenkämpfe (**289**, 14 f.).

Systematische und historische Gesichtspunkte begegnen sich hier. Geht man von den Werbemitteln aus, wird man auf der historischen Linie in der Suche des Ägypters nach seinem Sklaven eine frühe Plakatwerbung sehen; auf der systematischen Linie wird man jede Mitteilung an die Öffentlichkeit in den Reklamebegriff einbeziehen. Die Reklame wird zu einem wichtigen Kommunikationsmittel (**701**, 143 f.). Was an der Wand angeschlagen oder darauf gemalt ist, ist Plakatreklame; was in der Zeitung unter dem Redaktionsstrich steht, ist Inseratreklame ... Daß eine solche Begriffsbildung und die dementsprechende Abgrenzung der Reklame als historisches Phänomen für ökonomische Forschung unfruchtbar ist, wurde im vorigen Kapitel angedeutet. Der gleiche Gedanke wird nun in einer Betrachtung der ökonomisch-sozialen Voraussetzungen der Reklame vertieft. Diese Darstellung – skizzenhaft, wie sie ist – hat im vorliegenden Zusammenhang die Aufgabe, beispielhaft die ökonomische Geschichte der Reklame zu repräsentieren.

Wie alt ist die Reklame? Wenn die Geschichte der Reklame gleich der Geschichte ihrer Mittel wäre – wie wollte man dann erklären, daß die Reklame sich so viel später entwickelte als die Propaganda für Ideen? Warum wurden neue Formen der Nachrichtentechnik zu jeder Zeit sofort in den Dienst der Ideenpropaganda gestellt, während sie nur in äußerst begrenztem Umfang oder viel später für die Reklame angewandt wurden? Mataja gleitet flüchtig über diese Frage hinweg; auch er datiert die Reklame bis in die Antike zurück, bemerkt aber einschränkend, daß sie damals nur schwach entwickelt war, und stellt fest, daß ihre gewaltige Entfaltung mit der Buchdruckerkunst kam – freilich „zeigt sich dies nicht sofort in vollen Umfange" (**439**, 220). Auch an anderen Stellen findet man die These, daß „die Reklame erst zu einem festen Bestandteil des Geschäftslebens wurde, als die Buchdruckerkunst sich entwickelt hatte" (**191**, 3). Das klingt, als ob die Reklame nur auf Gutenberg gewartet hätte, um aufzublühen; aus dieser Zeit, sagt man, stamme die Reklame im heutigen Sinne (**659**, 4; **13**, 6 f.; **128**, 24). In Wirklichkeit sehen wir, daß die Ideen- und Personalpropaganda vor der Druckerpresse ein bedeutendes Niveau erreicht hatte und daß sie gleich in den religiösen Kämpfen des 15. und 16. Jahrhunderts benutzt wurde; Dynastien wandten sie in ihrer Machtpolitik an, Condottieri für ihre Personalpropaganda. Massen von Flugblättern und Schmähschriften wirbelten über Europa. Nur selten finden wir Geschäftsempfehlungen. Aus dem 17. Jahrhundert besitzen wir einzelne Flugblätter, verschickt von Scharlatanen und Bärenführern. Aber das ist nichts gegen die gleichzeitige Flut der Ideenpropaganda. Weshalb kam es dann nicht ebenfalls „gleich im vollen Umfang" zum Aufblühen der Reklame? –: weil es keinen Platz für die Sache selbst gab, obwohl die Mittel zu Verfügung standen. Hätte die Zeit damals Verwendung für Reklame gehabt, würde sie sofort die neuen technischen Mittel angewandt haben, ebenso wie Film- und Rundfunkreklame in unserer Zeit fast gleichzeitig mit Film und Rundfunk selbst aufkamen. Ja, das Geschäftsleben würde ohne Gutenberg alte Methoden entfaltet oder neue entwickelt haben – wenn es für Reklame Verwendung gehabt hätte. Sind Zweck und Wille vorhanden, werden sie schon, innerhalb gewisser Grenzen, die Technik vorantreiben. Barnum erzwang so in den 1840er Jahren eine fortschrittliche Holzschnittechnik, weil er Riesenplakate verwendete (**502**, 499). Statt dessen sehen wir, daß die Buchdruckerkunst, reklamemäßig gesehen, 300–400 Jahre brachliegen konnte; aber dann wälzt sich fast über Nacht eine Woge gedruckter Reklame über die Gesellschaft.

Erst um 1800 herum entstanden die Voraussetzungen für die Reklame in der Wirtschaftsstruktur. Im 17. und 18. Jahrhundert war kein Platz für ihre Funktion. Sie hat technische und ökonomisch-soziale Voraussetzungen – technische, die maßgebend sind, w i e Reklame gemacht wird, und ökonomische, die bestimmen, o b Reklame gemacht wird. Die letzteren sind die wichtigsten; die Geschichte der Sache geht derjenigen der Formen voraus.

Es ist der Stolz des Kulturchronisten, wenn er einen noch früheren Fall von Reklame als die bisher bekannten Fälle aufspüren kann. Es wird hingewiesen auf Inserate für Kaffee (1652), Schokolade (1657) und Tee (1658) zur Zeit Cromwells – auf des französischen Königs Philippe-Augustes Edikt vom Jahre 1220, in dem erstmalig die Weinrufer erwähnt werden – und auf die pompejischen Ladenschilder aus der Zeit des römischen Kaisers Vespasian I. Für die Wirtschaftsgeschichte kann das alles keine wesentliche Bedeutung haben. Ökonom und Soziologe sehen die Reklame als Massenphänomen und Institution. Vereinzelte Fälle von Reklame auf dem Grenzgebiet der Wirtschaft sind da unwichtig; wesentlich ist der Durchbruch der Reklame als typische und allgemeine Geschäftstechnik, so daß das ganze Wirtschaftsleben oder einige seiner wichtigsten Zweige reklameintensiv werden. Wo die Reklame ein ökonomischer Faktor ist, darf man mit ihr rechnen, braucht sie aber nicht mit der Lupe zu suchen.

Das vereinzelte Auftreten der Reklame kann von Zufällen herrühren oder von der besonderen Geschäftstüchtigkeit eines einzelnen Geschäftsmannes. Ihre Eroberung des Wirtschaftslebens während eines Zeitalters, ihre

Gestaltung und Anerkennung als Institution sind dahingegen nur unter bestimmten allgemeinen Voraussetzungen möglich. Sombart knüpft ihre Entstehung an das Warenhaus und verweist auf eine französische Quelle, wonach eine Pariser Modezeitschrift 1829 zum ersten Mal in der Zeitung inserierte (**629**, **II**, 373). Redlich bezeichnet Buchhandel und Arzneimittelhandel als die Quellgebiete der modernen Reklame, aber ebenso wie Sombart Frankreich als ihr Geburtsland (**513**, 15 ff.). Kropff und Randolph glauben, daß sie im Arzneimittelhandel entstand, aber erst um 1850 herum (**366**, 13 ff.). Tipper und seine Mitarbeiter datieren ihre ersten Ausläufer in den USA bis 1720 zurück, wo die Zeitungen entstanden, rechnen aber ihre eigentliche Geschichte erst etwa vom Jahre 1900 an, das die ersten großen Landkampagnen brachte (**660**, 1 ff.). – Man kann Gründe für jede dieser Auffassungen anführen; alles hängt ja davon ab, was man unter Reklame versteht und welchen Gewerbezweig man für wichtig genug ansieht, um seine Bekehrung zur Reklame als deren großen Durchbruch zu betrachten. Das Vordringen der Reklame im Wirtschaftsleben geht mit unterschiedlicher Schnelligkeit vor sich, entsprechend der Zusammensetzung der ökonomischen Voraussetzungen. Eine genaue zeitliche Festlegung ist unmöglich, wenn man nicht den isolierten „ersten Fall" im Auge hat, sondern die Anerkennung als Typus. Wählt man als Ausgangspunkt die allgemeinen ökonomisch-sozialen Voraussetzungen für die einzelnen Funktionen der Reklame, so kann man bestimmte typische Stufen in deren Entwicklung auf das Entstehen dieser Voraussetzungen zurückführen.

Soziale Arbeitsteilung. Man hat bisweilen geglaubt, die Reklame sei an die soziale Arbeitsteilung gebunden (**334**, 2), die eine frühe Reklameform bewirke, „nur bestehend in der Mitteilung einer Tatsache" (**2**, 26), nämlich, daß N. N. bereit ist zu verkaufen. Die Reklame wird hier als notwendiger Leitfaden der Marktwirtschaft gesehen; dem entspricht ihre Begriffsbestimmung kurz und bündig als Angebot. Das Auf-dem-Markt-Sein selbst wird schon als Reklame gedeutet. Diese Begriffsbildung wurde hier als zumindest unpraktisch abgelehnt, da sie dem Reklamebegriff jeglichen spezifischen Inhalt entzieht. Dementsprechend ist es sinnlos, die Geschichte der Reklame mit der Entstehung des Handels beginnen zu lassen. Man braucht wohl nicht die Unmöglichkeit der Reklame in der Hausökonomie hervorzuheben, die weder Verkäufer noch Käufer kennt. Innerhalb der Marktwirtschaft sehen wir die Reklame an eine besondere Entwicklungsstufe geknüpft; ausdrückliches Kundtun der Verkaufsbereitschaft ist auf dem primitiven Markt überflüssig, wo jeder weiß, wo David das Bier holt ...

KONKURRENZ. Sombart bezeichnet die Reklame als die „Waffe, mit der heute der Händler kämpft, der nicht mehr auf festen Burgen thront, wie sein Vorgänger in Genua zur Zeit Benjamins von Tudela, der aber auch nicht mehr mit Kanonen die Wohnplätze der Eingeborenen niederschießen kann, wenn sie sich weigern, mit ihm ‚Handel zu treiben', wie etwa die Ostindienfahrer des 17. Jahrhunderts ..." (**633**, 75). Das klingt, als ob das Zeitalter der Reklame unmittelbar auf den Erobererstaat gefolgt wäre, wo die politisch-militärischen Machtmittel alleinbestimmend waren. Hinsichtlich Europas liegt der Tiefpunkt zwischen dieser Stufe und der Entstehung der Reklame. Die ganze Wirtschaftsstruktur schloß damals den Versuch des Verkäufers, seinen Absatz zu vergrößern, aus. Räber bezeichnet im Jahre 1886 die bloße Kundgabe, daß man auf dem Markt sei, als primäre Reklame, die mit der Marktwirtschaft selbst verbunden ist; die sekundäre Reklame, der Versuch, so viele Käufer wie möglich anzuziehen, wird der freien Konkurrenz zugeordnet (**538**, 43 f.). Reklame ist unmöglich in einer Wirtschaftsgesellschaft, wo der Spielraum des Verkäufers begrenzt oder gleich Null ist. Deshalb kennt das Mittelalter keine Reklame als zentrales Phänomen. Der örtliche Detailhandel war Verkauf durch die Handwerker, und das Handwerk war in der Konkurrenz gehemmt durch die Zunftstatuten. Das Gesetz verbot, die Sitte ächtete Kundenfang. Ein Treueband knüpfte auch den Käufer an einen namentlich genannten Verkäufer hinsichtlich jeder Art von Bedarf. Die Entstehung der Reklame wird deshalb gern an die Gewerbefreiheit geknüpft, die in England 1731, in Frankreich 1791, in Dänemark 1856 und in den Ländern des Norddeutschen Bundes 1869 kam. Das Aufblühen der Reklame seit 1850 wird deshalb zweifellos auf „die Gewerbefreiheit und den damit entfachten Konkurrenzkampf" (**464**, 9) zurückgeführt. Aber die Jahreszahlen für Dänemark und für den Norddeutschen Bund selbst widerlegen das. Der Siegeszug der Reklame begann, bevor es die Gewerbefreiheit gab.

Die Gewerbefreiheit ist nämlich nicht so entscheidend für das Entstehen der Konkurrenz. Sie löste die Konkurrenz im Handwerk aus, aber schon vorher gab es Gewerbezweige, die im Zeichen der Konkurrenz standen, da sie nicht zunftgebunden waren. Dort finden wir auch die vereinzelten Fälle – zum Teil nur vermutete – von Reklame, die das Mittelalter bietet. Da waren die umherstreifenden Scharlatane und Gaukler, da gab es Handel auf offenem Markt, wozu man auch das in der Geschichte der Reklame viel erörterte Straßenverkaufswesen rechnet. – Der nicht zunftgebundene Großhandel und die Industrie entwickelten sich zu erheblichen Dimensionen, ehe es die Gewerbefreiheit für das Handwerk gab; wo dies so spät geschah wie in Dänemark und im Norddeutschen Bund, machten die freien Gewerbezweige nicht wenig Reklame, während das Handwerk noch in den Fesseln der Innung lag.

Die Gewerbefreiheit ist kein Markstein für die Reklame, wenn diese an die Konkurrenz gebunden ist. Aber es ist auch richtig, daß „nach dem Erscheinen der Konkurrenz mehr als einfache Reklame (das heißt: zweidimensionale Reklame) notwendig war“ (**2**, 26). Das Ausruferwesen gehört zur Wettbewerbswirtschaft, ist aber ebensowenig echte Reklame wie das Schild des Handwerkers. Der Straßenhändler hat nicht seine feste Verkaufsstelle, wo der Kunde ihn aufsucht; da er herumzieht, muß er sich, wo er hinkommt, selbst bemerkbar machen. Er ruft aus, wie es der Mann mit dem Fisch- oder Obstwagen noch in unserer Zeit zu tun pflegt. Die stimulierenden Reklamebestandteile im Rufen sind nur sekundärer und nicht notwendiger Natur (**630**, 282). Hier zeigt sich der Nachteil der rein technischen Geschichte der Reklame. Wenn Schild und gemieteter Ausrufer Werbemittel der Gegenwart sind, so sind sie doch selbst keine Reklame. Gewisse, von früher übernommene Phänomene werden, wenn man so sagen darf, im Zeitalter der Reklame reklamifiziert. Ist die Reklame erst als System ausgebildet, entdeckt man Reklamemöglichkeiten in Altbekanntem, das vorher eine andere Funktion hatte. – Dem Großhandel war von jeher freie Hand gelassen worden, so daß die Konkurrenz Spielraum hatte, aber er machte im Mittelalter keine Reklame. Die Industrie stand von Anfang an im Zeichen der Konkurrenz, aber die meisten Industriezweige begannen erst spät, Reklame anzuwenden – in England erst lange, nachdem selbst das Handwerk Gewerbefreiheit erhalten hatte. Weshalb? – Das Handwerk dachte nicht an Reklame, auch nicht, als die Gewerbefreiheit sie gestattete, und ist noch ein träger Reklamist. Warum? –

Es ist zu vage ausgedrückt, wenn man sagt: „Heute, in der Zeit des freien Wettbewerbes, wo der Einzelwirtschaft ihr Absatz in keiner Weise gesichert ist, hat sich die Reklame zu einer früher ungeahnten Ausdehnung entwickelt" (**634**, 172 f.). Das Wettbewerbsprinzip wird dann auch als Exponent des Wettstreites bezeichnet (**349**) oder als „ein Korrelat des freien Wettbewerbs" (**273**, 16), während andere das Verhältnis auf den Kopf stellen und behaupten, „die segensreichste Wirkung der Reklame aber ist: Erschaffung der Konkurrenz" (**701**, 3). Dies letztere ist ausgesprochen falsch; die Reklame geht der Konkurrenz nicht voraus. Aber sie ist auch nicht der notwendige Begleiter der Konkurrenz; sie entwickelt sich verhältnismäßig spät unter der Herrschaft des Konkurrenzprinzips. Cassola schließt daraus, daß sie nicht direkt etwas mit der Konkurrenz zu tun habe; wenn diese die Ursache der Reklame wäre, müßten wir die stärkste Entwicklung der Reklame in der ersten Periode des Kapitalismus finden (**110**, 112 f.; **111**, 6). Dies ist nun wieder zu extrem in entgegengesetzter Richtung gedacht. Folgt die Reklame nicht notwendigerweise und sofort der Konkurrenz, so braucht sie dennoch nicht unabhängig von ihr zu sein. Der genaueste Ausdruck für das wirkliche Verhältnis ist wahrscheinlich, daß „die Reklame ein Resultat der modernen Wirtschaftskonkurrenz ist" (**674**, 1). Kurz und gut: Nicht die Konkurrenz, sondern ein bestimmtes Entwicklungsstadium derselben macht die Reklame zu einem Wettbewerbsinstrument.

Die Anonymisierung des Lebens. Ehe wir auf der ökonomischen Linie fortfahren, werfen wir einen Blick auf die allgemeinen Gesellschaftsverhältnisse. Die Massenbotschaft der Reklame setzt ein anonymes Verhältnis zwischen Käufer und Verkäufer voraus; zumindest müssen die Käufer dem Verkäufer gegenüber anonym sein. „Die Reklame hat eine doppelte Voraussetzung: a) Konkurrenz …, die den Verkäufer zwingt, seine Abnehmer zu suchen … und b) *wachsender Abstand* zwischen Produzent und Konsument als Folge der Größe der Märkte" (**324**, 9). – Der Markt muß auf jeden Fall größer sein als die begrenzten lokalen Märkte des Mittelalters. Deshalb benutzte die Ideenpropaganda gleich die Drucktechnik, während von gedruckter Reklame keine Rede war. Glaubens- und Geistesbewegungen hatten eine Reichweite über ganz Europa mit Rom und Paris, Amsterdam und Wittenberg, Madrid und Prag als Mittelpunkten. Ihr Kreis war ein anonymes europäisches Publikum. Die Wirtschaft war dagegen an den Ort gebunden oder als Großhandel an internationale Personenkreise, deren Mitglieder sich untereinander kannten. Es gab weder Bedarf noch Resonanz für die anonyme oder polynyme Massenbotschaft der Reklame. Bücher glaubt, die Reklame könne nur wirken, wo die Kunst des Lesens verbreitet sei (**97**, 248). Das war sie im 16. Jahrhundert aber so sehr, daß man Ideen durch Gedrucktes propagierte – aber die Reklame hatte damals keine Chance. Andererseits findet moderne Reklame den Weg zu analphabetischen Kolonialvölkern. Büchers Satz muß auf das folgende reduziert werden: Die Reklame setzt ein anonymes Dasein en masse mit anonymen oder polynymen Mitteilungsformen voraus, von denen der Druck die einfachste und wichtigste ist.

Die Anonymität des Käuferpublikums als Voraussetzung für die Reklame erklärt auch die Vorläufer der Reklame im Mittelalter –: die Marktschreierei der Quacksalber und Gaukler. In diesen Ausnahmefällen stand der Verkäufer der damaligen Zeit einem anonymen Publikum gegenüber. Für den normalen Handel gilt: „Die Zusammenballung in geschlossenen Wohnquartieren, die Entwurzelung durch den Zug in die Stadt schaffen erst ein ‚Publikum' im modernen Sinne, das den notwendigen Resonanzboden für die Willenslenkung durch die Reklame abgibt" (**548**, 31). Die Fluktuation der Bevölkerung von Ort zu Ort zerreißt das Band zwischen einem Verkäufer und seinen Kunden. Gewerbefreiheit und Zugang zum Wettbewerb genügen nicht, um dieses Verhältnis aufzulösen; ist der Käufer nicht mehr durch Treuebande an den Verkäufer gebunden, so kann er es doch durch Gewohnheit sein, die für die Wettbewerbsanstrengungen ebenso schwer zu überwinden ist. Aber erst anonymes Massendasein und Bevölkerungsfluktuation geben der Reklame eine Chance, voll zu wirken. Das Verhältnis zwischen Verkäufer und Kunde wird dann durch ein Verhältnis zwischen einer Verkäuferfront und einem Publikum Kaufinteressierter ersetzt. Das stimmt damit überein, daß Kleinbetriebe, die im wesentlichen an einem Kundenkreis in der Nachbarschaft interessiert sind, auch heute die Reklame entbehren können.

Der anonyme Grossmarkt. Das Zusammenspiel zwischen feinverzweigter Arbeitsteilung und der Anonymität des Großmarktes wird hier und dort auch als Bedingung für die Reklame genannt (**259**, 8 f.). Das Aufkommen der Reklame als Institution beruht auf Gewerbefreiheit und freier Konkurrenz auf anonymen Großmärkten (**198**, 21 f.). Nach

Auffassung Jaederholms ist durch die weitgehende Arbeitsteilung jeder Konsument von weit mehr Produzenten abhängig geworden, aber weniger abhängig von einem bestimmten Produzenten; es ist eine Distanz zwischen Produzent und Konsument entstanden (**321**, 317). Der Gedanke, daß die Reklame „ja weiter nichts als der verlängerte Aktionsradius des anpreisenden Wortes" (**413**, 35) sei, liegt in Vanderbilts oft angeführten Worten: „Woher sollen denn die Leute wissen, daß ich eine gute Ware habe, wenn ich sie ihnen nicht anpreise" (zitiert nach **513**, 7).

Damit begründet man die reine Marktinformation, aber nicht die verführerische Reklame. Sombart, der von verärgerten Werbeleuten der ökonomischen Unwissenheit beschuldigt wurde, weil er die Notwendigkeit der Reklame in Abrede stellte, mußte auf dasselbe hinweisen (**631**, 485). Die zweidimensionale Reklamebotschaft will nicht nur Wegweiser sein, sondern Magnet. Der Magnet ist nicht nur deshalb notwendig, weil der Markt anonym ist. Bücher betont ebenso wie Jaederholm die Trennung von Produzenten und Konsumenten und behauptet, die Reklame müsse in Ermangelung anderer Zwischenglieder dafür sorgen, daß die beiden einander finden können (**97**, 246). Beide übergehen aber nicht nur die aufreizende Wirkung der Reklame, sondern irren sich auch im Hinblick auf die Marktinformation. Wenn die Ursache für „informative Reklame" die Trennung von Produzent und Verbraucher wäre, müßte die älteste Form die unmittelbare Reklame des Produzenten an den Verbraucher sein. Aber abgesehen von frühen Fällen (Pears' Seife, Warren's Schuhwichse), zögerte gerade die Industrie lange, die Reklame anzuwenden, während der Kleinhandel sie betrieb. Der Verbrauch mag sehr vielschichtig zusammengesetzt und der Verbraucher auf eine Vielzahl von Produzenten angewiesen sein (Jaederholm), der Abstand zwischen Produzent und Verbraucher mag groß sein (Bücher und Jaederholm) – aber deswegen braucht nicht einmal die Marktinformation „in Ermangelung anderer Zwischenglieder" (Bücher) unentbehrlich zu sein. Es kommt auf den Verteilungsprozeß und das Verhältnis zwischen dessen Gliedern an –: Produzent, Grossist, Detaillist, Konsument. Der letztere kann die Information über die Produzenten entbehren, solange er über die Einkaufsquellen im Einzelhandel Bescheid weiß. Das Verhältnis zwischen Produzent – Grossist und Grossist – Detaillist kann durch Geschäftsreisende aufrechterhalten werden, erforderlichenfalls ergänzt durch markterläuternde Preislisten. Reklame als Brücke zwischen

Produktion und Verbrauch ist keine natürliche, geschweige denn eine notwendige Folge des wachsenden Abstandes zwischen ihnen. Als die Industrie endlich zur verbraucherunmittelbaren Reklame (Markenwaren) überging, geschah das auch nicht, weil der Handel als Zwischenglied versagte, sondern weil sich der Produzent vom Handel unabhängig machen wollte. Es ermangelte nicht an Zwischengliedern, aber man wünschte sie aus dem Spiel, zumindest der Kontrolle des Produzenten unterworfen. Die Anonymität des Marktes gab keine Veranlassung für Marktinformation vom Produzenten zum Verbraucher – aus dem einfachen Grunde, weil der Produzent „normalerweise“ gar nicht auf dem Verbrauchermarkt auftritt.

Wo Marktinformation erforderlich ist, um die Anonymität des Marktverhältnisses zu überwinden, bildet sie das natürliche Vorstadium zur eigentlichen Reklame. Der psychologische Schritt von reiner Preisliste zum Reklamekatalog, von rein informativer Annonce zum Reklameinserat ist nicht groß. Erfordert die Struktur des Marktes eine Information gegenüber nicht namentlich genannten Käuferkreisen (Verbraucher oder Wiederverkäufer), dauert es nicht lange, bis Geschäftstüchtigkeit die Information verlockend ausschmückt. Es ist deshalb nicht ohne Bedeutung, näher zu bestimmen, auf welchen der Sektoren des Wirtschaftslebens die Marktinformation zuerst notwendig oder naheliegend war.

Da war zum Beispiel der Kleinhandel in Großstädten mit wechselnder Bevölkerung und vielen Zugereisten aus Provinz und Ausland; die letzteren bilden einen Käuferkreis für sich – jeder einzelne nur ein zeitweilig Kaufinteressierter auf dem Lokalmarkt, aber zusammen als Typus eine bleibende Käuferschicht in der Großstadt (Streupublikum).

Die Verteilung von illustrierten Geschäftskarten und Flugblättern ist vereinzelt aus England um 1630 herum bezeugt (**502**, 113) und wurde im 18. Jahrhundert in den europäischen Großstädten gang und gäbe. Der Inhalt war ursprünglich informativ, aber der Reklameton scheint sich schnell eingeschlichen zu haben. Eine französische Polizeiverordnung vom 1. Juli 1734 suchte vergeblich, dieser Praktik Einhalt zu gebieten, und die eindringlichen Vorstellungen der Geschäftsleute erzwangen im Jahre 1761 folgende erneute polizeiliche Verfügung: „Gewisse Händler ... empfehlen durch Handzettel ihre Stoffe und andere Waren zu sehr niedrigem Preis, um ihren Absatz zum Schaden ihrer Berufsgenossen und dem Publikum zu vergrößern. ... Es ist verboten, gedruckte oder handgeschriebene Zettel zu verteilen" (zitiert nach **513**, 16), die mehr als Händlernamen, Qualität und Adresse enthalten – ohne Zusatz und Ausschmückung. Verschiedene reklamehistorisch interessante Züge kommen hier zum Vorschein: 1) Rein informative Handzettel waren mit Gesetz und Standesgepflogenheiten vereinbar. – 2) Einzelne Gewerbetreibende benutzten schon im Jahre 1734 die Geschäftskarte für Reklamezwecke. – 3) Die Branche als Ganzes war der Ansicht, daß die Reklame dem ehrbaren Kaufmannsstand widerspreche – die Reklame war also noch eine Ausnahme. – 4) Die Unzulässigkeit der Reklame wurde mit ihrer repressiven (zurückdrängenden) Konkurrenzwirkung begründet. – 5) Schneider und Stoffhändler waren die ersten, die ausbrachen – eine Branche, die im größten Umfang mit einem internationalen Streupublikum rechnete.

Ein natürliches Bedürfnis, das Publikum zu unterrichten, bestand bei Geschäftsleuten, die ein neues Geschäft in einer größeren Stadt eröffneten. Zu diesem Zweck wurden ebenfalls im 18. Jahrhundert Adreßzettel mit Bezeichnung der Art des Handels und eventuell dem Preisverzeichnis verteilt. Es gibt auch Eröffnungsanzeigen in der Presse; ihre Form unterstreicht den rein informativen Zweck. Die Redaktion teilt als Geschäftsneuigkeit mit: „Die Herren N. N. haben in der ... straße einen Handel mit ... eröffnet."

Ein dritter Typus liegt ein Jahrhundert länger zurück. Um die Mitte des 17. Jahrhunderts brachten Londoner Zeitungen die ersten Inserate über überseeische Genußmittel (Kaffee, Schokolade, Tee). Es war ja naheliegend, die Leser öffentlich darüber zu informieren, wenn man in der Zeitung ein Mittel dazu besaß. Das gleiche Bedürfnis, über bisher unbekannte Waren zu informieren, trat später in großem Umfang auf, als die Industrie in ihrer Entdeckerperiode fast täglich neue Waren auf den Markt warf.

MARKTEXPANSION UND -FORCIERUNG. Die Konkurrenz allein kann nicht den Durchbruch der Reklame als anerkannte Methode erklären. „Der Markt mußte erst in einem gewissen Maße konkurrenzgesättigt sein, bevor die Reklame zur vollen Anwendung" (**548**, 32) kommen konnte. Mit anderen Worten: Die Reklame entspricht nicht der Konkurrenz, sondern einem besonderen Stadium in deren Entwicklung.

Sie entfaltet sich nicht ganz, solange die Konkurrenz als Wettstreit um einen möglichst großen Anteil eines vorhandenen Umsatzes aufgefaßt wird, solange sie also im wesentlichen repressiv wirkt, das heißt: auf die Weise, daß ich durch meinen Erfolg notwendigerweise einen anderen aus seiner bisherigen Stellung dränge. Im Mittelalter war der Wettbewerb verboten, da er auf dem stationären Markt nur repressiv wirken konnte. Als er freigegeben wurde, betrachtete politisches und ökonomisches Räsonnement ihn zwar als ein Mittel, um die Dynamik des Fortschritts in Gang zu setzen, aber die Gewerbetreibenden selbst faßten vorläufig weiterhin ihre gegenseitige Konkurrenz als repressiv auf; was ich gewinnen will, muß ich anderen wegnehmen. Das legitime Wettbewerbsmittel ist deshalb die reine, überlegene Leistung. Nur überlegene sachliche Leistung kann rechtfertigen, daß ich den anderen verdränge. Bessere und billigere Ware muß über weniger begehrte und teuere siegen. Die Konkurrenz der Worte ist moralisch verwerflich, da sie unproduktiv ist; sie verwirrt nur die Einführung der Waren. Reine Information genügt, um der Leistung ihre Chance auf dem Markt zu sichern. – Soweit die Reklame angewandt wird, zeigt ihre Form, daß sie repressiv gemeint ist. Das Geschrei der Superlative kennzeichnet diese Phase.

Das Zeitalter der Reklame begann ernsthaft mit dem Übergang der Wirtschaft zur bewußten Expansion. Der stationäre Markt des Mittelalters wurde von spontaner Markterweiterung abgelöst, teils durch den Zustrom überseeischer Reichtümer im 16. Jahrhundert, teils infolge des Bevölkerungswachstums seit dem Ende des 17. Jahrhunderts. – Der Kapitalismus ist von dynamisch-expansivem Wesen. Die Markterweiterung ging nach Marshall (**436**, 256 ff.) im frühen Industrialismus – bis 1880 – auf dem Hintergrund des natürlichen Steigens der Nachfrage automatisch vor sich. Die Verkäufer auf den regulären Märkten – auf Ausnahmen werden wir noch eingehen – konnten ständig für die Deckung der spontanen Nachfrage arbeiten. Erst um 1880 eilt die Erhöhung der Produktionsleistung durch die Technik dem spontanen Wachsen der Nachfrage voraus. Großbetriebe treten in den Vordergrund. Das durchschnittliche fixe Kapital nimmt zu. Die Kapazität des Unternehmens muß zwecks Rentabilität ausgenutzt werden; dies verlangt, daß die Nachfrage stimuliert wird, wenn sie unter der Kapazität liegt. Der Absatz muß nun um der Produktionsentwicklung willen forciert werden. Die Stunde der Reklame ist da.

Die Grenzziehung zwischen den zwei Zeitabschnitten mag Marshalls Rechnung standhalten; aber es besteht kein Zweifel darüber, daß es im Laufe der Zeit schwieriger geworden ist, die Lager zu räumen, und daß die Marktstimulierung um 1850 nicht so vonnöten war, wie sie es jetzt ist.

Bücher knüpft die Reklame an den Übergang von der Kunden- zur Warenproduktion (**97**, 244 f.). „Das Gesetz der Massenproduktion hat zur notwendigen Folge, daß jeder Produzent alle ihm zur Verfügung stehenden Mittel der Bedarfssammlung anwenden muß" (**97**, 246). Diese Unterscheidung zwischen Kunden- und Warenproduktion ist für den vorliegenden Zweck nicht ausreichend. Kundenproduktion ist Herstellung im Auftrag eines namentlich genannten Käufers; Waren- oder Massenproduktion ist Herstellung auf Vorrat, das heißt: auf erwartete Aufträge. Das letztere ist im Prinzip das Normale für Fabrik- und Massenproduktion. Aber es ist nicht gesagt, daß Massenproduktion in diesem Sinne Reklame erfordert. Solange die Produktionsleistung der Industrie nicht die spontane Nachfrage übersteigt, besteht keine Gefahr, auf der Ware sitzenzubleiben. Es ist insofern von untergeordneter Bedeutung, ob die Ware in einzelnen Partien im Auftrage namentlich genannter Kunden hergestellt wird oder massenweise für kurzzeitige Lagerung und Absatz an eine anonyme Käuferfront, deren Nachfrage man nicht sicher sein kann. Es wird immer für die Deckung eines gegebenen Bedarfs produziert; der Unterschied ist nur, daß es nicht der im voraus ermittelte Bedarf einzelner ist, sondern der erfahrungsgemäße Bedarf eines gesamten Marktes.

Die Marktproduktion geht Marshall zufolge um 1880 von einer bedarfsbestimmten zu einer spekulativen über. Die Produktionsleistung übersteigt den erfahrungsgemäßen bisherigen Bedarf, und im Augenblick der Produktion ist keine Sicherheit für den Absatz der Ware gegeben. Der Verkauf wird da nur forciert, um die Produktionskapazität auszunutzen, ja sie zu vergrößern. Das Angebot beherrscht das Wirtschaftsleben und erzwingt die Nachfrage (**267**, 1). Der Verkäufer geht mit stimulierender Reklame auf die Suche nach Nachfrage. „Die Reklame erhält ihren entscheidenden Antrieb von den ökonomischen Verhältnissen, die die Produktionsleistung über die Konsummöglichkeiten steigert" (**222**, 13). Das Verhältnis zwischen Angebot und Nachfrage wird hier umgekehrt. Der Verkäufer bietet nicht mehr seine Ware für den Bedarf an, sondern sucht Käufer für seine Ware. Beim Käufer besteht keine Nachfrage mehr nach der Ware, beim Verkäufer aber eine Nachfrage nach Käufern.

Man bezeichnet die Reklame dann auch als aggressiven Absatz, und unter den Ursachen wird in erster Linie die unaufhaltsame potentielle Überproduktion genannt, die eine Folge des technischen Fortschritts ist (**650**, 15 ff.). Hier entspricht die Reklame einer im Wirtschaftssystem selbst beruhenden sachlichen Notwendigkeit; sie ist nicht mehr die besondere Praktik eines einzelnen geschäftstüchtigen Verkäufers, sondern die Notwendigkeit, im expansiven Wirtschaftsleben mit „neuen Methoden die Nachfrage zu steigern, indem man die Aufmerksamkeit der Konsumenten erregt" (**77**, 260). Ein deutscher Betrachter geht sicher in seiner Begeisterung darüber zu weit: „Zielbewußte Propaganda steigert die Nachfrage nach bestimmten Bedarfsartikeln. Diese erhöhte Nachfrage kann durch den augenblicklichen Stand der]Produktionsfähigkeit oft nicht bewältigt werden und ruft nach leistungsfähigeren Produktionsmaschinen, spornt den Techniker zu erhöhter Geistestätigkeit an und verschafft weiteren brachliegenden menschlichen Arbeitskräften ein neues Arbeitsfeld" (**279**, 5). Hier wird die Macht der Reklame sicher überschätzt. Sie wird nur selten – vielleicht auf dem Höhepunkt einer Konjunktur – die Nachfrage über die Produktionskapazität hinaus wecken und in der Regel froh sein, wenn sie die Nachfrage einigermaßen auf gleiche Höhe mit der gegebenen Produktionsleistung bringen kann.

Es ist besonders der Großbetrieb, der die moderne Reklame als ein Mittel der wirtschaftlichen Eroberung nicht entbehren kann, da er „einen wachsenden Absatz" benötigt, „um dadurch eine möglichst schnelle Amortisierung seines Anlagekapitals herbeizuführen" (**273**, 10). Unter der „ständigen potentiellen Überproduktion", während der die Verkäuferkonkurrenz stufenweise etwas von dem bisher nur potentiellen Markt zu realisieren sucht, erhält die Reklame über ihre betriebswirtschaftliche Wirkung hinaus eine Gesellschaftsfunktion als Hebel der Markterweiterung.

Zunächst ist es aber immer so, daß die Industrie anscheinend für spontane Nachfrage i h r e r Abnehmer, des Handels, produziert und es verachtet, selbst den Markt durch Reklame zu forcieren. Der Kleinhändler, der direkte Fühlung mit den Verbrauchern hat, forciert die Nachfrage; die so erreichte neue Nachfrage äußert sich in Aufträgen des Einzelhändlers für den Großhändler und in Aufträgen des Großhändlers für den Produzenten. Die Industrie bewahrte bis um 1890 nach außen eine Form der Zurückhaltung; sie richtete ihre Reklame selten unmittelbar an den Verbraucher, sondern bearbeitete den Handel durch Geschäftsreisende und überließ die Verbraucherbearbeitung durch Reklame dem Einzelhändler. Erst in diesem Jahrhundert setzt sich die verbraucherunmittelbare Reklame des Produzenten als ein allgemeiner Zug im Wirtschaftsleben durch.

HISTORISCHE MARKSTEINE. Die Reklame hat, wie man sieht, nicht eine, sondern mehrere Wurzeln; deswegen kann man ihr Entstehen zeitlich nicht eindeutig festlegen. Dagegen kann man, indem man ihre Voraussetzungen analysiert, ihr Eindringen in das Wirtschaftsleben und seine Durchdringung durch die Reklame verfolgen. Es gibt Vorstadien, wo man Phänomene findet, die der Reklame gleichen, ohne im eigentlichen Sinne Reklame zu sein; Stadien, in denen man echte Reklame aber nur als Ausnahme findet, bis man endlich den Punkt erreicht, wo alle Voraussetzungen vorhanden sind und wo die Reklame eine zentrale Stellung im ganzen Wirtschaftssystem erobert hat. – Die Voraussetzungen für die Reklame treten ja nicht gleichzeitig auf, und eine einzelne von ihnen prägt nicht auf einmal und gleich stark alle Gewerbezweige. Es besteht also hier und da eine Chance für die Entstehung der Reklame, da die Voraussetzungen sich auf einem Gebiet früher zeigen als auf anderen. Die volle Entfaltung der Reklame ist an ein Zusammenspiel der Voraussetzungen geknüpft; wo nur einige von ihnen gegeben sind, können sich ein Ansatz und embryonale Formen zeigen, aber erst das Zusammenspiel aller ermöglicht die Anerkennung der Reklame als einer regulären und allgemeinen Methode.

Sieht man die Vergangenheit der Reklame in diesem eher genetischen als historischen Licht, gewinnen gewisse Einzelheiten entscheidende Bedeutung. Es soll im folgenden gezeigt werden, welche der genannten Voraussetzungen bei der Entstehung gewisser typischer Stufen in der Genesis der Reklame mitgewirkt haben.

MARKTSCHREIERTRADITION: PILLEN UND ZIRKUS. Die älteste Form der echten Reklame ist die Quacksalber- und Gauklerreklame des Jahrmarktes. Hier bestand auch im Mittelalter freie Konkurrenz zwischen denen, die die Stadtverwaltung zugelassen hatte. Das Angebot wandte sich ganz besonders an die Einbildungskraft und enthielt deshalb ein hohes Reklamepotential. Hier konnte die Reklame am Rande des Wirtschaftslebens auftreten, ehe sie Eingang in dessen zentrales Gebiet fand. Eine direkte Linie geht von dort zu Arzneimitteln und zum Zirkuswesen des 19. Jahrhunderts, die bahnbrechend für moderne Reklame wurden. Diese zwei Gewerbezweige besaßen die alte Marktschreiertradition, auf die sie sich stützen konnten; ein uralter Branchenbrauch wurde hier durch die größeren technischen Möglichkeiten der Zeit erneuert.

Mode und Luxus. Für Modeartikel wurde, wie erwähnt, schon das ganze 18. Jahrhundert hindurch in primitiver Form Reklame gemacht. Mit dem Streben der bürgerlichen Mittelklasse nach sozialem Ansehen und Rang wurde der Handel mit verhältnismäßig billigen Modeartikeln während der Restaurationszeit in Frankreich zu einem bedeutenden Geschäftszweig. Die ersten Pariser Magasins de Nouveautés entstanden um 1820 (Au Petit Matelot) und gingen gegen 1830 zum planmäßigen Einsatz der Reklame über. Modeartikel hatten aus verschiedenen Gründen ein hohes Reklamepotential. Schnell wechselnde Modeneuheiten verlangten eine gewisse laufende Käuferinformation. Die Artikel sind durch ihren ausgeprägten Prestige- und Luxuscharakter besonders gut für reklameintensiven Absatz geeignet. Luxusartikel brauchten sicher auch schon eine gewisse Marktforcierung, während Gebrauchsartikel und Stapelwaren noch auf spontane Nachfrage hin verkauft werden konnten. Dazu kommt, daß die Modehäuser, ebenso wie ihre Nachfolger, die Warenhäuser, sich an ein anonymes und wechselndes Großstadtpublikum wandten. Die Reklame des Modehauses war Vorbild für die spätere, seit 1850 sich entwickelnde Reklame des Warenhauses (Zola **716**), deren Stil teilweise noch das Gepräge der damaligen Zeit trägt.

Bezahlte Buchbesprechungen. Während Sombart den Einzelhandel (die Modehäuser) als Pionier der Reklame betrachtet, sieht Redlich (**513**, 16 ff.) den ersten Vorstoß der Reklame schon 1821 im Buchverlagswesen. Er beruft sich teils auf Wuttke (**708**, 18), teils auf den Zeitgenossen Balzac (**33**). Das stimmt gut mit Büchers These überein, die Reklame sei an die Massenproduktion geknüpft. Er führt das Buch als die erste Ware an, bei der spekulative Marktproduktion bedarfsweckende Veranstaltungen erforderte (**96**, 215; **97**, 246 f.). Ich kann jedoch der Verlagsreklame nicht das gleiche entscheidende Gewicht beimessen, wie es Redlich tut. Als Einzelphänomen hat sie weit ältere Vorläufer, während der Buchhandel auf der anderen Seite als Gewerbezweig nicht wichtig genug ist, um seine Anwendung der Reklame als maßgeblich für die Wirtschaft als Ganzes zu betrachten. Mit allen Vorbehalten hinsichtlich des Kulturwertes der Angebote möchte ich die Reklame für Bücher für ebenso atypisch halten wie die Gauklerreklame. Ihre entscheidende Bedeutung ist auf ähnliche Weise durch eine Vorgeschichte abgeschwächt. Buchannoncen rein informativer Art gehen recht weit zurück. Die Annoncen der *Vossischen Zeitung* in den Jahren 1737–60 waren zu 56–99 Prozent Verlagsannoncen (**28**, 102). Das Wesen der Buchbesprechungen ist alt, und die Vereinigungen der Schriftstellercliquen zum gegenseitigen Lobe und Ruhme sind schon im 18. Jahrhundert bekannte Phänomene. Neu war um 1800, daß man die Redaktionen geradezu bestach, damit sie lobende Buchbesprechungen annahmen. Aber ich kann diesen Schritt nicht als wirtschaftsgeschichtlich entscheidend ansehen. – Die Geschichte des Buches widerlegt übrigens im Grunde genommen Büchers These von der erforderlichen Verknüpfung der Reklame mit der Massenherstellung. Die Auflagenherstellung von Büchern ist so alt wie die Buchdruckerkunst; das Buch ist also seit 1460 „Massenware" gewesen. Wie läßt es sich dann erklären, daß die Reklame für Bücher erst 350 Jahre später als branchentypische Erscheinung entstand? – Selbst wenn bewiesen werden kann, daß die Buchreklame acht Jahre älter ist als die Warenhausreklame, so hat doch die letztere die wirtschaftsgeschichtlich entscheidende Bedeutung.

Das traditionslose Amerika. Unbestritten ist Frankreich das Ursprungsland der Reklame. Es ist in dieser Beziehung aber interessant, daß G. Duyckinck schon in den 1750er Jahren seinen Warenhandel in New York in der Zeitung anzeigte und wenige Jahre später zu einer echten reklamemäßigen Gestaltung seiner Annoncen gelangt war (**502**, 148 f.). Wenn man bedenkt, daß die Anstreicherkolonnen schon um 1800 in den USA Hochbetrieb hatten und die ersten Sandwichmen 1823 den Broadway entlanggingen, wird man unschlüssig werden, ob man nicht vielleicht die erste große Welle der Reklame in den USA suchen sollte. Es würde kein besonderes Aufsehen erregen, wenn es so wäre. Zumindest eine Voraussetzung war drüben in höherem Grade vorhanden als in der Alten Welt – nämlich die Anonymität des Milieus. Die Einwanderer hatten keine gewohnheitsmäßige Bindung an bestimmte Verkäufer; die Großstädte wuchsen schnell, die Bevölkerung wechselte ständig. Dazu kommen als tieferliegende Gründe, daß der Einwanderer seine alten Kaufgewohnheiten, auch im Hinblick auf die Warengattung und die Zusammensetzung seines ganzen Bedarfs, aufgeben mußte und die Wirtschaft wild wachsen konnte, ohne Wurzel in einer Überlieferung oder Standestradition, und nur sehr wenig eingeengt durch rechtliche und polizeiliche Fesseln. Dies alles kann nicht die Reklame herbeiführen, aber in Verbindung mit den in beiden Erdteilen herrschenden übrigen Bedingungen ihr Aufblühen in den USA beschleunigen. Um es vorsichtig auszudrücken: Die Reklame entstand vielleicht als neue geschäftstaktische Idee in Frankreich (oder England?); als sie dann feste Gestalt angenommen hatte, war es natürlich, daß sie sich als Massenphänomen zuerst in den USA entfaltete, wo keine institutionellen Überreste und traditionellen Bedenken sie hemmen konnten. Die amerikanische Entwicklung überflügelte auf jeden Fall sehr bald alles, was man auf diesem Gebiet in Europa kannte. Es sind merkwürdigerweise gerade zwei Franzosen, die die Entwicklung der intensiven Reklame von Frankreich in die USA und das Jahr 1850 verlegen (**234**, 12 f.).

Kosmetische Industrie. Es scheint vorläufig, als ob das ursprüngliche Gebiet der Reklame der Handel wäre, während die sich unmittelbar an den Verbraucher wendende Reklame der Produktion erst Ende des 19. Jahrhunderts zum Massenphänomen wurde. Aber es gibt interessante Vorläufer. Balzacs „Grandeur et décadence de César Birotteau" ist eine Art Schlüsselroman. Man hat vermutet, die Originalgestalt sei J.-V. Bully, der in den 1820er Jahren ein neues Toilettenwasser erfunden hatte (**184**, 31); aber Dokumente im Polizeiarchiv in Paris deuten mehr auf den Parfumfabrikanten Caron (**397**, **II**, 184 f; **601**, 16). Dieser Caron hat in Wirklichkeit die Methoden angewandt, die Balzac seinem Helden Birotteau zuschreibt, der die Reklame des Einzelhandels auf die Industrie übertrug. „Bei dem weiteren Vorgehen machte er sich das Prinzip des Petit-Matelot zu eigen und entwickelte, als erster unter den Parfümhändlern, jenen Luxus von Plakaten, Annoncen und andern Reklamen, die man vielleicht mit Unrecht Scharlatanerie nennt" (Balzac **32**, 51). Balzacs Zeitangaben sind falsch. Die Handlung des Buches ist in die Jahre 1820–24 verlegt, wo es unmöglich war, Au Petit Matelots Reklame nachzuahmen, die bekanntlich erst im Jahre 1829 begann. Aber der Kern des Buches ist wirklichkeitsgetreu. Für kosmetische Artikel wurde zuerst Reklame gemacht, die sich direkt vom Produzenten an den Verbraucher richtete. Der Typus Caron/Birotteau ist ein kleiner „Fabrikant", der seine Artikel in seinem eigenen Geschäft absetzt. Dieser Ansatz zu einer verbraucherunmittelbaren Reklame des Produzenten zeigt sich, bezeichnend genug, zuerst in der Kosmetikbranche, deren Artikel einerseits reinen Luxus darstellen, andererseits mit der Quacksalberei verwandt sind. Beides wird auch oft von derselben Firma hergestellt und gehandelt. Die „wissenschaftliche" Autoritätsreklame eignet sich für beides; Balzac schildert dann auch diese Reklameform als Birotteaus Steckenpferd. –

Die Reklame des Produzenten scheint demnach nach dem Vorbild des Einzelhandels entstanden zu sein. Demgegenüber steht jedoch ein anderer Fall – ebenfalls in der Parfümeriebranche. Es wird berichtet, daß für Pears' Seife zum ersten Mal im Jahre 1805 in Bells *Monthly Compendium of Literary, Fashionable, and Domestic Advertisements* geworben wurde. Danach muß man annehmen, daß die kosmetische Produzentenreklame als selbständige Reklame schon 25 Jahre früher als ihr vermeintliches Vorbild, die Reklame der Modehäuser, die in Frankreich gestaltet wurde, in England entstanden ist.

SCHLUSSFOLGERUNGEN. Diese Einzelheiten aus der frühen Geschichte der Reklame lassen folgende Schlüsse zu:

1) Vorläufer der Reklame kann man in der Wirtschaftsgeschichte Europas weit zurückverfolgen, aber sie waren vereinzelt und bei weitem nicht typisch.

2) Alle Quellen deuten darauf hin, daß die Reklame zu Beginn des 19. Jahrhunderts Zutritt zum regulären Wirtschaftsleben erhielt.

3) Eine genaue Zeitbestimmung ist für das Verständnis der Rolle der Reklame in der Entwicklung der modernen Wirtschaft von untergeordneter Bedeutung. Die einzelnen Datierungen liegen nur wenige Jahre auseinander; dies verringert das historische Gewicht der einzelnen Datierung um so mehr, als in keinem Fall ein unbedingt erster Schritt konstatiert wird, sondern ein In-Mode-Kommen von etwas, das zuvor als einzelne Ausnahme bekannt war.

4) Als die Wirtschaft gegen 1800 in ihre hochkapitalistische Phase trat, waren viele Gewerbezweige für die Reklame reif. Die Reklame fand in rascher Folge Eingang in diese Gewerbezweige, ja fast gleichzeitig auf verschiedenen Gebieten. Teils geschah das in einzelnen Branchen und Ländern unabhängig voneinander, teils wirkte das an einer Stelle gegebene Beispiel ansteckend und befruchtend an anderen Stellen.

Noch einmal: Neuheit und Luxus. Frankreich war das erste europäische Land, in dem die Reklame mengenmäßig einen Höhepunkt erreichte. Der Grund dafür war naheliegend, aber ich fand ihn in der Literatur nicht angeführt. Der englische Industrialismus beginnt mit Stapelwaren und Produktionsmitteln, der französische dagegen mit Qualitäts- und Luxusartikeln, deren Reklamepotential weit höher ist. Stapelwaren konnten damals noch ohne Reklame, ja ohne besondere Marktinformation abgesetzt werden. Der Produzent war in der Regel schon lange in der Branche; er war von Handwerks- und Verlagsmethoden zur industriellen Produktionsform übergegangen, hatte seine Verbindung zum Handel und konnte sie leicht durch Geschäftsreisende ausbauen. Der Einzelhändler hatte es seinerseits nicht nötig, den Verbraucher zu unterrichten. Dieser stand nicht einer neuen, sondern nur einer auf neue Weise hergestellten Ware gegenüber. – Luxusartikel und Neuheiten, das Hauptgebiet der französischen Industrie, verlangten dagegen zum einen eine einführende Informationsarbeit, zum anderen marktforcierende Maßnahmen. Selbst wenn das Marshall zufolge in dem für die Sättigung des Marktes kritischen Jahr 1880 für Waren des täglichen Bedarfs zutrifft, müssen doch bestimmte Spezialmärkte weit früher der Stimulierung bedurft haben; auf den Annoncenseiten um 1830–40 sind auf jeden Fall Mode- und Kosmetikartikel vorherrschend. Zu Beginn des 19. Jahrhunderts gilt noch das natürliche Gesetz, daß Bedarfswaren ein geringes, Waren des Überflusses dagegen ein hohes Reklamepotential haben. Es ist daher verständlich, daß Frankreich als das erste europäische Land eine größere Einzelhandelsreklame bekam, die Absatz für die verhältnismäßig billigen Luxusartikel der Industrie unter der einfachen Bevölkerung suchte.

Spätere Stufen in der Entwicklung. Der Umfang der Reklame wuchs nach 1830 mit großer Geschwindigkeit. Ihre Technik, besonders die Annoncierung, erfuhr eine schnelle Entwicklung zu neuen Formen. Das halbe Jahrhundert von 1830–80 ist das experimentelle Zeitalter der

Reklame. – Die Annonceneinnahmen der Zeitungen stiegen so stark, daß sie bald einen wesentlichen Posten in der Buchführung der Verlage bildeten. 1836 zieht de Girardin in Frankreich die Konsequenz daraus und gründet *La Presse* mit den Annoncen als eigentlicher Geschäftsgrundlage (**18**, 34). Die betriebswirtschaftliche Umwälzung ist damit eingeleitet. – Etwa gleichzeitig entstanden die ersten Werbeagenturen; die Reklame ist auf dem Wege, ein selbständiger Gewerbezweig zu werden. – Die eifrigsten Reklamisten waren immer die Elixiermixer und Einzelhändler, insbesondere die der Textil- und Modebranche. Dazu kommt als ein neues Phänomen die Finanz- und Spekulationsreklame, die in Frankreich um 1850 zur Zeitungskorruption ausgeartet war.

Verkauf par distance. Ein ökonomisch entscheidender Schritt war die Entdeckung, daß man den Detailverkauf allein auf Reklame aufbauen kann. Das Versandhandelswesen entstand als neue Betriebsform kurz nach 1870 in den USA. Verkauf per Post war vorher auf einem Spezialgebiet bekannt, nämlich im Handel mit Arzneimitteln; aber ich habe nicht herausfinden können, inwieweit dieser isolierte Fall direkten Einfluß ausgeübt haben dürfte. In den USA entstand das Versandhandelswesen auf jeden Fall auf dem Hintergrund der besonderen, halbkolonialen Verhältnisse des Landes. Eine zahlreiche Farmerbevölkerung, die weit verstreut auf großen, an Stadtzentren armen Gebieten wohnte, hatte es schwer, sich mit einem vielfältigeren Warensortiment zu günstigem Preis zu versorgen. Diesem Mißstand versuchte man um 1870 durch Einkaufskontore der Granger Movement abzuhelfen. Diese kooperativen Einrichtungen wurden bald zu Privatunternehmungen umgestaltet (**303**, 192 ff.), die auf betriebswirtschaftlichen Ideen beruhten: 1) Eliminierung des Zwischenhandels, welche billigeren Detailverkauf ermöglichte. – 2) Reklameintensität; der Versandhandel ist auf Reklame (Annonce und Katalog) als tragender Verkaufsmethode aufgebaut, eventuell ergänzt durch schriftliche Angebote.

Reklame für Markenwaren. Die Markenwarenreklame hat in zwei Hinsichten eine umwälzende Bedeutung für die gesamte Wirtschaftsstruktur: 1) Ein Großproduzent richtet seine Reklame unmittelbar an die Verbraucher. – 2) Die Reklame wird nun angewandt, um Waren des täglichen Bedarfs zu verkaufen, vor allem Haushaltsartikel und Lebensmittel. – Die Vorstadien lassen sich bis zur Kosmetik und Parfümerie kurz nach

1800 zurückverfolgen. Für Ware des täglichen Gebrauchs wurde damals nur in seltenen Fällen vom Produzenten selbst Reklame gemacht, die sich an die Verbraucher wandte (Warren's Schuhwichse, 1820); im Jahre 1869 wurden Sapolio (Reinigungsmittel) und in den 1870er Jahren Royal Baking Powder die amerikanischen Pioniere einer unübersehbaren Reihe von Gebrauchswaren, die seitdem als Marken auf den Markt kamen. – Balzac hatte eine erstaunlich klare Vorstellung von dieser in der Reklame schlummernden Möglichkeit; er schildert ihre Nutzung durch Birotteaus Nachfolger Popinot, der durch kontinentale Reklame erreichte, daß seine Ware „in der Gunst des Publikums triumphiert" – mit diesem ganz modernen Ausdruck kennzeichnet Balzac im Jahre 1837 die Fähigkeit der Reklame, ein psychologisches Quasimonopol zu bilden! – Die betriebswirtschaftliche Idee hinter der Markenware ist, daß die Reklame nicht allein zum Verkauf der Ware verhelfen kann, sondern daß sie geradezu „Ware erschaffen" kann als eine Marktindividualität. Das ist es doch, was geschieht, wenn die Ware durch Reklame eine Sonderstellung innerhalb ihrer Gattung erobert, obwohl sie sich nicht oder nur in unwesentlichem Grade von anderer Ware unterscheidet. Vom Verkauf der Ware mit Hilfe der Illusion der Reklame geht man dazu über, die Reklameillusion selbst als wesentlichen Bestandteil der Ware zu verkaufen.

Der Markengedanke machte die Reklame anwendbar für günstige Gebrauchsware, den Kleinbedarf und Stapelgüter; sie ist ein Mittel, um aus der atomistischen Verkäuferfront auszubrechen. Die Markenware und die Reklame sind auf diese Weise bezeichnend für die Zeit, der sie angehören: 1) Die täglichen Bedarfsartikel sind unter das Gesetz der unaufhaltsamen potentiellen Überproduktion gefallen und erfordern forcierten Absatz. Die Reklame für Gebrauchsgüter wird eine marktpolitische Notwendigkeit. – 2) Homogene graduelle Konkurrenz ist in eine Sackgasse geraten, ihre Möglichkeiten sind erschöpft. Die Markenware kennzeichnet den Übergang zum Wettbewerb durch gegenseitige Gattungsdistanzierung.

Da es sich bei den Markenwaren in der Regel – besonders in der ersten Periode – um billige Kleinigkeiten handelt, haben sie eine besondere gesellschaftshistorische Voraussetzung; sie verlangen ein Massenpublikum, das unter völligem Marktzwang steht, da es nicht mehr die Dinge des täglichen Bedarfs zu Hause herstellt – also eine Stadtbevölkerung. Hier gilt der Satz, daß die industrielle Großproduktion selbst zugleich die

Voraussetzungen für ihre eigene Existenz schafft, indem sie das Anwachsen der Großstädte fördert (**548**, 31). – Reklame für Ware des täglichen Bedarfs kann sich an unbegrenzte Publikumskreise mit einer gleichlautenden Botschaft wenden; sie zielt auf den Bedarf, der im großen und ganzen für die ganze Bevölkerung ohne Unterschied der Stände und Klassen einheitlich ist. Sie ist „ein demokratischer Appell in einem demokratischen Zeitalter" (**242**, 74). Hier ist die Reklame besonders rentabel, weil die Differenz zwischen dem Kreis von Personen, den die Botschaft durch ein allgemeines Medium erreicht, und dem möglichen Käuferkreis minimal bleibt; der Streuungsverlust ist äußerst gering.

FOLGEN FÜR DEN STIL UND DIE MITTEL DER REKLAME. Die Werbetrommel für Stapelware und Ware des täglichen Bedarfs zu rühren, führt zu einer enormen Vergrößerung der Reklamemenge. Immer mehr Waren, deren natürliches Reklamepotential (als Warengattung) gleich Null ist, werden von psychologischer Individualisierung als Marke erfaßt. Im großen und ganzen kann jede Ware auf diese Weise reklamefähig gemacht werden. – Eine andere reklamegeschichtlich wichtige Folge ist, daß die Landesreklame gegenüber der Lokalreklame einen Vorsprung gewinnt. Die Einzelhandelsreklame ist notwendigerweise lokal. Die einzigen, die ihre Reklame über das ganze Land verbreiteten, waren, vor der Zeit der Markenwaren, der Arzneimittelhandel, Versandhandelsfirmen sowie Gründer und Produzenten gewisser Güter (Geldschränke, Nähmaschinen und ähnliches), für die schon damals verbraucherunmittelbar geworben wurde. Die Markenwaren entfalten bald ungleich mehr Landesreklame, als alle diese Branchen zusammen bisher brauchen konnten. – Als Folge davon gewinnen wiederum andere Werbemittel gegenüber der Zeitung einen Vorsprung, obwohl diese, absolut gesehen, auch jetzt noch an erster Stelle steht. Die Landesreklame kann, außer den Tageszeitungen, auch Zeitschriften benutzen; diese sind sogar besonders gut geeignet, teils aus selektiven Gründen – ihre vorzugsweise weiblichen Leser sind Käufer der meisten Markenwaren –, teils auch, weil sie die besonders wirkungsvolle farbige Annonce erlauben.

Redlich fragt, warum das Plakat in den 90er Jahren plötzlich vordringe und warum die Verpackung bald nach 1900 als Reklamemittel benutzt werde (**513**, 31). Er meint, die Beantwortung dieser Frage müsse durch statistische Untersuchungen vorbereitet werden. Ich glaube nicht, daß man die Statistik zu bemühen braucht. Solange der Einzelhandel der größte Reklamist ist, bleibt das Tageblatt das alles beherrschende Medium. Die Taktik der Reklame ist doch von gradueller Konkurrenz geprägt; superlativische Starkstromreklame ist vorherrschend. Mit der Markenware wird das Gewicht auf die Landesreklame verlagert, was in den USA hauptsächlich durch Zeitschriften geschah – nach einer kurzen Periode, in der religiöse Blätter im Vordergrund standen. Reklamegeschichtlich gesehen, sind die zwei gleichgestellt. Die weltliche Zeitschrift löste nun in den 1880er Jahren das religiöse Organ als Familienblatt ab. *Harper's Magazine* brachte seine erste Reklameannonce im Jahre 1864 (**222**, 14). Die Markenreklame ist geprägt von dem Gedanken der Gattungskonkurrenz. Sie ist deshalb distinktiv und anpassungsfähig. Die Markenbildung befand sich in den 1890er Jahren noch in ihrem ersten Stadium, wo es vorläufig in jedem einzelnen Bereich nur eine oder vielleicht zwei, drei Marken gab, die der anonymen Warengattung gegenüberstanden. Es galt nur, den Markennamen als Individualität gegenüber der Sorte herauszustellen. Hochfrequentierte Plakatreklame ist dafür ein ausgezeichnetes Mittel. Sie kann durch unaufhörliche Wiederholung einer kurzen Botschaft – ohne den Versuch, zu argumentieren – einen Namen ins Bewußtsein des Verbrauchers hämmern. Diese Methode wirkt, solange sie nicht von zu vielen nebeneinander angewandt wird. Dieses Stadium, wo wenige Marken sich als Warenindividuen gegenüber der anonymen Menge der Gattung behaupteten, das Plakatstadium, war im wesentlichen nach 1900 vorbei. Anonyme Sortenware war da in vielen Bereichen schon ganz von einer Front scharf miteinander konkurrierender Marken verdrängt. Es genügte nicht mehr, als Individualität gegenüber einer Sorte bekannt zu sein. Nun mußte man anderen Individualitäten gegenüber distinktiv sein. Die Verpackung, die bisher an sich als Merkmal gegenüber loser Ware ausgereicht hatte – man denke nur an die primitiven Backpulver- und Malzkaffeepakete –, muß sich nun durch plastische Erscheinung unterscheiden, vor allem auch im Kampf gegen Substitutionsversuche des Einzelhändlers. Die Verpackung gehört kennzeichnenderweise zur gegenseitigen Gattungskonkurrenz zwischen den Marken und dringt deshalb kurz nach 1900 vor. –

Französische Autoren beklagen um 1900, fast ohne Ausnahme, französische Reklame sei nicht nur hinter der amerikanischen, sondern auch hinter der englischen und deutschen weit zurückgeblieben. Es wird namentlich darauf hingewiesen, die Reklame ausländischer Firmen nehme in französischen Blättern so viel Platz ein und sie sei soviel besser als die der einheimischen Firmen. Achtzig Jahre zuvor hat Frankreich in Europa an der Spitze gestanden. Die ökonomische Geschichte der Reklame gibt eine plausible Erklärung für diesen Wechsel. Dieselben Züge in der französischen Industrie, die nach 1800 die Reklame begünstigten, wirkten nach 1900 als Handicap. Damals waren die Luxusartikel die bevorzugte Branche, das Hätschelkind der Reklame; nun stehen die Waren des täglichen Bedarfs im Vordergrund. Hier ist es die französische Produktion selbst, die sich nicht mit derjenigen anderer Länder messen kann, und viele in Frankreich verkaufte Markenwaren für den täglichen Bedarf sind englischer oder deutscher Herkunft.

II. Teil

Psychologische Streiflichter

Psychologie und Psychologismus in der Reklame

Die Psychologie greift ein. Die Reklamewissenschaft beginnt mit dem Erscheinen der Reklamepsychologie. Die Reklame befand sich bis 1900 in ihrer extensiven Periode. Sie hatte das Wirtschaftsleben durchdrungen und war zu einer Institution geworden, wurde aber ohne Überlegung gehandhabt. Ihre Möglichkeiten waren so groß, daß es sich lohnte, sie aufs Geratewohl anzuwenden. Die Wirkung war fast immer gut – bisweilen aufsehenerregend; in dem Fall war sie einem besonderen Glück oder einem sechsten Sinn zu verdanken. Die Leitfäden der damaligen Zeit zeigen das wenige, was routinemäßig gelernt werden konnte. Sie führen die Arten der Werbemittel auf, belehren über Druck- und Illustrationstechnik, graphische Anordnung, Korrekturlesen, Preistarife und ähnliches. Die Reklame ist in diesem vorwissenschaftlichen Stadium eine rein technische Aufgabe. Die Technik läßt sich beschreiben; aber gute Reklame zu machen, ist eine Sache der Übung und des Talents.

Gegen 1900 begann das Gesetz der sinkenden Erträge zu wirken. Seit alle Reklame betrieben, war der Erfolg des einzelnen weniger glänzend. Der Verbraucher wurde mit verlockenden Angeboten überhäuft und stumpfte ab. Manch eine Stimme erstickte im allgemeinen Geschrei. Es bedurfte besonderer Mittel, um sich geltend zu machen. Das extensiv durch die Menge der Reklame zu tun, war auch jetzt noch möglich, aber kostspielig, da die Tarife gestiegen waren. Die Intensivierung der Reklame setzte ein, und die Psychologie verhalf zum ersten Schritt. Der Anstoß ging wahrscheinlich von der Werbebranche aus, die begriff, daß es nicht genüge, eine Botschaft auszusenden, sondern es darauf ankomme, wer sie beachten und lesen würde und wie viele dies sein würden. Der Vater der Reklamepsychologie ist der Wunsch, die Botschaft so abzufassen, daß sie nach ihrer Verbreitung auch trifft und eindringt. Das reklametechnische Zeitalter sah nur den einen Pol des Reklameprozesses – die

Seite des Reklamisten. Der Reklamist ruft – hinaus ins Ungewisse. Die Reklamepsychologie ist eine Folge davon, daß man bewußt den anderen Pol des Prozesses beobachtet – die Seite des Reklamanden. Wie reagiert der Empfänger? Reagiert er überhaupt? Können wir uns durch die Abfassung der Botschaft eine für den Zweck der Reklame günstigere Reaktion von seiner Seite sichern? – Kurz gesagt: Man erblickt sowohl hinsichtlich der Reklame als auch hinsichtlich anderer praktischer Zwecke die Möglichkeit einer Rationalisierung durch *„Psychotechnologie"* (**326**, 4).

Ansatz. Die amerikanische Werbezeitschrift *Publicity* gab im März 1901 den Auftakt mit folgender Prophezeiung: „Die Zeit ist nicht mehr fern, wo die Werbetexter den unschätzbaren Nutzen des Wissens der Psychologie erkennen werden. Das Abfassen der Werbetexte folgte bisher eher der Intuition als analytischer Einsicht." Im selben und in den folgenden Jahren lud Chicagos Agate Club einige Psychologen zum Vortrag über das Thema ein. – Die ersten Ansätze sind jedoch älter. Eine amerikanische Werbepublikation brachte schon im Jahre 1895 einen Artikel über Reklamepsychologie (**502**, 441). Gales erste Studie erschien 1900 (**221**). Die ältere reklametechnische Literatur enthielt vereinzelte, oft recht gute, psychologische Beobachtungen. Wehle erörtert im Jahre 1879 ausführlich und mit viel Verständnis die Reklame als psychischen Prozeß (**675**). Ansätze zu einer Lehre über die „Appelle" der Reklame sind schon im Jahre 1871 bei Seldis (**610**) deutlich. Er und Wehle haben ziemlich viel von dem dargelegt, was die amerikanische Reklamepsychologie 30 Jahre später in großer Aufmachung als etwas ganz Neues auftischte.

Als Forschungszweig beginnt die Reklamepsychologie jedoch erst um 1900. Scotts berühmtes Buch erscheint 1903 (**603**). Wities schreibt 1906 über das psychologische Kernproblem: Wie wirkt die Reklame? (**699**). French folgt 1909 (**211**), Spiers 1910 (**636**), Münsterberg 1912 (**465**; **466**), Hollingworth 1913 (**294**). Es ist unfaßbar, daß trotzdem im Jahre 1912 über vollständigen Mangel an seelenkundlicher „Beobachtungs- und Denkschulung, die sich der Werbemann an den Geräten der psychologischen Forschungsstätten holen kann" (**676**, 22), geklagt wird.

Bald folgte eine Flut reklamepsychologischer Studien. Die Psychologie wurde das Losungswort der geschäftstüchtigen Werbeleute. Selbst Bücher, die nur alte reklametechnische Weisheiten wiederkäuten, schmückten sich mit dem Modenamen „Reklamepsychologie“ (**339**). Die Reklame erfuhr ihre „Vermenschlichung“ (**254**, 17), und die Bewegung artete schnell in literarischen und praktischen Psychologismus aus.

Reklamepsychologische Probleme. Analytisch kann man unterscheiden zwischen 1) dem technischen Prozeß der Reklame: Abfassung der Botschaft und deren Verbreitung, – 2) dem psychologischen Prozeß: Wirkung der Botschaft auf Sinne und Bewußtsein, – 3) dem ökonomischen Prozeß: Einfluß der Botschaft auf Kaufbegehren und Kauf (**463**, 29). Ziffer 2 umfaßt im wesentlichen die Aufgaben der Reklamepsychologie; daß diese auch auf die Ziffern 1 und 3 übergreifen, wird sich nach und nach zeigen.

Die Probleme der Reklamepsychologie scheinen über fast alle Zweige der Psychologie verteilt zu sein. 1) Von der allgemeinen Psychologie holt man die Kenntnis über die Reaktionsweisen des Menschen im allgemeinen, während 2) spezielle Psychologie, 3) Massenpsychologie, 4) Volkspsychologie und 5) Entwicklungspsychologie nähere Aufschlüsse über besondere Reaktionsformen geben, die auf einzelne psychologische Situationen und Typen begrenzt sind (**451**, 201 f.).

Die Reklame will Käufer für Waren finden. Indem die Psychologie ihr Augenmerk auf den Prozeß richtet, der mit dem Aussenden der Botschaft beginnt und am liebsten mit einem Verkauf enden soll, unterscheidet sie zwischen verschiedenen Wirkungsstufen. Die Botschaft soll 1) Aufmerksamkeit auf sich ziehen, – 2) Interesse wecken, – 3) ein Verlangen hervorrufen, – 4) zum Kauf reizen. Diese im Jahre 1898 von E. St. E. Lewis aufgestellte Stufenfolge gehört zum festen Inventar der Reklamepsychologie und erscheint, mitunter etwas variiert, überall. Aus vier Stufen werden fünf: Aufmerksamkeit – Interesse – Überzeugung – Gedächtnis – Handlung (**408**, 100), oder sogar sechs: Reklame soll auf die Sinne – die Aufmerksamkeit – die Vorstellung – das Gedächtnis – das Gefühl – den Willen einwirken (**416**, 168). Sie soll den Reklamanden von der Passivität zu Aufmerksamkeit, Interesse, Verlangen und Entschluß zum Kauf führen (**24**, 40 f.); auf jeder Stufe tritt ein gewisser Verlust ein (Figur 2, Seite 80). Alle einzelnen Stufen bilden zusammen eine Spannungskette; „die Spannungskette darf an keiner Stelle brüchig sein. Ist auch nur ein einziges Glied der Kette unfruchtbar, so ist das

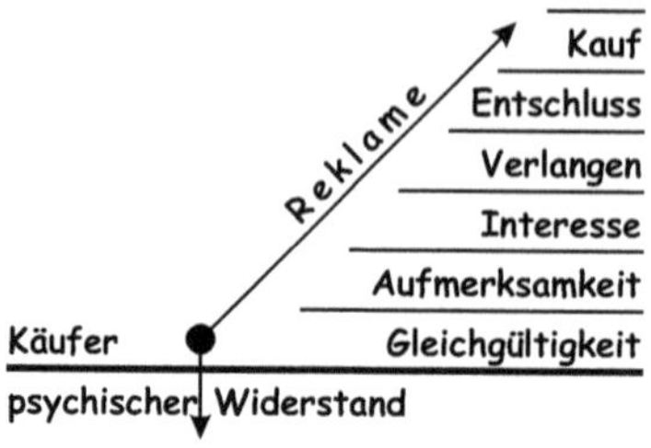

Figur 2 *(nach J. Arren)*

Ganze erfolglos, und der Aufwand ist nutzlos vertan" (**662**, 17). – Ausnahmsweise ist diese Reihe logisch aufeinanderfolgender Stufen durch vier Funktionsrichtungen, nämlich look – like – learn – buy (**112**, 77) ersetzt, das heißt: die Wirkung der Botschaft auf Sinne, Gefühl, Verstand und Willen. Diese Stufen bilden die analytischen Gesichtspunkte für die Reklamepsychologie.

PSYCHOTECHNIK. Die erste Frage, die die Reklamepsychologie beschäftigte, und die auch jetzt noch unverhältnismäßig viel Platz einnimmt, gehört zur ersten Stufe des Prozesses. – Addison (**4**) sah schon die wichtigste Aufgabe der Reklame darin, den Blick des Lesers gefangenzunehmen, und empfahl als Mittel dazu unter anderem die kleine hinweisende Hand, die schon 1660 im *Mercurius Politicus* benutzt wurde und die Houghton seit 1682 in seiner *Collection of Letters for the Improvement of Husbandry and Trade* verwendete. Ein Blick in alte Zeitungen und Reklameführer (**93**; **600**; und andere) gibt einen Eindruck von den grotesken und ungeschickten Mitteln, mit denen der Reklamist oftmals Aufmerksamkeit zu erzwingen suchte.

Die Reklamepsychologie will diese empirischen Methoden überwinden und die psychologischen Gesetze über die Aufmerksamkeit klarlegen. Insofern ist das Ziel eine Rationalisierung der äußeren technischen Züge der Botschaft. Reklame soll die Aufmerksamkeit fesseln; es gilt, den Aufmerksamkeitswert der Werbemittel zu untersuchen, noch besser, ihn zu messen. Hier folgt eine Reihe von Fragen, die untersucht sind: die Vorliebe für bestimmte Farben (Adams, Braddock, Gale, Hotchkiss und Franken, Nixon, Winch), teils allgemein, teils nach Geschlechtern getrennt (Braddock **68**, 156); der ästhetische Wert der Farbzusammenstellungen (Lysinski **419**, 367); die Bedeutung der Annoncengröße für die Aufmerksamkeit (Adams, Hotchkiss und Franken, Nixon, Starch) und für den Gedächtniswert der Annonce (Münsterberg, Scott); der Aufmerksamkeitswert der Wiederholung (Adams **2**, 110 ff.), sowohl bei identischer als auch bei variierter Wiederholung; das Wertverhältnis zwischen Wiederholung und Größe (Münsterberg, Strong) – mit dem Resultat, daß die gleiche Platzmenge lieber für eine Serie kleinerer Annoncen als für eine große Annonce verwendet werden sollte (**416**, 243 ff.). Hollingworth meint, streng mathematisch, daß die Wirkung nur mit der Quadratwurzel der Größe wachse (**294**, 67). Welchen Wert hat isolierte Plazierung (Strong)? Welcher Platz auf der Zeitungsseite ist am günstigsten (Adams, Starch, Strong)? Das Wertverhältnis zwischen rechter und linker Seite (Hotchkiss und Franken), zwischen 1., 2., 3. usw. und letzter Seite (Scott). Welchen Wert haben farbige Annoncen, wenn man die Farbe zur Warenabbildung, für den Hintergrund oder für den Namen der Marke benutzt (Brandt, zitiert nach **495**, 282, 507 ff.)?

INTERESSE. Ist die Aufmerksamkeit des Reklamanden gefesselt, so soll die Botschaft sein Interesse wecken. Die Reklame versucht, den Sinn des Reklamanden in eine bestimmte Richtung zu lenken (**432**, 35; **372**). Hierüber liegen Betrachtungen aus der Zeit vor dem Erscheinen der wissenschaftlichen Reklamepsychologie vor, und diese hat gerade hier nicht viel weiter geführt, weil der Grad des Interesses sich der exakten Messung entzieht. – Wirkt eine lange oder eine kurzgefaßte Botschaft besser? Welches Wertverhältnis besteht zwischen Text und Bild (Strong)? Da ist die Frage des Grotesken und Häßlichen als Mittel, Interesse zu wecken. Der Rhythmus soll große Wirkung haben (**222**, 31 f.); seine Ausnutzung wird mit Nachdruck empfohlen (**488**), namentlich um seiner erotischen Bedeutung willen (**237**, 101 ff.). Adams hat die Reaktion von Männern und Frauen auf verschiedene Rhythmen in Worten und im Satzbau statistisch untersucht. Man erörtert den Wert der Sensation (**252**, 17) und der Mystifikation (**505**, 46 f.), namentlich die sogenannte Aktualitätsreklame, die Anknüpfung an Personen und Ereignisse, die das Thema des Tages sind. Humor und Witz werden von wenigen empfohlen, von den meisten als bedingt brauchbar, aber als gefährlich angesehen, während einige sie ganz verbannen. Ich habe 4 Äußerungen pro, 8 bedingt pro und 3 streng contra gesammelt. Ein pedantischer Statistiker erklärt, daß nur 4 Prozent der schwedischen Zeitungs- und 2½–5 Prozent der amerikanischen Zeitschriftenannoncen witzig seien (**55**, 82). – Wehle führt schon neun Formen der Hinwendung auf, nämlich „Apostrophe", „Sentenz", „Ausruf", „Segnung", „Wunsch", „Fluch", „Betheuerung", „Geständnis" und „Hinhaltung" (**675**, 48 ff.), worunter besonders die Befehlsform stark umstritten ist (**321**, 97 f.; **385**, 74; **425**, 27 f.; **603**, 68; und andere).

Der Appell der Reklame. Einen Schritt weiter kommt man zu den Motiven, mit denen die Botschaft Verlangen wecken und zum Kauf bewegen kann. Wo ist der Widerstand in der Psyche des Reklamanden am schwächsten? Hieraus hat sich eine besondere Lehre über die Appelle der Reklame entwickelt. Amerikanische und amerikanisch beeinflußte Autoren wetteifern, ein Register über die Art und Motive der Menschen (**120**, 19; **259**, 153; **280**, 40 ff.; **639**, 51), über menschliche Wünsche (**305**, 43 ff.; **385**, 67; **648**, 141 ff.), Emotionen (**271**, **I**, 6 ff.) oder über Motive und Argumente aufzustellen, die sich an diese Triebe, Instinkte, Wünsche oder Gefühle wenden (**2**, 144; **321**, 329; **639**, 152; **649**, 213 ff.; **659**, 84 f.; **694**, 169 ff.). Starchs Liste umfaßt nicht weniger als 44 „Triebmotive" – eine Sammlung psychologisch ganz ungleichartiger Items. Tipper und seine Mitarbeiter nennen 24 „Triebe", die 67 „Emotionen" abdecken – und niemand weiß, warum die Triebe nicht als Emotionen bezeichnet werden und umgekehrt.

Die Frage erschien um 1900 bedeutungsvoll, als die Instinktpsychologie sich auf dem Gipfel ihres Ruhmes befand; nun scheint sie, zusammen mit ihrer allgemein-psychologischen Grundlage, etwas verstaubt zu sein (**408**, 79 ff.), und es ist unfaßlich, daß Simmat noch 1935 ein umfangreiches Werk ganz und gar auf „McDougall, dem größten aller Sozialpsychologen" (**624**, 22) und seiner Instinktlehre aufbaut. Hier hat man wahrscheinlich den dilettantischsten und kindlichsten Teil der „Wissenschaft über die Reklame", „die so viel Worte macht und so wenig zu sagen hat" (**187**, 86). Dinge, die jeder Reklamist seit eh und je gewußt und praktiziert hat, werden mit ermüdender Feierlichkeit erklärt. Wehle schrieb im Jahre 1879 in aller Bescheidenheit über sechs menschliche Schwächen, auf die die Reklame mit Vorteil bauen kann, nämlich „Egoismus", „Eitelkeit", „Autoritätsverehrung", „Protzigkeit", „Religion und Aberglaube" sowie „Drohung, Angst, Aerger und Zorn" (**675**, 40 ff.) – und diese Liste ist keine Spur weniger „wissenschaftlich" als die der McDougallianer.

Psychoanalyse. Der letzte Schrei ist die Psychoanalyse in der Reklame, die die Grundlage für die Psychodynamik der Reklame (**187**) oder Tiefenreklame (**527**) bildet. Die schulmäßige Reklamepsychologie wird für unfruchtbar gehalten, weil sie auf der älteren Psychologie der 1890er Jahre, der Suggestions-, Instinkt- und Gedächtnispsychologie, fußt, die „eine antiquierte Gottheit" (**376**, 5) darstellt. „In jedem Konsumenten sind starke instinktive Ziele, Bedürfnisse und Gefühle unbewußt wirksam. Die Tiefenreklame identifiziert diejenigen, die am besten mit einer gegebenen Ware in Verbindung gebracht werden können, und führt die Ware dann auf eine solche Weise ein, daß sie im Unterbewußtsein des Konsumenten diese Gefühle anspricht" (**527**, 89). Man sieht: Dieses Programm ist eine Umschreibung für etwas, was die Reklame vor der Erfindung der Psychoanalyse tat; bezeichnenderweise wird nicht der geringste Versuch gemacht, zu beschreiben, auf welche Weise die Psychoanalyse zuverlässiger als die alte Triebpsychologie – oder allgemeine Menschenkenntnis – die Wünsche „identifizieren" und jene bestimmen will, welche die Ware in Aktion setzen können. Ein eingehender Bericht über psychoanalytische Reklame (**145**) erweckt eher den Eindruck, daß der Beitrag der Psychoanalyse zum Thema in großem Umfang nur in neuen Namen für Altbekanntes besteht; man wird kaum viel klüger, wenn das Human-interest-Prinzip in eine Lehre vom Unbewußten anstatt in eine Instinkt- und Triebanalyse (**249**) gekleidet ist. Feller, der Extremste, behauptet dann auch, gute Reklame sei immer und überall psychoanalytisch gewesen, ohne daß die Reklamisten sich selbst darüber klar gewesen seien (**187**, 26). Der interessanteste Beitrag zu dieser Literatur ist sicher die Äußerung Lairds; er bezeichnet mit Recht die sogenannten Appelle an die Instinkte als oberflächlich (**376**, 65 f.) und ersetzt sie durch vier Tiefenmotive, nämlich soziales Ansehen, Romantik, das ewige Leben und Männlichkeit. Diese Wünsche spielen sicher unbewußt eine große Rolle, aber sich darauf zu beschränken ist ebenso falsch wie bei den „Oberflächeninstinkten" der alten Schule zu verharren. Es gibt doch Menschen – sogar Frauen –, die ein Automobil des Motors wegen kaufen und nicht nur, weil sie darüber entzückt sind, wie schick sie am Lenkrad aussehen (**376**, 44). Die Psychoanalyse fegt völlig die adäquaten Kaufmotive fort, weil sie zu sehr von ihrer morbiden Lebensauffassung eingenommen ist, von unanständigen Träumen und abgeschmackten Verdrängungen. Laird meint schlechthin, daß der Verkäufer es nur mit den dunkelsten Seiten der menschlichen Natur zu tun habe, denn die Einkaufssituation macht die Kunden zu Psychopathen (**376**, 6 ff.). – Der praktisch bedeutungsvollste Beitrag der Psychoanalyse ist vielleicht die starke Unterstreichung des unbewußten Widerstandes des Reklamanden gegen die Reklame (**54**, 11 ff.).

SPEZIELLE FRAGEN. Um des Gesamtüberblicks willen nenne ich im folgenden einige besondere Fragen innerhalb der Reklamepsychologie. Teils sind sie ohne größere Bedeutung für den Inhalt dieses Buches, teils tauchen sie später in anderem Zusammenhang wieder auf.

Die Wirkungsweise einzelner Werbemittel ist zum Gegenstand von speziellen Untersuchungen gemacht worden, so die Annonce (**370**, 51 ff.; **321**, 315 ff.; **520**; **42**), das Plakat (**593**, 257 ff.; **511**, 431 ff.; **73**; **8**), der Rundfunk (**104**; **153**; **245a**; **283**), der Film (**447**; **129**; **278**; **338**; **361**), die Verkehrsreklame (**277**), der Markenartikel und das Warenzeichen (**420**; **264**; **512**; **304**), das Schaufenster (**115**; **51**; **417**) und das Zugabewesen (**433**; **83**; **85**; **718**).

Die differentialpsychologische Untersuchung der Reklameempfänglichkeit verschiedener Menschentypen wird an anderer Stelle im Buch erörtert (vgl. Seite 104 f.).

Nationale Unterschiede der Reklame sind *„besonderer Aufmerksamkeit wert"* (**473**, 25), aber sie sind schwer zugänglich, und man hat uns deshalb nur einige vage Andeutungen geben können. „Sie nimmt zweifellos in jedem Land ein besonderes Gepräge an, wonach der Kenner zwischen deutscher und französischer und amerikanischer Reklame unterscheiden kann" (**110**, 15). Ich habe einige Bemerkungen über Österreich-Ungarn (**670**, 162 ff.), die romanischen Länder, besonders Italien (**263**), eine Charakteristik japanischer Annoncen (**45**, 46) und einige Fingerzeige für Exportreklame nach China (**181**, **III**, 6) gefunden. Dagegen ist nichts mit den üblichen Phrasen anzufangen, die man an anderen Stellen über lange Reihen nationaler Reklamestilarten liest (**126**, 3 ff.; **265**, 15, 39 ff.; **416**, 214). Das verhältnismäßig beste Ergebnis bringen reich illustrierte Werke über Plakatkunst (**637**), in denen die jeweilige nationale Eigenart – oder ist es nur die Manier einer nationalen Künstlerschule? – am deutlichsten zum Vorschein kommt. Auch bei Lancelotti findet man einige kluge Bemerkungen über nationalen Stil auf Plakaten (**377**, 44 ff.).

PSYCHOLOGISMUS. Differentialpsychologische Untersuchungen kennzeichnen einen neuen Schritt in Richtung auf die Intensivierung der Reklame. Die Reklamepsychologie hatte zweifellos einen günstigen Einfluß auf die Praxis, vielleicht mehr durch die allgemeine psychologische Stimmung, die sie unter den Reklamisten schuf, als durch unmittelbare Anwendung der Einzelresultate. Ihre wichtigste Folge war wahrscheinlich der Übergang von mechanischer zu motivischer Beeinflussung (**254**; **255**).

Die neue Richtung hatte jedoch auch ihre Kehrseite. Eine psychotaktische Periode löste die reklametechnische ab. Die Psychologie sieht die Reklame als seelischen Prozeß an, betrachtet sie zuallererst als eine Psychotaktik. Aufmerksamkeit auf sich zu ziehen, Interesse zu wecken, die Instinkte und Triebe des Reklamanden durch gut gewählte Appelle anzusprechen – diesen Seiten im Prozeß widmete man alle Kraft und Erfindungsgabe. Das Geheimnis erfolgreicher Reklame wurde als „Kunst, von sich reden zu machen" (**124**, 239; **139**, 5) bezeichnet. Ihre Aufgabe war es, „einen unauslöschlichen Eindruck im Gedächtnis der Käufer und Konsumenten zu hinterlassen" (Bell, zitiert nach **399**, 165). Der geschäftliche Erfolg schien damit Hand in Hand zu gehen. So veranstaltete *Everybody's Magazine* im Jahre 1907 ein Preisausschreiben, dessen Teilnehmer unter den Inseraten der Novembernummer dasjenige auswählen sollten, das 1) die größte Aufmerksamkeit auf sich zog, – 2) dem Auge am meisten gefiel, – 3) auch durchgelesen wurde, – 4) wirkliches Interesse weckte, – 5) am besten im Gedächtnis behalten wurde. Denn „diese Elemente machen ein Inserat ‚wirkungsvoll'" (**44**, Vorwort). – Die Reklame war, psychologisch gesehen, vollendet. Sie zeigte erstaunliches Einfühlungsvermögen, stand künstlerisch oftmals hoch und verstand es, sich einzuschmeicheln und zu gefallen. Sie hatte human appeal und war oft so gut vorbereitet, daß ihre Schlagworte und ihre illustrativen Gestalten Allgemeinbesitz des Volkes wurden. Aber die letzte Stufe des Reklameprozesses, der Kauf, stand am Rande des psychologischen Gesichtskreises. Der Zweck wurde oft über den Mitteln vergessen (**170**, 71). Es waren ganz bestimmte Reklameformen, mit denen sich die damalige Zeit beschäftigte, zuallererst die mystifizierende (teaser-advertising oder Reizreklame), die mit der Neugier der Verbraucher rechnet. Eines der ersten Beispiele dafür soll aus dem Jahre 1878 stammen, als ein mutiger Reklamist im Laufe von zwei Monaten 10.000 Pfund Sterling ausgab, zu dem alleinigen Zweck, die Verbraucher dazu zu bringen, Vermutungen über die Bedeutung eines einzigen Wortes anzustellen, das an allen Wänden und Bretterzäunen stand. Schließlich wurde der Schleier des Geheimnisses gelüftet – es handelte sich um eine neue Sorte Kerzen (**505**, 46). Der Fabrikant Lingner wandte die gleiche Methode an, um sein Odol auf den Markt zu bringen. – Das sogenannte public-pet-advertising benutzte bekannte und beliebte Personen als Vorspann, und topical advertising verwendet sensationelle Gesprächsthemen als Anknüpfungspunkt. Endlich gibt es noch die künstlerische Reklame. Der Grundgedanke in allen diesen Formen ist, daß gewisse, nicht zur Ware selbst gehörende, ansprechende Bestandteile der Reklamebotschaft das Reklamat in seiner Wirkung unterstützen; man erwartet, daß der Reklamand die durch die Botschaft erweckten angenehmen Vorstellungen auf die Ware selbst übertragen wird.

Reaktion: Die Reklame als Verkaufsmethode. Einzelne Stimmen warnten schon um 1900 davor, die Aufmerksamkeit der Leute als einen Reklameerfolg zu betrachten (**521**, 23 f.). Chapman berichtet über einen Werbemanager, er „würde vor Scham erröten, wenn jemand sage, daß ihm seine Annoncen gefielen – nur wenn er einen Artikel kaufen wolle, fühle er sich zu Recht entlohnt“ (**118**, **II**, 530). Das Gefallen, das zum Beispiel eine Bildannonce beim Reklamanden erweckt, ist ohne Reklamewert, wenn es nicht mit der Vorstellung von der Ware selbst verbunden ist. Der Reklamist soll sich davor hüten, „Vertrauen in das Bild eines (...) Mädchens zu setzen, auf dem es einen Artikel benutzt, für den er werben will“ (**454**, 51). „Das reizende Mädchen hat seine Rolle als Lockvogel in der Bildreklame ausgespielt“ (**205**, 349). Auch in der Schaufenstergestaltung ist einem nicht mit einem schauenden Publikum gedient; es kommt darauf an, die Leute in das Geschäft zu locken (**65**, 83 f.; **323**, 21).

Diese Warnungen wurden bald eindringlicher. „Die Annonce kann sehr wohl Aufsehen erregen und Interesse wecken, ohne zum Kauf zu verleiten“ (**694**, 169), ja man kann sogar zu viel Aufmerksamkeit empfangen – so viel, daß sie die Verkaufskraft der Reklame erstickt (**86**, 8); auf jeden Fall hat das Erregen von Aufmerksamkeit und Interesse nur den Zweck der Vorbereitung (**326**, 259). Der Gedanke der ökonomischen Funktion der Reklame gewinnt Vorrang und drängt die Psychologie in eine dienende Rolle (**680**, 5). Diese Reaktion auf den Psychologismus geht, kurz gesagt, Hand in Hand mit der zunehmenden Betrachtung der Reklame als einer Verkaufsmethode und nicht als einer nur verkaufsvorbereitenden und -unterstützenden Maßnahme. Ist die Reklame eine Verkaufsmethode, so muß man natürlich jede psychische Wirkung für wertlos halten, wenn sie nicht unmittelbar zum Verkauf führt. Aber die Definition der Reklame als Verkaufsmethode geht entschieden zu weit. Es gibt immer viel Reklame, deren Aufgabe nur darin besteht, allgemein Goodwill zu schaffen, und im gleichen Umfang hat der Psychologismus eine gewisse Berechtigung, besonders auf die Dauer, da es gilt, den Namen des Reklamats und die Vorstellung davon so fest wie möglich im Bewußtsein des Verbrauchers zu verankern.

MARKTPSYCHOLOGIE. Die betriebswirtschaftliche Reklameforschung hat die Reklamepsychologie nicht nur auf den zweiten Platz zurückgedrängt, sondern auch deren Richtung verändert. – Die Marktstrategie war zu Beginn des 20. Jahrhunderts noch vom Glauben an die unbedingte Herrschaft der Produktion über den Markt geprägt. Die Produktion wirft Waren auf den Markt, und der Verbraucher soll sie kaufen, wenn nicht aus freiem Willen, dann unter dem Druck der Reklame. „Den Reklamemann interessiert es mehr, daß seine Ware gekauft wird, als daß sie verbraucht wird“ (**545**, 23). Man ist im Prinzip überzeugt von der Fähigkeit einer genügend eindringlichen Verkaufstaktik (push-over), jede Ware abzusetzen. Bis 1900 war das fast richtig, und bis zu einem gewissen Grade gilt es noch; aber der Widerstand des Verbrauchers wächst, und es wird teurer, ihn mit psychotaktischen Mitteln zu überwinden. „Es hat sich eine ständig größer werdende Kluft gebildet zwischen den Entscheidungen des Betriebs, die unter höchster Rechenhaftigkeit geschehen, und den Entscheidungen des Verbrauchers, die nach Laune, sozialer Geltung und allen möglichen, bloß nicht einigermaßen erschöpfend berechenbaren, Grundsätzen erfolgen“ (**690**, 6). Neue, verfeinerte Verfahren sind nun erforderlich. „Vor seiner Hoheit dem Kunden verbeugt sich der Reklamechef devot – oder er gibt sich den Anschein, es zu tun – in Wirklichkeit will er ihn beherrschen und beherrscht ihn auch" (**413**, 34).

J. M. Leuchs schrieb schon im Jahre 1804: „Genaue Kenntnis des Publikums, seiner Bedürfnisse, seines Geschmackes, seiner Launen, seiner Moden, sind bei jedem Handelszweig erforderlich. Eben so nothwendig ist aber auch eine genaue Bekanntschaft mit dem Marktplatze, mit seinen Concurrenten und ihrem Wirkungskreise" (**398**, 58). Das ist in nuce ein Programm für die Marktanalyse in ihren drei Dimensionen – Objekt-, Subjekt- und Konkurrenzanalyse (**366**, 1). – Die ökonomische Betrachtung der Reklame setzt beim Resultat ein, nämlich beim Verkauf, und sieht die Reklame als Mittel dazu. Die erste und entscheidende Frage ist dann, ob und wo eine Möglichkeit für vermehrten Absatz besteht. Erst nach einer befriedigenden Antwort darauf kann man von der Reklame erwarten, daß sie den Verkauf fördert. Die Lösung des ersten Problems ist die Aufgabe der Marktanalyse. Eine Reihe großer Werbeagenturen weigert sich nun, eine Werbekampagne ohne vorausgehende Marktanalyse zu übernehmen (**92**).

Die Marktanalyse beeinflußt die Reklame in zwei Etappen. Sie „erlaubt es, die Produktion den Verkaufsmöglichkeiten anzupassen, und die Erfahrungen des Reklameexperten im Hinblick auf die Bedürfnisse, Wünsche und die besonderen Vorlieben der Konsumenten werden so nicht nur wertvoll für den Absatz der schon hergestellten Artikeln, sondern noch mehr für die Entscheidung, welche Eigenschaften man seinen Artikeln geben muß, um sie so gut verkäuflich wie möglich zu machen" (**18**, 57 f.). – Die erste Etappe kann man als consumer engineering bezeichnen. Der Verbraucher wird hier als passiver Gegenstand für die Marktmanipulation gesehen. Die alte Überredungspraxis gibt man auf. Anstatt ein unbekanntes „Publikum" zu bearbeiten, zielt die Reklame nun auf den Reklamanden in seinem Verhältnis zum Reklamat. Der Unterschied liegt darin, daß man in dem einen Fall einseitig durch psychischen Druck den Reklamanden der Ware, die man zu verkaufen hat, anzupassen sucht, während man im anderen Falle den Reklamanden im Verhältnis zur Ware sieht, beurteilt, ob er, im ganzen gesehen, anpassungsfähig ist, und ihn entsprechend bearbeitet – oder ihn fallenläßt, weil er kein Kaufinteressierter ist. Dieses Vorgehen erfordert zum einen eine Analyse der Ware, zum anderen differentiell-psychologische Untersuchungen des Verbraucherpublikums. 1) Die Botschaft richtet sich selektiv an die Kreise potentieller Käufer. – 2) Die Botschaft wird so differenziert, daß sie sich nicht an Kaufinteressierte im allgemeinen wendet, sondern getrennt nach einzelnen Typen möglicher Verbraucher mit Betonung der Wareneigenschaften, von denen man annimmt, eine besondere Anziehung für diese Kreise von Reklamanden zu haben (differentielle Reklame).

Reklamepsychologie wird da zur psychologischen Käuferanalyse und Verbraucherpsychologie. Das *Milwaukee Journal* hat auf diese Weise seit 1922 jährliche Untersuchungen der Verbrauchergewohnheiten vorgenommen, die nicht auf der Aussage der Einzelhändler, sondern auf der Aussage der Verbraucher beruhten. Das geschah durch gesonderte Interviews mit 3 Prozent (= 5.200) der Hausfrauen der Stadt. „Der Kaufmann gewinnt seine stärkste Stellung auf dem Markt durch die Einfühlung in die Welt der Bedürfnisse seiner Kunden. Je tiefer die Einfühlung, desto stärker ist seine Position" (**545**, 6 f.).

In der zweiten Etappe spielt der Verbraucher eine aktive Rolle; die Marktanalyse wird zur Objektanalyse. Die erste Etappe war geprägt von der Erkenntnis, daß eine gegebene Ware nur gegenüber gewissen Verbrauchergruppen und jedem von ihnen gegenüber auf verschiedene Weise reklamefähig ist, weil jeder von ihnen die Ware von seinem besonderen Gesichtspunkt aus sieht. Die reklamevorbereitende Objektanalyse geht einen Schritt weiter und denkt an die Reklamefähigkeit der Ware, ehe diese hergestellt wird. Sie beginnt nicht bei möglichen Verbrauchern im Verhältnis zur gegebenen Ware, um die Reklame anzupassen, sondern sie setzt ein gegenüber einer gegebenen Verbraucherpsyche, um die Ware daran anzupassen. Die Frage ist nicht, wie man für das, was man hergestellt hat, wirbt, sondern wie man die Ware herstellen muß, um für sie bei bestimmten Konsumenten mit Erfolg werben zu können (**208**, 241). Man beherrscht den Kunden durch Anpassung an seinen Geschmack (**413**, 36). „Der Grundzug neuzeitlicher Reklame ist der, daß sich der Fabrikant nicht mehr auf s e i n e n Standpunkt stellt: ‚D a s m ö c h t e i c h v e r k a u f e n', sondern von dem Gesichtspunkte des V e r b r a u c h e r s ausgeht: ‚W a s s u c h t d a s P u b l i k u m? W e l c h e V o r t e i l e k a n n i c h d e m K o n s u m e n t e n d u r c h d e n K a u f m e i n e s A r t i k e l s b i e t e n?'" So hat es Kupferberg (**367**, 72) im Jahre 1914 formuliert, während der

Psychologismus noch blühte. – Allzu wörtlich sollte man diese Äußerungen, die klingen, als ob die gattungsmäßige Struktur des Sozialproduktes nun dem Diktat des Verbrauchers folge, nicht nehmen. Natürlich ist es immer noch die Produktion, die maßgebend dafür ist, was hergestellt und verkauft werden soll. Der aktive Einfluß des Verbrauchers ist auf Einzelheiten in der Ausführung beschränkt, und dieses Entgegenkommen macht es gerade leichter für die Produktion, ihn im großen und ganzen zu beherrschen.

Diese Darstellung der Phasen in der Politik der Reklame soll nicht so verstanden werden, als folgten die einzelnen Phasen als scharf getrennte Perioden aufeinander. Die Gedanken, die hinter jeder Phase standen, waren niemals ganz neu; es gab psychologistische Reklame, bevor wir eine Reklamepsychologie hatten; der Gedanke, die Reklame sollte die Ware verkaufen, war auch zu der Zeit lebendig, als der Psychologismus sich auf seinem Höhepunkt befand; und Anpassung an den Geschmack des Verbrauchers ist dem Produzenten niemals fremd gewesen. Aber die Aufstellung einer historischen Reihenfolge wird dadurch gerechtfertigt, daß zuerst ein Gedanke, dann ein zweiter, darauf ein dritter nach und nach als Lehrsatz in den Vordergrund rückt.

Nach 1920 wurde die Reklamefähigkeit zum bewußten Fabrikationsprinzip und die Verbraucherpsychologie als Anleitung dazu gepriesen. Kropff und Randolph bauen die ganze Reklame auf der Käuferanalyse auf (**366**); Link möchte am liebsten die bisherige Reklamepsychologie durch eine Marktpsychologie ersetzen (**408**, 18 ff.); er ist Behaviorist und als solcher ein Gegner der Instinktpsychologie und der darauf beruhenden Lehre von den Appellen. Er spricht nicht mehr von der Psyche des Käufers, sondern von Marktverhalten. Der Hohepriester des Behaviorismus, J. B. Watson, hat eine Einleitung zu Links Buch geschrieben. – Amerikanische Werbefachleute setzen sich stark für die neue Richtung ein. „Der Inserent von 1950 wird aktiv werden, lange bevor die Waren das Lager erreichen. ... Er muß dafür sorgen, daß Popularität, Reklame und vernünftige Preise bei seinen Waren in jedem einzelnen Produktionsstadium tonangebend bleiben. – Um 1950 ... werden einige Psychoingenieure alle Details einer Ware mit besonderem Blick auf ihre Verkaufswirkung beim Publikum genau untersuchen" (**243**, 52).

Reklame und Massenpsychologie

DIE „MASSE" ALS REKLAMAND. Die Reklame ist psychische Beeinflussung von Personen in Massen. Dies scheint die verbreitete Auffassung zu bestätigen, daß die Reklame sich an „die Masse" wende und angewandte Massenpsychologie sei – einer der Irrtümer des Psychologismus. Die wissenschaftliche Lehre der romanischen Massenpsychologie, die in Mode war, als die psychotaktische Periode in der Reklame anbrach, lädt ganz gewiß nicht dazu ein, eine Reklametheorie darauf aufzubauen. Jene ist doch keine Stütze für massenpsychologische Reklametaktik, sondern vielmehr einer der Fälle, in denen die Oberflächlichkeit der romanischen Massenpsychologie sich selbst ad absurdum führt.

Man könnte leicht über Bemerkungen hinweggehen, die den technischen Begriff „Masse" für eine große Anzahl von Personen mißbrauchen. Wenn auch die Bezeichnung nicht richtig gewählt ist, kann doch die Meinung richtig sein. Eine Bestimmung der Reklame als Einwirkung auf die „Massenseele" (**41**, 31) wiegt nicht schwer, wenn hiernach festgestellt wird, daß nicht die Masse als Gesamtheit, sondern Einzelpersonen die Botschaft lesen (**41**, 31). – In der Regel ist es leider wörtlich gemeint. Selbst Spezialisten auf dem Gebiet der Gesellschaftspsychologie zielen mit ihrer Reklame auf die Masse als Gesamtheit (**409**, 458). – Bechterew führt die Suggestion auf das „Gemeinbewusstsein" zurück, und da er die Reklame als Suggestion ansieht, wird sie zu einem Massenphänomen (**39**, 11 ff.). Kein Wunder, daß sich der Massenmythos wie ein Virus durch die halbwissenschaftliche Reklameliteratur zieht. Kostproben geben ein beredtes Zeugnis davon.

Der Reklamist „wendet sich bei der indirekten Reklame an ein ihm ganz unbekanntes, unbestimmtes Publikum; er spricht in dieser Reklame zu der **Masse**, während er sich in dem direkten Angebot an das **Individuum** wendet" (**385**, 94). „Aber nicht der Mensch ist Gegenstand der werbenden Beeinflussung, sondern stets eine Gruppe, eine Mehrheit von Menschen"

(**418**, 9 f.; **326**, 253); sie wendet sich an eine „zusammengehörige Gruppe von Menschen“ (**421**, 67; **281**, 54 ; **363**, 28). „Der Inserent ist an der Masse interessiert, die er – ob es sich nun um eintausend oder um eine Million handelt – überzeugen und gefügig machen muß“ (**401**, 79). „Die wahre Funktion der Reklame ist es, Menschenmassen und -gruppen so zu organisieren, daß sie ähnlich denken und handeln“ (**427**, **III**, 5); „sie soll die Regungen der öffentlichen Meinung, die Massenströmungen, bestimmen“ (**24**, 10). *„Die Reklame versucht, das Massenverhalten im Gegensatz zum Individualverhalten zu beeinflussen“* (**624**, 20). „Sie wirkt, wenn sie bei den Massen Widerhall findet. ... Für die Masse als Käufer gelten andere psychologische Regeln als für das kaufende Individuum“ (**280**, 264). Psychoanalytisch ausgedrückt, hat man es also nicht mit Hausfrauen zu tun, sondern mit psychoanalytischen Massen von Hausfrauen, für welche die Botschaft der Werbung an die Stelle des körperlichen Führers der Masse tritt (**187**, 181 ff.). Mit Verwunderung liest man folgende Tiefsinnigkeiten: „Heutzutage wird in großem Umfang an Volksmassen verkauft. ... Eine Zeitungsanzeige wird nicht von einer Person gelesen, sondern von einer Gruppe. Die Personen, die ein Medium erreicht, bilden ein Kollektiv, ... eine verstreut lebende Gruppe. Die Gleichförmigkeit der Gedanken, Gefühle und Handlungsweisen ihrer Mitglieder wird vertieft durch das Bewußtsein ihrer ‚Kollektivität‘. – Ein Publikum ist nicht die arithmetische Summe von individuellen Charakteren. ... Da jedes Mitglied weiß, daß alle anderen die gleichen Ansichten haben wie es selbst, empfindet es sie selbst stärker, als es das ohne diese soziale Bestätigung tun würde“ (**342**, 54 f.). „Psychologisch gesehen, bilden die Leser eines Mediums eine Entität, ein Publikum, das kein loses Aggregat von isolierten, individuellen Charakteren ist, sondern eine organische Einheit, die zu einer gemeinsamen Seele verschmolzen ist“ (**342**, 55). – Was mag der Verfasser sich gedacht haben, als er diese Weisheit schrieb? Vermutlich nichts. Sonst hätte er erkennen müssen, daß, während sich die Annonce an die Leser als Masse wendet, immer an Einzelpersonen verkauft wird; er hätte bedenken müssen, daß die Zeitung nur von einem nach dem anderen gelesen werden kann und daß die Leser als Gesamtheit gerade eine arithmetische Summe von einzelnen bilden, da „eine Gruppe“ keine Augen zum Lesen hat. Er hätte darüber nachdenken müssen, wodurch die Leser eines Blattes oder diejenigen, die ein Plakat betrachten, ein Kollektiv bilden können. Bilde ich mit den Schöngeistern der Renaissance zusammen eine Gruppe, während ich Platon lese? Er hätte sich endlich selbst fragen müssen, welchen Anteil sein Kollektivbewußtsein beim Einkauf eines Sahnekuchens oder eines Paares Socken hat, oder inwieweit er bei seinem Einkauf „soziale Bestätigung" von seiten anderer empfindet. – Es ist eine Kunst, so viel Unsinn in so wenige Zeilen zu pressen.

„MASSENPSYCHOSE". Ganz schlimm wird es, wenn von der Reklame erwartet wird, daß sie eine Massenpsychose hervorrufe. Selbst ein Gesellschaftspsychologe vom Range Plauts spricht von „Massenhypnose und Massenabstumpfung" (**493**, 237) in Verbindung mit der Reklame. „Eine solche Massenwirkung aber entsteht nur zu einem Teil aus der Summe aller Einzelwirkungen; wenn diese Summe als unmittelbare Massenwirkung der Reklame bezeichnet wird, dann spielt daneben auch die mittelbare Massenwirkung eine nicht unbeträchtliche Rolle" (**463**, 37). Die Reklame soll eine Massenpsychose verursachen, „wobei die Menschen nicht nach einer bestimmten Schlußfolgerung, sondern nach den ihnen von anderen suggerierten Vorstellungen handeln" (**387**, 37). „In der Reklame herrscht das gleiche Gesetz wie bei Volksversammlungen, wo das Wort des Redners die Massen elektrisiert" (**499**, 2). Hat sich der Verfasser denn niemals auf einer erregten politischen Volksversammlung befunden und mit einer Zeitung am Frühstückstisch gesessen, weil er den Unterschied nicht kennt? – Den Rekord hält ein Amerikaner, der die für die Reklamearbeit typische Massensituation schildert und sie beispielsweise mit der Beschreibung einer – Panik erklärt (**280**, 38).

Dieser Front von Hitzköpfen stehen nur drei nüchterne Beobachter gegenüber. Lysinski erkennt, daß in der Werbung, „im Gegensatz zur politischen und religiösen Werbung, die massenpsychologischen Erscheinungen nur eine untergeordnete Rolle" (**416**, 161) spielen; Bunting bezeichnet „das mystische ‚Käuferpublikum' als etwas Nichtexistentes" (**86**, 10 f.), und Gérin lächelt über „die meisten Leute, selbst gewisse Fachleute, welche die Reklamepsychologie an die Massenpsychologie knüpfen und daraus folgern, daß die Reklame sich an die Masse wenden müsse. ... Es sind schlechte Beobachter. ... Zwecklos ist die Massenpsychologie als Beitrag zur Reklamewissenschaft. Zwecklos ist übrigens auch die Reklame, die sich an die Masse wendet" (**233**, 29 ff.).

MASSENPSYCHOLOGIE UND MASSENMORAL. Aber es sind ihrer nicht wenige, die bei der Massenpsychologie Rat suchen. „Die Werbung wendet sich an die Käufermassen; ihre Mittel sollen im Verkehrsstrom wirksam werden; mitten in den flüchtigen Prozessen des Wirtschaftslebens versucht man, das Bewußtsein durch die Botschaft der Werbung zu fesseln. Einblick in die Fakten der Massenpsychologie könnten da von größtem Nutzen sein" (**451**, 201 f.). Die Masse wird hier als eigenes beseeltes Kollektivwesen verstanden (**281**, 56). Die Psychologie soll im Dienste der Werbung die seelischen Prozesse bei der Masse entwirren und einen der fünf psychologischen Zweige bilden, die im Zusammenwirken das Lehrgebäude der Reklamewissenschaft errichten sollen (**451**, 201 f.). Es wird dem Reklamisten auch empfohlen, Feldstudien zu betreiben. Er soll den „Geist des Pöbels" (**280**, 34) und die „Seele der Masse" (**280**, 265) analysieren, um Kontakt zu den Massenströmungen zu finden (**280**, 264). Deshalb muß der gewissenhafte Reklamist die Lebensäußerungen der Masse studieren, wo immer er ihnen begegnet – im Theater, auf der Straße, auf dem Jahrmarkt oder im Zirkus (**280**, 34). Der Himmel allein mag wissen, was er davon hat!

Eine für die Werbung selbst peinliche Folge dieser Anschauungsweise ist, daß sie mit allen Minderwertigkeitsurteilen belastet ist, die mit der psychologischen Masse und deren psychischer Bearbeitung verbunden sind. Es wird geradezu verlangt, daß der Reklamist „auf die besondere, vom individuellen Verhalten ganz verschiedene Moral-, Denk- und Handlungsweise der Masse Rücksicht nehmen soll" (**401**, 79). Dieser „Massensnobismus" ging in den USA eine Zeitlang so weit, grammatische Fehler in die Reklame einzubauen. Jennie Frazee, die in den 1890er Jahren Werbetexte für die Inserenten von *Ladies' Home Journal* schrieb, wurde auf sprachliche Fehler aufmerksam gemacht und antwortete: „Ja, aber die breite Masse wird es gerade so ausdrücken" (**657**, 102). Hopkins hatte ehrlich Respekt vor einem seiner Bekannten, der als Leiter einer bedeutenden Werbeagentur ein Vermögen gemacht hatte, der aber kaum imstande war, seinen eigenen Namen zu schreiben (**298**, 41). – Das Niveau der Kollektivseele ist niedrig. Der Verstand des Individuums ist von Gefühlen verdrängt. Presse und Werbung müssen sich diesem Niveau anpassen (**467**, 17 ff., 76). Die Reklamisten sollen sich nicht an die edleren Gefühle wenden, sondern an die niedrigeren Instinkte (**451**, 34). – Das sind klare Worte. Aber die Werbeleute ärgern sich, wenn andere dieselben Argumente g e g e n die Reklame benutzen – wenn zum Beispiel Schmoller das Reklamewesen als „eine unlautere Kunst" bezeichnet,

„die mehr auf Täuschung, auf die Leichtgläubigkeit und die Dummheit als auf wahre Belehrung spekuliert, die fast mehr durch Lüge(n) als durch Wahrheit wirkt" (**559**, **II**, 57); oder wenn Sombart den Schwachsinn der großen Masse als Voraussetzung für den Erfolg der Reklame betrachtet (**629**, **III**, 560).

Stimmung schaffen oder verkaufen? Gravierender als diese geistesaristokratischen Verurteilungen ist es, daß der Massenpsychologismus die Wirkungsweise der Reklame für den Reklamisten selbst verschleiert und ihn zu falschem Vorgehen verleitet.

Die neuere Literatur faßt die Reklame als die typische moderne Form des Absatzes auf (**10**, 5; und andere) und errichtet darauf die stärkste Verteidigung der Reklame als eines notwendigen Gliedes im Wirtschaftsleben – im Gegensatz zu demjenigen, der sie als Leimrute betrachtet, womit man – volkswirtschaftlich nutzlos – die Käufer von den Konkurrenten fortlockt. Die Realisierungsstufen der Reklame sind Aufmerksamkeit, Interesse, Bedarf und Kauf. Enthält sich der Reklamand des Kaufs, hat die Reklame ihr Ziel verfehlt. Einige betrachten allerdings die Reklame nur als verkaufsvorbereitende Veranstaltung, aber für unsere gegenwärtige Frage ist das einerlei. Erstens findet man auf jeden Fall gewisse Reklameformen, die unmittelbar auf den Verkauf abzielen, zweitens muß auch eine nur verkaufsvorbereitende Reklame den möglichen Käufer ansprechen, um ihn zur Erleichterung der folgenden eigentlichen Verkaufsförderung „weichzuklopfen".

Die „Masse" geht nicht mit der Brieftasche in der Jacke. Wie soll die Werbung dann ihre Wirkung auf die Masse ausüben? Ist es die Masse, dieses vermeintlich kollektiv-beseelte Wesen, das kauft? Es kommt mir wie eines der Paradoxa des Lebens vor, daß nüchterne Geschäftsleute sich mit solcher mystischen Vorstellung zum Narren machen. Es ist doch auf jeden Fall der einzelne, der schließlich zum Geldbeutel greift. In der ganzen Literatur, die ich durchgearbeitet habe, fand ich nur einen Verfasser, der dieses herausstellt. Bunting betont, daß „die Menschenmenge weder Produkte noch Dienstleistungen verlangt. Klassen kaufen nichts. Nur einzelne sind Käufer" (**85**, 25). Aber auch er zieht daraus nicht die natürliche Schlußfolgerung, daß „Massenreklame" wertlos ist. Er will sie nur durch eine „konnektive" Reklame, die den einzelnen anspricht, ergänzen. Allgemeine Reklame ist auch nach seiner Ansicht eine Botschaft an die Masse. Ganz klar kommt der Sachverhalt bei ihm drei Jahre später zum Vorschein: „Bei jedem Warenkauf liegt die letzte Entscheidung beim einzelnen. An ihn muß die Reklame sich wenden. ... Publikum ist ein Begriff, eine Vorstellung, eine bloße Phrase. ... Jeder Geschäftsmann würde müde lächeln, wenn jemand von einem ‚Verkäuferpublikum' sprechen würde. Aber er nimmt noch immer das Gerede der Werbeagenturen ernst, die ‚Annoncen' für ein ‚Käuferpublikum' schreiben" (**86**, 65 f.).

Reklame mit falschem Ziel. So viel ist klar – wenn man die Reklame auf der Massenpsychologie aufbaut, spricht man die Verbraucher als Kollektiv an; sie sollen aber als einzelne kaufen. Die Reklame ist da an der falschen Adresse. Wenn sie zum Spaß auf der Galerie des Gesellschaftstheaters spielen will, dann darf sie gern die „Masse" ansprechen. Wenn sie dagegen beabsichtigt, die Ware zu verkaufen, muß sie diejenigen ansprechen, die die Brieftasche in der Jacke tragen – und das ist nicht die Masse, sondern es sind einige Millionen Hansen und Jensen –, und zwar jeden einzeln.

Wir agieren und reagieren in jedem Augenblick des Lebens in einer anderen sozialen Rolle, entsprechend den mannigfaltigen Seiten unserer Persönlichkeitsstruktur, von denen die eine oder andere durch die besondere Situation des Augenblicks zur Aktivität erweckt wird. Die massenpsychologische Theorie betont selbst – und übertreibt dabei vielleicht –, daß die Massensituation die Persönlichkeit und deren Verhalten verändert. Es wird darauf hingewiesen, daß man das Verhalten in der Masse nicht aus den Charaktereigenschaften der Person heraus erklären könne. Sei der Rausch der Masse verflogen, verstehe der einzelne nicht, wie er bei so etwas habe mitmachen können. Auf die Reklame angewandt, bedeutet es, daß die Hinwendung an vermeintliche Massenvorstellungen das Ziel verfehlen muß. Sie berührt nicht diejenigen, die außerhalb des Zauberkreises der Masse stehen; wenn man die Empfänger in die typische Massensituation versetzt, so daß sie als Glied in der Masse reagieren, hat die Reklame Widerhall gefunden; die Reklame – nicht die Ware. Ein kluger Reklamist hat geäußert, je mehr Anziehungskraft eine Reklame auf die Verbraucher gewinne, desto mehr müsse man sie im Verdacht haben, ein schlechter Verkäufer zu sein (**150**, 13 f.; **33**). Patriotismus und andere Massenstimmungen sind kaum ein guter Resonanzboden für die Reklame. Diese muß die Menschen in ihrer sozialen Rolle als Käufer ansprechen. Es ist der Raucher Hansen, der Zigaretten kauft, nicht der Patriot oder der Sportsmann. Ein gut vorbereiteter massenpsychologischer Appell weckt vielleicht die Massenstimmung im Empfänger und findet bei ihm als Glied in der Masse Widerhall. Aber er kauft nicht in diesem Augenblick, und zu dem späteren Zeitpunkt, wo er daran denkt, Ware dieser Art zu kaufen, und wo die Reklame Frucht tragen sollte, ist ihr Appell wertlos, gerade *weil* sie massenpsychologisch so wirkungsvoll war. Denn ein Einkauf wird nicht von der Masse getätigt – diese gibt es gar nicht als handelndes Wesen –, auch nicht von Leuten in ihrer Eigenschaft als Glied in der Masse, sondern von einzelnen, individuell Handelnden.

MASSENAPPELL ALS SONDERFALL. In seltenen Fällen kann die Reklame mit Massenpsychotechnik arbeiten.

1) Der Reklamist steht bisweilen einer psychologischen Masse gegenüber und kann mit Verkauf rechnen, während die Massensituation fortbesteht. Der Schausteller spricht das gaffende Volk an, das sich – als eine aktuelle Masse – um seine Bude versammelt hat. Der Straßenhändler prahlt vor den Vorüberschlendernden, die ihm zuhören, und vielleicht auch kaufen wollen. Hier geschieht der Verkauf, wenn überhaupt, in der aktuellen Massensituation, die der Reklamist ausnutzen kann. Aber diese Fälle sind nicht typisch für die moderne Reklame.

2) Die Ware selbst kann Massenvorstellungen und -stimmungen entsprechen. Dann kann die Reklame die gleichen Saiten anschlagen. Denn hier *ist* N. N. in seiner Rolle als Glied in der Masse auch Käufer der Ware. Eine Massenbegeisterung für Greta Garbo oder Ch. Lindbergh kann man nicht ausnutzen, um große Reklame für Zigaretten, Malzbonbons oder Hosenträger zu machen – dafür aber sehr gut, um ein gutes Geschäft mit Photographien von Filmstars oder mit Büchern über die Taten des Luftfahrthelden zu machen.

3) Mit großer Vorsicht kann die Botschaft der Reklame an Massenstimmungen *geknüpft* werden, um Aufmerksamkeit und Interesse zu fesseln. Aber dann darf das auch nicht mehr sein als eine Form, um mit

den Leuten zu sprechen; die eigentliche Botschaft darf nicht massenpsychologisch sein, sondern muß sich an den einzelnen wenden. Der Verlauf der Reklamewirkung muß so inszeniert sein, daß, während der Empfänger die Botschaft aufnimmt, eine Situationsverschiebung vor sich geht und eine dementsprechende psychische Umstellung. Man packt ihn als Glied in der Masse, stimmt ihn aber im Verlauf des Aufrufes zu einer möglicherweise kaufenden Einzelperson um.

So viel über Reklame, die als Manipulation von bereits bestehenden psychologischen Massen betrachtet wurde.

Massenpsychose durch Reklame. Der gerade entgegengesetzte Sachverhalt liegt dem Gedanken zugrunde, daß Reklame allgemein eine Massenpsychose zugunsten des Reklamisten auslöst (**303**, 147 f.; **387**, 37). Die Reklame wendet sich dann nicht an eine psychologische Masse, sondern sie erschafft sie. Geschickte Reklame kann vermutlich dazu führen, „daß Verbraucher einer Ware (so gut wie die Anhänger einer durch Reklame verbreiteten Lehre etwa) eine Gemeinde bilden, ohne sich dessen bewußt zu sein" (**41**, 30). Das kann in ganz seltenen Fällen geschehen. Barnums Erfolg mit dem Zwerg Tom Thumb in England und Frankreich (**37**, 91 ff., 101 ff., 114 ff.) läßt sich so interpretieren, vielleicht auch der mit allen Mitteln inszenierte Jenny-Lind-Boom in den USA (**37**, 131 ff.). Aber selbst hier gibt es Zweifel. Tom Thumb machte Furore bei den Angehörigen der englischen Adelshäuser – nach einer Einladung an den Hof; der Erfolg beruhte auf der Wirkung der Eigenreklame („freiwillige Reklame"), deren Zugehörigkeit zum Reklamebegriff zweifelhaft ist. Er kann sich als Lawinenwirkung nach guter Reklame, aber auch spontan und ohne vorhergehende Reklame einstellen. Die Fälle, in denen in Verbindung mit dem Warenumsatz Phänomene auftreten, die der Massenpsychose gleichen, sind, im ganzen gesehen, selten. Die Ausverkaufspanik kann man als Beispiel nennen. Aber die Reklame vermag hier nur einen starken Zustrom zu erreichen – dieser selbst, das Gedränge, kann danach eine Massenpsychose bewirken. Die Reklame versetzt also nicht die Masse, sondern die Massensituation versetzt die Personen in einen fieberhaften Zustand.

Die für das moderne Wirtschaftsleben typischen Wirkungen der Reklame haben nichts mit Massenpsychose zu tun. Daß Dänen Rich's oder Danmarks Kaffee-Ersatz kaufen, mit Montblanc oder Penol schreiben, Tuborg oder Stjernens trinken, sind verbreitete Gewohnheiten, aber keine Massenpsychose. Selbst der smarteste Geschäftsmann wird aufgeben, wenn man ihm die Aufgabe stellt, eine Massenpsychose für eine neue Sorte Haferflocken zu entfachen. Nur die Psychoanalyse behauptet mit vollem Ernst, daß „es ‚Persil-Massen', ‚Bat'a-Massen', ‚Kaffee-Hag-Massen'" usw. gebe, denn in „jeder dieser Massen ist eine Reklameparole zur führenden Idee (unkörperlicher Führer)" (**187**, 184) geworden, und entsprechend wird beispielsweise der „Fanatismus der Persil-Hausfrauen" gesteigert, weil „sie sich in ihrem Ich identifizieren und gegenseitig" (**187**, 185) in ihrer Persilität bestärken würden („Persil bleibt Persil"). Das ist nicht mehr psychologische Reklameforschung, sondern psychoanalytische Geheimlehre.

REKLAME UND MODE. Der Gedanke an Massenpsychose durch Reklame hat offenbar seinen Ausgangspunkt in der Modewerbung. Auf diesem Gebiet herrschen, im ganzen genommen, Vorstellungen, die nach meiner Überzeugung falsch sind. Die unbestreitbaren Fakten, daß schnell wechselnde Modeströmungen und hochentwickelte Reklame Kinder desselben Zeitalters sind und daß für Modeartikel stark geworben wird, lassen, für sich allein betrachtet, nicht den Schluß zu, die Mode sei ein Erzeugnis der Werbung. Es gab Modeströmungen, lange bevor die Reklame das Licht der Welt erblickte. Daß Volkstrachten die allgemeine Ausbreitung der Mode über die ganze Bevölkerung verhinderten, lag an den überlieferten Standesunterschieden der damaligen Zeit, die heutzutage ohne Mitwirken der Reklame verschwanden. Daß eine Mode sich damals länger hielt als jetzt, rührte von der ökonomischen Lage jener Zeit her; die Produzenten bekannten sich zu überlieferten Herstellungsmethoden; der Stoff war von einer solchen Solidität, daß er viele Jahre hielt. Die Produktion war voll damit beschäftigt, nur für das Notwendige zu sorgen, und dachte nicht daran, als Kundenproduktion die Nachfrage zu stimulieren. Daß die Ausbreitung einer Modeströmung über ein sozial abgegrenztes, aber geographisch verstreutes Publikum und dessen Prägung durch diese Strömung länger dauerten – und doch in Anbetracht der Umstände erstaunlich kurz! –, liegt an der Unvollkommenheit des Verkehrs- und Nachrichtenwesens. Aber die allgemeinen Voraussetzungen für das Phänomen Mode waren damals wie heute gegeben: Lust an der Veränderung und das Bedürfnis nach sozialer Auszeichnung. Daß die Mode nun eine größere Rolle spielt als vorher, daß eine Modeströmung die ganze Bevölkerung erfaßt, wo früher jede Gesellschaftsklasse ihre der Mode unterworfene Kleidung hatte, daß die Mode von Jahr zu Jahr wechselt – alles dies hat seine Ursachen in allgemeinen sozialen, produktions- und verkehrsmäßigen Sachverhalten, für die die Reklame weder die Verantwortung trägt noch Ehre damit erworben hat. Es scheint vielmehr, als ob die Möglichkeiten der Reklame ihre Grenzen fänden, wo starke Modeströmungen sich ihr widersetzen (**150**, 82 ff.). So berichtet Deland folgende Geschichte aus den 1890er Jahren: Die amerikanischen Gummibandfabriken befanden sich in einer Absatzkrise, die sie zu überwinden glaubten, wenn es ihnen gelänge, den sogenannten Kongreßstiefel, der durch seitliche Gummibandeinsätze rechts und links vom Fußgelenk das An- und Ausziehen komfortabler macht, wieder einzuführen; aber jahrelange Versuche in dieser Richtung waren fruchtlos (**143**, 80 ff.). Die Reklame ist nicht die Mutter der Mode, sondern das Werkzeug der Modeindustrie. Und ihr erster Vorstoß im Dienste der Modezeitschriften ist nicht bezeichnend für eine besondere Zusammengehörigkeit von Reklame und Mode, sondern von Reklame und billigem Luxus.

Aber selbst wenn die Reklame die Strömungen der Mode schüfe, würde es doch zu weit gehen, die Gefolgschaft der Menschen der Mode gegenüber als Massenpsychose zu bezeichnen. Der Ausdruck ist vielleicht berechtigt im Hinblick auf vereinzelte seltene Wogen hemmungsloser Modetorheit; aber ein Mann ist wohl kaum von den Wirbeln einer Massenpsychose ergriffen, weil er im Jahre 1940 ein Paar Beinkleider zurückweist, die nach der Mode von 1906 unten nur 15 cm breit sind. Es ist ein sozialpsychologisches Faktum, daß der einzelne ungern aus dem üblichen Rahmen fallen mag – aber der Begriff „Massenpsychose" deckt nicht alle gesellschaftspsychologischen Fakten.

Eine prinzipielle Überlegung spricht stark gegen die Annahme eines wesensmäßigen Zusammenhangs zwischen Reklame und Massenpsychose. Reklame ist kostspielig und erstrebt deshalb nicht den Erfolg einer Eintagsfliege, sondern eine möglichst langandauernde Wirkung. Eine Verkaufswirkung auf einer Massenpsychose zu gründen, ist jedoch die sicherste Garantie für ihre kurze Dauer (**376**, 147 ff.). Im übrigen wird es in Anbetracht der Unberechenbarkeit der Volksmassen immer ein reiner Glückstreffer sein, wenn die Reklame eine Massenpsychose wecken kann; wenn das ihr Ziel wäre, würde es ein äußerst unwirtschaftliches Verfahren sein. Wegen eines einzigen unsicheren Reklametreffers müßte man dann Geld für Tausende von Nieten aufs Spiel setzen.

Reklame und öffentliche Meinung. Es ist auch nicht, wie einige behaupten, die Aufgabe der Reklame, die öffentliche Meinung zu machen (**24**, 10; **594**, 79). Die Anhänger der unmittelbar verkaufenden Aktionswerbung werden von vornherein diese Auffassung, die nur eine gewisse Scheinberechtigung im Hinblick auf allgemeine Goodwill- oder Angebotsreklame hat, ablehnen.

Aber das, was man im Geschäftsleben als Goodwill bezeichnet, beruht nicht notwendigerweise auf der – öffentlichen oder privaten – Ansicht der Reklamanden über die Reklame. Goodwill besteht darin, daß die Konsumenten im entscheidenden Fall geneigt sind, das angepriesene Reklamat anderer Ware vorzuziehen. Diese günstige Einstellung kann erreicht werden, indem man durch unendliche Wiederholung rein psychomechanisch den Namen der Marke zuoberst im Bewußtsein der Konsumenten plaziert, ohne daß eine Bewertung der Ware damit verbunden zu sein braucht.

In anderen Fällen versucht die Reklame zwar bei ihren Reklamanden eine günstige Bewertung der Ware zu erzielen; aber da handelt es sich in der Regel nicht um eine öffentliche Meinung. Man unterscheidet auch in der Umgangssprache recht deutlich zwischen einer verbreiteten Auffassung und einer öffentlichen Meinung. Beide werden von vielen geteilt; aber der Begriff „öffentliche Meinung“ hat außerdem das feste Vorstellungselement, daß die Meinung eine gewisse allgemeine Anerkennung fordert und mit einem allgemeinen Gültigkeitsanspruch auftritt (**228**, 363 f.). Dieses ist der Fall bei politischen, religiösen, moralischen und ähnlichen Auffassungen, während es der Öffentlichkeit oder begrenzten öffentlichen Kreisen völlig gleichgültig ist, was ich von OTA Grütze oder Starmount Hemden, grünem Cecil oder Buick Automobilen halte. Kreise, die sich zu entgegengesetzten öffentlichen Meinungen bekennen, stehen einander mehr oder minder kampflustig gegenüber; aber verschiedene Bewertung einer Ware stiftet keine Feindschaft. Die Reklame wird, so gesehen, eine verbreitete, aber keine öffentliche Meinung hervorrufen.

Ganz ausnahmsweise kann die Reklame darauf abzielen, öffentliche Meinung zu bilden, wenn sie zum Beispiel „erzieherisch" versucht, übliche Gebräuche, Anstandsvorstellungen und ähnliches zu verändern, um dadurch einen bestehenden Verbraucherwiderstand gegen eine Ware zu beseitigen.

Im übrigen ist das Verhältnis zwischen Reklame und öffentlicher Meinung eher entgegengesetzt. Die Reklame bedient sich bestehender öffentlicher Meinungen, mit denen sie in ihrer Kalkulation der Reaktionsweisen gewisser Kreise rechnen kann. „Die Traditionen einer Bevölkerungsgruppe bieten die besten Angriffspunkte für die Reklame. ... – Diese soll nicht Revolution predigen, sondern den Leuten ihren Glauben lassen und ihnen nur eine neue Art zeigen, ihn zu praktizieren" (**401**, 80).

„Masse" und „viele". Der Begriff „Masse" wird zwar unterschiedlich sowohl von den Psychologen als auch von den Soziologen aufgefaßt, aber wir können den Meinungsstreit beiseite lassen. Das Entscheidende, warum wir einen massenpsychologischen Unterbau der Reklame ablehnen, ist nämlich allen einander wechselseitig widersprechenden Begriffsbestimmungen gemeinsam. Alle Massenbegriffe rechnen nämlich mit einer massentypischen, seelischen Wechselwirkung zwischen den Mitgliedern der Masse. Im Hinblick darauf spricht man vom Massenverhalten im Gegensatz zum Individualverhalten (**624**, 20). Aber es besteht – abgesehen von den erwähnten Berührungen – kein notwendiger Zusammenhang zwischen psychologischer Masse in diesem Sinne und Reklame. In diesem Punkt gibt es einen Unterschied zwischen Reklame und Ideenpropaganda (**170**, 32 f.). Letztere kann sich mit besonderen Absichten an Menschen mit Massenverhalten wenden, nämlich überall dort, wo es gilt, kollektive Stimmung anzufeuern, vorhandene Massengefühle zu vergrößern oder schlummernde zu wecken. Der Gegenstand der Propaganda ist dann von kollektiver Bedeutung, ist der mögliche Inhalt einer Bewegung. Aufruhr und Begeisterung, Haß und Ergebenheit *können* Massenhaltungen sein. Wo es gilt, Menschen in Massenstimmung zur Tat aufzurufen, muß man sich an sie als versammelte Masse wenden. Ein Ford Automobil oder Bat'a Schuhe zu kaufen, ist dagegen kein Massenverhalten, selbst wenn es Millionen tun, sondern das Individuellste, das man sich denken kann. Massenphänomene berühren gleichzeitig alle Gemüter; die Reklame hingegen müßte prinzipiell ihre

Wirkung ausüben, selbst wenn jeder von uns in seinem besonderen Käfig säße, ohne Berührung mit anderen Käufern. Daß die Reklame mitunter Kollektivvorstellungen und -gefühle anspricht, hat nichts mit dem Wesen der Reklame zu tun, sondern ist eine Folge teils der Eigenart bestimmter Reklameformen, teils besonderer psychotaktischer Verfahren.

Der Ausdruck „psychische Beeinflussung von Personen in Massen" ist ganz wörtlich gemeint –: in Massen, aber nicht als Masse. Die Reklame spricht weder den einzelnen einzeln an noch die gesamte Masse der vielen, sondern einzelne zu Tausenden.

MARBES GESETZ: PSYCHISCHE GLEICHFÖRMIGKEIT. Eine Standardbotschaft wird so ausgesandt, daß sie zur Kenntnis einer großen Anzahl nicht einzeln bestimmter Personen gelangt, mit dem Zweck, gleichförmige Reaktionen bei ihnen hervorzurufen. Da gleiche Aktion nach dem Ursachengesetz gleiche Reaktion nur bei Subjekten verursacht, die einander gleichen, setzt der Reklameprozeß eine gewisse psychische Gleichförmigkeit bei den Reklamanden voraus. – Marbe hat das Phänomen der Gleichförmigkeit im allgemeinen und ganz besonders auf psychischem Gebiet untersucht (**431**, **I**) und später darauf seine Psychologie der Werbung aufgebaut (**432**). Er kritisiert die von der Wundt'schen Völkerspsychologie willkürlich angenommene gemeinsame Volksseele, die die Quelle für das weitgehend ähnliche Verhalten der Menschen sein soll (**431**, **I**, 116 ff.), und betont dagegen, daß gleichförmiges Verhalten zumeist mit äußeren Bedingungen, ganz unabhängig vom gegenseitigen Einfluß, erklärt werden kann (**431**, **I**, 123 f.). Die Menschen sind von Natur aus zu einem gewissen Grade gleichartig veranlagt und reagieren deshalb im allgemeinen in gleicher Weise auf denselben Einfluß. Diese Gleichförmigkeit bezeichnet Marbe als primär, diejenige, die ausschließlich durch den Einfluß der Menschen aufeinander hervorgerufen werden (Nachahmung), als sekundär. Einer der Hauptfaktoren, der sekundäre Gleichförmigkeit verursacht, ist die gesellschaftliche Organisation (**431**, **I**, 124; **432**, 59 f.).

Psychische Gleichförmigkeit äußert sich in einer Neigung, einer gleichen äußeren Beeinflussung oder Situation gegenüber uniform zu reagieren (**431**, **I**, 54). Suggestion kann ferner eine bestehende Tendenz zur Parallelreaktion verstärken und vertiefen (**432**, 57 ff.).

Ehe wir fortfahren, muß Marbe in einer einzelnen Richtung ergänzt werden. Er sieht nur auf den psychischen Reklameprozeß und rechnet deshalb nur mit der erwarteten gleichförmigen Reaktion auf die Botschaft. Betrachtet man dagegen den Reklameprozeß als ein Glied in den Marktverhältnissen, erweist es sich, daß gleichförmige Reaktion auf zwei verschiedenen Ebenen vorausgesetzt wird, nämlich sowohl auf die Ware selbst als auch auf die Botschaft. Die Reklame braucht, um zu verkaufen, standardisierte oder typisierte Ware. Die Reklame selbst geht davon aus, daß die Menschen als Verbraucher gleichförmig sind, und die Botschaft appelliert an deren Gleichförmigkeit als Adresse für verbale Beeinflussung. Man wird vielleicht eine solche Unterscheidung für überflüssig halten, weil die Ware der Gegenstand der Botschaft ist. Man kann sagen, daß die Botschaft natürlich an dieselbe Gleichförmigkeit appellieren muß wie die Reklame selbst. Aber das ist gerade nicht der Fall. Für die gleiche Ware wird oft für die gleiche Verwendung mit verschiedenen Botschaften geworben, weil die Reklamanden zwar als Verbraucher gleichförmig sind, aber auf Reklame doch verschieden reagieren.

Psychotypen. Marbes primäre Gleichförmigkeit spielt für die Reklame nur eine untergeordnete Rolle. Diese ist wesensgemäß an ein sehr fortgeschrittenes Gesellschafts- und Wirtschaftsstadium geknüpft, wo Bedarfsformen, Möglichkeiten zur Befriedigung und psychische Eigenart der Menschen außerordentlich differenziert sind. Primäre gemeinsame Züge sind da auf jeden Fall so stark von sekundären modifiziert, daß es unmöglich sein wird, die beiden voneinander zu trennen. Für die Theorie und Praxis der Reklame ist es auch verhältnismäßig gleichgültig, inwieweit die bestehende Gleichförmigkeit primär oder sekundär ist.

Eine andere Tatsache hängt teilweise damit zusammen. Marbe stellt nicht die Behauptung einer allgemeinen und vollständigen Gleichheit auf. Die partiellen Gleichheiten zwischen den Menschen sind von verschiedener Ausbreitung und von verschiedenem Stärkegrad. Nur wenige recht banale Züge sind allen Menschen gemeinsam. Wir gleichen einander in mancherlei Hinsicht, sind in anderen aber voneinander verschieden. Die Reklame kann damit rechnen, daß die Menschen durchweg beeinflußbar sind und daß bestimmte Methoden, namentlich die psychomechanische, ihre Wirkung auf alle ausüben. Aber jede motivierende Reklame muß mit unterschiedlichen Reaktionen der Menschen auf gewisse Beweggründe rechnen. Die Reklame hat es, mit anderen Worten, mit Psychotypen zu tun, und die Psychologie, derer sie am meisten bedarf, ist eine differentielle Typenpsychologie. Die ewig unveränderliche menschliche Natur interessiert nicht, sondern nur die vielen wechselnden Verhaltenstypen, denen wir im täglichen Leben begegnen (**408**, 88). Die Reklameliteratur schwenkt gern von einem Extrem ins andere; einer Mehrzahl, die sich zur Massenpsychotechnik bekennt, stehen einige gegenüber, die, gerade entgegengesetzt, soviel wie möglich individualisieren wollen. Die Reklame soll versuchen, „den Mann oder die Frau dazu zu bringen, sich von der Masse zu unterscheiden ... Der Leser soll angesprochen werden als Individuum mit Geschmack und Wünschen, die ganz andere sind als die des Durchschnitts der Masse" (**212**, 53 f.). „Die Verbraucher müssen deshalb als Individualitäten studiert werden" (**366**, 62). Soweit diese Äußerungen nur eine schematische „Massenreklame" widerlegen, sind sie richtig; aber sie übertreiben die Opposition und führen in die falsche Richtung. Die Reklame soll sich nicht an eine Masse als Kollektiv wenden; aber wie soll eine anonyme Standardbotschaft besondere Individualitäten ansprechen und ihnen angepaßt sein? Ihre Adresse ist notwendigerweise eine Vielzahl gleichförmig Reagierender, eine Kategorie von Personen, die durchschnittlich auf eine erfahrungsmäßig bekannte Weise reagieren. Das Publikum der Reklame sind klassifikatorische „Massen" oder Typen.

Moderne Massenfabrikation stellt Waren her, die bestimmten Bedarfstypen entsprechen, und moderne Reklame wendet sich an Personenkreise, deren typische Reaktionsweise erfahrungsmäßig gegeben ist. Verbraucher- und Reklamepsychologie arbeiten so Hand in Hand.

Allgemeine, selektive und differentielle Reklame. Die Reklamebotschaft wendet sich an ein relativ gleichförmiges Publikum, das heißt: an Menschen des gleichen Typus; sie muß den Publikumstypen angepaßt sein und die vermuteten gemeinsamen psychischen Züge sowohl im Verhältnis zum Reklamat (als potentielle Käufer) als auch zur Botschaft (als Objekte für deren Wirkungsmittel) ansprechen. Es ist verblüffend, daß eine spezielle Studie über Konsumpsychologie (**452**) nicht einmal die erstgenannte Differenzierung erwähnt.

A l l g e m e i n e Reklame versucht, alle innerhalb des regionalen Marktes zu gewinnen. Das Reklamat muß da auf eine allgemeine Gleichförmigkeit der Verbraucher abzielen (universelle Ware), und der Tonfall der Botschaft, ihr Stil und ihre Aufmachung müssen den universell verbreiteten gemeinsamen psychischen Zügen angepaßt sein. – Selektive oder „spezialisierte" Reklame (**24**, 69 ff.) hat es nur auf einen begrenzten Personenkreis abgesehen, von dessen Mitgliedern man annimmt, daß sie potentielle Käufer des Reklamats (spezielle Ware) sind. Die übrige Bevölkerung bleibt unbearbeitet. Die Frage ist zum ersten Male 1863 von Smith unter dem Namen „class advertising" (**628**, 156) behandelt worden. Derselbe Verfasser spricht in diesem Zusammenhang auch schon von der „quality circulation" eines Mediums. – Differentielle Reklame wendet sich wegen ein und desselben Reklamats mit verschiedenen Botschaften an unterschiedliche Personenkreise. Diese sind verhältnismäßig gleichförmig als Verbraucher, aber psychische Unterschiede erfordern gesonderte Bearbeitung. – Selektive Reklame hat auf diese Weise ihre Quelle in der Marktstruktur, während differentielle Reklame nur eine psychotaktische Maßnahme ist.

Beide Formen werden in der Regel ohne Unterschied behandelt, und es werden nur einzelne, oft zufällig gewählte Typen hervorgehoben –: zum Beispiel Gewerbezweige, Landbewohner, Hausfrauen, Einzelhändler (**530**, 178 ff.); Intelligenzgrade, Altersklassen und Geschlecht (**90**, 127 ff.); Alter, Geschlecht, Rasse, Religion, gesellschaftliche Stellung (**366**, 63 ff.); Geschlecht und Nationalität (**416**, 213 ff.); nationale, soziale und einige andere Unterschiede (**401**, 79 ff.); Geschäftsleute, Techniker, Bauern, Frauen (**659**, 267 ff.); Konsumenten, die nach Plan kaufen – gegen jene, die sich überreden lassen; Modekäufer – gegenüber Nützlichkeitskäufern; Frauen – gegen Männer (**159**, 57 ff.). Braddock behandelt die Frage kurz auf einer halben Seite über Klassen von Annoncenlesern (**68**, 225), während Kliemann das ganze System der Reklame auf der Selektionstechnik errichtet (**350**). Er unterscheidet zwischen Einkommensklassen, Bildungsgraden, Alter, Geschlecht, Lebensbedingungen und dergleichen mehr und will als neuen Forschungszweig eine Reklamesoziologie gründen, die Selektionsstudien betreiben soll (**350**, 8).

Selektivstreuung. Selektive Reklame wird angewandt, wenn das Reklamat nur mit dem Absatz an Käufer eines bestimmten Typus rechnen kann. Man kann dann Selektion in der Breite betreiben, das heißt: man verschickt die Botschaft nur an potentielle Käufer, oder man betreibt

Selektion in der Tiefe, das heißt: man faßt die Botschaft so ab, daß sie – obschon an viele verschiedene geschickt – hauptsächlich die gemeinsamen psychischen Züge der Empfänger anspricht.

Die Selektion in der Breite beruht auf der Verwendung eines Mediums, dessen Verbreitungsgebiet in größtmöglicher Übereinstimmung mit dem Absatzgebiet des Reklamats abgegrenzt ist. Der Gedanke an diese Selektivstreuung wurde ursprünglich, in der reklametechnischen Periode, mit einseitigem Ausgangspunkt in den Medien entwickelt. Man urteilte hauptsächlich danach, welche Streuung das Medium selbst bezweckte, und kam auf diese Weise zu der nicht ganz korrekten Unterscheidung zwischen generellen und spezifischen Medien. Es gibt Medien mit größerer oder geringerer Verbreitung, aber kein Medium ist im Sinne der Reklame in sich selbst selektiv; es wirkt nur im Verhältnis zu bestimmten Reklamaten selektiv, während seine Streuung im Verhältnis zu anderen Waren zufällig oder sogar kontraselektiv ist. Auf der anderen Seite findet man auch kaum ein nur generelles Medium. Sie erreichen alle nur jeder seinen Teil der Bevölkerung, und selbst wenn ein bestimmtes Publikum vom Medium selbst nicht beabsichtigt ist, wird eine Analyse doch enthüllen, daß die Streuung einen unfreiwilligen Schwerpunkt in einem näher bestimmten Publikum hat. Selektivität ist also niemals eine dem Medium fest innewohnende Eigenschaft, sondern ein Funktionsverhältnis zwischen dessen Verbreitungsgebiet und dem Reklamat. Nicht das Medium, sondern seine Benutzung durch die Reklame ist selektiv. Es kommt im Einzelfall darauf an, ein Medium zu finden, dessen Verbreitungsgebiet in Übereinstimmung mit dem wahrscheinlichen Absatzgebiet des Reklamats abgegrenzt ist. Dadurch vermeidet man eine nutzlose Verbreitung an Konsumenten, von denen man von vornherein annimmt, daß sie an dem Reklamat nicht interessiert sind.

PSYCHOTAKTISCHE SELEKTION. Allgemeine Verbreitung ist anwendbar, wenn angenommen werden kann, daß sich die Ware an alle absetzen läßt. Die Form der Botschaft muß dann auch psychotaktisch geeignet sein, um ansprechend auf jedermann zu wirken; sie muß, mit anderen Worten, dem psychischen Durchschnittstypus angepaßt sein. Die Wirkung einer selektiv verbreiteten Botschaft über Ware, die mit begrenzten Käuferkreisen rechnet, kann dagegen psychotaktisch vertieft werden. Sie kann in Ausdrucksweise und Aufmachung auf den psychischen Sondertypus abzielen, der innerhalb des ausgewählten Verbreitungsgebietes vorherrschend ist. Stellt die Ware ein Angebot an einen begrenzten Bevölkerungsteil mit einer relativen Gleichförmigkeit als Käufer dar, kann sich die Botschaft intensiv an etwaige gemeinsame Züge in deren seelischer Eigenart wenden. Die Werbemittel werden nach den „allgemeinen Gruppenmerkmalen der wahrscheinlichen Kunden" (**418**, 58) ausgewählt. Teilweise stellt sich eine selektive Fassung der Botschaft ohne weiteres von selbst ein; die Annonce wird notwendigerweise in gewissem Grade dem äußeren Erscheinungsbild des Blattes und damit dem Geschmack der Leser angepaßt. Für die typographische Aufmachung ist der technische Apparat des Blattes entscheidend. Die Illustration entspricht in Stil und Geschmack etwa dem Niveau der Zeitschrift, besonders dann, wenn der Reklamist einen der festen künstlerischen Mitarbeiter des Blattes als Zeichner gewinnt. Aber auch davon abgesehen, wird der Reklamist unwillkürlich seine Botschaft nach seiner einfühlenden Vorstellung von dem besonderen Publikumstypus, auf den er abzielt, gestalten und nach bestem Vermögen dessen Sprache sprechen (**639**, 58 f.). So ist es zu empfehlen, Geschäftsleuten gegenüber kurz gefaßt zu argumentieren, ausführlich gegenüber Bauern, technisch mit Fachleuten, sentimental und ästhetisch mit den mehr gefühlsbetonten Frauen (**659**, 267 ff.).

Psychotaktische Anpassung an die Mentalität der Reklamanden dient insofern nur dazu, die Wirkung einer selektiv verbreiteten Botschaft zu vergrößern und zu vertiefen. Sie kann jedoch auch als selbständige Selektionsmethode angewandt werden – die einzige, wenn einem ein Medium mit selektiver Verbreitung fehlt. Der Reklamist verbreitet seine Botschaft dann allgemein-zufällig, faßt sie aber dergestalt ab, daß sie vorzugsweise die möglichen Käufer innerhalb des Verbreitungsgebietes des Mediums anspricht. Als Mittel dazu hat man zum Beispiel die Plazierung; die Annoncen für die Sportsleute bringt man auf der Sportseite, Annoncen für die Geschäftsleute im Handelsteil des Blattes usw. Andere Mittel zur psychotaktischen Selektion bestehen in einem ansprechenden Thema für die ins Auge fallende Überschrift der Botschaft, in Text und Illustration, im richtigen Tonfall der Formulierung usw.

Differentielle Reklame. Die relative Gleichförmigkeit der Käufer bestimmt das Absatzgebiet der Ware. Es können aber unter den möglichen Käufern einer Ware Unterschiede im Hinblick auf ihre übrige Mentalität bestehen. Individuelle Züge kann die Reklame als Beeinflussung der Menschen als Masse nicht berücksichtigen; aber sie kann mit den typischen, bei ganzen Gruppen auftretenden Zügen agieren. Hat die Reklame einen universellen oder hoch zusammengesetzten speziellen Markt, kann sie sich dennoch an einzelne Käufergruppen innerhalb des gesamten Absatzgebietes wenden, an jede von ihnen in einer speziell angepaßten psychotaktischen Form.

„Im Verkaufsgeschäft gibt es den Begriff ‚alle Menschen' nicht" (**114**, 23). „Viele Menschen, viele Meinungen. Die gleiche Ware kann man nicht an jedermann mit derselben Reklame verkaufen" (**159**, 33; **202**, 79). „Selbst wenn die Ware ein Angebot für alle darstellt, muß man doch die Menschen, je nach Klasse, auf verschiedene Weise ansprechen" (**65**, 102). Instinktmäßig haben kluge Reklamisten diese Regel seit den ersten Tagen der Reklame befolgt; als reklametechnisches Prinzip ist sie schon von Wehle im Jahre 1879 formuliert worden: „Es giebt also auch eine subjective Reclame, ebenso wie es subjective Argumente giebt. Beide wirken nur auf bestimmte Personen und Kreise" (**675**, 13 f.).

Die nächstliegende Form für Differenzierung ist folgende: Um eine umfassende Verbreitung zu erreichen, braucht man mehrere Medien, zum Beispiel Annoncen in vielen Tageszeitungen und Zeitschriften, und muß die Annonce in jedem von ihnen der Mentalität der Leser anpassen. Ein grelles Beispiel dafür war seinerzeit die Reklame für John Retcliffes „Nena Sahib", die in literarischen Zeitschriften seriös als historisch-politischer Roman und in seichteren Zeitschriften durch Sex-Appeal als erotisches Dokument angepriesen wurde.

Die Verwendungsmöglichkeiten der Ware selbst geben oft einen Fingerzeig für die Differenzierung. Mit Reklame für Mund- und Halspastillen kann man sich besonders an Redner, Lehrer, Raucher und Sportsleute wenden; für Automobile an Geschäftsreisende, Gutsbesitzer, Ärzte und Sonntagsfahrer. – Eine Seidenfirma bearbeitete die Frauen gruppenweise entsprechend deren Sonderinteressen (**46**, 145 f.) auf sehr verschiedene Art und Weise. – Die Ward Baking Company differenzierte ihre Landkampagne distriktweise, indem sie, um Interesse zu wecken, Begebenheiten des Ortes oder bekannte Namen wählte (**182**). Eine Firma, die 14 Jahre lang Hundefutter verkauft hatte, ging im Jahre 1938 dazu über, das gleiche Produkt in 24 verschiedenen Dosenaufmachungen anzubieten, versehen mit Bildern von 24 Hunderassen, und verkaufte sie als „individuelles Hundefutter" (*Printers' Ink* vom 18. August 1938).

Eine Variantenserie von Annoncen ist oft die Folge der Differenzierung. Der Reklamist sendet durch dasselbe Medium mit passenden Zwischenräumen Botschaften unterschiedlicher psychotaktischer Form. So hatte eine deutsche Zigarettenfabrik eine künstlerisch illustrierte Serie, die den psychologischen Augenblick für die Zigarette in mehreren Berufen und Gesellschaftsklassen zeigte.

Die Möglichkeiten der Differenzierung sind theoretisch unbegrenzt, denn man kann die Menschen nach vielen Richtungen klassifizieren. Lisowsky fordert, die Mittel der Reklame auf sozialen Status, geistige Interessen, Lebensanschauungen und Religion abzustimmen (**410**). Andere wollen auch die psychischen Konstitutionstypen berücksichtigen. Die differentielle Typenpsychologie zeigt, daß „nicht alle Angebotsempfänger auf alle Darstellungsmittel gleich gut" (**679**, 18) ansprechen. Marbe macht auf die unterschiedliche Zugänglichkeit der optischen, akustischen und anderen Typen für bestimmte Werbemittel aufmerksam (**432**, 53). Simmat unterscheidet nach visuellen, auditiven, motorischen und mentalen Typen (**624**, 39 ff.). Weidenmüller fordert Reklame für Augen-, Ohren- und Nasenmenschen (**676**, 21). Halbert überträgt die Frage vom sinnesphysiologischen auf charakterologischen Boden (**255**, 13 ff.): „Wer eine Reklamemusik macht, die jedes Temperament" – nämlich Sanguiniker, Choleriker, Melancholiker und Phlegmatiker – „trifft und bei jedem ein Echo hervorruft, bleibt Sieger" (**255**, 15). Hess rät dazu, die Reklame von Zeit zu Zeit zu variieren, um Widerhall bei den verschiedenen Temperamentstypen zu finden (**280**, 269 ff., 277), und gibt in einer späteren Studie Beispiele für Sanguiniker-, Choleriker-, Melancholiker- und Phlegmatikerreklame (**281**, 68 ff.). Kliemann will nach den Typen der modernen Differentialpsychologie und der Charakterologie variieren (**350**, 39 f.). White endlich fordert eine Einteilung der Käufer in den impulsiven, den habituellen und den rationalen Typ (**694**, 239).

Der Gedanke an eine so feine Differenzierung ist bestechend, aber ohne größeren praktischen Wert. Zuallererst müßte man nach sozialen Typen differenzieren, danach berücksichtigen, daß alle sinnesphysiologischen Typen innerhalb jeden Sozialtyps anzutreffen sind, so daß charakterologische und Temperamentstypen quer durch alle sozialen und sinnesphysiologischen Typen gehen usw. Man müßte also, um gründlich zu sein, kreuz und quer differenzieren und auf diese Weise eine sehr große Anzahl speziell vorbereiteter Botschaften aussenden. – Eine unablässige Variation der Botschaft wird für notwendig gehalten: „Gerade wenn eine Reklame glänzenden Erfolg hat, muß man zu einer anderen Form übergehen" (**226**, 100), da die besonders intensive Wirkung der ersten Botschaft auf einen Typus Konsumenten auf entsprechend geringe Wirkung gegenüber anderen Typen schließen läßt (**226**, 101). Wenn das richtig ist, führt die Reklamepsychologie die Reklame ad absurdum. Wenn es nämlich aus psychologischen Gründen erforderlich ist, seine Reklame in diesem Grade auszudifferenzieren, so sind viele Hunderte verschiedener Botschaften in jedem einzelnen Falle nötig, um alle Käufertypen intensiv zu bearbeiten. Die einzelne hochintensive Botschaft hat dann eine so geringe Breitenwirkung, daß die Reklame sich nicht lohnt. – Die Differenzierung ist ratsam, solange und soweit man einen Reklamandentypus in Korrelation zu einem Medium lokalisieren kann; das kann man im Hinblick auf ökonomische, soziale und kulturpsychologische, aber nicht hinsichtlich sinnesphysiologischer und charakterologischer Typen. – Daß verschiedene Psychotypen auf bestimmte psychotechnische Mittel unterschiedlich reagieren, ist eine Tatsache. Aber daraus muß man eher die negative Schlußfolgerung ziehen, die Botschaft in dieser Richtung so neutral wie möglich zu halten, um nicht an einer großen Käufergruppe vorbeizureden. Intensive Differenzierung überschreitet in solcher Hinsicht die Grenzen, die Publizitätstechnik und Rentabilitätsrechnung der Reklame setzen. Es liegt nun einmal im Wesen der Reklame, daß sie bis zu einem gewissen Grade schablonisiert.

Das Wirkungsprinzip der Reklame

Meinungen und Behauptungen. Die Frage nach dem Wirkungsprinzip der Reklame, die mehrmals berührt wurde, soll nun näher untersucht werden. Der Streit geht darum, ob die Reklame auf Triebe und Gefühle oder auf Verstand und Urteilskraft wirkt. Die Antwort ist von vornherein im ersten Abschnitt des Buches gegeben: Reklame ist ebenso wie andere Propaganda ein Suggestionsversuch. Ein Blick in die Zeitung sollte genügen, um das zu bestätigen, und damit könnte die Sache als erledigt betrachtet werden, wenn nicht zahlreiche entgegengesetzte Behauptungen zur Widerlegung drängten. Als Auftakt dazu wird im folgenden eine Reihe anderer Meinungen zur Sache wiedergegeben.

Ich beginne mit einer Gruppe Autoren, die die suggestive Wirkung der Reklame erkennen. Sombart bezeichnet die Reklame als Suggestionskonkurrenz im Gegensatz zur Leistungskonkurrenz (**632**, 310 f.). Aber auf ihn sollte man sich nicht berufen, denn er ist ein unsachlicher Gegner der Reklame. Es sollen lieber die Fachleute zu Worte kommen. Gérin und Espinadel bauen die ganze Reklametheorie auf der Suggestionspsychologie der Nancy-Schule auf (**234**, 55), und de Castarede bezeichnet die Reklame „von seiner ersten bis zur letzten Analyse als simple Suggestion" (**116**, 13). Andere äußern sich weniger streng, gestehen aber doch: Dem „Wesen nach ist die Reklame: Werben, dem Effekt nach: Suggerieren" (**406**, 6), alle Reklame ist „**der planmäßig durchgeführte Versuch, den oder die Menschen durch Anwendung seelisch beeinflussender Mittel für die Absichten des Werbers zu gewinnen**" (**363**, 21), „die Suggestion bildet die Grundlage der Verkaufstätigkeit" (**287**, 14) oder doch einen ihrer Hauptfaktoren (**387**, 24). „Die Reklame kann die auffälligsten und ausgeklügeltsten Mittel der Verführung nicht entbehren" (**110**, 25). Der Generalsekretär der französischen Reklamekammer, Monsieur Louis Vergne, bezeichnete die Reklame als „die höchstentwickelte Form der Suggestion. Sie vermittelt dem Leser ein günstiges Urteil über die angepriesenen Artikel, baut ihr Prestige auf und weckt den Wunsch, sie zu besitzen" (**499**, 2), und Pottier knüpft daran die Bemerkung, daß das Gesetz der Suggestion die Reklame beherrsche und deren Resultat bestimme (**499**, 3). „Die Wirkung einer jeden Reklame beruht" – Growald zufolge – „auf einer durch Suggestion entstehenden Autosuggestion, die im Unterbewußtsein einen Begriff entstehen läßt" (**253**, 21). Behrmann sieht im Einfluß der Reklame einen Prozeß, „bei dem ein Wille der Willenlosigkeit, ein stärkerer Wille dem schwächeren gegenübertritt" (**41**, 19). Oft wird die Reklame ausdrücklich gegen einen Appell an den Verstand aufgestellt; sie wendet sich nicht an „das kritikfähige Bewußtsein, sondern das Unterbewußtsein" (**150**, 13) und beabsichtigt „Bildung von Werturteilen ohne eigene Erfahrung und Nachprüfung" (**676**, 21). „Reklame ist eine Beeinflussung des Bewußtseins anderer. Sie bringt Menschen dazu, so zu denken, wie es der Inserent wünscht, ... und eine Behauptung fraglos zu übernehmen" (**428**, 177). „Der Inserent bedient sich der Suggerierbarkeit des Konsumenten und bringt ihn dazu, seine Werturteile zu übernehmen" (**68**, 5). Die Reklame ist gleich der Ideenpropaganda „zu einer sozialen Macht geworden, die weniger durch Vernunftgründe als durch Eindrücke auf die Phantasie ausgelöst wird und wieder weiterwirkt" (**38**, 144). Sie „hemmt und vernichtet das bewußte Spiel der Urteilskraft und zwingt dem Käufer eine fertige Meinung auf – die des Inserenten, wohlgemerkt" (**233**, 44 f.). – Bisweilen wird das recht scharf ausgedrückt. Der Geschäftsmann soll „auf dem Wege der Phantasie die Schwächen der Menschen geschickt ausnutzen" (**76**, 42); die „Reklame ist ja die Kunst, einen verführerischen Umweg zum Geldbeutel zu ersinnen" (**362**, **I**, 437), und „die Schwächen des Denkens werden zur Stärke der Reklame" (**439**, 25). Der Verkäufer muß „seine psychologischen Fallen stellen" (**342**, 99). Reklame zu machen bedeutet, „einen Köder hinaus ins Wasser des Geschäftslebens zu werfen ... " Der „kluge Inserent nimmt starkes Garn für seinen Angelhaken" (**201**, 16). – Ein leidenschaftlicher Anhänger der Reklame meint sogar, daß sie nur „ein anderer Name für hypnotische Suggestion" (**296**, 29 f.) sei.

Eine Gruppe für sich bilden die Psychoanalytiker; sie sprechen nicht viel über Suggestion, aber ihr Appell an das Unbewußte ist für alle praktischen Zwecke dasselbe (**376**, 15 ff.).

Auf der entgegengesetzten Seite findet man jene, die die Reklame als Information oder Beweisführung betrachten. Englisch schreibende Autoren stützen sich gern auf eine Verbaldefinition des Verbs „to advertise" = bekanntmachen – ohne Rücksicht darauf, daß das Wort „advertising" eine andere, qualifizierte Bedeutung angenommen hat. Bildet man den Reklamebegriff mit dem Angebot als Vorstellungskern, so wird die Reklame zur Anzeige des Namens, der Art und der Verwendung der zu verkaufenden Ware (**674**, 2; **77**, 263), zum „Inbegriff aller Methoden, den Leuten Kenntnis von den Konsumgütern, die zur Deckung ihres Bedarfs bereitstehen, zu geben" (**211**, 39). Reklame ist „Verbreitung von Information in Wort und Bild" (**259**, 2), „Streuen von Geschäftsneuheiten unter die Leute" (**212**, 13), „Uebermittlung von Ideen über die Waren zu eventuellen Kunden durch geschriebene oder gedruckte Symbole" (**215**, 110) und „von Information zu Geschäftszwecken" (**6**, 195). – Man fragt sich, woher all die viele konkurrierende Reklame innerhalb derselben Branche kommen kann, wenn „die Reklame ... die Aufmerksamkeit auf die Ware lenkt, die die beste zu diesem Preis ist" (**533**, 128). Hält man sich an die vorsichtigere Formulierung: „Der Käufer erhält Information über die Wertverhältnisse zwischen gattungsgleichen Waren" (**327**, 2), so muß man doch den Verkäufern die Kompetenz absprechen, wertende Information über ihre konkurrierenden Waren abzugeben. Vanderbilts Lieblingsausspruch lautete bekanntlich: „Woher sollen denn die Leute wissen, daß ich eine gute Ware habe, wenn ich sie ihnen nicht anpreise" (zitiert nach **513**, 7). Müßte man nicht eher fragen: „Wie können die Verbraucher wissen, daß meine Ware gut ist, wenn ich selbst derjenige bin, der es ihnen mitteilt?" Die Werbebranche hat eine seltsame Replik parat: „Die Reklame wird zunehmend instruktiv ... und setzt den Käufer instand, sich eine eigene Meinung zu bilden; selbst wenn nicht alle ihre Beteuerungen glaubwürdig sind, so schärft doch ihre verhältnismäßige Annäherung an die Wahrheit die Kritikfähigkeit des Käufers" (**24**, 25).

Eine Anzahl Reklamedefinitionen sind in Wirklichkeit Begriffsbestimmungen der Marktinformation. So versteht man unter „Reklame" „die planmäßige, kaufmännische Angebotsarbeit im Dienste der Allgemeinheit, um einen zuverlässigen und zweckmäßigen Ausgleich zwischen Angebot und Nachfrage herzustellen" (zitiert nach **149**, **I**, 37); oder sie wird festgelegt als „die gesamten Maßnahmen, bei denen man gegenüber der Öffentlichkeit Produkte, Arbeit oder Dienstleistungen anbietet oder sucht“ (**324**, 12); oder die Reklame wird näher gekennzeichnet als „ein Hilfsmittel des Wettbewerbs, der Konkurrenz; ein Mittel, den Interessenten zu zeigen, zu welchen Bedingungen der Bekanntgeber im Gegensatz zu anderen ein wirtschaftliches Gut umsetzen will“ (**508**, 2). – Eine lange Reihe Äußerungen über das Wesen der Reklame sind spürbare Folgen der Bewegung für „ehrliche Reklame“ und in Wirklichkeit nur geschäftsmoralische Forderungen. Die Reklame soll „in erster Linie ein Mittel hinweisender Aufklärung sein“ (**609**, 9; **548**, 50). Die Forderung ist eine oft irreführend aufgemachte Definitionsform. „Reklame zu machen bedeutet, die Wahrheit über ein Handelsobjekt mitzuteilen“ (**535**, 49); „Reklame ist die Kunst, die Wahrheit ansprechend auszudrücken“ (**401**, 130) usw. in vielen Abstufungen von vorzugsweise aphoristischer Art. – Reason-why-Anhänger bezeichnen sogar die Beweisführung als Aufgabe und Wesen der Reklame. „Ein Appell an die Vernunft tritt nach und nach an die Stelle der semihypnotischen Wiederholung, wenn die Leute allmählich klüger werden“ (**535**, 122). Die Reklame „soll in sachlicher Beweisführung die Vorteile der eigenen Leistungen hervorheben“ (**72**, 12). Sie „ist fast ausschließlich ein Appell an den kalt abwägenden Intellekt“ (**85**, 26). Am äußersten Flügel finden wir Hémet, der in Polemik gegen amerikanische Reklamepsychologie erklärt, daß die Reklame nichts mit Suggestion zu tun habe, „am allerwenigsten in Frankreich, wo die philosophische Schulung der Bevölkerung obskure Methoden ausschließt“ (**271**, **I**, 3). Die Suggestion wird der Psychiatrie zugerechnet (**271**, **I**, 6), während der Reklameprozeß „dem Gebiet der Logik und des Verstandes zuzuordnen ist“ (**271**, **I**, 4). Im selben Sinne meint Herzog: „Die Propaganda muß hier mehr vorbereitender, unterrichtender Form sein, sie muß durch unwiderlegbare Beweise wirken, sie muß sich von ‚Bluff‘ fernhalten. Wenn auch jenseits des Ozeans letzterer selbst in gebildeten Kreisen manchmal von überraschend erfolgreicher Wirkung ist, wird man ihn auf dem Kontinent und insbesondere in deutschsprachigen Ländern bei einer Propaganda vermeiden, die durch die Art des anzupreisenden Gegenstandes in der Lage ist, sich des wissenschaftlichen oder empirischen Zeugnisses zu bedienen“ (**279**, 7). – Shryer hat einen interessanten Versuch gemacht, die Suggerierbarkeit durch Reklame abzuleugnen. Er geht aus von B. Sidis’ Bestimmung der Suggestion als einem Eindringen einer fremden Vorstellung ins Bewußtsein, wo sie auf mehr oder weniger Widerstand treffe, aber schließlich unkritisch, unreflektiert und fast automatisch übernommen werde (**621**, 35 ff.). Sidis wollte die Bedingungen für die Suggestibilität „normaler Menschen" experimentell feststellen. Die Versuchspersonen sollten unter verschiedenen Vierecken, die auf demselben Bogen Papier abgebildet waren, eines wählen, und Sidis versuchte, die Versuchspersonen dazu zu bringen, ein bestimmtes Quadrat zu wählen. Er kam zu dem Schluß, daß sich „normale Menschen" verhältnismäßig leicht durch indirekte Suggestion beeinflussen lassen würden und daß die Bedingungen dafür folgende seien: 1) Die Aufmerksamkeit muß fixiert werden; – 2) sie muß abgelenkt werden; – 3) das Versuchsmilieu muß monoton sein; – 4) die Versuchsperson soll sich nicht bewegen; – 5) ihr Bewußtseinsfeld muß begrenzt sein; – 6) fremde Vorstellungen müssen ausgeschlossen werden; – 7) die Reaktion muß sofort ausgeführt werden. – Shryer stellt fest, daß der Reklamist weder ein einförmiges Milieu schaffen noch das Bewußtseinsfeld des Reklamanden begrenzen oder fremde Vorstellungen verhindern kann und daß ferner die Handlung nicht unmittelbar auf die Reklamebeeinflussung folgt; deshalb k a n n die Wirkung der Reklame nicht suggestiv sein (**621**, 43 ff.). Er vergißt, daß Sidis' Versuch keine Bedeutung für die Reklame hat, da er unter ganz anderen Voraussetzungen vor sich ging. Die Versuchspersonen sind an den Vierecken, zwischen denen sie wählen sollen, vollkommen uninteressiert, während die Reklame an Wünsche, Interessen usw. appelliert, die der Suggestion Zutritt gewähren.

Eine dritte Gruppe wird von denen gebildet, die Alternativen aufstellen. Manche unterscheiden zwischen short circuit appeal und long circuit appeal (**294**, 216), andere zwischen human interest und reason-why (**2**, 328; **659**, 96); dann gibt es suggestive und argumentative (**639**, 384 ff., 406 ff.), emotionale und rationale (**133**, 162 ff.), reason-why und sell the effect (**244**, 62), suggestive und explikative (Kjær Hansen), lockende und überzeugende Reklame (**418**, 21), Vernunft- und Gefühlsreklame (**170**). Außerhalb des allgemein Angenommenen findet man eine Trias: human appeal – reason-why – imagination (**621**, 67 f.) oder eine Zeitfolge der Modeformen, nämlich Überredung – Marktschreierei – sachlich-fachtechnische Beweisführung – raffinierte Beeinflussung des Unterbewußtseins (**150**, 17 ff.). – Hier erkennt man, daß ein Teil der Reklame suggestiv ist, der Appell an den Verstand aber als eine andere Möglichkeit aufgezeigt wird.

Diese Gruppe umfaßt die meisten Reklamepsychologen und die vielen Praktiker, die ihnen folgen. – Eine Kritik muß warten, bis wir uns selbst näher mit der Sache beschäftigt haben.

Propaganda für die Reklame steht hinter der Verneinung der Suggestivität der Reklame. Schreiben die Werbefachleute Bücher für einen größeren Leserkreis, so lieben sie es, die Reklame als einen Wohltäter der Menschheit darzustellen und sprechen von Wahrhaftigkeit und reiner Information. In einem engeren Kreise, zum Beispiel auf Kongressen, sind sie aufrichtiger. Die Reklame „erfordert die größtmögliche Kenntnis der menschlichen Natur, ihrer starken und schwachen Seiten, ihrer Begierden, ihrer Vorlieben, ihrer Schwächen und Torheiten. Aller dieser Züge muß man sich um des Profits willen bedienen. – Dieser Reklamestil ist der direkte Weg zum Geldbeutel der Leute" (**517**, 17).

SUGGESTION. Suggestion besteht nach der Bernheim-Schule in Mitteilungen und Vorschlägen von Person zu Person in einer Form, die eine Annahme beabsichtigt und ohne genügende logische Gründe wahrscheinlich macht. Braid ist ausführlicher: „**Suggestion** ... heißt ... Beeinflussung des Denkens und Wollens durch andere, insbesondere die Erweckung gefühlsbetonter Vorstellungen, Impulse und triebmäßiger Handlungen bei Hemmung des selbständigen Denkens, der eigenen Überlegungs- und Entschlußfähigkeit, der ‚aktiven Apperzeption' desjenigen, dem etwas suggeriert wird" (**163**, 645 f.). Bechterew drückt das vielleicht am präzisesten aus: „‚S u g g e s t i o n' ... ist ... direkte Überimpfung von Ideen, Gefühlen, Emotionen und anderen psychophysischen Zuständen in die Psyche des Individuums, die an seinem ‚Ich', an seinem individuellen Selbstbewusstsein und an seiner Kritik vorbeigeht" (**39**, 15). – Hier ist nicht der Ort, das – unter Psychologen ständig umstrittene – Wesen der Suggestion zu ergründen. Sie ist nach den hier wiedergegebenen Definitionen einfach das Gegenteil zu selbständiger Verstandestätigkeit mit Bildung von Meinungen, Urteilen und Entschlüssen. Es ist gerade diese negative Seite der Sache, auf die es hier ankommt. Ich bestreite, daß die Reklame jemals an das selbständige Denken des Reklamanden appelliert und nenne sie deshalb suggestiv; der mögliche Einwand, daß dieser Suggestionsbegriff zu umfassend sei, berührt nur die Terminologie, an die ich mich nicht klammern will. Der einzige sachlich bedeutsame Einwand würde in dem Nachweis bestehen, daß der Verstand trotzdem eine größere Rolle im Reklameprozeß spiele, als hier angedeutet ist. Wesentlich gleiche Suggestionsbegriffe findet man übrigens auch in der Reklamepsychologie. Scott definiert „Suggestion" als einen fremden Einfluß, *„der einen Plan, eine Schlußfolgerung oder eine Handlung nach weniger gründlicher Überlegung als gewöhnlich hervorruft"* (**604**, 81), und Hollingworth spricht von Suggestion, „wenn eine Handlung ihren mehr oder minder direkten oder spontanen Ursprung in der Beeinflussung von außen hat ... einem Bild, dem Befehl oder der Aufforderung einer anderen Person, dem Verhalten einer Person oder einer Gruppe" (**294**, 223).

Suggestion ist also nicht an Hysterie oder Hypnose gebunden. Die veraltete Auffassung, sie sei eine krankhafte Erscheinung (P. Janet), hat das Wort odiös gemacht; ein Teil der Werbefachleute verneint jede Verbindung zwischen Reklame und Suggestion, weil sie immer noch glauben, daß die Reklame dadurch als unheimlich und illegitim abgestempelt werde. Aber sie sind oft die besten Zeugen für den im modernen Sinne suggestiven Charakter der Reklame, den gerade sie unterstreichen – nur unter anderem Namen. „Man sagt, daß wiederholte Reklame den Leser ebenso beeinflusse wie hypnotische Suggestion und ihn zum Kauf der Ware mesmerisiere, ob er sie nun wünscht oder nicht. – Daran ist kein wahres Wort. Was man fälschlicherweise als okkulten Einfluß auffaßt, ist nur die kumulative Wirkung fortgesetzter Äußerungen zugunsten eines bestimmten Produktes, die von einem cleveren Inserenten nach einem gut vorbereiteten Plan geschickt vorgebracht werden" (**533**, 9). Das, was hier beschrieben wird, ist zwar kein „okkulter Einfluß" – aber es ist nichtsdestoweniger Suggestion. Bunting lehnt das Wort „Suggestion" als geradezu ungebührlich ab und betont eher: „Das Werkzeug, das für Umsatz sorgt, ist – Überredung" (**86**, 32). Hémet, der zuerst so leidenschaftlich die Zugehörigkeit der Reklame zur Sphäre der Logik und des Verstandes betont, bezeichnet gleich darauf eine Beeinflussung der Emotionen als entscheidend (**271**, **I**, 7 ff.) und mißt der Überredung eine allzu überragende Bedeutung bei (**271**, **I**, 24). Shryer leugnet den suggestiven Charakter der Reklame, lehnt aber auch die Verstandesreklame ab, da „die Ursache unserer Einkäufe in der Einbildungskraft liegt" (**621**, 68). – Besonders naiv ist der wenig bekannte Seidt, der die Reklame zunächst als „hinweisende Aufklärung" definiert und danach ihre Rolle im Wettbewerb beschreibt: „Es wird so etwa zu gleicher Zeit immer 10 bis 20 neue Kaffeezusätze geben, woher soll der Detaillist und gar die

Hausfrau wissen, daß unserer gerade der beste und empfehlenswerteste ist? Es bleibt uns nichts übrig, als daß wir es ohne falsches Schamgefühl ihnen selbst recht oft deutlich und verständlich sagen" (**609**, 9 f.). Andere tun ohne falsche Bescheidenheit dasselbe, und diesen Abgesang von Eigenlob nennt man dann „hinweisende Aufklärung".

Manche Verneinungen des suggestiven Charakters der Reklame beruhen offenbar darauf, daß man nur die nicht argumentierende Imperativreklame für suggestiv hält.

Noch ein Mißverständnis wirkt als Hemmnis, den suggestiven Charakter der Reklame zuzugeben. Es hat sich geradezu verhängnisvoll für die Suggestionstheorie ausgewirkt, daß sie zur Grundlage fast ausschließlich solche Fälle wählte, „bei denen der suggerierte Inhalt falsch war, die Suggestion also zu Irrtümern, Täuschungen, Illusionen führte" (**646**, 10) – und diesem Odium wollen die Werbefachleute entgehen. Ob Suggestion vorliegt, hängt aber von der Art ab, auf die eine Person zu einer Auffassung gelangt. Ich kann durch Suggestion dazu veranlaßt werden, eine objektiv richtige Auffassung zu übernehmen, deren logische Begründung meinen Horizont übersteigt – in der Erziehung wiederholt sich dieser Prozeß unaufhörlich; und ich kann durch autonomes, aber mangelhaftes Denken zu einem falschen Urteil kommen.

Kann die Reklame anders als suggestiv sein? Die meisten neueren Autoren räumen ein, daß ein Teil der Reklame suggestiv ist. Das erste Kapitel dieses Buches ging weiter und schloß die nichtsuggestive Geschäftsbotschaft vom Reklamebegriff aus. Dieser radikale Standpunkt wird durch den Hinweis darauf, daß die Reklame nur durch Suggestion ihren Zweck erreichen kann, gerechtfertigt. Sie beabsichtigt eine Vergrößerung des Absatzes, oft nur Vergrößerung des Absatzes des Reklamisten auf Kosten der Konkurrenten, oft auch Expansion des Branchenmarktes als Gesamtheit, natürlich in der Hoffnung darauf, daß sie hauptsächlich dem Reklamisten zugute komme. Größerer Umsatz ist das unmittelbare Ziel der Reklame (Aktionsreklame), oder es wird indirekt darauf abgezielt, eine günstige Stimmung für Firma und Ware zu schaffen (Empfehlungsreklame). Daß die Reklame oft hauptsächlich versucht, einen drohenden Absatzrückgang zu verhindern, ist eine Variante, eigentlich nur die Kehrseite ihres Expansionstriebes. Die Reklame ist, mit anderen

Worten, ein Exitationsfaktor (**35**, 41 f.). Die auf dem anonymen Markt ausreichende Marktinformation wird auf dem expansiven Markt von der aufreizenden, Verlangen erweckenden Reklame abgelöst (**635**, 297).

Zu diesem Zwecke gilt es, die Verbraucher zum Kauf zu veranlassen und als Vorstadium dazu, *„sie dazu zu bringen, der Reklame zu glauben"* (**344**, 607), was gleichbedeutend mit suggestiver Bearbeitung ist. Die Reklame ist eine Botschaft, die den Willen weckt und anspornt (**196**, 11; **681**, 7; **678**, 12 f.). Sie kann sich nicht mit indifferenter sachlicher Information begnügen, die nur die rein faktische Voraussetzung für Erwägung und endgültigen Entschluß bildet. Die Botschaft enthält gewöhnlich etwas Information, „sagt aber selten das Wesentliche" (**668**, 8) und bleibt auf jeden Fall nicht bei der reinen Mitteilung von Fakten stehen. Gerade das, was darüber hinausgeht, macht die Botschaft zur Reklame. „Eine suggestiv gehaltene Werbung wird in der Regel nur wenig unterrichtenden Inhalt haben können, und umgekehrt wird eine nur sachlich informierende Reklame vielfach auf den Verbraucher nicht stark genug einwirken" (**599**, 49). Information ist nur Material für einen Entschluß; dem Informierten selbst steht es frei, welchen Schluß er ziehen will. Der Zweck der Reklame läßt ein solch zurückhaltendes Abwarten nicht zu; sie muß aufdringlicher sein. Sie will einen Entschluß zugunsten des Reklamats erreichen, sucht also den Gedankengang und die Willensbildung des Reklamanden in eine bestimmte Richtung zu dirigieren – und sei es nur, um gewisse motivbildende Vorstellungen zu unterstreichen und andere abzuschwächen. Das ist es, was man meist Suggestion nennt.

Oder man betrachtet die Sache mit Ausgangspunkt im Konkurrenzprozeß! Wie, fragt man sich, soll der Käufer auf dem Markt zwischen mir und einem anderen Verkäufer wählen können, wenn ich ihm nicht mitteile, daß ich auf dem Markt bin (Vanderbilt)? Ökonomische Güter konkurrieren im Bewußtsein des Käufers – also müssen sie ihm zunächst zu Bewußtsein gebracht werden. Damit ist indifferente Marktinformation begründet. Aber die Reklame teilt nicht bloß mit, was der Käufer zu welchem Preis und wo bekommen kann; sie sagt nicht: „Hier kann man kaufen", sondern: „Kauf' bei mir!" Sie meldet nicht nur das Erscheinen der Ware auf dem Markt und überläßt dann den Ablauf der Zugkraft der Ware; sie folgt mit der Peitsche und versucht, dem Produkt einen Schwung zu geben, der weit über die ihm innewohnenden Kräfte hinausgeht. Sie will dem Käufer keine Möglichkeit geben, nach eigenem Ermessen zu wählen, sondern ihm ihr Urteil aufdrängen und seine Wahl bestimmen. Er soll die Ware nicht kaufen, die er am besten findet; er soll finden, daß die Ware des Reklamisten die beste ist.

Man kann geradezu sagen, daß die Reklame – unter sonst gleichen Bedingungen – suggestiver werden muß, in je größerem Stil sie expansiv ist. Es ist deshalb falsch, als „auffallendes Charakteristikum" der Gemeinschaftsreklame hervorzuheben, „daß sie auf eine Ware schlechthin aufmerksam machen will, daß sie den Verbraucher nicht mit suggestiver Gewalt zum Kauf einer bestimmten Marke bewegen will, sondern in erster Linie unterrichtet, und zwar über die Eigenarten und Vorzüge der Ware, über ihre Verwendungsweise usw." (**599**, 50). Die Gemeinschaftsreklame will die Verbraucher dazu bewegen, mehr von einer Warengattung zu kaufen als bisher. Es gibt in der Regel keine Vernunftgründe, mehr von irgend etwas zu verbrauchen; der Verbrauch wird, im ganzen genommen, von Antrieben bestimmt, und an sie wendet sich der Reklamist. „Gute Reklame zu machen bedeutet, eine Verbindung zwischen der eigenen Ware und einem Aneignungskomplex im Unterbewußtsein des Kunden zu knüpfen" (**287**, 45). Es gibt jenseits des lebensnotwendigen Minimums von allem keinen vernünftigen Grund, mehr zu verbrauchen oder eine Verbrauchsform einer anderen vorzuziehen. In einzelnen Fällen – zugunsten gewisser Lebensmittel – kann man rationale (hygienische usw.) Gründe anführen; aber wenn man zum Beispiel die Reklame für mehr Obst und Gemüse als an Vernunft und Einsicht gerichtet betrachtet, muß man dann nicht die Gegenreklame der Schlachter für „Eßt mehr Fleisch – Fleisch gibt Kraft!" als vernunftwidrig bezeichnen? In Wirklichkeit ist die erste nicht belehrend, die zweite nicht unvernünftig, sondern beide sind suggestiv. Dem Gartenbau und dem Gemüsehandel ist die Ernährungshygiene der Verbraucher gleichgültig, aber sie wollen ihren Absatz vergrößern. Sie bringen keine hygienischen Gesichtspunkte vor, damit sich der Verbraucher eine Meinung über den relativen Wert der Lebensmittel bilden kann, sondern führen die Motive an, die erwartungsgemäß die Neigung der Kunden, mehr Obst und Gemüse zu verbrauchen, verstärken müssen. Und welche Vernunftgründe lassen sich anführen für „Trinkt deutschen Wein!", „Porzellan ist Kultur!" oder „Sag' es mit Blumen!"? – Im übrigen arbeitet gerade die Gemeinschafts- und Gattungsreklame besonders oft mit Wiederholung von Schlagworten im

Imperativ und ohne Motivangabe. Vershofen klagt geradezu darüber, daß die Gemeinschaftsreklame diese primitive Stufe nicht überwunden habe (**689**, 132).

Es wird eingewandt, viele Reklame enthalte nichts anderes als informative Bestandteile, wie Namen der Ware (der Firma), Verkaufsstätte, Preis usw. Das suggestive Moment kann in dem Falle in der Aufmachung liegen, die die Botschaft auffällig macht oder ihr „Atmosphäre" verleiht; Bank- und Versicherungsreklame enthält oft nur den Namen und die Adresse der Firma, empfängt aber durch das graphische Layout eine Atmosphäre zurückhaltender Solidität, die Vertrauen einflößen soll. Juweliere, Kunst- und Antiquitätenhändler, Highlife-Hoteliers usw. verschicken Reklamebotschaften, die nicht ein suggestives Wort enthalten; die Suggestion geht da von der exklusiv-vornehmen Atmosphäre aus, die die Aufmachung des Inserats schafft. Die wichtigste Form, eine in sich selbst rein informative Botschaft in die andere Dimension emporzuheben, ist jedoch die Wiederholung, die besondere Behandlung verlangt.

MOTIV – ARGUMENT – KURZSCHLUSS. Wir nehmen nun die Frage über human interest und reason-why im Hinblick auf eine eingehendere Kritik wieder auf. Die zwei bilden fast einen direkten Gegensatz. Human interest wird als Appell an die Gefühle, die Gemütsbewegungen oder die Sinne des Konsumenten definiert (**67**, 99), während reason-why argumentierend ist und Argumente sich vermeintlich an die Urteilskraft wenden. – Die Kritik muß sowohl diesem Gegensatz als auch seiner Identifizierung mit „suggestiv-explikativ" und „Kurzschluß-lange Leitung" gelten.

Nimmt man human interest und reason-why in der Bedeutung, daß das erstere sich an Sinne und Gefühle, letzteres sich dagegen an die urteilende Ratio wendet, fällt diese ganz aus unserem Reklamebegriff heraus. Eine Botschaft, die „bewußt zum Vergleich und zur Argumentation einlädt" (**659**, 96) und das ehrlich meint, ist eine Form aufklärender Marktinformation. – Ersetzt man nun „reason-why" durch „explikativ", so wird deutlich, daß man gar nicht an einen Appell an die Urteilskraft denkt, sondern an Anwendung der argumentierenden Form. Natürlich kann man unterscheiden zwischen Reklame, die Gründe anführt, und Reklame, die mit anderen Mitteln arbeitet – zum Beispiel mit dem lakonischen Imperativ; aber dann darf man nicht behaupten, daß Gründe sich zwangsläufig an den Verstand wenden. Die begründende Form und die Hinwendung an den Verstand sind zwei Dinge. – Nimmt man andererseits die Begriffe „Kurzschluß" und „human interest", die dasselbe abdecken sollen, findet man folgendes: Viele Human-interest-Reklame arbeitet mit „Kurzschluß" in dem Sinne, daß sie keine Argumente gebraucht; das gilt zum Beispiel für alle verlockende Darstellung der Ware (in natura oder in effigie) oder für Reklame im Imperativ. Aber überdies findet man Kurzschlußreklame, die sich nicht an Sinne und Gefühle wendet, also außerhalb der Human-interest-Gruppe steht. Ich denke hauptsächlich an die verbalkonfrontierende Wiederholung. Botschaften wie „Carlsberg Bier" oder „OMA Margarine" wenden sich nicht an ein human interest.

Ich behalte den Fachausdruck „Kurzschluß" bei, stelle ihn aber der Motivierung gegenüber. Die letztere umfaßt alle Fälle, in denen die Botschaft durch Betonen überzeugender Gründe zum Geschäftsvorschlag hinlenkt. Kurzschluß liegt dagegen vor, wenn die Reklame den Reklamanden in einem einzigen Schritt zum Reklamat führen soll.

Die motivierende Form ist nicht auf die Anwendung mehr oder minder ausführlicher Begründung begrenzt. Die sprachliche Abfassung ist von untergeordneter Bedeutung; das Entscheidende ist die psychische Wirkungsweise. Man kann mit einem „Weil"- oder „Deshalb"-Satz begründen, aber auch durch eine Beschreibung, die motivbildende Tatsachen nennt; selbst die kürzeste Botschaft kann motivierend sein. „Sie schlafen, während Sie mit dem Schiff fahren" betont ein Faktum, aus dem der Reklamand selbst folgern soll: Dann nehme ich doch lieber das Schiff als den Zug. – Die wichtigsten Formen des Kurzschlusses sind: 1) verführerische Darstellung der Ware selbst; – 2) reine Wiederholungsreklame, auf die wir gleich eingehen werden; – 3) Reklame, die die Ware „ins Schlepptau" nimmt. Die letztere Form kann am besten mit Hilfe eines Beispiels beschrieben werden: Für eine Zigarette wird mit dem Bild eines besonders attraktiven Mädchens geworben; der Reklamist rechnet damit, daß junge Männer ohne Tabaksverstand seine Marke wählen werden, weil deren Name in ihrem Bewußtsein mit der Vorstellung von weiblichem Charme verbunden ist. Während die motivierende Reklame das Reklamat selbst als begehrenswert darzustellen sucht, macht die „Schlepptau"-Reklame einen Umweg. Die Sympathien, die sie weckt, gelten dem Gegenstand der Reklamebotschaft, haben aber nichts mit dem Reklamat selbst zu tun. Aber die angenehmen Vorstellungen, die die Botschaft hervorruft, werden begleitet vom Namen der Ware, und der Reklamist rechnet damit, daß die beiden später im Unterbewußtsein des Reklamanden zusammenfließen werden. – Zum selben Typus muß man das meiste der humoristischen, grotesken und mystifizierenden Reklame zählen, samt Anknüpfung an die Lieblinge des Publikums. „Atmosphäre" in der Reklame wirkt auf ähnliche Weise, wenn sie nicht ein adäquater Ausdruck für das Niveau der Ware ist, sondern darauf aus ist, einen Traum von Vornehmheit hervorzurufen.

Wiederholung und Hochfrequenz. Die Wiederholung nimmt verschiedene Gestalt an. 1) R. Bonner soll Urheber jener Form sein, bei der dieselbe kurze Botschaft als großformatige Annonce oder als Plakatfries auf einem langen Bretterzaun bis ins Unendliche wiederholt wird. Diese mechanische Häufung hat nicht die psychische Wirkung der Wiederholung. Der Reklamand ist nicht mehreren wiederholten Appellen ausgesetzt; er liest die Repetitionen gar nicht. Aber die Häufung selbst versetzt ihm einen optischen Schock. – Das psychologische Wiederholungsprinzip ist wirksam – 2) in fortlaufender Reklame für dasselbe Reklamat oder dieselbe Firma mit verschiedenen Mitteln oder Botschaften; – 3) in Variantenserien oder Kettenannoncen, bei denen die Botschaft im wesentlichen die gleiche ist, aber in wechselnder Form abgefaßt; – 4) in Stereotypserien, in denen dieselbe Botschaft mit Intervallen in identischer Form wiederholt wird.

Eine Botschaft rein informativen Inhalts wird durch Wiederholung suggestiv. Wie läßt es sich mit nur aufklärender Absicht vereinen, daß Reklamekundige die Notwendigkeit ausdauernder und anhaltender Inserierung beteuern? Der Informationszweck ist erreicht, wenn man etwas einmal sagt. Man kann zwar sagen, daß Wiederholung erforderlich sei, weil die erste ausgesandte Botschaft nicht von allen denen, die sie angehe, gelesen werde. Dieses rechtfertigt einige Wiederholungen, aber nicht ein unaufhaltsames Fortfahren. Hall macht einen angestrengten Versuch, Information und Wiederholung miteinander zu versöhnen. Eine Fortführung der Reklame ungefähr 12 Jahre (!!) hindurch ist nach ihm durch das Bestreben gerechtfertigt, mit der Information jeden einzelnen eines gegebenen Kreises von Interessenten zu erreichen. Danach kann man auch nicht aufhören, denn in der Zwischenzeit ist eine neue Generation herangewachsen, die aufs neue der Information bedarf (**259**, 13). Es dürfte jedoch klar sein, daß die neue Generation Reklame zu ihrer Unterrichtung nicht nötig hat, wenn die Ware in der Zwischenzeit eingeführt und für ihre guten Eigenschaften bekannt ist. – Aber alle Reklamanden innerhalb eines Verbreitungsgebietes zu erreichen, ist gar nicht der eigentliche Grund der Wiederholung. Diese wird mit der sogenannten Kumulativwirkung begründet; darunter versteht man, daß die Botschaft das erste Mal, wenn ein Reklamand sie liest oder hört, nicht bis auf den Grund wirkt, aber durch häufige Wiederholung in identischer oder variierter Form eine tiefe Spur in seiner Psyche hinterläßt und eine Vertrautheit mit dem Namen der Ware, ihrer Verwendung usw. schafft. Richardson nennt das in der Informationsterminologie „den graduellen Prozeß, wodurch Schichten der Kenntnis über den Wert des Produkts übereinander im öffentlichen Bewußtsein abgelagert werden, so daß der Eindruck hoher Qualität vertieft wird und ein starkes Vertrauen das Produkt umgibt, das auf diese Weise über die konkurrierenden Marken siegt" (**521**, 20). Hier denkt man also an Wiederholung einer Botschaft, die Motive anführt; die Wiederholung „objektiviert" sie vermutlich im Bewußtsein des Reklamanden und versieht sie mit einer Scheingültigkeit. Sie werden von dem Beeinflußten angenommen, nicht weil er sie durch eigenes Nachdenken bestätigt gefunden hat, sondern weil häufige Wiederholung ihnen eine gewisse Selbstverständlichkeit verliehen hat. Gälte es, den Reklamanden mit Gründen zu überzeugen, so würde es genügen, sie einmal vorzubringen; dann ist er entweder überzeugt oder er läßt sich nicht überzeugen. Die Wiederholung derselben Gründe demselben Publikum gegenüber, um die Wirkung zu „vertiefen", das heißt: dieses zu predigen, ist an sich ein Eingeständnis, daß man nicht überzeugen, sondern überreden will. Die Wirkung wird nicht vom logischen Gewicht der Gründe erwartet, sondern von der psychischen Unterminierung durch die Wiederholung.

Um die spezifische Wirkung der Wiederholung als Kurzschlußreklame zu untersuchen, muß man von einem Extremfall ausgehen, in dem eine Botschaft, die die Ware ohne Begründung nur präsentiert, in Stereotypserie ausgesandt wird („Carlsberg Bier"). Hier ist sie weder ein Appell an Sinne und Gefühle noch an den Verstand (**74**, 69). Die Wiederholung ist das einzige Wirkungsmittel – außer der sparsamen Information, die man beim ersten Mal erhält, wenn man die Botschaft sieht, nämlich, daß es eine Sorte Bier gibt, die „Carlsberg" heißt.

Die Wirkung der Wiederholung erklärt man folgendermaßen: 1) Der erste vage und flüchtige Eindruck der Botschaft wird durch Wiederholung vertieft. – 2) Der Gegensatz zwischen der Identität der Annonce und der Verschiedenheit der sie umgebenden Annoncen weckt Interesse. – 3) Der Leser fragt sich selbst: Wie lange kann der Reklamist wohl weitermachen? (**24**, 53 ff.). Diese Erklärung ist wahrscheinlich verwickelter als die Tatsachen. – Die Wiederholung bewirkt das, was der Behaviorismus eine angelernte Reaktion nennt. Der Reklamand begegnet so oft der Vorstellung von Bier in Verbindung mit dem Namen Carlsberg, daß die beiden in seinem Bewußtsein miteinander verschmelzen, so daß er schließlich ganz mechanisch „Carlsberg" sagt, wenn er an Bier denkt. Die Reklame hat einen „Monideismus" (**451**, 220) erschaffen. „Die psychologische Erklärung liegt in der Assoziationslehre. Physiologisch gesehen, liegt ein Erschöpfungsphänomen vor" (**535**, 5). Die Wiederholung unterminiert allmählich die Widerstandskraft des Reklamanden (**258**, 16 ff.); sie hat eine „Hammerschlagwirkung" (**454**, 11) und wirkt „im allgemeinen verstärkend auf die Gedächtnisspur" (**170**, 10), welche „die Handlungsweise des Käufers im jeweiligen Fall beeinflußt" (**326**, 260). „Der erste Eindruck ist ebenso wie bei den Menschen, die sich täglich nur streifen, nur ein flüchtiger, vorübergehender. Kehrt aber dieselbe Illustration, dasselbe Anzeigenbild in bestimmter Zeitfolge wieder, so ergänzt und verstärkt es den vorhergegangenen Eindruck und macht sich so allmählich dem betreffenden Leser bekannt" (**394**, 60).

Dieser Prozeß entspricht R. Semons Erinnerungstheorie (**615**; **616**), deren Quintessenz folgende ist: Jeder Reiz oder jedes Erlebnis hinterläßt ein Engramm (Spur) in der Psyche. Alle gleichzeitig auf den Organismus wirkenden Reize bilden einen zusammenhängenden Reizkomplex, der eine engraphische (spurlegende) Wirkung besitzt, das heißt: er hinterläßt ein komplexes Gesamtengramm. In diesem Komplex sind die einzelnen engraphischen Elemente miteinander verknüpft. Wird später ein einzelnes Element des Reizkomplexes, das seinerzeit engraphisch wirkte, wiederholt, so wirkt dies ekphorisch (auslösend) auf den gesamten Engrammkomplex. Auslöser können Originalreize oder Erinnerungen sein. Wiederholung desselben Reizkomplexes wirkt nicht allein verstärkend im mechanischen Sinne, sondern „homophon", übereinstimmend und vertiefend. Deshalb haben zehn schwache, aufeinanderfolgende Eindrücke derselben Art größere Wirkung als ein starker Eindruck. – Verschiedene Engrammelemente sind also im Engrammkomplex miteinander verknüpft, und diese latente Verknüpfung wird durch die Auslösung offenbar (**616**, 197, 372). – Die Botschaft „Lösch' den Durst mit Carlsberg!" bildet einen Engrammkomplex, dessen für die Reklame wesentliche Bestandteile die Vorstellung vom Durst und der Name Carlsberg sind. „Carlsberg" ist an „Durst" geknüpft. Die latente und vorläufig schwache Spur wird durch Wiederholung der Botschaft vertieft. Verspürt der Reklamand zu einem späteren Zeitpunkt Durst, so löst dieser Originalreiz den Namen Carlsberg aus. Das Engrammelement Durst wird durch Erinnerung zum ganzen Engrammkomplex „Durst-Carlsberg" ergänzt. (Umgekehrt kann auch der Name Carlsberg Durstempfindungen hervorrufen oder bewußt machen.) Das Engramm hat bei dem Reklamanden eine Reaktionstendenz zugunsten des Reklamats geschaffen. Die Spur wird durch jede dementsprechende Reaktion vertieft. Jedes Mal, wenn der Reklamand ein Carlsberg Bier bestellt, weil er durstig ist, wird das Band zwischen „Durst" und „Carlsberg" enger geknüpft (wenn nicht die erste Erfahrung unbefriedigend war; dann kommt es nicht zu wiederholten positiven Reaktionen). Die Wahrscheinlichkeit, daß Durst den Namen Carlsberg auslöst, wird größer; es tritt eine feste Gewöhnung ein.

Der Wert der Wiederholung wird in der Regel darin gesehen, daß „die Menschen im allgemeinen leichtgläubig sind ... vielleicht nicht beim ersten Mal; aber die Überredung gelingt bestimmt durch Wiederholung. Ausdauer besiegt Widerstand und Gleichgültigkeit" (**499**, 3). – Die Amerikaner haben daran zu glauben gelernt, daß Ivory Seife zu 99 44/100 Prozent rein, White Rock das beste Mineralwasser der Welt sei, es „'There's a Reason'" for Postum gebe und Gillette das Glück der Menschheit vergrößert habe (**502**). So k a n n es zugehen. Aber das reklamepsychologisch Wichtige ist, daß die Wiederholung auch ihre psychom e c h a n i s c h e Wirkung hat, ohne daß die Verbraucher an den Inhalt glauben; darauf beruht der spezifische Wert der Wiederholung für die Reklame und die Möglichkeit reiner H o c h f r e q u e n zreklame. Denn nur, wenn die Botschaft, im ganzen genommen, eine Behauptung aufstellt, kann die Rede davon sein, die Verbraucher zu veranlassen, daran zu glauben. Reine

Hochfrequenzreklame arbeitet mit einer Botschaft, die keinen möglichen Gegenstand, an den der Reklamand glauben könnte, enthält, weil sie nichts behauptet. Die Richtigkeit der Botschaft „OMA Margarine“ kann weder bezweifelt noch geglaubt werden.

Deshalb gibt es manche motivierende Reklame, deren übertriebene Behauptungen die Verbraucher, trotz unendlicher Wiederholungen, niemals für bare Münze nehmen, die aber trotzdem ihre Wirkung tut – nämlich die psychomechanische, die unabhängig von der Ansicht des Reklamanden über den Inhalt der Botschaft eintritt. „Ihre wichtigste Stütze findet sie in einer intellektuellen Widerstandslosigkeit gegenüber oft wiederholten Behauptungen“ (**288**, 224). „Durch die Wiederholung immer desselben Satzes hofft man dem Publikum das Gewünschte zu suggerieren“ (**187**, 273). Epps rührte die Werbetrommel für seinen Kakao „mit den vertrauteren Worten ‚grateful – comforting‘“. Er „hielt das vielleicht für eine sachliche Beschreibung der Ware ..., aber er brachte die Verbraucher kaum dazu, *zu glauben,* daß sein Kakao ‚grateful and comforting‘ sei. Er machte es ihnen nur leicht, sich den Namen zu merken. Andere Inserenten erreichten dasselbe mit weniger Worten: ‚Bennett’s Uhren‘ – ‚Reckitt’s Pariser Wäscheblau‘ – ‚Crosby’s Lindernder Hustensaft‘“ (**535**, 6).

Noch eine andere Legende muß widerlegt werden. Ich habe nicht gezählt, wie viele Bücher über Reklame sich mit den folgenden althergebrachten Sätzen beschäftigen: Beim ersten Mal übersieht man die Anzeige. Beim zweiten Mal bemerkt man sie, aber man liest sie nicht. Beim dritten Mal liest man sie, denkt sich aber nichts dabei. Beim vierten Mal interessiert man sich für den Preis. Beim fünften Mal spricht man mit Freunden über sie. Beim sechsten Mal möchte man einen Versuch machen. Und beim siebenten Mal kauft man. Die Wiederholung erhöht also vermutlich den Aufmerksamkeits- und Interessenwert der Botschaft. Der Unsinn daran ist leicht zu durchschauen. Der Reklamand, der die Anzeige erst sieht, wenn sie bereits zum zweiten Mal in der Zeitung steht, tut das nicht, weil sie schon einmal zuvor dort gestanden hat; einige sehen sie das erste Mal, einige das zweite Mal, einige niemals. Die erste Anzeige hat überhaupt keinen Anteil daran, daß man auf die zweite aufmerksam wird. Die Wiederholung hat insofern nur die streuungstechnische Bedeutung, daß mehrere die Gelegenheit erhalten, die Anzeige zu sehen, wenn sie mehrere Male gedruckt wird, aber die

Wiederholung trägt psychologisch nicht zum Aufmerksamkeitswert der Anzeige dem einzelnen gegenüber bei. Hat der Reklamand die dritte Botschaft der Serie ohne Interesse gelesen, so berührt die vierte ihn auch nicht. Und ein Angebot, das mich das erste, zweite und dritte Mal nicht reizte, wird nicht verlockender, sondern irritierend, wenn ich es zum zehnten Mal sehe. – Das Ganze klingt amüsant, aber es ist unfaßbar, daß diesen „Blödsinn ein guter Kaufmann ausgesprochen haben soll" (**519**, 41). – Andere schreiben der Wiederholung eine Fähigkeit zur fortschreitenden Verdeutlichung des Inhaltes der Botschaft zu. „Die Reklame ... wirkt direkt oder indirekt dadurch, daß sie dem Menschen Denkarbeit erspart und unbewußt Vorstellungen in sein Gehirn einschleichen läßt, die erst ganz vager Natur sind, bei richtig geleiteter, stets wellenförmig immer wieder das Gehirn treffender Dosierung sich mehr und mehr verdichten und konkretere Formen annehmen, bis endlich das Bild des betreffenden Gegenstandes klar zutage tritt" (**265**, 93). Einen solchen Prozeß kann man sich als Folge einer Variantenserie von längeren, motivierenden Botschaften über eine Ware vorstellen, deren Verwendung verwickelt und vielseitig ist; reine Hochfrequenzreklame arbeitet dagegen mit einer Stereotypserie einer Botschaft, deren Knappheit und Klarheit fortschreitende Verdeutlichung ausschließt. „... und dann ein Carlsberg" enthält nichts, das weiterer Vertiefung bedarf. – Münsterbergs Beschreibung der Wirkungsweise der Wiederholung weist fast den gleichen Fehler auf: „Dabei ist das psychologisch Entscheidende nicht so sehr die Wirkung des bloß wiederholten passiven Eindruckes, sondern vielmehr, daß die Wiederholung zunächst die Aufmerksamkeit anstachelt. Wenn wir uns nur passiv verhalten und den zweiten, dritten und vierten Eindruck mit derselben Gleichgültigkeit empfangen würden wie den ersten, könnte die bloße Summation kaum eine große Wirkung erzielen. Aber der zweite Eindruck wird vom Wiedererkennen begleitet und erweckt auf diese Weise Aufmerksamkeit. Nun sind wir dem wiederholten Eindruck gegenüber aktiv eingestellt, der durch diese persönliche Teilnahme sich mit gesteigerter Lebhaftigkeit dem Gedächtnis einprägt" (**466**, 263 f.). – Die Wiederholung scheint mir vielmehr sowohl Aufmerksamkeit als auch Interesse entbehren zu können – ein großer Vorteil zu einer Zeit, zu der der Verbraucher außerordentlich reklamemüde geworden ist. Der von Münsterberg beschriebene Prozeß kann eintreten, wenn die Botschaft etwas enthält, das das Interesse verstärkt; aber der spezifische Wert der Wiederholung liegt vielleicht gerade darin, daß sie außerhalb der aktiven Persönlichkeit wirkt. Sie rechnet damit, daß ein der Reklame überdrüssiges Publikum die Reklame eigentlich nicht beachtet. Das Auge gleitet über sie hinweg. Die Botschaft wäre hier wirkungslos, wenn sie nur einmal ausgesandt würde. Aber jede der Wiederholungen hinterläßt den schwachen Schatten eines Eindrucks; durch die tropfenweise-hochfrequente Wiederholung vertieft sich der Eindruck allmählich, und die Verbindung „Bier-Carlsberg" verwurzelt im Unterbewußtsein. Man hat hier die klassische Reklamewirkung, die desto stärker ist, gerade weil sie das Bewußtsein, wo Widerstand geleistet werden kann, umgeht. Ein Käuferpublikum, das zur bewußten Abneigung gegen die Reklame als Institution gelangt ist, ist deswegen doch dieser Beeinflussung des Unterbewußtseins preisgegeben. Dieser Mechanismus wird durch ganz kurze Botschaften in Gang gesetzt, die unbewußt durch ein Darüberhingleiten aufgenommen werden, ohne eigentlich „gelesen" worden zu sein – eine Warenbezeichnung, ein Name, ein grob konturiertes Bild oder Symbol.

Über den suggestiven Charakter der Hochfrequenzreklame kann so kein Zweifel bestehen. Deshalb trat auch der Gedanke an reason-why in Opposition zu dieser „hypnotischen" Reklame auf.

Bewertung der Hochfrequenzreklame. Die Wiederholung ist schon früh als Reklameprinzip aufgestellt worden. De Girardin empfahl schon vor 1850 Serien von Kleinannoncen (**141**, 197 ff.); Wehle sah im Jahre 1879 die Hauptwirkung der Reklame in dem Zurückkommen auf denselben Gegenstand, in der Wiederholung desselben Themas begründet (**675**, 14). Gladstone soll sich im Jahre 1886 zugunsten der Wiederholungsreklame ausgesprochen haben. Lord Fisher ist Urheber des oft zitierten „Wiederhole! Wiederhole! Wiederhole! Das ist das vorzüglichste Gesetz der Reklame"; das amerikanische National Outdoor Advertising Bureau hat dieses zum Reklameschlagwort „repetition is reputation" umgeformt, und Henius faßt die wiederholte Hinwendung geradezu als Hauptbestandteil seiner Definition der Reklame auf (**542**).

Die Literatur ist sich über die Sache nicht ganz einig. Einige bezeichnen die Wiederholung als die wirkungsvollste Reklameform (**385**, 56; und andere); sie wird geradezu als vertrauenerweckend dargestellt, im

Gegensatz zur Marktschreierreklame, deren Nachfolger sie war (**24**, 54; **77**, 276). Weniger positiv klingt es, wenn die Wiederholung als „eine grobe und teure, aber effektive Methode" (**604**, 11) bezeichnet wird, während ein überzeugter Reason-why-Anhänger sie ganz verwirft, obwohl sie „mit Hilfe bedeutender Summen einen Markennamen künstlich am Leben erhalten kann" (**521**, 37). Man sieht schon daran, daß Modeströmungen die Bewertung beeinflussen. – Münsterberg untersuchte den Wert der Wiederholung experimentell, aber seine Resultate sind wenig wert, weil sie auf unnatürlichen Bedingungen beruhen. Er gab seinen Versuchspersonen 60 Kartonblätter, worauf er zahlreiche Annoncen aus Zeitschriften geklebt hatte – auf einige bis zu 12 Annoncen, verteilt über die 60 Blätter. Die Versuchspersonen blätterten 23 Minuten lang in diesem künstlichen Journal, worauf Münsterberg die Erinnerungsquoten für die Annoncen im Verhältnis zur Anzahl der Wiederholungen feststellte (**466**, 264 ff.). Kein Reklamand ist im wirklichen Leben 12 Wiederholungen derselben Botschaft im Laufe von wenigen Minuten ausgesetzt; die Hochfrequenzwirkung rechnet mit einem ganz anderen Rhythmus. Die Erkenntnis von der Bedeutung der Zeitintervalle liegt einem Versuch zugrunde, eine Kampagne zu arrangieren in Übereinstimmung mit der empirischen Vergessenskurve, die die ersten paar Tage steil abfällt, danach aber viel langsamer. Es wird deshalb empfohlen, sechs Annoncen über einen Monat so zu verteilen, daß sie am 1., 3., 6., 12., 20. und 30. Tag erscheinen (**55**, 91).

Abgesehen von der Frage über den Wert der Wiederholung im allgemeinen, gibt es auch die Alternative zwischen Varianten- und Stereotypserie. Die meisten ziehen die Variation vor, in der Regel mit der Begründung, daß die Wiederholung zwar eine gewisse Intensität gebe, man aber das Käuferpublikum nicht langweilen dürfe. „Das Neue setzt uns in Erstaunen, und das Bekannte zieht uns an. … Deshalb muß eine Annoncenserie gewisse feste und bleibende Bestandteile enthalten, deren Wirkung akkumuliert werden kann; gleichzeitig aber muß es genügend Abwechslung geben, die das Interesse lebendig erhält" (**24**, 55). „Einheit in der Abwechslung, ein ständiges Tropfen, aber jedesmal ein neuer Tropfen, dies ist ein Gesetz für wirkungsvolle Suggestion in der Reklame" (**659**, 120). Das Prinzip ist geradezu als mathematische Formel ausgedrückt: *„Die Verkaufskraft der Reklame variiert mit der Häufigkeit ihrer Wiederholungen und mit der Häufigkeit des Formwechsels ihrer Appelle"* (**86**, 56). Diesen Aussagen gegenüber steht ziemlich allein eine Widerlegung der Variation, weil „jede Unterbrechung der Eintönigkeit die zermalmende Wirkung" (**204**, 68 f.) der Wiederholung ganz bedeutend schwächt. – Die einander widersprechenden Urteile beruhen offenbar auf ungleichen Voraussetzungen; eine differenziertere Bewertung ist deshalb erforderlich.

Die Anhänger der Variation haben innerhalb der Reichweite ihrer Gesichtspunkte sicher Recht; sie denken an Serien mit informativen Botschaften, die dafür berechnet sind, aktives Interesse zu wecken. Identische Wiederholung einer solchen Botschaft würde das Käuferpublikum langweilen. Hier ist Hochfrequenz nicht das eigentliche Wirkungsmittel. Wiederholung und Rhythmus werden nur als Nebenfaktoren ausgenutzt. Eine gewisse Gleichförmigkeit in Aufmachung, Stil und Tonfall soll sich wie ein roter Faden durch die Reklame der Firma ziehen und eine Kontinuität schaffen, die den Reklamanden daran gewöhnt, alle einzelnen Glieder der Serie auf denselben Reklamisten zurückzuführen. Aber dadurch soll nur eine volle Ausnutzung des jeder einzelnen Botschaft innewohnenden Aufmerksamkeits- und Interessenwertes erreicht werden. Die reine Hochfrequenzreklame beruht dagegen auf einem ganz anderen Wirkungsprinzip; sie verzichtet auf Aufmerksamkeit und Interesse und kann deshalb nicht durch Identität langweilen. Sie w i l l geradezu einschläfernd wirken, und d i e s e r Effekt wird durch Abwechslung zerstört.

Ebenso relativ muß die Hochfrequenzreklame im Verhältnis zu anderen Formen, nämlich Marktschreierei, reason-why und human interest, beurteilt werden. Anläufe zu einer solch differenzierenden Bewertung sind gemacht worden mit der Schlußfolgerung, „daß sich die Reklame für Dinge, deren Erwerb in letzter Linie von bestimmten, höher sublimierten persönlichen Veranlagungen und Eigenschaften (ethische Begriffe) abhängig ist, besser und wirkungsvoller durch Ausnützung überzeugender Momente gestalten wird, jene dagegen, die Objekte betrifft, deren Erwerb in atavistisch ererbten Anlagen oder in Eigenschaften (Schwächen), die eine geringere Sublimierung erfahren haben, fußt, durch die Schlagwortreklame in Wort und Bild, die stets behauptender Natur sein soll, zu erreichen sein wird" (**265**, 91). Diese Unterscheidung ist weder klar noch glücklich. Die Argumente sind wahrscheinlich am Platze bei der Reklame für teure Dinge, die der einzelne nur einmal oder in großen Abständen kauft, und dann nach gründlicher Überlegung. Schlagwortreklame wirkt hochfrequent auf das Unterbewußtsein; sie ist deshalb anwendbar bei der Reklame für Waren, die die Verbraucher ohne besonderen Bedacht kaufen – billige Dinge, die periodisch in kurzen Abständen gebraucht werden und bei denen nach einiger Zeit eine Gewöhnung an den Artikel eintritt. Moede hat diesen richtigen Gedanken, verpfuscht ihn aber durch Verwechslung mit einem anderen, der auf einer anderen Ebene liegt; Hochfrequenz ist nach ihm nur bei der Reklame für einfache Ware am Platze, während für Waren von hohem Wert Reklame in motivierender Form gemacht wird (**451**, 220). Zwei Gegensätze, nämlich „teuer – billig" und „einfach – überlegen" kreuzen sich hier. Die Bedeutung des ersteren ist gerade geklärt; der andere spielt eine verwickeltere Rolle. Ist die Ware entschieden besser als andere Ware der gleichen Gattung, ist Argumentation mit ihrem Vorzug m ö g l i c h. Gibt es keinen Rangunterschied, so kann man versuchen, p s y c h o l o g i s c h e Präferenz zu erreichen. Dies kann durch Hochfrequenzreklame geschehen, aber auch durch das, was hier als „Schlepptaureklame" bezeichnet wurde, oder in motivierender Form durch Scheingründe, zum Beispiel durch Aufblasen einer Eigenschaft, die die Ware der Konkurrenten auch besitzt, die hervorzuheben jene aber unterlassen. Auf der anderen Seite kann der Reklamist darauf verzichten, mit wirklichen Vorteilen, die seine Ware besitzt, zu werben, weil er das bloße Einhämmern durch hochfrequente Präsentation für wirkungsvoller hält, zum Beispiel, wenn die Ware so billig ist, daß die Kaufinteressierten keine Lust haben, über deren Anschaffung nachzudenken; Argumentation prallt da an der Gleichgültigkeit ab.

Dazu kommt als wichtigste Beschränkung für Hochfrequenz, daß sie nur auf lange Sicht wirkt und deshalb nur als Goodwillreklame anwendbar ist. Sie wird aus diesem Grunde nur selten im Einzelhandel verwendet, dessen Reklame in der Hauptsache auf unmittelbaren Verkauf abzielt, sondern in großem Stile von der Markenwarenindustrie. Die Glanzzeit der reinen Hochfrequenzreklame fällt mit der ersten Periode der Markenartikel zusammen (**150**, 17 f.), in der innerhalb einer Warengattung eine einzelne Marke der anonymen Gattung gegenüberstand. Hier hat man durchweg billige Artikel, die periodisch in kurzen Abständen gekauft werden (Lebensmittel, Haushalts- und

Kosmetikartikel usw.). Die Marke steht allein oder mit einer oder zwei anderen in Konkurrenz zu der anonymen Warengattung); ihre Sonderstellung beruht auf Namen und Aufmachung. Der Name soll so eng wie möglich an die Vorstellung von der Sorte geknüpft sein, am liebsten bis zu vollständiger Identifizierung. Dies kann durch hochfrequente konfrontierende, eventuell behauptende Schlagwortreklame erreicht werden. Dem entspricht, daß die Blütezeit des Plakats und der dauerhaften Bemalung in diese Periode fiel. Diese Mittel sind besonders gut für die Hochfrequenzreklame geeignet. Man kann sie am besten für die ganz lakonischen, konfrontierenden Botschaften benutzen – oft nur ein Name, ein Bild oder ein Schlagwort – gerade die Formen, derer sich die Hochfrequenzreklame bedient und die sehr rasch erfaßt werden (**265**, 212). Zum anderen haben Plakat und dauerhafte Bemalung den Vorteil, daß sie sich durch Ausstrahlung der Botschaft ins Unendliche wiederholen. „Die Wirkung eines Plakates tritt nicht dadurch ein, dass der Beschauer einen Willen entwickelt, das betreffende Plakat anzusehen, sondern das Plakat wirkt gegen den Willen des Beschauers, ja meistens, ohne dass er sich dessen bewusst wird" (**252**, 12). – Für alle früheren, damals solitären Marken, wurde durch Hochfrequenz und mit reichlicher Verwendung von Plakaten, Giebelreklame und dauerhafter Bemalung entlang der Eisenbahn geworben. Bahnbrecher für die letzteren waren James Gordon Bennett und Chocolat Menier. Als die transsibirische Eisenbahn gebaut wurde (1891–1905), begleiteten Pears' Seifenplakate sie nach und nach durch Asien (**626**, 10).

Für eine Marke, deren Konkurrenten anonyme Fabrikate der gleichen Gattung sind, kann wirkungsvoll mit reiner Hochfrequenztechnik geworben werden. In der zweiten Periode der Markenware, wo mehrere Marken innerhalb einer Warengattung auch gegenseitig wetteifern, büßt die reine Hochfrequenzreklame etwas von ihrer Bedeutung ein. Es wird nun auf jeden Fall sehr kostspielig, eine neue Marke in Konkurrenz zu den schon bestehenden durch Hochfrequenz ohne Angabe von Gründen auf den Markt zu bringen. Die Gewöhnung des Verbrauchers an eine der älteren Marken auf diesem Wege zu brechen, würde eine Streuungsdichte erfordern, die die Frequenz der Reklame aller anderen Konkurrenten überträfe. – Es wird deshalb im Wettbewerb zwischen den Marken rationeller, auch für wohlfeile Ware des täglichen Bedarfs mit Argumenten zu werben. Diese Situation ergab die Urteilsvoraussetzungen für die Reason-why-Anhänger um 1910, aber ihre doktrinäre Bewertung (**521**, 37) übersah, daß die Hochfrequenz ihre Zeit und ihre Mission hatte. – Wieder eine neue Technik ist erforderlich, wenn ein Markt vollständig nach Marken getrennt ist, zwischen denen keine wesentlichen Gattungs- und Qualitätsunterschiede mehr bestehen können. Die Reklame muß nun mit Scheingründen oder mit rein sentimentalen Appellen arbeiten, da die Warenvarianten nicht mehr Anknüpfungspunkte für Argumentation bilden können. Es gilt, „Sonnenschein in das Herz des Publikums zu senden, um es gleichzeitig für eine neue Leberwurst oder dergleichen ‚zu begeistern'" (**188**, 17). Das Reason-why-Dogma wird vom Human-interest-Evangelium abgelöst. – Aber auch nach der umfangreichen Differenzierung hat die Hochfrequenzreklame jetzt noch ihr besonderes Gebiet; sie ist dort brauchbar und wird dort angewandt, wo Motive entbehrlich sind – hauptsächlich in der mahnenden und sich an die Erinnerung wendenden Reklame für gut eingeführte Markenwaren (**169**, 13).

VERSTANDESREKLAME (REASON-WHY). Innerhalb der motivierenden Reklame gibt es nach einer verbreiteten Auffassung zwei Formen. Die eine wendet sich an Gefühle, Instinkte und Triebe; man gesteht ein, daß diese Human-interest-Reklame in der Regel suggestiv sei. Die andere Form, die Reason-why-Reklame, wendet sich vermeintlich an den kritisch urteilenden Verstand.

Die Gefühlsreklame wird empfohlen für 1) Artikel mit Luxus- und Eitelkeitscharakter, – 2) Artikel für die Wohnung, hauptsächlich solche, die zur Gemütlichkeit beitragen, – 3) Artikel, die Sicherheit geben oder das Leben verlängern, – 4) die meisten Nahrungs- und Genußmittel, – 5) Geschenkartikel (**659**, 208 f.; **294**, 245 f.). Von der Verstandesreklame wird dagegen behauptet, daß sie die richtige Form sei für 1) Produktionsmittel, – 2) Baumaterialien, – 3) Zubehör, – 4) Fälle, in denen die Konkurrenz stark ist, – 5) Bankreklame (**659**, 187 f.); oder – nach einer anderen Quelle – 1) als Einführungsreklame für neue Artikel oder Artikelvarianten, – 2) für relativ bedeutende Einkäufe, – 3) wenn der Artikel entschiedene Vorteile gegenüber dem konkurrierenden Artikel aufweist, – 4) wenn der Artikel der gleiche wie der des Konkurrenten ist, diese es aber unterlassen, allgemeine Gattungseigenschaften hervorzuheben, – 5) als wirkungsvolle

Form für Schmeichelei, weil die Käufer gern glauben möchten, daß sie bei ihrem Einkauf rationalen Gründen folgen (**605**, 75 ff.; **606**, 95).

Diese Regeln sind von zweifelhaftem Wert. Richtigerweise muß nicht-motivierende, reine Hochfrequenzreklame begrenzt werden auf billige Ware des täglichen Bedarfs, über deren Einkauf die Käufer nicht viel nachdenken mögen; die rein psychomechanische Wirkung der Reklame entspricht da dem mechanischen Verlauf des Einkaufsprozesses selbst. Richtig ist ferner, daß eine gefühlsbetonte Botschaft, die sich an Fachleute wendet, in der Reklame schlecht angebracht ist. Der Grund dafür liegt teils in der Sachkenntnis des Käufers, die als Gegenmittel gegen Suggestion wirkt, teils darin, daß diese Dinge für rationelle Zwecke gekauft werden, nicht als Gebrauchsartikel zur Deckung eines triebbestimmten Bedarfs. – Darüber hinaus ist es kaum möglich, feste Regeln aufzustellen. Es ist nicht einmal wahr, daß für teure Waren mit Verstandesgründen geworben werden muß. „Einige gehen soweit, eine feste Grenze bei 1.000 $ ziehen zu wollen ... Da die meisten Automobile in der Regel (im Jahre 1912) über 1.000 $ kosten, dürfte es klar sein, daß sie stets aus Vernunftgründen gekauft werden" (**621**, 72). In Wirklichkeit werden sie gekauft, weil sich Familien auf eine Osterreise im eigenen Automobil freuen. Die Chalmers Motor Car Company hat seit 1910 alle ihre Automobile mit phantasiebetonter Reklame der Art verkauft (**621**, 73 ff.), die Goode als *„Sell the Effect-of-the-Effect"* (**244**, 62) bezeichnet.

Der Unterschied zwischen Gefühls- und Verstandesreklame ist, im ganzen genommen, problematisch und die Abgrenzung ziemlich willkürlich (**659**, 186). Eine Begründung, richtiger gesagt, Beweggründe, werden in der Regel auch in der Gefühlsreklame angeführt, und Motivierung als sprachliche Form bedeutet bei weitem nicht, daß man sich an den Verstand des Reklamanden wendet. „Argumente ... sind auch in der Reklame nur Hilfsmittel, die Gelegenheit schaffen sollen, suggestive Kräfte für das Unterbewußtsein der Verbraucher eindrucksfähig werden zu lassen" (**150**, 27 f.). Weitaus die meisten Botschaften, die Reason-why-Form haben, sind in Wirklichkeit suggestiv; ihre Gründe taugen nicht als Argumente in einer rationalen Überlegung und sind auch nicht als solche gemeint; sie sind als Motive für trieb- und gefühlsbestimmte Willensbildung gedacht. Der suggestive Bestandteil ist auch in mancher scheinbar rein technisch argumentierenden Reklame vorhanden; man denke an die mit technischen Ausdrücken überladene Automobilreklame oder an die „dramatisierenden Statistiken“ (**90**, 97), mit denen manche Reklame arbeitet. Die Argumente sind da, aber die Art und Weise, worauf sie gründen, und etwas zwischen den Zeilen wirken suggestiv und verschaffen ihnen Gehör. „Human interest ist die starke Stütze für die Wirkung der Reason-why-Botschaft“ (**659**, 225). Pottier formuliert zugespitzter: „Es macht sich bezahlt, seine Reklame mit Argumenten auszuschmücken“ (sic!) (**499**, 11). Die Beweisführung wird also nicht um des logischen Gewichts willen verwendet, sondern als psychotaktisches Mittel. „Suggestion soll nicht der Beweisführung untergeordnet werden, sondern durch sie ergänzt werden“ (**604**, 83). Die Suggestion ist die Hauptsache und die Gründe dienen nur als Verstärkung. „Schon zur Verschleierung der Suggestion wird sich eine gleichzeitige Heranziehung von Beweisen stets empfehlen“ (**216**, 174). „Sowohl das Herz als auch der Verstand sind Wege zum Bewußtsein – und das Herz ist allgemein der wichtigere Weg“ (**427**, **VI**, 7). „Auf jeden Fall enthält praktisch alle Reklame einen Appell an die Gefühle, zum mindesten zwischen den Zeilen“ (**300**, 140).

Argumentierende Reklame wird, wie erwähnt, unter anderem in der Form empfohlen, daß man Eigenschaften hervorhebt, die die Ware der Konkurrenten auch besitzt, auf die diese in ihrer Reklame aber nicht hinweisen. Für eine antiseptische Zahnpasta kann man zum Beispiel mit der Selbstverständlichkeit werben, daß sie auch zwischen und hinter den Zähnen wirkt – was jedes Antiseptikum tut. Diese Art wird ganz unbefangen als Verstandesreklame bezeichnet (**605**, 83; **606**, 95). – Als ein Grund, mit Verstandesreklame zu arbeiten, wird auch schlichtweg genannt, daß „die Leute gern glauben wollen, beim Kauf ihrer Vernunft zu folgen“ (**605**, 83). Viele Käufer fühlen sich geschmeichelt, „wenn man ihr Wissen überbewertet und gerade dadurch können oft technisch und wissenschaftlich klingende Phrasen (sic!) eine gute Reklamewirkung ausüben“ (**495**, 347). Im selben Kapitel findet man ein paar grelle Beispiele dafür. Eine Wandreklame in der New Yorker Subway lautete so: „Milch ist eine Emulsion. N. N.-Emulsion ist 550mal feiner emulgiert als Milch und enthält achtmal soviel Fett wie die beste Milch. Aus diesem Grund bezeichnen Ärzte und Apotheker überall in den USA N. N. als die feinste Emulsion. Sie schmeckt angenehm … und erhält und fördert die Gesundheit.“ – 107 zufällige Fahrgäste der Subway wurden gefragt: 1) Was ist eine Emulsion? – 2) Was bedeutet „550mal feiner emulgiert als Milch“ für

Sie? – 3) Warum ist Milch eine Emulsion? – 4) Wodurch erhält und fördert N. N.-Emulsion die Gesundheit? – 46 Prozent der Befragten ahnten vage, daß Emulsion „etwas mit Fett" sei, 30 Prozent glaubten, daß „550mal feiner emulgiert" dasselbe sei wie „550mal besser als Milch" – hier wirkte also die potentielle Unwahrhaftigkeit des Reklamisten ganz nach Wunsch; 64 Prozent glaubten, daß N. N.-Emulsion die Gesundheit fördere, weil es 550mal besser sei als Milch, was 24 Prozent angaben (**495**, 338 f.). Pseudowissenschaftliche Gründe werden hier benutzt, um desto leichter durch Hinlenken zu einem Fehlschluß eine Suggestion ausüben zu können. – Gillette machte im Jahre 1921 Reklame für einen Rasierapparat neuer Konstruktion mit technischen Diagrammen und Fachausdrücken wie „Gelenkkopf", „überhängende Kappe", „Gleitschutz" und „doppelte Flexion", wodurch das Blatt mit einer mikrometrischen Genauigkeit von 1/1000 Zoll eingestellt werden könnte. 57 College-Studenten beantworteten nach gründlichem Lesen des Inserats sieben Fragen im Hinblick auf den neuen Apparat. Keiner von ihnen hatte ein Wort der technischen Erklärung verstanden, keiner konnte eine halbwegs vernünftige Begründung für die Überlegenheit des neuen Apparates geben – aber alle waren davon überzeugt, daß er besser sei als die alte Konstruktion, und waren bereit, den doppelten Preis dafür zu bezahlen (**495**, 545 ff.). Die Suggestion liegt da schlechthin in der rationalen Begründung selbst, die nicht verstanden wird und überzeugt, sondern dem Leser imponieren und ihm Sand in die Augen streuen soll. Dasselbe ist der Fall, wenn die Reklame über Eigenschaften berichtet, die die Ware wirklich besitzt, die aber ohne Bedeutung für ihren Gebrauchswert sind.

Eine besondere Form ist die r a t i o n a l i s i e r e n d e Reklame, gelegentlich als selbständiger dritter Typus, neben der Suggestions- und Verstandesreklame, aufgestellt (**74**, 96); sie kommt einer allgemeinen Tendenz bei den Käufern entgegen, die gern ihre Wünsche oder ihre trieb- und gefühlsbestimmten Handlungen mit Scheinbegründungen (Ideologien) überdecken. Diesen Ideologisierungsdrang kann die Reklame ausnutzen. Sie weckt zunächst durch Appell an den Instinkt den Wunsch des Käufers, das Produkt zu besitzen, und gibt ihm danach Scheingründe, mit denen er vor sich selbst und anderen den Kauf rechtfertigen kann (**90**, 108 f.; **74**, 101). Oder die Reklame baut auf ohnehin bestehende Wünsche und versieht den Käufer mit einer rationalen Begründung für die Befolgung seiner Wünsche. „Scheinbare Gründe sind in Wirklichkeit nur Vorwände“ (**376**, 23), die „den Käufer darin bestärken, das zu tun, was er am liebsten mag“ (**300**, 119 f.). Ein klassisches Exempel dafür ist folgendes: Das Büropersonal soll nicht während der Arbeitszeit essen. Die kalifornischen Obstfarmer warben für ihre Rosinen in Zwergpackungen, indem sie sie als eisenhaltige Lebensmittel bezeichneten, die die Arbeitsfähigkeit steigern – worauf das Personal in der Arbeitszeit Rosinen essen und obendrein dem Arbeitgeber sagen konnte, daß dies in seinem eigenen Interesse sei. Andere Beispiele sind die Betonung des Nährwertes von Bier, Reklame für Halbpornographie als exklusive Kunst und ähnliches. – Für den Kaffee-Ersatz „Postum“ war jahrelang mit Warnungen vor der Gesundheitsschädlichkeit des Kaffees geworben worden. Die Käufer fanden zwar, daß Kaffee besser schmecke, aber die gesundheitlichen Argumente machten Eindruck. Es wirkte geradezu wie eine Befreiung, als die Kaffeebranche Postum mit medizinischen Äußerungen über den gesundheitlichen Nutzen mäßigen Kaffeegenusses bekämpfte.

Der Verstand – der Gegenspieler der Suggestion. Adams schrieb im Jahre 1884: „Die ‚Verkaufsrhetorik‘ blüht weiter, obwohl ich die Konsumenten nicht begreifen kann, die sich immer noch von ihr betören lassen“ (**3**, 192). Wities glaubt, die Erklärung gefunden zu haben (**699**, 154). Ihm zufolge kann die Frage sich nur aus dem Aberglauben heraus erheben, daß alles Tun und Lassen der Menschen normalerweise durch richtige Urteile und vernünftige Einsichten geleitet und bestimmt wird. Aber der Wille wird nur zum einen Teil von der Vernunft gelenkt, es spielen noch andere selbständige Motivationsquellen eine Rolle, nämlich Sinnlichkeit und intellektuelle Rezeption. Die Reklame wirkt auf diesem letzteren Wege. Die übernommenen fremden Vorstellungen haben bis zu einem gewissen Grade ihr eigenes Leben, unabhängig von unserem Denken. Ein fremder, unter günstigen Bedingungen aufgenommener Gedankeninhalt verwurzelt in der Psyche, ohne daß der Verstand sein Urteil über diesen Inhalt abgibt. Dieses Zugangs bedient sich die Reklame. Es ist von untergeordneter Bedeutung, ob unser selbständig reflektierender und urteilender Verstand den Versprechungen und Beteuerungen der Reklame vertraut; die Reklame kann diesen Glauben kaum erzwingen, selbst wenn sie möglicherweise die Wahrheit sagt. Vorgebrachte Behauptungen können in den Vorstellungsvorrat der Verbraucher Eingang finden, ohne Glauben hervorzurufen. Die Reklame hat die beabsichtigte Wirkung, obwohl die Verbraucher deren eigennützigen

Zweck durchschauen und obwohl sie teils deshalb, teils auf Grund von Erfahrungen mißtrauisch sind und zweifeln. Die Wirkung der Reklame besteht nicht darin, daß es gelingt, ihm den Glauben an die zu Reklamezwecken vorgebrachten Behauptungen zu suggerieren; dieser Glaube ist in der Regel nicht vorhanden. Die Verbraucher handeln entsprechend der Reklame, ohne an sie zu glauben, weil diese – unabhängig von der Verstandestätigkeit – den Impuls, so zu handeln, einzuimpfen vermag.

Es ist viel Richtiges in diesem Gedankengang, aber die Unabhängigkeit der Reklame vom Glauben an ihre Behauptungen ist übertrieben. So ist es in der reinen Hochfrequenzreklame durch verbale oder bildliche Präsentation, die gar keine motivierenden Behauptungen aufstellt, oder in der Reklame, deren Klischeephrasen („das Beste“, „das Billigste“ usw.) jeglichen Inhalt verloren haben, so daß sie nur durch Hochfrequenz wirken. Wities legt denn auch besonderes Gewicht auf die Wiederholung als Methode (**699**, 142). Die Schwäche in seiner Darlegung ist, daß er nur mit unmittelbarer Verkaufsreklame rechnet, wo die Kunden ohne weitere Überlegung nach der Botschaft h a n d e l n; nur hier gelingt es der Reklame „dass ihre Einflüsse unmittelbar die Handlungen der Menschen determinieren und die ruhige Überlegung und richtige Einsicht machtlos und unwirksam machen“ (**699**, 144), nur hier „übt die Vorstellung ihre dynamisch-impulsive Kraft aus“ (**606**, 46 ff.). Motivierende Goodwillreklame wirkt anders. Sie suggeriert nicht unmittelbar eine Handlung, sondern Eindrücke, Vorstellungen, Werturteile. Hier haben der Glaube an die Behauptungen der Reklame und der Verstand als Gegenspieler der Suggestion ihre Bedeutung, und die Lage wird verwickelter, als Wities sie sieht.

Die Reklame wirkt zum Beispiel nicht, wenn der Inhalt der Botschaft mit dem Fachwissen oder der speziellen Erfahrung des Reklamanden im Widerspruch steht. Wenn er als Arzt über die Ursachen des Haarausfalls Bescheid weiß, ist er immun gegen die Versprechungen der Haarwasserreklame in dieser Richtung. Wenn er einmal einen Versuch mit einer Ware gemacht und herausgefunden hat, daß ihr die gepriesenen guten Eigenschaften fehlen oder daß sie andere schlechte Eigenschaften besitzt, fällt er nicht mehr auf d i e s e Reklame herein. Unwissenheit über die Sache ist ein guter Resonanzboden für motivierende Reklame; der Reklamand ist dann für die nächstbeste einigermaßen einleuchtende Erklärung zugänglich. Er wird sie nicht schlichtweg glauben; aber zwischen positivem Glauben und direkter Ablehnung liegt die für die Reklame wichtige Zwischenstufe, die man hypothetischen Glauben nennen kann. Der Reklamand ist in Ermangelung eigenen Wissens und ohne Möglichkeit, die Behauptungen der Reklame zu widerlegen, bereit, sie als möglicherweise richtig anzusehen. Dieses genügt, ihn bei gegebener Gelegenheit einen Versuch mit der Ware machen zu lassen, namentlich, wenn die bisher verwendete entsprechende Ware ihn nicht ganz zufriedenstellte. Der Ausgang des Versuches wird dann entscheidend für sein künftiges Verhältnis zur Ware. Ist sie offenkundig schlechter als andere Ware derselben Gattung, wendet er sich ab. Andererseits gilt aber auch: **„Die Kraft der Suggestion wird in dem Maße zunehmen, als sich die suggerierte Eigenschaft bewahrheitet"** (**385**, 74). Suggerierter Glaube weicht dann einem praktischen Erfahrungsurteil. Der Reklamand macht in der Regel einen Versuch, weil er – obwohl zweifelnd – endlich eine Ware mit den versprochenen Eigenschaften zu finden hofft. Diese Hoffnung wirkt als Voreinstellung zugunsten der Ware. Da wir uns ungern an der Nase herumgeführt fühlen, unterstützt unser Versuch mit der Ware geradezu aktiv die Suggestion, deren Opfer wir geworden sind. Die vage Hoffnung, daß sich die Behauptung der Reklame bestätige, bewirkt im Bewußtsein des Reklamanden eine Verlagerung der Beweislast. Solange er inaktiv beim hypothetischen Glauben stehenbleibt, muß das Reklamat seine Überlegenheit beweisen; ist er zur Handlung übergegangen und der Reklame erlegen, möchte er gern deren Behauptung bestätigt sehen, wenn die Ware sie nicht einfach widerlegt. Nun spielt in der Aussage der Reklame über die Ware in der Regel das subjektive Urteil eine große Rolle; an objektiven Maßstäben fehlt es im allgemeinen. Die vage Hoffnung wirkt dann im Bewußtsein des Reklamanden zugunsten des Reklamats, bis das Gegenteil bewiesen ist. Er will, wenn irgend möglich, aus Selbstachtung seine Erfahrung mit der Ware zu deren Gunsten auslegen. Hier hat man den oft hervorgehobenen Fall, daß die Reklame selbst die subjektive Befriedigung des Reklamanden vergrößert.

Hypothetischer Glaube wird durch zwei Faktoren verstärkt. Der eine kann der Wunsch des Reklamanden sein, eine Ware mit den versprochenen Eigenschaften zu finden. Der Wunsch ist der Vater des Gedankens; der Reklamand steht zweifelnd, aber erwartungsvoll den Behauptungen gegenüber, die mit seinen Wünschen übereinstimmen.

Der Reklamist kann das mit Hilfe psychologischer Verbraucheranalyse ausnutzen. Er kann wirklich herstellen, was der Verbraucher sich lange gewünscht hat – oder in seiner Reklame andeuten, daß die Ware mehr als die bisher bekannte diesen Wünschen entspricht. Das letztere allein genügt, um der Botschaft ein gutes Echo zu gewährleisten und der Ware eine Chance zu geben. Der Reklamand s u c h t die gewünschte und versprochene Eigenschaft in der Ware und ist deshalb mehr darauf eingestellt, sie zu finden, als sie zu vermissen. Entzieht sich die versprochene Eigenschaft der objektiven Messung, wird er sie subjektiv entdecken. Die Ware entspricht zwar nicht vollständig den Versprechungen, aber das entschuldigt er damit, daß die Reklame immer übertreibe; etwas Wahres sei aber daran ...– Der andere Faktor, der den hypothetischen Glauben unterstützt, steht ganz unter der Kontrolle des Reklamisten; ich meine psychotaktische Selektion und Differenzierung, die Anpassung der Botschaft an die Mentalität des Reklamanden. Eine Botschaft, deren ganze Tonart und Aufmachung – vom Inhalt abgesehen – ich als geistesverwandt empfinde, weckt meine Sympathie, und diese vergrößert meine Empfänglichkeit für den Inhalt.

Allgemeines Mißtrauen gegenüber der Reklame als Institution verhindert in diesem Falle nicht die Wirkung der einzelnen Reklame. Diese Abneigung ist rein theoretisch und hat als solche, im ganzen genommen, eine geringe Bedeutung zu einer Zeit, zu der für alle Ware Reklame gemacht wird, so daß man nicht durch Kauf einer anderen Ware die Reklame boykottieren kann. Prinzipielles Mißtrauen erschwert die Suggestion, verhindert aber nicht ihre Wirkung. Besonders die Anknüpfung an bewußte oder unbewußte Wünsche macht den Reklamanden gewillt, die Möglichkeit einer Ausnahme einzuräumen. „Die Reklame lügt – aber sie lügt mehr oder weniger – vielleicht ist dies einer der weniger grellen Fälle – man kann es ja versuchen.“ – Es gibt übrigens besondere Mittel, um den prinzipiellen Widerstand gegen die Reklame zu überwinden. Die Suggestion wird zum Beispiel so angewandt, daß der Reklamand den Suggestionsversuch nicht merkt und später den Ursprung der ihm eingeimpften Vorstellung vergißt. Manche würden niemals Ware kaufen, für die Reklame gemacht wird, wenn sie sich darüber im klaren wären, daß sie sie nur durch Reklame kennengelernt haben; haben sie diese dagegen als Ursprung vergessen, so sind sie bereit, die Ware zu kaufen (**604**, 84 f., 146). Der Reklamist soll sich also nicht aufdrängen, sondern sich einschleichen, zum Beispiel durch indirekte Suggestion. – Je heftiger sich der Gegner der Reklame weigert, die Oberflächenbehauptungen der Botschaft anzunehmen, desto größer ist die Wahrscheinlichkeit, daß er unbewußt Opfer der zwischen den Zeilen verborgenen Suggestion (psychoanalytische Reklame) wird. – Die Suggestionsabsicht kann durch scheinbares Appellieren an die unfehlbare Urteilskraft des Reklamanden verschleiert werden. „Sie selbst sind der kompetente Beurteiler ..." „Der sichere Sinn der dänischen Hausfrauen für Qualität ist unser bester Schutz gegen Nachahmungen" und ähnliches. Oder man bringt unverständliche technische Argumente vor, die suggestiv wirken, weil sie so wissenschaftlich klingen. – Diese Methode der Entwaffnung wird auch in der Propaganda für die Reklame angewandt; deshalb die bekannte Schmeichelei in der Reklameliteratur, daß „logische Beweisführung die einzige Möglichkeit einer Bevölkerung gegenüber ist, deren Aufgeklärtheit und Intelligenz den jetzigen Stand erreicht hat" (**535**, 122; und andere). – Endlich gibt es die plumpe Methode, in der Botschaft abzustreiten, daß man Reklame macht, um auf diese Weise den Eindruck zu erwecken, daß man in der Verurteilung der Reklame an der Seite des Reklamanden stehe. „Wir können billig verkaufen, weil wir die Ware nicht mit Werbekosten belasten." Es ist etwas Wahres daran, daß die wirkungsvollste Reklame einem bestimmten Typus Verbraucher gegenüber die wäre, keine Reklame zu machen. Es müßte eine Möglichkeit geben, aller Welt zu verkünden, daß man nicht die Werbetrommel rühre (**202**, 189; **480**).

Wenn wir nun zur Rolle des Verstandes im Reklameprozeß kommen, müssen wir davon ausgehen, daß Meinungs- und Willensbildung zwar nicht ausschließlich unter der Kontrolle des Verstandes stehen, der Verstand aber doch daran beteiligt ist. Auch normale Menschen sind – in verschiedenem Grade – beeinflußbar. Aber die Suggestion trifft auf gewisse Hemmnisse in der Psyche; diese gehen von der Abneigung des Empfängers gegen den Suggestionsinhalt oder gegen den Suggestor oder von einer Suggestion in entgegengesetzter Richtung oder endlich vom kritischen Verstand aus. Das Resultat hängt vom Kräfteverhältnis zwischen Suggestion und Hemmung ab. Die Suggerierbarkeit des Käufers ist, so gesehen, unter sonst gleichen Bedingungen, um so geringer, je ausgeprägter seine dauernde oder augenblickliche logisch-kritische Haltung ist.

Menschen, in deren Dasein das Rationale eine große Rolle spielt – was nicht unbedingt überlegene Begabung bedeutet –, sind schwieriger zu suggerieren als trieb- oder gefühlsbestimmte Naturen. Die logisch-kritische Grundhaltung zeigt sich in einer tiefen Skepsis allen Behauptungen und Aussagen gegenüber, die von anderer Seite kommen. Diese Skepsis ist von ganz anderer Art als der genannte allgemeine Widerstand gegen die Reklame. Der letztere ist ein passives Mißtrauen, während es sich hier um aktive Kritik handelt. Der intellektuelle Typus empfängt jeden von außen kommenden Gedanken in kritischer Haltung. Im Gegensatz zu anderen, die einleuchtenden Behauptungen eine hypothetische Gültigkeit einräumen, bis sie widerlegt sind, weist die logisch-kritische Natur fremde Behauptungen ab, bis sie entweder sich durch eigene Überlegung von deren Richtigkeit überzeugt hat oder sie sich von zuverlässiger fachlicher Seite hat bestätigen lassen. Auf jeden Fall wird der fremde Gedanke gewohnheitsmäßig zum Gegenstand des Räsonnements – und dies ist an sich nachteilig für die suggestive Wirkung, da Überlegung eine aktive Funktion ist, die ihrer eigenen Linie folgt, während die Suggestion am besten gelingt, wenn sich der Empfänger in einer psychisch entspannten, passiven Haltung befindet, wo der Suggestor den weiteren Verlauf der Vorstellungen beeinflussen kann.

Was im allgemeinen für den rational-intellektuellen Typus gilt, das gilt im einzelnen für jede Person, die sich in dem Augenblick, da sie die Reklamebotschaft aufnimmt, nachdenklich verhält. Dieselbe Person ist in den einzelnen Augenblicken ihres Lebens in verschiedenem Grade beeinflußbar, und es kommt für den Reklamisten darauf an, die Situationen zu erfassen, wo die Suggerierbarkeit verhältnismäßig groß ist. Dies pflegt er durch psychotaktische Augenblicksselektion oder „Synchronisation" (**69**, 51) der Reklame zu tun. Der Widerstand gegen die Suggestion ist groß, wenn das logisch-kritische Denken beim Reklamanden eingesetzt hat. – Eine Kritik der Verstandesreklame hat hier ihren Ausgangspunkt.

Reaktion auf reason-why. Die begründende Reklame, die kurz nach 1900 blühte, ja den Reklamestil beherrschte, fand schon 1900 scharfe Kritiker und Gegner, die teilweise so weit gingen, sie als eine Manie zu bezeichnen (**621**, 49). Hinter dieser Kritik liegt folgender Gedankengang: Die Wirkung der Reklame beruht auf Suggestion. Die Beeinflußbarkeit des Reklamanden ist am größten in Situationen, wo seine logisch-kritischen Eigenschaften ruhen und in denen der Reklamist deshalb durch seine Botschaft eine in großen Zügen vorausberechnete Kette von Vorstellungen auslösen kann, die zum Reklamat hinführen. Die Botschaft soll den Reklamanden am liebsten in Passivität antreffen und erst am Schluß der Botschaft eine suggestionskontrollierte Aktivität (Kaufimpuls) auslösen. Befindet sich der Reklamand in geistiger Aktivität, so hat der Reklamist keine Kontrolle über die Folge von Vorstellungen, die sich einstellen. Die Botschaft kann selbst das passive oder das aktive Verhalten begünstigen. Sie kann zum Beispiel ein Vorgefühl des Behagens heraufbeschwören als einen Faden, der unter der Kontrolle des Reklamisten fortgesponnen werden kann, um dadurch gute Bedingungen für die letzte Suggestion zum Kauf zu schaffen. Die Anführung sachlicher Gründe versetzt den Reklamanden dagegen in einen Zustand des Nachdenkens, ruft seine logisch-kritischen Eigenschaften hervor und läßt sie wirksam werden und führt dadurch gerade den Gemütszustand herbei, der für die suggestive Wirkung besonders ungünstig ist.

Schon im Jahre 1825 wurde in einem englischen Zeitungsartikel über Reklame folgendes geäußert: „Judgment must be passed, not pray'd for" (zitiert nach **513**, 39). Die moderne Kritik der Verstandesreklame macht zum Teil geltend, daß diese ein unnötiger und kostspieliger Umweg sei und „vergißt, daß das Herz ... schneller reagiert als der Verstand" (**427**, **VII**, 8), das Reason-why-Prinzip „hatte seine Berechtigung, wurde aber leicht übertrieben. Der Verbraucher kann gelegentlich überredet und überzeugt werden, aber in der Regel kauft er, weil der Impuls dazu ihn im richtigen Moment trifft" (**608**, 175). Eine radikalere Kritik wird von Bechterew unterstützt, der sagt, daß man „unter Suggestion gewöhnlich nicht eine Einwirkung der Gesamtheit der Aussenbedingungen versteht, sondern eine solche von Person auf Person, die durch passive Perzeption vor sich geht, also unabhängig von der Beteiligung des persönlichen Bewusstseins oder des ‚Ich' des Subjekts zum Unterschied von jener anderen Art von Wirkungen, die unter Vermittlung aktiver Aufmerksamkeit und Beteiligung des persönlichen Bewusstseins sich vollziehen und die in logischer Überzeugung mit sich daraus ergebender Entwicklung bestimmter Anschauungen besteht" (**39**, 14). Darin liegt das Risiko der (pseudo-)logisch begründenden Reklame. Der größte Nachteil bei jedem Versuch, durch Argumente Einfluß auf die Konsumenten auszuüben, ist gerade der, daß das Argument sie dazu veranlaßt, sich die Sache zu überlegen, anstatt sie zum letzten entscheidenden Schritt – dem Kauf – zu drängen (**606**, 28). Das Geheimnis der Reklame liegt doch darin, eine kontrollierte Vorstellungskette zu beginnen, die zum beabsichtigten Werturteil über das Reklamat oder zum Einkauf führt. Dieses kann erreicht werden, wenn man durch feinberechnete, psychotaktische Mittel die Einbildungskraft weckt. „Damit hindert man das Bewußtsein daran, durch den Verstand und den Willen zu wirken" (**287**, 45 f.). „Begründungen laden dagegen zum Vergleich und zur Überlegung ein" (**659**, 96), und man weiß niemals, wo dieser aktive psychische Prozeß hinführen wird. Der Reklamist ist dann nicht Herr über die Reihenfolge der Vorstellungen, die beim Reklamanden auftauchen. „Es gilt schlechthin, um jede Überlegung zu verhindern, das vom Verstand bestimmte Verhalten abzuschwächen und alle Gehirntätigkeit zu unterdrücken" (**234**, 58 f.). „Jedes Argument, das man anführt, beschwört mit denkpsychologischer Notwendigkeit Gegenargumente herauf" (**287**, 14). „Abstrakte, vergleichende Gedankengänge lähmen die Entschlossenheit, verursachen ein Zaudern oder große Zweifel" (**621**, 49). „Aber – informieren Sie nicht – um Himmelswillen nicht! – rein sachlich!" (**291**, 33).

Einige drücken ihre Bedenken besonders im Hinblick auf die Konkurrenz aus; Argumente werden ja oft in offener oder versteckter Polemik gegen konkurrierende Ware gebraucht. „Vergleich und verstandesmäßige Kritik deuten unterschwellig an, daß es viele Wege zur Befriedigung des Wunsches gibt, und dies muß vermieden werden" (**366**, 109). „Jede Wahl ist mit Überlegung verbunden, die den Impuls zum Handeln hemmt" (**366**, 103). „Besonders bedeutsam ist hier, daß durch Überlegung stets eine Menge von selbständigen Gedankengängen auftaucht, da es in der Natur dieses Vorganges liegt, daß die Aufmerksamkeit nie für lange auf einen Punkt konzentriert werden kann. Jeder Vergleich beeinträchtigt die schnelle Wirkung eines Reklamemittels, und gerade das gewollte Erinnern an die Konkurrenz ist gefährlich" (**216**, 134). Überlegungen müssen deshalb mit allen Mitteln bekämpft werden. Der Verbraucher soll von der einen suggerierten Vorstellung gefangengenommen sein. Alle anderen störenden Vorstellungen müssen herausgehalten werden; ja, der Reklamand darf auch nicht auf den psychischen Prozeß, der in ihm selbst vor sich geht, aufmerksam werden. – „Gründe dürfen niemals als Stoff kritischer Erwägung vorgebracht werden, ... sondern nur, um den Käufer zum Kauf zu bewegen" (**342**, 157), eventuell als „Widerlegung jedes möglichen bewußten Gegenargumentes, mit dem man von seiten des Lesers der Reklame rechnet" (**287**, 45 f.). Damit sind wir wieder bei der zuvor aufgestellten These, die Begründung sei keine selbständige Reklamemethode, sondern ein psychotaktischer Schachzug im Dienste der suggestiven Reklame. Die Reason-why-Reklame arbeitet mit Begründungen, ist aber keine Verstandesreklame. Gründe werden nicht zur logischen Beweisführung angeführt oder als Anregung zum selbständigen Überlegen, sondern als vorausberechnete Glieder einer Vorstellungskette, suggestiv so geplant, daß der Verstand des Reklamanden nicht ausbrechen und seine eigenen Wege gehen kann. Die geistige Trägheit der Mehrheit ist eine gute Garantie dafür, daß Argumente sie nicht zu kritischen Überlegungen herausfordern können.

SUGGESTION IST LEGITIM. Es gibt Anlaß zu unterstreichen, daß die Betonung „des suggestiven Charakters der Reklame nicht die Ehre des Verkäufers angreift" (**68**, 5). Suggestion hat nämlich nicht direkt etwas mit der Ehrlichkeit der Reklame zu tun. Eine rein informative Botschaft kann unwahr sein, und eine suggestive Botschaft kann mit der Wahrheit übereinstimmen. Ein Reklamebild zeigt zum Beispiel die Ware in vornehmer Atmosphäre. Auch wenn Qualität und Stil der Ware der Atmosphäre der Reklame entsprechen, ändert es doch nichts daran, daß die Reklame ein suggestives Mittel ist. Manche Botschaften liegen übrigens ganz außerhalb der Reichweite des Wahrheitsbegriffes. „Benutzen Sie N. N. als Waschmittel!" ist eine Aufforderung – also weder wahr noch unwahr. Nur eine Reklame, die mit Behauptungen und Begründungen arbeitet, kann verdächtigt werden, unwahrhaftig zu sein.

Ein besonderer Zusammenhang zwischen Suggestion und Wahrhaftigkeit besteht in zwei Richtungen. Erstens ist es in suggestiver Form leichter, andere dazu zu bringen, eine Lüge für bare Münze zu nehmen, als in nüchtern mitteilender Form. Zweitens hat der Suggestor die Möglichkeit, im Geiste zu lügen, ohne es tatsächlich zu tun. Er kann seine Aussagen so zurechtlegen, daß sie nach seiner Berechnung einen bestimmten (unrichtigen) Eindruck erwecken müssen, sich nachher aber darauf berufen, daß er nicht ein unwahres Wort gesagt habe, und alle Verantwortung dafür, daß die Kunden ihn „mißverstanden" haben, von sich weisen. Reklame tut das oft genug; das Niederträchtige liegt hier nicht in der Suggestion, sondern in der Art, wie sie angewandt wird.

Von einem rationalistischen Gesichtspunkt aus wird die Suggestion selbst als Methode angegriffen. Es wird als unredlich angesehen, die Suggerierbarkeit der Menschen zum eigenen Vorteil auszunutzen. Dieser Standpunkt ist nur haltbar, wenn man davon ausgeht, daß Entschlüsse und Meinungsbildung normalerweise Resultate verstandesmäßiger Überlegung sind. In Wirklichkeit spielen Gefühls- und Triebmotive eine große Rolle – und folglich auch die Suggestion (**646**, 13 ff.). Dieses gilt hauptsächlich für Entschlüsse, die die Bedarfsbefriedigung betreffen, und rührt teils daher, daß Bedarf und Verbrauch nicht verstandes-, sondern vitalitätsbestimmt sind, teils liegt es daran, daß dem Verbraucher die Sachkenntnis für eine rationale Beurteilung fehlt, welche Ware die meisten Vorteile hat. „Die Menschen denken weniger, als man glaubt. Es wäre deshalb sinnlos, wenn der Inserent an derart wenig entwickelte Geistesgaben appellieren würde" (**621**, 47). „In allen Fragen des Einkaufes ist die Urteilskraft ein schwaches Instrument" (**234**, 46). Auch der von Reklame unbeeinflußte Käufer würde nicht rational handeln, denn auch er „ist alles andere als ein rationales Wesen" (**170**, 123). Ohne Reklame würde er seinen eigenen irrationalen Beweggründen folgen. Die Reklame setzt das irrationale Marktverhalten voraus, aber sie führt es nicht herbei. Sieht man es, im ganzen genommen, als zulässig an, daß der Verkäufer sich wegen seiner Ware an den Verbraucher wendet, so wird auch die Suggestion als die Methode, die Trieben und Gefühlen gegenüber wirkt, legitimiert.

Man kann natürlich einen so extremen Standpunkt einnehmen wie den folgenden: „Hier will der Konkurrent auf das Urteil des Kunden nicht nur durch seine Leistungen wirken, sondern strebt, ihn auf andere Weise für sich einzunehmen, indem er dessen selbständiges Denken, die eigene Ueberzeugungs- und Entschlußfähigkeit möglichst auszuschalten sucht, indem er zwangsweise die von ihm beabsichtigten Vorstellungsweisen und Gefühlstöne im anderen zu erwecken trachtet, indem er diesem mit einem Wort den Kauf ‚suggeriert'." Das Sonderbare ist, daß einige von diesem Gesichtpunkt aus die Reklame verurteilen (**594**; **632**, 310), aber nicht die Ideenpropaganda, die doch nicht weniger suggestiv ist. Massen suggestiver Anstöße dringen von allen Seiten auf uns ein, und unsere

Entschlüsse sind überall davon mitbestimmt. Ich kann nicht einsehen, warum dieselbe Psychotaktik von seiten des Verkäufers weniger moralisch sein soll als von seiten des Politikers. Daß der Verkäufer daran verdient, ist kein Grund dafür, einen Unterschied zu machen, denn auch der Politiker handelt im eigenen Interesse. Suggestion ist auf jeden Fall in der Reklame, der es nur um die Brieftasche geht, weniger gefährlich. Eine ganz andere Sache ist es, daß größere geistige Selbständigkeit und weniger Fremdsuggestion wünschenswert wären. Eine Besserung in solcher Hinsicht kann jedoch nicht durch Moralisieren den Suggestoren gegenüber erreicht werden, sondern durch Immunisierung der Opfer. Darüber mehr im abschließenden Kapitel.

Die Wahrhaftigkeit der Reklame

Die Flegeljahre der Reklame. Neuere Literatur verherrlicht den Fortschritt von der Marktschreierei der 1860er Jahre bis zur aufrichtigen Reklame der Gegenwart. Ein begeisterter Apostel bezeichnete sie sogar als „Kunst, die Wahrheit ansprechend auszudrücken" (**401**, 130). Ein anderer meint, daß „Inserenten, die früher die Leute ausbeuteten, heute mehr und mehr zu Gönnern der Gesellschaft würden" (**608**, 407). Welche Prahlerei!

Das Verhältnis der älteren Reklame zur Wahrheit ist nicht vieler Worte wert. Ihre Skandalchronik ist geschrieben (**136**; **319**; **442**; **185**). Die erste Blütezeit der Reklame war ja an den Arzneimittelhandel geknüpft, dessen Unehrlichkeit klassischen Ruf hatte (**50**; **373**; **119**, 121 ff.; und andere). Das Wort „Reklame" selbst war lange gleichbedeutend mit Schwindel, Lüge und Prellerei. All dies soll nun vorbei sein. Laßt uns die Sache ohne Vorurteil und Unwillen betrachten!

Seriöse Reklamisten. Die Reklame als Ganzes ist entschieden respektabler geworden, als sie es vor 100 Jahren war. Der Hauptgrund dafür ist, daß die Reklamisten zum Teil anderen Berufskreisen angehören. Früher waren es, mit wenigen Ausnahmen, Quacksalber, Elixierfabrikanten und andere Schwindler; danach die gerissenen Abenteurer des Geschäftslebens, die sich mehr durch Pfiffigkeit als durch Solidität auszeichneten. Da gab es die englische Lotteriereklame, die Investitionsreklame der amerikanischen Eisenbahn- und Minengesellschaften, die Finanzreklame der deutschen Gründerzeit. Damals lag die Reklame unter der Würde des soliden Kaufmannes. Der schlechte Ruf des Warenhauses rührte teilweise daher, daß es die erste reklameintensive Einzelhandelsform war. Jetzt gibt es praktisch kein Unternehmen mehr, das nicht Reklame macht. Und da man kaum die gesamte Geschäftswelt als Schwindler bezeichnen kann, kann man auch nicht die Reklame im allgemeinen als Betrug verdammen.

Aber man soll uns auch nicht weismachen, die Verkäufer seien ein Engelchor und die Reklame die Fackel der Wahrheit. Sie kann nicht ehrlicher sein, als es die Menschen durchschnittlich sind, denn es sind Menschen, die sie machen. „Für die Reklame gilt ebenfalls der Leitsatz: ‚Der Zweck heiligt die Mittel'" (**282**, 11). „Die Yankee-Methoden ... sind geschmacklos und unsauber. Aber sie führen zum Ziele!" (**91**, 18). Ich ziehe solche zynischen, offenen Worte den Beteuerungen von der Ehrlichkeit der modernen Reklame vor. Die offenkundige Unwahrheit in dieser Generalisierung kann nur der in gewisser Hinsicht gerechten Sache der Reklame schaden.

Die Reklame verurteilt ihre Vergangenheit – und verherrlicht ihre Gegenwart. Ein amerikanisches Werk von 1897 gibt mehrere hundert Äußerungen von Geschäftsleuten über die Reklame wieder; mehr als die Hälfte davon hebt als goldene Regel hervor, die Reklame müsse die Wahrheit sagen (**202**, 43 ff.). Ein Optimist meint im Jahre 1898: „Die meiste Reklame sagt heutzutage die Wahrheit. ... Früher pflegte sie mehr oder minder zu übertreiben" (**619**, 189 f.). Im Jahre 1903 hören wir: „Die Reklame war vor zwanzig Jahren lügenhaft und prahlerisch ... – aber nun ist sie wahrhaftig" (**481**, 111). Es scheint jedoch keine große Bewandtnis mit der Wahrhaftigkeit um 1900 gehabt zu haben, da ein amerikanischer Zeitungsverleger, der Bescheid wissen muß, uns mit vielen Geschichten über Schwindelreklame aus den ersten zehn Jahren des Jahrhunderts ergötzen kann (**657**, 198 ff.), und ein anderer im Jahre 1906 davon überzeugt ist, daß der größte Teil der Investitionsreklame der Gegenwart betrügerisch sei (**11**, 53 f.). Agnew beteuert im Jahre 1926: „Was immer man auch über die Reklame von vor zehn oder zwanzig Jahren denken mag, sicher ist, daß heute Ehrlichkeit und Aufrichtigkeit ihre beiden Grundpfeiler sind" (**7**, 31), und French gibt im selben Jahr eine rosige Schilderung der ehrlichen Reklame (**212**, 306 ff.), hebt es aber doch als einen der inneren Widersprüche unserer Zeit hervor, daß die Warenhausreklame immer noch die „potentielle Unwahrheit" (**212**, 312) zu sagen pflege. Etwa um dieselbe Zeit erinnert Poffenberger daran, daß die Amerikaner jährlich viele Millionen durch Schwindelreklame für Wertpapiere verlieren und daß „alle Warnungen vergebens sind" (**495**, 541), weil sie glauben, die Reklame müsse mystische Quellen haben. – Deutsche Reklame wird schon im Jahre 1914 wegen ihrer unbedingten Wahrhaftigkeit gelobt (**355**, V); während Bluff und Schwindel in den USA herrschen, bediene sich deutsche Reklame „des wissenschaftlichen und empirischen Zeugnisses“ (**279**, 7). Aber der Nationalsozialismus hielt 20 Jahre später „nur negative Feststellungen“ des „‚wertfreien‘ Liberalismus“ über die Reklame, „die als Grenze des Erlaubten galten“ (**548**, 77), für unzureichend und fand reichlich Anlaß zum Einschreiten gegen unlautere Reklame. – Es liegt eine gewisse Komik darin, daß die unwahrhaftige Reklame immer der Vergangenheit anzugehören scheint; und wenn allmählich die Gegenwart zur Vergangenheit wird, kann es sich die Werbebranche erlauben, auf den weniger ausgeprägten Sinn für Ehrlichkeit bei ihren Vorvätern herabzusehen, um die Gegenwart davon abzuheben. Es wird der Reklame unserer Zeit nicht besser ergehen. Es gibt immer noch Quacksalberei und dunkle Geschäfte. Noch im Jahre 1937 verkündete man, daß die Reklame zwischen zwei Dingen wählen könne –: ob sie sich freiwillig an die Wahrheit halten oder durch das Gesetz dazu gezwungen werden wolle (**645**, 35 f.). Das ist ein Eingeständnis, daß sie im Jahre 1937 noch unaufrichtig war, und eine Anspielung darauf, daß man durch eine Selbstdisziplin, die Minimalforderungen erfülle, einem rechtlichen Zwang zu – wirklicher Aufrichtigkeit entgehen könne. – Juristische Fachliteratur über die Reklame gibt durch Beispiele und Gerichtsentscheidungen ein niederschmetterndes Bild davon, welche undurchsichtigen Tricks selbst angesehene Firmen anwenden – und wie milde die Rechtspflege sie betrachtet, namentlich, wenn nicht ein Konkurrent, sondern der Konsument geschädigt wird (**191**).

Die Bewegung für ehrliche Reklame. „Truth-in-Advertising“ wurde als Losung der Associated Advertising Clubs of the World auf dem Wembley-Kongreß 1924 verkündet. Aber die Bewegung hat eine lange Vorgeschichte (**212**, 123 ff.). Die ersten Anzeichen erschienen in den 1890er Jahren (**202**, 43 ff.). Unter den Fachleuten war Wanamakers Werbeberater, J. E. Powers, ein Vorkämpfer. J. A. Thayer übte als Werbechef für *Ladies' Home Journal* und *The Delineator* seit 1892 Annoncenzensur für die Blätter aus. Auf seine Veranlassung wies *The Delineator* seit 1899 „nicht allein Arzneimittel- und andere anstößige Annoncen, sondern ebenfalls alle extravagant abgefaßten Annoncen“ (**657**, 195) ab. Die Associated Advertising Clubs of America beschlossen im Jahre 1906, „betrügerische Unternehmungen und deren Urheber zu entlarven“ und errichteten 1913 als ersten Schritt zu einer standesautonomen Reklamepolizei ein Aufsichtskomitee, das jetzige Better Business Bureau. Am 8. Oktober

1902 hielt Thayer im New Yorker Sphinx Club den Vortrag „Darf ein Zeitungsverleger betrügerische und verwerfliche Annoncen annehmen?" (**657**, 198). Das Thema stand also intern noch in Fragezeichen, während die Reklameliteratur nach außen verkündete, daß Bluff und Schwindel ausgerottet seien. – Die Advertising Federation of America nahm auf ihrem Kongreß in Boston im Jahre 1936 einen Moralkodex an, der Aufrichtigkeit (sincerity) in der Reklame forderte – ganz offenbar als eine Forderung gemeint, die über das schon anerkannte „truth" hinausging; der Unterschied ist kaum unmittelbar einleuchtend für den, der einen weniger verklausulierten Wahrheitsbegriff gewohnt ist. Der neue Kodex ächtete 1) unwahre Behauptungen und irreführende Übertreibungen (gibt es andere?), – 2) indirekte Falschdarstellungen, – 3) Verletzungen des Anstandes, – 4) irreführende Preisangaben, – 5) pseudowissenschaftliche Reklame, – 6) irreführende Käuferurteile. – Wenn es mehr als schöne Worte gewesen wären, würde die Reklame von 1942 anders aussehen, als sie es tatsächlich tut.

Eine moralische Errungenschaft oder eine neue Psychotechnik? Amerikaner und Deutsche werten – von sehr unterschiedlichen Ideologien aus – die Wahrhaftigkeit in der Reklame als eine ethische Errungenschaft. „Der ursprüngliche Zweck der Reklame war Profit, ... aber eine wachsende Anzahl von Geschäftsleuten ist nun eifriger bestrebt, die Kunden zufriedenzustellen, als Profit aus ihnen zu ziehen" (**455**, 359). Wenn sie nicht auf Profit aus sind – wovon leben sie dann? Andere räumen ein: „Sehr vieles von dem, was gemeinhin Moral betitelt wird, ist nichts weiter als eine klügere Erfolgstechnik" (**662**, 14). Russell findet freundliche Worte für die truth-advertiser seines Landes: „Nach englischer Art sprechen sie nicht über moralische Skrupel; sie würden vor Scham erröten, wenn man sie beim Moralisieren ertappte" (**535**, 23 f.). French sagt unverblümt: „Der Kern der Reklamemoral ist: ‚Sei aufrichtig und du wirst mehr verdienen!'" (**211**, 68).

Das psychologische Gesetz der Reklame erfordert von Zeit zu Zeit neue Wirkungsmittel, weil die alten abgenutzt sind. So gesehen, ist Wahrhaftigkeit in der Reklame eine neue Taktik, angewandt nicht um der Tugend, sondern um des Vorteils willen. „Geschäftsleute, die ohne Erfolg alle anderen Methoden versucht haben, werden ein paar Experimente mit der neuen Tugend – der Wahrhaftigkeit – sowohl interessant als auch profitabel finden" (**521**, 287). Erst als die Hilfsquellen des Schwindels versiegt waren, kam man auf den Gedanken, es mit Ehrlichkeit zu versuchen. Die Sinne der Verbraucher waren abgestumpft gegen Geschrei und Prahlerei – ein einziger kleiner Schritt weiter mußte ins Groteske führen. Selbst diese Möglichkeit wurde ausgenutzt. Der Reklamist versuchte, die Sympathie der Verbraucher durch Lachen über die Übertreibungen anderer oder sogar über seine eigenen zu gewinnen. – Sind Lüge und Prahlerei bis zum Äußersten getrieben worden und droht die Reklame „an sich selbst zugrunde" (**386**, 7) zu gehen, so schlägt man die entgegengesetzte Bahn ein. J. E. Powers sah als erster in den USA die Chance in der brutalen Offenheit. Seine Pioniertat war ein Inserat für eine Partie unverkäuflicher schlechter Regenmäntel; er bezeichnete sie zum Entsetzen seiner Kunden in der Annonce als „Schundware", aber sie sollten auch nicht mehr als 2 Dollar kosten – und waren an einem Vormittag verkauft (**298**, 67). „Ein Teil des Erfolges ist dabei auf die Überraschung des Kunden zu schreiben, der auf alles gefaßt war, nur nicht darauf, die Wahrheit zu hören, und daher überhaupt nichts mehr zu antworten wußte" (**260**, 3). – R. Tilton begann seine Reorganisation des Warenhauses Carson, Pirie, Scott & Company in Chicago mit einer Annonce, in der er die Öffentlichkeit bat, „die bisherige prahlerische Reklame zu entschuldigen. Sie habe die Käufer nicht irreführen sollen, sondern habe einer beklagenswerten Branchengewohnheit entsprochen. Man beabsichtige, künftig die ungeschminkte Wahrheit über die Artikel zu sagen … und rechne damit, daß die Öffentlichkeit das anerkennen werde" (**241**, 36). Die Umkehr zu ehrlicher Reklame wird hier von einem Seitenhieb auf die Konkurrenz begleitet.

Verteidigung gegen die Schmutzkonkurrenz. Solide Firmen konnten die Reklame nicht auf dieselbe Weise anwenden wie die smarten Abenteurer des Barnumismus. Der Unterschied zwischen LEO's pharmazeutischer Reklame und dem Quacksalber-Ballyhoo der 1830er Jahre entspricht dem Rangunterschied zwischen Magnyltabletten und einem Wunderelixier. Die Reklame repräsentiert Firma und Ware; eine achtbare Firma kann in der Reklame für ehrliche Ware sich nicht zu Marktschreierei und Bluff herablassen. Diese Anstands- und Prestigerücksichten empfand man jedoch bald als Handicap im Wettbewerb mit den ruchlosen Mitteln, deren Anwendung sich die Hechte im Karpfenteich des Geschäftslebens erlauben konnten. Die respektable Geschäftswelt hatte früher ihre Stellung auf dem Markt dadurch abgegrenzt, daß sie keine Reklame machte; als man sich dann dazu bequemen mußte, auch Reklame zu machen, war man durch das Handicap der Ehrbarkeit den alten Reklamemachern unterlegen. Die Bewegung für ehrliche Reklame ist, so gesehen, eine gemeinsame Verteidigungsaktion. Als einzelnem drohte einem, durch die geschmacklosen Methoden der Schmutzpropaganda aus dem Rennen geworfen zu werden oder sie selbst anwenden zu müssen und auf dasselbe Niveau herabzusinken. In Gemeinschaft konnte man dagegen, indem man ehrliche Reklame machte, eine neue Grenze zwischen dem Achtbaren und dem Undurchsichtigen ziehen – sowohl in der Ware als auch in der Reklame. „Ehrliche Reklame" ist ein Kartell derjenigen, die ehrliche Ware durch verhältnismäßig anständige Reklame verkaufen wollen, gegen jene, die ihr Geld „ehrlich für Lügen und Reklame" ausgaben, „um noch mehr zu verkaufen" (**687**, 199).

Raubbau und intensive Marktpflege. Noch ein anderer konkurrenzpolitischer Gesichtspunkt spielt hinein. „Ehrliche Reklame" war nicht allein eine Verteidigung gegen Schmutzkonkurrenz, sondern auch eine regulierende Übereinkunft zum Abstellen gegenseitiger Cut-throat-Konkurrenz. In dieser Hinsicht bildet die Bewegung ein Glied in einer Reihe anderer Maßnahmen zur Umgestaltung der Konkurrenz. Namentlich die Übertreibung wird von diesem Gesichtspunkt aus bekämpft. Ebenso wie man sich unter scharfer Preiskonkurrenz gegenseitig ohne Rücksicht auf die Herstellungskosten für solide Ware unterbot, so suchte man sich in der Reklame mit Worten zu überbieten. Der „Konkurrenzkampf" reizt „den Empfehlenden zum Übertreiben, den Übertreibenden zum Schwindeln" (**26**, 5). Grand-Carteret schildert diesen Wettstreit der Superlative zwischen den Fassadenschildern der Warenhäuser (**248**, 120). Die Übertreibung blühte hauptsächlich in vergleichender Reklame, und diese hat ihren Platz in der reinen Preiskonkurrenz, wo jeder die anderen durch quantitative Leistung zu besiegen sucht. Versprechen andere „top-quality at rock-bottom prices", kann ich das Käuferpublikum nur mit „ultra paramount quality at sub-cellar prices" locken – oder ich eröffne einen Non-profit-Shop.

Diese Form der Kampfreklame tritt in den Schatten, als allmählich die Gattungskonkurrenz vordringt. Jeder Konkurrent sucht da mit seiner Ware eine Sonderstellung einzunehmen und diese abzugrenzen, so daß sie für graduelle Konkurrenz unangreifbar wird. Die Reklame gibt deshalb den Vergleich mit konkurrierender Ware auf und kann in dem Bestreben, die besonderen Vorzüge der Ware hervorzuheben, würdiger und geschmackvoller sein. Insofern kann man sagen: „Die Tage der Superlative sind vorbei" (**156**, 112); „sie sind abgenutzt und aufgegeben worden" (**535**, 137). Aber das gilt nur, soweit die graduelle Konkurrenz von der Gattungskonkurrenz abgelöst ist. Überall dort, wo die erste Form weiterbesteht, blüht die Übertreibung nach wie vor (**249**, 143 ff.), namentlich in der Warenhausreklame (**212**, 312). Stil und Tonfall sind geändert, die Tendenz ist dieselbe. Ja, selbst die alten grellen Formen werden verteidigt, „da der kleinere Geschäftsmann sich nur durch Marktschreierei unter so vielen Konkurrenten bemerkbar machen kann" (**299**, 6). Man braucht nur einen Blick auf die Mustersammlungen von Annoncenphrasen zu werfen, die einige Werbekataloge auftischen (**123**, 119 f., 141 ff.; **299**, 12 ff.; **159**, 471 ff.; **424**, 202 ff.; und andere); sie strotzen von Vergleich, Eigenlob und Superlativen – nur in mehr indirekten und deshalb weniger aufdringlichen Wendungen. Schreibt ein Warenhaus, „Everybody Buys Here", „so ist das eine eindeutige Lüge, denn wenn es wahr wäre, bräuchte man es nicht zu sagen" (**202**, 587). Diese Erkenntnis von 1897 hindert die dänischen Geschäftsleute von 1942 nicht daran, die gleiche Schablone zu benutzen. „Kaufen Sie Strümpfe bei ..., das tut fast jeder" (Aarhus). – „Weitaus die meisten ziehen es vor, bei ... zu kaufen" (Odense). – „Die meisten gehen zu ..." (Odense). – „Immer mehr gehen in die ...-straße" (Kopenhagen).

Es ist ein naiver Versuch gemacht worden, den Fortschritt der Reklame zu größerer Wahrhaftigkeit nachzuweisen. Es wurde nämlich gezählt, wie viele Annoncen in drei amerikanischen Periodica in der Zeit von 1900–1919 Superlative enthielten, und das Resultat wurde als ein Diagramm wiedergegeben (**342**, 193), das einen Rückgang der Superlativannoncen von 25 Prozent bis auf knapp 2 Prozent in dieser Zeit zeigt. Der Verfasser sieht selbst ein, daß die Häufigkeit der Superlative nicht der einzige Maßstab für Wahrhaftigkeit ist. Aber auch im Hinblick auf die Übertreibung als einfache Form der Lüge ist die Methode untauglich und das Resultat wertlos. Gemessen (und meßbar) ist nur die Verwendung g r a m m a t i s c h e r Superlative; aber es gibt B e d e u t u n g s superlative in anderer grammatischer Form, und dann können Superlativvorstellungen ohne sprachliche Übertreibung irgendwelcher Art hervorgerufen werden. Wenn die Untersuchung überhaupt etwas beweisen kann, so ist es nur, daß die Reklame gelernt hat, mit mehr Geschmack und Geschick zu lügen.

Ein großer Teil der Reklame hat Prahlerei und Marktschreierei aufgegeben. So gesehen, ist anständige Reklame nur eine Seite beim Übergang der kapitalistischen Wirtschaft von der Pionierzeit des Marktraubbaus zu planmäßig-schonender Marktpflege; eine neue Methode, die auf die Dauer größeren Gewinn verspricht – nicht die Folge eines geschärften Gewissens.

ZWANG ZUR EHRLICHKEIT? „Die Reklame zwingt zur Ehrlichkeit, denn unehrliche Reklame kann sich nicht bezahlt machen …" Diese Weise singt man in allen Tonarten. „Die Moralität der Reklame ist eine Geschäftsnotwendigkeit und – um es paradox zu sagen – ohne moralische Bedeutung" (**211**, 64). Es ist eines der Verdienste der Reklame um die Gesellschaft, daß sie den Verkäufer „zu kaufmännischer Ehrlichkeit zwingt" (**285**, 37; und andere), die sie zu **„einer Frage der Selbsterhaltung"** (**239**, 8) gemacht hat. „Ehrlichkeit ist der einzige sichere Weg; die Inserenten haben das verstanden und gelernt, danach zu handeln" (**212**, 155). Daran erkennt man die Überlegenheit der Reklame älteren Verkaufsmethoden gegenüber, wo dem Schwindel die Strafe auf dem Fuße folgte. Der Gesellschaft ist mit der Wahrhaftigkeit gut gedient, egal, ob sie von ethischen oder egoistischen Beweggründen beim einzelnen herrührt. Ich kann jedoch nicht einsehen, wieso ein großer Unterschied zwischen der Wirkung der Unehrlichkeit bei Reklame und beim persönlichen Verkauf bestehen soll. In beiden Fällen kommt es in erster Linie darauf an, ob die Unehrlichkeit so deutlich ist, daß man sie sofort aufdeckt. In diesem Falle werden die Käufer nach dem ersten Versuch fortbleiben, sowohl bei dem Verkäufer, der Reklame macht, als auch bei jenem, der keine macht. Der Unterschied ist nur, daß sowohl der erste Zustrom als auch der Rückgang in größerem Stile vor sich geht, wenn für die Ware Reklame gemacht wird.

Eine kritische Untersuchung muß zwei Dinge berücksichtigen, nämlich 1) Ist unehrliche Reklame wirkungslos? – 2) Sind ehrlicher Handel und wahrhaftige Reklame identisch?

Ist unehrliche Reklame wirkungslos? Man sagt, unehrliche Reklame treffe den Urheber selbst. „Jedes Mal, wenn Du einen Käufer zum Narren gehalten hast, hast Du etwas von Deinem Markt verloren" (**535**, 21). Das stimmt, wie gesagt, in einem gewissen Umfange – nicht im Hinblick auf die Reklame im besonderen, sondern für den Verkauf im allgemeinen. Die Geschäftsleute beteuern ein ums andere Mal, daß nur Reklame für hochwertige Ware sich bezahlt machen könne (**202**, 43–228; **626**); das Thema wird so ausgiebig variiert, daß man dessen müde wird. Abraham Lincoln wird als Kronzeuge bemüht: „Alle kann man einmal betrügen, einige kann man dauernd betrügen; aber man kann nicht alle dauernd betrügen" (**7**, 31). Ehrlichkeit ist danach in Reklame erforderlich, die dauernden Goodwill schaffen will – aber nicht unmittelbaren Absatz. „Artikel des täglichen Bedarfs, für die Reklame gemacht wird, schützen den Konsumenten vor schlechter Qualität", während „die Versprechungen der Reklame dort genaue Kontrolle erfordern, wo der Verkäufer nur mit einem einmaligen Einkauf eines Luxusartikels pro Konsument rechnet" (**521**, 66). Noch im Jahre 1930, als „Ehrliche Reklame" allgemein anerkannt war, wurde Vorsicht eingeschärft, hauptsächlich der Investitions- und Arzneimittelreklame gegenüber (**18**, 27). – Ein schlauer Quacksalber, nennen wir ihn Smith, entdeckte übrigens ein nettes kleines Schlupfloch in Lincolns Gesetz über die Grenzen des Schwindels. Er war als Betrüger entlarvt worden, und Tausende von Opfern reute der Dollar, den sie für gefärbtes Saftwasser „gegen Lungenleiden" ausgegeben hatten. Alles, was Smith benötigte, war seine Versandliste und ein neuer Firmenname. Als Brown schrieb er an alle verärgerten Kunden von Smith folgenden Brief: „Wir erfahren zu unserem Bedauern, daß Ihre Gutgläubigkeit von der Schwindelfirma Smith, auf deren Methoden wir seit langem ein Auge gehabt haben, mißbraucht worden ist. Wie Sie sind wir darüber entrüstet, daß die Behörden diesen dunklen Geschäften nicht rechtzeitig einen Riegel vorgeschoben haben. Wir erlauben uns, Ihre Aufmerksamkeit auf unser einzigartiges, anerkanntes Bronchipur zu lenken. Der Preis beträgt 2 Dollar." – Und dann erhielten die Käufer eine Flasche von anderer Form mit grünem statt mit rotem Saftwasser. – Derselbe Trick kann nämlich zwar nur einmal von demselben Verkäufer angewandt werden, aber es gibt viele, die ein zweites Mal auf denselben Trick hereinfallen, wenn ein anderer Verkäufer den ersten aussticht.

Ein Manufakturwarenhändler in Philadelphia baute sein Geschäft auf der zweiten Käuferkategorie Lincolns auf. Er machte für schlechte Ware Reklame mit augenfälligen Lügen. Wanamaker fragte ihn einmal, wie sich das bezahlt machen könne. Es war ein einfaches Rechenexempel: „Jeder zehnte Amerikaner ist ein Dummkopf. Das sind hunderttausend unter der Million, die hier in der Stadt wohnt. Kann ich ein Zehntel von ihnen erfassen, habe ich zehntausend Kunden – das ist ein Markt, mit dem ich zufrieden sein kann." – Es ist immer noch Geld mit unehrlicher Reklame zu verdienen. Es kommt nur darauf an, wie lange man die Sache in Gang halten kann.

Auf keinen Fall kann bewiesen werden, daß unehrliche Reklame dem Geschäft mehr schadet als Unehrlichkeit ohne Reklame. Der Verkäufer verscherzt sich in beiden Fällen das Vertrauen des Käufers. Ein Moment spricht sogar dafür, daß das Risiko für den Verkäufer, der keine Reklame macht, größer ist. Die Reklame wird auf dem anonymen Markt angewandt, während der Verkäufer, der keine Reklame macht, auf einen Kreis namentlich bekannter Kunden setzt. Das Verscheuchen von potentiellen Käufern durch unzufriedene frühere Käufer geht wahrscheinlich recht schnell vor sich auf einem begrenzten Sondermarkt, wo viele potentielle Käufer sich gegenseitig kennen. Eine abfällige Beurteilung der Ware macht dagegen auf dem von der Reklame bearbeiteten anonymen Großmarkt vermutlich nur langsam die Runde.

Ehrlicher Handel und wahrhaftige Reklame. Aber wie steht es mit der seriösen Reklame? Ist sie wirklich Wahrheit, nichts anderes als Wahrheit und die volle Wahrheit? Man betrachtet die Reklame als ehrlich, wenn die Ware zu einem reellen Preis verkauft wird und das Mißverhältnis zwischen den Versprechungen der Reklame und den Eigenschaften der Ware nicht so ausgesprochen ist, daß die Käufer sich betrogen fühlen. Es ist unehrliche Reklame, für Naturseide zu werben, aber Vistra zu verkaufen. Aber es gibt viele Möglichkeiten, in diesem Sinne ehrlich zu sein und trotzdem nicht die Wahrheit zu sagen; die Reklamisten „sind nicht sehr empfindlich in ihren Werbefeldzügen gegenüber dem, was zwischen ausgemachtem Betrug und unbedingter Ehrlichkeit liegt" (**705**, 2).

Soweit es sich nicht um reine Marktinformation handelt – die wir nicht mit zur Reklame rechnen –, ist es der Zweck, einen Reiz auszuüben, der über den hinausgeht, den die Ware selbst darbietet. Dies kann nur durch Übertreibung der Vorzüge oder durch Verschweigen der Nachteile geschehen – wenn nicht direkt, dann dadurch, daß man mehr andeutet, als die Worte sagen. Überall dort, wo die Reklame Erfolg hat, verdankt sie es „ihrer bewußten und unbewußten Verlogenheit" (**711**, 434). Das Geschäftsleben hat seinen eigenen Moralkodex, dessen Forderungen entschieden weniger streng sind als diejenigen, die auch die Geschäftsleute selbst in ihrem Privatleben anerkennen. Zu persönlichen Bekannten sagen sie oft etwas anderes über ihre Ware als zu jenen, die sie nur als Käufer kennen. „Der Inserent bringt in seiner Reklame oft Behauptungen und Beteuerungen über seine Produkte vor, deren er sich bei Überlegung außerhalb der Atmosphäre der Konkurrenz schämen würde" (**191**, 173). Die spezifische Geschäftsmoral gestattet zwar keine offensichtlichen Lügen, aber doch gewisse „Modifizierungen" der Wahrheit. Die Reklame kann von der Wahrheit abweichen, ohne daß man deshalb von unehrlichem Handel spricht. Der Reklamist „modifiziert" mit gutem Gewissen, und der Reklamand erwartet nichts anderes. Wir legen, mit anderen Worten, den Maßstab je nach der Situation an. Dieselbe Aussage, die wir im täglichen Privatleben unsolide nennen würden, akzeptieren wir von seiten des Reklamisten und bezeichnen ihn als ehrlich – für einen Geschäftsmann. Ob man das von einem allgemeinen ethischen Standpunkt aus billigt, spielt hier keine Rolle; daß dies besonders schmeichelhaft für die Geschäftswelt ist, wird niemand behaupten; aber so ist es.

Der Reklamand durchschaut in der Regel die kleine Lüge, aber er ist aus diesem Grunde nicht verärgert. Das ist er nur, wenn er weniger erhält, als er erwartet hat. Aber er weiß: „Die Reklame läßt Waren etwas besser erscheinen, als sie wirklich sind, um sie durch diese Illusionierung in seinen Besitz hinübergleiten zu lassen" (**212**, 100). Als Beispiel für die Wahrheitsauffassung des Reklamisten führe ich hier ein paar Sätze aus einem österreichischen Lehrbuch an: „**Kein Verstoß gegen die Gesetze der Reklame prägt sich so rasch und so unerbittlich ein, wie ein Verstoß gegen die Wahrheit. Daß Lügen kurze Beine haben, dieser Satz**

gilt für die Reklame ganz besonders. ... Der Forderung nach Aufrichtigkeit ist aber noch nicht Genüge getan, wenn der Reklametext direkte Unwahrheiten vermeidet. Es gehört dazu noch rückhaltlos offene Sprache, die nichts unausgesprochen oder halb ausgesprochen läßt" (**204**, 25 f.). Auf diese strengen Forderungen folgt eine weniger strenge Auslegung: Einfühlsame Reklame „darf nicht hochstapeln, aber sie darf ruhig schönfärben" (**204**, 57). Die Reklamanden wissen das und erwarten nichts anderes – deshalb laufen sie dem unaufrichtigen oder nur halb aufrichtigen Reklamisten nicht weg, solange sich dieser innerhalb der stillschweigend akzeptierten Grenzen hält.

Es wurde übrigens im vorigen Kapitel gezeigt, wie die Suggestion durch die Reklame den Reklamanden nicht nur dazu bringt, die Ware zu probieren, sondern danach – und weil es ihr gelungen ist – auch seine Beurteilung der Ware beeinflußt. Er entdeckt Schönfärberei innerhalb gewisser Grenzen gar nicht. Hier kann man wieder sagen, daß der Reklamist gegenüber dem Verkäufer, der keine Reklame macht, im Vorteil ist; die raffiniert geplante und mit dem Prestige der Druckerschwärze auftretende Reklamesuggestion geht tiefer als die mündlichen Beteuerungen eines Verkäufers.

Was die Reklame verschweigt. Die Vorteile der Ware werden hervorgehoben, die Nachteile verschwiegen. Ein Anhänger der ehrlichen Reklame sagt ohne moralische Skrupel: „Die Öffentlichkeit ist mehr an den guten Eigenschaften der Ware als an den schlechten interessiert. ... Buchstäblich wahre Reklame würde langweilig sein und des Anflugs von Dramatik ermangeln, der den entscheidenden Unterschied zwischen guter und schlechter Reklame ausmacht" (**624**, 13). Gute Reklame muß also nicht ganz aufrichtig sein. Sie bewegt sich in der Grauzone der Wahrheit, sonst würde sie undramatisch. „Das Angebot ist keine vollständige Liste aller Eigenschaften der Ware, wie sie der Fachmann aufstellen würde, sondern nur eine Aufzählung der werbewirksamen Eigenschaften" (**679**, 11 f.). Selbst der recht strenge Werberat der deutschen Wirtschaft verlangt „von keinem Geschäftsmann, daß er seine bzw. die Nachteile seiner Ware bekannt gibt" (**312**, 41). – Der Reklamist muß seine Sache in der günstigsten Beleuchtung darstellen dürfen, und ich bin der letzte, der es ihm verargt – er soll nur nicht seine Aussage über die Ware als Wahrheit bezeichnen.

Als Curtis Annoncenzensur eingeführt hatte, galt die Aufnahme in seine Reklamerubriken als ein Beweis für Ehrlichkeit. Einer dieser Auserwählten schildert einen Zwist, den er mit dem Verlag hatte: „Ich schickte eine Annonce für One-Cent-Songs an die Anzeigenabteilung von Collier's Weekly. ... Sie erwiderten, daß sie bereit seien, die Annonce aufzunehmen, wenn sie bemerken dürften, daß die Lieder ohne Noten seien. ... Ich konnte nicht einsehen, warum ich dem Leser sagen solle, was er nicht bekäme, da es schon teuer genug für mich war, darzulegen, was er bekommen würde" (**393**, 95 f.). Man darf vermuten, daß es nicht die Ausgaben für weitere zwei Wörter – „ohne Noten" – waren, die den Reklamisten aufbegehren ließen.

Beabsichtigtes Missverständnis. Unangreifbare Fakten kann man so darlegen, daß der Leser sie mißversteht. Es wird häufig betont, daß die Reklame der überlegenen Ware nützt, aber die Fehler der geringwertigeren Ware entlarvt. Andererseits wird jedoch eingeräumt: „Das Aufzeigen der Güte, nicht die Güte an sich bestimmt den Erfolg" (**662**, 53). Was dies bedeutet, zeigt sich in der Reklame für Markenwaren. Hier fällt – auf jeden Fall in der ersten Periode – die superlativische vergleichende Reklame fort. Alles Hindeuten auf konkurrierende Ware wird vermieden, da man ja wünscht, seine Marke „monopolistisch" zu isolieren und sie nicht zusammen mit anderen anzubieten. Es gilt auch, die Eigenschaften zu betonen, die die Marke auf ein besonderes Niveau heben. Die psychische Sonderstellung müßte um der Wahrhaftigkeit willen nur auf einer warentechnischen Sonderstellung beruhen. Die Meister der Reklame haben jedoch frühzeitig verstanden, daß man auch ohne eine solche Grundlage auskommt. „Man kann auch dadurch einen scheinbaren Vorteil anführen, daß man Tatsachen erwähnt, deren Anführung die Wettbewerber unterlassen" (**298**, 117). So wurde für Van Camp's „Pork and Beans" Reklame gemacht, indem man Einzelheiten eines technisch notwendigen und deshalb branchenüblichen Herstellungsprozesses hervorhob. Für eine Biermarke wurde mit einer eingehenden Beschreibung, warum es „so rein" sei, geworben; der Brauer sagte selbst, daß die Ware überall so hergestellt werde, denn sonst würde es niemals Bier werden (**297**, 77 ff.). Das ist vielleicht geschäftstüchtig – aber auf jeden Fall unaufrichtig und unfair gegenüber den Konkurrenten. Aber die Methode genießt allgemeine reklamemoralische Anerkennung. „Ist die Ware selbst nicht besser als die anderer, muß man die Aufmerksamkeit auf bessere

Verpackung oder auf ein Detail in der Verkaufspolitik der Firma lenken. Seien Sie immer etwas geschäftstüchtiger!" (**114**, 18). Angé beschreibt das breit und zynisch: „Was macht man (als Reklamechef), wenn der Artikel durchschnittlich ist und weder Vorteile noch Nachteile besitzt, auf die die Leute aufmerksam werden könnten? Ganz einfach: Man erfaßt durch Artikelanalyse alles, was man irgendwie über den Artikel sagen könnte, um ihn attraktiv zu machen. Man wird hauptsächlich jene Vorteile ausführlich behandeln, die die Reklame des Konkurrenten zu nennen vergißt, selbst wenn sie bei seinen Artikeln sogar ausgeprägter sind. Es kommt nicht darauf an, daß der Artikel eine bestimmte Qualität, einen Vorteil, Vollkommenheit b e s i t z t, sondern einzig und allein darauf, daß die Leute lernen, ihn z u d i e s e m P r e i s z u s c h ä t z e n" (**18**, 61; Hervorhebung von mir, Geiger). Kurz gesagt: Wenn keine wirklichen Vorteile vorhanden sind, muß man sie erfinden. Russell zufolge bezeichnet der Fabrikant in der Regel seine Ware als identisch mit der seines Konkurrenten; aber Russell „spannt ihn auf die Folter, bis er nach einer Weile die Besonderheiten aus allen Poren schwitzt" (**536**, 136). Solche drastischen Methoden sind nötig, ehe der Produzent selbst die einzigartigen Eigenschaften entdeckt, mit denen er ganz unbewußt seine Ware ausgestattet hat. „Ein cleverer Werbefachmann kann wunderbar überzeugende Verkaufsargumente auf einer äußerst schwachen Grundlage finden" (**654**, 35). Infolgedessen sind „**neun Zehntel aller sogenannten ‚Verkaufsargumente' überhaupt keine Argumente – denn sie können mit demselben Recht für jedes andere Konkurrenzprodukt angeführt werden**" (**239**, 27). – Die Ansicht des deutschen Werberates über diese Praktik geht aus folgendem Beschluß gegen einen Hersteller von Backpulver hervor: Er „behauptete von seinem Erzeugnis, daß es ‚ohne Beigeschmack' sei und ‚keinen Nachgeschmack' aufweise. – Backpulver gehören zur Gruppe der Nahrungsmittel und unterliegen damit den lebensmittelgesetzlichen Vorschriften. Nach der Lebensmittelgesetzgebung sind aber Lebensmittel, die irgendwelche Mängel bei der üblichen Verwendung zeigen, nicht zulässig. Danach darf Backpulver weder Nach- noch Beigeschmack aufweisen. Wird in der Werbung also darauf hingewiesen, daß ein Backpulver weder Nach- noch Beigeschmack zeige, so werden nur Eigenschaften hervorgehoben, die von sämtlichen Backpulvern gefordert werden müssen. Diese Hervorhebung von Selbstverständlichkeiten bietet aber die Möglichkeit einer Irreführung" (*Die deutsche Werbung*, 1937, Seite 294). – Würde man diesen Grundsatz überall einführen, würde manche

Markenwarenreklame unmöglich werden; denn viele Waren zeichnen sich nicht durch eine besondere Note aus, sondern nur durch Behauptungen darüber. Über 250 Kaffee-Ersatz-Marken suchten im Jahre 1941 eine psychologische Sonderstellung durch Betonung ihres Andersseins zu erreichen. Von bürgerlichen Vorstellungen über Aufrichtigkeit ausgehend, müßten sie übereinstimmend etwa so schreiben: „Unsere Ware ist, ebenso wie alle anderen Kaffeesurrogate, eine Mischung von Korn, Zichorie, Rüben usw. Das Mischungsverhältnis ist ein wenig anders, aber unser Getränk ist Kaffee nicht unähnlicher als das unserer Konkurrenten. Die rote (gelbe, grüne, runde, sechseckige) Verpackung hebt unsere Marke aus der übrigen Gruppe heraus." Dieses würde die reine und volle Wahrheit sein. Aber „ein Zahnpastaverkäufer würde zwangsweise in eine Anstalt eingeliefert werden, wenn er erklären würde, daß einfache Zahnkreide das Beste sei" (**34**, 28).

IRREFÜHRENDE WAHRHEIT. Ein oft angeführtes Urteil des deutschen Reichsgerichts stellt fest: Selbst „wahre Ankündigungen können den Charakter der Unrichtigkeit im Sinne des Gesetzes gegen den unlauteren Wettbewerb annehmen" (**40**, 20). – „Auch wenn die Reklame die Ware so darstellt, als habe sie andere Eigenschaften als die, die sie wirklich besitzt, ist damit nicht ausgeschlossen, daß sie beim Käufer Erwartungen wecken kann, die die Ware nicht erfüllt" (**650**, 34). Ein französischer Werbefachmann spricht ausführlich über die Notwendigkeit, sich genau an die Wahrheit zu halten, und empfiehlt, für Abbildungen Photographien den Zeichnungen vorzuziehen, denn „die ersteren überzeugen die Verbraucher davon, daß die Ware dem Bilde entspricht. ... Und doch – welche ungeahnten Möglichkeiten der Gestaltung bietet gerade die Photographie! Sie kann mehr Illusion wecken als die Zeichnung" (**24**, 91 f.). Es scheint also doch, als ob es dem Reklamisten mehr um das Vertrauen des Reklamanden in die Präsentation der Ware als um die Ungeschminktheit der Präsentation gehe.

ES HÖRT SICH GUT AN UND VERPFLICHTET ZU NICHTS. Dann gibt es die wunderschönen Adjektive, die nicht das geringste bedeuten, aber trotzdem eine gewisse Stimmung schaffen. Welchen Inhalt hat die Bezeichnung „unübertroffen"? – doch nur, daß die Ware nicht schlechter ist als andere Marken innerhalb der Branche; aber die Kunden sollen glauben, daß sie etwas besonders Gutes kaufen. Was bedeutet „hervorragend"? – im günstigsten Fall Standardqualität. Der minderwertigste Tabak wird als „ausgesucht" empfohlen – was er vielleicht auch ist, nur in der falschen Richtung. Welchen realen Inhalt hat der Ausdruck „führende Marke"? – Für eine Schokolade wurde geworben mit „eine Klasse für sich", während dieselbe Firma dieselbe Ware in anderer Verpackung 20 Prozent billiger verkaufte. Der hohe Preis war im Hinblick auf die Luxusschachtel nicht unangemessen; aber die Reklame wirkte unaufrichtig, denn die Kunden sollten glauben – und glaubten –, daß sie eine bessere Schokolade bekämen. Kürzlich sah ich in einem Schaufenster Stoff aus Zellwolle; eine kleine Karte bezeichnete ihn als „Reine Qualität". Der Verkäufer log nicht: „Reine Schafwolle", sondern blendete mit: „Reine Qualität" – eine unsinnige Phrase in Verbindung mit Zellwolle. Ein anderer renommiert mit: „Ohne Zellwolle", damit die Kunden glauben sollen, es sei Ware alter Qualität; in Wirklichkeit bedeutet das Kratzwolle oder minderwertige Ware. – Überhaupt – „rein"! – ein Wort von mystischer Bedeutung, das offenbar trotzdem immer noch seine Wirkung tut. „Für Royal Baking Powder wurde in der Reklame kräftig als ‚absolut rein' geworben, und niemandem fiel ein, daß ein Pulver sehr wohl absolut rein und dennoch wertlos sein könne" (**212**, 463). – Kaffee-Ersatz wird gewöhnlich „aus den edelsten dänischen Rohstoffen" hergestellt. Das klingt dann ganz anders als aus „gebranntem Korn und gerösteten Rüben". – Pfeifentabak in „einer modernen Mischung" bedeutet im Jahre 1942, in gewöhnliches Dänisch übersetzt, Kirschkraut und Hopfen mit etwas Latakia darin. Es gilt, Phrasen zu finden, die qualifizierend klingen und „keinerlei juristische Bedeutung" (**547**, 35) haben.

Man versteht danach gut, daß die Reklame eine so sorgfältige Produktanalyse erfordert. Erstens muß der Verkäufer angestrengt nach den besonderen Eigenschaften suchen, mit denen er, ohne es zu ahnen, seine Ware ausgestattet hat. „In dem einen oder anderen Detail muß sich die Ware von der der Konkurrenten unterscheiden und besser sein. E r m u ß d i e s e s D e t a i l f i n d e n" (**120**, 55; Hervorhebung von mir, Geiger). Zweitens ist es schwer, qualifizierende Phrasen zu finden, die nicht abgenutzt sind, aber trotzdem nichts sagen, worauf man den Reklamisten festnageln könnte. Diese Vorbereitung dauert nach Aussage amerikanischer Fachleute oft mehrere Monate, ja Jahre. Früher, als die Ausnutzung der Möglichkeiten noch nicht so weit fortgeschritten war, glaubte man, daß „der Verfasser von Werbetexten über die verschiedenen Artikel, über die er schreibe, weder genau Bescheid wissen könne noch müsse“ (**316**, 3 f.). Jetzt soll er darüber mehr wissen als der Produzent selbst.

... ABGESEHEN VON OFFENKUNDIGEN LÜGEN ... Das Unehrlichste an der Reklame ist die Behauptung, die Reklame der Gegenwart sei ehrlich. Diese Lüge ist unverzeihlich; mit übertriebenen Versprechungen und Beschönigungen können wir uns abfinden.

Alle Milchhändler in Minneapolis erhalten ihre Milch von derselben Meierei, deren Ware einen standardisierten Fettgehalt hat. Das hindert einen der Verkäufer nicht daran, seine Milch in der Reklame mit dem Slogan „Die Milch mit der tieferen Sahnelinie“ (**668**, 50) zu bezeichnen. – Ein Ratgeber für den Versandhandel teilt billigend folgenden Trick mit: Man kann, um die Artikel leichter loszuschlagen, durch Inserat Agenten suchen und Interessierte auffordern, Muster des Verkaufsartikels zu herabgesetztem Preis anzufordern. Man erhält dann oft Bestellungen von Leuten, die ebensowenig Agenten sein wollen, wie der Inserent sie einstellen will. Sie kaufen die Artikel als Konsumenten und glauben, sie für einen Spottpreis erschlichen zu haben (**653**, 29). – Der Katalog einer dänischen Versandhandelsfirma enthielt vor einigen Jahren folgendes Angebot unter anderen des gleichen Schlages: „Selbst dem Fachmann fällt es schwer, den Stein in diesem Ring von einem echten Diamanten zu unterscheiden“; der Preis betrug etwa drei Kronen. Als Mitglied des „Dänischen Reklame-Verbandes“ bekannte sich die Firma zu „Ehrlicher Reklame“.

Einige Werbefachleute sind klug genug, einzuräumen, daß in der Reklame immer noch gelogen wird. Hotchkiss bestreitet das auch nicht, „beweist“ aber: „Es ist ganz unwissenschaftlich, unwahre Reklamebehauptungen als Folge von Profitgier und als bewußten Täuschungsversuch anzusehen. ... Reklame ist in Wirklichkeit eine Form der Erziehung, eng verwandt mit Journalismus und Literatur, und sie hat deshalb die gleichen Fehlerquellen wie diese, nämlich 1) Nachlässigkeit, 2) Vorurteile, 3) den Wunsch, interessant zu sein, 4) Begrenzung von Platz und Zeit, 5) mangelnde Beherrschung der Sprache“ (**302**, 6). – Es ist doch gut, daß man endlich eine „wissenschaftliche“ Ansicht von der Sache bekommen hat!

QUACKSALBERMEDIZIN. Die Reklame für Quacksalbermedizin ist immer unehrlich gewesen, denn keiner würde jemals ein solches Mittel kaufen, wenn die Reklame sich dazu bekennen würde, was es wirklich ist –: im günstigsten Fall unschädlich. Solange es Quacksalbermedizin gibt und es erlaubt ist, dafür zu werben, kann die Reklame nicht ehrlich sein. Natürlich soll man nicht die Reklame als solche dafür verantwortlich machen, daß sie von Quacksalbern mißbraucht wird; aber man kommt nicht um die Tatsache herum, daß gerade die Reklame es ihnen ermöglichte, auf derselben Stufe aufzutreten wie ehrbare Kaufleute – früher war der Jahrmarkt ihr Revier.

Folgendes Inserat in *The Weekly Packet* vom 27. Dezember 1717 ist charakteristisch: „Mr. Parry, ein Parfümhändler an der Ecke der Burleigh-Street, neben der Exeter-Börse in der Strand, verkauft Öl, das (hauptsächlich) aus SENFSAMEN und anderen Pflanzen gewonnen wird. Es wirkt auf Brust, Magen und Nieren, ist appetitanregend und entwässernd, heilt alle innerlichen Geschwülste und Eiterbeulen, ist gut gegen Kurzatmigkeit, löst Verschleimungen der Lungen, kuriert Husten und Asthma, vertreibt Blähungen und befreit von Stichen in der Brust. Das Öl hilft gegen alle Arten von Nervenleiden wie Lähmungen etc. und lindert Gichtschmerzen. Äußerliche Anwendung hilft gegen Frostbrand, entfernt Schorf, Schuppen und Sommersprossen und stellt den Teint nach Pocken wieder her. Beachten Sie, daß es bei Brustfellentzündung viel wirksamer ist als Leinsamenöl, wobei zwei Unzen die größte Dosis sind; überdies ist es auch noch wohlschmeckend. Der Preis ist Sixpence für eine Unze." – Die Quacksalberannoncen des 19. Jahrhunderts waren nicht viel besser, und die heutigen sind nur anders, weil selbst Bauernfängerei ausgeklügeltere Methoden als vor 200 Jahren erfordert.

Schon im Jahre 1803 machte der Polizeipräfekt in Paris auf die öffentliche Gefahr aufmerksam, die in der Quacksalberei lag, und forderte die Presse auf, eine Annoncenzensur auszuüben und nur Inserate für anerkannte Mittel anzunehmen. In der zweiten Hälfte des vorigen Jahrhunderts gab die Quacksalberreklame Anlaß zu scharfen Angriffen (**522**; **50**). Aus Deutschland liegt eine Sammlung typischer Annoncen aus der Zeit um 1870 vor (**712**). Hopkins schildert den Zustand in den USA, kurz nach 1890 (**298**, 111 ff.). De Lacoste gibt ein detailliertes Bild der Verhältnisse in Frankreich (**373**). Reklamehistorische Darstellungen bringen zum

Teil reichhaltiges Material zum Thema (**136**; **377**; **543**). Im Jahre 1909 bekam die Quacksalbermedizin sogar in H. G. Wells' „Tono-Bungay" ihr belletristisches Denkmal.

Das Geschäft blühte ungestört weiter. Die Anzahl der Arzneimittelfabriken in den USA wird angegeben mit:

Jahr	1849	1859	1869	1879	1889	1899	1904	1909	1914
Anzahl	143	173	319	563	1127	1719	2245	2838	2903

Tabelle 1

Dr. A. J. Cramp von der amerikanischen Ärztekammer stellte während des Streites, der um die Einführung von Zwang bei der Veröffentlichung über die Zusammensetzung der Arzneimittel entstand, folgendes fest: „Solange die Bestandteile geheimgehalten werden, ist die Tür für betrügerische und irreführende Versprechungen offen. Solange moderne Reklamemethoden angewandt werden, um den Bedarf zu steigern, anstatt den bestehenden Bedarf zu decken, wird die Arzneimittelindustrie in großem Stile fortfahren, mit der Angst der Menschen vor Krankheiten zu spielen und sie durch Suggestion hypochondrisch zu machen" (zitiert nach **119**, 49). Ein hochangesehener Werbefachmann gibt zum Beispiel folgenden Wink: „Das Motiv der Furcht ist einer der stärksten Verkaufsfaktoren. ...Nierenheilmittel kann man gewöhnlich mit besonderem Erfolg mit Hilfe der Symptombeschreibung verkaufen. ... ‚Flimmern vor den Augen' begleitet gewisse gefährliche Nierenleiden, es kann aber auch von anderen, harmlosen Ursachen herrühren, und das angepriesene Heilmittel wird im letzteren Falle zwar nicht schaden, aber auch nicht helfen" (**500**, 134). – „Der Versandhandel kann Medizin nur erfolgreich inserieren, die gegen jene Leiden hilft, denen der praktizierende Arzt machtlos gegenübersteht" (**654**, 34). „Im übrigen wird sich eine gute Medizin, von einem tüchtigen Apotheker nach einer bekannten Standardformel hergestellt, wahrscheinlich immer als zufriedenstellend erweisen ...Man muß nur im Inserat hervorheben, daß sie sich von anderen Mitteln gegen dasselbe Leiden unterscheidet und eine einleuchtende Erklärung geben. – ...Man kann zum Beispiel einen Doktor Soundso als Erfinder anführen und mitteilen, wie er erst nach jahrelangen Versuchen die richtige Zusammensetzung des Medikamentes fand" (**653**, 34 f.). Dies ist eine ernstgemeinte Anleitung für die Versandhandelsbranche, geäußert in einem bekannten und mehrere Male wieder aufgelegten, also offenbar in der Praxis oft benutzten Ratgeber. Daß solche Praktiken angewandt werden, wissen wir seit langem. Das Haarsträubende ist, daß jemand sie empfiehlt und hinterher die Unverschämtheit besitzt, zu bemerken: „Meine Leser … haben hoffentlich verstanden, daß nur unbedingte Ehrlichkeit sich auszahlen wird" (**653**, 55).

Die mit dem Quacksalbermedizinhandel verschwägerte Kosmetikbranche folgt genau den gleichen Grundsätzen schon seit Balzacs Zeit. Sein César Birotteau stellte ein Nußöl her, welches das beliebte Makassaröl verdrängen sollte; die Analyse des Chemikers Vauquelin ergab, daß es zwar nicht eine Spur besser, aber „glücklicherweise auch nicht schlechter" als die alte Ware war. – Ein Ratgeber für die Versandhandelsbranche enthält eine Reihe Rezepte für unschädliche Arzneimittel und Kosmetikartikel, die jeder Apotheker „zu einem vergleichsweise niedrigen Preis selbst zusammenmischen kann" und die mit „gutem Gewinn verkauft werden können" (**546**, 163 f.), wenn man für ansprechende Verpackung und einen passenden Namen sorgt, darunter ein Haarwuchsmittel, das aus Schwefelmilch, Glyzerin und Rosenwasser zusammengesetzt ist. „Wegen der Reklame wende man sich an Werbefachleute, die gerne für einen überzeugenden (!!) Text über den Gegenstand sorgen" (**546**, 167). – Das Ganze ist, um es kurz und klassisch zu sagen, kein Handel, sondern „ein verdammter Schwindel" (**687**, 177).

Die Warenkenntnis des Verbrauchers – eine Garantie? Die Werbebranche verteidigt ihre Sache damit, daß lügnerische Reklame, die es auch jetzt noch gebe, notwendigerweise wirkungslos sei. Reklame, die erfolgreich sei, habe damit ihre Wahrhaftigkeit bewiesen. Die Käufer wüßten über die Ware Bescheid; sei diese schlecht oder habe die Reklame zuviel versprochen, würden die Käufer fortbleiben. „Sie durchschauen fadenscheinige und unsolide Reklame, und sie wissen zwischen hochwertiger und minderwertiger Ware zu unterscheiden" (**207**, 52). Dies rühre teils vermutlich von der allgemeinen Volksaufklärung her; die „Zeiten der ‚Bauernfängerei' sind vorbei, seit alle die öffentliche Schule besuchen" (**481**, 228). Teils habe die Reklame „selbst die Köpfe mit Kenntnissen besonders nützlicher Art gefüllt" (**285**, 50). Der so ausgerüstete Verbraucher sei nicht mehr wie derjenige der 1880er Jahre eine leichte Beute für Scharlatane.

Die Käufer durchschauen in der Regel grobe Unwahrheiten in der Reklame und offenkundige Fehler der Ware. Wird ein Stoff als waschecht bezeichnet, muß die Wahrheit bei der ersten Wäsche oder beim ersten Regenschauer an den Tag kommen. Aber die Wahrheit müßte sich bewähren in Fällen, die außerhalb der kriminellen Sphäre liegen, und hier sind die Verbraucher in ihrem Urteil bei weitem nicht so sicher. Sie sind nicht warenkundiger geworden – im Gegenteil. Je verwickelter die technischen Verfahren und je mannigfaltiger die Warenvarianten werden, desto weniger können wir über die Eigenschaften der Ware Bescheid wissen. Die sogenannte Verstandesreklame nutzt das aus; sie nennt technische Details, deren Bedeutung die meisten nicht kennen. Die Käufer merken zwar bald, ob sie mit der Ware zufrieden sind, aber die Zufriedenheit des Käufers ist kein Beweis für die Wahrheit der Reklame. Ich bin mit der Zahnpasta N. N. zufrieden, aber ich kann nicht entscheiden, ob sie wirklich, wie die Reklame sagt, „unübertroffen" ist; es würde einige Jahre beanspruchen, auch nur die bekannteren Marken zu vergleichen. Der wirkliche Unterschied zwischen konkurrierenden Marken pflegt sehr gering zu sein – das weiß der Verbraucher auch; deshalb bleibt er in der Regel bei derselben im großen und ganzen zufriedenstellenden Marke.

Man spricht von einer „Vertrauenskrise der Verbraucherschaft, hervorgerufen durch Übertreibung des suggestiven Elements in der Werbung und Vernachlässigung ihrer Informationsfunktion" (**599**, 50). Aber ich bezweifle, daß man von einer Krise sprechen kann. Der Verbraucher nimmt die unwahren Bestandteile der Reklame nicht übel, weil er sie von vornherein nicht ernstnimmt. Es ist äußerst zweifelhaft, ob die „Phrase ‚Das Beste' als unlauterer Wettbewerb betrachtet werden muß" (**302**, 8), so, wie es in Deutschland geschieht (**525**, 11, 151 ff.); es kann sicher mit größerem Recht von ihr gesagt werden, daß sie keine Übertreibung mehr ist, denn „sie hat jegliche Bedeutung eingebüßt" (**473**, 118). Das gleiche kann man über manche andere Reklame sagen. Wenn eine Firma behauptet, „die schärfste Rasierklinge" herzustellen, so gibt es bestimmt niemanden, der damit rechnet, daß sie wirklich schärfer ist als andere. Wer nimmt es ernst, wenn von einem Kaffee-Ersatz behauptet wird, daß er „fast ganz den geliebten Kaffee aufwiegt, so fein ist er in Geschmack und Aroma"? – oder wenn ein anderer damit renommiert, daß „nur ein geringer

Unterschied besteht zwischen Kaffee und ...?" Der Leser wird höchstens hoffen, daß der „herrliche Trank" ein bißchen weniger schlecht schmeckt als andere Surrogate. – Es gereicht der Reklame als Institution nicht zur besonderen Ehre, daß „ein milde zynisch gestimmtes Publikum" (**705**, 3) unsolide Reklame mit nachsichtigem Achselzucken beantwortet. Eine Enquête unter dreizehnjährigen deutschen Schülerinnen zeigte, daß es selbst in diesem jungen Alter viele gab, die die meisten der Anzeigen für Schwindel hielten und es als selbstverständlich ansahen, daß man ihnen nicht vertrauen könne (**435**, 239) – ein zum Nachdenken anregendes Zeichen dafür, in welchem Grade die Unzuverlässigkeit der Reklame schon das Vertrauen untergraben hat. „Jedermann versteht das – jedermann berücksichtigt das" (**687**, 178) – warum? – Weil wir uns durch Jahrzehnte daran gewöhnt haben, daß die Reklame einem „liberaleren Wahrheitsbegriff" (**714**, 38) huldigt. In einem Seminarvortrag an der Handelshochschule in Köln fielen noch 1917 folgende bezeichnenden Worte: „Die strenge Auffassung, daß die Reklame nur das, was sie hält, versprechen darf, wird nicht überall geteilt. Vielfach hört man die Ansicht vertreten, daß die Reklame gar nicht das halten müsse, was sie verspricht, wenn nur das Versprechen so allgemein gefaßt ist, daß der Versprechende daraufhin nicht gefaßt werden kann. ... Die Grenze, wo der Schwindel bei einer Anzeige anfängt, ist jedoch nicht immer leicht zu ziehen. ... Der Erfolg einer Anzeige wird stets durch das Urteil der breiten Masse, nicht durch das eines einzelnen bestimmt werden; solange also das Urteil dieser Masse an einer Reklame nichts auszusetzen hat, ist an ihr nichts auszusetzen, selbst wenn sie der einzelne aus für ihn maßgebenden Gründen nicht billigen kann" (**613**, 45 f.; Hervorhebung von mir, Geiger). Dies ist eine unverblümte Aufforderung zum Lügen bis zu dem Punkt, ab dem das Publikum streikt. Solange die Abweichungen von der Wahrheit nicht gewisse konventionelle Grenzen überschreiten, erregen sie weder Anstoß noch führen sie zum Boykott der Ware. Was könnte das auch nützen? Man müßte nur eine andere Ware kaufen, die durch die Reklame nicht weniger geschickt herausgestellt wurde.

Der Seiltanz der Wahrheit. Ich wiederhole die Frage: Wieviel Wahrheit ist in „ehrlicher Reklame" enthalten? Oder ich lasse die geistreiche Dorothy Sayers sie beantworten: Es ist unsere Aufgabe, „für Geld möglichst überzeugend zu lügen –" – „Wie steht's denn mit der Wahrheit in der Werbung?" – „Natürlich steckt in der Werbung auch ein bißchen Wahrheit. Im Brot ist Hefe, aber aus Hefe allein kann man kein Brot backen. Die Wahrheit in der Werbung ... ist dem Sauerteige gleich, welchen ein Weib nahm und verbarg ihn unter drei Scheffel Mehls. Er erzeugt eine entsprechende Menge Gas, um eine unansehnliche Rohmasse in eine Form zu blähen, die der Öffentlichkeit mundet. Das bringt mich nebenbei auf den feinen, aber bedeutsamen Unterschied zwischen den Wörtern ‚mit' und ‚aus'. Wenn du zum Beispiel für Limonade wirbst, oder sagen wir, um nicht allzu gehässig zu werden, für Birnenmost, und du schreibst: ‚Unser Birnenmost ist nur aus frischgepflückten Birnen gemacht', dann muß er auch nur aus Birnen sein, sonst kann die Behauptung strafrechtliche Konsequenzen haben; sagst du einfach: ‚Aus Birnen', ohne das ‚nur', kannst du davon ausgehen, daß er vorwiegend aus Birnen gemacht ist; wenn du aber sagst: ‚Mit Birnen', dann heißt das im allgemeinen, daß auf eine Birne eine Tonne Rüben kommt, aber das Gesetz kann dir nichts anhaben – dies sind die Feinheiten unserer Sprache" (**547**, 74). Sagen Sie nicht, daß ein humoristischer Roman eine obskure Quelle sei! – denn ausnahmsweise stimmt er vortrefflich mit der eigenen Aussage der Werbesachverständigen über den Sachverhalt überein. Da gibt es zum Beispiel einen, der dazu auffordert, „DIE WAHRHEIT AUF EINE WIRKUNGSVOLLE ART ZU SAGEN" (**533**, 106); dieses „wirkungsvoll" ist die Lücke, durch die die kleine Lüge Einlaß findet. Ein anderer schreibt ein ganzes Kapitel über aufrichtige Reklame, und die Quintessenz ist nicht, daß die Reklame wahr *sein* soll, sondern daß sie „wahrhaftig *klingen* soll" (**156**, 89; Hervorhebung von mir, Geiger). „Übertreibung ist ein empfehlenswerter Faktor in der Reklame. Sie macht erst die Wahrheit glaubwürdig" (!!) – mit diesem Satz beginnt ein Buch (**476**, 3), das der Präsident der American Association of Advertising Agencies, J. Benson, für würdig befunden hat, mit einem Vorwort zu versehen.

Das Verhältnis der Reklame zur Wahrheit wird durch zwei Rücksichten bestimmt, nämlich 1) Strafverfolgung und 2) Boykott der Ware durch die Käufer zu vermeiden. Jede Beschönigung, Einseitigkeit, Übertreibung oder Verdrehung, von der man nicht befürchten muß, daß sie diese Grenzen überschreitet, wird als erlaubt angesehen und verstößt nicht gegen das, was der Moralkodex der Reklame unter Wahrhaftigkeit versteht. Es gibt sicher Reklamisten, die aus Vorsicht oder aus privaten, ethischen Gründen diesen Spielraum nicht ganz ausnutzen. Der Status der Reklame als Institution wird von Minimalforderungen bestimmt – und die sind wirklich minimal.

Das amerikanische Recht bestraft unwahrhaftige Reklameversprechungen, betrachtet aber übertriebene Behauptungen, die als subjektive Meinung des Reklamisten geäußert worden sind, als ein erlaubtes und der Handelsusance entsprechendes Renommieren. Ein Reklamist darf nicht sagen: „Meine Ware ist unübertroffen", wenn er nicht beweisen kann, daß sie es ist; aber er darf getrost schreiben: „Wir sind überzeugt, daß unsere Ware unübertroffen ist"; das verpflichtet ihn zu nichts. Schreibt er: „Ich garantiere eine Haltbarkeit von zehn Jahren", ist er an seine Garantie gebunden; sagt er dagegen: „Wissenschaftliche Versuche ermöglichen es mir, zu garantieren …", so ist er keine Verpflichtung eingegangen (**191**, 201 f.). Der naive Leser kann keinen Unterschied zwischen den beiden Wendungen erkennen. Ein Haarwasserfabrikant schreibt nicht: „Mein Haarwasser (N. N.) kuriert Haarausfall", sondern: „Leiden Sie an Haarausfall? Dann benutzen Sie N. N.!" (**191**, 199). In diesen und vielen anderen Fällen ist die Botschaft bewußt darauf angelegt, mißverstanden zu werden; der Reklamand kauft auf Grund einer vom Reklamisten beabsichtigten, extensiven Auslegung der Botschaft. Aber das Gesetz gibt dem Reklamisten Recht.

„Der Inserent leitet seinen Moralkodex aus der Praxis der Gerichte her. Ist kein ausdrückliches Verbot ausgesprochen, so hat er überhaupt keine Skrupel, undurchsichtige Praktiken anzuwenden. Moralische Vorstellungen berühren ihn nicht" (**191**, 231). So wird die Bewegung für „Ehrliche Reklame" und die Standesmoral der Reklamisten von einem Juristen beurteilt, dessen Spezialgebiet Rechtsstreitigkeiten in Verbindung mit der Reklame sind. Er muß Bescheid wissen.

Advertising & Selling gab im Jahre 1939 die Ansichten einer Reihe bekannter Persönlichkeiten zur Glaubwürdigkeit der Reklame unter dem unzweideutigen Titel wieder: „Is Advertising Truthful? … HELL NO!" (**17**).

Heuchelei in der Werbebranche. Ich wiederhole ausdrücklich, daß es der Reklame erlaubt sein muß, sich der Sache des Reklamisten mit so wirkungsvollen psychotaktischen Mitteln wie möglich anzunehmen. Der Verkäufer ist nach der geltenden Moralauffassung nicht verpflichtet, die Interessen des Käufers wahrzunehmen, und der Käufer weiß das. Ihm entsteht kein Schaden, wenn der Verkäufer seine Ware im günstigsten Licht vorführt. So ist es im Verkaufsgespräch mit dem einzelnen Käufer; warum sollte es in der Reklame anders sein? So ist es übrigens auch außerhalb des Wirtschaftslebens überall dort, wo Interessenten einander gegenüberstehen. Die wirkliche Unehrlichkeit, die der Moral widersprechende Heuchelei, liegt nicht in der Reklame als Methode, sondern in der Behauptung der meisten Werbefachleute, die Reklame sei wahr. Die Branche könnte, ohne sich der Geringschätzung auszusetzen, folgendes formulieren: Die Reklame der seriösen Firmen sagt nicht die Unwahrheit, was die nach objektiven Maßstäben konstatierbaren Eigenschaften der Ware angeht. Denn hier würde der Reklamist auf frischer Tat ertappt werden. Aber der Käufer muß uns das Recht einräumen, das Reklamat im günstigsten Lichte vorzuführen. „Die Vorzüge der angekündigten Ware darf man herausstreichen, aber man darf sich nicht zu unwahren Behauptungen verleiten lassen" (**334**, 3). An dem Tag, an dem sich die gesamte Werbebranche zu diesen ihren nachweislichen Vorgehensweisen bekennt, wird die Reklame so ehrlich sein, wie man es vernünftigerweise verlangen kann. Es ist die fachliche Legende über ihre Wahrheitsliebe, die sie unehrlich macht.

„Ehrliche Reklame" – eine Marktstrategie? Diese Legende hat eine strategische Aufgabe. Die Entwicklung von groben Lügen und prahlendem Eigenlob zu raffinierter Darstellung ist nicht die Folge ethischer Selbstbesinnung, sondern eine neue Technik. Die trockene Wahrheit verkauft nicht eine einundzwanzigste Haferflocken-, eine zweihundertsiebzehnte Zahnpasta- oder eine zweihundertsiebenundvierzigste Kaffee-Ersatz-Marke. „Die einst so beliebte Häufung unwahrer Superlative wird zwar vermieden, aber nur, um durch feinere und unmerkliche Formen der Übertreibung ersetzt zu werden" (**617**, 654). Das ist nur als Anpassung an die veränderten Reaktionsweisen der Verbraucher geschehen. Die alten, plumpen Methoden sind nicht länger anwendbar; teils, weil sie niemals jenen Verbraucherkreisen gegenüber, an die sich die Reklame nun wendet, effektiv gewesen ist, teils auch deswegen, weil das ältere Publikum der Reklame gegenüber anders als früher reagiert. Eine feinere, subtilere Vorgehensweise ist erforderlich. Der Zweck ist immer derselbe – Käufer einzufangen. Die Reklame „revidiert unablässig ihre Methoden, und sie ist immer mit einer Pferdelänge Vorsprung auf der Flucht vor der öffentlichen Verurteilung und dem Gesetz“ (**705**, 72).

Aber auch die neuen Methoden versagen, wenn es nicht gelingt, den inneren Widerstand der Verbraucher zu schwächen. Die Hauptursache von Verlusten in der Reklame ist H. Chalmers zufolge „das Mißtrauen weiter Bevölkerungskreise der Reklame gegenüber“ und „ihr mangelndes Verständnis für deren öffentliche Aufgabe“ (ich würde eher sagen: ihr wachsendes Verständnis!). *„Das, was die Reklame am meisten benötigt, ist – Reklame“* (*Printers' Ink* vom 4. März 1915). Die Bewegung „Ehrliche Reklame“ ist eine Seite dieser Propaganda für die Reklame, ebenso wie die Betonung der volkswirtschaftlichen und kulturellen Segnungen der Reklame. „Truth-in-Advertising“ wurde deshalb nicht zu Unrecht als „Nebelschleier der Reklame“ (**119**, 4) bezeichnet; er soll die Wirkung der Reklame im Kampf mit dem Widerstand der Käufer gegen die Reklame retten. Die ältere Marktschreierreklame hat die Käufer gegenüber der Reklame im ganzen mißtrauisch gemacht. Die Fürsprecher der Reklame nennen es ein Vorurteil, das nicht mehr berechtigt ist, und deshalb ausgerottet werden muß. Das sichere Mittel, das Vertrauen des Käufers zu gewinnen, wäre – die Reklame aufzugeben und sich auf nüchterne Marktinformation zu beschränken. Aber man kann nicht alles haben – die suggestiven Wirkungsmittel der Reklame beibehalten und die Käufer glauben machen, daß die Reklame der Spiegel der Wahrheit sei.

Einige Sachverständige gehen wirklich außerordentlich weit in ihrer Verurteilung der Übertreibungen. Wird der Leser einem Inserat Glauben schenken, „Schuppen bedeuten eine Gefahr für Ihre Stellung im Wirtschafts- und Gesellschaftsleben“? (**21**, 12). Wird er nicht sofort an angesehene Persönlichkeiten mit „Schnee“ auf dem Kragen denken? – „Geben Sie Ihrem Haar eine Chance … Sie bei den Leuten beliebt zu machen! – Wird der Leser darauf hereinfallen? Kann gepflegtes Haar Türen öffnen, die sich Haaren mit Schuppen verschließen?“ (**21**, 12) – Ein Psychoanalytiker warnt vor Superlativen: Sie „wirken wie Übertreibungen, wenn nicht gar wie offenkundige Lügen. Die Werbefachleute halten Renommieren in Maßen für berechtigt. Der Psychiater kann die Berechtigung selbst der kleinsten Übertreibung, wenn sie unbewußten Widerstand herausfordert, nicht anerkennen. Heute hegen viele Konsumenten einen starken Widerwillen gegen Superlative. ... Als Psychiater halte ich Untertreibung für die klügste Reklametaktik" (**54**, 72). – Diese Auffassungen sind wahrscheinlich utopisch. Die reine Wahrheit ist nur zu Beginn wirkungsvoll, wo sie Aufsehen erregt und dadurch suggestiv ist, wie es bei J. E. Powers und R. Tilton der Fall war. Auf die Dauer bedeutet unbedingte Wahrheitsliebe Beschränkung auf Marktinformation und – als einziges Werbemittel – hochfrequente Wiederholung der Botschaften, die außerhalb der Reichweite des Wahrheitsbegriffes stehen. Deshalb wählt man einen anderen Weg und versucht dem Publikum gegenüber das „gemäßigte Renommieren" der Reklame zu beschönigen. Das Schlagwort „Ehrliche Reklame" soll die von der Reklame selbst hervorgerufene Immunisierung der Reklamanden aufhalten.

Es wird nicht ohne Grund behauptet, daß die ganze Reklamewissenschaft eine theoretische Beschönigung oder eine Verschleierung der Unaufrichtigkeit in der Reklame sei. Sie lehrt, die Reklame müsse sich dem niedrigen intellektuellen Niveau der Masse anpassen; sie müsse vereinfachen und leichtfaßliche Halbwahrheit an die Stelle der komplizierteren Wahrheit setzen. Die Reklame dürfe als psychologisch untermauertes Verfahren jene Mittel anwenden, mit denen man bei den Käufern Erfolg habe, und da sei nüchterne Begründung nicht das Wesentliche, sondern verlockende Hervorhebung des gefühlsmäßig Ansprechenden. Die Reklame wende sich nicht an eine hochgebildete Elite, sondern an die breite Masse, deren Psyche gröber sei; deshalb müsse sie die primitiveren Instinkte ansprechen. Dies ist die banale Lehre der Reklamepsychologie (**409**, 458 f.). Mit größter Seelenruhe empfiehlt sie, die „menschlichen Schwächen" (**337, 22**) auszunutzen, und es ist nur eine Betonung dessen, wenn im Anhang bemerkt wird, daß „auch Passionen ethischer Richtung ... dem wachsamen Fabrikanten und Händler und ihrer Reklame oft ungeahnt reiche Möglichkeiten zu glänzenden Geschäftserfolgen" (**337**, 23) bieten. – Die Reklametheorie liefert auf diese Weise eine wissenschaftlich untermauerte Entschuldigungsideologie für den Reklamisten, der im Namen der höheren Wahrheit zu Abweichungen von der tatsächlichen Wahrheit genötigt ist.

Gleichzeitig verschanzt man sich ideologisch gegen die Reklame. Keiner glaubt, daß bloße Versprechungen die Wahrheit sagen würden; etwas anderes ist es, wenn man behauptet, man sei genötigt, die Wahrheit zu sagen, selbst wenn man am liebsten lügen würde. Das Zugeständnis und die Verurteilung der lügnerischen Vergangenheit der Reklame haben ihre taktische Bedeutung als ein kontrastierender Hintergrund – die Vergangenheit wird sogar schwärzer gemalt als sie war, um den Gegensatz recht überzeugend herauszustellen. Der in der Reklame für Waren so wirkungsvolle Appell an die Eitelkeit tut auch hier seinen Dienst. Deshalb die beliebten Beteuerungen, der moderne, aufgeklärte Verbraucher würde die Unwahrheit durchschauen, die deshalb wertlos, ja schädlich sei. Es ist paradox, aber leicht erklärlich, daß dieses Argument in schöner Eintracht mit der Betonung der Leichtgläubigkeit der Verbraucher auftritt. „Heutzutage, wo der Markt von guten Dingen überquillt, müssen wir werben, um den Verbrauchern zu sagen, daß wir auch gute Ware zu verkaufen haben und daß unsere die allerbeste ist. Sagen wir das genügend oft und selbstbewußt genug, werden die Verbraucher es auch glauben“ (**223**, 9). Ein und derselbe Verfasser, der zuerst überzeugt ist, daß der Käufer Unzuverlässigkeit sofort durchschaut (**207**, 52), sagt an anderer Stelle in aller Seelenruhe: „Einer einigermaßen plausiblen Lüge wird geglaubt, wenn man sie nur oft genug wiederholt“ (**207**, 166). Der Grund für den überraschenden Widerspruch ist einfach. Zuerst spricht man zum Publikum, und es soll Propaganda für die Reklame gemacht werden; deshalb muß der Verbraucher als unbestechlich und aufgeklärt geschildert werden, als ein klar sehender Richter auf dem Markt. Später spricht man als Reklamepsychologe zu Reklamisten und zeigt die Möglichkeiten, die die Reklame stets einem Publikum gegenüber hat, das in seinem selbstgefälligen Glauben bestärkt worden ist, immun gegen Prahlerei und Marktschreierei zu sein.

III. Teil

Betriebswirtschaftliche Gesichtspunkte

Reklame und Konkurrenz

Konkurrierende und konstruktive Reklame. Unter den Klischees, die in der meisten Reklameliteratur umgehen, befindet sich das vom Gegensatz zwischen konkurrierender und konstruktiver Reklame (**325**, 11); von der letzteren wird behauptet, sie sei rein erzieherische „Weckungsreklame" (**190**, 220). Die erste Form sei ein Mittel in der Konkurrenz, während die zweite danach strebt, neuen Bedarf zu wecken (**457**, 18). Etwas Richtiges ist an dieser Unterscheidung; aber solange die Wirtschaft selbst konkurrenzgeprägt ist, ist jede Reklame es zwangsläufig auch. Ob die Reklame in einem Wirtschaftssystem ohne Konkurrenz eine sinnvolle Funktion hätte, wird in diesem Zusammenhang nicht erörtert. Ich bemerke dazu nur, daß unser Reklamebegriff keine verbrauchslenkende wirtschaftspolitische Propaganda umfaßt.

Reklame als Konkurrenzmittel. Sicher ist, daß die Reklame ursprünglich als Konkurrenzmittel auftrat, als einige Verkäufer auf verhältnismäßig überfüllten Märkten auf den Gedanken kamen, nicht durch reine Leistung – niedrigeren Preis oder bessere Ware –, sondern durch Suggestion zu konkurrieren. Der Reklamist versucht doch, mit psychischen Mitteln die Wahl des Käufers zwischen den konkurrierenden Angeboten zu seinem Vorteil zu beeinflussen. Man sagt deshalb, daß die Reklame „eine künstliche Verschiebung der natürlichen Konkurrenzbedingungen" (**80**, 33) zur Folge hat. Dieser Satz ist an sich richtig, aber die Ausdrucksweise deutet eine halbe Verurteilung der Reklame als eines „künstlichen" Konkurrenzkniffs im Gegensatz zu dem „natürlichen" Konkurrenzeinsatz durch den sachlich überlegenen Wert der Leistung an. Eine solche moralische Kritik ist kaum berechtigt (**230**, 103 ff.) im Hinblick auf zwei Tatsachen: 1) Ein objektives Urteil über das Wertverhältnis zweier Waren ist bisweilen unmöglich, da der Maßstab für die Bewertung selbst subjektiv ist (Geschmackswerte). – 2) Solange der Käufer mit seinen irrationalen Bewertungen für Suggestion zugänglich ist, ist ihre Anwendung im Wettstreit nicht unnatürlicher als die Ausstattung der Ware mit ansprechenden Eigenschaften. Aber der Gedanke, daß der Reklamist sich Markterfolg ohne überlegene ökonomische Leistung (was auch immer man unter dem letzteren verstehen mag) erschleicht, liegt einer Abneigung gegen die Reklame zugrunde, die in deren erster Periode unter den keine Reklame machenden Verkäufern verbreiteter war als unter den Verbrauchern. Die Abneigung wird durch zwei theoretische Grundannahmen der klassischen Nationalökonomie bestärkt: 1) Die Ausnutzung der Irrationalität des Käufers durch die Reklame paßt schlecht zu dem im Geist der Aufklärungsphilosophie erdichteten Homo oeconomicus, dessen Marktverhalten ausschließlich von Vernunftgründen bestimmt sein soll. – 2) Die Reklame ist ein Versuch der Marktmanipulation und verstößt gegen das theoretische Ideal der freien Konkurrenz. In freier Konkurrenz sind die Verkäufer zu preispolitischer Passivität verurteilt; die Höhe der Preise wird von äußeren Faktoren bestimmt, die sich der Kontrolle des einzelnen Marktsubjekts entziehen. Die Konkurrenz wird nicht als ein aktiv-persönliches Verhältnis zwischen Verkäufern, sondern als ein passiv-sachliches Verhältnis zwischen ihren Angeboten gesehen. Durch Reklame befreit sich der Verkäufer teilweise von dem sachlich bestimmten Preis; er eignet sich durch aktives Eingreifen eine Nachfrage an, die ihm nicht „zustände“, wenn die äußeren Marktfaktoren ungestört herrschen dürften.

Der Verkäufer erntet in solchem Falle Markterfolg, ohne etwas Substantielles zur Verbesserung der Versorgung der Gesellschaft mit ökonomischen Gütern beigetragen zu haben. Und da der Gewinn des Unternehmers als Belohnung für einen Beitrag zum ökonomischen Fortschritt betrachtet wird, sieht man den reklamebedingten Markterfolg als illegal an. Wir werden später diese Funktion der Reklame erörtern. –

Die Aufstellung eines konstruktiven Reklametypus, von dem behauptet wird, er sei nicht konkurrierend, hat ihren Ursprung in dem Bestreben, der Kritik an der Reklame als einer für die Gesellschaft nutzlosen Konkurrenzpraktik entgegenzutreten, die nur einen Teil des Umsatzes von einem Konkurrenten zu einem anderen ableite (**144**, 47). Es gibt vermutlich einen anderen Reklametypus, der ökonomischen Fortschritt durch Marktausweitung bewirkt. Russell geht so weit, die Deckung neuen Bedarfs als ersten und wichtigsten Zweck der Reklame zu nennen; ihre Konkurrenzfunktion wird auf dem dritten und letzten Platz angeführt, überdies nur in defensiver Form: Die Reklame „schützt vor den Wirkungen der Konkurrenz" (**535**, 90); über die Reklame als Angriffshandlung im Wettbewerb wird gar nicht gesprochen. Auch Casson überspringt ganz die Konkurrenzfunktion der Reklame, bezeichnet aber die Reklame als „das große nationale Stimulans, das die Verbraucher dazu erzieht, mehr und bessere Waren zu verlangen" (**113**, 60). Die Reklame wird auf diese Weise als eine Maßnahme dargestellt, die nicht nur dem Verkäufer im Wettstreit mit anderen Verkäufern hilft, sondern in erster Linie der Wirtschaftsgesellschaft als Ganzem nützt, völlig unabhängig von der gegenseitigen Konkurrenz der Verkäufer. Es sei dahingestellt, ob die Reklame wirklich eine Ausweitung des gesamten Marktes herbeiführt; wir gehen hier hypothetisch davon aus, daß es so ist, und fragen, ob man von einer solchen konstruktiven, erzieherischen und den Bedarf weckenden Reklame sagen kann, sie sei „nicht konkurrierend".

Repressive und andere Konkurrenz. Die Behauptung entspringt einer naiven Vorstellung von Konkurrenz. Man hat offenbar nur an die gröbste Form gedacht, wo die Verkäufer innerhalb eines durch die Branche bestimmten Marktes von einem gegebenen Volumen einander auszustechen und zu verdrängen suchen – die Form also, die ich an anderer Stelle als brancheninterne (**230**, 97) Repressionskonkurrenz (**230**, 48 ff.) bezeichnet habe. In dem Falle gestaltet sich die Konkurrenz, wie in Figur 3 auf Seite 184 dargestellt, und die Reklame sagt entsprechend: „Kaufen Sie Ihre Seife bei mir; m e i n e Seife ist die beste, billigste und ergiebigste. "Der Zweck ist, die Konkurrenten – ganz oder teilweise – aus ihrem Anteil am gegebenen Umsatz einer bestimmten Ware zu verdrängen.

Bedarf zu wecken bedeutet, etwas von dem potentiellen Markt zu realisieren, den man sich als eine Art Allmende vorstellen muß, die das bisher bestellte Land umgibt. Verkäufer V_1 beabsichtigt nicht, $V_2 \ldots V_X$ etwas von ihren bisherigen Feldern zu rauben, sondern in die Potentialzone vorzudringen und einen Teil der Allmende einzufriedigen (Figur 4, Seite 184). Seine Reklame will zum Beispiel einen bis dahin nicht Automobil fahrenden Bevölkerungsteil für den Automobilmarkt gewinnen oder zu vermehrtem Kakao-, Tee- oder Telephongebrauch ermuntern (**535**, 67; Schmitt **558**, 39). Eine solche Reklame wird als nicht konkurrierend bezeichnet; in Wirklichkeit ist sie nur nicht repressiv. Die Eroberungen auf dem Potentialmarkt der Branche geschehen auch im Wettbewerb

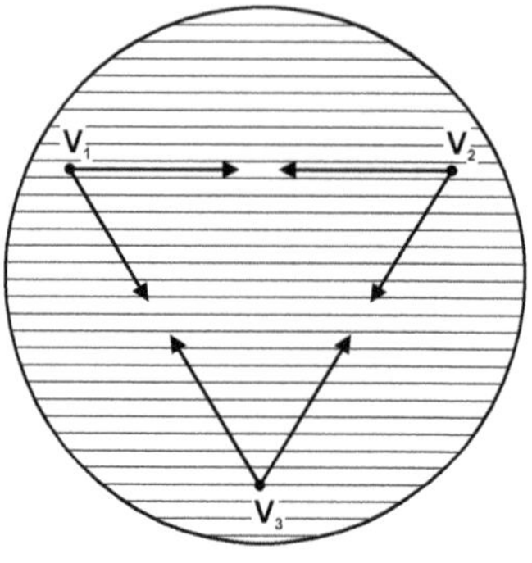

Figur 3

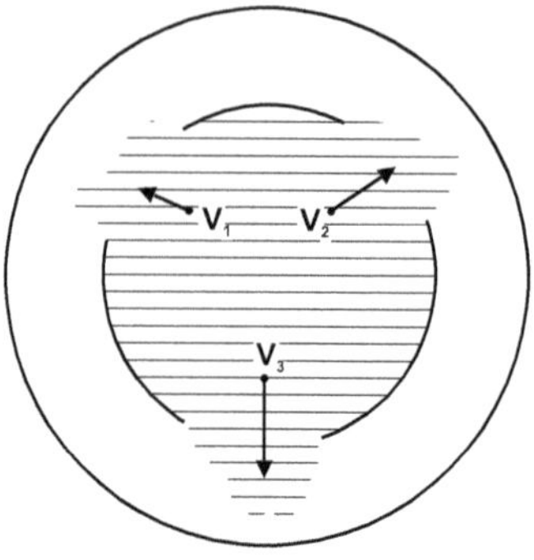

Figur 4

zwischen den Verkäufern der Branche; der Potentialmarkt ist das mögliche, aber noch nicht nutzbar gemachte Absatzgebiet der ganzen Branche. V_1 vermindert durch seine Eroberung auf dem Potentialmarkt der Branche die Ausdehnungsmöglichkeiten für $V_2 \ldots V_X$; er ist ja nicht der Branche wegen, sondern um seiner selbst willen bestrebt, etwas vom Potentialmarkt zu realisieren. Es wird geradezu als ein Nachteil der „konstruktiven" Reklame angesehen, daß ein Teil der neuen Nachfrage, für deren Mobilisierung V_1 die Kosten getragen hat, $V_2 \ldots V_X$ zugute kommt. Diese ausstrahlende Reklamewirkung sucht man so weit wie möglich zu verhindern. Da man sie nicht ganz vermeiden kann, wird empfohlen, branchenerweiternde Vorstöße gemeinschaftlich durchzuführen.

BRANCHENINTERNE UND TRANSVERSALE KONKURRENZ. So steht die Sache, branchenintern betrachtet. Die Konkurrenz ist jedoch nicht auf die einzelnen Branchen begrenzt, sondern umfaßt den gesamten Markt, wo die Verkäufer der verschiedenen Branchen in transversaler Konkurrenz stehen (**230**, 97 ff.). Selbst wenn das Vordringen von V_1 in den bisher nur potentiellen Teemarkt außerhalb des brancheninternen Wettbewerbs mit den Teeverkäufern $V_2 \ldots V_X$ stattfände, würde V_1 dennoch durch seinen gesteigerten Teeverkauf einen Teil der gesamten Kaufmacht in Beschlag nehmen, der bisher zu anderen Waren, zum Beispiel Kaffee, floß. „Alle Marktgüter wetteifern um die Nachfrage, die entsteht, weil alle diese Güter auf dem Markt sind" (**455**, 285). Im modernen Wirtschaftsleben, wo der unveränderliche „Grundbedarf" nur einen äußerst geringen Teil des Gesamtumsatzes ausmacht und wo auch die Waren zur Deckung des Grundbedarfs sehr fein differenziert sind, sind praktisch alle Verkäufer gegenseitig „Konkurrenten um die Tasche des Konsumenten" (**366**, 205). Gesehen als Mittel in dieser, den gesamten Markt umspannenden Transversalkonkurrenz, ist auch die branchenerweiternde, den Bedarf weckende Reklame repressiv, wenn man mit der gesamten Kaufmacht der Gesellschaft als einer gegebenen Größe rechnet. Gelingt es V_1, entweder den Verkauf einer bereits bekannten Ware über die bisherigen Grenzen des Branchenmarktes hinaus auszudehnen oder Nachfrage nach einer neuen, bisher nicht gehandelten Ware zu wecken, zieht er damit bestimmte Nachfrageeinheiten von anderen Branchenmärkten ab (**455**, 285). Ein Beispiel für bewußte und betonte Transversalkonkurrenz ist folgendes Plakat im Schaufenster eines englischen Buchhändlers: „Buch oder Schokolade? gleicher Preis 5 Shilling. Die Schokolade geht in Ihren Magen und bleibt dort zwei Stunden. Das Buch geht in Ihren Kopf und bleibt dort, so lange Sie leben. Kaufen Sie lieber das Buch!" (**115**, 85). – Nimmt man dagegen an, daß die Reklame zu einer Steigerung der gesamten Kaufmacht führen kann, fällt das repressive Moment fort, aber nicht das Konkurrenzverhalten als solches.

Wie man es auch dreht und wendet: Zweck der Reklame ist es, „Mitbewerber auszuschließen, zu verdrängen" (**468**, 141). Der Gedanke an eine nicht konkurrierende Reklame ist, wissenschaftlich gesehen, unsinnig, und sogar ihr Propagandawert ist zweifelhaft. Eine ökonomische Verteidigung der Reklame kann nicht darin bestehen, ihre Begründung außerhalb der Konkurrenz zu suchen, sondern nur in einer Rechtfertigung der besonderen Form der Konkurrenz, die sich der Reklame bedient.

KAMPFREKLAME. Aber ein Körnchen Wahrheit ist, wie gesagt, in der Rede vom Gegensatz zwischen konkurrierender und konstruktiver Reklame; das Streitelement kann nämlich im Konkurrenzverhalten mehr oder minder ausgeprägt sein. Dieses setzt sich zusammen aus dem gleichzeitigen Vorwärtsstreben der Konkurrenten und einem Interessengegensatz zwischen ihnen. Jeder Verkäufer hat den Blick nach vorn auf die Steigerung seines Absatzes gerichtet und behält gleichzeitig den Fortschritt der Konkurrenten im Auge; dieses beobachtende Auf-der-Hut-Sein den Konkurrenten gegenüber nenne ich den konkurrenztypischen Seitenblick. Dessen Feindseligkeit kann in einer gegebenen Konkurrenz – dauernd oder zeitweilig – verschärft sein, bis hin zu jenem Punkt, wo die Konkurrenz in ein Kampfverhältnis umschlägt und die Reklame entsprechenden Charakter annimmt (**230**, 12 f., 17 f., 40 f.).

Da die Repressionskonkurrenz die Form ist, die dem Kampfverhältnis am nächsten kommt, erscheint die Reklame in ihrem Dienste als Kampfreklame. „Scharfer Konkurrenzkampf macht eine ausgeprägt aggressive Konkurrenzreklame unumgänglich" (**201**, 36). Der repressive Zug ist in der Verkäuferkonkurrenz am ausgeprägtesten, wenn der Markt relativ überfüllt und homogen ist (alle Verkäufer bieten ungefähr die gleiche Ware an); und da die Reklame in ihrer älteren Periode, namentlich im Einzelhandel, vorzugsweise als Mittel in der rein graduellen Konkurrenz angewandt wurde, war sie damals kampfgeprägter als später, als die Gattungskonkurrenz (Markenwaren!) Boden gewann. Eine gewisse Entspannung des Kampfelementes in der Reklame bedeutet also keineswegs, daß die Reklame sich von Konkurrenz löst; sie ist „ein Resultat der modernen Wirtschaftskonkurrenz" (**674**, 1) und durchläuft deshalb ihre Entwicklung, Hand in Hand mit der Strukturveränderung der Verkäuferkonkurrenz selbst, von der graduellen Konkurrenz zur Gattungskonkurrenz. Ebenso wie die Konkurrenz wird auch die Reklame in deren Dienste weniger repressiv gegenüber dem Konkurrenten und aggressiver gegenüber den Käufern.

Die gegenüber dem Käufer aggressive, markterweiternde Reklame blüht jedoch vorzugsweise im Konjunkturanstieg. In der Depression „handelt es sich nur noch selten um Hoffnungen, auf Bedarfserweckung und Bedarfssteigerung, sondern um eine Schlacht, in der täglich entschieden wird, welcher Konkurrent den größeren Anteil an der engbegrenzten stagnierenden Summe des für Industrieprodukte zur Verfügung stehenden Volkseinkommens an sich reißt" (**150**, 20). Mit der Verengung des Marktes gleitet die Reklame in ein repressives Stadium zurück.

POLEMISCHE REKLAME. Die extremste Form der Kampfreklame ist die polemische Reklame, die sich herabsetzend gegen einen bestimmten, namentlich genannten Konkurrenten richtet (knocking copy); *Spectator* und *Tatler* waren im 18. Jahrhundert voll von dieser Art Reklame (**400**, 92 f.), die J. Addison lächerlich machte (**4**, **II**, 166). Seit kurzem herrscht die Auffassung vor, daß die Reklame sich der Polemik enthalten solle; sie müsse vielmehr bestrebt sein, das Reklamat im Bewußtsein des Reklamanden zu isolieren. Polemik lenke die Aufmerksamkeit auf die Ware des Konkurrenten, anstatt sie auf das Reklamat zu konzentrieren. Abfällige Reklame habe außerdem den Nachteil, daß sie sich leicht gegen den Reklamisten selbst wende; sie fordere den angegriffenen Konkurrenten zum Gegenangriff heraus, und die Käufer könnten vom Mißtrauen gegenüber einer ganzen Branche erfaßt werden, deren Verkäufer gegenseitig übereinander herziehen. Eine deutsche Lebensversicherungsgesellschaft verbot deshalb schon im Jahre 1888 ihren Agenten, abfällig über andere Gesellschaften zu sprechen, und reagierte auf Ungehorsam mit sofortiger Entlassung (**591**, 159). – Vereinzelt findet man jedoch die Auffassung, daß polemische Reklame gerade Interesse für die ganze Branche wecken könne und auf diese Weise allen ihren Verkäufern zugute komme. Polemik wirkt auf die breite Masse anziehend; „das Messen der Kräfte ist ein Schauspiel, dem sich niemand entziehen kann. ... Aber nicht selten tritt der Fall ein, dass beide kämpfenden Parteien von diesem Ringen Vorteil ziehen" (**254**, 99; **255**, 122). Wenn das richtig wäre, würde es eine gute Idee sein, nach Absprache einen Reklamestreit anzuzetteln, als – Gemeinschaftsreklame für die Branche.

Direkte Polemik ist jedoch nicht die einzige Form der Kampfreklame; eine solche liegt überall vor, wo der Seitenblick des Reklamisten auf die Konkurrenten geschärft ist. Eine für die Ära der Markenware bezeichnende Form der Kampfreklame ist die Warnung vor „Nachahmungen" – besonders häufig in jener Zeit, als die ersten Marken innerhalb der einzelnen Branchen erschienen waren. Die erste Marke, die eine Sonderstellung innerhalb der Warengattung errungen hatte, bezeichnete mit Vorliebe die folgenden sekundären und tertiären Marken als „Nachahmungen". Das Waschmittel Pearline warb im Jahre 1897 auf der Rückseite von *Ladies' Home Journal*: „Warum, glauben Sie, geben wir 4.000 Dollar für diese Seite aus? – Die Antwort ist: Um jeder fünften Familie in den USA mitzuteilen, daß Pearline als das erste amerikanische Waschpulver den Markt für alle anderen ‚Seifen' und ‚Waschmittel' öffnete – für die guten, die schlechten und die mittelmäßigen. Nun gibt es Dutzende von ihnen. Aber sie werden wieder vom Markt verschwinden, sobald der Konsument sie mit Pearline verglichen hat" (**212**, 463). – Nach und nach, wenn die Marken in einer Branche so zahlreich werden und die Unterschiede zwischen ihnen so verschwindend klein, daß man sich wieder der Homogenkonkurrenz nähert, erscheint auch wieder die polemische Reklame. Man entsinnt sich des Reklameschlagwortes: „Es ist Zeit, zu Selva hinüberzuwechseln" – jeder wußte, daß es Persil war, das ausgetauscht werden sollte.

Ein typischer Fall von Kampfreklame ist die Spezialkonkurrenz zwischen zwei Verkäufern, die miteinander in starker Konkurrenz stehen; das können V_1 und V_2 unter vielen anderen sein, weil ihre Spezialmarken einander sehr ähnlich sind oder weil beide als die zwei größten Verkäufer der Branche das Monopol anstreben, oder sie können die beiden einzigen Verkäufer in der Branche sein. Eine solche Spezialkonkurrenz kann leicht in einen Vernichtungskampf ausarten, der unter anderem mit einer besonders anzüglichen Reklame geführt wird – wenn nicht die Parteien eine Vereinbarung treffen, um die Kosten der Kampfreklame zu vermeiden (Bierbranche).

Abstumpfung. Die Reklame stellt die Suggestion von Käufermassen in den Dienst der Verkäuferkonkurrenz. Wo sie als eine neue Konkurrenzmethode auftritt, gewährt sie, ebenso wie die erste Anwendung jeder anderen betriebswirtschaftlichen Idee, einen Extragewinn oder „Differentialrendite" (**455**, 218; und andere); der neue Einfall gibt einen Vorsprung in der Konkurrenz. In diesem Sinne ist es richtig, daß das „kaufmännische Talent sich durch Reklame auch da Bahn brechen kann, wo andere, kapitalkräftigere, jedoch weniger geschickte Unternehmer eine anscheinend feste Position innehaben" (**508**, 57). Aber dies gilt nur zu Beginn, solange die Reklame von einem Verkäufer oder einigen wenigen Verkäufern innerhalb eines Konkurrenzgebietes angewandt wird. Der Reklamist besitzt dann eine Konkurrenzwaffe, die ihn sonst Ebenbürtigen gegenüber überlegen macht und ebenbürtig mit in anderer Hinsicht überlegenen Nichtreklamisten. Dieser vorläufige Vorteil schwächt sich aber ab, wenn die neue betriebswirtschaftliche Idee ihre Neuheit verliert und andere Konkurrenten die gleiche Methode anwenden (**689**, 131 f.).

Dieser Rückgang in der Durchschlagskraft der Reklame hat sowohl psychische als auch konkurrenztechnische Ursachen. Psychologisch gesehen, tritt eine gewisse Abstumpfung bei den Käufern ein. Alle Sachverständigen sind sich darin einig, daß es vor 100 Jahren leicht war, viele Käufer mit verhältnismäßig schlechter Reklame anzulocken, während die Käufer jetzt auf die ausgeklügeltsten Mittel lau reagieren. „Je mehr Reklame getrieben wird, desto unwirksamer wird sie; je weniger die Konsumenten sich an die Reklame gewöhnt haben, desto stärker imponiert sie" (**210**, 253). Die Folge davon war, daß die Reklamisten nicht allein einander überboten, sondern durch quantitative Werbeanstrengungen auch sich selbst; die Annoncen wurden größer, die Lettern fetter gedruckt, die Plakate greller. Immer mehr brutale Reize schienen notwendig zu sein, um Eindruck zu machen, als die Reklame nach und nach zur alltäglichen Einrichtung wurde. Der Reklamechef der Packard Motor Car Company, E. R. Estep, klagt: „Es gibt zuviel Reklame. ... Denselben Eindruck auf die Öffentlichkeit zu machen kostet jetzt doppelt soviel wie vor zehn Jahren. ... – Die Konkurrenz des Inserenten sind nicht andere Inserenten im gleichen Geschäftszweig, sondern ist die Gesamtmenge der Reklame. Er setzt seinen Dollar gegen die Reklameflut, und der Dollar verschwindet im Reklamemeer" (**517**, 22). Kurz gesagt: Die Reklame scheint jene Grenze erreicht zu haben, wo das Gesetz des sinkenden Ertrages sich geltend macht und eine Steigerung der Reklame immer weniger lohnend wird (**210**, 252). – Etwas Dementsprechendes gilt in gattungsmäßiger Hinsicht. Nur durch eine sich von anderen abhebende Reklame kann der einzelne sich im gewaltigen Chor der Stimmen bemerkbar machen; aber selbstverständlich werden neue, wirkungsvolle Mittel auch sofort von anderen Reklamisten angewandt. Die immer verfeinertere Reklame erfordert steigende Ausgaben. „Als im Jahre 1899 die Shredded Wheat Biscuit Company zum ersten Mal in den USA eine farbige Annonce in *Leslie's Popular Monthly* hatte, erweckte das bei der Leserschaft großes Aufsehen, aber auch Protest bei den Inserenten, die befürchteten, daß die farbige Annonce zur Norm werden würde. Sie kostete mehr; wäre sie aber erst alltäglich, so würde ihr relativer Aufmerksamkeitswert trotzdem nicht größer sein als der bisherige der schwarzweiß gedruckten Annonce" (**212**, 464). Hierzu muß korrigierend bemerkt werden, daß die erste farbige Annonce schon im Jahre 1893 erschien – sie stand in *Youth's Companion* und warb für Mellin's Food. Aber der historische Irrtum berührt nicht das Prinzip der Sache. Die Geschichte der Reklame zeigt, wie neue technische Einfälle und Stilformen einander ablösen. „Daraus ergibt sich die Notwendigkeit der inhaltlichen und äußeren V a r i i e r u n g der Werbemittel, um die Wirkung ..." durch „das Gesetz des abnehmenden Ertrages des seelischen Reizes" (**623**, 67) zu umgehen. Glaubt ein Verkäufer, die neueste und wirkungsvollste Art, seine Ware in Szene zu setzen, entdeckt zu haben, kommt gleich eine noch neuere Form, und „der letzte Schrei des gestrigen Tages wirkt hausbacken und veraltet" (**543**, 597). Die wachsende Schnelligkeit, mit der die Stilformen und Moden der Reklame einander ablösen, zeigt mehr als irgend etwas anderes, daß das Publikum zu einem gewissen Grade gegenüber der Reklame abgehärtet wird.

Die Verbreitung der Reklame. Wettbewerbsmäßig gesehen, gilt für die Reklame das gleiche wie für produktionstechnische Fortschritte. Der Pionier genießt, während er der einzige ist, der die neue Technik anwendet, einen Extragewinn als Belohnung für seinen Einsatz in dem intensiven ökonomischen Fortschritt. Der Extragewinn schwindet allmählich mit dem extensiven Fortschritt, der darin besteht, daß sein Einfall Allgemeinbesitz wird, und kommt der ganzen Wirtschaft zugute. Auch die Reklame ging im Laufe des 19. Jahrhunderts diesen Weg; aus dem speziellen Konkurrenztrick einzelner Verkäufer wurde eine allgemein angewandte, normale Geschäftsmethode. Dieser Prozeß fand seinen deutlichsten Ausdruck in der Professionalisierung der Reklame und ihrer Entwicklung zu einem besonderen Hilfszweig innerhalb der Wirtschaft. Der Geschäftsmann macht nicht mehr Reklame als eine kleine Sonderveranstaltung, sondern er „kauft Reklame" genauso wie anderen Geschäftsbedarf oder stellt sie in eigener Regie durch Werbefachleute her, wenn die Firma so groß ist, daß es sich rechnet. Diese Signifikanz kommt wohlgemerkt nicht den Annoncenkontoren zu, die nur Reklameplatz vermitteln (space-brokers), sondern den Werbeagenturen, die Reklamesubstanz produzieren und die gesamte Reklame ihrer Kunden planen. Die Annoncenkontore sind denn auch die älteste Form. Die ersten waren R. F. White & Son 1800 in London, Orlando Bourne 1828 in New York, Duveyrier 1845 in Paris und Haasenstein & Vogler 1856 in Hamburg. Die Werbeagenturen im modernen Sinne beginnen in den USA mit G. P. Rowell, demselben, der im Jahre 1888 die Reklamefachzeitschrift *Printers' Ink* gründete; der erste, der in Deutschland über die bloße Vermittlung von Annoncenplatz hinausging, war der geschäftstüchtige Scharlatan F. von Schirp.

Ist die Reklame erst allgemein anerkannt, wird das auffälligste Reklamephänomen *„die Konkurrenz der Reklame mit anderer Reklame"* (**86**, 129). Ein Vorstoß fordert zum Gegenangriff heraus, offensive Reklame wird mit Gegenreklame beantwortet, die möglicherweise wiederum einen vermehrten Reklameeinsatz von seiten des ersten Angreifers auslöst. Man erlebt auf diese Weise von Zeit zu Zeit regelrechte Reklameschlachten zwischen Spezialkonkurrenten. Wenn Kropeit in seinen „zehn Geboten der ‚aktiven' Werbung" (**363**, 48) „die Konkurrenzreklame nicht erwähnt" und in einem anderen Zusammenhang davon abrät: „Mache nie Reklame, weil dein Nachbar es tut!" (zitiert nach **464**, 31), so verkennt er gründlich die Ursachen der Reklame. Er widerspricht da auch sich selbst mit seiner an anderer Stelle geäußerten Ansicht über die Konkurrenzbekämpfung, die darin gipfelt: „Niederringen oder doch Zurückdrängen der Konkurrenz, erfordert zähe und wohldurchdachte Werbearbeit" (**363**, 56).

RETENTIVE REKLAME. Die Konkurrenten treiben sich gegenseitig zu steigenden Werbekosten. Wenn das durchschnittliche Werbebudget in einer Branche im Laufe der Jahre anschwillt, dann deutet dies „auf eine Zunahme der Konkurrenz" (**464**, 39) hin. Es wird zum Beispiel behauptet, die chronischen Krisen in den meisten österreichischen Bekleidungsindustrien um 1905 rührten von den durch zügellose Konkurrenz gestiegenen Vertriebskosten her; die Folge davon waren Preiserhöhungen und Schundkonkurrenz (**178**, 4 f.). Auch der „Wettbewerb der konkurrierenden Markenartikelproduzenten um die Wertschätzung des Konsumenten hat zu einer Steigerung des Reklameaufwandes einmal absolut, dann aber auch als Prozentsatz des Umsatzes geführt" (**497**, 40 f.).

Durch aggressive Reklame verschafft sich der Verkäufer eine Stellung auf dem Markt – entweder durch Verdrängen anderer oder durch Eroberungen auf dem Potentialmarkt; und durch defensive Reklame hält er die erreichte Marktstellung gegen den Sturmlauf der konkurrierenden Reklamisten. „Die landesweite Inserierung der großen Firmen wird immer defensiver" (**404**, 17 f.). Die Reklame dient solchermaßen sowohl dazu, Käufer zu gewinnen als auch dazu, sie zu halten. „Die Ausgaben für Reklame sind ... eine sehr sichere und profitable Investition", soweit sie Vertrauen bildet, „und eine Versicherung gegen Geschäftsrückgang", soweit sie Vertrauen erhält (**425**, 39). Die letztere Form wird in der Regel als retentive (erhaltende), gelegentlich als protektive Reklame (**695**, 323) bezeichnet, auf französisch als „publicité d'entretien" (**271**, **I**, 119 ff.). Eine gewisse Reklamemenge ist also notwendig, um die aggressive Reklame der Konkurrenten abzuwehren. Ist ein Markt in den Händen einer Anzahl Verkäufer, die eine verhältnismäßig feste Stellung innehaben, so kann sich ein neuer Konkurrent nur durch eine recht teure Einführungsreklame in den Markt hineindrängen. Es wird jedoch vor einer allzu aufdringlichen Einführungsreklame mit der einleuchtenden Begründung gewarnt, daß ihr erster Erfolg einen Marktwiderstand verbergen kann, dessen Überwindung später ständig steigende retentive Werbekosten erfordert (**150**, 101). Besitzt die Ware einen Marktwert, muß sie sich nach der Einführungsreklame mit verhältnismäßig bescheidener Retentivreklame auf dem Markt halten können. – Die alten Verkäufer befinden sich in einer recht günstigen Stellung. „Die Brandung der Konkurrenz spült hier und dort einen Stein fort, der durch einen neuen ersetzt werden muß, ist aber die Mole erst errichtet, wird ihre Erhaltung nicht außergewöhnlich teuer sein" (**619**, 121). Faktum ist jedoch, daß Angreifer und Verteidiger auf stark umstrittenen Märkten sich gegenseitig zu immer größeren Werbeanstrengungen zwingen, deren Kosten letztendlich von der gesamten Wirtschaftsgesellschaft getragen werden müssen.

Kleppner geht in seiner Analyse einen Schritt weiter. Er unterscheidet zwischen Pionier-, Konkurrenz- und Retentivreklame als drei konkurrenzstrategischen Stadien (**348**, 5 ff.); „sie sind Ausdruck für den Grad der Akzeptanz des Produktes unter den verschiedenen Gruppen zukünftiger Käufer" (**348**, 12). Im ersten Stadium sucht der Reklamist Goodwill für ein neues Produkt aufzubauen; im zweiten Stadium wird er gezwungen, sich gegen andere Produkte der gleichen Gattung und ihre Reklame zu verteidigen; im dritten Stadium haben die Konkurrenten ihre Marktstellungen gefestigt und leidlich gegeneinander abgegrenzt; nun betreiben sie nicht mehr aggressive oder defensive Reklame, sondern suchen nur durch Erinnerungsreklame sich ihre Sondermärkte zu erhalten (**348**, 22). Diese Reihenfolge der drei Stadien (Figur 5) wiederholt sich nun Kleppner zufolge im Hinblick auf jedes Produkt; haben die Verkäufer das retentive Stadium erreicht, beginnt das Ganze in größerem Maßstab von vorn (**348**, 23 f.), so daß eine Reklamespirale entsteht (Figur 6). Einer der Verkäufer macht seine bisherigen Käufer auf neue Anwendungsmöglichkeiten für sein Produkt aufmerksam oder sucht neue Verbraucherkreise für die Ware zu gewinnen. Die Konkurrenten folgen nach; die neue Marktzone ist so eine Zeitlang umstritten, bis wiederum ein Gleichgewichtsstadium mit nur erhaltender Reklame eintritt (**348**, 23 ff.). Kleppners Spirale ist ohne Quellenangabe von Kropff und Randolph übernommen worden (**366**, 242 ff.). Ich berichte hier über die Theorie als einen interessanten Beitrag zum Thema „Reklame und Konkurrenz", aber ich habe starke Zweifel, ob

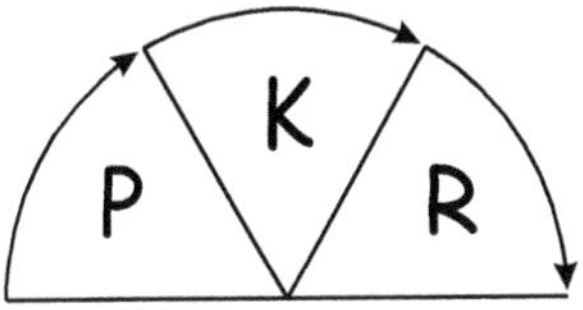

Figur 5

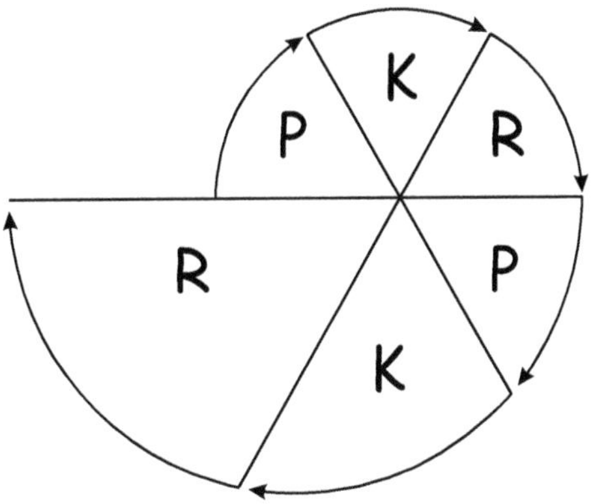

Figur 6

eine Abgrenzung zwischen konkurrierender (aggressiver und defensiver Reklame) und erhaltender Reklame möglich und fruchtbar ist. Retentive Reklame würde ja überflüssig sein, wenn nicht die Marktstellung des Verkäufers durch Konkurrenten bedroht wäre; sie ist eine vorbeugend defensive Reklame.

„KUMULATIVWIRKUNG". Es geht natürlich in diesem Zusammenhang um die Frage, ob die Reklame wirkungserhaltend sein muß, um Gewinn zu erzielen. Dieser Anspruch wird in unendlichen Variationen wiederholt. Die Reklame wirke nur durch „die suggestive Kraft der Dauer" (**371**, 11). „Es verhält sich mit der *Reklame* ebenso wie mit dem Feuer des Vestatempels: beide dürfen nie nachlassen" (**377**, 9). „Es gibt unzählige Beweise dafür, daß wirkungserhaltende Reklame die einzige ist, die sich bezahlt macht" (**201**, 100). „Die Grundlage erfolgreicher Reklame ist Regelmäßigkeit und Beharrlichkeit" (**209**, 203). „Die richtige Zeit für Reklame ist – immer" (**490**, 15). „Jede Reklame muß sich bezahlt machen, wenn man nur genügend Kapital hat, um sich zu behaupten" (**399**, 176) usw. usf. bis ins Unendliche. Hier und da wird jedoch darauf hingewiesen, daß man diesen Beteuerungen kein besonders großes Gewicht beizumessen braucht, wenn sie von Werbeagenten und Zeitungsverlegern kommen, „denen natürlich damit gedient wäre, wenn die Inserenten ihre Reklame fortsetzen würden" (**257**, 171; **271**, **I**, 25). – Die Notwendigkeit einer aufrechterhaltenden Reklame wird teils mit der retentiven Aufgabe der Reklame, teils mit der Kumulativwirkung der Wiederholung begründet. Wir betrachten zuerst die vermeintliche Kumulativwirkung, die nicht in unmittelbarem Zusammenhang mit unserem gegenwärtigen Hauptthema, dem Verhältnis der Reklame zur Konkurrenz, steht.

Es wird behauptet, die erste Reklamebotschaft erziele für sich allein in der Regel nur eine geringe Wirkung; mehrere Reklamevorstöße seien notwendig, um den Stein ins Rollen zu bringen; sei es erst so weit, verbinde sich die Nachwirkung der ersten Botschaften mit der Stoßkraft der letzten zu einem Gesamtresultat. „Aber nach einer Serie von vier Annoncen ist das Resultat oft fünfmal größer als nach der ersten Annonce. Also ist hier zwei mal zwei gleich fünf. Die Reklamebotschaft ruft auf diese Weise nicht allein durch sich selbst eine Wirkung hervor; die Wiederholung, die Kumulierung der Suggestionen, bringt weiteren Gewinn. Bei jedem neuen Reklamevorstoß zieht man aufs neue Nutzen aus dem vorhergehenden" (**214**, 44). Es trete vermutlich eine Lawinenwirkung ein (**499**, 3). Es werden auch konkrete Fälle genannt, wo zum Beispiel ein Reklamist nach sechs Annoncen in monatlicher Folge 125, 198, 179, 266, 397 und 668 Aufträge erhielt (**434**, 19). Andere verneinen jeden „kumulativen Effekt". Giellerup betrachtet ihn auf jeden Fall als unbewiesen, obwohl die ganze Werbebranche „ihn für eines der Axiome unseres Geschäfts hält" (**236**, 17). Sie ist auch unwahrscheinlich, denn überall dort, wo Kontrolle möglich ist, zeigt es sich, daß die ersten Annoncen einer Serie den größten Effekt bringen, während die folgenden weniger Wirkung zeitigen. Er führt einen Fall an, wo die erste Annonce zu 12.000 Verkäufen führte, die dreizehnte aber nur zu 2.000. Die Werbekosen eines Reklamisten, der zwei Jahre lang annonciert hatte, stiegen von 43 Cents pro Einheit auf 6,46 Dollar (**236**, 18, 85). Eine Versandhandelsfirma teilt folgende Resultate einer dreimaligen Inserierung in vier Zeitschriften mit (**532**, 3):

Anzahl der Aufträge nach	1.	2.	3.
	Inserat		
Zeitschrift I	105	28	19
Zeitschrift II	25	11	6
Zeitschrift III	56	11	11
Zeitschrift IV	48	9	6

Tabelle 2

Eine andere Quelle gibt als Resultat einer ein Jahr lang in Unterhaltungsblättern wöchentlich erscheinenden Anzeige an, daß die erste Woche 42 Prozent aller Aufträge erbrachte, die zweite Woche 30 Prozent, die dritte Woche 11 Prozent. Nach dem sechsten Inserat waren 94 Prozent der Aufträge erreicht, und die übrigen 6 Prozent kamen im Laufe der 7. bis 52. Woche (**341**, 364). Hier folgt als Illustration die Antwort eines Pfeifenfabrikanten auf das Rabattangebot eines Blattes auf Serienannoncen. „Ich gebe nicht länger Serienannoncen auf und verzichte auf Rabatt. Genaue Kontrolle hat ergeben, daß nur die ersten Annoncen ein Resultat bringen; hierauf nimmt die Wirkung ab und ist oft bereits bei der dritten Annonce gleich Null. Annonciere ich nach einer längeren Pause wieder in derselben Zeitung, pflegt die Annonce wieder Aufträge einzubringen" (**715**, 97 f.). Shryer hat die Sache untersucht und die Kumulativwirkung nicht bestätigt finden können (**621**, 80). Eigene Beobachtungen zeigten vielmehr, daß „die erste Annonce in einer Zeitschrift eine bessere Wirkung erzielte als irgendeine der späteren. Die Wiederholung der gleichen Annonce in gleicher Zeitschrift verliert ihre Wirkung im direkten Verhältnis zur Anzahl der Wiederholungen ... Die erste Annonce bringt pro Dollar, der dafür ausgegeben wird, mehr Gewinn als jede weitere Annonce" (**621**, 81). Shryer nennt Zahlen, aus denen hervorgeht, daß jeder Käufer, den ein Reklamist durch seine zweite Annonce in einer Reihe Zeitungen gewann, zwei- bis dreimal soviel an Werbekosten erforderte wie jeder der Käufer, die schon nach der ersten Annonce in den gleichen Zeitungen gewonnen wurden (**621**, 82 f.). Cody gibt das letztere zu, verteidigt aber die Wiederholung damit, daß es nun einmal Käufer gebe, die mehrerer Anstöße bedürfen; und wenn ein Käufer erst auf die zehnte Ansprache reagiere, sei er zwar ein teurer Kunde, aber hätte man auf die zehnte Botschaft verzichtet, wäre das Geld für die neun vorhergehenden, was ihn betreffe, völlig vergeudet gewesen (**126**, 324 f.). Das wäre es natürlich – aber die neun vorhergehenden Botschaften hätten doch eine zufriedenstellende Anzahl anderer Käufer gebracht. Die Reklame fortzusetzen, wenn die Gesamtwirkung per Annonce unter die Rentabilitätsgrenze sinkt, nur um einigen besonders widerspenstigen Reklamanden den letzten Anstoß zu geben, heißt, gutes Geld schlechterem hinterherzuwerfen.

Die ganze Diskussion ist wahrscheinlich zwecklos, wenn man nicht zwischen zwei Reklametypen unterscheidet. Hémet glaubt, der Gedanke an Kumulation müsse falsch sein, sonst könnte Reklame für unmittelbaren

Verkauf sich niemals lohnen (**271**, **I**, 27). Der Kumulativgedanke wird bezeichnenderweise in der Regel von Verkäufern im Versandhandel und anderen, deren Reklame auf unmittelbaren Absatz abzielt, bekämpft. Hier wird die erste Botschaft den größten Gewinn bringen, während die folgenden nur eine schnell abnehmende Nachlese geben können (**519**, 41 ff., 51 ff.). Daß spätere Inserate, im ganzen genommen, einige Wirkung zeitigen, liegt nicht an der Kumulation der ganzen Serie bei einzelnen starrsinnigen Reklamanden, sondern wahrscheinlich eher an dem Umstand, daß einige, die die ersten Annoncen nicht sahen, über eine der späteren stolpern. Die Wirkung ist hier nicht kumulativ im Hinblick auf den einzelnen, sondern sukzessiv im Hinblick auf die Masse möglicher Käufer, die das Medium erreicht (**271**, **I**, 31). In diesem Sinne meint Shryer, daß erst ein wechselnder Leserkreis ein Medium für solche Reklamisten wertvoll mache (**621**, 197). – Eine gewisse Kumulation muß hingegen hinsichtlich der Goodwillreklame vermutet werden, namentlich in der Gewöhnungsreklame für eine neue Ware. Hier geht es darum, durch unaufhaltsames Eindringen auf den Reklamanden eine Spur in seine Psyche zu ritzen; „die unablässige Beeinflussung hinterläßt einen dauernden Eindruck und führt zum Kauf" (**635**, 324). Dieser Prozeß ist auf Seite 125 ff. eingehend beschrieben. P. E. Derrick hat mit Ausgangspunkt in der Kumulation der Goodwillreklame einen Abschreibungsplan aufgestellt (**76**, 18). Die Wirkung der Reklame entspricht demnach im ersten Jahr den Ausgaben, während in den folgenden Jahren eine mit 20 Prozent pro Jahr sinkende Nachwirkung entsteht. Wenn ein Reklamist auf diese Weise jährlich 5.000 Dollar aufwendet, erhält er folgendes Resultat:

Ausgaben		Wirkung	Nachwirkung vom					Gesamtwirkung Wert in $
			1. Jahr	2. Jahr	3. Jahr	4. Jahr	5. Jahr	
	$	$	$	$	$	$	$	
1. Jahr	5.000	5.000	–	–	–	–	–	5.000
2. Jahr	5.000	5.000	4.000	–	–	–	–	9.000
3. Jahr	5.000	5.000	3.000	4.000	–	–	–	12.000
4. Jahr	5.000	5.000	2.000	3.000	4.000	–	–	14.000
5. Jahr	5.000	5.000	1.000	2.000	3.000	4.000	–	15.000
6. Jahr	5.000	5.000	–	1.000	2.000	3.000	4.000	16.000

Tabelle 3

Das sieht sehr exakt aus, ist aber ein rein konstruiertes Exempel, da man 1) nicht generell den Wert der Reklamewirkung des einzelnen Jahres im Verhältnis zu den Kosten feststellen kann und 2) die Nachwirkungsquote unterschiedlich sein wird, teils, weil die Reklame verschieden gut ist, teils, weil die Zufriedenheit der Erstkäufer mit der Ware die Nachwirkung der Reklame fördert oder zunichte macht. – Die Kumulation kann, im ganzen genommen, nicht gemessen werden; die Wirkung der Goodwillreklame entzieht sich einer genauen Kontrolle, und die Nachwirkung früherer Reklame fließt mit der Reklamewirkung des laufenden Jahres zusammen. Dieser Mangel an Kontrollierbarkeit ist jedoch kein Grund, die Kumulation der Goodwillreklame zu bezweifeln. Sie kann zwar nicht gemessen werden; aber daß sie vorhanden sein muß, geht unbestreitbar aus psychologischen Überlegungen und Beobachtungen hervor (vgl. Seite 125 ff.). Shryer leugnet allerdings die Kumulativwirkung auch hinsichtlich der Goodwillreklame (**621**, 211 ff.); aber er kann sich nur darauf stützen, daß sie sich nicht aussondern und messen läßt – seine Argumente gegen ihre Wahrscheinlichkeit sind äußerst dünn.

ERINNERUNGSREKLAME. Wir kommen nun zur Bedeutung des Beharrlichkeitsprinzips für retentive Reklame. Man erzählt sich von Wrigley, daß er auf einer Eisenbahnreise von einem Mitreisenden gefragt wurde, warum er ständig so viel für Spearmint-Reklame ausgebe – jeder Amerikaner kenne und kaufe doch bereits sein Kaugummi. Wrigley soll geantwortet haben: „Unser Zug fährt wahrscheinlich hundert Kilometer in der Stunde. Was, glauben Sie, würde geschehen, wenn jemand plötzlich die Waggons von der Lokomotive abkoppelte? Ich werde es Ihnen sagen. Wir würden ein paar hundert Meter weiterrollen und dann stehenbleiben.“ – Es werden viele Fälle berichtet, die die Notwendigkeit der andauernden Retentivreklame beleuchten. Pears' Seife soll im Jahre 1905 nach sechsmonatiger Pause in der Werbung 35 Prozent des Verkaufs eingebüßt haben – allerdings zur gleichen Zeit, als Blondeau & Compagnie Limited mit versteckter Polemik gegen Pears für ihre Vinolia Seife mit den Worten „weniger alkalisch“ warben. Hémet nennt ein ähnliches Beispiel aus der französischen Schokoladenindustrie (**271**, **I**, 39 f.). Smith berichtet schon im Jahre 1863 über eine große Londoner Firma, die ihren Werbeetat von 8.000 Pfund Sterling auf die Hälfte beschnitt und binnen kurzem die Hälfte ihres Verkaufs verloren hatte; der frühere Absatz wurde wieder erreicht, als die Firma erneut den ursprünglichen jährlichen Betrag für Reklame aufwandte (**628**, 13).

Es wird in der Regel so dargestellt, als ob die Erinnerungsreklame aus käuferpsychologischen Gründen notwendig sei. „Hört man mit der Reklame auf, so sinkt erfahrungsgemäß der Absatz von Markenartikeln. Die Verbraucher bedürfen der häufig wiederholten Erinnerung" – sagt Lord Leverhulme (**656**, 40), und die Psychoanalyse hat eine besonders feine Art, es auszudrücken: „Die Wandelbarkeit der Masse bedingt es jedoch, dass die Führer-Idee ständig genährt werde, ständig mit neuem Leben eingehaucht, denn, wenn sie erschlafft, fühlt sich die Masse von der Führer-Idee (von dem Führer) betrogen – und so fanatisch-kritiklos-impulsiv sie früher an der Führeridee gehangen, ebenso fanatisch-kritiklos-impulsiv lässt sie sie im Stich, um sich gleich mit fanatisch kritikloser Impulsivität einer neuen, bereits lauernden Führer-Idee zuzuwenden" (**187**, 187). Psychologische Erfahrung weist in die entgegengesetzte Richtung. Hat sich eine Firma durch eine einige Zeit fortgesetzte Einführungsreklame auf dem Markt etabliert und ist die Ware zufriedenstellend, werden die Käufer im großen und ganzen sie auch weiterhin kaufen. „Die Reklame verkauft die Ware das erste Mal; danach muß die Ware sich selbst verkaufen" (**535**, 122). Die Einführungsreklame veranlaßt den Verbraucher, das Reklamat zu probieren; ist er zufrieden, so gewöhnt er sich daran, und ist die Gewohnheit eingewurzelt, wird der Verbraucher nicht ohne besonderen Anlaß vom Kauf der Ware abgehen. „Hat man durch Reklame die Konsumenten dazu gebracht, Pears' Seife zu gebrauchen und haben sie sich an sie gewöhnt, wirkt die Reklame nach ihrem letzten Erscheinen als Botschaft noch viele Jahre weiter" (**604**, 133). Insofern gibt es keinen Grund für Erinnerungsreklame. Geht der Verbraucher von sich aus zu einer anderen Ware über, liegt es daran, daß er unzufrieden war, und keine Reklame kann ihn dann halten. Ist er zufrieden, hat man es nicht nötig, ihn durch Erinnerungsreklame zu halten – er wird durch täglichen Gebrauch an die Ware erinnert und durch das starke Band der Gewohnheit gehalten.

Gewohnheit kann natürlich durchbrochen werden, zum Beispiel durch eine Änderung in der Mode. Aber dagegen ist retentive Reklame ziemlich machtlos; auf jeden Fall würde es allzu teuer werden, sich zu behaupten. Domizlaff warnt mit überzeugenden Gründen davor, Modeströmungen oder Marktpsychosen mit Reklame bekämpfen zu wollen; es sei besser, sie sich austoben zu lassen (**150**, 82 ff.). Er nennt Beispiele für Absatzsteigerung ohne Reklame, wo eine Zeitströmung die Ware begünstigte, und Beispiele für den fruchtlosen Kampf der Reklame gegen Modeerscheinungen (**150**, 83 ff.). Ich habe schon Deland angeführt, der um 1890–95 im Interesse der Gummibandindustrie vergeblich versuchte, den Kongreßstiefel, der aus der Mode gekommen war, wieder einzuführen (**143**, 75). – Hauptsächlich ist es die aggressive Reklame anderer Verkäufer, die die Gewöhnung des Verbrauchers an ein Produkt zu durchbrechen sucht. Der Verkäufer, der die Verbrauchergewohnheit auf seiner Seite hat, ist zwar in einer recht vorteilhaften Lage; aber mit einem ansehnlichen Werbebudget zu Beginn und durch verlockende Versprechungen kann es gelingen, selbst den zufriedenen Verbraucher dazu zu bringen, eine andere Ware zu probieren und möglicherweise ihn für sich zu gewinnen. Die neue Ware mag wirklich gewisse besondere Eigenschaften besitzen, die sie für einen Teil der Verbraucher ansprechender macht; sie mag auch im wesentlichen sich kaum von der des Konkurrenten unterscheiden, wenn die Reklame es nur versteht, eine Überlegenheit wirkungsvoll zu suggerieren. Retentive Reklame ist zuallererst notwendig als Gegenwehr gegen die aggressive Reklame der Konkurrenten. „Kein Produkt ... ist so gut, daß es keine Konkurrenten hätte. Die Reklame erinnert ihre Leser an die Waren ..., mit denen sie zufrieden waren und hindert sie durch Suggestion daran, ihnen untreu zu werden“ (**533**, 9). Mit der Reklame aufzuhören, nachdem man Erfolg gehabt hat, ist gleichbedeutend damit, *„dem draufgängerischsten der Konkurrenten zu weichen und ihm den Platz zu überlassen“* (**271**, **I**, 121).

Die Erinnerungsreklame ist keineswegs notwendig als Schutz gegen die angeborene Wankelmütigkeit des Verbrauchers, sondern nur als Waffe gegen die Konkurrenten. Beispiele dafür, daß Unterbrechung der Reklame Rückgang des Absatzes bewirkt, beweisen deshalb nicht die Unentbehrlichkeit der Reklame für die Wirtschaft im allgemeinen, sondern nur, daß V_1 mit der Reklame nicht aufhören kann, solange $V_2 \ldots V_X$ Reklame machen.

Die Reklame hebt sich selbst auf. Ein großer Teil der Reklame bezweckt also, die Reklamevorstöße der Konkurrenten abzuwehren. Es entstehen „Werbekosten für die Neutralisation der Konkurrenzwerbung“

(**623**, 8), und nur „der Saldo zwischen den beiden konkurrierenden Reklamebudgets erfüllt die eigentliche Aufgabe der Reklame" (**598**, 209), nämlich Absatzsteigerung über den jetzigen Stand hinaus. Die Ausgabe für Zeitschriftenreklame nahm beispielsweise in den USA um durchschnittlich 14 Prozent jährlich von 1921–27 zu, während das Volkseinkommen nur um 7 Prozent per annum wuchs. Die Produktion elektrischer Haushaltsgeräte stieg in dieser Zeit um circa 11 Prozent per annum, die Zeitschriftenreklame für derartige Geräte aber um durchschnittlich 25 Prozent per annum (**598**, 211). Verschärfte Konkurrenz reizte anscheinend zu wachsenden Werbeanstrengungen. Hierzu muß man allerdings bemerken, daß das letzte Phänomen auch auf andere Weise ausgelegt werden kann; ist ein großer Teil der Bevölkerung schon mit Haushaltsgeräten ausgestattet, so nähert sich der Verkäufer immer mehr dem Randbereich des Potentialmarktes, wo die Überwindung des wachsenden Käuferwiderstandes mehr Reklame erfordert. Die letzten Käufer sind immer teurer als die ersten. – Einzelne gehen so weit, die gegenseitige, einander aufhebende Reklame der Konkurrenten als *„tote Kosten"* (**289**, 19) zu bezeichnen. „Die neutralisierte Reklame ist volkswirtschaftlich wertlos, der für sie gemachte Aufwand ist nutzlos vergeudet und verschwendet" (**463**, 71).

Ein Teil der gesamten Werbekosten im Wirtschaftsleben könnte sicher ohne Schaden für die Reklamisten oder die Wirtschaftsgesellschaft eingespart werden. Aber so einfach, wie die angeführten Äußerungen es darstellen, ist der Sachverhalt doch nicht.

Es ist vor allem ein elementarer Fehler, die Sache rein mengenmäßig zu betrachten, als ob nur 2.000 Kronen des Werbebudgets von V_1 von insgesamt 12.000 Kronen Gewinn brächten, weil V_2 10.000 Kronen ausgibt. Es handelt sich nicht um einen Saldo zwischen Werbebudgets, sondern um einen Wirkungssaldo zwischen Werbemitteln, und ein Werbegenie kann mit 5.000 Kronen mehr ausrichten als ein Pfuscher mit dem Doppelten.

Danach geht die These von der Aufhebung der Reklame durch Reklame offenbar von der Vorstellung aus, daß V_1, der auf einem Markt ohne Reklame Marginalverkäufer sein würde, durch Reklame eine Vorzugsstellung erreicht hat; seine Reklame hat ihm eine „Differentialrendite" eingetragen; $V_2 \dots V_X$ machen hierauf auch Reklame, um die Stellung zu halten, neutralisieren damit die Reklame von V_1, und dieser sieht sich wieder zum Marginalverkäufer degradiert. So ist es zwar, wenn man die Reklame als eine kleine Sonderveranstaltung ansieht, mit der der Reklamist einen Vorsprung zu gewinnen beabsichtigt. Aber die Verkäuferkonkurrenz ist eine relativ aussperrende Aneignungskonkurrenz (**230**, 15 f.), bei der man zwischen absolutem und relativem Erfolg unterscheiden muß. Wenn weder V_1 noch V_2 einen bleibenden Vorsprung im Verhältnis zueinander erzielen konnten, so hat doch jeder einen Anteil an den Aneignungsobjekten (Marktchancen) erlangt; ohne Reklame würde er weniger oder nichts erreicht haben. So gesehen, kann man auch die Verwendung von Dampfkraft an Stelle von Handkraft wettbewerbsmäßig als nutzlos bezeichnen, weil der Schrittmacher nur erreicht, daß die anderen ihm folgen und seinen Einsatz aufheben, was die relative Plazierung im Rennen angeht.

Diese Parallele zwischen konkurrierenden Reklame- und Produktionsanstrengungen gilt jedoch nicht ohne weiteres, wenn man die Sache volkswirtschaftlich betrachtet. Der Gegensatz zwischen Prästations- und Suggestionskonkurrenz erhält hier seine gewisse Berechtigung. Suchen die Verkäufer einander mit ökonomischen Leistungen, technischen Verbesserungen unter anderem zu überbieten, neutralisieren ihre Bemühungen einander in der Konkurrenz, aber sie hinterlassen ökonomische Werte, von denen die ganze Gesellschaft profitiert. Versucht V_1 durch Reklame den Markt von V_2 anzugreifen und gelingt es V_2, den Angriff durch Retentivreklame abzuwehren, so ist die einzige greifbare Wirkung – ein Gewinn für die Werbewirtschaft. Die Gesellschaft insgesamt profitiert nicht davon. „Wenn Whifflets verkündet, ihre Zigaretten schadeten der Lunge nicht, behauptet Puffins, die ihren stärkten das Bronchialsystem, und Gasperettes zitiert Ärzte, die ihre Zigaretten bei Tuberkulose empfehlen. Jeder will dem andern den Knalleffekt stehlen, und was kommt dabei heraus? Die Leute rauchen die verschiedenen Marken reihum, genau wie vorher" (**547**, 248 f.). Sombart meint dazu, daß Industrie und Handel befreit aufatmen würden, wenn sie das Joch der Reklame abwerfen könnten (**631**, 486). Aber das ist das gleiche wie mit militärischer Abrüstung; der einzelne kann nicht die Initiative ergreifen. Das kann nur kollektiv gemacht werden. Es liegt eine tiefe und für die Reklame nicht besonders schmeichelhafte Wahrheit in dem Satz: „Die

Reklame ist zu einer Notwendigkeit in unserer Zeit geworden, einfach kraft ihrer Existenz und ihres Wachstums" (Saul, zitiert nach **202**, 69).

Die Reklame als „Verkaufsform". Man hat den Gedanken, Reklame hebe sich teilweise selbst auf, entkräften wollen, indem man ihn als Ergebnis einer überholten Anschauungsweise darstellte. Er entspreche, heißt es, jenen Tagen, „in denen Reklame in ihrer primitivsten Form aufhörte, Vorsprung vor dem Konkurrenten zu verleihen und eine Differenzialrendite abzuwerfen, weil ihre Anwendung weithin gebräuchlich geworden war" (**513**, 8). Die Reklame sei jedoch nicht so sehr Mittel, die Konkurrenz zu bekämpfen, „als moderne Verkaufsmethode" (**10**, 42; **513**, 8); sie sei, mit anderen Worten, keine Sondermaßnahme, um die Oberhand über Konkurrenten zu gewinnen, sondern trete als Institution an die Stelle anderer Absatzformen – und werde natürlich konkurrierend gehandhabt, da der Absatz in Konkurrenz vor sich gehe. Wenn das richtig ist, ändert sich die Sachlage gründlich. Man kann dann ebensowenig von Aufhebung der Reklame sprechen, wie man behaupten kann, daß fünf Expedienten von V_1 durch die fünf, die V_2 beschäftigt, „aufgehoben" würden. Die Sache ist einfach die, daß V_1 10.000 Kronen für Reklame ausgibt, um eine Million Einheiten zu verkaufen, während V_2 13.000 Kronen für Reklame verwendet, um 1½ Millionen Einheiten zu verkaufen. Aber – ist das richtig, und inwieweit ist es richtig, daß die Reklame „die moderne Absatzform" ist? Es ist ganz offensichtlich die Frage, ob die Reklame an die Stelle älterer Absatzformen tritt. Es wird behauptet, dies sei der Fall beim Versandhandel, der praktisch ausschließlich durch Reklame geschehe. Geschäftslokale werden gespart, aber das Verkaufspersonal wird durch Reklame nicht überflüssig; es wird durch das Personal für den Postversand ersetzt. In der Markenwarenbranche, die in diesem Zusammenhang mit Vorliebe genannt wird, könnte man sagen, daß die Reklame den Handelsvertreter ersetze und den Grossisten überflüssig mache. Was den Handelsvertreter angeht, so ist es zwar ein Reklameideal, den Verbraucher so unbedingt für die Ware zu gewinnen, daß der Einzelhändler sie seinetwegen vorrätig hält. Aber man hört nur selten von Fällen „totaler Reklame" für Markenwaren; einer von ihnen ist Gillette, deren Verkaufsgesellschaft folgendes berichtet: „Wir schafften zuerst Nachfrage von Verbraucherseite … Dann kamen die Einzelhändler zu uns. Wir beschäftigten keinen Handelsvertreter, ehe das Geschäft in Gang gekommen war, und danach hatten sie nur persönliche Gespräche zu führen. Der Absatz selbst war ausschließlich auf Reklame gegründet" (**118**, **II**, 503). In der Regel arbeitet jedoch der Markenfabrikant von zwei Seiten; die Reklame übt ihre Wirkung auf den Verbraucher aus, und der Einzelhändler arbeitet mit Repräsentanten (und mit Reklame in Fachblättern). Ist die Ware bei den Verbrauchern erst gut eingeführt, braucht der Repräsentant zwar nicht mehr besondere Überredungskünste anzuwenden, aber das Vertreterwesen fällt aus diesem Grunde nicht fort; die Geschäftsreisenden sammeln Aufträge, nehmen Klagen entgegen und kontrollieren die Loyalität des Einzelhändlers der Ware gegenüber. – Die Markenware wird andererseits als eine Tendenz bezeichnet, den Zwischenhandel auszuschalten (**499**, 4; **635**, 244; **429**, 24), aber bei näherer Betrachtung zeigt sich doch, daß die Markenfabriken nur in begrenztem Umfange direkt mit den Einzelhändlern handeln, weil es zu umständlich ist, und weil das Kreditsystem Schwierigkeiten mit sich bringt (**102**, 104). Schon im Jahre 1899 konnte man lesen: „Die Annonceseiten haben weitgehend eine der Funktionen des Zwischenhändlers übernommen. Er wird deshalb zwar nicht aufhören zu existieren – sein Geschäft ist vielmehr, dank der Zunahme der Reklame, stark gewachsen –, ... aber die Reklame begrenzt seine Macht und Eigenständigkeit" (**640**, 21 f.). So ist es, im großen gesehen, noch heute; die Reklame hat dem Produzenten auf Kosten des Handels mehr Macht gegeben, aber sie ist nicht an die Stelle des Zwischenhandels, geschweige denn an die des Einzelhandels als Absatzmethode getreten. – Wir kommen also zu folgendem Resultat: Die Reklame hat zu einem gewissen Grade andere Absatzapparate in der Versandhandels- und Markenwarenbranche reduziert. In allen anderen Fällen, zum Teil auch bei den Markenwaren, hat die Reklame ältere Absatzformen nicht abgelöst, sondern überformt. Dies gilt namentlich für den Ladenhandel. Die Reklame übernimmt nicht die Funktion des Verkaufspersonals, sondern sorgt dafür, daß dieses etwas zu tun bekommt. Im großen und ganzen ergänzt die Reklame die normale Verkaufstätigkeit, ersetzt sie aber nicht (**427**, **I**, 9). Will man genau sein, kann man unterscheiden zwischen Reklame, die die Verkaufstätigkeit 1) ersetzt, – 2) vorbereitet, – 3) ergänzt (**455**, 493 ff.).

Man mag einwenden, daß die Reklame sehr wohl eine Absatzmethode sein könnte, ohne andere Verkaufsveranstaltungen überflüssig zu machen. Auf dem anonymen Markt wird der Absatz zwangsläufig schwieriger und teurer als auf dem alten, lokalen Kundenmarkt. Der anonyme

Großmarkt erfordert jedoch, wie wir sahen, nur Marktinformation als ein neues Glied im Absatzsystem, aber keine Reklame. – Wenn von der Reklame behauptet wird, sie sei kein Instrument der Konkurrenz, sondern eine Absatzmethode, kann ich – abgesehen von den zwei genannten Fällen, bei denen es tatsächlich richtig war – das nur als Ausdruck dafür ansehen, daß sie nicht länger Hansens und Jensens kleine private Sonderveranstaltung ist, sondern eine Institution. In diesem Sinne ist der Satz aber ohne Bedeutung für unsere Frage. Es wird doch hier behauptet, gerade die Ausbreitung der Reklame habe als allgemeine Geschäftsinstitution zu jenem Phänomen geführt, das als die gegenseitige Aufhebung der Reklame bezeichnet wird.

Noch einmal: Die Reklame hebt sich selbst auf. Es muß jedoch betont werden, daß von gegenseitiger Aufhebung der Reklame der Konkurrenten nur die Rede sein kann, soweit ihre Absicht repressiv und defensiv ist. Versucht ein Verkäufer, seinen Absatz durch expansive Reklame zu vergrößern, das heißt: sucht er neue Käufer außerhalb des bisherigen Absatzgebietes, so wird diese Reklame nicht durch andere Reklame innerhalb der Branche aufgehoben. Dagegen wirkt, wie wir sahen, auch diese branchenausweitende Reklame verwandten Branchen gegenüber repressiv, und als Folge davon tritt eine gegenseitige Aufhebung der Werbeanstrengungen auf der Ebene der Transversalkonkurrenz auf. Das Phänomen fällt nur fort, wenn nachgewiesen werden kann, daß die Reklame eine solche Ausweitung des Branchenmarktes herbeiführt, die nicht auf Kosten anderer Branchen geht, das heißt: eine Nettoerhöhung des Gesamtumsatzes der Wirtschaftsgesellschaft. Diese Frage wird später gesondert behandelt werden.

Die klügsten Verteidiger der Reklame geben deren teilweise Neutralisierung zu, bezeichnen sie aber als unumgänglich. „Die Verwendung der Reklame als Konkurrenzmittel ... hat manche Kritik an der Reklame geweckt, die als ‚rein konkurrierend und deshalb als nutzlos' angesehen wird. Betrachtet man die Zunahme der Reklame vor dem Hintergrund des Wirtschaftslebens insgesamt, so kann man sie unmöglich als Ursache sinnloser Konkurrenz kritisieren; sie ist nur ein Reflex der Konkurrenz, die ... stets in großem Umfange die Triebkraft der Unternehmer ist. Die Konkurrenz ist in den späteren Jahren auf einigen Gebieten verschärft worden, und die Reklame wurde als das effektivste und ökonomischste

Mittel in der Geschäftskonkurrenz betont. Billigt man die Konkurrenz im allgemeinen, so kann man die Reklame wegen ihrer Wettbewerbsfunktion nicht verurteilen, obgleich man darauf hinweisen mag, daß gewisse, von Inserenten verwendete Methoden ein grelles Licht auf den Verlust werfen, der notwendigerweise mit der Konkurrenz einhergeht" (**656**, 23). Damit übereinstimmend, aber präziser, sagt Redlich, daß „das sog. Selbstaufhebungsproblem der Reklame kein spezifisches Reklameproblem ist, sondern das Konkurrenzkampfproblem schlechthin, verschärft durch gewisse Besonderheiten der Reklamewirkung" (**513**, 8). Beide Verfasser glauben also, daß wir uns um der übrigen Vorteile der Konkurrenz willen mit einem gewissen Reklameverlust abfinden müßten. Beide schließen bezeichnenderweise mit der Bemerkung, die Nachteile der Konkurrenz würden durch die Reklame verschärft. Ich kann es nicht als ausreichende Legitimation der Reklame anerkennen, daß sie mit der Konkurrenz einhergeht – daß ein gewisser Verlust mit jeder Konkurrenz verbunden ist – und nur vermehrt in der Reklame. Bisweilen läßt man durchblicken, daß der ganze Streit um die Sache eigentlich längst beendet wäre, wenn man die Verantwortung von der Reklame ganz speziell auf die Konkurrenz im allgemeinen übertragen hätte. „Die Kritiker der Reklame sind sich in der Regel nicht klar darüber, daß ihre Angriffe das Konkurrenzprinzip selbst treffen ... Alle ehrenhaften Methoden im Konkurrenzkampf stehen und fallen miteinander" (**366**, 186). Eine solche Argumentation wendet sich offenbar nicht so sehr an die kritischen Fähigkeiten des unvoreingenommenen Betrachters wie an die vermutete Ehrfurcht der Geschäftsleute vor der ökonomischen Gottheit „Konkurrenz". Ich kann mir gut vorstellen, daß man Anhänger des Konkurrenzprinzips ist, aber gewisse Konkurrenzmethoden mißbilligt, zum Beispiel die Reklame – nicht aus moralischen, sondern aus wirtschaftspolitischen Gründen; warum müssen alle ehrenhaften Methoden miteinander stehen oder fallen? Sollte es sich wirklich erweisen, daß die Reklame in ihrem jetzigen historischen Stand unlösbar mit der Konkurrenz verknüpft ist, muß man sich selbst fragen, ob die Güter einer mit dieser Priorität belasteten Konkurrenz die Opfer wert sind.

Reklame und „Monopolismus"

Wir wenden uns nun einer anderen Seite des Verhältnisses zwischen Reklame und Konkurrenz zu. Es wird oft behauptet, die Reklame begünstige den Monopolismus. Dies wird jedoch, dank einer recht vagen Anwendung des Begriffs „Monopol", in zwei sehr voneinander verschiedenen Bedeutungen aufgefaßt. Teils glaubt man nämlich, die Reklame fördere den Großbetrieb und damit die Konzentration, teils behauptet man, die Reklame sei unvereinbar mit der atomistischen freien Konkurrenz. Wir gehen jetzt näher auf die beiden Fragen ein.

Reklame und Grossbetrieb. Begeisterung für ihre Sache verleitet die Werbefachleute zu seltsamen Behauptungen. Lewis meint zum Beispiel: „Die Reklame erzieht die großen Verbrauchermassen dazu, so viel von bestimmten Artikeln zu kaufen, daß geschäftstüchtige Fabrikanten für die Erfindung neuer Maschinen sorgen müssen, mit denen sie auf ökonomische Weise diese Artikel in großen Mengen herstellen können" (**399**, 78). Im gleichen Sinne beruft sich Kropeit auf die Statistik, die „längst festgestellt hat, daß die Reklame erst eine Massenproduktion – ohne vorher feststehenden Bedarf – ermöglichte" (**362**, **I**, 26). Es ist gewiß überflüssig, so freie Behauptungen zu widerlegen.

Aber kleine Betriebe sollen sich angeblich durch Reklame zu großen entwickeln können. Eine englische Abhandlung von 1844 erörtert die erheblichen Kapitalaufwendungen für Schaufensterauslage und Reklame und kommt zu dem Schluß, daß dadurch tendenziell „ein Großteil des Geschäftes in der Hand eines Einzelhändlers zentralisiert wird" (**336**, 168). Damals lag gewiß etwas Wahrheit darin. Da die Reklame nur noch von einzelnen, besonders unternehmungsfreudigen Firmen angewandt wurde und so der Großbetrieb allmählich durch Auswahl unter den Betrieben der alten Art entstand, konnte ein kleiner Einzelhändler durch Reklame sein Geschäft zu einem Großbetrieb nach dem Maßstab der damaligen Zeit erweitern. Aber im 20. Jahrhundert gilt nicht mehr, daß „die Reklame durch Verminderung der Kosten und Vergrößerung der Produktion die Ursache der Konzentration bildet" (**324**, 149). Reklame kann einen kleinen Manufakturwarenhandel im Vorort nicht in ein Warenhaus oder eine Schlosserwerkstatt in eine Metallwarenfabrik verwandeln (**463**, 69; **273**, 16 f.) – jedenfalls nicht in der Regel. Über die großen Warenhäuser wird ausdrücklich im Vergleich mit den kleineren Warenhäusern gesagt: „Der höhere Umsatz ist nun nicht etwa das Ergebnis einer wirkungsvolleren Reklame, sondern die Folge einer stärkeren Kapitalkonzentration“ (**464**, 39). Die Größenklassen der Betriebe beruhen nicht nur auf Grad-, sondern auf Strukturunterschieden. Die Reklame kann das Gedeihen einer Firma innerhalb ihrer Größenklasse steigern, aber sie nicht von einer Kategorie in eine andere heben.

Niemand leugnet ein enges Verhältnis zwischen Großbetrieb und Reklame, aber das ist von anderer Art. Der Großbetrieb ist in besonders hohem Maße auf Reklame als unentbehrliches Mittel der modernen Vertriebskunst angewiesen, weil er durch forcierten Absatz Investitionskapital und Kapazität auszunutzen suchen muß (**273**, 10), während der kleine, auf einem festen Kundenkreis aufgebaute Betrieb die Reklame ganz oder doch in ihren kostspieligeren Formen entbehren kann. Und der Großbetrieb k a n n eine kostspielige Reklame einsetzen, weil er am dringendsten auf ihre Dienste im Interesse des großen Kapitals und Umsatzes angewiesen ist (**463**, 69).

Das „Reklamemonopol“ der Grossen. Man unterstellte deshalb dem Großbetrieb ein Reklamemonopol. Ein Verkäufer erreicht demnach nicht eine relative Monopolstellung als Großbetrieb in einer Branche durch Reklame, sondern er hat, gerade entgegengesetzt, das Privileg, Reklame zu machen, weil er ein Großverkäufer ist. Es scheint wirklich, als ob der Reklameeifer der Kleinhändler gedämpft wurde, als die teurere, illustrierte Annonce um 1860–70 erschien (**502**, 252). E. R. Mower (Quaker Oats Company) weist darauf hin, daß „der Reklamekampf nicht mehr wie früher allein mit guten Einfällen ausgetragen wird, sondern zuallererst mit Dollars – mit den größten Chancen für die dickste Brieftasche“ (**202**, 78). In den USA wurde in den letzten Jahren der Staatsanwalt Th. Arnold im Zusammenhang mit diesem Gedanken genannt. „Die aggressive Reklame eines großen und reichen Konzerns kann eine Konkurrenzsituation schaffen, in der ein Konkurrent sich nicht nur durch Tüchtigkeit, gute Qualität und Preis behauptet, sondern auch durch die bloße Überlegenheit seiner finanziellen Mittel" (**22**, 27). Ähnliche Äußerungen findet man in der neueren deutschen Literatur als Folge einer mittelklassenfreundlichen Wirtschaftspolitik (**312** passim).

Die Frage ist, ob man in diesem Zusammenhang von einer der Reklame innewohnenden Monopoltendenz sprechen kann. Bücher weist darauf hin, daß die großen, nur langsam fruchtbringenden Kosten (Investitionsbarriere) den Zugang neuer Konkurrenten zum Markt erschweren (**97**, 260). Dies ist richtig, aber es gilt für den Großbetrieb im allgemeinen, nicht nur für die Reklame. Die Investitionsbarriere steigt mit jedem Schritt in der Entwicklung des Betriebsapparates, der mehr fixes Kapital erfordert. So gesehen, liegt auch in jeder technischen oder organisatorischen Verbesserung, die nur mit Hilfe vermehrter Investition eingeführt werden kann, eine „Monopoltendenz". Sofern es stimmt, daß der Großbetrieb kleinere aus dem Felde schlagen kann, geschieht das nicht ganz speziell durch Reklame, sondern durch die überlegene Kapitalstärke, die es im allgemeinen einem Verkäufer erlaubt, einen Großbetrieb zu gründen. Wenn ein kleiner Metallwarenfabrikant außerstande ist, es mit einem Großbetrieb aufzunehmen, so nicht in erster Linie deshalb, weil sein Werbebudget so viel kleiner ist, sondern weil er mit seinem Kapital und seinem Kredit keinen Produktionsapparat der gleichen Kapazität auf die Beine stellen kann.

Es wird behauptet, die großen Warenhäuser seien durch ihre Reklame den kleinen Geschäften überlegen. Handwerker und Kleinhändler müßten sich deswegen durch vorbeugende und defensive Reklame zu behaupten suchen (**456**). Aber kleine Betriebe werden nur unter besonderen Umständen von den großen aus dem Felde geschlagen – ob es nun durch überlegene Reklame oder auf andere Weise geschieht –, nämlich nur dort, wo sich beide auf demselben regionalen und gattungshomogenen Markt befinden. In Wirklichkeit ist eine solche Differenzierung der Märkte eingetreten, daß die kleinen Betriebe nun auf bestimmte Funktionen begrenzt sind, wo sie nicht der übermächtigen Konkurrenz der großen ausgesetzt sind. Der kleine Kolonialwarenhändler beschickt zum Beispiel einen speziellen Markt (Kleinbedarf der Nachbarschaft), aus dem die aufdringlichste Reklame eines großen Warenhauses ihn nicht hinausdrängen kann. Der kleinere Betrieb wird es niemals mit der Reklame des Großbetriebes aufnehmen können; er muß, entsprechend seiner besonderen Struktur, mit anderen Mitteln kämpfen und vor allem seinen Sondermarkt außerhalb der Interessensphäre des Großbetriebes etablieren.

Übrigens ist es ganz falsch, von einer Monopoltendenz zu sprechen, weil die Reklame möglicherweise den Großbetrieb begünstige. „Der Großbetrieb führt nicht zwangsläufig zum Monopol. ... In gewissen Industrien erreicht eine große Firma keine wesentlich ökonomischere Produktionsweise, indem sie sich zu einer sehr großen Firma entwickelt. Die Reklame kann da eher bewirken, daß kleinere Firmen größer werden, während die großen ihre Stellung behaupten, als daß sie zu monopolistischer Konzentration führt" (**242**, 85). Es besteht ja auch Konkurrenz zwischen Großbetrieben, und manche behaupten, daß gerade die Reklame sie fördere. Es gibt gewiß wenige, die so weit gehen wie Volger, der unumwunden meint, „die segensreichste Wirkung der Reklame aber ist: Erschaffung der Konkurrenz" (**701**, 3); aber es wird doch behauptet, „je mehr große Unternehmen für ihre Waren Reklame machen, um so mehr Gelegenheit bietet sich für andere, sich gewinnbringend auf dieses Terrain zu begeben" (**546**, 142). Die Reklame ruft geradezu „die Konkurrenten herbei. Denn Werbung vermittelt Kenntnisse, und Kenntnisse verschärfen den Wettbewerb. Sie verschärfen den Wettbewerb einmal dadurch, daß sie den Konkurrenten auf ihre Ware und ihr Absatzgebiet aufmerksam machen, zum anderen dadurch, daß die Nachfrage über Kaufmöglichkeit belehrt und über Waren informiert wird, die vielleicht besser geeignet sind, den Bedarf zu befriedigen" (**405**, 28 f.). Der Reklamist gibt seinen potentiellen Konkurrenten unfreiwillig einen Wink. „Könnt ihr dieselben Bedürfnisse besser als ich befriedigen? Ist meine Dienstleistung unzureichend? Ist der Markt für einen Produzenten zu groß? Lasse ich einen bedeutenden Teil des Marktsegments unbeachtet? Sollte das der Fall sein, weist mein Erfolg euch den Weg" (**528**, 12). – In der Homogenkonkurrenz kann der kapitalstärkste Verkäufer möglicherweise alle anderen verdrängen und ein Monopol gewinnen. Aber die Reklame wird nun vorzugsweise in der Heterogenkonkurrenz angewandt, und hier trägt sie, wie wir bald sehen werden, gerade zur Zersplitterung und Dezentralisierung bei (**713**, 122).

Der Zweck der Reklame: „ein Monopol". Eine amerikanische Werbeagentur schrieb vor etwa zehn Jahren in einem Inserat, daß „das Endziel der Reklame nicht darin bestehe, die Überlegenheit der Ware gegenüber der konkurrierenden Ware nachzuweisen; sie solle vielmehr die Ware über jegliche Konkurrenz erheben, damit der Käufer sie nicht mit anderen Produkten vergleiche, sondern sie ohne weiteres akzeptiere" (**119**, 166). Das Richtige daran ist, daß jede Reklame das Reklamat zu isolieren und ihm eine Sonderstellung zu sichern sucht. Die gängige Theorie spricht in diesem Sinne von einem relativen Monopol, und weil Monopol und Konkurrenz als entgegengesetzte Prinzipien aufgefaßt werden, kommt man zu dem Fehlschluß, die Reklame lösche die Konkurrenz aus (**427**, **IV**, 15). In Wirklichkeit handelt es sich nur um eine Konkurrenzstrategie, deren sicherer Standpunkt gerade eine Sonderstellung der einen oder anderen Art ist.

Sonderstellung durch Reklame. Die Reklame wurde zuerst in Homogenkonkurrenz zwischen Einzelverkäufern angewandt, deren Waren praktisch identisch waren. Machen nur einzelne Verkäufer in der Branche Reklame, so gibt die Reklame selbst deren Angeboten eine Sonderstellung in der Aufmerksamkeit der Käufer. Ich sage ausdrücklich: „die Reklame selbst" und meine damit: ohne daß die Reklame behauptet oder suggestiv zu verstehen gibt, das Reklamat sei besser, billiger oder anders als die Ware der Konkurrenten. In diesen Fällen sucht der Reklamist doch seiner Ware eine spezielle Eigenschaft beizulegen, und wenn die Reklame nach Wunsch wirkt, wird die Ware als etwas von der Ware der Konkurrenten Verschiedenes wahrgenommen, selbst wenn sie vielleicht mit ihr identisch ist. Die Ware selbst hat dann auf psychologischem Wege eine besondere Note im Bewußtsein des Käufers erhalten. Aber der Reklamist kann sich damit begnügen, für seine Firma oder seine Ware ohne qualifizierende Zusätze zu werben, zum Beispiel durch eine rein präsentierende Hochfrequenzreklame, und er gewinnt dann durch diese Reklame eine Sonderstellung gegenüber nicht werbenden Konkurrenten. Die Reklame wird also benutzt als ein Mittel, um aus der homogenen Verkäuferfront auszubrechen und sich von dem Druck der Passivität zu befreien, die sie jedem einzelnen Verkäufer auferlegt.

Ist der Reklamist in seiner Branche keine Ausnahme mehr, sondern machen alle oder die meisten Reklame, verleiht diese an sich keine Sonderstellung mehr. Eine solche kann dann nur in gradueller Reklamekonkurrenz erreicht werden, indem V_n die Reklame aller anderen übertrumpft;

aber die anderen werden wahrscheinlich folgen, und das Ganze artet in eine Cut-throat-Konkurrenz aus, in der die Konkurrenten, anstatt sich gegenseitig mit ihren Preisen zu unterbieten, sich in ihren Verkaufskosten überbieten. Auf diese Situation deutet die Lehre von der gegenseitigen Aufhebung der Reklame hin, und hier hat sie ihre Gültigkeit. Man entdeckte bald, daß ein solcher Reklamekampf in der Regel sinnlos ist, und er gehört nun zu den Seltenheiten. Die Waffe der Reklame erwies sich in der Homogenkonkurrenz als schnell stumpf werdend. Wahrscheinlich hat gerade der Reklamekampf das Seine zu der Erkenntnis beigetragen, daß die Homogenkonkurrenz in einer Sackgasse endet, wenn der Markt überfüllt ist.

Reklame in der Heterogenkonkurrenz. Gegen Ende des 19. Jahrhunderts erfuhr die Reklame selbst eine Strukturveränderung. „Während die Anhänger der Preiskonkurrenz das Verhältnis zwischen Angebot und Nachfrage studierten, zwischen Preis und Grenzkosten ... sahen Produzenten und andere Verkäufer, daß sich eine Reihe von Umständen entwickelten oder entwickeln könnten, die eine ‚Preispolitik' zuließen – dieser Ausdruck deutet zum mindesten auf eine teilweise Kontrolle über den Strom der Waren hin, die den Gegenstand der Preispolitik bildet" (**415**, 3). Kurz gesagt: Die graduelle Homogenkonkurrenz wird zurückgedrängt und die Heterogenkonkurrenz setzt sich allmählich durch – und hier entfaltet die Reklame erst ihre volle Wirkung. Sie ist wie geschaffen für die Gattungskonkurrenz, wo sie sich in ihrem Bestreben, dem Verkäufer eine Sonderstellung zu verschaffen, auf die Besonderheit der Ware stützen kann, die sie unterstreicht und herausstellt. Sie macht den Käufer auf die Eigenart der Ware aufmerksam und sucht diese Eigenart als besonders wertvoll darzustellen. „Der kluge Inserent sucht ... nach einer Monopolprägung ..., die seine Reklame dem Käufer einprägen kann" (**126**, 17). Th. Kristensen unterscheidet in diesem Sinne zwischen zwei Reklamearten: „Die eine Art hebt die Besonderheit der Ware hervor, sucht eine Distanz zwischen diese und andere Waren zu legen ... Die Tendenz ist also intensiv monopolbetont. Die andere Art der Reklame ist konkurrenzbetont. Sie sucht dem Produzenten Zugang zum allgemeinen Markt zu verschaffen, indem sie betont, daß a u c h d i e s e W a r e ... die Ansprüche, die alle stellen, befriedigt" (**360**, 271 f.). Ich kann dem nicht beipflichten, daß die zwei Arten als monopol- und konkurrenzbetont aufgestellt sind. Die erste ist zwar „monopol"betont, wenn man darunter versteht, daß sie auf der Heterogenität der Angebote aufgebaut ist; aber sie ist aus diesem Grunde nicht minder konkurrenzgeprägt als die letztere Art. Hier zeigt der orthodoxe Gegensatz zwischen Monopol und Konkurrenz seinen Pferdefuß. In der Heterogenkonkurrenz, wo Konkurrenz- und „Monopol"elemente gemischt sein sollen, wird ganz und gar nicht, „trotz der Monopolbestandteile", konkurriert, sondern es ist gerade das besondere Gepräge der Ware, das ihr einen festen Platz in einem Konkurrenzverhältnis d i e s e r Art gibt.

Die Reklame für die Firma wird nun immer mehr von der Reklame für die Ware verdrängt – ein Prozeß, der noch um 1900 als etwas verhältnismäßig Neues erwähnt wird (**131**, 230; **157**, 199). Für die Firma kann in Homogenkonkurrenz geworben werden, da sie ihre Individualität durch den Namen hat; für die Ware selbst kann nur in Heterogenkonkurrenz geworben werden, denn in der Homogenkonkurrenz würde die Reklame eines Verkäufers für die Ware allen Homogenverkäufern zugute kommen. Die äußerste Folge davon ist die Markenware; hier kann sich die Reklame des Produzenten unmittelbar an den Verbraucher richten. Die Bewegung zur Markenware hin soll um 1850 begonnen haben (**183**, 14); sie verbreitete sich von den Arzneimitteln zu Toiletten- und Kosmetikbedarf, Haushaltsartikeln, Lebensmitteln und hat nun alle früheren Stapelwarenmärkte durchdrungen. Noch im Jahre 1908 kann man eine lange Vorschlagsliste über markenfähige Artikel finden (**241**, 14 ff., 56 ff.) – sie sind in der Zwischenzeit alle vom Markensystem erfaßt worden. Das Tempo der Entwicklung geht beispielsweise daraus hervor, daß der Anteil der Markenwaren am gesamten Kolonialwarenverkauf der USA von 1910 bis 1930 von 5 Prozent auf 75 Prozent gestiegen ist.

Reklame für die Eigenart der Ware. In der Heterogenkonkurrenz gilt es, die Andersartigkeit der Ware zu unterstreichen. Dies geschieht in erster Linie durch den Namen. Die Stapelwarenbezeichnung wird von Phantasienamen verdrängt. „Es wird immer schwieriger für den Konsumenten, einfach Farbe oder Chintz oder Tapeten oder Waschsoda zu kaufen, sondern er ertrinkt in einem Meer von ‚exes' und ‚ums', ‚oes' und ‚ols'" (**119**, 15). Man verkauft nicht Soda, sondern „Henko" oder „Blenda"; keinen Photoapparat, sondern eine „Kodak" oder „Ikon"; kein Scheuerpulver, sondern „Ata" oder „Vito"; keine Acetylsalizylsäure, sondern „Aspirin" ... Es ist die Aufgabe der Reklame, jede dieser

Waren zu einer „merkantilen Individualität" (**321**, 320) und den Käufer mit diesen Namen ganz verrückt zu machen (**24**, 27). Der Verkäufer hat seinen größten Erfolg erreicht, wenn die Marke in der Vorstellung der Kundschaft für die Gattung steht. Für einen Schirmfabrikanten war der „einzige Zweck der Reklame, in aller Bewußtsein den Namen ‚Le Bihan' so eng mit dem Wort ‚Regenschirm' zu verknüpfen, daß jeder tatsächlich unwillkürlich ‚Le Bihan' sagen würde, wenn er an Regenschirme dächte" (**202**, 61). Der Vorzug der Marke innerhalb der Gattung ist dann intensiv und reicht bis zum psychischen Ausschluß der anderen Verkäufer. Man kann zuviel Erfolg in dieser Richtung haben. Es geschieht, daß die Verbraucher den Namen der Marke einfach als Gattungsbezeichnung empfinden und anwenden, so daß die Vorstellung von der Individualität der Marke verlorengeht. „Mackintosh" ist nun die allgemeine Bezeichnung für Regenmäntel; wenn die Leute „Frigidaire" sagen, meinen sie in der Regel einen Kühlschrank, nicht gerade diese Marke; der Friseur trocknet das Haar mit einem Fön – mit dem einen oder anderen elektrischen Warmluftgerät; auch „Grammophon" ist einmal der Name für ein bestimmtes Fabrikat gewesen. „Cellophan" ist der Name für das Fabrikat, das Brandenburger im Jahre 1909 in den Handel brachte; da er vergaß, gleichzeitig ein Wort für das Material selbst zu erfinden, benutzten die Käufer Cellophan als Gattungsbezeichnung (**389**). Die Firma Weck kam vor vielen Jahren in Deutschland mit luftdicht verschlossenen Einkochgläsern in Standardgrößen und besonderen Sterilisationsapparaten dazu heraus; sie haben zahlreiche Gesellschaft auf diesem Markt bekommen; aber der Deutsche benutzt das Verb „einwecken" = „einkochen in hermetisch verschlossenen Gläsern", einerlei, ob man Weck-Globus- oder andere Gläser verwendet. – Die 1. Kammer für Handelssachen des Landgerichts in Frankfurt am Main verkündete am 30. Mai 1938 ein Urteil, wonach es erlaubt sei, „Dacapo-Kaffee" (Darbovens koffeinfreien Kaffee) zu servieren, wenn der Gast „Einen Hag, bitte!" verlange. „Hag" ist zur Gattungsbezeichnung geworden. Es ist nur ein kleiner, äußerst subtiler Schritt zum wünschenswerten Stadium, in dem der Markenname das Synonym der Marktsprache für die Gattungsbezeichnung ist. Man wünscht, daß sich die Vorstellung des Verbrauchers von der Gattung um die Marke kristallisiert – aber der Name der Marke, Markenbezeichnung darf nicht zur Gattungsbezeichnung verwässert werden.

Die Ware muß eine Eigenart besitzen, um reklamefähig zu sein. Die Heterogenkonkurrenz gestaltet sich als ein unablässiges Suchen nach neuen Warenvarianten, die die Reklame in Szene setzen kann. Eine unglaubliche Versorgungsvielfalt (in-between-goods) ist das Resultat. Je weiter diese Entwicklung fortschreitet, desto schwieriger wird es für jeden neuen Verkäufer innerhalb einer Branche, eine ausreichend distinktive Variante zu finden. Die Variation hat ihre natürlichen Grenzen, auf jeden Fall das Hervorbringen neuer Varianten, die selbständig genug sind, um auf den Verbraucher zu wirken. Die Produktion sucht unter Druck des Reklamechefs immer krampfhafter nach Möglichkeiten, „dem Artikel die Eigenart zu geben, auf der man eine Reklameargumentation aufbauen kann" (**18**, 62). Man differenziert die Ware durchaus nicht, um besondere Geschmacksrichtungen zufriedenzustellen, sondern nur, um für sie werben zu können. Und die Reklame muß in manchen Fällen die Verbraucher erst dazu „erziehen", auf einen angeblichen besonderen Vorzug der Ware Wert zu legen, den er niemals von sich aus bemerken würde. Die Reklame steht nicht im Dienste der Ware, sondern die Ausgestaltung der Ware wird den Bedürfnissen der Reklame untergeordnet. Ihre reale Besonderheit wird allmählich verschwindend klein, die Individualisierung künstlicher, und der Anteil der Reklame an ihr wächst entsprechend. Je weniger die Produktion tun kann, um die Eigenart der Ware in der Realität herauszustellen, desto mehr muß die Reklame tun, um sie in der Einbildung der Verbraucher zu individualisieren. „Die Unterscheidungsmöglichkeit der durch die moderne Technik oft sehr gleichförmig und gleichwertig erzeugten Gegenstände liegt oft tatsächlich nur in der Geschicklichkeit des Reklamemachers" (**364**, 62). Sind die Möglichkeiten für wesentliche Variation der Ware selbst erschöpft, sucht man diese mit unwesentlichen Besonderheiten zu versehen; die Verpackung, die sonst nur symbolisch die Ware als eine Individualität kenntlich macht, wird nun als selbständige Wareneigenschaft (**12**, 50 ff.) so ausgestaltet, daß sie als ein besonderer Vorteil bei der Verwendung der Ware angeboten wird. Salz wird in Streudosen, Rasiercreme in Standtuben, Schuhcreme in Dosen mit Sparfilter, Margarine mit Gewichtsgradeinteilung auf der Packung usw. verkauft. Auf diese Vorteile in der Ausstattung stützt sich die Reklame jetzt mehr als auf substantielle Produktunterschiede. Solche „Verbesserungen der Verpackung sind oft viel wichtiger für die Reklame ... als eine Verbesserung des Produkts selber, weil sie dem Benutzer eher ins Auge fallen" (**658**, 17). Selbst die Kartoffeln sind in den USA in Zusammenarbeit zwischen Farmern und Kettenläden durch Verpackung und Sortierung nach Größe zur Markenware unter dem Namen „Colotato" = **Colo**rado po**tato** gemacht worden (**379**; 30, 523).

SCHEINHETEROGENITÄT DURCH REKLAME. Der äußerste Punkt ist erreicht, wenn der Name und die rein formalen Züge (Façon, Farbe usw.) die einzigen individuellen Bestandteile darstellen, während die Waren selbst gleich sind. Bei in den Handel kommenden neuen Waren haben wir „selten etwas Umwälzendes, Umstürzendes zu erwarten ..., sondern meist nur geringfügige, selbst oft nur vermeintliche Verbesserungen, die, wollen sie das bereits Vorhandene übertrumpfen und verdrängen, hierzu gewöhnlich energievolle künstliche Mittel erfordern, davon der Handelsname eben mit das Wichtigste ist" (**339**, 38). Es ist dann ausschließlich die Aufgabe der Reklame, den Anschein einer Individualität zu schaffen. „Verwirklicht bis zur äußersten Konsequenz, wird das Verhältnis so, daß konkurrierende Waren sich in der Qualität usw. in geringem Grade voneinander unterscheiden (warendifferenziert), aber dennoch rein formal erheblich differenziert sind (markendifferenziert). *Faktisch gilt dies sicher in nicht geringem Grade für verschiedene Waren auf dem modernen Konsumgütermarkt*. Analysen vom Inhalt der Waren und den Wirkungen und ebenso häufige Preisvergleiche werden zeigen, daß in erstaunlich vielen Fällen praktisch die gleiche Warenqualität von zwei oder mehr verschiedenen Produzenten hergestellt wird, und diese Waren werden unter ebenso vielen verschiedenen Namen und in ebenso vielen variierenden Packungen abgesetzt" (**12**, 51 f.). Die Reklame inszeniert nicht mehr die Individualität der Ware, sondern spiegelt sie vor; diese ist rein imaginär. „Das ‚Eigenschaftswort' der Reklame tritt an die Stelle der Qualität und Leistung" (**191**, 192). Die Ware genießt eine psychologische Sonderstellung ohne reale Grundlage, und dies ist ausschließlich das Werk der Reklame. Ich fand das Ganze auf folgende Weise treuherzig ausgedrückt: „Reklame ist das einzige Mittel eines Geschäftsmannes, die Ware mit Qualitätseigenschaften zu versehen, die ihn über die Preiskonkurrenz erhebt" (**427**, **VII**, 5 f.). Abgesehen davon, daß Preisverteuerungen hier ganz offen als Zweck der Reklame zugegeben werden, sieht man es von vornherein als ausgeschlossen an, etwas wirklich anderes h e r z u s t e l l e n als andere Verkäufer. Das Ansehen der Ware ist ausschließlich der Reklame zu verdanken. „An die Qualität braucht man nicht zu denken, weil alle Kaffees in Packungen etwa gleich gut sind, ebenso wie alle

Zahnpasten“ (**151**, 13 f.). Selbstverständlich muß die Reklame einen Trick anwenden, um diese Scheinindividualität aufzubauen; sie muß entweder direkt unwahre Behauptungen aufstellen oder indirekt Vorstellungen von einer Besonderheit suggerieren, die nicht vorhanden ist. Auf jeden Fall muß sie nach bürgerlichen Wahrheitsbegriffen mit der Lüge arbeiten. Es wird hauptsächlich der bekannte Trick angewandt, die Ware wegen einer Eigenschaft zu loben, die die ganze Gattung besitzt, die andere Marken aber nicht ausdrücklich in ihrer Reklame erwähnen. Hopkins machte auf diese Weise für Van Camp's „Pork and Beans“ Reklame, indem er Einzelheiten der Produktion hervorhob. Das eigene Personal der Firma war bei einer Kostprobe nicht imstande, Van Camp's Ware unter fünf anderen Produkten der gleichen Gattung zu identifizieren (**298**, 148 ff.). „Eine große Werbekampagne wurde für die Popularisierung eines neuen Kopfschmerzmittels ‚Zwink!‘ gestartet. Das Pulver war neu nur hinsichtlich seines Namens. Die Hauptbestandteile waren einzeln und in verschiedenen Mischungen im britischen Pharmaziehandbuch als Spezifika gegen Kopfschmerzen aufgeführt. Der Produzent von ‚Zwink!‘ behauptete nicht, der Erfinder der Formel zu sein. Es wurde – in mikroskopisch kleinen Schritten – eingeräumt, daß die Formel wohlbekannt sei, nämlich ‚Acetanilid, 3.00; Phenacetin, 2.00; Laktin, 5.00,‘ aber gleichzeitig wurde es als etwas Einzigartiges suggeriert, daß das Pulver ‚unter äußerst hygienischen Bedingungen‘ und aus ‚unübertroffen reinen Bestandteilen‘ hergestellt sei. ... Ähnliche Behauptungen, Dementis und Versicherungen wurden vorgebracht über das Schwesterprodukt, ein spezifisches Rheumamittel ‚Zwinkspirin (Acetylsalicylsäure) – verschieden vom gewöhnlichen Aspirin aber wegen seiner absoluten Reinheit!‘“ (**423**, Kapitel VII). Die Reklame wird auf diesem Niveau zu „größtenteils müßigem Geschwätz ohne realen Hintergrund“ (**656**, 30).

Es kann nicht stark genug betont werden, daß es oft nur die Reklame ist, die die Ware mit jener Scheinindividualität versieht, welche allein den festen Standort in der Heterogenkonkurrenz gibt. Letztere bildet also nicht nur die ideelle Voraussetzung für die volle Entfaltung der Reklame, sondern es gilt auch umgekehrt: Die Reklame selbst ist maßgeblich geworden für die Entwicklung der Konkurrenz, weil die Gattungskonkurrenz niemals so weit getrieben werden könnte ohne die Reklame, die psychologische Heterogenität schafft, wo Gleichförmigkeit herrscht. Es zeigt sich hier, daß die Reklame durchaus nicht einseitig den Großbetrieb und damit die Konzentration begünstigt. Sie begünstigte in einer früheren Periode das relativ (im Verhältnis zum Handwerksbetrieb) große Unternehmen in dem Sinne, daß sie als Produzentenreklame – im Gegensatz zur Reklame des Einzelhändlers – standardisierte Massenproduktion voraussetzte. Aber in der heutigen Zeit wirkt sie eher entgegengesetzt. Es gibt eine Reihe Spezialmärkte, auf denen ein neuer Verkäufer nichts mit Homogenkonkurrenz anfangen kann, weil er es nicht mit den vorhandenen Verkäufern aufnehmen kann, die den Vorteil der Priorität genießen und deren Bedingungen er nicht unterbieten kann; die Differenzierung der Ware macht es auch unmöglich, als Heterogenkonkurrent mit einer neuen, realen Warenvariante aufzutreten. Die Reklame – und nur die Reklame – gibt da neuen Verkäufern eine Chance, sich mit einer künstlich herausgestellten Scheinvariante in die Heterogenkonkurrenz hineinzudrängen. Das heißt: daß es ohne Reklame weniger und dafür größere Verkäufer auf gewissen Spezialmärkten geben würde. Die Reklame verhindert die Konzentration, da sie auf rein suggestivem Wege die Etablierung einer käuferpsychologischen Sonderstellung in der Gattungskonkurrenz ermöglicht.

Man begreift, daß eine enge Interessengemeinschaft zwischen den Markenwarenbranchen und der Werbebranche besteht. Die Markenware verdankt der Reklame ihre Stellung in der Konkurrenz, und die Werbebranche lebt zum großen Teil von den Markenwaren. Es ist da nicht so verwunderlich, daß die Werbefachleute die Bevölkerung gern dazu bringen möchten, Markenwaren vorzuziehen (**429**, 24). Eine Kopenhagener Werbeagentur renommiert in den Straßenbahnen mit dem Slogan: „Eine gute Ware kann sich zu ihrem Namen bekennen – kaufen Sie deshalb nur Markenwaren!“ Dies ist distanzierte Reklame für die Reklame selbst.

DIALEKTISCHER UMSCHWUNG. Es hat eine Zeit gegeben, die an die graduelle Homogenkonkurrenz glaubte; als diese sich zum Cut-throat-Stadium entwickelt hatte, ging man zur Heterogenkonkurrenz über, die fast zum Fetisch wurde. Aber es kommt der Tag, an dem auch diese Form sich ausgetobt haben und entgegengesetzt zu wirken beginnen wird. Das tut sie zum großen Teil schon jetzt. Je größer die Zahl der Varianten innerhalb eines Spezialmarktes wird und je geringer der Unterschied zwischen ihnen, desto mehr wird die Gattungskonkurrenz wieder der Homogenkonkurrenz gleichen. Der Verbraucher betrachtet die Marken immer mehr als einzelne der gleichen Gattung – nur mit verschiedenen Namen, das heißt: er sieht sie als das, was sie in der Regel wirklich sind. Selbst die Reklame verliert ihre individualisierende Kraft. „Wenden einige wenige Produzenten auf einem Spezialmarkt in einer nationalen Werbekampagne ein Markensystem an, so werden sie davon profitieren; tun das viele, so heben sich ihre Anstrengungen im gleichen Grade auf, wie der Verbraucher durch die Namen verwirrt wird. Er kann ebensowenig die Markennamen auseinanderhalten wie Sibiriens Provinzen" (**119**, 15). Eine experimentalpsychologische Untersuchung über die Vertrautheit des Verbrauchers mit den Marken, für die Reklame gemacht wird (brand familiarity), hat zum Beispiel folgendes bezeichnende Resultat ergeben: Von 500 Männern und 500 Frauen erinnerten 85 Prozent den Markennamen einer Süßigkeit – weil praktisch nur ein Produzent Süßigkeiten in Paketen verkaufte, für die Reklame gemacht wurde. Dagegen waren 32 Männer und 110 Frauen nicht imstande, eine einzige Firma für Herrenbekleidung zu nennen, und die gegebenen Antworten verteilten sich gleichmäßig über die vielen Reklamisten auf dem Markt – mit 10 Prozent der Stimmen als Maximum für einen Reklamisten (**151**, 155 ff.).

Der individuelle Stil der Reklame. Je mehr die Reklame dazu beiträgt, der Ware Individualität zu verleihen, desto mehr gilt das Heterogenprinzip auch für die Reklame selbst. Die reklametechnische Literatur betont deshalb unermüdlich, daß die Reklame originell sein, daß sie vor allem ihren eigenen Stil pflegen müsse, „der alle ihre Kundgebungen durchdringt" (**41**, 31; **24**, 154 ff.; **533**, 121 f.; **401**, 178 ff.; **156**, 39; und andere). „Gerade wenn die Firma keinen Ruf hat, muß die Reklame einen solchen kreieren" (**102**, 331). Da die „Parole der Reklame" lautet: „Sei immer anders, als andere" (**282**, 7), muß man „über die Reklame der Konkurrenten genau unterrichtet sein – aber nur, um seine eigene ganz anders zu machen" (**366**, 190 ff.). Die Nachahmung der Reklame eines fremden Verkäufers – auch wenn es sich um verschiedene Warengattungen handelt – dient fast immer derjenigen Ware eines Verkäufers zum Vorteil, deren Reklame nachgeahmt wird (**150**, 219).

Die Praxis erfüllt bei weitem nicht diese Forderungen. Es wird mit Grund über einen allgemeinen Mangel an Originalität geklagt (**501**, 94 ff.). Grand-Carteret nennt ein amüsantes Beispiel aus Lyon um 1900, wo ein Huthändler für seine große Auswahl geworben hatte, indem er sein Geschäft

„Die 100.000 Hüte" nannte. Im Verlauf kurzer Zeit gab es 100.000 Stöcke, Hosen, Eiswaffeln, Schuhe, Farbtöpfe – und 100.001 Schlipse (**248**, 120 f.). „Liest man die kostspieligeren Annoncenseiten, muß man sich schon sehr darüber wundern, wie viele Annoncen auch für jede andere Ware verwendet werden könnten, wenn man nur den Firmennamen und das Firmensignet änderte" (Marsh, *Printers' Ink* vom 23. Oktober 1919). Ein besonders krasses Beispiel hat man in der Versandhandelsbranche. Die Herstellung von Versandkatalogen ist in den USA ein Geschäftszweig für sich. Eine neu beginnende Versandhandelsfirma kann fertige Kataloge kaufen – das wesentliche Werbemittel der Versandhandelsbranche –, auf denen sie nur ihren Firmennamen anzubringen braucht (**307**, 22; **653**, 13; **654**, 22). Hierauf kauft sie die Waren, die dem Katalog entsprechen. Sie macht also nicht nach ihrer Ware Reklame, sondern paßt ihr Warenlager der fertigen Reklame an, die sie gekauft hat. – Es verstößt gegen alle Gesetze der Reklame, daß gewisse Leitfäden ganze Mustersammlungen von wirkungsvollen Überschriften (**614**, 31 ff.; **159**, 471 ff.; **123**, 141 ff.; **474**; **500**, 85 ff.), Standardphrasen (**123**, 141 ff.; **426**; **424**, 202 ff.), Auswahl von warenbeschreibenden Wendungen (**123**, 148 ff.) und ganze Lexika schmückender, übertreibender Eigenschaftswörter (**123**, 189 ff.) geben. Sie haben vielleicht das erste Mal, als sie benutzt wurden, gewirkt; wenn der erste Reklamist den Rahm abgeschöpft hat, gibt man die abgedroschenen Klischees an die kleinen Inserenten weiter. Es entlockt uns ein Lächeln, wenn ein und derselbe Verfasser beteuert, daß „die individuelle Prägung der Reklame von vorrangiger Bedeutung sei" und über die Banalität der meisten Reklame klagt – nachdem er eine Liste von Phrasen gegeben hat (**424**, 202 ff.), „die die klügsten Inserenten für nützlich befunden haben und die alle anderen ebenso nützlich finden werden ... Die alphabetische Anordnung der Phrasen macht sie leicht anwendbar" (**424**, 253, 202).

Der Hauptgrund für diesen „rubber-stampism" (**156**, 39) ist, daß die Reklamisten den Modeströmungen folgen, denen auch die Reklame unterworfen ist – ganz abgesehen davon, daß es natürlich schwierig ist, etwas Originelles über Dutzendware zu sagen.

Das eigentliche Plagiat pflegt auf Markennamen, Warenzeichen und Verpackung beschränkt zu sein. Verkäufer gattungsgleicher, aber etwas billigerer Ware versuchen auf diese Weise, im Kielwasser eines Großreklamisten zu segeln. Sie verkaufen in Homogenkonkurrenz mit dem

Großreklamisten eine Ware, die „ebenso gut" ist – und oft etwas weniger gut. Andere Werbeanstrengungen werden in dem Falle in der Regel nicht gemacht, da es gerade die Absicht ist, am Reklameerfolg eines anderen Verkäufers zu schmarotzen. Der Odol-Fabrikant Lingner benutzte diese Plagiate als Gegenstand für seine eigene Reklame. Er ließ eine große Anzahl der Nachahmungen von Odolflaschen nebeneinander photographieren und schrieb darunter, „daß man nicht ohne Grund das äußere Gewand eines Dinges nachahme, das man selbst nicht nachmachen könne" (**703**, 39).

In der Regel sucht der Reklamist jedoch die Nachahmung zu verhindern. „Jede Firma kann Colman's Senf herstellen: Ihr Gedeihen beruht auf der Marke, für die geworben wurde" (**285**, 45), und die deshalb eifersüchtig bewacht wird. So ist es mit vielen Waren; es ist nicht das mindeste Eigenständige an ihnen, was Gegenstand für rechtlichen Schutz bilden könnte. Desto wichtiger wird es für den Verkäufer, seinen einzigen originellen Einfall zu verteidigen –: Markennamen, Warenzeichen und Verpackung. Ein dänischer Produzent hatte lange Zeit auf jede Rasierklinge, die er verkaufte, den Preis aufgedruckt. Seit kurzem äußerte er in Annoncen seine Verärgerung darüber, daß andere Rasierklingenfabriken so unverschämt seien, dasselbe zu tun. „Leider kann man nach dem Gesetz nicht dagegen einschreiten." Warum sollte man auch? Aber der Ärger ist schon verständlich, da der aufgedruckte Preis so ziemlich das einzige ist, wodurch sich die eine Rasierklinge von den 50 anderen Marken unterscheidet. Jeder kann Acetylsalicylsäure verkaufen; deshalb ist es so wichtig, den Namen „Aspirin" zu schützen, und unwissende Käufer bezahlen mit einem Preisaufschlag für den Namen. Die Gesetze gehen in den meisten Ländern beim Schutz des Markennamens außerordentlich weit. Einer der interessantesten Fälle ist „His Master's Voice", der verhindern konnte, daß andere Grammophonplattenfabriken als Warenzeichen irgendeine Kombination von einem lebenden Wesen und einem Musikinstrument verwendeten, selbst wenn die Anordnung jede Verwechslung ausschloß (**81**, 72 ff.). Ein anderes Beispiel ist „Coca-Cola". Pemberton hat seit 1886 unter diesem Namen einen Sirup aus Colanüssen und Cocablättern verkauft. Die Firma hatte bis 1910 keinen Konkurrenten. Dann erschienen einige Getränke mit ähnlichen Namen. Die Coca-Cola Company ging vor Gericht, und der Oberste Gerichtshof der Vereinigten Staaten gab ihr recht in der Forderung nach dem Alleinrecht auf die Bezeichnung

„Coca-Cola". Im Urteil von 1920 heißt es, daß der „Name nun ein Getränk bezeichnet, daß man an allen Erfrischungshallen kaufen kann ... Die meisten verstehen unter ‚Coca-Cola' das bekannte Produkt der Klägerin ... und nicht eine Mischung aus gewissen Substanzen. Wir zweifeln nicht daran, ... daß die Wörter ‚Coca-Cola' eine zweitrangige Bedeutung angenommen haben, in der vielleicht das Produkt stärker hervorgehoben wird als der Produzent, aber auf die der Produzent gleichwohl Anspruch hat." Unter den verbotenen Bezeichnungen ist auch „John D. Fletcher's Carbonated Syrup. A Genuine Coca and Cola Flavor" (**81**, 72 ff.). Eine Analyse des Falles ergibt folgendes merkwürdige Resultat: Coca-Cola war im Jahre 1886 eine einfache Ingredienzbezeichnung; Coca und Cola sind gewisse Pflanzenstoffe. Als Ingredienzbezeichnungen sind die Wörter und ihre Verknüpfung nicht registrierfähig – sie wurden auch nicht registriert. In der ersten Zeit nach 1886 hätte also jeder ein anderes Produkt unter demselben Handelsnamen verkaufen können. Das bloße Faktum, daß das 25 Jahre hindurch niemand getan hat und daß Coca-Cola deshalb im Bewußtsein der Käufer mit der Vorstellung von Pembertons Produkt verschmolz, gibt der Firma in den Augen des Obersten Gerichtshofes ein Monopol für diese Markenbezeichnung. Da sie durch eine Reihe von Jahren das Glück hatte, keine Konkurrenten zu bekommen, wird es in Zukunft legale Konkurrenzlosigkeit genießen. Sie hat, wohlgemerkt, nicht das Alleinrecht, ein Getränk aus Coca und Cola herzustellen – andere dürfen gern den gleichen Sirup fabrizieren; aber es ist ihnen verboten, das Produkt als das zu bezeichnen, was es ist, seine Bestandteile zu nennen. Der Gedanke vom Schutz des „geistigen Eigentums" scheint hier Purzelbäume zu schlagen. Es ist vernünftig, den Verkäufer gegen Mißbrauch seines Warenzeichens und seines Markennamens in dem Umfange zu schützen, wie direkte Verwechslung beabsichtigt und wahrscheinlich ist. Darüber hinaus ist ein rechtlicher Schutz der formalen, äußeren Züge der Ware überflüssig; an den Waren, nicht an den Namen, ist die Öffentlichkeit interessiert.

Die äußerste Folge ist das sogenannte Defensivzeichen. Der Reklamist traut nicht der sehr extensiven Auslegung von „Nachahmung" durch die Gerichte, sondern sucht Warenzeichenschutz für eine ganze Reihe von Marken, die er niemals zu benutzen gedenkt – ausschließlich, um dadurch Konkurrenten daran zu hindern, diese oder ähnlich Marken zu verwenden. So besitzt die bekannte Firma Maggi 48 registrierte Defensivzeichen (**611**, 30). Dies scheint mir Mißbrauch der Gesetzesmöglichkeiten zu sein – ein Mißbrauch, dem leicht abgeholfen werden könnte durch eine Klausel, die davon ausgeht, daß der Warenzeichenschutz fortfällt, wenn vom eingetragenen Warenzeichen nicht innerhalb einer angemessenen Frist Gebrauch gemacht wird.

Gemeinschaftsreklame

FRÜHERE VORSTELLUNGEN. Man nennt es Gemeinschaftsreklame, wenn zwei oder mehr Firmen nach Absprache eine gemeinsame Reklamebotschaft aussenden oder ihre einzelnen Botschaften durch Aufmachung und Arrangement miteinander verbinden. Die Gemeinschaftsreklame hat sich im wesentlichen im 20. Jahrhundert entwickelt und ist erst nach 1918 richtig in Mode gekommen. Der Grundgedanke tauchte jedoch schon Ende des 19. Jahrhunderts auf. Es wird sogar von einem Vorläufer im Jahre 1469 berichtet, als der Buchdrucker P. Schöffer in einem Flugblatt, außer Werken des eigenen Verlags, einige bei Gutenberg herausgekommene Bücher aufführte (**482**, 175). – Die vermutlich erste Erwähnung eines Gegenstandes in reklamemäßiger Hinsicht stammt aus dem Jahre 1899; der Urheber ist sonst drittrangig, aber seine Bemerkungen beleuchten die Auffassung der damaligen Zeit von den Möglichkeiten der Gemeinschaftsreklame sehr gut. „Die Kollektiv-Reklame besteht in der gemeinsamen Ankündigung von verschiedenen Firmen, die in einheitlicher Form, durch Zusammenwirken einer grossen Zahl, der Annonce grösseren Umfang und wirkungsvollere Ausstattung zu geben vermögen, während die Kosten durch Verteilen auf die einzelnen Beteiligten sich verhältnismässig gering stellen. – Vereinzelte derartige Kollektiv-Reklamen finden wir bereits in Annoncen ‚empfehlenswerter Hotels' oder ‚sich empfehlender Spediteure'. Diese und ähnliche Geschäftszweige sind besonders geeignet für die Kollektiv-Reklame, da die vereinigten annoncierenden Firmen nicht als Konkurrenten in Wettbewerb treten, solange sie nicht an demselben Platze ihren Wohnsitz haben. ... Anders liegt die Sache bei Empfehlungen von konkurrierenden Firmen, die sich in ihrem Geschäftsbetriebe nicht auf einen Platz beschränken, sondern auf einem grossen Markte räumlich nebeneinander in Wettbewerb treten" (**334**, 27 f.). Lemcke übernahm im Jahre 1901 diese Sätze ohne Quellenangabe (**394**, 119), und sogar Kellen wiederholt sie 1911 in der zweiten Auflage seines Buches (**335**, 100), obwohl er an anderer Stelle (**335**, 11) Kenntnis von in der Zwischenzeit durchgeführten gemeinsamen Kampagnen für

Zucker und Kunsthonig verrät, die gerade von jener Art waren, die er für ausgeschlossen ansah.

ALLIANZ UND FRONT. Mehrere Verkäufer können sich für eine Reklame zusammenschließen, in deren Botschaft jeder unter seinem Namen auftritt. Ein Dutzend Einzelhändler empfehlen auf einer Zeitungsseite unter gemeinsamer Rubrik „passende Weihnachtsgeschenke". Dänische Zeitschriften enthielten im Jahre 1940 ganze Seiten mit der Überschrift: „Sie können sich immer auf Markenwaren verlassen", die Annoncen für „Ginge", „Penol", „Kløverblad", „Perletand", „Zyma" und „Kijafa" umfaßten – (nebenbei bemerkt: schlechte Reklamepsychologie; wenn ich mich „immer auf Markenwaren verlassen kann", weil „die Marke die Qualität garantiert", gilt das natürlich ebensogut für die Marken, die mit den hier annoncierten konkurrieren). Eine Werbeagentur in einer dänischen Stadt organisierte im Jahre 1940 eine Gemeinschaftsreklame besonderer Art für ihre Klientenfirmen. Dieselbe typisch dänische Familie trat in einer Reihe mit passendem Abstand lancierter Bildannoncen in verschiedenen Bedarfssituationen auf: Nielsens kaufen Kleidung, wollen sich versichern lassen, wollen sich ein Haus bauen, brauchen neue Tapeten, haben Bedarf an Teppichen und Gardinen – und schließlich wünscht Vater Nielsen, für sein Geschäft zu werben, natürlich durch die Werbeagentur, die die Serie organisiert hat. Das formal Verbindende waren hier Stil und Atmosphäre der Annoncen. – In allen diesen Fällen senden die Firmen ihre speziellen Botschaften aus, nur durch Aufmachung und Arrangement zu einer Serie miteinander verknüpft. Das Verhältnis wird enger, wenn zwei oder mehr Firmen eine gemeinsame Botschaft aussenden, in der jeder Teilnehmer namentlich aufgeführt ist. Eine Umzugsfirma und ein Tapezierer annoncieren: „Zum Umzugstag! Lassen Sie Cito Ihren Hausrat transportieren und Quick Ihre Gardinen aufhängen!" –

Man kann es passend Reklameallianz nennen, wenn eine Anzahl Firmen in einer dieser Formen gemeinsam auftritt, aber einzeln genannt wird. Die Deutschen nennen das „Sammel-Reklame" (**217**, 210) oder „Gesamtreklame" (**509**, 42).

Das Gegenteil davon ist die Gemeinschaftsreklame, wo der Name der einzelnen Firma verschwindet und nur für eine gemeinsame Sache Reklame gemacht wird: Sag' es mit Blumen! – Eßt mehr Fisch und ihr bleibt gesund! – Save the Surface and You Save All! – Trinkt deutschen Wein! – Diese solidarische Form kann man als Reklamefront bezeichnen. Das deutsche Wort „Gemeinschaftsreklame" umfaßt nur diesen Typ (**71**, 54 ff.). Ihr Wesen liegt darin, daß sie „mittelbar oder unmittelbar mehreren nicht von vornherein bestimmten Unternehmern zugute kommt" (**72**, 12). Die Allianz ist nur eine mechanische Sammlung von Reklame der Einzelfirmen; die Front ist eine, im Verhältnis dazu, höhere Form (**623**, 23), eine werbestrategische Neubildung. Schon im Jahre 1912, kurz nach dem ersten großzügigen Versuch auf dieser Linie, wurde prophezeit, daß die Gemeinschaftsreklame „eine große Zukunft habe und bedeutende soziale Folgen nach sich ziehen könne" (**24**, 219). Ihre Wurzeln liegen aber in der primitiveren Allianz, die deshalb zuerst betrachtet werden soll.

REKLAMEALLIANZ. Die Allianz gehört noch jener Zeit an, die die Konkurrenz nur als brancheninternen Wettstreit zwischen Unternehmen und die Reklame als die Konkurrenzwaffe der Verkäufer auffaßte. Die Gemeinschaftsreklame ist dann nur möglich zwischen Verkäufern, die nicht unmittelbar miteinander konkurrieren. Diese Auffassung prägt die angeführten Betrachtungen von 1899 (**334**, 27 f.). Gemeinschaftsreklame ist da denkbar zwischen Verkäufern in der gleichen Branche, aber auf getrennten Lokalmärkten, oder auf demselben Lokalmarkt, aber in verschiedenen Branchen. Es ist keineswegs eine Voraussetzung für gemeinsame Reklame, daß „die Marktinteressen der Unternehmen gleichlaufend sein müssen" (**49**, 29); sie können sich indifferent zueinander verhalten. Die zusammengeschlossenen Firmen können verschiedenen Branchen angehören, die nichts miteinander zu tun haben; die Zusammenstellung ist dann, marktmäßig gesehen, rein zufällig. Allianzen dieser Art wurden gewöhnlich von den Inseratabteilungen der Zeitungen organisiert, um dadurch Inserenten zu gewinnen. Der Vorteil ist in dem Falle nur reklametechnischer Art (**509**, 19 ff.). Der übliche Mengenrabatt für die ganze Seite bringt es mit sich, daß 12 Inserenten zusammen weniger für eine ganze Seite bezahlen als für 12/12 Seiten (**394**, 120). Außerdem hat eine Seite mit 12 gleich großen und einheitlich aufgemachten Annoncen in ornamentaler Einrahmung erhöhten Aufmerksamkeitswert (**334**, 27 f.).

Es ist ein Schritt vorwärts, wenn parallele Marktinteressen bestehen, wenn zum Beispiel gemeinsam für Uhren, Psalmbücher, Kleidung, Schuhe usw. „zum Konfirmationstag" geworben wird. Jede Firma hat hier ihren gattungsmäßig bestimmten Anteil an der Deckung des zusammengesetzten Bedarfs, der anläßlich der Konfirmation entsteht. Der Zusammenschluß hat hier nicht nur technischen, sondern auch taktischen Wert. Das gemeinsame Auftreten erhöht auch, inhaltlich gesehen, die Stoßkraft der Botschaft. Die Konsumfertigwaren der zusammengeschlossenen Firmen sind bedarfsverbunden (**623**, 23 ff.) oder komplementär. Eine Arbeit aus dem Jahre 1914 hebt als Beispiel hierfür Verbindungen wie Schaumwein-, Zigaretten- und Klubsesselfirmen, Schreibfeder- und Tintenfabriken, Schreibmaschine und Büromöbel, Sekt und Automobile, Kürschnerwaren und Gummischuhe sowie Fahrrad und Pneumatikreifen hervor (**339**, 23).

Die Bande der Allianz sind verschieden eng. Ein Möbeltischler stellt ein Wohnzimmer in seinem Schaufenster aus und erklärt: „Teppiche und Gardinen sind von der Firma N. N.". Das Verhältnis ist hier lose und ungleich; der Tischler ist der Initiator. – Eine Versandhandelsfirma für Kaffee legt den Paketen an ihre Kunden die Preisliste einer Versandhandelsfirma für Zigarren bei und umgekehrt. Von dieser gegenseitigen Reklamehilfe (**25**, 165) ist es nur ein Schritt bis zur Versendung der Kataloge beider Firmen in einem Umschlag (**710**, 65 f.) oder bis zum Versand eines gemeinsamen Katalogs. Dieses Vorgehen ist naheliegend, da die Versandhandelsfirmen bisweilen eine Abschrift ihrer mühsam gesammelten und gesichteten Adressen an eine neugegründete Firma verkaufen, die sich mit nicht unmittelbar konkurrierender Ware an denselben Verbraucherkreis wendet.

Die Beispiele zeigen zwei Arten von Komplementärverhältnissen: Schreibmaschine und Büromöbel, Henkell Sekt und Stollwerck Schokolade (die gemeinsame Reklame begann 1900) usw. stehen gleichgewichtig nebeneinander. In der Verbindung zwischen Fahrrad und Gummireifen, Schuhen und Schuhcreme usw. ist die eine Ware übergeordnet, während die andere Ware Zubehör darstellt. Als das Strickkleid modern wurde, gingen englische Wolltrikotagenfabriken eine Allianz mit Lever Brothers Limited ein: „Waschen Sie mit LUX – dann läuft nichts ein!"; die Idee wurde im Jahre 1935 von Flox Zellwolle und Persil übernommen.

Allianz innerhalb der Branche kommt ursprünglich nur dort vor, wo unmittelbare Konkurrenz ausgeschlossen ist, da die Teilnehmer sich auf verschiedenen Regionalmärkten befinden (zum Beispiel Hotels). Allianz zwischen unmittelbar konkurrierenden Firmen wurde im Jahre 1899 (**334**, 27 f.), ja noch im Jahre 1910 (**217**, 211) für undenkbar gehalten, obwohl amerikanische Herrenbekleidungsfabriken gerade im Jahre 1910 einen solchen Versuch unternahmen. Das Reklamegenie Chr. A. Kupferberg organisierte im Jahre 1928 die Allianz zwischen den Sektkellereien Kupferberg, Henkell & Co. und Math. Müller als „Die 3" – teils gegen den französischen Champagner, teils gegen die kleineren deutschen Konkurrenten. Die Reklame zeigte drei Sektflaschen, eine von jeder Firma, mit folgendem Text: „In lebhaftem gegenseitigen Wettbewerb ringen = Die 3 = um höchste Vollendung ihrer Marken zum Vorteil des anspruchsvollen Sekttrinkers". Die Unterstreichung von „lebhaftem gegenseitigen Wettbewerb" entkräftete den Verdacht einer unpopulären Ringbildung; gleichzeitig wurde indirekt ein psychologisches Triplum geschaffen, indem die Botschaft indirekt zu verstehen gab, daß andere Marken unter Konkurrenzniveau lägen. Hier hat man einen klassischen Ausdruck für den modernen Gedanken, daß gegenseitige Konkurrenz und Gemeinschaftsreklame einander nicht ausschließen, sondern möglicherweise ergänzen.

Typen der Reklamefront. Die Bezeichnung „Gemeinschaftsreklame" gilt in der Regel nur für die generell-anonyme Form und wird von nun an auch hier in dieser Begrenzung benutzt. Die USA und England nennen sie co-operative advertising, in einzelnen Fällen group advertising (**287**, 146) und association advertising (**281**, 357). Die Deutschen sagen Kollektiv- oder Gemeinschaftswerbung, auf französisch heißt sie publicité collective. – Sieben gibt eine gute Zusammenstellung von – vornehmlich deutscher – Literatur über dieses Thema (**622**, 65 ff.).

Namenlose, solidarische Reklame setzt einen gemeinsamen Zug in der Marktstellung der Teilnehmer voraus. Da die Marktstellung eines jeden Verkäufers mehrdimensional bestimmt ist, kann er ein Glied in verschiedenen Reklamefronten bilden, je nachdem, wie die Solidarisierung an den einen oder anderen Zug der Marktstellung geknüpft ist. Mit Ausgangspunkt darin hat man versucht, die möglichen Frontbildungen zu klassifizieren. Vor 1918 erblickte man in Europa, neben der Allianz zwischen namentlich genannten Firmen, nur lokale Reklamegemeinschaften als einzige Form der solidarischen Front (**217**, 210 ff.; **339**, 22 ff.). Bird nennt im Jahre 1906 mehrere Varianten, aber keine Branchenfront (**53**, 87 ff.). Eine amerikanische Spezialuntersuchung von 1926 unterscheidet zwischen vier Hauptformen: 1) co-operative advertising der Konkurrenten; – 2) association advertising der Verkaufskartelle; – 3) Teilung der Werbekosten zwischen Produzent und Einzelhändler (collateral advertising); – 4) Verbund zwischen Verkäufern in komplementären Branchen (**7**, 1 ff.). Die zwei letzteren Formen sind sicher in der Regel Allianzen. – Eine deutsche Arbeit von 1927 – als die Gemeinschafts- oder Kollektivreklame in Deutschland Mode wurde – systematisiert folgendermaßen: I) Reklameallianz (korporativ); – II) Reklamefront (kollektiv), nämlich 1) horizontal, – 2) vertikal, – 3) komplementär oder heterogen-supplementär (**210**, 252 ff.). Die der Lehre von den Kartellen entnommene Unterscheidung zwischen horizontal und vertikal im Verhältnis zu den Branchen hat ihre dominante Stellung in der allerneuesten deutschen Literatur behalten (**365**, 25). Nach 1933 wurden die deutschen Listen ausführlicher – wahrscheinlich unter dem Einfluß der lebhaften Gemeinschaftswerbung und der Wirtschaftspropaganda jener Zeit. So wurden im Jahre 1935 neun Zwecke aufgestellt, für die sich die Gemeinschaftswerbung einsetzen kann: 1) eine Ware; – 2) eine Gruppe von Waren; – 3) eine Bedarfsart; – 4) Waren aus bestimmten Rohmaterialien; – 5) Waren bestimmter Provenienz; – 6) ein Herstellungsverfahren; – 7) eine Vertriebsweise; – 8) regional begrenzte Gebiete; – 9) eine Volkswirtschaft (**315**, 49 f.); oder in einer systematischeren Ordnung: I) bestimmte Waren und Warengruppen: – 1) eine bestimmte Ware: – a) eine Gebrauchsware, – b) eine Produktionsware; – 2) mehrere bedarfsverbundene oder – 3) mehrere bedarfsverwandte Waren; – 4) Waren aus bestimmten Rohstoffen; – II) bestimmte Herstellungsverfahren; – III) Waren bestimmter Herkunft; – IV) bestimmte Vertriebsformen und Verteilungssysteme; – V) regional begrenzte Wirtschaftsgebiete (**623**, 23 ff.).

Wir nehmen diese Kataloge zur Kenntnis. Eine Reklamefront ist m ö g l i c h in Anknüpfung an jede Eigenschaft des Angebots, die einer Verkäufergruppe gemeinsam ist und die deren gemeinsame Marktstellung von allen anderen Verkäufern unterscheidet. Die Bildung einer Reklamefront ist praktisch n a h e l i e g e n d, wenn die auf der gemeinsamen Marktstellung der Verkäufer beruhenden gleichförmigen Marktinteressen genügend große vitale Bedeutung in einer gegebenen Marktkonstellation haben.

GEMEINSCHAFTSKAMPAGNEN. Gemeinschaftsinserate sollen in den USA bis ungefähr 1900 zurückgehen (**502**, 571), aber die ersten bekannten Vorstöße kamen nicht vor 1908 (**7**, 16 ff.), als die Werbeagentur J. Richards für Hawaii-Ananas warb und damit den Auftakt zu einer Reihe von Aktionen für Obst gab. Im selben Jahr gaben Philadelphias Damenschneider 30.000 Dollar für einen Aufruf zur Maßkleidung aus. Reis folgte 1909, Automobilausstattung 1910. *Printers' Ink* gab im Laufe des Jahres 1910 Berichte über gemeinsame Aktionen unter anderem für Unfallversicherung, Motorfahrzeuge, Mauersteine, Zement, Tomatenkonserven, Schiffahrt, Preiselbeeren, Maschinen, Elektroapparate, Granit, Ziegel, Konserven und Apotheken. Eine Extranummer vom 17. Juni 1920 führt rückblickend 200 größere Gemeinschaftskampagnen auf. – Von England berichtet Goodall im Jahre 1908 nur über das berühmte „tea cess" und die Kampagne für griechische Korinthen (**241**, 32 f.). Diese und die Äpfelkampagne fielen in die ersten 5–6 Jahre des Jahrhunderts. Nach 1920 kamen Gasgesellschaften, Zementkartelle, Gummipflanzer und Elektrizität (**656**, 23 f.; **437**, 316 ff.). Die irische Leinenindustrie verwendete ½ Prozent ihrer Bruttoeinnahmen für eine Kampagne in den USA; die Scottish Woollen Trade-Marks Association Limited machte Reklame für ihren Tweed und ihre Tuche; die British Trawlers' Association erhob im Jahre 1929 für Reklamezwecke 40.000 Pfund Sterling durch eine Abgabe von 1 Penny pro Pfund Sterling Verkaufswert von allem angelandeten Fisch (**656**, 89). – Der Verein der Zuckerindustrie war mit seiner von R. Exner in den 1890er Jahren durchgeführten Werbekampagne für den Verbrauch von Speisezucker unter dem Leitwort „Zucker ein Nahrungsmittel" ein früher deutscher Vorläufer (**623**, 13). Unter den ersten großen Aktionen befand sich auch der Zusammenschluß der Uhrmacher für Alpinauhren (**557**, 406). Abgesehen von solchen Einzelfällen, erlebte Deutschland zwei Wellen von Gemeinschaftsreklame. Die erste fiel etwa in die Jahre 1926–28 (**623**, 13 f.) mit Aktionen für Früchte und Gemüse, Zucker, Reis, Leinenwaren, Porzellan, Gips-Erzeugnisse, Schmuck- und Edelmetallwaren (**315**, 50). Die Schrittmacher waren zwölf Hamburger und Bremer Fruchtimporteure, die im Jahre 1926 die Früchte- und Gemüsewerbegesellschaft in Form einer G. m. b. H. in Hamburg gründeten (**623**, 33). In dieselbe Periode fallen die Kampagnen für Brasilkaffee und Zigarren in den Jahren 1928 und 1930 (**78**, 61 ff.). Beide mißlangen, da die Waren nicht durch genügende Individualisierung reklamefähig gemacht worden waren. Die zweite Welle begann im Jahre 1933 mit Elektrofrontwerbungen und dauerte bis zum Kriegsausbruch. Allein im Jahre 1934 wurden 66 Kampagnen für Gemeinschaftswerbungen durchgeführt (**623**, 25 f.); später kamen viele mehr.

Regionale Gemeinschaftsreklame. Die älteste Form der Reklamefront ist der lokale Zusammenschluß, dessen europäische Wurzeln in der Reklame der Badeorte liegen. Diese ist auf der Allianz der Kurverwaltung, der Hotels und der Verkehrsgesellschaften aufgebaut (**24**, 219 ff.) und hat sich später zur Gemeinschaftsfront entwickelt, meist unter Leitung der Kommune. Die Touristikwerbung der Gegenwart ist eine unmittelbare Fortsetzung davon. – Amerikanische Lokalreklame begann mit dem Versuch der Eisenbahngesellschaften, Siedler ins Land zu holen (**502**, 575 ff.). Um 1900 verlagerte sich das Hauptgewicht auf Touristik- und Sommerfrischlerwerbung, getragen von Allianzen zwischen den interessierten örtlichen Unternehmen. Die dritte Stufe war die Reklame der Handelskammern für die örtlichen Industrien, und endlich kam das town-boosting der Kommunen (**7**, 129 ff.). 72 Städte hatten im Jahre 1927 besondere Fonds für Lokalreklame geschaffen, die ganz oder teilweise durch Besteuerung finanziert wurden (**502**, 577). Die „Bosse" der Bodenspekulanten spielen sich dem Magistrat gegenüber auf und bezahlen ihre Reklame aus dem Portemonnaie der Stadt. – Eine moderne dänische Form der lokalen Gemeinschaftsreklame ist der Wirtschaftsrat der Stadtkommunen.

Die Regionalreklame der Gegenwart tritt als Angriff und Verteidigung auf. Im ersten Fall suchen Verkäufer eines Wirtschaftsraumes Zugang zu fremden Regionalmärkten. Die Reklamefront ist hier in der Regel nicht nur regional, sondern auch branchenmäßig begrenzt, teils, weil eine Region einigermaßen produktionsspezialisiert zu sein pflegt, teils, weil ein nach außen wirksamer Appell nicht an den Namen eines Ortes geknüpft werden kann, sondern nur an ein örtliches Produkt (Wiener Kunsthandwerk, holländisches Gemüse, Thüringer Spielzeug). Diese Form erreicht ihre größte Intensität in gemeinsamer nationaler Exportwerbung. Hier gilt es zuallererst, für das nationale Produkt als solches zu werben; die Konkurrenz zwischen den einzelnen Verkäufern muß vorläufig zurückstehen; ihre individuelle Reklame muß eingestellt werden, während die Gemeinschaftskampagne läuft (**411**, 79 f). – Auch kleinere Gebiete haben mit Erfolg Regionalkampagnen durchgeführt; in Deutschland geschah das in den letzten Jahren bisweilen mit Unterstützung des Staates als Hilfe für in Not befindliche Wirtschaftsbereiche („Deutschlands grünes Herz" – Thüringen).

Regionale defensive Reklame sucht den regionalen Markt als Gebiet der örtlichen Verkäufer zu behaupten. Nationale Reklame für einheimische Waren gehört natürlich hierher, ebenso die Aufforderung des Einzelhandels „Kaufen Sie am Ort!", die teils sentimental an den Lokalpatriotismus der Käufer appelliert, teils ökonomisch an die Steuerzahlermentalität („Kaufen Sie dort, wo Sie Steuern zahlen!"). In großen Städten führen Händler in den Vororten einen ziemlich hoffnungslosen Kampf gegen die Läden in der City; die kleinen Vorortblätter sind oft nur Werkzeuge für diese lokale Gemeinschaftsreklame. – In den USA haben Indianapolis und Zanesville im Kampf gegen Versandhandelsfirmen einen besonderen Reklametypus entwickelt, der später an vielen anderen Orten nachgeahmt wurde. Die Geschäftsleute der Stadt schlossen sich mit Nahverkehrsgesellschaften zusammen und versprachen den Kunden aus dem Umland beim Einkauf für einen bestimmten Minimalbetrag die Erstattung des Fahrgeldes (**53**, 87 ff.). – Nach 1920 entstand an der Lokalfront ein amerikanischer Standardtypus, der nach der bahnbrechenden Stadt Neosho (Missouri) „Neosho Plan" genannt wurde (**212**, 404; **7**, 118 ff.).

Die Regionalreklame eines Wirtschaftsgebietes fordert natürlich sofort andere Gebiete zu Gegenveranstaltungen heraus, und das Resultat ist ein sinnloser Reklamekampf. In den USA wurde vor den rivalisierenden Kampagnen der Einzelstaaten für ihre landwirtschaftlichen Waren gewarnt (**88**), und in Deutschland ist diese Art Reklame durch wirtschaftsministerielle Anordnung vom 1. März 1934 verboten.

BRANCHENFRONT. Von weit größerem Gewicht, prinzipiell und mengenmäßig gesehen, ist die Branchenfront. Es kann sich um eine Branche im strengen Sinne (Buchhandel, Porzellanindustrie) oder um einen mehrere Branchen umfassenden Wirtschaftsbereich (Handwerk, Landwirtschaft) handeln. Es kann eine „vertikale" Front durch verschiedene Branchen sein: optische und chemische Industrie (einschließlich Photogeschäfte) werben für Amateurphotographie; Elektroindustrie, Elektrohandel, Kraftwerke und Installateure setzen sich für das elektrifizierte Haus ein. In allen diesen Fällen umfaßt die Front Verkäufer, deren Angebot gleichartig oder nahe verwandt ist. Der gleiche Umstand, der vor 50 Jahren eine Gesamtaktion auszuschließen schien, bildet also hier geradezu die Voraussetzung dafür; die Branchenfront stützt sich auf eine einheitliche Marktstellung, an die ein anonymer Appell, der der ganzen Verkäufergruppe zugute kommt, geknüpft werden kann.

Diese Form der Gemeinschaftsreklame ist eine werbestrategische Neubildung, geknüpft an eine bestimmte wirtschaftspolitische Periode. Man hat die Branchenfront als eine Begleiterscheinung der Konzentration bezeichnet (**210**, 252). Sie ist unzweifelhaft eine Konzentration der Kräfte, aber ihr Verhältnis zur kapitalistischen Großorganisation – auf die man in der Regel mit dem Ausdruck „Konzentration" hindeutet – ist nicht eindeutig. Die Branchenreklame ist offenbar zuallererst an eine forcierte Marktausdehnung geknüpft, deren volle Entfaltung eine geänderte Wettbewerbsstrategie enthält. Der Zweck ist nicht mehr, sich repressiv einen möglichst großen Anteil der gesamten spontanen Nachfrage vor anderen Verkäufern in der Branche zu sichern, sondern Eroberungen auf dem bisher nur potentiellen Markt zu machen. Die Absatztätigkeit der Verkäufer ist insofern den Verbrauchern gegenüber aufdringlicher als gegenüber den Konkurrenten. Verfolgt der Verkäufer selbständig diese Politik, so besteht sein Bemühen um vergrößerten Absatz aus zwei logischen Elementen: zuerst soll ein bisher nicht als Nachfrage auftretender Bedarf geweckt werden – danach muß die neue Nachfrage zum Reklamisten gelenkt werden. Das erste erfordert eine intensive Beeinflussung des psychischen and sozialen Verhaltens ganzer Bevölkerungskreise. „Sag' es mit Blumen!" hat mit Erfolg die Sitte, Blumen zu schenken, in Bevölkerungskreisen verbreitet, die bisher nicht an diese Art der Aufmerksamkeit gedacht hatten. Diese Aufgabe verlangt einen Angriff über eine breite Front, wozu der einzelne Verkäufer in der Regel nicht in der Lage ist. Die Branchenfront trägt die Konsequenz aus der logischen Gliederung der Reklamefunktion in Bedarfsausweitung und Verkaufsausdehnung für die Firma und errichtet darauf eine praktische Trennung der beiden Tempi im Reklameprozeß. Die Reklamefront übernimmt den ersten Zug und sucht das Aktionsfeld der Branchenkonkurrenz solidarisch zu erweitern, worauf es der gegenseitigen Konkurrenz der Branchenmitglieder überlassen bleibt, wieviel von dem neugeschaffenen Marktvolumen der einzelne für sich gewinnen kann.

REKLAME FÜR EINE WARENGATTUNG. Der Werberat der deutschen Wirtschaft bezeichnet als „Gemeinschaftswerbung" eine Reklame, „die mittelbar oder unmittelbar mehreren nicht von vornherein bestimmten Unternehmern zugute kommt" (**72**, 12), woraus man gefolgert hat, daß alle anonyme Reklame Gemeinschaftswerbung sei (**525**, 74). Dies gab in der deutschen Literatur den Anlaß zu einem Streit darüber, ob generelle Wirkung oder gemeinsame Aktion für den Begriff „Gemeinschaftswerbung" entscheidend sein solle (**623**, 50 ff.). Das Natürliche ist, als Gemeinschaftswerbung eine von mehreren in Gemeinschaft durchgeführte Aktion zu bezeichnen. Ist der Träger eine Allianz von Firmen, die namentlich auftreten, so besteht der Zweck darin, den Absatz dieser Firmen zu steigern; wirbt eine organisierte Gruppe nicht einzeln genannter Verkäufer für ihre gleichartigen Angebote, so soll die Reklame diesen Spezialmarkt „ohne Ansehen der Person" beleben. Die Aktion ist in beiden Fällen gemeinsam, aber die Wirkung ist im ersten Falle kumulativ-individuell, während sie im zweiten Fall kollektiv-generell ist. Dies ist jedoch ein rein schematisches Bild der Sache. Die Praxis zeigt eine Reihe Abstufungen; um sie analysieren zu können, müssen wir zuerst einen wichtigen Zug in der Wirkungsweise der Reklame betrachten.

AUSSTRAHLENDE WIRKUNG. Alle Reklame, auch die Reklame der Einzelfirma für sich und ihre Ware, kommt bis zu einem gewissen Grade anderen Verkäufern zugute. Diese ausstrahlende Wirkung – auch Streuwirkung (**623**, 71) oder Induktionswirkung (**170**, 161) genannt – ist vielleicht der beste Einwand gegen die Behauptung von der gegenseitigen Aufhebung der Reklame. Das Thema wird viel erörtert, oft mit großer Ausführlichkeit (**31**, 34 ff.). „Auch die besten Inserenten ernten nicht die volle Wirkung ihrer Reklame. ... Alle nicht beworbenen Artikel gleicher oder ähnlicher Gattung erhalten Anteil am Resultat, und ihr Erfolg vermindert den derjenigen, für die geworben wird" (**31**, 37). Starke Individualisierung des Angebotes gewährt einen gewissen Schutz. Die erste Periode der Markenware war in dieser Hinsicht eine Lehrzeit. „‚Henkels Bleichsoda'" (1878) „war eine Mischung zwischen Markenartikel und Marktware ... Mit dem Kennwort ‚Bleichsoda' hatte er – neben der Marke ‚Henkel' – eine Warengattung eingebürgert, die, die Marke selbst mehr und mehr beiseiteschiebend, zu einem ‚allgemeinen Warenbegriff' für das konsumierende Publikum und die Händlerschaft geworden war" (**697**, 55). – Die Reklame wählt oft aus psychologischen Gründen allgemeine Argumente, die zwangsläufig eine Ausstrahlung verleihen, selbst wenn man hierauf das Interesse auf die spezielle Ware der Firma zu konzentrieren sucht. „Verfolgen Sie die Weltereignisse! – Der N. N.-Empfänger unterrichtet Sie darüber." Der Leser wird den Schluß ziehen, daß, wenn es gelte, unterrichtet zu sein, ein anderes Radiogerät von gleicher Stärke denselben Dienst leisten würde. Man kann solche taktischen Fehler vermeiden, aber selten ganz die Ausstrahlung umgehen. „Das Interessante dabei ist, daß eine Reklame, die für eine bestimmte Marke einer Ware eintritt, und zwar mit dem stillschweigenden Wunsche, der Konkurrenzfirma ihren Teil des Marktes möglichst zu schmälern, gleichzeitig für diese ganze Warengattung eintritt" (**413**, 35). – „Die Anzeigenwelt ist sich darin einig, daß ein Reklamestreit zwischen den Mitgliedern der Branche in der Regel den Gesamtabsatz des Produktes erhöht" (**656**, 31).

Die für die ganze Branche günstige Wirkung ist hier ein nicht beabsichtigter Nebeneffekt der Reklame einer Einzelfirma für sich selbst.

Anonyme Reklame. Andererseits braucht anonyme Reklame für die Gattung (**453**, 12 f.) nicht Gemeinschaftsreklame zu sein. Der Alleinverkauf einer Warengattung kann ohne Furcht vor ausstrahlender Wirkung für die Gattung Reklame machen; er hat es nicht nötig, seine Firma oder seine Marke zu nennen. Diese anonyme Reklame hat den Vorteil, distanziert zu sein. Wenn Fyffes für den Wert der Banane als Nahrungsmittel Reklame macht – strömt das Geld ganz von selbst in seine Kasse hinein. Der Reklamist kann sich bescheiden im Hintergrund halten. Der psychologische Vorteil bei ideenpropagandistisch getarnter Reklame ist so groß, daß man oft ihretwegen einen Teil der Wirkung opfert. Der relative Mengenmonopolist befindet sich in dieser Situation. Die Nürnberger Milchversorgung G. m. b. H. machte auf diese Weise anonym für Molkereierzeugnisse Reklame und überließ einigen kleinen Konkurrenzmolkereien die Ausstrahlung ihrer Reklame. Auf dieselbe Art war die deutsche Kampagne „Eßt mehr Fisch und ihr bleibt gesund!" von der Nordsee Deutsche Hochseefischerei A.-G. geführt worden, die den größten Teil des Seefischmarktes kontrolliert (**623**, 52). Der Reklamist kann damit rechnen, daß ein seinem bisherigen Anteil am Markt entsprechender Teil der erreichten warengenerellen Wirkung ihm zugute kommen wird. –

Das gleiche gilt prinzipiell für jeden Verkäufer, der für eine Neuheit die Reklametrommel rührt. Er ist vorläufig Alleinverkäufer auf seinem Gebiet und kann für die Gattung als solche Reklame machen. Wenn er das in der Regel nicht tut, sondern für „Gillette", nicht für „Rasierapparate", wirbt, so geschieht das gerade im konjunkturellen Hinblick auf noch latente Konkurrenz. „Der Hersteller des ersten Rasierapparates bereitete einer erzieherischen Kampagne den Boden für den späteren Absatz der ganzen Branche" (**674**, 17). Während er noch als Alleinverkäufer für seine Neuheit Reklame macht (d e n Rasierapparat, d e n Staubsauger), macht er schon, potentiell gesehen, Gattungsreklame, die auch latenten Konkurrenten nützt. In der Tat liegen immer latente Konkurrenten auf der Lauer, bereit, sich dort hineinzudrängen, wo die Pionierreklame eines Bahnbrechers den Boden für eine Ware vorbereitet hat. Mit diesem Umstand vor Augen spricht man oft von der die Konkurrenz anspornenden Funktion der Reklame (**546**, 142; **405**, 28 f.; **528**, 12; **701**, 3).

DIE FUNKTIONEN DER BRANCHENREKLAME. Der Zweck der Gemeinschaftsreklame ist allgemeine Markterweiterung für die Branche; ihre erste Voraussetzung ist deshalb Erweiterungsfähigkeit des Bedarfs für die Ware (**49**, 29). Dieses Faktum hat – vielleicht in Verbindung mit einer veralteten Vorstellung darüber, daß die Elastizität eines Marktes umgekehrt proportional zur Lebenswichtigkeit der Ware sei – den Anlaß zu folgender Beurteilung des Platzes der Gemeinschaftsreklame in der Marktpolitik gegeben: „Die Stapelwarenmärkte können diese Maßnahme entbehren. Hier ist die Nachfrage allgemein und bleibend. Aber Luxusartikel, Neuheiten, öffentliche Dienstleistungen, Transport, Dinge, die im Zusammenhang mit Kultur, Gesundheit und Geselligkeit stehen – sie alle haben profitiert von einer rein erzieherischen und generellen Reklame" (**287**, 155). Die Praxis zeigt dagegen, daß gerade Märkte für Artikel des täglichen Bedarfs durch Gemeinschaftsreklame mit Erfolg bearbeitet wurden. Ganz wenige Gebrauchsartikel sind unersetzbar. Die Versorgungsvielfalt der heutigen Zeit äußert sich gerade darin, daß notwendige Waren in „Substitutionskreisen" so zusammengeschlossen sind, daß man zwar eine der Waren des Substitutionskreises verwenden muß, daß diese aber untereinander in hohem Grade austauschbar sind (Fleisch – Fisch – Getreide – Gemüse – Obst).

Ein gutes Bild von den Funktionen der Gemeinschaftswerbung geht aus den möglichen Motiven für sie hervor. Es werden genannt: 1) allgemein-wirtschaftliche (etwa Depression) und 2) branchenwirtschaftliche Marktverlagerungen, insbesondere Verschiebungen der Nachfrage, wobei die Gemeinschaftsreklame entweder a) die Verschiebung unterstützen und beschleunigen oder b) die Verschiebung aufhalten oder mildern soll (**315**, 50 f.). Sie kann angewandt werden zur 1) Aufholung von Absatzverlusten; – 2) Sicherung bedrohter Abnehmerschichten oder Absatzgebiete; – 3) Absatzsteigerung durch Gewinnung neuer Absatzgebiete oder Käuferschichten; – 4) Absatzsteigerung deutscher Erzeugnisse und Rohstoffe durch Verdrängung ausländischer Erzeugnisse und Rohstoffe; – 5) Absatzfindung für neue Bedarfsartikel (**623**, 20). „Gemeinschaftswerbung ist erstrebenswert, wenn die ganze Branche von außen durch einen Angriff auf ihren Markt bedroht ist, oder wenn die Marktanalyse die Möglichkeit einer allgemeinen Marktausdehnung offenbart“ (**167**, 140 f.). Als eines der wichtigsten Motive „zur Veranstaltung von Gemeinschaftswerbungen“ wird „die Förderung einer bestimmten Bedarfsrichtung (z. B. Werbung für den Obstverbrauch) oder die Hemmung einer für den Zweig unangenehmen Bedarfstendenz (z. B. die Werbemaßnahmen gegen die hutlose Mode)“ (**599**, 51) hervorgehoben. Man sagt, daß die Gemeinschaftswerbung außerdem den kleinen Verkäufern eine Chance für wirkungsvolle Reklame gebe (**623**, 112 f.; **502**, 571; und andere), als Rationalisierung wirke (**623**, 112 f.; **682**, 542 f.; **210**, 254) und die Konkurrenz aufhebe (**668**, 17 f.; **470**, 31 f.; und andere). Hier gibt es reichlich Diskussionsstoff.

Die Front der kleinen Verkäufer. Wo es gilt, den Bedarf für eine Ware zu vergrößern, ist die Gemeinschaftswerbung die geeignete Form, weil die Bedarfsausweitung potentiell allen Verkäufern der Branche zugute kommt. Ein einzelner Verkäufer kann natürlich auch eine solche Werbung durchführen, und manche haben es getan. Aber es muß, im Hinblick auf die ausstrahlende Wirkung, ein sehr großer Verkäufer sein, und es gehört erhebliche Kapitalstärke dazu. Generelle Beeinflussung des Bedarfs für eine Ware ist der kostspieligste aller Reklamezwecke. Man kann dies nur durch Angriff über eine breite Front oder über einen bestimmten Zeitraum erreichen. Der einzelne Verkäufer kann die Nachfrage nach seiner Spezialität stimulieren, aber ein einzelner Tapetenfabrikant oder Tapetenhändler kann kaum eine Kampagne für jährliches Neutapezieren der Wohnungen durchführen. Von diesem Gesichtspunkt aus hat man in Deutschland seit 1933 eine Reihe Gemeinschaftskampagnen für typische Kleinbetriebe in solchen Branchen zwangsorganisiert und staatlich finanziert. Die Gemeinschaftswerbung gibt Kleinbetrieben eine Chance, Reklame in großem Stil zu betreiben (**623**, 112); aber sie ist, historisch gesehen, ganz und gar nicht als Weg „der Kleinverkäufer zur Großreklame entstanden" (**502**, 571). Sie begann vielmehr in oligopolistisch zusammengesetzten Branchen. Eine der ersten deutschen Gemeinschaftsaktionen war die Reklame des Kalisyndikats für Kunstdünger seit 1910, finanziert durch Zwangsabgabe nach dem Reichskaligesetz. Die genannten frühen amerikanischen Vorstöße galten unter anderem Versicherung, Schiffahrt und Zement – also Branchen, in denen Kleinbetriebe selten sind. Man kann kaum etwas anderes erwarten. Zusammenschlüsse aller Art kommen leichter zwischen wenigen Großen als zwischen vielen Kleinen zustande, und das Interesse des einzelnen Unternehmens, die Kosten zu teilen, ist unter den Großen nicht geringer. Es wird geradezu hervorgehoben, daß viele Großreklamisten wegen der Kostspieligkeit aus eigenem Antrieb von der „erzieherischen" Reklame (**305**, 75) abgegangen sind.

Das Erscheinen der Branchenreklame zeigte den Kleinverkäufern eine neue Möglichkeit, durch Frontbildung ihr Reklamehandicap zu überwinden; aber die erste Initiative war nicht die ihrige.

Stapelware wird reklamefähig. Es ist lange ein Lehrsatz gewesen, daß Reklame Individualisierung der Ware voraussetzt. Nur ein Mengenmonopolist konnte sich erlauben, für die Gattung als solche Reklame zu machen. Gab es mehrere in der Branche, so war die Markenpackung die einzige Möglichkeit, für Stapelware zu werben, die nicht in sich selbst Möglichkeiten zur Gattungsdifferenzierung bot. Die Branchenreklame öffnet hier einen neuen Weg. Die deutsche

Zuckerindustrie machte schon gegen 1900 Reklame für den Zucker als Warengattung.

Diese Möglichkeit ist besonders wertvoll für Stapelwarenbranchen von atomistischer Zusammensetzung. Konkurrierende Reklame innerhalb der Branche ist hier von vornherein unmöglich; eine Ausweitung des Gesamtbedarfs für die Gattung wird dagegen allen zugute kommen. Die Gemeinschaftsreklame erhält damit hervorragende Bedeutung für die Landwirtschaft, in der das Produkt des einzelnen Verkäufers nicht reklamefähig ist (**30**, 521 ff.). Die amerikanischen Obstfarmer wandten die Gemeinschaftsreklame in großem Stil an, und die deutsche Landwirtschaft gründete 1930 den Arbeitsausschuß für Agrarpropaganda. – Es hat sich als besonders wirkungsvoll herausgestellt, die Gemeinschaftswerbung durch eine gemeinsame Qualitätsmarke (zum Beispiel Marke der Bienenzüchter) zu unterstützen; umfaßt die Front alle Verkäufer der Branche, so besteht allerdings „die große Gefahr, daß der Begriff ‚Qualität', wie uns aus früherer Zeit zur Genüge bekannt ist, zum Werbeschlagwort herabsinkt" (**411**, 90), wenn nicht eine Qualitätsgarantie der Marke konkreten Inhalt gibt.

RATIONALISIERUNG. Die erste deutsche Welle der Gemeinschaftswerbung 1926–28 scheint eine Folge des Rationalisierungstaumels (**623**, 16) jener Zeit gewesen zu sein, und das gleiche gilt für andere Länder. Die Gemeinschaftswerbung wurde als eine wirtschaftliche Konzentrationsmaßnahme angesehen. „Wo Zusammenschluß möglich ist, kann die Reklame begrenzt werden" (**635**, 307). Die Frage ist jedoch, ob die Gemeinschaftsreklame an sich eine Ersparnis herbeiführen kann. Diese müßte darin bestehen, daß ein wesentlicher Teil der bisherigen Reklame der Unternehmen fortfällt. Man wird geneigt sein, das zu glauben. *„Reklame ist Konkurrenz mit anderer Reklame"* (**86**, 129) bedeutet doch, daß ein Teil der Reklame benutzt wird, um die Reklame der Konkurrenten zu neutralisieren. Diese konkurrierende Reklame kann nach der Auffassung mancher durch Gemeinschaftsreklame eingespart werden (**210**, 253; und andere). Es wird sogar angedeutet, daß diese „nicht nur eine sehr fühlbare Verbilligung der Erzeugnisse, sondern auch eine wesentliche Erhöhung der allgemeinen Kaufkraft" auf dem Markt bewirke, „die nun anderen Bedarfsdeckungszwecken zugute" (**682**, 542 f.) komme. Die Geschäftswelt als Ganzes kann also, mit anderen Worten, mehr absetzen – wenn sie weniger Werbeaufwand betreibt. Andere sind vorsichtiger und rechnen nicht mit absoluter Kostenersparnis pro Firma. „Es kann also höchstens das Motiv einer relativen Kostenersparnis, d. h. der Ersparnis der Aufwendungen für die Neutralisation der Konkurrenzwerbung bei der Absatzintensivierung angenommen werden" (**623**, 16 f.). Ein englischer Betrachter verhält sich diesen Erwartungen gegenüber skeptisch: „Die Gemeinschaftsreklame wird teilweise als ein Mittel gegen die fieberhafte Konkurrenz benutzt, die einen Gewerbezweig reklamesüchtig gemacht hat. Aber es ist klar, daß die Gemeinschaftsreklame die Konkurrenzbedingungen nicht beseitigen kann; sie setzt vielmehr in dem Gewerbezweig die Erkenntnis voraus, daß er in der Konkurrenz töricht gewesen ist und nun die Vergangenheit vergessen und einen neuen Weg einschlagen will" (**380**, 66).

Die Wahrheit kann man deutlicher durch bestimmte analytische Gesichtspunkte herausbringen, die die Literatur über Gemeinschaftsreklame nach meiner Kenntnis nicht hervorgehoben hat. Die Gemeinschaftsreklame könnte Einsparungen bewirken, wenn sie die solidarische Vereinigung der Anstrengungen wäre, die bisher von den Firmen einzeln gemacht wurden. Es ist aber darauf hingewiesen worden, daß die Branchenfront eine einzelne Reklamefunktion zur kollektiven Durchführung abtrennt, nämlich das Streben nach allgemeiner Expansion der Branche. Sie sucht in Gemeinschaft die Marktsubstanz zu vermehren, um die die zusammengeschlossenen Verkäufer dann konkurrieren können. Da sie keine Solidarisierung der brancheninternen Kampfreklame ist – absurder Gedanke! –, kann sie keine Einsparung dieser herbeiführen. Die Kampfreklame kann – und müßte es sicher in manchen Fällen – begrenzt werden, aber die Gemeinschaftsreklame ist kein Mittel dazu. Das kann durch ein Beschränkungsabkommen geschehen. In dem Falle nimmt man das Absatzvolumen der Branche als gegeben – sieht ein, daß die brancheninterne Kampfreklame unverhältnismäßig am Gewinn zehrt –, daß selbst sehr kostspielige zusätzliche Reklame von seiten der Firmen nur gegenseitige Absatzverschiebungen unter der Rentabilitätsgrenze bringen kann –, daß ein solcher Vorstoß sofort die Konkurrenten zu einem Gegenzug herausfordern würde – und einigt sich deshalb auf den Status quo. Eine solche Reklamebeschränkung ist oft an eine weitergehende Kartellabsprache geknüpft, zum Beispiel die

Benzinvereinbarung (**652**, 109), und diese umfaßt möglicherweise auch Gemeinschaftsreklame.

Gemeinschaftsreklame erstrebt allgemeine Branchenausdehnung und liegt, werbestrategisch gesehen, auf einer anderen Ebene als die Kampfreklame. Sie kann nur rationalisierend wirken, wenn die Firmen bisher, eine jede für sich, eine planmäßige Reklame für die Gattung gemacht haben und nun solidarisch d i e s e n Zweck verfolgen. Dies wird in der Regel nur in oligopolistisch zusammengesetzten Branchen oder unter den wenigen Großen in einer Polypolfront der Fall sein. Kleinverkäufer können nicht selbst „erzieherische", marktausweitende Reklame machen, können deshalb auch nicht Einsparungen vornehmen, indem sie sie solidarisch betreiben. Wenn sie zur Gemeinschaftsreklame übergehen, ist es eben deshalb, um einen neuen Reklamezweck zu verfolgen, der außerhalb der Reichweite des einzelnen liegt – nicht, um die bracheninterne Konkurrenz aufzuheben. Die Reklame der einzelnen Kleinfirma ist eindimensional, nämlich nur intern-konkurrierend; durch die Gemeinschaftsreklame kommt die zweite Dimension hinzu. In Deutschland forderte man ein ums andere Mal Handwerk und Kleinhändler dazu auf, mit Einzelreklame „nachzustoßen", wo die staatlich finanzierte Branchenreklame den Boden bereitet hatte. Der Staat hat durch branchenerweiternde Werbung für die Warengattung einen Bedarf geschaffen – es ist jetzt „nicht zu umgehen, daß auch die gesamten Berufs- und Wirtschaftszweige sich aus dem Gemeinschaftsgedanken heraus zusammenfinden und für ihre Erzeugnisse werben" (**310**, 441; **548**, 32; **391**, 759; **557**, 406). Es ist jedoch zweifelhaft, ob diese Aufforderungen ihre Wirkung tun werden; viele Kleinhändler und Handwerker haben als Nachbarschaftsgeschäfte ihren gegebenen und ziemlich sicheren Absatzkreis und können deshalb eine branchenintern konkurrierende Werbung entbehren.

Schlußfolgerung:

1) Die Gemeinschaftsreklame bildet dort eine Ersparnis, wo die Firmen bisher einzeln „erzieherische" Reklame gemacht haben.

2) Die Kampfreklame und die Kosten dafür werden prinzipiell nicht von der Gemeinschaftsreklame berührt. Die Reklame ist zwangsläufig

kampfgeprägt – mit oder ohne Gemeinschaftsreklame –, solange brancheninterne Konkurrenz aufrechterhalten wird.

3) Gemeinschaftsreklame kann eine Konkurrenzentspannung in dem Sinne bewirken, daß größere Absatzmöglichkeit den Spielraum der Konkurrenten auf dem Markt vergrößert. Intern-konkurrierende Reklame wirft dann größeren Gewinn ab als vorher, aber man kann nicht dadurch sparen.

4) Überspannte Kampfreklame kann durch eine Beschränkungsabsprache begrenzt werden; sie kann durch Fusion oder Absatzkartell völlig zum Erliegen gebracht werden, worauf die Reklame sich anonym für die Gattung einsetzen kann. Die Rationalisierung rührt jedoch in dem Falle nicht vom Übergang zur Gattungsreklame her, sondern von einer Strukturveränderung in der Branche. Intern-konkurrierende Reklame fällt nicht durch Gemeinschaftsreklame fort, sondern durch Aufhebung der Konkurrenz. Gemeinschaftsreklame hebt nicht hektischen Wettstreit auf, sondern begleitet die Konzentration.

KONKURRENZ AUF EINER NEUEN EBENE. Die Gemeinschaftsreklame kann auf diese Weise nicht die brancheninterne Konkurrenz begrenzen. Die Hoffnung darauf stand hinter der Empfehlung der Gemeinschaftsreklame durch die amerikanischen Trade Associations, und in Deutschland herrschte sofort nach 1933 eine ähnliche Stimmung. Der Konkurrenzgedanke selbst war als liberal und vermeintlich dem Ständegedanken entgegengesetzt in Mißkredit geraten. Konkurrenz zwischen Geschäftsleuten derselben Branche wurde als an sich „liberalistisch" (**470**, 31 f.) bezeichnet. Die Gemeinschaftswerbung wurde geradezu als ein Schritt zur volkswirtschaftlichen Gemeinnutzwerbung empfohlen (**550**, 183 ff.), auf jeden Fall wurde sie als die für eine ständische Wirtschaft selbstverständliche Reklameform angesehen. „Man braucht kaum ausdrücklich darauf hinzuweisen, daß der Konkurrenzfunktion der Reklame, die hauptsächlich deren unverhältnismäßiges Anschwellen hervorgerufen hat, die Basis dort fehlt, wo die Konkurrenten sich in der einen oder anderen Form zusammengeschlossen haben" (**358**, 48 f.). Es ist gerade nachgewiesen worden, daß Zusammenschluß zur Gemeinschaftswerbung vielmehr die intern-konkurrierende Werbung stärkt. Die Notwendigkeit letzterer, neben der Gemeinschaftswerbung, wird dann auch in Deutschland, nachdem eine Abklärung der Begriffe stattgefunden hat, betont. Der Konkurrenzgedanke selbst und die konkurrierende Reklame sind in etwas veränderter Form rehabilitiert worden.

Die Entspannung, die die Gemeinschaftswerbung in interner Konkurrenz herbeiführen kann, geht in eine andere Richtung. Wird die Konkurrenz verschärft, so wird sie erst repressiv und erreicht schließlich einen Punkt, wo sie entweder die Konkurrenten vernichtet oder für die Gemeinschaft unfruchtbar wird. Gelingt es durch Gemeinschaftswerbung, die Absatzchancen der Branche insgesamt auszuweiten, so werden die Existenzbedingungen für die Verkäufer der Branche verbessert. Die Konkurrenz wird nicht aufgehoben, aber in dem Sinne entspannt, daß die Gehässigkeit des repressiven Stadiums sich legt.

Gleichzeitig wird aber die transversale Konkurrenz zwischen den Branchen verschärft (**348**, 51). Die Kaufmacht, die die Branchenfront durch ihre Reklame für sich gewinnen kann, muß zuerst von einer anderen Stelle kommen, das heißt: sie wird einer anderen Branche entzogen. „Der Einzelhändler steht nicht bloß im Wettbewerb mit seinen Kollegen aus der gleichen Branche, es steht vielfach seine ganze Branche auch mit fremden Branchen in schärfster Konkurrenz" (**484**, 118). Man kann so schematisch folgende Phasen aufstellen: 1) Es entsteht brancheninterne Konkurrenz um einen gegebenen Markt. – 2) Die Einzelhändler suchen die Marktreserve zu mobilisieren. – 3) Die fortschreitende Eroberung der Marktreserve wird begleitet von Bestrebungen, vermehrten Bedarf zu wecken. – 4) Die Firmen, die einzeln nicht dieser umfassenden Aufgabe gewachsen sind, schließen sich zur Gemeinschaftswerbung zusammen. – 5) Die Gemeinschaftswerbung schiebt etwas von der gesamten Kaufmacht der werbenden Branche zu und wirkt dadurch repressiv anderen Branchen gegenüber. – „Der Konkurrenzkampf, der sich bisher von Unternehmer zu Unternehmer abgespielt hat, nimmt jetzt die Form des Kampfes eines Wirtschaftszweiges gegen den anderen an" (**623**, 105). Auch Nicklisch weist auf „den Wettbewerb der Geschäftszweige untereinander hin, der bestehen bleibt, auch wenn es gelingt, die liberalistische Konkurrenz zwischen Geschäftsleuten gleicher Branche auszuschließen" (**470**, 31 f.). In den USA wurde gegen die Bestrebungen der Trade Associations, den internen Konkurrenzkampf durch Gemeinschaftsreklame zu entspannen, eingewandt, daß verschärfte Konkurrenz zwischen den Branchen die Folge sein würde (**668**, 17 f.).

Der Hochspannungsbogen der Konkurrenz steht also plötzlich zwischen anderen Polen als vorher. „Die expansive Kaffeereklame beeinträchtigte zweifellos die Nachfrage nach Tee. Und die Reklame für voll fermentierten Tee hat den Verkauf von grünem Tee in Amerika gewiß deutlich reduziert" (**7**, 89). Zuerst wird also die branchenintern konkurrierende Reklame unrentabel, weil sie sich repressiv selbst aufhebt; dann greift man zur Gemeinschaftsreklame; diese hat zu Beginn Erfolg gegenüber den Nachbarbranchen, da der solidarische Einsatz eine gewisse Überlegenheit verleiht. Die erste Anwendung wirft auch hier einen reichlichen Extragewinn ab. Branche A bricht in das bisherige Absatzgebiet von Branche B ein. Dies fordert Branche B zu gemeinsamer defensiver Reklame heraus. „Einige der größten Gemeinschaftskampagnen haben ihren Ursprung in Konkurrenzverhältnissen, in denen sich die neuen Inserenten eindeutig in der Defensive befanden" (**7**, 88). Man kann hier zwischen verschiedenen Fällen unterscheiden:

1) Spontane Verbrauchsverschiebung hat den Absatz der Branche eingeengt; Gemeinschaftsreklame soll verlorenes Terrain zurückgewinnen. In Deutschland bekämpften die Hutmacher die neue „Unsitte", im Sommer ohne Hut zu gehen. Die Apotheker sahen sich nach 1933 durch die vom Naturärztewesen geförderte Hinwendung weiter Volkskreise zu Heilkräutern und Naturheilverfahren gegen die von den Apotheken vor allem geführten „chemisch-pharmazeutischen Medikamente" bedroht; die defensive Reklame zeigte auf Plakaten einen Haufen Heilkräuter, die in der Offizin der Apotheke verwendet werden (**315**, 51). Der deutsche Sektverkauf befand sich um 1930 in einer Krise; der Absatz war von insgesamt noch etwa 15 Millionen Flaschen im Jahre 1928 auf 4½ Millionen im Jahre 1932 gesunken. Die Gemeinschaftswerbung suchte neue Käuferschichten zu gewinnen (**369**, 17).

2) Der Markt der Branche hat darunter gelitten, daß für seine gattungsverwandte Ware von einem oder mehreren Verkäufern einzeln Reklame gemacht wurde. Ch. W. Post hatte in den 1890er Jahren für seinen Kaffee-Ersatz „Postum" mit Gesundheitsargumenten geworben, die als Kampfreklame gegen Kaffee wirkten. Die National Coffee Roasters As-

sociation startete im Jahre 1919 in Verbindung mit den brasilianischen Kaffeeproduzenten einen Gegenangriff; das Massachusetts Institute of Technology lieferte eine „medizinische“ Widerlegung der „medizinischen“ Warnungen vor Kaffee. Die Reklame fiel auf guten Boden, weil die Käufer doch fanden, daß Kaffee besser schmecke; es galt nur, ihnen eine autoritative Beruhigung zu geben. Deshalb kostete Postums Reklame 1 Million Dollar per annum, während die populärere Kaffeereklame ihre Wirkung mit einem Viertel dieser Kosten erreichen konnte (**366**, 132).

In diesen Fällen ist die erste Gemeinschaftsreklame eine Verteidigungsaktion.

3) Eine gemeinsame Verteidigungsaktion kann von gemeinsamer aggressiver Reklame herausgefordert worden sein. Die deutsche Stahlreklame im Jahre 1927 wurde mit kollektiver Werbung in Form der Aluminiumwerbung und Metallwerbung (Messing, Kupfer, Bronze) erwidert (**623**, 102). Die Gas- und Elektroreklame 1923–27 in England und anderen Ländern war Angriff und Gegenangriff (**437**, 319 f.). Die verschiedenen Baumaterialien führten in den USA einen verbissenen Kampf mittels Gemeinschaftsreklame. Der japanische Staat hatte von 1893 bis 1903 70.000 Yen für die Exportreklame des Teehändlerverbandes gegeben; das englisch-indische tea-cess war die Antwort darauf.

4) Gemeinschaftsreklame kann auch benutzt werden, um den Markt gegen Zerstörungen von innen zu verteidigen, um zum Beispiel unfaire Konkurrenzmachenschaften von Außenseitern zu bekämpfen (**7**, 99 f., 232), Rabattgewährung, Zugabewesen, Garantieschwindel und ähnliches.

Kurz gesagt: „Der Konkurrenzkampf wird also immer belebt werden, ganz gleich, ob das nun in Form eines Kampfes von Werbegemeinschaft gegen Werbegemeinschaft oder von Werbegemeinschaft gegen Einzelunternehmen erfolgt“ (**623**, 103). Vermutlich sind sogar die meisten Gemeinschaftsaktionen Gegenwehr (**315**, 50 f.). Das gleiche Verhältnis, das zuvor zwischen den Verkäufern innerhalb der Branche bestand, steht auf einer höheren Ebene als Repressionskonkurrenz zwischen Branchen um einen möglichst großen Anteil an der gesamten Kaufmacht wieder auf. Und dieser Kampf nimmt äußerst scharfe Formen an, teils, weil die Partner Kollektive sind, die oft dem Wirtschaftsinteresse ihrer Mitglieder einen ideellen Rückhalt in echten oder falschen Standesgefühlen (Handwerksreklame!) verleihen; teils, weil die Reklamefront mit größeren Kanonen schießt als selbst sehr große Einzelfirmen.

Es wird dann auch auf die Gefahr empfindlicher wirtschaftlicher Störungen durch die Gemeinschaftswerbung hingewiesen (**623**, 104). Hat die Reklame einer Branche die beabsichtigte bedarfsumleitende Wirkung, so entstehen in Branchen für ähnlichen Bedarf unverkaufte Tauschreste und sterile Kapazität – was gerade die betroffene Branche zur gemeinsamen Gegenreklame herausfordert. Es ist in dieser Hinsicht bezeichnend, daß Einzelhändler im allgemeinen keinen Wert auf gemeinsame Produzentenreklame für eine einzelne Ware legen, sondern gewöhnlich die Gemeinschaftswerbung der Produzenten für ganze Warengattungen unterstützen (**359**, 60). Gilt nämlich die Kampagne der ganzen Warengattung, mit der ein Detaillist handelt, so kann er auf Absatzsteigerung hoffen; gilt sie nur einzelnen Warengattungen, zum Beispiel Glas, Fayence oder Porzellan, so kauft er mehr von der Gattung, für die Reklame gemacht wurde, aber entsprechend weniger von den anderen. Er ist an einer Verschiebung des Absatzes uninteressiert, ja, er rechnet damit, daß er als Folge einer einseitigen Porzellanreklame seine Fayencen nicht verkaufen kann.

Die Repressionskonkurrenz tritt auf einer neuen Stufe wieder auf. Die Gemeinschaftswerbung wird deshalb mit ähnlichen Einwänden wie den gegen die Reklame der Firmen erhobenen kritisiert: Es trete ein Punkt ein, wo die zahlreichen nebeneinander stehenden Appelle der Gemeinschaftsaktionen sich gegenseitig aufheben (**550**, 186 f.). Auch die Widerlegung ist die gleiche; die Kampfreklame der Einzelfirmen wird damit verteidigt, daß ein Reklamestreit zwischen Konkurrenten Bewegung in der ganzen Branche schaffe. Das gleiche Klischee wird im Hinblick auf die Gemeinschaftskampagnen für Waren ähnlichen Bedarfs wiederholt. „Dieser Wettkampf durch Kollektivreklame bringt oft beiden Gruppen Vorteile, indem sich die Marktelastizität größer erweist als man glaubt und der gesamte Absatz stark ausgedehnt wird" (**210**, 254). Wendet man dagegen ein, daß die Marktausdehnung für zwei Waren ähnlichen Bedarfs eine Reaktion auf anderen Märkten hervorrufen müsse, so erhält man die ebenfalls altbekannte Antwort, „daß die stärkere Propagierung einer ganzen Warenart ... auf lange Sicht nicht notwendig zu einer Schrumpfung im Absatz anderer Güter führen müsse, ... während es außer allem Zweifel steht, daß jede durch zusätzliche Nachfrage verursachte Vermehrung des Sozialprodukts auch neues Einkommen und neue Kaufkraft zur Entstehung bringt" (**175**, 68). Damit ist man wieder bei der Kernfrage nach der Produktivität der Reklame.

VERBRAUCHER„ERZIEHUNG". Es ist vor allem die Gemeinschaftsreklame, die behauptet, nicht konkurrierend, sondern rein erzieherisch zu sein (**287**, 146). „Das vornehmste Ziel der Reklame – Information und Erziehung – wird wahrscheinlich als Folge der rein erzieherischen Gemeinschaftsreklame in der Zukunft eine größere Rolle spielen" (**502**, 575). Ich kann nichts Erzieherisches darin entdecken, wenn sich 4.000 amerikanische Wäschereien zusammenschließen und alles tun, um die Waschfrauen um ihren Lebensunterhalt zu bringen, oder wenn die Goldschmiede den Frauen erzählen: „Schmuck muß echt sein", weil Glas- und Holzperlen in Mode gekommen sind. Es ist, im ganzen genommen, eine beleidigende Anmaßung, Menschen durch Reklame „erziehen" zu wollen. Wer gibt Hutmachern und Gärtnern, Seifensiedern und Obstbauern pädagogische Befugnis über uns? Die Gemeinschaftsreklame ist, ebenso wie alle andere Reklame, gewohnheitsbildend (habit-forming); der Unterschied ist, daß branchenintern konkurrierende Reklame uns an den Markt N. N. oder die Firma X gewöhnen will, während die Gemeinschaftsreklame uns daran gewöhnen will, mehr von dieser oder jener Gattung zu gebrauchen. Hat man erst erkannt, daß Gemeinschaftsreklame ebenso konkurrenzgeprägt ist wie Einzelreklame, verliert der Gegensatz zwischen konkurrierender und erzieherischer Reklame jeden Sinn. Das Gerede von Erziehung ist nur eine ideenpropagandistische Verschleierung – vielleicht psychologisch wirksam dem Reklamanden gegenüber, aber schlecht angebracht in einer sachlichen Diskussion über den Wert der Reklame.

Ebenso unhaltbar ist die Mär vom informativen Wert der Gemeinschaftsreklame: „Ihr erstes und auch jedem Unbeteiligten auffallendes Charakteristikum ist dies, daß sie auf eine Ware schlechthin aufmerksam machen will, daß sie den Verbraucher nicht mit suggestiver Gewalt zum Kauf einer bestimmten Marke bewegen will, sondern in erster Linie unterrichtet, und zwar über die Eigenarten und Vorzüge der Ware, über ihre Verwendungsweise usw." (**599**, 50). Das haben wir früher als Lob für

„Verstandesreklame" im allgemeinen gehört. Sowohl Gemeinschafts- als auch Einzelreklame enthalten mitunter Information, namentlich, wenn das Reklamat etwas Neues darstellt. Aber viele Gemeinschaftsreklame gibt überhaupt keine Information. „Sag' es mit Blumen!" – „Eßt mehr Fisch und ihr bleibt gesund!" – „Geh' zum Fachmann!" – und bezahle für die gleiche Fabrikware etwas mehr als im Warenhaus! Es ist keine Information in diesen Imperativen, deren Wirkung im übrigen skeptisch beurteilt wird. Sie erinnern stark an Bettelei und sind wirkungslos – ganz gleich, ob nun eine einzelne Firma oder eine Branchenfront sie anwenden (7). Es hat oft gute Gründe, daß keine Argumente angeführt werden –: Es gibt keine. In dem Falle ist die trockene Befehlsform besser als eine unzureichende Lüge. An apple a day keeps the doctor away – wenn man dies als Information nehmen will, ist sie auf jeden Fall von grob irreführender Art. „Porzellan ist Hygiene" ist von derselben Art, und solchermaßen kann man fortfahren durch Dutzende von Gemeinschaftskampagnen. Die Hausfrauen äußerten in einer deutschen Umfrage über die Gemeinschaftsreklame ihr Mißfallen an diesen sogenannten Informationen, weil „eine Hausfrau von vornherein zu wissen habe, was zweckmäßigerweise zu beschaffen sei, und daß sie sich durch die mehr oder minder wahrhafte Propaganda in ihrer Bedarfsdeckung nicht irritieren lassen dürfe" (**359**, 64 f.).

Mit größerem Recht kann gerade die Gemeinschaftsreklame als hoch suggestiv bezeichnet werden. Sie wünscht, eingewurzelte Bedarfsrichtungen und Verbrauchsgewohnheiten zu ändern. Es wird allgemein erkannt, daß sie deshalb so kostspielig ist, denn dieses Ziel erfordert eine langwierige Bearbeitung des Publikums. Dies allein zeigt, daß es sich nicht um Information, sondern um Einhämmern handelt.

Von all den großen Worten über Verbrauchererziehung und Informationswert bleibt nur eines: Die Gemeinschaftsreklame kann sich damit begnügen, für „die Sache" einzutreten. Dem Reklamisten steht es frei, sofort oder am Schluß als derjenige aufzutreten, der etwas verkaufen will. Die Gemeinschaftsreklame ist zumindest einzeln distanziert, da sie den Käufer nicht zu einem bestimmten Verkäufer locken will, sondern ihn nur für eine Warengattung einzunehmen sucht. Und es gibt große Möglichkeiten für doppelt distanzierte Reklame durch Anwendung ideenpropagandistischer Argumente. Man „belehrt" uns zu unserem eigenen Besten darüber, daß Obst und Gemüse vitaminhaltig seien, daß wir Zigarren statt Zigaretten rauchen sollten, weil die ersteren weniger schädlich (?) seien, daß wir im Sommer mit Hut gehen sollten, weil die Sonne auf dem Scheitel Haarausfall hervorrufe, daß wir als gebildete Menschen zu Weihnachten Bücher schenken sollten ... Das sind ohne Ausnahme suggestive Appelle, und die Suggestion hat hier eine größere Chance zu wirken, weil der Reklamist nicht wie in der Einzelwerbung zum Schluß genötigt wird, sein Geschäftsziel hinter den ideellen Argumenten zu entschleiern. Deshalb ist es auch verhältnismäßig leicht, kostenlose redaktionelle Unterstützung der Presse für Gemeinschaftskampagnen zu gewinnen (**210**, 254).

ORGANISATION. Der Träger der Gemeinschaftsreklame ist eine schon bestehende Organisation oder ein zu diesem Zweck neugebildeter Verband. Die Bezeichnung „association advertising“ betrifft den ersten Typus. Trade Associations in den USA sind zum Beispiel Branchenvereinigungen, deren Zweck die Förderung der Interessen der Branche ist (**475**, 384 ff.). Die Gemeinschaftsreklame ist eines der Mittel dazu. Kartelle und Konventionen waren unter den ersten Trägern der Gemeinschaftswerbung (**175**, 67). Die meisten neudeutschen Kampagnen gingen von sogenannten Marktverbänden aus, das heißt: von den neuen fachlichen Zwangsverbänden, die im Angebot und gegenüber der Nachfrage eine einheitliche „wirtschaftliche Interessengemeinschaft“ (**175**, 65) repräsentieren; das heißt: daß sie a l l e Verkäufer der Ware umfassen, für die gemeinsam geworben wird, und k e i n e Verkäufer anderer Ware.

In anderen Fällen gibt der Wunsch nach Gemeinschaftsreklame den ersten Anlaß, sich zusammenzuschließen. Ausnahmsweise bezeichnet man die Gemeinschaftsreklame einfach als „gemeinsame Werbetätigkeit einer zu diesem Zwecke zusammengeschlossenen Interessentengruppe“ (**210**, 253).

Unter gewissen Verhältnissen kann es auch zu einem Werbeverbund (2. Typus) zwischen bestehenden Fachorganisationen (1. Typus) kommen. Auf diese Weise können sich Produzenten ähnlicher Ware – zum Beispiel Porzellan und Glas – zusammentun. Oder Produktion und Handel gehen einen vertikalen Verbund ein, wie zum Beispiel die deutsche Elektrofront vom Produzenten bis zum Installateur; da nicht für eine Ware, sondern für eine Bedarfsgattung geworben wurde (**315**, 55), war eine überfachliche Organisation notwendig. Dieselbe Methode wird zur Werbung für die neuen deutschen Werkstoffe empfohlen; die Produzenten des Materials selbst und die Fertigwarenindustrien und Handwerke, die den Stoff verwenden, können hier zusammenarbeiten (**272**, 998).

Eigentlich würde die Gemeinschaftsreklame bestehender Verbände entweder Angriff oder Verteidigung sein, aber die Bildung einer Reklamefront zwischen bisher unorganisierten Verkäufern wird in der Regel reine Verteidigung sein. Eine ernsthafte Bedrohung des Marktes der ganzen Branche ruft zur gemeinsamen Gegenwehr auf. Die Reklamefront kann so möglicherweise der Keim zu einer weitergehenden Absprache werden (**190**, 274).

Die Bildung eines Reklamekartells von Grund auf wird in Branchen mit nur wenigen Verkäufern am leichtesten sein, während es bei vielen kleinen Firmen oft schwierig ist, sich zu einigen. Die Schwierigkeit der Organisation steht im umgekehrten Verhältnis zu ihrer Erwünschtheit; wenige große Firmen können nämlich zur Not auch jede für sich, eine bedarfserweiternde Reklame machen, viele kleine dagegen nur in Gemeinschaft. Am ungünstigsten ist es, wenn die Branche aus einigen großen und vielen kleinen Firmen besteht; hier gibt es große Interessengegensätze sowohl im Hinblick auf die Grundausrichtung der Kampagne als auch im Hinblick auf deren Finanzierung. Daran scheiterte im Jahre 1929 eine Reklamefront für Solinger Stahlwaren. Die Kleinen in der Branche wünschten eine Gemeinschaftsaktion; die Großen zogen es vor, ihre Reklame in eigener Regie durchzuführen, statt das meiste für eine Frontreklame auszugeben, auf deren Durchführung sie nicht genügend großen Einfluß zu erhalten glaubten (**49**, 37).

Es können jedoch auch wenige Große als Bahnbrecher eine Allianz bilden, die später der Kern einer branchenumfassenden Front wird. So schlossen die 7 größten Handschuhfabriken der USA ein Kartell, unter anderem auch, um Gemeinschaftsreklame zu machen; 43 kleinere Firmen, die nicht kartelliert waren, schlossen sich später als Beitragszahler der Reklamefront an (**7**, 213).

Outsider. Die ausstrahlende Wirkung wird durch Outsider zu einem Problem. Dieses Risiko muß innerhalb erträglicher Grenzen gehalten werden (**49**, 29). Gelingt es nicht, die ganze Branche zum Mitmachen zu bewegen, birgt warengenerelle Reklame die Gefahr, daß zu viel von der Wirkung denen zugute kommt, die keinen Beitrag leisten. Es wird über Fälle berichtet, in denen einige sich zurückhielten, weil sie damit rechneten, daß die Reklamefront ohne sie zustande komme und sie auf diese Weise als Zaungäste von deren Reklame Vorteil hätten. Nur 4.000 von den 5.500 Wäschereien der USA nahmen im Jahre 1928 an der Kampagne gegen häusliches Wäschewaschen teil (**502**, 571). Die große englische Gaskampagne wurde nur von ⅓ der Gaswerke durchgeführt; daß das Unternehmen auf dieser schwachen Basis in Gang kam, liegt wahrscheinlich daran, daß die besondere Struktur der Branche eine gewisse Lokalisierung von Anstrengungen und Wirkung erlaubte. Im Laufe weniger Jahre gaben die meisten Outsider ihre Passivität auf.

Das Problem entfällt, wenn die Gemeinschaftswerbung von einer Marktorganisation mit Zwangsmitgliedschaft getragen wird, wie zum größten Teil in Deutschland, wo man teils Zwangskartelle, teils fachliche Korporationen hat (**315**, 55; **623**, 38). Diese besonderen Verhältnisse ermöglichten die große, vielleicht übertriebene Ausbreitung der Gemeinschaftswerbung. Überall dort, wo man auf freiwilligen Anschluß vertrauen mußte, hauptsächlich also in transversalen oder vertikalen Gemeinschaftsaktionen, trat die Outsidermisere auch in Deutschland auf. Die Porzellanindustrie konnte nur einige tausend von den 12.000 Einzelhändlern der Branche zu einer Gemeinschaftsaktion veranlassen, und nur eine Minderheit der Installateur- und Einzelhandelsgeschäfte schlossen sich der Reklamefront an (**315**, 55). Beide Fälle sind bezeichnend dafür, daß die Einzelhändler sich nicht um eine Kampagne kümmern, die ihren Gesamtverkauf nicht vergrößert, sondern nur seine Zusammensetzung ändert.

Finanzierung. Das erforderliche Geld kann auf verschiedenen Wegen beschafft werden, wovon ich folgende hervorheben möchte:

1) Selten bestreitet eine bestehende Organisation die Gemeinschaftsreklame aus ihrem laufenden Budget. Es ist ein Vorteil, wenn man mit

einem Betrag anfangen kann, den man zur Verfügung hat. Ist das Resultat gut, wird es später leicht sein, durch Erhöhung der Mitgliedsbeiträge eine fortgesetzte Kampagne zu finanzieren. Die Methode wird in den USA von Rubber Association of America, American Hampshire Sheep Association (Detroit, Michigan), The Gypsum Industries (Chicago, Illinois), Laundryowners National Association (La Salle, Illinois), National Electric Light Association (New York City) und vielen anderen angewandt (**7**, 99, 212).

2) Eine Abart davon ist die einmalige oder periodisch sich wiederholende Sonderumlage für Reklamezwecke (**315**, 56).

Diese zwei Finanzierungsformen sind nur möglich, wenn der Träger eine schon bestehende Organisationsform ist.

3) Freiwillige Beiträge deckten in den USA beispielsweise die Kampagnen der American Honey League (Madison, Wisconsin), der Greeting Card Association (New York City) und des Joint Coffee Trade Publicity Committee (New York). Die ökonomische Basis ist hier unsicher. Außerdem hat es sich gezeigt, daß einzelne große Beitragszahler meinten, die anderen hätten leicht mehr geben können (**7**, 207 ff.; **489**, 315; **315**, 56) – die Folge war eine Mißstimmung in der Branche. Das Verfahren kann aber vielleicht für Versuchskampagnen empfohlen werden.

4) Ein Teil der Kosten kann durch Verkauf von Werbemitteln an die Teilnehmer gedeckt werden. Die Annoncierung und Plakatierung können auf diese Weise nicht finanziert werden; diese Finanzierungsform ist angebracht, wo mit direkter Reklame und Schildern gearbeitet wird, ist also hauptsächlich für die Gemeinschaftswerbung der Einzelhändlergruppen geeignet (**315**, 56).

5) Alle anderen Finanzierungsformen laufen darauf hinaus, einen Schlüssel aufzustellen, nach dem die Kosten verteilt werden.

a) Im Verhältnis zum Verkauf des vergangenen oder des laufenden Jahres (**7**, 207 ff.; **535**, 282; **489**, 315). Da sich die Teilnehmer bisweilen sträuben, Auskunft über ihren Verkauf zu geben, hat man mit einer Bank die Einzahlung so geregelt, daß sie gegenüber den Organen des Verbandes nur den Gesamtbetrag angibt, aber nicht die Einzahlungen der einzelnen Firmen. Diese Form ist in den USA von Associated Knit Underwear Manufacturers of America (New York City), National Knitted Outerwear Association (New York City), Olympia Oysters Growers Association (Olympia, Washington), Toy Manufacturers of the United States (New York City), Cleveland Garment Manufacturers Association und anderen erprobt worden (**7**, 207 ff.).

b) Im Verhältnis zur Produktionsmenge des vorigen oder des laufenden Jahres (**535**, 282; **7**, 207 ff.). Auch hier herrscht oft Abneigung gegen Publizität. Dieser Verteilungsmodus wurde in den USA beispielsweise von der American Face Brick Association (Chicago, Illinois), California Fruit Growers Exchange, California Redwood Association (San Francisco), California Walnut Growers Association (Los Angeles), Cast Iron Pipe Publicity Bureau (Chicago), Copper and Brass Research Association, National Kraut Packers Association (Clyde, Ohio), Portland Cement Association (New York City) oder der Wall Paper Manufacturers Association angewandt (**7**, 207 ff.).

c) Im Verhältnis zum Rohstoffeinkauf des vergangenen oder des laufenden Jahres (**489**, 315).

d) Im Verhältnis zur Anzahl der Beschäftigten (**489**, 315).

e) Im Verhältnis zur Produktionskapazität. Die Belastung ist hier im Verhältnis um so größer, je mehr die Firma an Unterbeschäftigung leidet (**535**, 282). Das ist nicht paradox, weil das Interesse an der Gemeinschaftskampagne dort am größten ist, wo es an der Ausnutzung der Kapazität hapert.

Kosten und Erlöse. Einige Beispiele geben eine Vorstellung von den Beträgen, die für eine wirkungsvolle Gemeinschaftsaktion erforderlich sind. – Die 4.000 kalifornischen Walnußfarmer starteten im Jahre 1919 eine Pressekampagne für 12.500 Dollar; die Ausgaben stiegen auf 200.000 Dollar im Jahre 1923 (**287**, 162). – Eine Reihe amerikanischer Obstfarmer zahlte im Jahre 1923 folgende Beträge (auf Fünfhunderter auf- oder abgerundet) (**212**, 400 f.):

Sun-Maid Rosinen	1.500.000 $
Mandeln	38.000 $
Feigen und Pfirsiche	190.000 $
Walnüsse	200.000 $
Birnen	50.000 $
Pflaumen und Aprikosen	390.000 $

Tabelle 4

Eine andere Quelle nennt im Jahre 1926 als die größten Gemeinschaftsreklamisten der USA die Associated Raisin Growers mit 1–1½ Millionen Dollar per annum, die California Fruit Growers mit 1 Million und eine Reihe anderer mit 50.000–200.000 Dollar (**7**, 221 f.).

Laut einem deutschen Sachverständigen liegen genaue Zahlen von zwölf deutschen Kampagnen im Jahre 1934 vor. Der höchste Betrag war 500.000 Reichsmark, der niedrigste 7.000 Reichsmark, und der Durchschnitt lag bei etwa 100.000 Reichsmark (**623**, 58 f.). Der Verfasser rechnet damit, daß im Jahre 1934 insgesamt 30 Millionen Reichsmark für Gemeinschaftswerbung ausgegeben worden sind, und 40 bis 50 Millionen im Jahre 1935 (**623**, 111). Die wirklichen Kosten für die Gesellschaft müssen höher angesetzt werden, da die ehrenamtlichen Arbeitsleistungen parteiamtlicher und staatlicher Stellen nicht berechnet wurden und die Blätter in großem Umfange zu kostenloser Annahme der Gemeinschaftswerbung verpflichtet sind, soweit man dieser nämlich wirtschaftspolitische Bedeutung beimessen kann (**315**, 57).

Die Resultate werden unterschiedlich beurteilt. Der Walnußverkauf soll sich in jedem einzelnen Jahr von 1924 bis 1926 verdreifacht haben und die Verkaufskosten sollen um 50 Prozent gefallen sein (**212**, 400 f.). Die Ernte 1924 war 48 Stunden nach der Preisfestsetzung verkauft (**287**, 162). Der Hauptzweck der Kampagne war, einen Saisonverkauf (Weihnachten, Thanksgiving Day) in ein ganzjähriges Geschäft zu verwandeln (**212**, 394). – Die Rosinenproduzenten konnten ihren Gewinn fast verdoppeln – die Gemeinschaftsreklame wurde nämlich von einer Preiserhöhung um 30 Prozent begleitet (**212**, 400 f.). Diese Kampagne wurde mit ernährungswissenschaftlichen Argumenten geführt, die auf die Amerikaner magisch zu wirken scheinen.

Die englische Fischerei erhob eine Abgabe im Verhältnis zur Fangmenge. Man nimmt an, daß die auf diese Weise erhobenen 40.000 Pfund Sterling eine Steigerung des Jahreseinkommens auf 1.000.000 Pfund Sterling erbrachten. Die Besitzer der Trawler erhielten durchschnittlich einen halben Penny mehr je Pfund Sterling, während der Einzelhandelspreis unberührt blieb. Der Gesamtverkauf stieg jährlich um 27.000 Tonnen (**656**, 89). Das letztere kann jedoch kaum eine Wirkung der Reklame sein, da die Verkaufsmenge vom Fang bestimmt wird.

Die Beurteilung ist nicht immer so optimistisch. Nicklisch nimmt an, daß die Gemeinschaftswerbung den gesunden Auswahlprozeß innerhalb der Branche, „der die besten Betriebe nach oben kommen läßt, dadurch schwächt, daß der Faktor ‚Werbekraft' aus ihm herausgenommen ist" (**468**, 141). Goodall rät im allgemeinen von der Gemeinschaftswerbung ab, da „der finanzielle Beitrag in der Regel schlecht verwendet wird – entweder, weil zu viele mitreden wollen oder, weil sich niemand ernsthaft der Sache annehmen will. ... Die Ausgabe kommt auch nicht allen Firmen im Verhältnis zu ihrem Beitrag zugute: Je größer die Firma, desto größer ihr relativer Gewinnanteil – nicht während der Kampagne ..., aber wenn sie vorbei ist und eine Firma in führender Position übriggeblieben ist. Der Inserent tut in der Regel gut daran, sich von Gemeinschaftskampagnen fernzuhalten, die im günstigsten Falle einigen Extraverkauf während ihrer Laufzeit sichern, aber kein bleibendes Goodwill aufbauen können. Es ist weitaus sinnvoller, sein verfügbares Kapital zur Steigerung des Verkaufs und zur Stärkung des Goodwills für das eigene Markenprodukt zu verwenden, als auch noch den Mitkonkurrenten zu helfen" (**241**, 32 f.). Man kann diese Kritik nicht als stichhaltig bezeichnen. 1) Wird der Beitrag in der Regel schlecht verwendet, so läßt sich das durch vernünftige Organisation verbessern. – 2) Die vermeintlich konzentrierte Wirkung kann nur eintreten in Branchen, in denen große und kleine Verkäufer nebeneinander stehen und der Interessengegensatz zwischen ihnen den Zusammenschluß von Anfang an schwierig gestaltet. Das gleiche gilt nicht, wenn die Branche aus wenigen Großen oder vielen Kleinen besteht – und es ist hauptsächlich der letztere Fall, für den Gemeinschaftswerbung empfohlen wird. – 3) Teilweise richtig ist die Vermutung darüber, daß die Gemeinschaftskampagne nur vorübergehende Absatzsteigerung bringt, da in der Regel eine gemeinsame Gegenreklame folgt, die teilweise die erste Aktion aufhebt. – 4) Dagegen ist es falsch, Einzelreklame statt Gemeinschaftsaktion zu empfehlen; ist es notwendig, Bedarf zu wecken, da der Markt konkurrenzgesättigt ist, so ist die einzelne Firma – abgesehen von den genannten Ausnahmen – außerstande, diese Art der Reklame zu leisten, und vermehrte bracheninterne Kampfreklame macht nur die Verhältnisse noch schwieriger, als sie es von vornherein schon sind.

Besonders interessant ist die deutsche Kritik der Gemeinschaftswerbung nach einer Periode, in der die Bevölkerung mit Gemeinschaftskampagnen überhäuft wurde. Während die erste Welle 1926–28 ihren Ursprung in Rationalisierungswünschen hatte, stand die Arbeitsbeschaffung als Motiv hinter der zweiten Welle 1933–36 (**623**, 36). Außerdem gab es eine Reihe Kampagnen mit anderen (sozialpolitischen) Zielen, zum Beispiel für den Einzelhandel gegen das Warenhaus, für Handwerk, Landwirtschaft usw. Einzelne Aktionen hatten unstreitig große Wirkung, so hauptsächlich die Sektwerbung; aber diese war an eine bedeutende Preissenkung geknüpft, ermöglicht durch Aufhebung der Luxussteuer. Ein Anstieg beim Absatz konnte in einer Reihe Branchen beobachtet werden; aber man muß vermuten, daß vermehrte Beschäftigung nicht die Folge wirkungsvoller Gemeinschaftswerbung war, sondern daß vielmehr die vom Staat erzwungene vermehrte Beschäftigung und die dadurch neugeschaffene – und in großem Ausmaße auch anders verteilte – Kaufmacht manchen Kampagnen Erfolg ermöglichte. Vermehrter Umsatz würde sich wahrscheinlich unter allen Umständen eingestellt haben, und die Gemeinschaftswerbung hat nur die Entwicklung beschleunigt. – Die Resultate waren jedoch bei weitem nicht so glänzend. – „Etwa ein Viertel der an der Beantwortung der Umfrage beteiligten Organisationen kann von positiven Erfolgen auf Grund verschiedener Anzeichen mit Bestimmtheit berichten. Und zwar handelt es sich dabei bezeichnenderweise fast durchwegs um Branchen mit steigender Bedarfstendenz (z. B. Obst, Elektroapparate). Im übrigen sind die vorliegenden Antworten zur Erfolgsfrage entweder ziemlich allgemein oder aber es wird in ihnen betont, daß sich ein sichtbarer Erfolg erst nach länger anhaltender Werbung einstellen könne“ (**315**, 59). Die Äußerungen der Wirtschaft zu dem Resultat müssen außerdem mit einiger Vorsicht betrachtet werden. Die Verbände, die Gemeinschaftskampagnen durchgeführt haben, kontrollierten in der Regel nicht die Wirkung. Schäfer meint, daß Erfolgskontrolle unmöglich sei, da sie 1) eine genaue Umsatzstatistik vor und nach der Kampagne für alle Betriebe der Branche erfordere und da 2) eine Vermischung mit Konjunktureinflüssen das Bild trüben würde (**599**, 53). Es wird jedoch von anderer Seite das genaue Gegenteil behauptet, nämlich daß eine Wirkungskontrolle hier viel leichter sein würde als in der Einzelfirma, weil man sich damit begnügen könne, die Absatzbewegung für einen ganzen Branchenmarkt festzustellen; ja bei sinnvoller Handhabung geeigneter Auswertungsmethoden könnte man sogar konjunkturelle und saisonale Schwankungen eliminieren (**175**, 67 f.). – Aber die Mitglieder der Branche sind hier an einer genauen Erfolgskontrolle nicht so interessiert wie bei ihrer individuellen Werbung (**599**, 53). Es ist ja erzwungene Mitgliedschaft in den Fachorganisationen; ist eine Gemeinschaftswerbung beschlossen, so wirkt der Beitrag der Einzelfirmen dazu wie eine Extrasteuer, auf deren Höhe und Verwendung der einzelne keinen Einfluß hat; er nimmt es deshalb auch nicht so genau damit, Kosten und Erlöse gegeneinander abzuwägen. Oft besteht einfach ein Interesse daran, sich optimistisch zu äußern, da der Staat einen Zuschuß leistet, der gesperrt werden würde, wenn die Meldungen über die Wirkung negativ wären; und selbst ein mageres Resultat ist es wert, mitgenommen zu werden, wenn man es ganz oder teilweise gratis bekommt. – Man hat auch versucht, die Wirkung auf der Grundlage von Beobachtungen unter Verbrauchern zu beurteilen und fand heraus, daß „die Werbewirkung auf die Verbraucherschaft in nicht wenigen Fällen eine erstaunlich geringe ist" (**599**, 52).

Die Schuld muß hauptsächlich darin gesucht werden, daß allzu viele Kampagnen fast gleichzeitig durchgeführt wurden. Der „Erfolg der einen Gruppe geht zu Lasten einer anderen ... Auch die Gemeinschaftswerbung ist aber abhängig von der Kaufkraft des Volkes und dem Sättigungsgrad des Marktes. Treten durch die Zunahme der Gemeinschaftswerbungen allzu zahlreiche Appelle nebeneinander, dann hat die schönste Aufklärung über den Wert des oder jenes Bedarfsgebietes, die überzeugendste Information von der Güte dieser oder jener Leistung keinen privatwirtschaftlichen Sinn mehr, weil bei dem armen Verbraucher, auf den alle diese Appelle einströmen, zwar der Wunsch entsteht, sich diese verschiedenen Dinge oder Leistungen zu eigen zu machen, ihm aber das dafür nötige Geld durch die Appelle noch nicht verschafft wird" (**550**, 186). Es wird ein Tauziehen um den Verbraucher, dessen Sinne allmählich den Botschaften der Gemeinschaftswerbung gegenüber abstumpfen. Diese Abstumpfung wird nach deutscher Aussage vom Stil der Gemeinschaftswerbung unterstützt. Die Gemeinschaftswerbung erfordert weitgehende Generalisierung, und es ist nicht leicht, wirklich treffende Argumente zu finden, warum der Verbraucher mehr von dieser oder jener Ware kaufen müsse. Die Motive sind entweder so schwach, daß sie abprallen, oder man verzichtet ganz darauf, zu argumentieren. Die meiste Gemeinschaftswerbung ist nicht über Imperative ohne Kommentar hinausgekommen (**689**, 132). Die ersten Werbebotschaften dieser Art mögen eine gewisse Wirkung haben; folgen mehrere, so nimmt sie niemand mehr wahr.

Im übrigen wurde oft allzu wenig Gewicht darauf gelegt, zuerst die Chancen für eine Gemeinschaftswerbung zu prüfen. Nur in 10 Prozent der Fälle ging den deutschen Kampagnen der späteren Jahre eine Marktuntersuchung voraus (**315**, 58). Die meisten wurden aufs Geratewohl unternommen, weil sie in Mode waren.

Wirkungskontrolle im eigentlichen Sinne wurde nur ausnahmsweise vorgenommen. „Daher kann auch die Meinung der Veranstalter über den Erfolg der bisherigen Maßnahmen im allgemeinen nur von begrenztem Wert sein" (**315**, 59). Ich halte im übrigen eine einigermaßen genaue Kontrolle für ein ziemlich hoffnungsloses Unterfangen, sowohl der Gemeinschaftswerbung gegenüber als auch im Falle anderer, nicht unmittelbar verkaufender Werbung (vgl. nächstes Kapitel). Die Kontrollmittel, die empfohlen werden, sind recht problematisch (**49**, 114 ff.).

SCHLUSSFOLGERUNG. Für die Gemeinschaftsreklame gilt so im allgemeinen das gleiche wie für alle andere Reklame. Sie bringt einen großen Gewinn, wo sie zum ersten Male angewandt wird, um den Bedarf für eine Ware zu steigern. Wird dasselbe Mittel von mehreren Branchen benutzt, so wird der Gewinn geringer, bis eine gewisse Menge retentiver Gemeinschaftsreklame zu unumgänglichen Allgemeinkosten führt.

Andere Gesichtspunkte machen sich geltend, wenn die Gemeinschaftsreklame in einer autoritativ gesteuerten Planwirtschaft unter zentraler Kontrolle angewandt wird – aber dieser Fall gehört zur Wirtschaftspropaganda.

Reklamewirkung und Wirkungskontrolle

HAT DIE REKLAME EINE WIRKUNG? Fowler kam im Jahre 1893 mit folgendem merkwürdigen „Beweis“ für die Effektivität der Reklame: „Wenn neunhundertfünfzig Geschäftsleute einer Branche an die Reklame glauben und fünfzig nicht, muß man die Reklame für eine gute Methode halten“ (**201**, 78) – trotz der Meinung der Minderheit. Diese Argumentation hat das gleiche Gewicht, wie wenn jemand um 1400 gesagt hätte: 99 Prozent von uns glauben an Zauberei – also ist ihr Vorhandensein über jeden Zweifel erhaben. – Die Frage ist, ob die Reklame die beabsichtigte Wirkung hat, und ob diese groß genug ist.

Der erwartete Effekt ist vermehrter Gewinn, sowohl bei unmittelbarer Aktionsreklame als auch bei Empfehlungsreklame auf lange Sicht. Wenn der Rohgewinn ohne Reklame U_1 ist und die Reklame ihn zu U_2 verändert, so ist der Effekt (E) der Reklame gleich dem Unterschied dieser beiden Größen. $U_2 - U_1 = E$. Aber es ist nicht mit dieser „Nominalwirkung“ (**468**, 143) getan, die durch eine positive Größe für E ausgedrückt wird. „Kampfreklame ergibt immer ein Resultat ... Es gibt eine unsichtbare Grenze ... Hört man zu früh auf, ergibt die Reklame ein Fiasko. Geht man aber zu weit, stehen Erfolg und Kosten in einem Mißverhältnis zueinander. ... Niemand hat bisher den genauen Punkt bestimmt, wo der Strom sich wendet“ (**103**, 275 f.). Bezeichnet man die Werbekosten mit K, so gibt es drei Möglichkeiten für die Relation zwischen E und K, nämlich $E < K$ oder $E = K$ oder $E > K$. Nur im letzten Falle, wo

$$\frac{E}{K} > 1,$$

ist die Reklame rentabel. Die zahlenmäßige Größe von

$$\frac{E}{K}\left(= \frac{U_2 - U_1}{K}\right)$$

gibt im einzelnen Falle den Erfolgskoeffizienten (**418**, 101) oder den Reklamemehrwert (**190**, 253) an.

Götze Reklame. Es wird gewöhnlich als erwiesen angesehen, daß die Reklame Extragewinn bringe, ja: „Die Annoncen sind dem Geschäft, was der Dampf für die Maschine ist, die große bewegende Kraft" (Lord Macaulay, zitiert nach **701**, 5). Einer der frühen deutschen Großreklamisten, der Berliner Modehausunternehmer R. Hertzog, bekennt: „Alles, was ich habe, meinen Weltnamen, meine Millionen, verdanke ich nicht allein der Reellität meiner Geschäftsführung, sondern zu 99/100 der Macht der Zeitungsannoncen" (zitiert nach **701**, 5). Die Reklame wird als Wundertäter der Wirtschaft gepriesen (**658**, 408); sie ist „das Losungswort, das dem Geschäftsmann Einlaß in das Gelobte Land gewährt" (**56**, 10), und der Welt-Reklame-Kongress 1929 in Berlin bezeichnete sie als „Schlüssel zum Wohlstand der Welt". Ein Reklamechef stellte zufrieden fest: „Und heute weiß jeder Geschäftsmann, daß allein Reklame alles im Geschäft bedeutet" (**250**, 3) und verspricht seinen Lesern Auskunft darüber: „Wie aus Papier Gold gemacht wird!" (**250**, 4), während ein anderer als Abschluß seines Buches mit fetten Lettern schreibt: „**Das Studium der Reklame ist der beste Weg zum Wohlstand**" (**457**, 150). Viele der hervorragenden Gewerbetreibenden, die Fowler im Jahre 1897 über ihre Einschätzung der Reklame befragte, antworteten, daß es ja allgemein bekannt sei, daß sie sich auszahle und daß die gesamte Geschäftswelt sich über diese feststehende Wahrheit einig sei (**202**, 43 ff.). Niemand von ihnen führt Beweise an. Diese Art Begeisterungsausbrüche ohne nähere Begründung erwecken Zweifel. Sie lassen auf jeden Fall darauf schließen, daß viele Verkäufer nicht Reklame machen, weil sie sich von ihrem Nutzen überzeugt haben, sondern weil sie aus dem einen oder anderen mystischen Grunde daran glauben, oder weil sie sich daran gewöhnt haben, die Werbekosten als eine Art Allgemeinkosten zu betrachten. Es gibt sicher ziemlich viele Reklamisten, die keinen bestimmten Zweck mit ihrer Reklame verfolgen, sondern „nur eine unklare Vorstellung von der Notwendigkeit besitzen, ‚ihren Namen im Gedächtnis der Öffentlichkeit zu halten'" (**533**, 16). „Der Hersteller, der in der Reklame nicht eine unbedingt sichere Investition sieht, sollte sie lieber aufgeben. Sein fehlendes Vertrauen wird höchstwahrscheinlich seine Begeisterung ersticken, die die Voraussetzung für eine erfolgreiche Reklame ist" (**219**, 8). Es ist eine seltsame Form der sicheren Geldanlage, deren Ergebnis vom Glauben abhängt. Es scheint wirklich einige Geschäftsleute zu geben, „für die die Reklame eine Art Religion geworden ist" (**694**, 4) und die glauben, daß „sie zwei Grashalme hervorbringen kann, wo vorher nur einer wuchs" (**186**, 30).

Erfolg mit – Konkurs ohne Reklame. Es sind allerdings Versuche gemacht worden, die Effektivität der Reklame erfahrungsmäßig zu beweisen. Lewis (**399**) und Simonis (**626**) gaben gesammelte Beschreibungen der großen Reklameerfolge heraus. Andere nennen Beispiele von Verkäufern, die zugrunde gingen, weil sie keine Reklame machten. Solche Aufstellungen beweisen nichts ohne eine Erfolgsanalyse, die es erlaubt, das Ergebnis auf eine bestimmte Ursache zurückzuführen, nämlich auf die Reklame oder auf ihr Fehlen. Die Schlußfolgerung, daß der eine d u r c h Reklame gedeiht, während der andere zugrunde geht, w e i l er nicht Reklame machte, würde naheliegend und wahrscheinlich sein, wenn die Erfahrung regelmäßig in die gleiche Richtung wiese. Aber Vaile berichtet über eine neue pädagogische Zeitschrift für das Heim, die praktisch ohne Reklame ihre vierte Nummer in 80.000 Exemplaren verkaufte (**668**, 8), und Domizlaff zufolge haben zwei sehr große deutsche Markenartikelunternehmungen – allerdings mit hervorragender Ware – ohne jede Reklame und in dem einen Falle sogar mit einer mangelhaften Verkaufsorganisation jede in ihrer Branche eine beherrschende Stellung erobern können (**150**, 79 f.). Dann ist da Ford, der vor 1927 keine Reklame machte und dessen Geschäft bis dahin floriert hatte; erst im Jahre 1927 zahlte er 1½ Millionen Dollar für eine kurzdauernde Kampagne. Sein Fall ist nicht so einzigartig, wie manche meinen (**476**, 48) – obwohl das Gegenteil häufiger ist, da der nicht werbende Verkäufer im allgemeinen eine Ausnahme ist. Boulder schildert als ein Seitenstück zu Lewis und Simonis eine Reihe Reklamemißerfolge (**66**), aus denen jedoch niemand folgern wird, daß die Reklame für ein Geschäft schädlich sei.

„Reklameerfolg", der von anderen Ursachen herrührt. Die Oberflächlichkeit, mit der man die Effektivität der Reklame beweisen zu können glaubt, kann durch einige Beispiele erhellt werden. „Die Zigarette ist heute besonders dank der Reklame eine feste Institution in den meisten Ländern" (**404**, 7). Werbekosten von weniger als 2 Prozent des Detailpreises soll dreifachen Zigarettenverbrauch von 1896 bis 1916 zur Folge gehabt haben (**554**, 113). Der Zigarettenverbrauch in den USA stieg von 2,6 Milliarden Stück im Jahre 1900 auf 30,5 Milliarden im Jahre 1917. Die Zigarettenindustrie machte mit Hochdruck Reklame – der Verbrauch stieg; aber es ist bei weitem nicht bewiesen, daß das letztere eine Folge des ersteren war.

Die Geschichte der Firma Manoli macht eher das Gegenteil wahrscheinlich. Die ältere deutsche Zigarettenindustrie in Dresden war von eingewanderten Orientalen aufgebaut worden. Mandelbaum (Manoli) war der erste gebürtige Deutsche, der im Jahre 1894 einen Betrieb in Berlin eröffnete – 8 Arbeiter in einem Raum. Im Jahre 1898 beschäftigte er 100 Arbeiter im Maschinenbetrieb, erhielt 1907 sein eigenes Fabrikgebäude und hatte im Jahre 1918 weit über hundert Maschinen in Betrieb. Bis 1900 hielt er sich an Berlin als Markt, begann dann, das Reichsgebiet durch Geschäftsreisende zu bearbeiten, und startete ein paar Jahre später seine berühmte Großreklame, die im Jahre 1910 einen Höhepunkt erreichte (**189**, 8 ff.). Sein erster und entscheidender Erfolg ging der Reklame voraus, und es ist fraglich, ob diese sehr viel zu seinem späteren großen Erfolg beitrug. Die Großreklame war eher eine Verteidigung gegen die vielen, die in der Zwischenzeit zum gepriesenen Markt geströmt waren. Es ist eines der vielen Beispiele dafür, daß ein „Reklameerfolg" mit einer durch die Zeitumstände leicht erklärlichen Verbrauchstendenz zusammenfällt. Es ist, milde gesagt, eine unbewiesene Behauptung, daß die Änderung in den Verbrauchsgewohnheiten in diesem Falle von der Reklame herrühre (**535**, 67).

Die Reklame der American Tobacco Company in Frauenzeitschriften soll Frauen für die Zigarette gewonnen haben; die wirklichen Gründe sind wahrscheinlich Emanzipation der Frau und die hektischere Lebensweise. Die Reklame nutzt die gebotene Chance. – Der steigende Teeverbrauch des europäischen Kontinents seit 1890 war kaum eine Folge lebhafter Reklame (**558**, 50), sondern eine genuine Verbrauchstendenz. – Englands Kakaoimport betrug im Jahre 1889 nur 26,5 Millionen Pfund, war aber im Jahre 1916 auf 198,9 Millionen Pfund gestiegen. Der Grund soll gewesen sein, daß im Jahre 1889 ein neuer Kakaoreklamist auftrat, der die alten Quaker Houses zu defensiver Reklame zwang. Dieser Kampf soll den Kakaoverbrauch der Käufer belebt haben (**535**, 67 f.). Wenn es keine anderen Zweifel gäbe, würden auf jeden Fall die Dimensionen der Verbrauchssteigerung für eine spontane Tendenz und gegen die Reklame als Ursache sprechen. – Gleiches gilt für die Rasierklinge. Gillette kam im Oktober 1903 mit ihrer ersten Annonce heraus. Der Verkaufszahlen der

Firma an Rasierklingenpäckchen betrug danach (bis auf das Jahr 1903 wurden sie jeweils auf tausend aufgerundet):

1903	14	Dutzend
1904	10.304	Dutzend
1905	99.909	Dutzend
1906	444.457	Dutzend
1925	59.983.533	Dutzend

Tabelle 5

Die Entwicklung wäre ohne Reklame vielleicht langsamer gewesen, aber doch wesentlich die gleiche. Der Erfolg liegt darin, daß der Rasierapparat einen wirklichen Bedarf bei all jenen zufriedenstellte, die zu ungeschickt waren, ein richtiges Rasiermesser zu benutzen. – In all diesen Fällen war die Reklame sicher nicht die erste Ursache für den großen Verkaufserfolg, aber sie nutzte mit Erfolg eine günstige Sonderkonjunktur aus. – Man sucht die Effektivität einer bestimmten Reklameform durch folgendes Beispiel nachzuweisen: Als die American Tobacco Company als Tabak Trust auf den deutschen Zigarettenmarkt drängte, übertrug sie auch das zuvor in den USA angewandte Zugabe-Bonsystem und eroberte – vermeintlich dadurch – im Laufe von 10 Jahren 60 Prozent des Umsatzes des gesamten deutschen Marktes (**183**, 31). Die Hauptursache für den Erfolg des Trustes war jedoch kaum die Zugabe, sondern die Überlegenheit des Unternehmens gegenüber der stark zersplitterten deutschen Zigarettenindustrie (über 2.000 Firmen); außerdem entstand ein großer Teil der 60 Prozent des Gesamtumsatzes unter Trustkontrolle nicht dadurch, daß das Publikum zu den ursprünglichen Zigarettenmarken des Trustes hinüberwechselte, sondern dadurch, daß er ältere deutsche Firmen aufsaugte, deren Zigarettenmarken beibehalten wurden.

Die N. K. Fairbank Company suchte experimentell die Überlegenheit der Reklame für ihre Marke über den Verkauf durch Geschäftsreisende nachzuweisen. Die Reisenden verkauften zunächst die Seife in bestimmten Counties in Illinois und erhielten eine zufriedenstellende Anzahl Aufträge. Dann wurde für die gleiche Seife unter anderem Markennamen in denselben Counties auf traditionelle Weise geworben, während zur gleichen Zeit die Geschäftsreisenden ihre Arbeit für die alte Seife fortsetzten. Nach Verlauf eines halben Jahres waren von der avertierten

Seife für 8.000 Dollar mehr als von der alten verkauft worden (**296**, 22 f.). Das kann ein Zeichen für die Überlegenheit der Reklame sein; aber es ist ebenso möglich, daß der Name und die Verpackung der avertierten Seife ansprechender waren.

Die kommerzielle Sterblichkeit der Reklamisten. Die Sterblichkeitsrate (Scott) der Reklame treibenden und der nicht Reklame treibenden Firmen erhellen vermeintlich den Effekt der Reklame. So berechnete Ward auf der Grundlage eines begrenzten Materials, daß 276 von 383 Firmen, die im Jahre 1891 inserierten, noch im Jahre 1900 auf dem Markt waren und schloß daraus, daß Reklamisten eine verhältnismäßig lange Lebensdauer im Geschäftsleben hätten. Das erinnert an den bekannten Beweis der Bekömmlichkeit des Tabaks für die Gesundheit: „Wer lange raucht, lebt länger". Zum ersten fehlt der Vergleich mit Nichtreklamisten, zum anderen kann man auch den entgegengesetzten Schluß ziehen, daß es die am besten fundierten und deswegen lebensfähigsten Firmen sind, die sich eine wirkungsvolle und ständige Reklame leisten können. – Scott hat einige Jahrgänge von *Ladies' Home Journal* durchgearbeitet und das Verhältnis zwischen der Lebensdauer der Inserenten auf dem Markt und ihrer Reklame untersucht. Die Resultate sind in folgender Tabelle wiedergegeben:

Anzahl der Jahre, während der die Firma ununterbrochen warb	Durchschnittliche Zahl der Zeilen, die jährlich von jeder Firma in Anspruch genommen wurde
1	56
2	116
3	168
4	194
5	192
6	262
7	218
8	600

Tabelle 6

Daraus soll hervorgehen, daß schwache Reklame zu Mißerfolg, reichliche dagegen zum Erfolg führe, so daß die Firma floriere und die Reklame fortsetze (**604**, 179). Die Sache ist gewiß eher die, daß die Großreklamisten gutfundierte Firmen sind, die die Reklame viele Jahre hindurch fortsetzen, weil sie sich auf dem Markt halten können, während sich unter den kleinen Reklamisten viele unsolide Unternehmen und Eintagsfliegen befinden.

Ist die Reklame Ursache oder Folge? Kurz gesagt: „Man kann nicht wissen, ob der Mann, der Reklame betreibt, ein gutes Geschäft macht, oder ob der Mann mit einem guten Geschäft es sich leisten kann, Reklame zu machen" (**135**, 251). In einem seltsamen Gegensatz zu dieser gesunden Erkenntnis behauptet derselbe Verfasser auf der folgenden Seite, daß in den USA „kaum ein großartiges Geschäft zu machen ist, für das nicht groß geworben worden ist". Die üblichen Formen der Werbebudgetierung sprechen stark dagegen, daß das Wachstum des Verkaufs hauptsächlich der Reklame zu verdanken ist; das Werbebudget wird nämlich in der Regel mit einem gewissen Prozentsatz des Umsatzes oder des Gewinns des letzten Jahres angesetzt. Ein erhöhtes Werbebudget folgt also auf gestiegenen Absatz (**650**, 78; **668**, 113; **656**, 56 ff.; und andere).

Wir wissen in Wirklichkeit nichts Bestimmtes über die Wirkung der Reklame, weil es unmöglich ist, ihren Effekt von anderen mitwirkenden Faktoren zu trennen. Man kann nicht einmal „vermuten, daß der größte Teil des Detailverkaufs der Information und der Suggestion durch Reklame zu verdanken ist" (**635**, 327; Hervorhebung von mir, Geiger). Denn dann müßte das Einstellen der Reklame zum Stocken dieses ganzen Umsatzes führen – eine groteske Annahme, da die Menschen Nahrung, Kleidung und vieles andere benötigen – mit oder ohne Reklame. – Auch wenn nachgewiesen werden könnte, daß fehlende Reklame für den einzelnen Verkäufer in unserem bestehenden Wirtschaftssystem einen geschäftlichen Mißerfolg bringen würde, könnte dies nicht den Nutzen der Reklame im allgemeinen beweisen. Die Firma Burgeff stand um 1900 an der Spitze der deutschen Sektindustrie, fiel jedoch stark zurück, seit Kupferberg und Henkell mit großer Reklame begannen, während Burgeff sich weigerte, Reklame zu machen. Aber was beweist das? – Daß die einzelne Firma sich ohne Reklame nicht gegen Mitkonkurrenten behaupten kann, solange diese Reklame treiben; der erste Reklamist in einer bisher nicht werbenden Branche reißt eine Vorrangstellung an sich und zwingt dadurch die anderen zur Reklame, wenn sie verhindern wollen, daß er Kontrolle über den ganzen Markt erlangt (**241**, 16).

Skeptische Geschäftsleute. Viele bedeutende Geschäftsleute haben sich eine gesunde Skepsis bewahrt. Fowlers Umfrage „Wie haben Sie Ihre Reklame rentabel gemacht?“ wurde von einem halben Dutzend Reklamisten mit Wendungen wie diesen beantwortet: Darüber werden wir uns nicht äußern können, da wir nicht einmal wissen, ob sie sich, im ganzen genommen, bezahlt macht. – Wir haben keinen Beweis für die Rentabilität der Reklame. – Je mehr wir über die Reklame lernen, desto unsicherer werden wir ... Das Erstaunliche ist, daß Fowler selbst nach diesen skeptischen Äußerungen und einer Menge optimistischer, ausweichender Redensarten von vielen anderen den Schluß zieht, daß „der Inserent weiß, ob seine Reklame sich im allgemeinen lohnt oder nicht; und klare Tatsachen und seine Urteilskraft sagen ihm, daß bestimmte Medien Ertrag bringen, daß andere vielleicht nützlich und wiederum andere wertlos seien“ (**202**, 273). – Ein Verleger weist darauf hin, daß er Bestseller ohne Reklame erlebt habe und totalen Mißerfolg nach großer Aufmachung. Er avertiere trotzdem, teils mit einer gewissen Hoffnung, den Verkauf dadurch zu unterstützen, teils um Presse und Autoren zufriedenzustellen (**506**, 124).

Ich erinnere mich, an einer Stelle die Antwort eines Geschäftsmannes auf die Frage gelesen zu haben, ob die Reklame ein zufriedenstellendes Resultat ergebe: „Glauben Sie, ich würde Geld für Reklame ausgeben, ohne von ihrer Rentabilität überzeugt zu sein?“ Aber gerade das pflegen die Geschäftsleute zu tun. Viele Inserenten „rechnen einfach mit einem bestimmten Betrag für Reklame und hoffen auf Verkaufswirkung“ (**635**, 327). „Die Reklame ist etwas, was sie aus dem einen oder anderen unerfindlichen Grunde nicht aufzugeben wagen ... “ (**203**, 303). Bezeichnend ist in dieser Hinsicht eine Äußerung von F. Murphy: „Ich weiß nicht, ob sich die Reklame lohnt, aber wir erhalten sie aufrecht, bis wir wissen, daß sie sich nicht auszahlt“ (**201**, 512 f.). Der Nutzen der Reklame wird als ein Axiom angesehen, das keines Beweises bedarf. Selbst unter den Großreklamisten sind nach Kupferbergs Aussage viele, die nicht mit einem klaren Ziel vor Augen werben, sondern gewohnheits- und routinemäßig und im Hinblick auf die Konkurrenz (**368**, 16).

Reklame für die Reklame. Die Werbebranche hat getan, was sie vermochte, um den Glauben an die Reklame zu stärken (**517**, 24). Die Reklame „hat nach einem stillschweigenden Übereinkommen die Erlaubnis erhalten, ihre Mißerfolge zu vertuschen und sich selbst übertrieben zu loben" (**245**, 23). Ein Kopenhagener Warenhausbesitzer beklagt, daß überaus geschäftstüchtige Werbefachleute kleine Geschäftsleute dazu bringen, zwischen 10 und 20 Prozent ihres Umsatzes für Reklame zu verwenden – mit Zahlungseinstellung als natürlicher Folge (**693**, 9). Ein deutscher Werbefachmann gibt zu, daß man nur wenig über die Wirkung der Reklame wisse und sagt: „Es scheint mir, daß die Gefahr einer Ueberschätzung der Reklame besteht, seit sie ein Gegenstand wissenschaftlicher Untersuchungen geworden ist" (**363**, 212). Ich vermute, daß der Zusammenhang ein etwas anderer ist. Die Reklamewissenschaft wird eher übertriebenen Optimismus dämpfen – solange sie zu Forschungszwecken betrieben wird; aber die Werbebranche mißbraucht sie zur Reklame für die Reklame. Die Branche ist daran interessiert, mit wissenschaftlichen und pseudowissenschaftlichen Argumenten für die Unentbehrlichkeit und den Nutzen der Reklame die Verkäufer zu eifriger Werbetätigkeit zu bewegen. Die Wahrhaftigkeit in der Reklame für die Reklame ist vom gleichen Kaliber wie die Wahrhaftigkeit der Reklame überhaupt. Man sagt die Wahrheit nur insofern, als der Käufer sie kontrollieren kann; und da niemand den Wert der Reklame nachzuprüfen vermag, kann man den Geschäftsleuten eine Menge über die Wunder der Reklame erzählen. „Einer der stärksten Beweise für die Irrationalität im täglichen Leben ist die Gutgläubigkeit des Inserenten" (**621**, 52).

Das entgegengesetzte Extrem. Nur einzelne Werbefachleute äußern sich mit ehrlicher Skepsis. „Nein, die Reklame ist weder Kohle noch Dampf für die Lokomotive der Wirtschaft – höchstens Schmieröl" (**41**, 37). „Ob sie nun gut, schlecht oder keins von beiden ist, sie hat auf jeden Fall ebensowenig mit ihrem eigenen Erfolg zu tun wie die Flagge auf dem Mast der *Mauretania* mit deren Geschwindigkeit" (**245**, 30); „ihr Anteil am Verkauf ist ungefähr so *wesentlich* wie der Anteil der Luftpost am gesamten Transport" (**245**, 28 f.). Einige sind davon überzeugt, daß „der größte Teil des Geldes, das für Reklame ausgegeben wird, vollständig vergeudet ist" (**521**, 37) oder, wie Lord Leverhulme es ausdrückt: „Wahrscheinlich ist die Hälfte von jedem Werbeetat verschwendetes Geld – niemand weiß leider, welche Hälfte" (**656**, 103). Seÿffert gibt sogar genaue Zahlen – ohne jedoch Rechenschaft darüber abzulegen, woher er sie hat: ⅕ der deutschen Werbekosten sind reine Verschwendung, 30–45 Prozent werden für mangelhafte Reklame ausgegeben, und höchstens ⅓ bis ½ der gesamten Werbeausgaben der Gesellschaft werden vernünftig angewandt (**617**, 665). Dieser Pessimismus ist vielleicht ebenso schlecht begründet wie der Optimismus, der ihn herausgefordert hat.

Es ist nicht mein Ziel, die Reklame als nutzlos darzustellen, sondern aufzuzeigen, daß wir keine festen Anhaltspunkte für eine zuverlässige Beurteilung ihres betriebswirtschaftlichen Nutzens haben. Aber es spricht in der Tat manches dafür, daß „die Verkaufskraft in Dollar und Cent jeder gewöhnlichen Reklame erstaunlich gering ist" (**245**, 29).

FALLGRUBEN DER REKLAME. Man braucht nur an die vielen Ursachen zu denken, aus denen Reklame fehlschlagen kann. Da ist zuallererst die Möglichkeit, daß sich kein genügend großer Markt für das Reklamat findet. Dieser Gefahr kann man durch sorgfältige Marktanalyse entgegentreten. Aber während des Reklameprozesses selbst treten zwangsläufig gewisse Wirkungsverluste ein. Ich habe früher Arrens Schema über die Stufen des Reklameprozesses wiedergegeben (vgl. Seite 79 f.). Der endgültige Zweck ist der Verkauf. Die Reklame erfüllt nur ihre Aufgabe, soweit sie die Reklamanden direkt oder indirekt zum Kauf veranlaßt. Das Verhältnis zwischen der Gesamtenergie und der am Ende des Stufenablaufes noch wirksamen Energie ergibt den Wirkungskoeffizienten der Reklame (**463**, 29). Es ist eine Utopie, daß „die Reklame 100%ig effektiv wäre" (**495**, 6), selbst wenn wir alle Bedingungen oder Ursachen für menschliches Verhalten kennen würden und sie unter Kontrolle hätten. Der Reklameprozeß arbeitet wesensgemäß mit einem gewissen Verlust. Seÿffert unterscheidet deshalb zwischen Streumenge, Chancenzahl, Eindruckszahl und Trefferzahl (**617**, 580 f.).

Der Reklamist wählt ein Medium oder eine Kombination von Medien, deren Streuungsgebiet sich vermutlich in größtmöglicher Übereinstimmung mit dem Kreis von Personen befindet, von denen man annehmen kann, daß sie das Reklamat kaufen (selektive Streuung). Man sucht das günstigste Verhältnis zwischen dem Streuungsgebiet des Mediums und dem beabsichtigten Reklamandenkreis. Nehmen wir an, die Medien sind so günstig wie möglich gewählt worden. Der Reklamist zahlt für die Verbreitung durch das Medium. Aber diese wird immer viele Nichtreklamanden erfassen. Die unfruchtbare Streuung kann verhältnismäßig gering sein – in Fachblättern – oder sehr groß – in Zeitungen. Die Peltzer'sche

Formel gibt den Wert eines Mediums mit

$$\frac{(A\,\% + B\,\% + C\,\%) \times \text{Auflage}}{100}$$

an, wobei A, B und C die Leserkreise sind (zum Beispiel Pastoren, Ärzte, Lehrer, Automobilfahrer etc.), die der Reklamist erfassen will; A % bedeutet, daß soundso viel Prozent der Leser des Blattes Pastoren oder Ärzte usw. sind (**145**, 8 f.). – Unter den Lesern des Mediums, die Reklamanden sind, befinden sich jedoch viele, die die Annonce nicht sehen. Giellerup vermutet, daß knapp 15 Prozent der Leser einer größeren Zeitschrift im allgemeinen eine bestimmte Annonce sehen (**236**, 87). Selbst wenn man damit rechnet, daß die Quote bei Reklamanden günstiger ist als bei den übrigen uninteressierten Lesern des Blattes, so bleibt doch auch hier ein bedeutender Wirkungsverlust. – Manche der prinzipiell interessierten Leser haben sich anderwärts eingedeckt und haben deshalb im Augenblick keinen Bedarf für die Ware; oder sie haben Bedarf, können es sich aber nicht leisten, jetzt zu kaufen. Zu einem späteren Zeitpunkt, wo sie kaufen würden, ist die Botschaft vergessen.

Dies sind nur die wichtigsten der unvermeidlichen Wirkungsverluste. Aber dazu kommt die Wirkung der Reklamefehler; zum Beispiel falsche Wahl der Medien, ungünstige Plazierung der Botschaft, falsche Augenblicksselektion und dergleichen mehr. Endlich kann die Reklame psychologisch „vorzüglich ausgestaltet" sein, „ohne daß es je zum Kauf kommen muß" (**598**, 194 f.). Hier hat die Reklamepsychologie große Fehler begangen. Die Zigaretten drehenden Türken im Tabakladen, die Kunststickerin im Schaufenster des Nähmaschinengeschäfts etc. sammeln immer Zuschauer um sich – es sind nicht nur Käufer, sondern auch technisch interessierte Jungen. Alle mechanisch-motorische Reklame erweckt Interesse – bei der Jugend. Wie viele National Registrierkassen verkauft die ausgezeichnete, groteske Schaufensterreklame der Firma? Ein Optiker in Düsseldorf stellte in seinem Schaufenster eine bewegliche Pappscheibe mit aufgezeichneter Spirale auf. Der Mittelpunkt der Scheibe war ein erleuchtetes Glasauge, und durch die fortgesetzte rotierende Bewegung der Pappscheibe kam ein optischer Scherz zustande, der glauben macht, die aufgezeichnete Spirale drehe sich schlangenförmig in dieses Auge. Ein Schaufensterplakat rief den Passanten zu: „Es dreht sich um Ihr Auge". Das Schaufenster soll „durchschlagende

Wirkung“ (**195**, 70 f.) erzielt haben; das heißt: die Passanten stauten sich geradezu vor dem Schaufenster – aber sie kauften nichts. Ein ähnliches Verhalten kommt auch in der Plakat- und Annoncenwerbung vor, deren Knalleffekte eher vom Reklamat ablenken als darauf hinweisen (**252**, 17), ja bisweilen irritierend wirken (**114**, 44).

Selbst direkte Reklame, bei der der Reklamist die Verbreitung ganz nach Wunsch abgrenzen kann, ergibt nur einen bescheidenen Wirkungsprozentsatz. Ost-Petersen gibt als Beispiel dafür folgende Zahlen von einer Prospektversendung, die ich in der dritten Spalte durch Wirkungsprozente ergänze (*Reklame-Praxis* 1916/17, Seite 379).

Berufsgruppe	Zahl der versandten Kataloge	Zahl der festen Bestellungen	Wirkung in %
Lehrer	111.500	2.865	2,6
Lehrerinnen	10.800	336	3,2
Geistliche (kath. u. prot.)	17.200	245	1,4
Forstbeamte	13.500	581	4,3
Bahnbeamte	64.650	2.292	3,5
Postbeamte	42.900	1.386	3,2
Polizeibeamte	7.160	372	5,2
Gerichtsbeamte	15.950	457	2,2
Verwaltungsbeamte	7.830	354	4,4
Zollbeamte	11.050	259	2,4
Ärzte	6.050	118	2,0
Apotheker	1.750	36	2,0
Verschiedene Berufe	13.800	1.455	10,6
Insgesamt	324.140	10.656	3,3

Tabelle 7

Deutsche Butter-Versandhandelsfirmen halten den *Blättern für Landwirtschaftliche Marktforschung* (1932, Seite 259) zufolge 1 Prozent Neubestellungen nach der Versendung gedruckter Prospekte für ein gutes Resultat und sind während der Depression mit einem halben Prozent zufrieden.

Wenn man diese und ähnliche Zahlen liest und weiß, was Reklame kostet, staunt man darüber, daß sie sich überhaupt lohnen kann. – Man kann auch ein einfaches Experiment anstellen. Nehmen Sie eine Zeitung und zählen Sie die Annoncen; stellen Sie hierauf fest, wie viele von ihnen für Waren werben, die Sie niemals gekauft haben, und für Firmen, bei denen Sie niemals Ihre Einkäufe gemacht haben. Dieses, multipliziert mit der Anzahl der Versorger in der Gesellschaft, ergibt ein gutes Bild vom Resonanzverlust der Reklame – ein Mindestverlust; denn viele Einkäufe von Ware, für die geworben wird, sind sicher unabhängig von der Reklame getätigt worden.

Der Zeitungsleser. In einer einzelnen Richtung hat man genauen Aufschluß über die allgemeine Wirkung der Reklame gesucht, nämlich im Hinblick auf die Einstellung der Leser gegenüber den Reklameseiten der Blätter. Die Annonce kann nur wirken, wenn sie gelesen wird. Es ist eine Menge Unsinn über dieses Thema gesagt und geschrieben worden, aber in Wirklichkeit weiß man nur sehr wenig über die Lesegewohnheiten der Konsumenten (**694**, 241 ff.). Teils aus Erfahrung, teils aus theoretischen Erwägungen kann man gewisse elastische Regeln aufstellen. Die Landbevölkerung ist wahrscheinlich im Winter, wenn sie viel Freizeit hat, ein besserer Annoncenleser als die Städter, die Frauen bessere als die Männer, die kleinen Leute bessere als die Oberklasse. Man kann deshalb davon ausgehen, daß die Annoncen in der Arbeiter- und Agrarpresse eine höhere Intensität haben als in bürgerlichen Blättern. Aber dann sind wir auch schon mit unserer Weisheit am Ende. Derjenige, der gerade etwas kaufen oder verkaufen will, liest in dieser Zeit die Annoncen – aber dies betrifft mehr die Marktinformation als die Reklame. Frauen lesen Ausverkaufsannoncen zum Sommer- und Winterschlußverkauf, Geschäfts- und Fachleute lesen in einem gewissen Umfang Spezialannoncen in ihren Fachblättern. Im übrigen kann man sicher sagen, daß die Annoncen im wesentlichen nicht g e l e s e n, sondern g e s e h e n werden, und das letztere nur, sofern sie sich während der Zeitungslektüre aufdrängen. Es ist im allgemeinen ein Selbstbetrug von seiten des Reklamisten, wenn er meint, die Leser kaufen die Blätter, um die Annoncen zu lesen. Der Inserent darf deshalb höchstens annehmen, der Leser sehe sich mit einiger Aufmerksamkeit in ihnen die Annoncenseiten an (**156**, 11). Die Leser kaufen in der Regel das Blatt wegen des Textes, und „da sie sich nicht von selbst für die Annonce interessieren, muß der Inserent ihre Aufmerksamkeit erzwingen“ (**65**, 117). Deshalb bezahlt er extra für eine besonders die Aufmerksamkeit erweckende Plazierung, namentlich für einen Platz auf einer Textseite, wo die Annonce ins Auge fällt. Besonders günstig sind die Bedingungen, wenn das Blatt in der Eisenbahn, in der Straßenbahn oder während einer Wartezeit gelesen wird, weil sich die Leser aus Langeweile die Annoncen ansehen, wenn sie den Text gelesen haben.

Ein Reklameenthusiast fordert: „Dem Zeitungsleser muß es begreiflich gemacht werden, daß auch der Inseratenteil viel Interessantes bringt, ja, daß er oft viel belehrender, anregender ist und der Wirklichkeit näher steht als der redaktionelle Teil, da er das pulsierende Leben widerspiegelt" (**197**, 49); und als strahlendes Beispiel wird Gladstone angeführt, der sich nach eigener Aussage amerikanische Journale hielt, weil die Reklame in ihnen so amüsant sei. Nun habe ich erstens niemals von einem Reklamisten gehört, der damit zufrieden war, daß die Leser seine Annoncen zur Unterhaltung lasen. Zweitens finde ich, daß eine Kriminalnovelle Dorothy Sayers' amüsanter ist als die zwanzigste Variation der Colgate-Reklame mit dem Thema „Schlechter Atem". Drittens vermag ich nicht einzusehen, daß die Mitteilung des Schuhhändlers N. N., er verkaufe „Hausschuhe ab 5,50 Kronen", mehr pulsierendes Leben vermittelt als ein Bericht über eine Unterschlagung in der Gemeindekasse von Xstadt. Endlich ist das Ganze doch geradezu ein Eingeständnis, daß die Leser sich nicht für die Annoncen interessieren, sondern erst dazu erzogen werden müssen.

Es wird allerdings gesagt, daß die Annoncen der Bekleidungsgeschäfte zu einem ermäßigten Tarif aufgenommen würden, weil sie eine Neuigkeit für Frauen darstellten und den Verkauf des Blattes steigerten (**641**, 147). Eine Zeitung in Philadelphia soll zusammen mit Wanamakers Annoncen 20.000 Leser verloren haben (**31**, 20), und etwas Entsprechendes wird über T. Eatons Warenhaus und *Toronto Globe* berichtet (**535**, 173). Wenn das stimmt, sind es aber Ausnahmen. Die reinen Annoncenblätter waren auf jeden Fall allmählich gezwungen, auch Text zu bringen, der die Reklame tragen konnte (**97**, 103).

Es sind Versuche gemacht worden, durch eine Enquête genaue Auskünfte über das Verhältnis der Leser zur Annonce zu erhalten (**639**, 378), aber die Resultate sind praktisch wertlos. Die Frage selbst „Lesen Sie Annoncen?" ist sinnlos. Manche werden mit „Nein" antworten – weil sie meinen, daß es feiner sei, keine Annoncen zu lesen; und die wenigsten kennen selbst ihre Lesegewohnheiten (**321**, 341). „Wer bestreitet, jemals Inserate zu lesen, lügt bewußt oder unbewußt" (**201**, 318). Wir alle lesen in einem gewissen Umfange Annoncen, weil sie uns ins Auge fallen.

Das einzige Mittel, etwas Sicheres herauszufinden, wären Massenbeobachtungen von Lesern, nämlich a) verschiedene Leserklassen; – b) Leser in verschiedenen Situationen, zum Beispiel zu Hause, im Büro, in der Straßenbahn usw.; – c) beim Lesen verschiedener Blätter. Ein kleiner Versuch in dieser Richtung, ohne Wissen der Versuchspersonen in einem öffentlichen Lesesaal der Stadtbibliothek Chicagos vorgenommen, ergab als Resultat, daß 10½ Prozent der Zeit, die alle Beobachteten zusammen für das Lesen von Zeitschriften verwendeten, den Annoncen gewidmet war (**604**, 135 ff.).

Seÿffert führte im Jahre 1927 eine größere Befragung unter 1.732 Personen der verschiedensten Berufe durch und wiederholte sie 1928 mit 866 Hausfrauen. Die Frage lautete: „Lesen Sie die Inserate der Einzelhändler in den Tageszeitungen?": – 1) regelmäßig – 2) gelegentlich – 3) bei Bedarf – 4) gar nicht? Das Material ist nach allen Richtungen bearbeitet worden – nach der Größe der Stadt, nach Geschlecht und Alter der Leser sowie nach der Art des Blattes (**617**, 388 ff.). Die Resultate sind so unwahrscheinlich, wie sie zwangsläufig sein müssen, wenn man so törichte Fragen stellt. Es sind in den einzelnen Berufsgruppen bis zu 18,3 Prozent, die behaupten, „gar nicht" Zeitungsinserate zu lesen, dann 10 Prozent der selbständigen Gewerbetreibenden (!!), die doch die Inserate lesen – wenn auch nicht als Reklamanden, so im Hinblick auf die Konkurrenz und aus besonderen fachlichen Interessen. Natürlich lautet die Antwort in den meisten Fällen „gelegentlich" – denn das ist die bequemste Antwort. Die meisten haben offenbar auch nicht den Unterschied zwischen „gelegentlich" und „bei Bedarf" sehen können; die Verteilung der Antworten auf diese zwei Gruppen ist deshalb völlig nichtssagend.

Selbst die exakteste Untersuchung der Lesegewohnheiten gibt aber nur Auskunft über die Wirkungsmöglichkeiten der Annonce – nicht über ihre endgültige Wirkung. Die Annonce hat nur Verkaufswirkung, wenn sie von denjenigen gelesen wird, die mögliche oder wahrscheinliche Käufer des Reklamates sind. Von einem großen Teil notorischer Annoncenleser kann man sagen, daß sie niemals die Waren kaufen werden.

Exakte Reklame

Schon 1878 wurde in einem englischen Essay gefordert: „Die Reklame sollte nach wissenschaftlichen Regeln betrieben werden" (**505**, 8). Etwa ein Dutzend Jahre später meint Stead: „Die Werbeagenten haben die Reklame beinahe auf den Stand einer exakten Wissenschaft gebracht" (**640**, 46). Wer hierauf erwartet, daß der Verfasser nähere Erklärungen über die Gesetze dieser Wissenschaft geben werde, wird enttäuscht; er findet nur unklare Floskeln und billiges Lob und Schmeichelei für die Vortrefflichkeit der Werbebranche. Seitdem haben manche geglaubt, man könne dank der modernen Reklamepsychologie die Wirkung der Reklame vorausberechnen, ebenso wie die Kenntnis der Gesetze der Statik den Ingenieur in den Stand setze, eine haltbare Brücke zu bauen. Calkins und Holden betrachteten im Jahre 1905 die Reklame vorläufig als „eine Kunst; sie hat noch nicht ihren Platz unter den exakten Wissenschaften eingenommen" (**103**, 12), aber „die Mathematik der Reklame" (**103**, 261) gehört der nächsten Zukunft. Wenige Jahre später sah Arren das Ziel erreicht: „Eine reguläre Reklamewissenschaft und Annoncenkunst sind entstanden, die ihre Gesetze, Axiome und Methoden, ihre Schulen, Meister und Genies haben. Nichts ist mehr dem Zufall überlassen. Mit mathematischer Sicherheit wird maximale Wirkung durch minimalen finanziellen Einsatz erreicht" (**23**, VII). Pottier bezeichnet im Jahre 1911 schlicht die Reklame selbst als „eine Wissenschaft" (**499**; 2). – Aber der Tag der Ausführung wird von Mal zu Mal verschoben. Im Jahre 1920 sieht Durstine den Tag kommen, an dem die Reklame „als exakte Wissenschaft mit fest fundierten Grundsätzen anerkannt sein wird" (**156**, 127), und Findeisen meint im Jahre 1931 bescheiden, daß sich die „Reklame ... im Laufe der Jahrhunderte ihrer Entwicklung ... aus dem Irrationalen zum relativ Rationalen" (**190**, 220) hin gewandelt habe.

Kann die Reklame jemals exakt werden? Man kann sich des Eindruckes nicht erwehren, daß „die Reklameliteratur die Wörter *Wissenschaft* und *wissenschaftlich* als eine Art magischer Formeln mißbraucht" (**127**, 1). Skeptiker haben immer daran festgehalten, die Reklame sei ein „psychologisches Lotteriespiel" (**641**, 147), bei dem der „Instinkt aufs Geratewohl waltet" (**287**, 43). So war es um 1900 auch wirklich. Die von Fowler gesammelten Hunderte von Aussagen äußern sich sehr vage über die Berechenbarkeit der Reklamewirkung (**202**, 43–228). Nicht einer dieser Reklamisten konnte seine Methode und ihren spezifischen Wert erklären. Th. Barratt (Pears' Seife) sagt ganz offen: „Ich glaube nicht, daß jemand sich verläßlich über den relativen Wert der Medien und Methoden äußern kann. – Der Inserent muß größte Sorgfalt in seinen Bemühungen walten lassen und sich ein Gesamturteil über sie bilden. – Selbst habe ich über eine Million Pfund Sterling für Reklame ausgegeben, aber ich könnte nicht sagen, welche die beste Methode ist" (**202**, 45). Dies war im Jahre 1897, und es ist seitdem kaum eine wesentliche Änderung eingetreten. Russell berichtet im Jahre 1911 über „einen erfahrenen Inserenten, ... der selbst sein Vorgehen mit folgenden Worten beschrieb: ‚Wir dachten nicht an die Kosten, sondern legten die verschiedenen Details des Verfahrens im voraus fest und gingen in absoluter Gewißheit über das Ergebnis vor. – Welche andere Geschäftsoperation würde wohl jemals mit der gleichen Oberflächlichkeit in Angriff genommen werden?'" (**534**, 97 f.). Noch im Jahre 1928 wird darüber geklagt, daß „keine ernsthaften Versuche gemacht worden sind, zu ermitteln, ob sich überhaupt Gesetze für die Reklame finden lassen" (**236**, 88). Die Reklame hat keine exakte Grundlage; und einige bestreiten, daß sie jemals eine erhalten kann. Es hat allerdings einzelne Hellseher gegeben: Die Produzenten schicken bereits ihre Rohstoffe an Laboratorien, ehe sie sie verwenden; „in wenigen Jahren werden sie auch auf Laboratoriumsprüfungen für ihre Reklame bestehen" (**621**, 59). Viele sind in der Zwischenzeit zu dieser Praxis übergegangen, aber es gibt noch immer keinen Garantiestempel für wirkungsvolle Reklame (**130**, 84).

Praktische Psychologie wird niemals exakt werden. Feste Regeln werden wahrscheinlich nie für die Reklame aufgestellt werden können. „Das Verfahren verträgt aus psychologischen Gründen keine schablonenmäßige Behandlung" (**97**, 260). Die Reklame arbeitet mit der unberechenbarsten Größe der Welt –: der menschlichen Psyche; schon deshalb wird sie sich immer auf schwankendem Boden bewegen und mehr auf Kunst und Flair als auf Wissenschaft und Berechnung beruhen. Die stützt sich auf das Erkennen der natürlichen Schwächen des Menschen und kann deshalb nicht allgemeinen Regeln folgen (**708**, 58). Da die Befriedigung, die die Ware gibt, nicht allein auf Nutzwerten beruht, sondern teilweise auf sehr komplexen, psychischen Fakten, muß wirkungsvolle Reklame sich immer auf „ein schwankendes und unscharfes

Urteil stützen" (**110**, 28). „Das Auffallendste an den Gesetzen der Reklame sind … – ihre Ausnahmen" (**626**, 39), und **„die oberste Regel der Reklame ist, daß sie keinen Regeln folgt"** (**239**, 31). Die Psychologie ist zwar zu recht gut fundierten generellen Erkenntnissen gelangt, aber in psychotaktischer Praxis gelten alle „psychologischen Regeln … nur bis zu einem gewissen Grade" (**557**, 37). Deshalb „gibt es keinen Königsweg zum Reklameerfolg" (**223**, 11), „keinen allgemein anerkannten Stil für einträgliche Reklame" (**202**, 275; **123**, 15; und andere).

ERFAHRUNGSURTEIL UND SYSTEMATISIERTE ERFAHRUNG. Nicht wenige Reklamisten nehmen ihre Zuflucht lieber zu praktischer Erfahrung. Fowler erklärte im Jahre 1893, ehe die Reklamepsychologie auf der Szene erschien, daß der sicherste Weg „das persönliche Urteil des Inserenten sei, ergänzt durch die Erfahrungen anderer" (**201**, 132), und die meisten folgen noch immer dieser Methode. „Die Erfahrung ist die beste Lehrmeisterin. Nur wenige Geschäftsleute betrachten folglich die Reklame als etwas anderes als eine Form der Spekulation" (**535**, 43). Ein amerikanischer Professor für Pädagogik hat die Erfahrung mit Hilfe der historischen Methode systematisieren wollen (**343**). Um sich eine sichere Meinung vom Wert der Reklameformen zu bilden, soll man sich ihm zufolge die Entwicklung der Reklame ansehen. Welche Methoden sind im Verlaufe der Zeit angewandt worden? Welche kamen vorwärts? Welche verschwanden? Die letzteren seien so schlecht gewesen, daß der Reklamist entweder durch sie ruiniert wurde und damit die Arena des Geschäftslebens verließ oder sie aufgab und zu besseren Methoden überging. Eine Reihe einzelner reklametechnischer Züge wird so während der Zeit zwischen 1900 und 1925 nach statistisch-historischer Methode untersucht. Der Reklamist soll eine wissenschaftliche Reklame auf diesen Vergangenheitserfahrungen aufbauen können. – Es ließe sich dagegen einwenden, daß eine Reklameform von einer anderen abgelöst wird, nicht nur, weil sie versagt hat, sondern oft nur, weil eine neue Reklamemethode aufgekommen ist. – Eine Form kann wirkungsvoll gewesen sein, als sie neu war, aber sie wurde abgenutzt, und eine andere trat an ihre Stelle, die nach Verlauf einiger Zeit das gleiche Schicksal erleidet. – Außerdem entsprechen bestimmte Reklameformen in typischer Weise bestimmten Warengattungen und Reklamezwecken. Eine neue Form kann da in mengenmäßiger Hinsicht erfolgreich sein, nicht weil sie besser als die alte ist, sondern weil sie ganz speziell einem neuen

Verkaufszweig entspricht, der sich in der Zwischenzeit entwickelt hat. Die Markenwarenreklame hat zum Beispiel ihren eigenen Stil, der die Reklameseiten immer mehr geprägt hat, seitdem die Markenwaren nach und nach den Markt eroberten. Die Reklameformen, die in typischer Weise dem Einzelhandel entsprechen, sind, mengenmäßig gesehen, auf den zweiten Platz zurückgedrängt worden – aber damit ist nicht gesagt, daß der Einzelhandel auch den Stil der Markenwarenreklame anwenden müsse.

INTUITION. Nicht einmal die Erfahrung ist ein sicherer Wegweiser. E. R. Mower (Quaker Oats Company) „ist der Auffassung, daß die Reklame immer wieder erlernt werden müsse und daß Erfahrung bis zu einem gewissen Grade vor Fehlern schützen, aber nicht einen Königsweg zu künftigem Erfolg weisen kann" (**399**, 225). Es liegt im Wesen des Reklameprozesses, daß Verfahren und Formen ständig erneuert werden müssen, um Eindruck auf die Menschen zu machen, deren Sinne gegen bekannte Reize abgestumpft sind. Die Reklame „lebt vom Anderssein, vom abweichenden, unerwarteten Verhalten, vom neuen Einfall" (**700**, 306). Was die Psychologie heute in der Reklame als richtig bezeichnet, wird morgen falsch sein, weil es alt sein wird. Falls man ein allgemeingültiges Gesetz für die Reklame aufstellen könnte, wäre es das, daß sie keinen festen Gesetzen und Regeln folgen dürfe. Planmäßige Anwendung einer orthodoxen Reklamepsychologie birgt die Gefahr, daß „viel von der Frische und Unmittelbarkeit guter Reklame verlorengeht" (**130**, 84). Gute Reklame ist das Ergebnis schöpferischer Arbeit (**43**, 7), und das Beste daran entsteht in der Regel ohne den bewußten Willen des Urhebers (**150**, 23 ff.). „Darum sind gerade die erfolgreichsten Veranstalter der Reklame in dem Ausdenken neuer und überraschender Formen derselben besonders fruchtbar gewesen" (**97**, 260).

WISSENSCHAFTLICHKEIT ALS AUSHÄNGESCHILD. So gesehen, ist es ungewiß, wie viel die Reklamepsychologie dazu beitragen kann, die Reklame effektiver zu machen. Sie kann nachher analysieren, kritisieren und Erklärungen für den Erfolg oder Mißerfolg einer bestimmten Reklame finden; aber sie vermag kaum etwas Bestimmtes über die Wirkung vorherzusagen. Diese liegt gewöhnlich in einem Überraschungsmoment – und von einem solchen ist nicht die Rede, wenn die Reklame nach Kochbuchrezept gemacht wird. „Der beste Inserent ist derjenige, der am individuellsten arbeitet und sich außerdem in die Denkweise seiner Mitmenschen versetzen kann – ein Geschick, das man nicht auf einzelne Regeln zurückführen kann“ (**159**, 32 f.). Der Reklamist muß ein guter Menschenkenner sein; aber kein Studium der Psychologie kann ihn dazu machen (**699**, 153 f.).

Manche der großen Worte über die Wissenschaftlichkeit der Reklame müssen wahrscheinlich als ein Versuch von seiten der Werbebranche gewertet werden, eine fachliche Unentbehrlichkeitsideologie zu entwickeln. Die Praxis der Reklame ist mit einem Nebelschleier aus geheimnisvollen „...logien“ umgeben, die eine Vorstellung von fortgeschrittenem Spezialismus schaffen und den Geschäftsmann davon abbringen, sein eigener Reklamechef zu sein. Die Werbefachleute sprechen viel davon, die Reklame unabhängig von Zufall und vagen Vermutungen zu machen; aber diesen Äußerungen gegenüber muß man skeptisch sein (**259**, 19). Die sogenannte Reklamewissenschaft ist, wie sie von Werbepraktikern, Journalisten und Professoren für Reklamepsychologie mit einem Nebenerwerb in der Werbebranche abgefaßt und aufgezogen worden ist, vielleicht das Unsolideste an der ganzen Reklame. Es gibt nicht einen Satz, hinter den man nicht ein großes Fragezeichen setzen muß – abgesehen von denen, die man leicht widerlegen kann. Selbst Bunting, ein begeisterter Anhänger der Reklame, weist mit Nachdruck auf das Unglaubwürdige in der von Werbeagenten geschriebenen Fachliteratur hin (**86**, 2).

Der begrenzte Nutzen der Theorie. Wenn man aber alles in Betracht zieht, sollte man nicht ganz negativ über die Bedeutung der Reklametheorie und besonders der Psychologie für die Praxis urteilen. „Die Reklame ist keine exakte Wissenschaft, aber das ist die Medizin auch nicht. Der Arzt untersucht den Patienten, entscheidet sich für eine Behandlungsmethode und wartet die Wirkung ab. Entspricht diese nicht seiner Erwartung, probiert er etwas anderes“ (**295**, 61). –

Hoch effektive Reklame ist nach dem Erscheinen der Reklamepsychologie nicht häufiger geworden – vielleicht sogar seltener; aber dafür haben wir nicht soviel ausgesprochen schlechte Reklame. Das Spitzenniveau ist nicht gehoben worden, dagegen aber das Durchschnittsniveau. Keine Reklamewissenschaft der Welt kann Werbegenies hervorzaubern;

aber ein wenig gesunde Psychologie kann einen Reklamisten vor ausgesprochenen Fehlgriffen bewahren. Und da die Reklame allmählich zu einer Branche geworden ist, die eine recht ansehnliche Zahl Menschen beschäftigt, die nicht samt und sonders geborene Reklamegenies sein können, hat das rein Routinemäßige, das sich nicht in Regeln und Lehren pressen läßt, seine Bedeutung für die Ausbildung der Unteroffiziere der Reklamearmee bekommen.

Die ganz negative Beurteilung des praktischen Wertes der Reklamewissenschaft durch einzelne ist Ausdruck enttäuschter Erwartungen; und diese rühren wieder von dem übertriebenen Optimismus her, der in einem Teil der Literatur herrscht.

Formen der Reklamekontrolle. Wenn man an die Werte denkt, die auf dem Spiele stehen, so ist es nicht überraschend, daß eine lange Reihe Methoden ausprobiert worden sind, die Reklame zu kontrollieren und auf diese Weise ihre Anwendung zu rationalisieren. Die Methoden können in zwei Hauptgruppen eingeteilt werden, nämlich Wirkungskontrolle und Vorprüfung.

Die Wirkungskontrolle geht darauf aus, die Wirkung der schon durchgeführten Reklame einer Firma im großen und ganzen statistisch zu messen (Generalkontrolle) oder vergleichend die Wirkung ihrer Reklame nach bestimmten Medien oder nach einzelnen, verschieden abgefaßten Botschaften (Spezialkontrolle) gesondert festzustellen. Der Zweck ist hier, durch Erfahrung klug zu werden und in Zukunft die Medien und Formen zu wählen, die sich als wirksamste erwiesen haben.

Die Vorprüfung sucht den Weg abzukürzen und das Geld zu sparen, das Erfahrung kosten kann. Eine geplante Werbeaktion oder der Entwurf einer Botschaft werden vor ihrem Erscheinen einer Analyse nach Gesichtspunkten unterworfen, die vermutlich für die Wirkung entscheidend sind; oder sie werden experimentell (Laboratoriumstest) oder in kleinerem Maßstab (Testkampagne) geprüft, ehe man sie in Aktion treten läßt.

Es gibt Zwischenformen und Hilfsmethoden, die wir noch erörtern werden, die aber im jetzigen Stadium das Bild nur verwirren würden.

Nachkontrolle

Es wird viel über Messung der Reklamewirkung geschrieben, ohne daß sich die Verfasser immer darüber klar sind, was sie eigentlich unter dem Effekt der Reklame verstehen wollen (**326**, 362 f.). Die Wirkungsstufen des Reklameprozesses sind die Aufmerksamkeit – das Interesse – das Verlangen – und der Kauf des Reklamanden. Die drei ersten Glieder entziehen sich als rein psychische Phänomene einer exakten Messung; nur das letzte kann durch zahlenmäßige Größen ausgedrückt werden, und es sind dann auch die Anzahl der Einkäufe und deren Gesamtbetrag, auf die es eigentlich ankommt. Kennt man die Verkaufswirkung der Reklame, so kann man – vermutlich – den Vorstadien gegenüber gleichgültig sein (**408**, 101). Das letztere stimmt jedoch nur, wenn die Wirkung zufriedenstellend ist; im entgegengesetzten Falle, wenn es darum geht, einen Fehler zu berichtigen, ist es gerade wichtig, zu wissen, auf welcher Stufe des Prozesses die Reklame versagt hat.

GENERALKONTROLLE. Die gröbste, aber in einigen Fällen die einzig brauchbare Methode ist ein Vergleich zwischen Werbekosten und Absatz. Man „kann nur aus dem gesamten Warenumsatz allgemeine Schlüsse ziehen, ob und wie weit man die Ausgaben für Reklamen ausdehnen oder einschränken muß" (**217**, 93). Ein positives Resultat bedeutet, mit anderen Worten, nur, daß der Gewinn der Firma Werbeausgaben gestattet – aber es ist kein Anhaltspunkt dafür, daß und wie viel Reklame zum Absatz beigetragen hat. Das Verfahren setzt einfach voraus, die Reklame als eine Ausgabe zu betrachten, die man sich erlauben kann, wenn das Geschäft gut geht – und gerade diesen primitiven Standpunkt wünscht man durch Reklamekontrolle zu überwinden. Ein Werbefachmann rühmt sich damit, daß einzelne Firmen noch die Anzeigen verwenden, die er vor sechs Jahren schrieb, weil „die Erfolgskontrolle immer wieder zeigt, daß sie noch gut arbeiten" (**691**, 104). Es ist undenkbar, daß ein Anzeigentext nach Verlauf von sechs Jahren nicht der Erneuerung bedürfe. Wenn die „Erfolgskontrolle" einen zufriedenstellenden Verkauf ergibt, liegt dieses nicht an der anhaltend guten Wirkung der Reklame, sondern daran, daß die Firma auf dem Markt gut etabliert ist und trotz ihrer veralteten Reklame floriert. – Beobachtet und vergleicht man eine bestimmte Zeit hindurch die Bewegung der Werbekosten und des Absatzes, so kann man sich ein gewisses Urteil über den Wert der Reklame bilden; steigt der Absatz im Verhältnis zu den Werbekosten oder sogar stärker, rührt mit einer gewissen Wahrscheinlichkeit das erste vom zweiten her. Aber es ist auch nicht mehr als eine Wahrscheinlichkeit, da zahlreiche andere Faktoren mitspielen können.

ANALYSE UND ZURECHNUNG DES RESULTATES. Wir begegnen schon hier einem Problem, das eine entscheidende und leider negative Rolle bei allen Formen der Reklamekontrolle spielt, nämlich der Unmöglichkeit, eine Absatzbewegung auf einen bestimmten Faktor in dem Komplex der Umstände zurückzuführen, in dem die Reklame der Firma nur ein einzelnes Glied bildet (**408**, 114).

Reklamekontrolle ist ein Sonderfall des allgemeinen betriebswirtschaftlichen Problems der Erfolgszurechnung des Resultates verschiedener Faktoren (**623**, 59). Der einzige Maßstab für den Wert der Reklame ist ihr Beitrag zum Ertrag, aber diesen kann man praktisch niemals feststellen, denn „im Umsatz, an dem ein solcher Erfolg abgelesen werden müßte, kommen die verschiedensten Erfolgsfaktoren innerbetrieblicher wie marktwirtschaftlicher Art zur Wirkung" (**598**, 209). Die Anzahl der mitwirkenden Faktoren wächst obendrein in dem Grade, in dem der Verteilungsapparat immer verwickelter wird. Das Reklamekomitee der American Marketing Society stellte im Oktober 1932 fest, daß tüchtige Verkaufsexperten über 150 Umstände gefunden hätten, die das Verkaufsresultat beeinflussen. Als eine Kuriosität kann V. O. Schwab genannt werden, der sich die Mühe gemacht hat, 11 Jahre hindurch die Wetterberichte mit der Anzahl der Nachfragen, die auf einzelne Annoncen folgten, zu vergleichen; er fand heraus, daß Regenwetter ein um 20–40 Prozent besseres Resultat ergab als Sonnenschein (**595**, 15), sagt aber leider nichts über das Verhältnis zwischen Anfragen und Aufträgen in beiden Fällen. Man könnte sich gut vorstellen, daß es unter den Regenwetteranfragen weniger zu Aufträgen kommt, so daß das Endresultat trotzdem das gleiche bliebe. Wer bei Sonnenschein Zeit opfert, um eine Anfrage zu schreiben, wird es wahrscheinlich ernst meinen.

Was die Generalkontrolle angeht, so können Branchenkonjunktur oder das Verschwinden eines starken Konkurrenten vom Markte und hundert andere unkontrollierbare Kleinigkeiten einen Anstieg des Absatzes herbeiführen, ohne daß die Reklame einen Anteil daran zu haben braucht. Deshalb sind viele der Wirkungskontrolle gegenüber recht skeptisch (**204**, 192 ff.; **660**, 5 f.; **265**, 95; **55**, 74); sie kann „die neben der Reklame an der Umsatzsteigerung noch mitwirkenden anderen Faktoren nicht gesondert" (**463**, 83) berücksichtigen. Nicklisch begnügt sich in seinem 700 Seiten starken Buch über Betriebswirtschaft damit, das Thema in dreizehn Zeilen zu erörtern, die darauf hinauslaufen, daß „das Problem der richtigen Zuordnung" (**468**, 144) nicht gelöst sei. So weit war der alte Fowler schon im Jahre 1893: „Der Mann, der die Wirkung seiner Reklame in Dollars und Cents beim Verkauf berechnen will, ... kann die Ursache für seinen guten Geschäftsgang ebensogut in den ausgezeichneten Glasscheiben suchen, die er in den Fenstern hat, oder in dem feinen Wachs, mit dem der Fußboden des Geschäfts gebohnert ist. ... Kein guter Geschäftsmann rechnet einem einzelnen Faktor das ganze Resultat zu. Es ist das harmonische Zusammenspiel aller Einzelheiten, das den Erfolg bringt" (**201**, 132).

Es ist nicht weiter verwunderlich, daß die Beiträge der praktischen Anleitungen zum Thema in der Regel recht spärlich sind. Mosselmans bezeichnet Wirkungskontrolle als ein Kernproblem – und schreibt danach zwei Seiten über Schlüsselsystem und Versandkartothek (**457**, 28). Casson sagt in seinem „vollständigen Reklamekursus", die Wirkung der Annonce müsse genau kontrolliert werden – aber kein Wort darüber, wie (**114**, 186). Bunting schreibt 2½ Seiten über Resultatkontrolle, aber das Ganze sind nur theoretische Betrachtungen über die Stärke konkurrierender Reklame und andere Faktoren, die die Reklamewirkung herabsetzen können; dagegen werden keine Methoden angegeben, nicht einmal Gesichtspunkte für eine quantitative Beurteilung der Reklamewirkung im konkreten Fall (**86**, 161 ff.). Mühlbradt verspricht im Titel seiner Inaugural-Dissertation „... die Möglichkeit der Erfolgsberechnung" zu berücksichtigen – und schreibt darüber zwei Seiten, deren Inhalt negativ ist (**464**, 80 ff.).

Es sind zwar hier und dort Versuche gemacht worden, die Wirkung der einzelnen Faktoren, namentlich die der Reklame, zu isolieren, aber es ist bei der Komplexität des ganzen Verhältnisses „ausgeschlossen, in Ansehen dieser Zusammenhänge auch nur annähernd ein Gesetz aufzustellen, das ausschließlich die Beziehungen zwischen Reklame und Umsatz berücksichtigt, sofern es nicht durch zu starke Abstraktion den Anschluß an die Wirklichkeit verloren haben sollte" (**497**, 41). Es ist schade um die statistischen Fähigkeiten, die oft auf ein von Anfang an hoffnungsloses Problem verwendet werden; die statistischen Untersuchungen des Umsatzes, den die Reklame ausgelöst hat, kommen zu sehr unterschiedlichen Resultaten, denn „uns ermangelt es – auf jeden Fall bisher – genauerer wissenschaftlicher Methoden dafür" (**18**, 36). Dies gilt besonders für die Empfehlungsreklame. Es kann niemals festgestellt werden, wie viel vom Goodwill einer Firma von der Qualität der Ware herrührt und wie viel von der Reklame (**304**, 1 f.). Hier, wie überall, wo nicht meßbare Größen in einen Komplex von Ursachen und Wirkungen eingehen, gilt: „Je schärfer die mathematisch-statistischen Waffen, mit denen derartige Untersuchungen unternommen werden, desto geringer ist die Lebens- und Wirklichkeitsnähe, und desto geringer ist der Ertrag für das Leben der Wirtschaft" (**545**, 27). Ja, der große statistische Apparat kann schädlich wirken, da er einen vertraueneinflößenden Anschein einer Exaktheit erweckt, die infolge der Natur des Problems selbst unerreichbar ist. So gibt Hirsch viele Resultate, die er in der Literatur gefunden hat, ganz unkritisch wieder, und putzt sie durch ein Tabellenmaterial, dem jegliche Beweiskraft fehlt, zu einer Pseudoexaktheit auf (**289**, 55 ff.).

SPEZIALKONTROLLE UND VERSAND. Der Reklamist möchte am liebsten mehr als eine allgemeine Kontrolle erreichen. Diese zeigt – wenn sie überhaupt durchgeführt werden kann – nur, ob seine Reklame als Ganzes eine entsprechende Wirkung hat. Aber er möchte hauptsächlich herausfinden, welches der verschiedenen gleichzeitig benutzten Medien die besten Resultate ergibt. Ich stelle die dazu angewandten Methoden in Verbindung mit der Versandhandelsbranche dar, die sie entwickelt hat.

Es gilt, den einzelnen Auftrag oder die einzelne Interessensäußerung auf ein bestimmtes Blatt, in dem man annonciert hat, zurückzuführen. Dutzende von Werbelehrbüchern wiederholen immer wieder die bekannten technischen Mittel, die diesem Zwecke dienen. Der Käufer wird gebeten, bei der Bestellung das Blatt zu nennen, in dem er die Annonce gelesen hat. Oder die Anzeige wird mit einem „Schlüssel" versehen, das heißt: mit einem kleinen, für die Post uninteressanten Zusatz zur Adresse, in jedem Blatt und in jeder Annonce verschieden; auf diese Weise verrät die Adresse bei der Bestellung, welche Annonce den Auftrag gebracht hat. Oder man versieht endlich die Annonce mit einem Kupon, den der

Reklamand zur Bestellung oder Rückfrage benutzen soll; der Kupon selbst trägt ein Kennzeichen. – Der Reklamist führt eine Kartothek, in der jede einzelne Annonce ihre Karte hat, auf der jede Antwort registriert wird, die auf eine Annonce erfolgt, so daß der Reklamist zu jedem Zeitpunkt die Kosten für jede Annonce mit dem Betrag des Auftrages, den sie gebracht hat, vergleichen kann. –

Die gleiche Methode kann natürlich auch angewandt werden, um, statt des Wertes der Medien, den Wert der verschiedenen Annoncenformen zu vergleichen.

Alle diese Methoden haben gewisse technische Mängel. Der Aufforderung, das Blatt anzugeben, in dem man die Annonce gelesen hat, wird nur von wenigen Bestellern nachgekommen; deshalb ist man zum Schlüsselsystem übergegangen, bei dem der Besteller die Auskunft unfreiwillig gibt. Verwendet man die reine Schlüsselannonce ohne Kupon, kann man aber auch nicht damit rechnen, daß alle oder nur die meisten Besteller die Adresse mit dem eingeschmuggelten Kennzeichen schreiben. Denn erstens schreiben die Leser im allgemeinen die Adresse oft unvollständig, zum anderen gibt es allmählich viele, die den Trick kennen, und ein seltsames Vergnügen daran finden, die Kontrollbestrebungen des Reklamisten zu vereiteln. Gegen den Kupon wird eingewandt, daß die Leser ungern aus wertvoll ausgestatteten Journalen ausschneiden; daß sie den Kupon nicht ausschneiden, wenn auf der Rückseite eine Geschichte steht; und daß einige, die die Annonce in einem fremden Exemplar des Journals lesen – zum Beispiel im Wartezimmer des Zahnarztes –, gar nicht bestellen, weil sie nicht das Journal eines anderen zerschneiden können; oder daß sie ohne Kupon bestellen, so daß der Wert des Mediums unterschätzt wird (**546**, 151; **674**, 152). – Auf jeden Fall erhält jeder Schlüsselinserent eine recht große Anzahl Aufträge, die er nicht auf ein bestimmtes Blatt zurückführen kann.

Aber selbst wenn die Methode in technischer Hinsicht tadellos wirken würde, hätte das Resultat nur begrenzten Wert für die künftige Gestaltung der Reklame. Eine Annonce ist an sich ein recht vielseitig zusammengesetztes Ganzes, und man kann niemals wissen, welcher ihrer einzelnen Bestandteile den Hauptanteil am Erfolg oder Mißerfolg der Annonce hat. Hat zum Beispiel die gleiche Annonce ein gutes Resultat in Blatt A ergeben, aber ein schlechtes in Blatt B, so ist damit nicht gesagt, daß B ungeeignet sei. Vielleicht waren nur Stil und Tonfall für den Leser von B falsch gewählt, und unterschiedliche Annoncen würden ein gutes Resultat in beiden Blättern erbracht haben. Wirkliches Durchprobieren aller denkbaren Zusammenstellungen würde es möglich machen, die einzelnen Wirkungsfaktoren auszusondern, aber das würde zu viel Zeit in Anspruch nehmen und eine Menge unnötiges Lehrgeld kosten.

Es wird hier und dort hervorgehoben, daß diese Art der Wirkungskontrolle keine exakten Resultate ergebe, sondern nur eine gewisse Beurteilung (**372**, 1 ff.; **617**, 584 ff.), und daß „ihr Fingerzeig ... öfter in die falsche als in die richtige Richtung weist" (**521**, 231). Und ein Verkäufer im Versandhandel erklärt schlicht: „Eine wirklich genaue Nachkontrolle kostet mehr, als die dadurch gewonnene Erfahrung wert ist" (**546**, 149).

SPEZIALKONTROLLE IN ANDEREN VERKAUFSZWEIGEN. Es besteht jedoch kaum Zweifel über den Wert der Auftragskontrolle für die Versandhandelsbranche, aber auch nur dort (**257**, 172 f.; **202**, 273 f.; **384**, 158 f.; **635**, 327; **2**, 62 ff.; und andere). Die Gründe dafür sind teils technischer, teils werbestrategischer Art.

Der Verkäufer im Versandhandel kommt durch den Auftrag in direkte schriftliche Verbindung mit namentlich genannten Kunden (**43**, 147 ff.). Nur hier kann der Schlüssel seinem Zwecke dienen, denn nur hier tritt der Zusammenhang zwischen dem Auftrag und der Annonce zutage.

Der wesentliche Grund ist jedoch, daß Reklame im Versandhandel Aktionsreklame der unmittelbar verkaufenden Art ist. Eine einzelne Absatzeinheit kann dort auf eine bestimmte Reklamebotschaft zurückgeführt werden. Das Gegenteil davon ist Empfehlungsreklame, das heißt: allgemeine Goodwillreklame und Erinnerungsreklame usw. Hier beabsichtigt man mit der einzelnen Botschaft überhaupt keine fest abgrenzbare Wirkung. Alle angewandten Werbemittel sollen zusammenwirkend und sukzessive ihren Effekt ausüben. Die Wirkung der einzelnen Botschaft kann dann nicht gemessen und deshalb nicht genau bestimmt werden (**694**, 427 ff.), denn hier wird mit dem kumulativen Effekt der Wiederholung gerechnet. Das Dumme ist, daß eine genaue Kontrolle gerade hier von größter Bedeutung wäre, da diese Art der Reklame die kostspieligste und die mengenmäßig überwiegende im Zeitalter der Marken ist.

Entgegengesetzte Meinungen über die Möglichkeit der Effektmessung fallen deshalb in großem Ausmaße mit einer verschiedenen Zielsetzung für die Reklame zusammen. Die Verkäufer des Versandhandels halten daran fest, daß man eine spezielle Wirkungskontrolle durchführen könne, was die Markenwarenverkäufer indes bestreiten. Es sind zwei verschiedene Arten Reklame mit ganz verschiedener Wirkung, über die die beiden Parteien sprechen (**192**, 1 ff.). Es ist nicht weiter verwunderlich, daß das Thema „Nachkontrolle" die größte Rolle in derjenigen Reklameliteratur spielt, deren Verfasser Beziehung zur Versandhandelsbranche haben, und daß die dort angegebenen Methoden auf die genannten Schlüssel- und Kartotheksysteme begrenzt sind, die nur in der Versandhandelsbranche anwendbar sind. Die Empfehlungsreklamisten begnügen sich in der Regel mit einer Bemerkung darüber, daß die Wirkung der Reklame nur nach der allgemeinen Verkaufsbewegung beurteilt werden könne (**378**, 101). Die deutsche Zigarettenindustrie verwendet nur allgemeine Erfolgskontrolle und sieht spezielle Erfolgskontrolle als ausgeschlossen an (**471**, 60), und eine Umfrage in der deutschen Industrie im allgemeinen ergab als Resultat: „Auf meine Anfrage, ob die Möglichkeit einer genauen rechnungsmäßigen Erfolgskontrolle besteht, haben alle Firmen verneinend geantwortet" (**464**, 81). Tippers und Frenchs sehr umfassendes Buch über Werbekampagnen (**658**) enthält nicht ein einziges Wort über Wirkungskontrolle; dieses ist ganz natürlich, da es sich bei den großen Kampagnen stets um Empfehlungsreklame handelt. Einen seltsamen Standpunkt nimmt die Werbeagentur Lord & Thomas ein, die allgemeine Empfehlungsreklame ablehnt – w e i l ihre Wirkung nicht mit dem Maßstab gemessen werden kann (**60**, 8 ff.).

Sekundäre Kontrollmöglichkeiten. Der Einzelhandel verwendet zum Teil reine Empfehlungsreklame, deren Wirkung nicht meßbar ist, nämlich das sogenannte institutional advertising oder die Prestigereklame, durch welche sich die Firma nur im Gedächtnis der Käufer halten will. Aber der Einzelhändler benutzt auch unmittelbar verkaufende Aktionsreklame. Ausverkaufsannoncierung und Sonderangebote bezwecken ein Resultat, das sich im Laufe einiger weniger Tage zeigen muß. Von einer einzelnen Botschaft oder einer zusammenhängenden Welle von

Botschaften erwartet man eine geschlossene und zeitlich begrenzte Aktionswirkung (**24**, 133). Hier kann man den Verkauf der annoncierten Ware innerhalb der vermuteten Wirkungsperiode der Reklame feststellen und davon abziehen, was erfahrungsgemäß im gleichen Zeitraum ohne Reklame verkauft würde; die Differenz kann mit einiger Sicherheit als Wirkung der Sonderreklame betrachtet werden. Aber die auf diese Weise gefundenen Größen stellen natürlich nur Annäherungswerte dar (**145**, 10 f.). Um diese allgemeine zu einer speziellen Kontrolle zu gestalten, müßte man das Medium (oder die Reklameform) von einer Gelegenheit zur anderen wechseln. Ein Ausverkauf zum Beispiel müßte das eine Mal nur in dem einen Lokalblatt, das nächste Mal nur in einem anderen annonciert werden, um die Wirkung zu vergleichen; dieses würde eine lange Experimentierzeit erfordern, während welcher die Ausverkaufsreklame jedesmal nur sehr unvollständig wäre, nur um die Wirkung der einzelnen Medien isolieren zu können. Die Exaktheit wäre dann zu hoch erkauft. Außerdem könnte es sein, daß sich die Verhältnisse in der Zeit zwischen dem Beginn und dem Abschluß des Experimentes ändern.

Der Verkäufer kann während des Verkaufsgesprächs zu erfahren versuchen, welcher Impuls den Käufer an den Ladentisch geführt hat. Das Schaufenster? Ein Plakat? Eine Annonce? In welchem Blatt? Die Auskünfte werden unvollständig sein, weil der Verkäufer nicht einfach den Käufer einem Kreuzverhör unterziehen kann, und so unzuverlässig, wie eine Umfrage nun einmal zu sein pflegt. So hat ein deutscher Verlag eine Rundfrage unter Buchkäufern angestellt (**432**, 94 ff.), und Giese-Hüser hat viel Zeit und Fleiß mit einer eingehenden Bearbeitung des Materials vergeudet (**238**). Der Prozentsatz der Antworten war viel zu klein, so daß große Gefahr besteht, daß die Antworten eine willkürliche Auswahl unter den Buchkäufern repräsentieren. Zudem wissen die Käufer oft selbst nicht, wodurch sie auf die Ware aufmerksam geworden sind – so setzen sie aufs Geratewohl ein Kreuz neben eine zufällige Rubrik. Dazu folgendes Beispiel: Eine bekannte deutsche Markenfirma fügte ihren Packungen frankierte Postkarten bei und bat die Käufer, darauf mitzuteilen, wodurch sie zum Erwerb der Ware veranlaßt worden seien: – a) Plakat – b) Annonce – c) Freunde usw. Etwa 97 Prozent der Einsender gaben Freunde als Quelle an (**150**, 56). Die umfangreiche Reklame hätte so nur 3 Prozent Erstkäufer ergeben, der Rest des Resultates müßte im Laufe ganz kurzer Zeit durch „freiwillige Reklame" eingetreten sein. In

Wirklichkeit ist die Reklame offenbar so gut gewesen, daß die Käufer sich nicht entsinnen konnten, wodurch sie eingefangen wurden; so soll gute Reklame wirken.

Hinsichtlich der Schaufensterreklame hat man, außer der Enquête durch Verkäufer, experimentelle Methoden versucht. Ein Beobachter zählt zum Beispiel die Betrachter, die vor dem Schaufenster stehenbleiben, und mißt ihr Verweilen mit der Stoppuhr (**59**, 81 ff.; **432**, 68 f.), ja man hat die Betrachtenden photographiert und dieses physiognomische Material bearbeitet (**617**, 597 ff.). Es wurde auch vorgeschlagen, die Kinobesitzer für Beobachtungen der Wirkung von Filmreklame auf das Publikum zu gewinnen (**361**, 930).

In allen diesen Fällen kann man allerhöchstens ein Urteil über die psychische Wirkung der Reklame gewinnen. Sind die Leute interessiert? Gefällt die Reklame? Die Frage über ihre Verkaufswirkung bleibt unbeantwortet. Sind es die richtigen Leute, nämlich mögliche Käufer, die vor dem Schaufenster stehenbleiben? Ist es die Ware oder die Gestaltung des Schaufensters, die Interesse erweckt? Trick- und Sensationsschaufenster sind Sonderfälle, bei denen der Unterschied zwischen psychischer und kommerzieller Wirkung am deutlichsten wird.

Je bestimmter ein Verfasser in seinen Äußerungen über eine konstatierte Wirkung ist, desto größeres Mißtrauen ist am Platze. Rheinstrom gibt manche konkreten Beispiele für Reklame mit Angabe über die Stärke der Wirkung. Da aber aus seinem Buch nicht hervorgeht, mit welchen Methoden er feststellen konnte: „VIER ZEITUNGEN – 3 INSERATE – UND 15.000 MENSCHEN KAMEN NACH HOLLYWOOD!“ (**520**, 286) und ähnliches, sind seine Behauptungen praktisch wertlos.

Die Vertrautheit des Verbrauchers mit dem Reklamat. Man sucht die Wirkung der Reklame unter anderem durch den sogenannten Assoziationstest und die Untersuchung über die Vertrautheit der Verbraucher mit dem Reklamat (brand familiarity) nachzuweisen. Diese Kontrollformen haben besondere Bedeutung für die Markenwarenreklame, deren Effekt sich sonst einer eigentlichen Messung entzieht. Der Hauptzweck der Empfehlungsreklame besteht darin, daß der Verbraucher in dem Augenblick, wo er Bedarf für eine Ware hat, an die Warengattung in Gestalt der Marke denken muß. Um zu erkennen, wieweit dieser Zweck erreicht ist, wählt man eine Anzahl Versuchspersonen, nennt Warengattungen und bittet sie, mit Markennamen zu antworten – oder man nennt die Marke und bittet die Versuchspersonen anzugeben, um welche Gattung Ware es sich handelt. Einer der ersten Versuche in dieser Richtung ist wahrscheinlich von Geissler im Jahre 1917 mit 300 Versuchspersonen unternommen worden (**231**). Er führte 20 Artikel auf einer Liste auf, ließ die Versuchspersonen die erste Marke, die ihnen einfiel, danebenschreiben und fragte dann nach dem Assoziationsgrund: „Warum nennen Sie als Zahnpasta zuerst Kolynos?" Das Resultat ist als Tabelle wiedergegeben.

Artikel	Assoziationsgrund			
	häufiger Gebrauch	Reklame	unter-schiedlich	unbekannt
Füllfederhalter	207	58	30	5
Kragen	197	69	24	10
Uhr	197	43	60	–
Zahnpasta	193	65	30	12
Ärmelhalter	186	78	22	14
Rasierapparat	183	68	29	21
Unterwäsche	173	76	40	11
Schuhe	167	55	67	12
Bekleidung	163	86	33	18
Seife	147	121	32	–
Zeitschrift	141	16	121	22
Briefpapier	125	31	53	91
Hemd	123	65	54	58
Kamera	117	99	65	18
Hut	104	90	77	29
Baseball	93	49	120	40
Erfrischungsgetränk	85	134	72	8
Taschenmesser	83	92	78	47
Tabak	76	137	77	9
Süßigkeiten	76	82	102	39
Durchschnitt	142	76	59	23

Tabelle 8

Geissler schließt daraus, daß häufiger Gebrauch ein stärkerer Faktor ist als Reklame. Aber ich will zuerst ähnliche Untersuchungen nennen, ehe ich zu einer kritischen Darstellung übergehe.

Hotchkiss und Franken unternahmen im Jahre 1920/21 ähnliche Versuche mit 100 verschiedenen Waren (**304**). Die 1.024 Versuchspersonen – Studenten – sollten jeder eine Marke jeder Gattung nennen, um festzustellen, ob eine Marke eine psychische Vorrangstellung einnähme. Die Autoren führten im Jahre 1925 eine neue Untersuchung mit 1.000 Versuchspersonen durch (**305**, 21), wählten da aber nur zehn der 100 Waren aus dem Jahre 1920/21, nämlich Zahnpasta, Seife, Strümpfe, Schreibmaschinen, Frühstück, Kaffee, Zigaretten, Füllfederhalter, Hüte und Uhren. Die Versuchspersonen sollten nun in jedem einzelnen Falle alle Marken (bis zu zehn) angeben, an die sie sich erinnerten. –

Ungefähr gleichzeitig führte Donovan eine Untersuchung nach der Methode von Hotchkiss und Franken von 1920/21 durch (**151**); er wählte zwanzig Waren, nämlich Brot, Butter, Kuchen, Bonbons, Zigarren, Kaffee, Keks, Eiscreme, Herrenbekleidung, Frischmilch, Hackfleisch, Senf, Klaviere, Rasierapparate, Zucker, Tee, Zahnpasta, Schreibmaschinen, Bank und Zeitung (**151**, 4). Seine Versuchspersonen waren 1.000 Studenten und Studentinnen in Philadelphia. –

Als Kritik möchte ich folgendes anführen:

1) Wo der Test nur mit Collegestudenten durchgeführt worden ist, können die Resultate nicht für die ganze Bevölkerung repräsentativ sein, obwohl Hotchkiss und Franken (**305**, 24 f.) sowie Donovan (**151**, 16) das beteuern. Sie können nur für die jüngere Generation der intellektuellen Mittelklasse gelten, kaum für die Arbeiter, bestimmt nicht für die Farmer; von der Oberklasse werde ich nicht sprechen, da sie, im ganzen genommen, nur von geringem Interesse für den Reklamisten ist. – Dieser versuchstechnische Fehler könnte natürlich bei einem neuen Test leicht berichtigt werden.

2) Geissler sieht das Bedarfsverhältnis der Versuchspersonen zur Ware als den wesentlichen, Vertrauen schaffenden Faktor an, während Donovan behauptet, daß seine Testresultate „die unbedingt überlegene Bedeutung

der Reklame für die Assoziation zwischen Marken und Waren beweisen" (**151**, 13). Geisslers Tabelle bestätigt seine Behauptung. Aber Hotchkiss und Franken bemerken richtig, daß man das Bedarfsverhältnis zur Ware nicht von der Reklame für die Ware getrennt halten kann, da die Verbraucher ja oft die Ware als Folge der Reklame verwenden (**305**, 56); daß täglicher Gebrauch hiernach das Vertrauen vertieft, ist selbstverständlich, man braucht es also nicht nachzuweisen. – Poffenberger kommt nach einer langen und verwickelten Manipulation mit Geisslers Zahlen zu dem Resultat, Gebrauch und Reklame seien etwa gleich starke Ursachen (**395**, 531). Aber seine Überlegung hat wenig Gewicht, da sie die eine Annahme und Vermutung auf der anderen aufbaut. – Das ganze Material ist nicht das Papier wert, auf dem es gedruckt ist – geschweige denn eine so sorgfältige, mühevolle mathematisch-statistische Bearbeitung. Die Versuchspersonen kennen gar nicht den Grund, aus dem sie „Kolynos" oder „Kaliklora" nennen, wenn sie an Zahnpasta denken. Es gibt niemanden unter uns, der das weiß, weil das Vertrauen zu einer Marke durch einen längeren Prozeß entsteht, an dem viele Faktoren beteiligt sind, und weil diese unbewußt wirken. Solche Fragen zu stellen ist an sich eine Aufforderung zur Beweisfälschung.

Donovan hält einfach das Vertrautsein mit Marken, für die viel geworben wurde, für eine Folge der Reklame. Nichts läßt diesen Schluß zu. Natürlich wird für die psychisch dominierenden Marken viel Reklame gemacht – das ist bei allen Marken so. Und für die bekanntesten wird am meisten geworben, denn je weniger bekannt eine Marke ist, desto weniger wird sie verwendet, und wenn sie nicht verwendet wird, kann sie ihre Reklame nicht aufrechterhalten. Und hier weiß man nicht, ob die starke Reklame die Ursache für den großen Absatz ist oder ob der große Absatz die Entfaltung von so viel Reklameluxus ermöglicht.

Wenn man alles in Betracht zieht, möchte ich doch annehmen, daß die Reklame mehr bedeutet, als Geissler einräumt, die Verbraucher erfahrungsgemäß eine Tendenz zeigen, ihre Aufmerksamkeit für die Reklame herabzusetzen, was in ihren Antworten auf Geisslers Fragen zum Ausdruck kommen muß.

3) Hotchkiss und Franken messen der ersten Assoziation entscheidende Bedeutung bei; sie vermuten sie mindestens doppelt so stark wie die zwei-

te (**305**, 38). Dieses stimmt zwar in den Fällen, in denen sich, im ganzen genommen, nur verhältnismäßig wenig Marken auf dem Markt befinden, zum Beispiel Photoapparate; die Marke, die sich als erste aufdrängt, genießt entschieden einen bedeutenden Vorrang. Ist die Anzahl konkurrierender Marken hingegen groß, so können zwei oder drei ebenbürtig an der Spitze stehen; die erste Assoziation kann dann leicht einen falschen Eindruck vermitteln, besonders wenn sie schriftlich mitgeteilt wird, wie es bei dem hier erwähnten Versuch der Fall war. Zwei bis drei Markennamen tauchen da gleichzeitig auf; es folgt ein kurzes Zögern, und es hängt von Zufällen ab, welche Marke dann als erste niedergeschrieben wird. In dieser Hinsicht ist die zweite Untersuchung der Autoren von 1925 besser als die erste; da mehrere Marken genannt werden, sind wahrscheinlich die ersten drei Favoriten. Dagegen ist es ungewiß, welche von ihnen absoluten „Bewußtseinsvorrang" hat. – Simultanes Auftauchen mehrerer Markennamen kann auch dazu führen, daß die Versuchsperson in ihrer Verwirrung überhaupt keine Marke nennt. Bei Hotchkiss' und Frankens erstem Versuch waren so von 1.024 Studenten 47 außerstande, eine Automobilmarke zu nennen; 166, darunter 59 Frauen, konnten sich an kein Backpulver erinnern, 442 an keine Obstkonserve, 102 an keine Schokolade, 117 an keine Zigarette, 327 an kein Zahnputzmittel, 78 an keine Zahnpasta und 111 an keine Schreibmaschine (**304**, 128 ff.). Diese Zahlen allein zeigen die Wertlosigkeit des Versuchs. Ich will nicht von Obstkonserven, Backpulver und Zahnputzmittel reden; aber es gibt keinen amerikanischen Studenten, der nicht mit mehreren Automobil-, Schokoladen-, Zigaretten-, Zahnpasta- und Schreibmaschinenmarken vertraut ist. Und gerade, weil jeder mehrere Marken gleich gut kannte, konnten sich manche nicht entscheiden, welche sie zuerst nennen sollten.

4) Der wichtigste Einwand gegen den Assoziationstest ist jedoch folgender: Selbst wenn er, psychotechnisch gesehen, ganz in Ordnung wäre, könnte er doch nur eine Vorstellung davon geben, inwieweit die Verbraucher im allgemeinen mit dem Markennamen vertraut sind, das heißt: eine Vorstellung von der rein psychotaktischen Wirkung der Reklame, dagegen keineswegs von ihrer Verkaufswirkung. Laird hat in dieser Richtung einen interessanten Versuch angestellt (**375**). Er wählte 15 Waren und bat 50 Personen jene Marken zu nennen, die sie am besten kannten; drei Tage später bat er sie, die Marken zu nennen, die sie gegenwärtig verwendeten. Der gleiche Doppelversuch wurde vier

Monate später mit denselben Versuchspersonen wiederholt. Hier ist das Resultat: a) Die verwendete Marke war in 41,8 Prozent der Fälle eine andere als die am besten erinnerte. – b) Nach Verlauf von vier Monaten gaben 52 Prozent der Männer und 38 Prozent der Frauen eine andere Erstassoziation an als bei dem früheren Versuch. – Hieraus schließt Laird, daß a) die am besten erinnerte Marke nicht immer die bevorzugte ist, b) der Assoziationstest auch hinsichtlich des Erinnerungsranges unzuverlässige Resultate ergibt. – Link fragte 125 Männer zuerst nach den Firmen für Herrenbekleidung, deren Namen ihnen am vertrautesten waren, und bat sie danach anzugeben, wo sie ihren letzten Anzug gekauft hatten. Nur 65 von den 125 Männern hatten ihren Anzug bei einer der drei Firmen gekauft, die sie selbst als diejenigen genannt hatten, die sie am besten kannten (*Advertising & Selling* vom 6. Januar 1932). – Poffenberger verteidigt Hotchkiss und Franken gegen Laird; er macht darauf aufmerksam, daß niemand behauptet habe, den Verkaufserfolg der Marken gemessen zu haben, sondern nur ihre psychische Vorrangstellung (leadership in the public mind). Selbst fügt er folgendes hinzu: 1) Der Assoziationstest gibt die Stärke an, mit der die Vorstellung von einer Ware an einen Markennamen geknüpft ist. – 2) Lairds Entdeckung der Diskrepanz zwischen Vertrautheit mit einem Markennamen und der Verbrauchsgewohnheit ist wertvoll, denn a) kann die Reklame zu erinnerungsbetont und zu wenig kaufmotivierend gewesen sein; – b) kann die Ware attraktiv sein, aber die Kaufmacht der Versuchsperson übersteigen; – c) kann die Versuchsperson davon überzeugt sein, daß Zahnpasta X besser ist, aber aus eingewurzelter Gewohnheit dabei bleiben, Y zu benutzen. – 3) die Veränderung der Assoziation im Laufe von 4 Monaten ist die natürliche Folge von Reklameeindrücken und Erfahrungen in der Zwischenzeit (**495**, 533 ff.).

Dazu möchte ich folgendes bemerken: Hotchkiss und Franken (sowie Donovan) behaupten zwar nicht, den Verkaufseffekt der Reklame zu messen – aber dieser und in letzter Instanz n u r dieser ist es, der gemessen werden müßte. Die rein psychische Wirkung ist nur von Interesse, solange man sie als einen indirekten Ausdruck für die Verkaufswirkung betrachten kann – was sie entschieden nicht ist. Laird und Link haben eine Kluft zwischen Reklamevertrautheit und Anreiz für den Verbraucher nachgewiesen; darin liegt gleichzeitig ein Beweis dafür, daß ein Teil des großen psychotaktischen Erfolges der Empfehlungsreklame ohne kommerziellen Wert ist. Welchen Nutzen hat der Reklamist davon, daß die Leute mit „Kodak“ auf „Kamera“ und mit „Cadillac“ auf „Automobil“ antworten – wenn sie dann hingehen und einen Photoapparat von Zeiss Ikon und einen kleinen Morris kaufen? Namentlich bei bestimmten Waren, „wo technische Erwägungen eine große Rolle beim Einkauf spielen, ist die Reklamevertrautheit nur ein sehr kleiner Schritt in Richtung auf den Verkauf“ (**304**, 5). – Die Reklame scheint wirklich größere Bedeutung für Erstassoziationen als für die Verbrauchsgewohnheit zu haben – aber in einem ganz anderen Sinne, als Hotchkiss und Franken sowie Donovan es meinen. Die Reklame prägt den Namen der Marke ein – aber die Verbrauchsgewohnheit wird offenbar in recht großem Umfange unabhängig von der Reklame gebildet. – Die von Laird nachgewiesene, im Laufe von 4 Monaten eintretende Veränderung der Assoziation kann kaum mit den Reklameeindrücken und den Erfahrungen der Zwischenzeit erklärt werden. Dazu ist die Abweichung allzu groß – von ⅓ bis ½. Eine so erhebliche Umstellung kann im Laufe so kurzer Zeit in einem einzelnen Falle eintreten, wo gerade eine Werbekampagne gestartet worden ist; sind die Abweichungen im Durchschnitt für 15 Waren so erheblich, dann muß es an der Unzuverlässigkeit der Assoziationen liegen.

5) Endlich eine abschließende Bemerkung. Assoziationstests, wie man auch immer über ihren Wert denken mag, können in keinem Falle die Rentabilität der Reklame beweisen, geschweige denn ihren Effekt „messen“. Selbst wenn man – irrtümlicherweise – die Reklamevertrautheit (advertising familiarity) als ein Zeichen für Annahme durch den Konsumenten (consumer's acceptance) nimmt, beweist der Assoziationstest doch nur die günstige Stellung des Reklamats auf dem Markt. Das gleiche kann man ohne kostspielige Versuche aus der Verkaufsbilanz ersehen. Niemand kann beweisen, daß das eine Folge der Reklame ist; es kann nur vermutet werden, daß die Reklame einen wesentlichen Anteil daran hat, und diese Vermutung kann man ebenfalls ohne vorhergehende Versuche aufstellen. Ganz unaufgeklärt bleibt es, ob nicht weniger Reklame das gleiche oder andere Reklame ein besseres Resultat ergeben hätte. Das Rentabilitätsproblem bleibt weiterhin im Dunkeln.

ANFRAGE UND AUFTRAG. Die Reklame der Versandhandelsbranche bezweckt oft nicht unmittelbar Aufträge, sondern vorläufig nur Kontakt mit namentlich genannten Interessenten, die man dann intensiver bearbeiten kann (following-up). Die Versandhandelshäuser können zum Beispiel nicht in der Zeitung für die vielen Dinge werben, die sie verkaufen; deshalb offerieren sie in ihren Inseraten die Zusendung eines Kataloges. Den Katalog selbst als direkte Reklame zu versenden, würde zu teuer werden. Der Katalog von Sears, Roebuck & Company ist zum Beispiel bis zu 1.300 Seiten stark. Derjenige, der den Katalog schriftlich anfordert, zeigt ein gewisses Interesse und ist auf jeden Fall ein in höherem Grade wahrscheinlicher Besteller als die vielen Leute, die den Katalog nach einer schematisch aufgestellten Adressenliste erhalten würden. Man kann auch eine Gratisbroschüre über beispielsweise Haarausfall, Einmachen, Hautpflege usw. in einer Zeitungsannonce anbieten, um dadurch in Kontakt mit möglichen Käufern für ein Haarwasser, ein Konservierungsmittel oder eine Hautcreme zu kommen. Oder man bietet Warenproben an, ja irgendein Geschenk, das nichts mit der Ware zu tun hat. Dadurch sucht man Adressen von Interessenten zu erhalten, um sie dann nach dem sogenannten Follow-up-System bearbeiten zu können.

Nach einer verbreiteten Auffassung ist es in diesen Fällen ausreichend, zu kontrollieren, wie viele Anfragen die Reklame (die einzelne Annonce) bringt; so kann man sich die umständliche fortlaufende Auftragskontrolle sparen. Selbstverständlich gibt es Aufträge, auf die es ankommt, aber diese stehen vermutlich in einem einigermaßen festen Verhältnis zu den Anfragen. Das meinen auf jeden Fall Starch (**638**) und Caples (**107**, 10), um nur zwei zu nennen.

Die vermutete Korrelation zwischen Anfragen und Aufträgen gab Anlaß zu Versuchen, die spezielle Wirkungskontrolle auf andere Verkaufszweige zu übertragen. Ein Fabrikant zum Beispiel, der sich mit der Reklame für seine Ware direkt an den Verbraucher wendet, aber seine Ware durch den Einzelhandel verkauft (**504**, 54 ff.), kann eine der folgenden Methoden anwenden: Die Reklame ruft Anfragen nach der Ware hervor; den Einsendern der Fragekupons wird die Adresse des nächsten Händlers mitgeteilt. – Die Reklame bietet Gratisproben an, die man gegen Abgabe des Kupons bei den Einzelhändlern erhalten kann; diese senden die abgelieferten Kupons als Quittungen für die verteilten Probepackungen ein. – Die Reklame ist mit Zugabe- oder Rabattkupon versehen, der ebenfalls vom Händler dem Reklamisten als Quittung usw. übersandt wird. Es gibt „überall Wege, um den Leser wenigstens zu einer Äußerung zu veranlassen und damit gleichzeitig die Wirksamkeit des angewandten Reklamemittels zu prüfen" (**217**, 87). Diese Methoden scheinen in den USA mehr angewandt zu werden als hier. Firth berichtet jedenfalls von der Zeitschrift *Cosmopolitan*, die im Mai 1934 25 Prozent große und 16 Prozent kleine Annoncen mit Kupon hatte, außerdem 13 Prozent große und 50 Prozent kleine, die auf andere Weise mit einem Schlüssel versehen waren und ein Sonderangebot enthielten – wobei die Versandhandelsreklame nicht mitgerechnet ist (**192**, 27). Auch die Bankwerbung benutzt diese Methode, indem sie gute Beratung, Prospekte usw. anbietet (**309**, 301 ff.).

Wo unmittelbare Wirkungskontrolle ausgeschlossen ist, müßte sie demnach indirekt durch Zählung der Anfragen ermöglicht werden. Der Gedanke trifft jedoch auf viel berechtigte Skepsis. Der Haupteinwand ist, daß es nun einmal ein großer Schritt von der Anfrage zum Kauf sei (**521**, 229 ff.; **674**, 151 ff.; **241**, 119; **408**, 129 ff.). „Die Anfragen zeigen das Interesse der Konsumenten an der Reklame – deren Verkaufskraft geht nur aus dem Absatz hervor" (**667**, 41). Beispiele aus der Versandhandelsbranche selbst wecken Zweifel an der Signifikanz der Anfragen. Eine Firma hatte in drei Fällen (**314**, 569):

	Anfragen	Aufträge	Aufträge in % der Anfragen
I	1.000	82	8,2
II	500	36	7,2
III	150	84	56,0

Tabelle 9

Es wird auch berichtet, daß ein Angebot von Gratisproben einer Rasiercreme beantwortet wurde von einer erstaunlich großen Anzahl – Frauen (**376**, 144).

Vieles deutet darauf hin, daß es sich bei den Leuten, die Anfragen stellen, und bei den Käufern zum großen Teil um unterschiedliche Menschen handelt (**192**, 45). In der Versandhandelsbranche weiß man, daß die Besteller eine Auswahl der Anfragenden sein müssen; bei den Kuponannoncen in anderen Verkaufszweigen kann es sich um zwei vollständig getrennte Gruppen handeln (**192**, 44 f.). Für die kleinen Leute und die Frauen der Mittelklasse scheint es eine Art Sport zu sein, Kuponannoncen zu beantworten, besonders wenn diese irgendeinen kleinen Vorteil bieten. „Fordert die inserierende Firma auf, sich durch Benutzung des Bestellscheins eine Gratisprobe senden zu lassen, so ist ... das damit erhaltene Adressenmaterial ... nicht viel wert. Die kaufkräftigen Interessenten gehen in das nächste Geschäft und kaufen sich die Ware. Diejenigen, die den Bestellschein benutzen, sind in der Regel nicht ernsthafte Reflektanten" (**464**, 81). Nach Kuponannoncen mit Gratisangebot „hat die Follow-up-Methode in der Regel zu äußerst mageren Resultaten geführt. Die Antworten kommen wahrscheinlich hauptsächlich von Leuten, die Liebhaber von Unterhaltungslektüre, bunten Bildern oder von Gratisproben sind – aber nicht von Interessenten, mit denen man Geschäfte machen kann" (**192**, 43).

Ein interessantes Zeugnis wird hier in extenso wiedergegeben. Die Burroughs Adding Machine Company hatte jahrelang Kuponannoncen benutzt, um den Wert verschiedener Reklameformen zu kontrollieren, ging aber, weil sie sich wenig davon versprach, davon ab. „Die Resultate ... zeigten unzweifelhaft folgendes: 1) Je belehrender unsere Botschaft war, desto weniger Anfragen erhielten wir. – 2) Je mehr wir über unser Produkt sprachen, desto weniger Anfragen erhielten wir. – 3) Je mehr wir die Neugier reizten, desto mehr Anfragen bekamen wir. – 4) Je wertvoller die offerierte Gratisbroschüre zu sein versprach, desto mehr Anfragen kamen. – Wir schlossen daraus zwei Dinge: – A. Je stärker die Reklame zum Kauf unseres Produktes die Leser reizte, desto weniger Anfragen erhielten wir. – B. Je stärker die Reklame die Neugier weckte oder ein Geschenk versprach, desto häufiger durften unsere Handelsvertreter sehr viele Leser aufsuchen, die durch die Reklame keine Spur geneigter waren, etwas zu kaufen. – Daraus zogen wir die generelle Schlußfolgerung: Je größer die Verkaufswirkung der Reklame, desto weniger Zuschriften erhielten wir auf diese Reklame" (**443**, 171 f.).

Ganz abgesehen von diesen mehr technischen Einwänden, möchte ich jetzt einen Grund gegen die Kontrolle der allgemeinen Goodwillreklame durch die Menge der Nachfragen anführen. Da der Zweck der Reklame hier nicht unmittelbarer Verkauf ist und von der einzelnen Botschaft nicht erwartet wird, für sich allein einen greifbaren Verkaufseffekt zu bewirken, kann man diese Wirkung auch nicht auf einem Umweg über die Anzahl der Anfragen messen.

Vorprüfung

Alle Nachkontrolle hat den Nachteil, aus Schaden klug zu machen. Wenn die Reklame durchgeführt worden ist und ihre Wirkung sich als unbefriedigend erweist, kann man Betrachtungen darüber anstellen, wo der Fehler liegt (**647**, 2). Und dann kann man, namentlich bei der Empfehlungsreklame, lange damit fortfahren, schlechte Reklame zu machen, ehe man entdeckt, daß sie schlecht ist (**533**, 4). Deshalb hat man mannigfache Anstrengungen unternommen, um eine verläßliche Form der Wirkungsprognose zu finden.

Analytische Kontrolle. Die Form, die der Materialprüfung im Laboratorium am nächsten kommt, ist die wissenschaftliche Analyse des Entwurfs. Sie entspricht im höchsten Grade der Richtung, die hier als Reklamepsychologismus beschrieben wird. Das Prinzip ist, kurz gesagt, folgendes:

Die Reklamepsychologie hat nach und nach eine lange Reihe Faktoren gefunden und näher untersucht, die für die Wirkung der Reklame Bedeutung haben. Die meisten von ihnen sind in dem Kapitel über Psychologie und Psychologismus genannt worden. Man löst die Botschaft in eine Anzahl Elemente auf und untersucht den einzelnen Entwurf von diesen Gesichtspunkten aus. So empfiehlt Seÿffert eine Analyse nach folgenden Richtungen: Sinneswirkung, Aufmerksamkeits-, Vorstellungs-, Gefühls-, Gedächtnis- und Willenswirkung (**617**, 605); an anderer Stelle werden Aufmerksamkeitswert, Textgestaltung, typographische Fassung, Illustration, Überzeugungskraft und Wirkungsgrad angegeben (**145**, 14). Beide Listen sind ziemlich vage in der Gliederung. Gould, der dieses Verfahren als Punktsystem systematisiert hat (scoring factor method, **246**), führt 31 verschiedene Wirkungselemente auf. Die Möglichkeiten zur Gestaltung eines jeden Elementes sind in Rangskalen geordnet. Der Reklameentwurf, der analysiert werden soll, wird nun von jedem Gesichtspunkt aus der Reihe nach beurteilt, erhält jedesmal eine Punktzahl, und diese Punkte ergeben zusammengezählt den prognostischen Index des Entwurfs. Eine Kritik der Einzelheiten dieser Methode würde ein Buch füllen; ich hebe nur einige wenige Punkte hervor.

Da ist zum Beispiel die sinnliche Wirkung der Farben und Farbkombinationen. Hier kommt es in der Reklame nicht allein auf den Deutlichkeitsgrad auf weite Entfernung an, sondern auch auf Aufmerksamkeitswert und ästhetische Wirkung. Vom letzten Gesichtspunkt aus sind Rangfolgen aufgestellt worden:

Gale findet für
Männer: Schwarz – $\frac{\text{Orange}}{\text{Rot}}$ – Grün – Blau – Purpur – Gelb;
Frauen: Rot – Grün – Schwarz – $\frac{\text{Orange}}{\text{Blau}}$ – Purpur – Gelb.

Winch gibt für
Jungen: Blau – Rot – Grün – Gelb – Weiß – Schwarz;
Mädchen: Blau – Rot – Grün – Weiß – Gelb – Schwarz an.

Braddock findet gleichermaßen für beide Geschlechter:
Blau – Rot – Violett – Grün – Orange – Gelb – Grau – Weiß.

Lysinski gibt eine Übersicht über die Wirkung der Farben auf das Wohlbefinden (**419**, 367):

Farbe	wirkt in Verbindung mit …		
	gefallend	zweifelhaft	mißfallend
Rot	Dunkelblau, Grün	Gelb	Violett, Purpur
Orange	Hellblau, Grün, Violett	Rot	Gelb, Blaugrün
Gelb	Purpur, Blau	Rot, Violett	Blaugrün, Grün, Orange
Grün	Rot, Violett	Purpur, Gelb	Blau, Orange
Violett	Grün, Orange	Gelb	Rot, Blau, Purpur

Tabelle 10

Man bemerkt Widersprüche in Gales, Winchs und Braddocks Reihenfolgen; die Vorlieben sind offenbar sehr verschieden, und die zufällige Zusammenstellung der Personengruppen, mit denen die Verfasser arbeiteten, führt zu Abweichungen in den Resultaten. Grau kommt übrigens nur in einer dieser Rangfolgen vor, Braun überhaupt nicht.

Was den Wert der Farben und Farbzusammenstellungen betrifft, muß festgestellt werden, daß dieser in hohem Grade davon abhängt, was andere Reklamisten verwenden. Ist es psychotechnisch bewiesen, daß Schwarz auf Gold am deutlichsten und auffallendsten ist, so gilt dies sozusagen nur isoliert. Wird diese Zusammenstellung für die meisten Plakate verwandt, so wird ein Plakat mit irgendeiner anderen Farbe größere Aufmerksamkeit erwecken, einfach deshalb, weil es anders ist und deshalb absticht. – Der ästhetische Wert der Farben und der Farbzusammenstellungen ist stark zeitbedingt. Lysinskis Tabelle gibt Rot mit Violett als unbedingt „mißfallend" an – aber es waren die Modefarben im Jahre 1939. Abgesehen davon, herrscht Uneinigkeit darüber, ob die Reklame versuchen soll, zu gefallen; man kann Reklamewirkung auch durch Schock erreichen und wird dann gerade „mißfallende" Farbkombinationen wählen.

Sobald man von den rein sinnesphysiologisch-technischen Zügen der Reklame zu den gefühlsmäßigen übergeht, wird der Maßstab noch unzuverlässiger, da „die seelischen Funktionen, einschließlich der Triebe, keine echte Intensität haben" (**170**, 9). Hier kann man nur die sogenannte Rangfolgemethode anwenden (ranking oder order of merit), die zuerst von McKeen Cattell im Jahre 1902 bei sinnesphysiologischen Versuchen mit Farben angewandt wurde. Man kann nur herauszufinden versuchen, in welcher Reihenfolge die Versuchspersonen auf einzelne Appelle reagieren, und diese daraufhin auf einer Skala anordnen. Man kann, mit anderen Worten, nicht angeben, daß ein Appell an den Familiensinn *n* Stärkegrade habe, sondern nur, daß er durchschnittlich stärker oder schwächer als ein Appell an das Standesgefühl oder ähnliches wirke. – Es ist schon darauf aufmerksam gemacht worden, daß die aufgestellten Skalen nicht einmal den primitivsten erkenntnistheoretischen Anforderungen entsprechen, da Triebe, Gefühle und Appelle an sie oft miteinander vermengt sind (vgl. Seite 82).

Die Methode kann am besten mit Ausgangspunkt in einigen konkreten Beispielen beurteilt werden. – Starch stellte im Jahre 1923 eine Liste über 45 Triebmotive auf und fragte die Versuchspersonen, in welcher Reihenfolge sie sich selbst von diesen Motiven bestimmen lassen würden; die Antworten wurden statistisch bearbeitet und daraus ein Stärkeindex für jedes Motiv hergeleitet (**639**, 152). Die geringe Streuung der Indexzahlen – von 2,6 bis 9,2 – machen das Ganze recht problematisch; die Stärkedifferenzen werden so klein, daß sie nur geringe Bedeutung für die Praxis haben. Die äußersten Punkte werden von „Appetit – Hunger" (9,2) und „Scherzen" (2,6) gebildet; „Appetit – Hunger" ist danach nicht einmal fünfmal stärker als „Scherzen" – was auch immer man sich unter dem letzteren vorstellen mag. „Kühle" bekommt Index 6,2, „Wärme" 6,5. Wir werden kritisch darauf zurückkommen. – Hollingworth untersuchte im Jahre 1913 die Zugkraft von fünfzig Appellen (**294**, 258 ff.), nämlich

1) Wissenschaftlichkeit	26) Zwischenhandel
2) Haltbarkeit	27) Höflichkeit
3) Hygiene	28) bemerkenswertes Wachstum
4) Effektivität	29) Vergnügen
5) Zeit	30) Gastfreundschaft
6) appetitanregend	31) Jugend
7) Familiensinn	32) Jagd
8) Wert	33) soziale Stellung
9) Evolution	34) enorm
10) Ehrgeiz	35) preiswert
11) Selbstverteidigung	36) Echtheit
12) Ansehen	37) Fortschritt
13) Garantie	38) Ausverkauf
14) stimulierend	39) hervorragend
15) Sicherheit	40) Bürgerstolz
16) populär	41) Patriotismus
17) sparsam	42) Gemeinschaftsprodukt
18) Mutterliebe	43) Empfehlung
19) Modernität	44) Vornehmheit
20) Gesundheit	45) Stil
21) Qualität	46) königliches Privileg
22) Eleganz	47) Bewunderung
23) Spottpreis	48) importiert
24) Sympathie	49) Schönheit
25) notwendig	50) Persönlichkeit

Tabelle 11

Die Einfältigkeiten in dieser Liste sind sicher unmittelbar evident. Was ist der Unterschied zwischen Nummer 3 und 20? Zwischen 10, 12 und 33? Zwischen 9, 19 und 37? Zwischen 23 und 35? usw. usf.

Tipper und seine Mitarbeiter stellten im Jahre 1915 folgende Tabelle über die Instinkte, an die appelliert wird, und die ihnen entsprechenden Gefühle auf (**659**, 80 ff.):

1) Appetit	Hunger, Wohlgeschmack, Genuß
2) Behaglichkeit	Stille, Ruhe, Entspannung, Leichtigkeit
3) Sexualität	Leidenschaft, Wollust, Liebe, Koketterie
4) Hingabe	Treue, Loyalität, Wohlwollen
5) Spiel	Heiterkeit, Verspieltheit, Sport, Freude, Humor
6) Furcht	Schüchternheit, Ängstlichkeit, Qual, Vorsicht
7) Erwerbsstreben	Wohlanständigkeit, Egoismus, Knauserei
8) Jagd	Grausamkeit, Eifer
9) Gemeinschaftssinn	Einsamkeit, Geselligkeit, Gastfreundschaft
10) Konkurrenz	Nachahmung, Eifersucht, Ehrgeiz
11) Neugier	Neugierde, Wißbegierde
12) Scheu	Bescheidenheit, Schüchternheit, Zurückhaltung
13) Schmuck	Schönheit, Prunk, Selbstgefälligkeit
14) Nachahmung	–
15) Rache	Wut, Haß, Empfindlichkeit
16) Sauberkeit	Reinheit, Anständigkeit, Gesundheit
17) Verehrung	Pietät, Hochachtung, Glaube
18) Bausinn	–
19) Sympathie	Mitleid, Mitgefühl
20) List	Heimlichkeit, Intrige, Schlauheit
21) Stolz	Hochmut, Eitelkeit, Stolz
22) Dankbarkeit	–
23) Komik	Gelächter, Amüsement, Fröhlichkeit
24) Harmonie	Symmetrie, Proportion, Gleichgewicht, Stabilität

Tabelle 12

Hierauf geben die Verfasser folgende Rangliste der Werte mit Indexzahlen (Stärke) wieder, an die die Reklame appelliert (**659**, 84 f.):

Gesundheit	92	Nachahmung	50
Sauberkeit	92	Eleganz	48
wissenschaftliche Darstellung	88	Höflichkeit	48
Zeitersparnis	84	Sparsamkeit	48
appetitanregend	82	Bestätigung	42
Effektivität	82	Sport	42
Sicherheit	80	Gastfreundschaft	42
Haltbarkeit	78	Substitute vermeiden	32
Qualität	72	Cliquengeist	18
Modernität	72	Vornehmheit	16
Familiensinn	70	Empfehlung	14
Ansehen der Firma	58	soziale Überlegenheit	12
Garantie	58	importiert	10
Sympathie	54	verschönernd	10
heilend	50		

Tabelle 13

Nach einem Vergleich mit dem Vorhergehenden wird deutlich, daß Hollingworth der Hauptverantwortliche für diese Liste ist. Auch hier überschneiden sich manche Items; teils werden motivbildende Waren-eigenschaften genannt, teils Formen, unter denen Eigenschaften der Ware hervorgehoben werden, teils Emotionen und Triebe – ein recht dilettantisches Durcheinander. Die Indexzahlen, über deren Berechnung nur unvollständig Rechenschaft abgelegt wird, müssen falsch sein; die Indexzahl für „Gastfreundschaft" ist viermal höher als die für „verschönernd" – was sicher nicht für Frauen zutrifft. „Nachahmung" und soziales Ansehen („Bestätigung") sind in der zweiten Hälfte der Liste aufgeführt, obwohl sich alle Werbefachleute darüber einig sind, daß gerade diese Appelle zu den wirkungsvollsten gehören. –

Dieses sind nur einige Beispiele, die durch verschiedene andere vermehrt werden könnten, aber es hat kaum einen Sinn, mehr von diesem Unsinn zu importieren. Burtt hat sich die Mühe gemacht, Starchs, Hollingworths, Adams und Poffenbergers Rangfolgen der Appelle zu vergleichen (**90**, 113) und herausgefunden, daß nicht zwei von ihnen auch nur einigermaßen einig sind, obwohl sie alle vier sich auf das Experiment als exakte Methode berufen.

Die Resultate können auf zwei Wegen erreicht werden. Entweder stellt man eine Anzahl Reklamebotschaften, die jede einen besonderen Appell darstellen, zusammen und bittet die Versuchspersonen, sie nach der Stärke, mit der sie sich von ihnen angezogen fühlen, zu ordnen (**294**, 258 ff.). In dem Falle kann man niemals wissen, ob der Appell selbst oder ein anderer Bestandteil der Botschaft für die Plazierung entscheidend war. – Die andere Methode besteht darin, den Versuchspersonen eine Liste vorzulegen, auf der die Appelle mit Namen aufgeführt sind; hier hat man das Item „Triebappell" isoliert (**639**, 152). Aber es ist eine allzu abstrakte Aufgabe für die Versuchspersonen; die Appelle bedeuten nichts für sie, wenn sie nicht in Verbindung mit einem konkreten Willensinhalt verwendet werden. – Außerdem müssen gegen beide Methoden folgende Einwände erhoben werden: 1) Manche Versuchspersonen werden die Rangordnung nicht nach der Stärke vornehmen, mit der die Motive an sie appellieren, sondern nach ihren Vorstellungen darüber, von welchen Motiven sich leiten zu lassen en vogue ist (**495**, 84 f.). – 2) Die künstliche Atmosphäre des Laboratoriumsversuchs verfälscht zwangsläufig die Resultate (**343**, 2). *„Jeder Versuch, die Versuchspersonen in abstracto dazu zu bringen, anzugeben, welchen Motiven sie am zugänglichsten sind, ist höchst unwissenschaftlich. Und doch haben diese Experimente wahrscheinlich den größten Einfluß auf die Praxis der Werbebranche gehabt"* (**408**, 105). Die Versuchspersonen sind gar nicht in der Lage, sich darüber zu äußern, auf welche Appelle sie im gegebenen Falle am besten reagieren würden – das können sie nämlich nicht wissen, da die Triebreaktionen, die die Reklame hervorzurufen wünscht, nicht reflektiert ablaufen, sondern nur halbbewußt. Schon die Frage an die Versuchspersonen nach ihrem Verhältnis zu Motiven und Appellen verändert dieses Verhältnis augenblicklich. – 3) Die Reaktion wird in der Praxis typischerweise bei beiden Geschlechtern, bei Jungen und Älteren, bei Menschen verschiedener psychischer Konstitutionstypen und verschiedener Gesellschaftsklassen unterschiedlich sein. – 4) Die genannten Appelle können überhaupt nicht in einer Rangfolge aufgestellt werden, da sie im einzelnen praktischen Fall nicht miteinander konkurrieren. „Kühle" (**639**, 152) ist zum Beispiel nur dann ein mögliches Motiv, wenn es sich bei dem Reklamat um Sommerkleidung oder um ein Erfrischungsgetränk handelt, „Wärme" nur, wenn es um Kachelöfen oder Pulswärmer geht; man kann nicht für Schnaps mit einem Appell an das Sicherheitsbedürfnis werben und Schuhe nicht als appetitanregend anpreisen. Wenn man überhaupt diese Methode anwenden will, muß man spezifische Ranglisten der Motive für die einzelnen Produkte aufstellen (**326**, 326). So haben Brewster und Palmer eine Appelliste, auf der sie neben jedem Appell einige der Produkte angeben, für deren schlagkräftige Reklame er anwendbar ist (**74**, 80 ff.). Jaederholm nennt eine Untersuchung der Argumente, die tatsächlich beim Verkauf von Damen- und Herrenstiefeln benutzt werden (**321**, 329). Eine solche warendifferenzierte Liste der Kaufmotive ist sinnvoll. Aber der Psychologismus sieht die Reklame als freischwebend an, ohne Anknüpfung an eine bestimmte Ware. Hollingworth ist in dieser Hinsicht typisch. „Um die Stärke der Appelle selbst, unabhängig von besonderen Artikeln oder Marken, in deren Dienst sie verwendet werden können, festzustellen", arbeitet er mit „abstrakten Appellen, die nicht mit einem bestimmten Artikel, sondern mit einem idealen, imaginären Artikel in Verbindung stehen" (**294**, 258). Er gibt seinen Versuchspersonen 50 Karten mit konstruierten Reklamebotschaften und sagt ihnen, „daß es eigentlich keinen Unterschied machen müßte, um welche Artikel es sich in jedem einzelnen Falle handelt, vorausgesetzt, daß alle Karten für verschiedene Marken desselben Artikels werben." Die Versuchspersonen sollen sagen, „in welchem Grade die Botschaft sie dazu bewegt, sich diesen Artikel zu *wünschen*" – ohne überhaupt eine konkrete Vorstellung von diesem Reklamat zu haben!! Unter seinen Beispielen findet man als Nummer 27: „Nichts ist unhöflicher als schlechter Atem. N. N. befreit den Organismus von Schlacken, reinigt das Blut und macht den Atem wohlriechend"; oder Nummer 29: „Sehen Sie nicht aus, als wenn Sie sich langweilen würden! Kaufen Sie N. N., die amüsanteste, am meisten zum Lachen reizende Neuheit, die jemals erschienen ist! Ein Vergnügen für Junge und Alte. Spaß und Scherz von morgens bis abends." – Und diese Botschaften sollen von den Versuchspersonen erfaßt und nach ihrem Rang plaziert werden, als Reklame für „Marken desselben imaginären Artikels"!! –

Aus dem richtigen Gedanken heraus, daß man nicht abstrakt nach der Wirkung der Appelle fragen würde, sondern konkret nach Kaufmotiven im Hinblick auf einzelne Waren, hat Seÿffert 80 Studenten und 20 Studentinnen aufgefordert, die Gründe dafür zu nennen, daß sie eine bestimmte Zahnpasta, Zigarette oder Schokolade vorzögen (**617**, 446). Das Resultat ist im folgenden wiedergegeben:

Zahnpasta		Zigarette		Schokolade	
Qualität	58	Qualität	53	Geschmack	47
Geschmack	35	Preis	16	Preis	14
Billigkeit	14	Aufmachung	11	Qualität	12
Gewohnheit	6	Ruf der Firma	4	Nährwert	8
Empfehlung	3	Format	4	Aufmachung	8
Reklame	2			Ruf der Firma	3
				Lokalpatriotismus	3
				reinliche Herstellung	1
	83		48		60

Tabelle 14

Die Endzahlen geben die Zahl der Versuchspersonen an, die überhaupt eine bestimmte Marke vorzogen. Das erste, was Mißtrauen erweckt, ist, daß sich unter 100 Personen, von denen achtzig Männer sind, mehr befinden, die in einem festen Gewöhnungsverhältnis zu einer bestimmten Zahnpasta und Schokolade stehen als zu einer Zigarettenmarke. Dies steht im Widerspruch zu aller unmittelbaren Erfahrung. Man sieht auch sofort, daß die Frage zum Teil mißverstanden wurde. Die meisten Antworten geben Kauf- und besondere Interessensmotive (Geschmack, Qualität usw.) an, aber bei Zahnpasta wird teilweise der Stimulus angegeben, der vermutlich zum ersten Versuch mit der Marke führte (Empfehlung, Reklame). Die beiden liegen auf ganz verschiedenen Ebenen. Man kauft weder um der Qualität willen noch der Reklame wegen, sondern wird das erste Mal durch Reklame zum Kauf veranlaßt – möglicherweise, weil diese die Qualität hervorhebt – und kauft auch weiterhin, weil einem die Qualität oder der Geschmack usw. zusagen. „Qualität" ist im übrigen ein sehr dehnbarer Begriff, der nichts besagt; deshalb wird er am meisten genannt. Bei Schokolade finden wir „Qualität" 12mal genannt, während der „Geschmack" 47mal genannt wird; aber sind Geschmack und Qualität bei Schokolade nicht fast das gleiche? Und hätten die 53, die die „Qualität" als ihr Motiv für die Bevorzugung einer Zigarettenmarke nannten, nicht ebensowohl den „Geschmack" anführen können? Bei Schokolade wird achtmal „Nährwert" genannt; der Verbraucher kann aber überhaupt nicht den Nährwert einer bestimmten Schokoladenmarke beurteilen. Der Nährwert ist also weder das Motiv des Verbrauchers, Schokolade zu essen – gleichgültig, welche Marke – noch bringt die Reklamebehauptung einer Firma über den besonderen Nährwert ihrer Schokolade den

Verbraucher dazu, diese Marke vorzuziehen. – Man sieht, daß ein Teil der Antworten nicht den erwünschten Effekt hat. Alles in allem zeigt sich auch hier, daß man keine Auskunft über die wirklichen Beweggründe des Verbrauchers erhält, sondern eine nachträglich vorgenommene Logisierung seiner Kaufgewohnheiten.

So ist es mit den Maßstäben für die Laboratoriumsanalyse beschaffen. Sie kann keine vernünftigen Resultate ergeben, wenn sie auf einer so unsicheren Grundlage beruht. Aber auch, wenn die psychotechnischen Voraussetzungen besser wären, würde es prinzipielle Einwände geben. Selbst das Auflösen der Botschaft in Items und das Berechnen der Gesamtwirkung als Summe der Wirkung der einzelnen Bestandteile ist falsch. In der Praxis wirken nicht die einzelnen Items, sondern die Botschaft als Ganzes. Im günstigsten Falle wird man auf diese Weise eine Reklame erhalten, die nach dem Kochbuch gemacht ist: „Man nehme ..." Eine allgemeine Anwendung dieser Methode würde zu einer Schablonisierung der Reklame führen, die gegen deren fundamentale Wirkungsprinzipien verstößt. Gould betont allerdings, daß seine Rangplazierungen durch die späteren Resultate der analysierten Reklame bestätigt würden. Er nennt eine Serie von acht Versandhandelsannoncen, in der das Verhältnis folgendes war:

	Reihenfolge							
nach der Wirkung in der Praxis	2	3	4	1	5	7	8	6
nach Goulds Prognose	1	2	3	4	5	6	7	8

Tabelle 15

Die Übereinstimmung ist bemerkenswert groß – aber die Praxis ist eigentlich nur daran interessiert, die beste Annonce in einer Serie von Entwürfen zu finden, und diese ist von Gould als Nummer 4 plaziert worden (**192**, 254). – Ich schließe mich Links verurteilender Kritik dieser Methode an: „Der hoffnungslose Versuch, die Effektivität der einzelnen Bestandteile einer Reklame zu messen, ist das Erzeugnis einer veralteten Psychologie" (**408**, 114).

Reklamezensur: Sachverständigenausschuss. Die meisten Fachleute sind sich darüber klar, daß man die komplexe Gesamtwirkung der Botschaft beurteilen müsse. Deshalb hat man als prognostische

Methode das vorgeschlagen, was ich Reklamezensur (opinion test) nennen möchte. Die Zensoren können Sachverständige oder das Publikum sein.

Die Zensur durch den Fachmann ist in allgemeinen Wendungen schon im Jahre 1897 von Fowler vorgeschlagen worden (**202**, 697 f.). Von einer eigentlichen Vorprüfung ist hier nicht die Rede, bei der man im Grunde genommen nur das alte Prinzip anwendet, nach dem vier Augen mehr sehen als zwei. Link bezeichnet diese Methode als „die irreführendste von allen ... Allein die Tatsache, daß die Beurteilenden in einer Werbeatmosphäre leben, läßt sie als werbetechnische Kritiker auftreten und eine fachlich befangene Meinung abgeben“ (**408**, 126). Der Werbefachmann reagiert auf die Reklame nicht natürlich, weil er allzu reklamebewußt ist. Selbstverständlich ist damit nichts gegen die Praxis gesagt, ein Gremium von Werbefachleuten zu Rate zu ziehen, bevor man einen von mehreren Entwürfen wählt; man darf dies aber nicht als eine experimentelle Prognose der Reklamewirkung auffassen.

REKLAMEZENSUR: VERBRAUCHERAUSSCHUSS. Die sogenannte consumers jury hat den Zweck, eine Anzahl Versuchspersonen um ihre Beurteilung des Entwurfs zu bitten oder in der Regel verschiedene Entwürfe nach ihrem Ermessen in eine Rangfolge zu ordnen. Man kann sich an ein zufällig zusammengesetztes Publikum möglicher Käufer wenden (**145**, 14).

Der Grundgedanke ist, daß eine Minderheit von Personen durchschnittlich ebenso wie die große Masse reagiert. So hat die Werbeagentur H. K. McCann Company einen festen Ausschuß von 500 Personen, die über die ganzen USA verteilt wohnen, während andere sich mit 100 Personen begnügen (**366**, 121). Borden und Lovekin haben den Wert der Methode untersucht, indem sie sie auf Reklame anwandten, deren praktisches Resultat bereits bekannt war. 17 Serien von Annoncen wurden Verbrauchergruppen von 60 bis 210 Personen vorgelegt, die angeben sollten 1) welche Annonce sie beachten würden, wenn sie in einer Zeitschrift stünde und 2) welche Annonce sie im betreffenden Fall zum Kauf veranlassen würde (**62**, 1). – Als Resultat des Versuchs wird folgendes festgestellt: 1) Die Rangplazierungen des Ausschusses sind richtig, wenn die Methode verantwortlich gehandhabt wird. – 2) Die Methode wirkt irreführend, wenn man nicht auf ihre natürlichen Grenzen Rücksicht nimmt. – 3) Der Ausschuß muß aus Personen bestehen, die an dem Produkt interessiert sind. – 4) Die Methode ist deshalb nur brauchbar, wenn das Produkt weitgehend bekannt ist und verwendet wird. – 5) Sollen die formalen und technischen Züge der Annonce – nicht ihr Appell – untersucht werden, brauchen die Ausschußmitglieder keine möglichen Käufer zu sein (**62**, V). Die Methode eignet sich nur für unmittelbare Aktions-, nicht für Empfehlungsreklame auf lange Sicht (**62**, 4). Nur in zwei der 17 Fälle von Annoncen war das Urteil des Ausschusses dem tatsächlichen Verhältnis gerade entgegengesetzt; sonst gab es nur graduelle Unterschiede. – Auch Giellerup behauptet, es bestehe auffallende Übereinstimmung zwischen der Mehrheitsmeinung und den praktischen Resultaten. Dagegen steht Lichtenbergs Erfahrung mit der Methode. Er bat Starch, einen Versuch mit 10 Entwürfen für eine Versandhandelsannonce durchzuführen; hierauf verwandte er alle zehn in der Praxis. Die beste Wirkung wurde mit der Annonce erreicht, die Starchs Ausschuß als Nummer 7 plaziert hatte (**148**).

Ich vermag dem Vergleich mit dem wirklichen Resultat keine große Bedeutung beizumessen – weder in der einen noch in der anderen Richtung. Der wirkliche Effekt ist – in Ermangelung exakter Meßmethoden – nicht so genau bekannt, daß man darauf eine Kritik der detaillierten Rangplazierungen des Ausschusses errichten könnte. – Aber es bestehen andere, prinzipielle Bedenken gegen die Verläßlichkeit der Methode.

1) Soll der Ausschuß seine Meinung über eine Reklame äußern, so muß diese fertig ausgeführt sein, denn der Laie kann sich das Aussehen der fertigen Annonce nach einem Atelierentwurf nicht vorstellen. Dieses erfordert schon eine recht große Ausgabe – und ist doch nicht genug. Eigentlich müßte man ein ganzes Blatt drucken, wo die Annonce zwischen anderen angebracht ist, denn sie wirkt ganz verschieden, je nachdem, ob man sie für sich allein oder in natürlicher Umgebung sieht.

2) Die Ausschußmitglieder urteilen nicht aus einem natürlichen Verhältnis zur Reklame heraus, weil ihre Aufmerksamkeit zwangsläufig auf die bestimmte Reklame gelenkt wird, während es in der Praxis die Aufga-

be der Reklame ist, die Aufmerksamkeit des Reklamanden auf sich zu ziehen.

3) In den Fällen, wo eine Agentur mit einem festen Werbeausschuß arbeitet, wird der spezifische Wert des Verfahrens von Anfang an zunichte gemacht. Es ist gerade der Sinn des Verbraucherausschusses, das Urteil des Laien über die Reklame zu hören. Die Mitglieder eines festen Ausschusses werden indessen allmählich zu einem gewissen Grade Werbefachkundige; auf jeden Fall gewöhnen sie sich daran, die Reklame mit einer Art professionellen Interesses zu betrachten.

4) Der Ausschuß wird aus möglichen Käufern zusammengesetzt, um eine natürliche Reaktion zu erhalten. Aber sie sind trotzdem nur m ö g l i c h e Käufer und reagieren als Kritiker auf die Probeannonce ganz anders, als sie es als Reklamanden auf eine wirkliche Annonce tun würden. „Man gewinnt kein Urteil über die Werbekraft der einzelnen Reklamemittel, sondern nur darüber, welches Reklamemittel dem Publikum, wenn es sich n i c h t als Käufer, sondern als Kunstrichter fühlt, am meisten zusagt" (**204**, 194; Hervorhebung von mir, Geiger). Obwohl Jaederholm meint, die künstliche Situation der Versuchsbedingungen spiele keine wesentliche Rolle für das Ergebnis (**321**, 337), möchte ich mit Jenkins und Link glauben, daß *„das Kritisieren einer Reklame und das Reagieren auf sie als mögliche Käufer zwei sehr verschiedene psychische Funktionen sind"* (**326**, 369; **408**, 118 f.). Das Urteil der Ausschußmitglieder ist platonisch.

5) Das Hypothetische an dem ganzen Unternehmen fällt am stärksten ins Auge bei Bordens und Lovekins Versuch, bei dem gefragt wird: „W e n n Sie in einer Zeitschrift blätterten – welche Annonce w ü r d e n Sie am ehesten beachten?" und: „W e n n Sie auf ein Angebot eingehen würden – welche der Annoncen w ü r d e Sie am ehesten dazu bewegen?" (**62**, 1; Hervorhebung von mir, Geiger). Die Zweiteilung der Frage ist Folge der richtigen Erkenntnis, daß eine ästhetische und technische Beurteilung der Botschaft und ein Urteil über ihre Verkaufskraft zwei sehr verschiedene Dinge sind. Aber es zeugt von einer ungewöhnlichen psychologischen Ungeschicklichkeit, Fragen im Irreal zu stellen. Niemand kann sich hypothetisch darüber äußern, welche Annonce ihn zum Kauf eines N. N.-Radiogerätes veranlassen würde, falls er überhaupt an den Kauf eines Radiogerätes dächte. – Den gleichen Fehler beging die *Neue*

Zürcher Zeitung in einer Ausgabe ihres Blattes in ihrem Preisausschreiben im Jahre 1927 mit den folgenden zwei Fragen: „'Welches Inserat *gefällt* Ihnen am besten?' und: 'Welches Inserat würde Sie zu einem *Kauf* veranlassen?'" (**43**, 140).

6) Diese Einwände führen zum prinzipiell entscheidenden Argument. Der persönliche Geschmack des Reklamanden darf für die Beurteilung der Reklame nicht maßgebend sein (**252**, 30). Man soll die Reklamekritik des Verbrauchers nicht ernstnehmen (**150**, 56). Der Goodwill des Käufers wird durch Reklame im Unterbewußtsein gebildet und kann deshalb nicht durch Fragen kontrolliert werden, die sich an die bewußte Überlegung wenden. Das „Publikum selbst soll gar nicht über Reklame, die ja nur als Mittel zum Zweck einen Sinn hat, nachdenken, und die Reklameinstrumente dürfen keine Erscheinung werden, die Selbständigkeitswert in den Gedanken der Verbraucher gewinnt. Das große Publikum soll einfach tun, was der Reklamefachmann will, und möglichst gar nicht verspüren, was der eigentliche Anlaß der Kauftätigkeit gewesen sein mag" (**150**, 13 f.). Ein Verbraucherausschuß prognostiziert niemals die Wirkung der Reklame auf den Verbraucher, weil die Ausschußmitglieder der Reklame gegenüber in eine Haltung gedrängt werden, die dem natürlichen Verhältnis des Reklamanden zur Reklame gerade entgegengesetzt ist. „Sagt der Verbraucher: ‚Die *Reklame* ist gut' – dann war die Reklame schlecht. Sagt der Verbraucher: ‚Die *Ware* ist gut – dann war die *Reklame* gut!'" (**150**, 33). In diesem Sinne betrachtet, hat die Verbraucherzensur durchaus nicht das eine Gute, die Leserschaft dazu zu erziehen, „die Inserate, zunächst natürlich des eigenen Blattes, dann aber ganz allgemein, besser zu beachten" (**43**, 138) –, denn der Reklamand wird zu einer falschen Art der Aufmerksamkeit erzogen. – Auf die Spitze getrieben: Anstatt herauszufinden, welche unbewußte Wirkung die Reklame auf den Reklamanden ausübt, macht man den Reklamanden zu einem routinemäßigen Reklamekritiker und Halbexperten.

ANALYSIERTE ERFAHRUNG. Es sind viele Laboratoriumsversuche und Enquêten durchgeführt worden, die Reklame zum Gegenstand haben, die schon in der Öffentlichkeit erschienen ist. Teils sind solche Versuche notwendig als Vorbereitung für die erwähnte analytische Kontrolle und zur Überprüfung ihrer Zuverlässigkeit (vgl. Seite 298 ff.). Teils haben diese Untersuchungen einen selbständigen Zweck; gemachte Reklameerfahrungen sollen analysiert werden, um in Zukunft Nutzen daraus zu ziehen. Auf diese Weise hat Falk die bisherige Reklame der Firma Gordon-Van Tine Company und ihre vermutliche Wirkung bearbeitet, um die künftige Reklame planen zu können (**408**, 117). Kitsons hierher gehörende statistisch-historische Methode ist früher beschrieben worden (vgl. Seite 276).

Der Zweck besteht in der Regel nur darin, den Aufmerksamkeits- und Gedächtniswert der Reklame festzustellen. So hat Moede im Jahre 1920/21 Laboratoriumsversuche mit Plakaten angestellt, die er seine 45 Versuchspersonen zwei Minuten betrachten ließ; diese gaben später an, woran sie sich erinnerten und äußerten sich damit indirekt über die Stärke der psychischen Wirkung der Plakate (**593**, 258). Bellamy schildert in einem großen Werk eine Umfrage über den Aufmerksamkeits- und Interessenwert von Annoncen, die *Everybody's Magazine* im Jahre 1907 veranstaltet hatte (**44**). Die Zeitschrift *Die Anzeige* bringt regelmäßig Annoncenanalysen, eingesandt von den mehr oder weniger reklamekundigen Lesern des Blattes (**145**, 18 f.). Außerdem ist eine lange Reihe von Laboratoriumsuntersuchungen vorgenommen worden, namentlich auch, um festzustellen, ob die Versuchspersonen früher erschienene Annoncen und Plakate wiedererkennen würden, wenn Firma und Warenname überklebt wären (advertising familiarity).

Der Laboratoriumsversuch geht immer in einer künstlichen Atmosphäre vor sich (**343**, 2). Es wird ein Wirklichkeitsschema geschaffen (**421**, 210) – aber eben nur ein Schema; die Versuchspersonen wissen, daß sie an einem Experiment teilnehmen, und reagieren deshalb nicht natürlich. Ihre Aufmerksamkeit wird direkt auf bestimmte Reklamen oder auf Reklame im allgemeinen gelenkt; damit überspringt man die erste Stufe im Reklameprozeß, in dem die Botschaft die Aufmerksamkeit des Reklamanden auf sich ziehen soll (**257**, 184). „Die experimentelle Psychologie arbeitet in der Regel mit Personen, die den Experimenten wohlwollend gegenüberstehen; ihre Ergebnisse, insbesondere hinsichtlich des Ausmaßes der Aufmerksamkeitswirkung, müssen daher vom Standpunkte der Reklame als Maximalwerte angesehen werden, da ja die Reklame bestenfalls mit Personen arbeitet, die den Waren gleichgültig gegenüberstehen, vielfach sogar dem Blickfange Widerstand entgegensetzen" (**483**, 6 f.). – Es ist besonders ungünstig, daß man in der Regel ausgeschnittene und aufgeklebte Annoncen statt der originalen Zeitungsnummern präsentiert; der Eindruck wird dadurch selbstverständlich ein ganz anderer (**117**, 96). Kontrollversuche haben niederschmetternde Resultate ergeben. Probeabdrucke von noch nicht publizierten Annoncen wurden unter die publizierten geschmuggelt, und in 37 Prozent der Fälle „erkannten" die Versuchspersonen diese Annoncen, die sie unmöglich zuvor gesehen haben konnten. Unter den Versuchspersonen, die sich an früher veröffentlichte Annoncen erinnern konnten, waren zwischen 20 und 90 Prozent, die nicht zu sagen vermochten, welcher Warengattung die Reklame galt (**117**, 93 f.). – Als Erinnerungstest ist dieses Verfahren im übrigen unzulänglich; ihr positives Ergebnis besagt nur, daß die Versuchspersonen die Ware wiedererkennen, wenn sie sie abgebildet sehen oder deren Namen lesen. Der Verkäufer beabsichtigt mehr; der Name der Marke muß im Gedächtnis so parat sein, daß auftretender Bedarf für die Ware ihn hervorruft, nicht nur so, daß der Reklamand die Marke in der Reklame erkennt (**117**, 97).

Die Enquête hat ähnliche Mängel. Auch hier lenkt man zwangsläufig die Aufmerksamkeit auf die Reklame, so daß von einer naiv-natürlichen Verbraucherreaktion keine Rede sein kann. Fordert man zum Beispiel dazu auf, die Annoncen in einer Zeitschrift zu nennen, die zum Durchlesen einladen (**44**, Vorwort), so werden die Leser alle Annoncen lesen, ohne hinterher sagen zu können, bei welchen sie innegehalten hätten, um sie ohne den besonderen Impuls des Preisausschreibens zu lesen.

Strong weiß, daß Aufmerksamkeits-, Interessen- und Wiedererkennungstests nur begrenzten Wert für die Praxis der Reklame haben, aber er glaubt, man könne durch Laboratoriumsversuche auch die Fähigkeit der Reklame untersuchen, Kaufwünsche zu wecken (**647**, 11). Er arbeitet mit 10 Versuchspersonen. Die Versuchsobjekte waren vier Serien à 10 Annoncen für Staubsauger, Klaviere, Cerealien und Seife. Es handelte sich um tatsächlich erschienene Inserate bekannter Firmen. Der gleiche Versuch wurde, was die drei erstgenannten Waren betrifft, mit 20 Psychologiestudenten wiederholt, so daß 30 Vota für Staubsauger-, Klavier- und Cerealienannoncen vorlagen und 10 Vota für Seifeninserate. Es waren wahrscheinlich zu wenige Versuchspersonen, und ihre Zusammensetzung war nicht repräsentativ für ein Verbraucherpublikum.

Die Instruktion für die Versuchspersonen lautete so: „Nehmen Sie jede Annoncenserie (Artikel) für sich! – Lesen Sie die zehn Annoncen, die sie umfaßt! Sie sollen nach ihrer Überzeugungskraft (*persuasiveness*) geordnet werden, die beste zuerst! Gründen Sie Ihr Urteil ausschließlich auf den Annoncen, nicht jedoch auf möglichen Erfahrungen mit den Artikeln selbst! – ‚Überzeugungskraft' soll so verstanden werden, daß die beste Annonce diejenige ist, die für jene Artikel wirbt, die Sie kaufen würden, wenn Sie sich nur nach der Reklame richten müßten. Geben Sie eine Begründung für die Rangplazierung, die Sie vornehmen!" (**647**, 16 f.).

Gegenüber soviel Dilettantismus weiß man gar nicht, wo man mit der Kritik beginnen soll. 1) Die Versuchspersonen werden aufgefordert zu sagen, welche Klavierannonce sie zum Kauf veranlassen würde – obwohl sie im Augenblick nicht daran denken, ein Klavier zu kaufen. Diese Fragen im Irreal sind bereits gerügt worden. – 2) Es sind echte Annoncen für bekannte Produkte verwendet worden. Wie in aller Welt sollen die Versuchspersonen von ihren Erfahrungen mit dem Artikel absehen und nur nach der Annonce urteilen? – 3) Strong läßt seine Versuchspersonen nur zwischen den zehn in der Annoncenserie repräsentierten Artikeln wählen. Um den wirklichen Wert der Reklame zu prüfen, kommt es doch zuallererst darauf an, ob sie nicht gegebenenfalls einen ganz anderen Artikel wählen würden (**2**, 67 ff.). – 4) Die Aufforderung, so zu wählen, als ob die Annoncen die einzige Grundlage wären, die die Versuchspersonen haben, verstößt gegen das Wirkungsprinzip der Reklame. Die meiste Reklame ist nicht dafür berechnet, isoliert zu wirken, sondern gerade in Verbindung mit dem und auf dem Hintergrund dessen, was der Leser sonst über das Reklamat gehört hat, weiß und denkt. – 5) Ebenso unmöglich ist die Aufforderung, genau anzugeben, warum man gerade diese Rangfolge aufgestellt habe. Hat eine Annonce wirklich Zugkraft, wird der Reklamand keine Erklärung über die einzelnen Faktoren abgeben können, die ihn dazu brachten, auf diesen Leim zu gehen und nicht auf einen anderen. – Auf Strongs übrige Versuche, die sich auf gleicher Linie bewegen (**647**, 30 ff., 46 ff., 54 ff.), braucht man hiernach nicht näher einzugehen.

Trial-Shot und Paralleltest. Der Einwand gegen die Künstlichkeit des Experiments fällt gegenüber einer oft angewandten Methode fort, dem sogenannten Trial-shot. Der Grundgedanke ist hier, eine geplante Reklame in kleinerem Maßstab zu testen, bevor man sie in vollem Umfange durchführt. Handelt es sich um direkte Reklame durch die Post, kann man vorläufig eine begrenzte Anzahl Drucksachen versenden, ehe man die ganze Adressenliste bearbeitet. Es sind bestimmte Zahlenverhältnisse zwischen der Testsendung und der ganzen geplanten Auflage vorgeschlagen worden (**530**, 10):

umfaßt die gesamte Liste ... Adressen,	werden	
	... Stück	= ... %
	als ein ausreichender Trial-shot angesehen	
1.000	200	20
5.000	750	15
10.000	1.000	10

Tabelle 16

Die Testsendung kann relativ noch kleiner sein, wenn die gesamte Adressenliste die 10.000 übersteigt (**530**, 8 ff.). Selbstverständlich muß der Testversand nach einer Liste geschehen, deren Zusammensetzung in sozialer und anderer Hinsicht so genau wie möglich der gesamten Adressenliste entspricht.

Handelt es sich um eine landesweite Inserierung, so kann man vorläufig mit der Reklame innerhalb einer begrenzten Region (sales area test; Sektortest) anfangen, deren Bevölkerung jedoch in ihrer Zusammensetzung für die Bevölkerung des ganzen Landes repräsentativ sein muß.

Der Trial-shot ergibt eine natürliche Reaktion, auf die man sich stützen kann – wenn man sie kontrolliert hat. Die Voraussetzung ist, mit anderen Worten, eine zuverlässige Nachkontrolle; zuerst muß doch die Wirkung des Trial-shots festgestellt werden, bevor man etwas über das Ergebnis des Versuchs weiß. „Ein zufriedenstellender Versuch ist deshalb nur dort möglich, wo die Wirkung exakt gemessen werden kann – entweder in Form der Gesamtverkaufsmenge oder in Form von direkten Anfragen oder Aufträgen" (**639**, 279). Wie es sich damit verhält, haben wir zuvor gesehen. Ein Nachteil dieser Methode ist, daß sie in allen Fällen, wo es sich nicht um unmittelbare Verkaufsreklame auf kurze Sicht handelt, erst nach ziemlich langer Zeit sichtbare Resultate ergibt. So berichten Kropff und Randolph, daß die Versuchskampagne der Handelsmarke Crisco für ungehärtetes Pflanzenfett ein ganzes Jahr dauerte (**366**, 119). Nur sehr große Unternehmen können es sich leisten, so viel Zeit und Geld für eine Vorprüfung zu opfern. – Endlich ist da noch der Fehler, daß das Ergebnis des Tests zwar angibt, ob die Reklame wirkungsvoll war oder nicht, aber im letzteren Falle kein Urteil darüber zuläßt, welchem Umstand der Mißerfolg zu verdanken ist – ob etwas mit dem Medium, dem Text, der Aufmachung usw. nicht in Ordnung ist.

Eine verfeinerte und verbesserte Methode ist ein Paralleltest (split-run test), für den sich besonders die Werbeagentur Lord & Thomas stark einsetzt (**541**). Er geht vor sich, indem man gleichzeitig zwei oder drei Botschaften prüft. Man kann zum Beispiel auf zwei verschiedene Arten in zwei Orten oder Regionen von etwa gleicher Sozialstruktur annoncieren (**60**, 17 ff.). Die Methode ist bei direkter Reklame, wo die durch die Post eingehenden Aufträge im Verhältnis zu den Botschaften lokalisiert werden können, leicht durchzuführen. Bei den Blattannoncen liegt der Nachteil darin, daß zwei Blätter niemals zwei ganz gleichförmige Leserkreise haben und daß auch andere technische Verschiedenheiten das Bild entstellen können. – Eine besondere Form des Paralleltests ist in Verbindung mit dem Kuponsystem möglich. Hier kann man nämlich einen Parallelversuch mit zwei Annoncen im selben Blatt durchführen (**667**, 43). Ein Teil der Auflage enthält eine Annonce, der andere Teil eine zweite. Die Kupons erlauben nachher die Feststellung, welche Aufträge (Anfragen) der einen und welche der anderen Annonce zu verdanken sind. Im Jahre 1935 gab es ein Blatt in den USA, das Parallelannoncen anbot, im Jahre 1936 waren es drei und im Jahre 1939 war die Anzahl auf 11 gestiegen (**692**, 26). Die *New York Sunday Times* druckt jede Nummer mit zwei getrennten Satzformen auf zwei nebeneinanderstehenden Maschinen. Eine Gruppe enthält Annonce A, die andere Annonce B. Das Fließband nimmt abwechselnd von beiden Maschinen, so daß jeder fertige Packen die gleiche Anzahl Exemplare mit Annonce A und B enthält. Diese Form des Paralleltests ist natürlich nur in Verbindung mit Kuponannoncen anwendbar. Aber Parallelannoncen in demselben Blatt können in anderer Form auch als eine Verfeinerung des Sektortests verwendet werden. Annonce A steht dann in dem Teil der Auflage, der in den Landesteil X gesandt wird, Annonce B dagegen in dem, der an die Region Y geht, worauf man die Verkaufsresultate in X und Y vergleichen kann.

Schlussfolgerung. Eine zuverlässige Nachprüfung ist auf diese Weise nur bei einem kleinen, keineswegs wichtigen Teil der Reklame, nämlich der Versandhandelsannoncierung, möglich. – Die einzige verläßliche Form der Wirkungsprognose ist der Trial-shot, dessen Anwendungsmöglichkeiten begrenzt sind. Alle Formen des Laboratoriumsversuchs und der Umfrage haben sehr schwerwiegende Mängel, so daß man auf jeden Fall, um sicher zu gehen, mehrere dieser Methoden nebeneinander anwenden muß; nur wenn die Resultate verschiedener Methoden sich gegenseitig bestätigen, besteht eine gewisse Sicherheit (**685**, 96 ff.) – und die ist sehr teuer erkauft. Das Problem ist auf diese Weise nicht gelöst und kann vielleicht niemals zufriedenstellend gelöst werden.

IV. Teil

Die Reklame in der Wirtschaftsgesellschaft

Verbrauchererziehung und ökonomische Expansion

„Erzieherische" Reklame. Amerikanische Literatur spricht mit Vorliebe von „educative advertising", schreibt also der Reklame eine erzieherische Wirkung zu. Die Reklame wird „vom Standpunkt des Lehrers aus betrachtet, der seine Klasse unterrichtet" (**401**, 78); sie ist Konsumentenpädagogik (**170**, 117). Hess unterscheidet in ähnlicher Bedeutung zwischen „advertising" und „selfvertising" (**281**, 26 ff.). Das letztere ist suggestive Reklame im Dienst der homogenen Konkurrenz; ihr Ziel ist es, lieber selbst zu verkaufen, als einen anderen das Geschäft machen zu lassen. „Advertising" im engeren Sinne soll hingegen eine instruktiv-erklärende Reklame sein, die neuen Bedarf weckt.

Die vermeintliche Erziehung geht in weiterem Sinne darauf aus, die Käufer dazu zu veranlassen, mehr zu verbrauchen, so daß eine Vergrößerung des gesamten Sozialprodukts möglich wird. Ob die Reklame tatsächlich in diesen Richtungen wirkt, soll in diesem Abschnitt untersucht werden. In dem Zusammenhang von „Verbrauchererziehung" zu sprechen, erscheint mir reichlich anspruchsvoll. Die Geschäftswelt maßte sich damit eine autoritative Gesellschaftsfunktion an. Wer ermächtigt die private Wirtschaft dazu, uns andere zu erziehen? (**26**, 4 f.). Und was ist das für eine seltsame Erziehung, wenn Fabrikant N. N. uns mit Reklame für seinen Füllfederhalter oder seine Druckknöpfe bombardiert, bis wir sie endlich kaufen? Eine „private Selbstsüchtigkeit gibt vor, die Interessen der Allgemeinheit darzustellen" (**594**, 67). Kapitalinteressen spielen sich als Wohltäter der Menschheit auf. Diese Phrase von der erzieherischen Funktion der Reklame ist nur eine vornehme Verschleierung ihrer Suggestivität, ihrer Absicht, willensbestimmend zu wirken.

Lassen wir jedoch die Benennung beiseite, und wenden wir uns der Sache zu.

Verbrauchsexpansion als Ziel. Das beliebteste Argument für den gesellschaftlichen Nutzen der Reklame ist, sie wecke vermehrte Nachfrage. Dadurch werde der Gesamtabsatz gesteigert, die Menge des Sozialprodukts vergrößert und die durchschnittliche Lebenshaltung erhöht. Wir fragen hier nicht, ob dies wirklich einen ökonomischen Fortschritt und einen Gewinn für die Gesellschaft bedeuten würde. Amerikanischer Optimismus ist davon überzeugt: „Alle soziologischen Richtungen sind sich darin einig, ... diejenige Nation als die fortschrittlichste anzusehen, die den größten Bedarf und Verbrauch hat" (**31**, 28) – eine ziemlich naive Behauptung. Deutsche kulturelle Schwarzseher stehen auf dem entgegengesetzten Standpunkt; Sombart – der das Wort „Fortschritt" überhaupt nur in Anführungsstrichen benutzt – sagt ganz offen, daß wir zu reich seien, „nicht nur einige wenige, sondern das Volk als Ganzes" (**632**, 271); ja, er will beweisen, daß dieser Reichtum ein Kulturverfall ist (**632**, 2 ff.).

Die Frage liegt in dieser allgemeinen Form außerhalb der Reichweite jeder rationalen Untersuchung. Wir können hier nur davon ausgehen, daß die Mehrheit eine Steigerung der Produktion und des Verbrauchs als wünschenswert und wertvoll ansieht. Fördert die Reklame diese Tendenz, so erfüllt sie eine wesentliche Funktion innerhalb der bestehenden Wirtschaftsgesellschaft. „Es ist ihre Aufgabe, aggressiv zu sein und neue Wünsche in der Bevölkerung zu wecken" (**241**, 19), „so daß die große Masse der Konsumenten niemals weiß, was es bedeutet, zufrieden zu sein" (**656**, 47). Erst dadurch sei die Reklame wirklich nützlich (**289**, 19). Daß sie diese Aufgabe löse, wird von einigen als über jeden Zweifel erhaben angesehen (**242**, XI; **387**, 58 f.), während andere es ebenso bestimmt bestreiten (**694**, 4; **463**, 42).

Ein psychischer und ein ökonomischer Faktor gehen in die Nachfrage ein. Diese setzt zuallererst einen Bedarf voraus, das heißt: den Wunsch, diese oder jene Marktgüter zu besitzen oder zu verbrauchen, und zum anderen entsprechende Kaufmacht des Bedarfssubjektes. Ein Bedarf kann auf dem Markt nur als Nachfrage auftreten, wenn er ökonomisch durch Kaufmacht legitimiert ist; die Nachfrage ist also „ein Kompromiß zwischen Bedürfnissen und Kaufkraft" (**545**, 37).

Bedarfsweckung. Die Reklame kann sich nach Auffassung der meisten entweder auf einen bestehenden Bedarf berufen oder einen neuen

Bedarf bei den Reklamanden zu wecken suchen (**348**, 8 f.; **463**, 15; und andere). Hémet meint dagegen, die Reklame könne zwar möglicherweise einen neuen Bedarf hervorrufen, dieses würde aber eine allzu langdauernde und kostspielige Verbraucherbearbeitung erfordern; die Reklame beschränke sich deshalb in der Praxis darauf, einen latenten Bedarf zu mobilisieren (**271**, **I**, 35 ff.). Kropff verhält sich ganz ablehnend: „In der Literatur wird manchmal behauptet, daß die Reklame imstande ist, ganz neuen Waren Absatz zu verschaffen oder zu sichern oder gar ganz neue Bedürfnisse hervorzubringen. Das entspringt zweifellos dem Trieb fanatischer Reklametheoretiker, ihr eigenes Gebiet zu verherrlichen. Eine ernste Prüfung wird ergeben, daß die Reklame ein neues Mittel verkündet, um schon bestehende Wünsche und Bedürfnisse zu befriedigen, einen neuen Weg zur Befriedigung zeigt oder, daß sie einen schlafenden Wunsch weckt" (**364**, 10).

Das Ganze ist wahrscheinlich ein fruchtloser Streit. Es kommt darauf an, was man unter Bedarf versteht. Die Reklame kann selbstverständlich nicht die Triebstruktur des Menschen verändern; die mit dieser gegebenen Grundbedürfnisse, wie Ernährung, Ansehen, Erholung, Zerstreuung usw., sind im wesentlichen unveränderlich, und die Reklame kann nur neue Formen für deren Befriedigung aufzeigen. Aber es gibt gewiß auch niemanden, der jemals etwas anderes behauptet hätte. „Die Reklame ist von diesen anderen natürlichen Bedarfsfaktoren abhängig; sie ist also ein Hilfsfaktor der Bedarfsbildung" (**463**, 44). Faßt man dagegen den Bedarf als das Verlangen nach einer bestimmten Warengattung auf, so ist es klar, daß die Reklame – ähnlich wie andere psychische Einflüsse und Einwirkungen – solchen bisher nicht bestehenden Bedarf hervorrufen kann. Wie könnte man sonst Waren absetzen, von denen vor 100 Jahren noch niemand träumte?

Vorstoss auf den potentiellen Markt. Wir gehen von dem Markt für Industriewaren aus, von denen die meisten, technisch gesehen, in größeren Mengen hergestellt werden können, als im Augenblick Absatz finden. Das tatsächliche Volumen des Marktes ist von der Nachfrage bestimmt, und diese entspricht dem durch die Kaufmacht legitimierten Bedarf. Wir sehen hier von der theoretischen Möglichkeit ab, daß der Markt absolut gesättigt und Mehrkonsum physisch unmöglich ist; dann ist Marktausdehnung ausgeschlossen. Sonst wird um den augenblicklichen tatsächlichen Markt herum eine Zone unterdrückten oder latenten Bedarfs liegen, die wir Marktreserve nennen; diese umfaßt alle Bedürfnisse, die als psychische Impulse vertreten sind, aber nicht als Nachfrage auftreten, da das Bedarfssubjekt sie sich nicht leisten zu können glaubt (Figur 7).

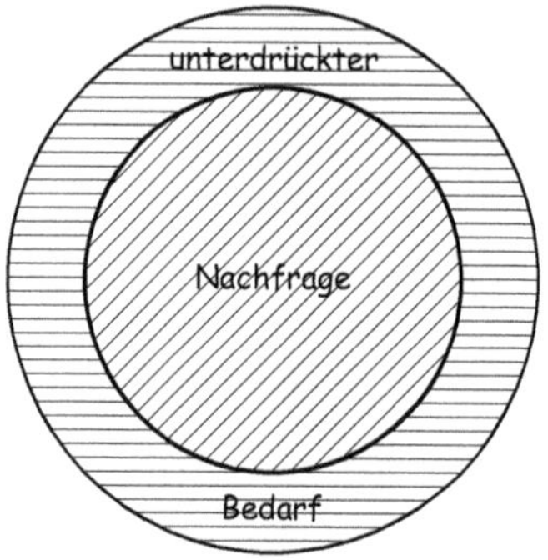

Figur 7

Die Realisierung der Marktreserve setzt eine Änderung der Nachfragekurve voraus. Diese Änderung kann von der sachlichen oder der persönlichen Seite aus erfolgen. Das Bedarfssubjekt ordnet Bedürfnisse in einer bestimmten Rangfolge, und das Resultat ist seine gesamte Bedarfsstruktur. Der Platz des einzelnen Bedarfs auf der Skala wird, schematisch gesprochen, von dem Verhältnis zwischen der Stärke des Bedarfsimpulses und der Größe des Opfers (Preises) bestimmt. Die Kaufmacht entscheidet so darüber, wie viele Bedürfnisse auf seiner Bedarfsskala das Bedarfssubjekt befriedigen kann; der Rest der Bedürfnisse wird vorläufig unterdrückt. Ändert sich der Preis einer Ware, rückt der Bedarf auf der Rangskala entsprechend hinauf oder hinunter. Eine Preissenkung bringt den Bedarf in Reichweite der Befriedigung, während der bisher befriedigte Bedarf nun unterdrückt wird. Geht die Marktausweitung durch Preissenkung vor sich, müßte die Reklame, streng theoretisch gesehen, überflüssig sein; eine indifferente Information über die Preisänderung müßte genügen. In der Praxis ist jedoch der Bedarfssatz, den der Verbraucher bisher befriedigen konnte, ihm zur Gewohnheit geworden, und es bedarf wahrscheinlich eines gewissen Anstoßes, um ihn dazu zu veranlassen, die Konsequenz aus der Preissenkung zu ziehen. Die Reklame wirkt dann friktionssenkend; sie fördert die Anpassung des Verbrauchers an das neue Preisgefüge (Figur. 8).

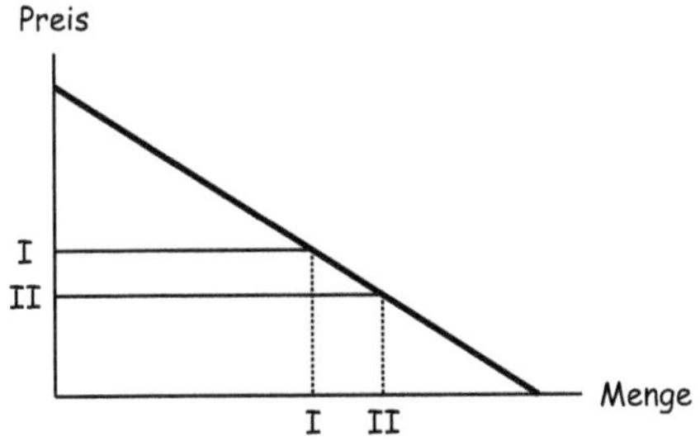

Figur 8

Die Reklame wirkt von der psychischen Seite; sie verändert die Nachfragekurve selbst, indem sie den Verbrauchswunsch stimuliert. Die gleiche Menge kann dann teurer als zuvor (Figur 9) oder eine größere Menge zum gleichen Preis (Figur 10) verkauft werden. Der Verbraucher beschließt, sich die erforderlichen Mittel zu beschaffen; die Möglichkeiten dafür sind Mehrverdienst, Unterdrückung des bisher befriedigten Bedarfs, vermin-

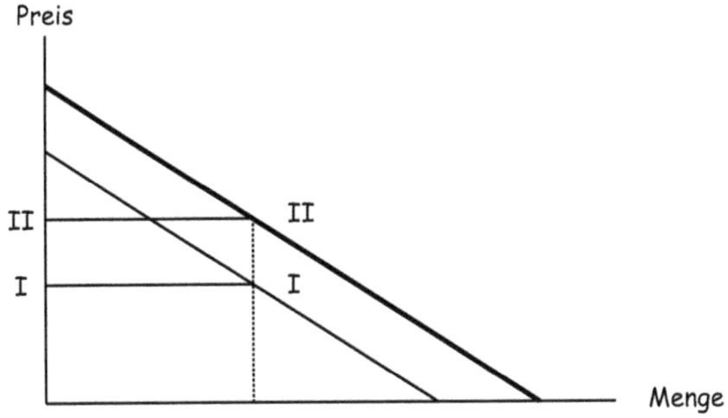

Figur 9

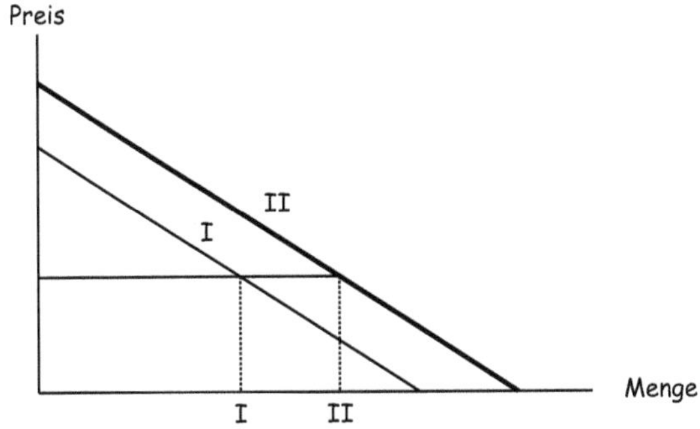

Figur 10

dertes Sparen, Verwendung der Ersparnisse oder schließlich Darlehen. Der psychische Widerstand, auf den eine solche Reklame trifft, wächst natürlich, je mehr man sich dem äußeren Rand der Marktreserve nähert.

Nehmen die Konkurrenten das augenblickliche Volumen des Marktes als gegeben – ich sehe von spontaner Marktausweitung durch Bevölkerungszunahme ab –, wird die Konkurrenz repressiv, und die Reklame ist Kampfreklame (Figur 11). Beabsichtigen die Konkurrenten, etwas von der Marktreserve zu realisieren, so wirkt die Konkurrenz und die in ihrem Dienste angewandte Reklame den Konsumenten gegenüber aufdringlicher (Figur 12).

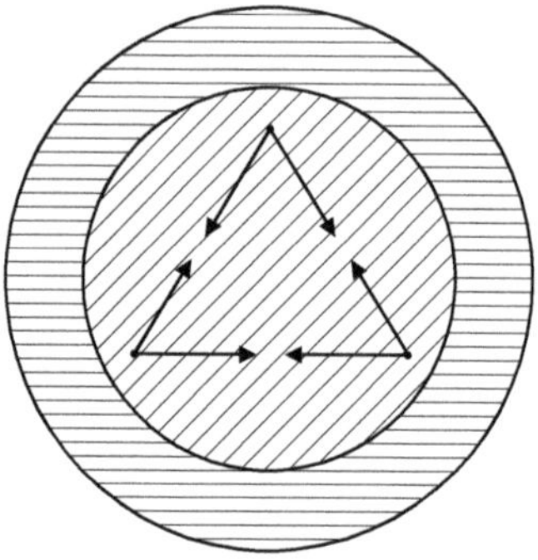

Figur 11

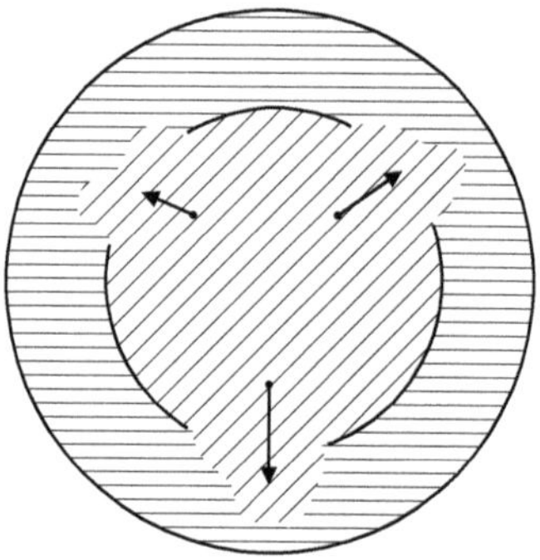

Figur 12

Um die Marktreserve herum liegt die Außenzone des potentiellen Marktes; hier ist der Bedarf nicht aus Mangel an Kaufmacht unterdrückt, sondern nicht einmal als Wunsch vorhanden. Er muß zuerst geweckt werden – danach wird sich zeigen, ob er auch als Nachfrage auftreten kann. Man kann diese Außenzone als potentiellen Bedarf bezeichnen. Latenter und potentieller Bedarf machen zusammen den potentiellen Markt aus (Figur 13). Gegenüber dem rein potentiellen Bedarf kann Preispolitik ohne gründliche psychische Bearbeitung nichts ausrichten; es gilt zuallererst, starke Wunschvorstellungen hervorzurufen. Die Reklame greift hier dem Entstehen des Bedarfs beim Reklamanden vor (**234**, 21). Alle Pionierreklame ist von dieser Art (Figur 14).

Strøm Tejsen meint, daß es für die „gesellschaftliche Bedeutung“ der Reklame „gleichgültig ist, ob der betreffende Bedarf früher ‚latent‘ war, weil man den Marktpreis nicht bezahlen wollte ... oder ob es den Bedarf ‚nicht

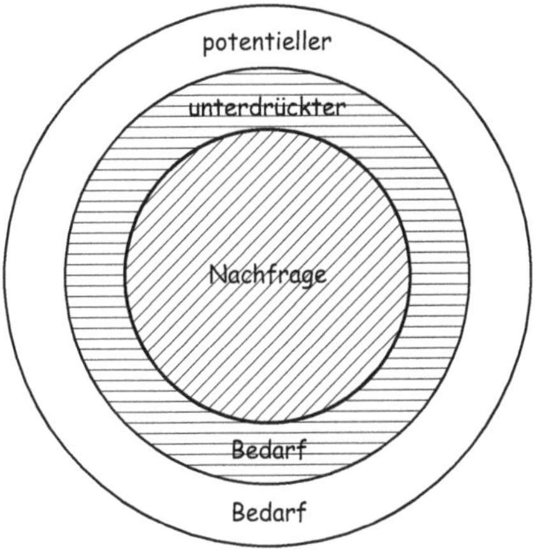

Figur 13

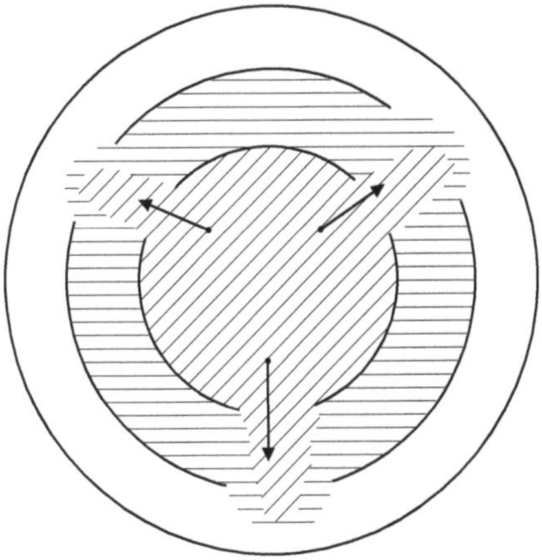

Figur 14

gab', weil man ... kein Bedürfnis nach der Ware verspürte. – Nur von den Bedürfnissen, die effektuiert werden, kann man als sicher annehmen, daß das Individuum sie hat" (**650**, 41). Ich kann dem nicht zustimmen; verbraucherpsychologische Marktanalyse kann auch in der Praxis zwischen unterdrücktem und nur potentiellem Bedarf unterscheiden; und dann gibt es den sowohl prinzipiell als auch markttaktisch wesentlichen Unterschied, daß latenter Bedarf von der Preisseite realisiert werden kann, während man potentiellen Bedarf nur durch Reklame zu mobilisieren vermag, sofern man nicht in passiver Haltung warten will, bis er von selbst effektiv wird.

Die Bedarfs- und Nachfragestruktur des Verbrauchers ist also nicht unveränderlich, sondern kann durch psychische Beeinflussung verändert werden. Die Reklame kann den Verbrauch in andere Richtungen lenken. „Beunruhigen und zugleich anziehen, darin liegt das Geheimnis des Dauererfolgs“ (**662**, 15) – das heißt: die Verbraucher von bisher gewohnten Wertvorstellungen und Verbrauchsrichtungen loszureißen und diejenigen, die man losgerissen hat, für eine andere Ware zu gewinnen. Der stärkste Widerstand, mit dem die Reklame rechnen muß, sind eingefahrene Verbrauchsgewohnheiten, namentlich solche, die ihre Berechtigung in einer sozialen Überlieferung haben. Dies ist sicher einer der Gründe dafür, daß der Amerikaner für Reklame besonders zugänglich ist; er ist gewiß nicht naiver oder im allgemeinen suggestibler als wir anderen; aber die Suggestion braucht in weit geringerem Grade mit der Trägheit der Verbrauchstraditionen zu rechnen.

Aus einem ähnlichen Grunde erhält die Reklame eine besondere Chance in Zeiten, in denen mit gewissen Verbrauchsgewohnheiten unfreiwillig gebrochen wird – so in Deutschland während des Vierjahresplanes, wo die Rohstoffwirtschaft die Produktion gewisser gewohnter Waren einstellte, oder jetzt in allen vom Kriege betroffenen Ländern. Man sagt, die Einstellung bestimmter Produktionszweige setze Kaufmacht frei, um die andere Verkäufer konkurrieren könnten (**272**, 997). Dies stimmt jedoch nur unter besonderen Umständen. Die Einstellung eines Produktionszweiges wird in der Regel keine Kaufmacht freisetzen, sondern vielmehr die gesamte Kaufmacht verringern, da die der Branche Angehörenden ihre Arbeit und ihr Einkommen verlieren. Die oben behauptete Wirkung tritt bei den bisherigen Käufern der Ware nur ein, wenn bei Einstellung der Produktion sofort eine Ersatzproduktion begonnen wird, so daß keine zeitweilige Arbeitslosigkeit verursacht wird.

Expansion des Gesamtmarktes. Es besteht so kein Zweifel daran, daß die Reklame einen gattungsbestimmten Markt ausweiten kann. Die Frage ist jedoch, ob dies nur auf Kosten anderer Märkte geschehen kann oder ob die Reklame zu einer Ausweitung des Gesamtmarktes führen kann.

Eine endgültige und absolut beweisbare Antwort kann es wahrscheinlich darauf nicht geben. Wir beobachten tatsächlich eine in konjunkturellen Wellenbewegungen vor sich gehende Ausweitung des Sozialprodukts und des Sozialverbrauchs, die von vielseitigen und energischen Werbeanstrengungen begleitet wird. Daraus zu schließen, daß die Marktausweitung ein Werk der Reklame sei, würde ein unzulässiges post hoc ergo propter hoc sein. Aber ebensowenig kann man mit Sicherheit behaupten, die gleiche Ausweitung würde ohne Reklame stattfinden, solange man es nicht probiert hat – und das Experiment nicht wissenschaftlich vorgenommen werden kann. Eine induktive Beweisführung ist so unmöglich, und die deduktive, die wir im folgenden versuchen, ergibt niemals ein absolut unbestreitbares Resultat.

Eine expansive Wirkung kann von der Reklame nur in den folgenden Fällen ausgehen:

1) Die Reklame gilt neuen, bislang nicht gehandelten Waren, die zu dem bisherigen Nachfragebedarf des Verbrauchers hinzutreten – und nicht eine andere Ware bei ihm verdrängen. Die Pionierreklame für Automobile und Radiogeräte erweitert den Gesamtmarkt, sofern nicht der neugeweckte Bedarf auf Kosten eines anderen, bisherigen Bedarfs befriedigt wird. –

2) Die Reklame kann sich an einen gegebenen Konsumentenkreis mit der Absicht wenden, zu größerem Verbrauch der gleichen Ware anzuregen. Hierher gehört zum Beispiel eine Reklame, die die soziale Abnutzungsgrenze für Kleidung höher zu setzen sucht oder die amerikanische Reklame für jährliche Neutapezierung der Wohnungen. Ein extremes Beispiel ist die im Jahre 1921 gestartete Kampagne amerikanischer Optiker für verschiedene Arten von Brillen für unterschiedliche Anlässe – in der City, zum Sport, zur Abendgesellschaft. Hornbrillen werden mißbilligt, ausgenommen beim Sport – sie sind unrentabel für den Optiker, weil sie weniger Reparaturen benötigen (**656**, 46 f.). – Dagegen bringt die Reklame für mehr Fisch oder Gemüse sicher keine Ausweitung des

Gesamtmarktes, weil der andere Lebensmittelverbrauch entsprechend zurückgeht.

3) Die Reklame kann versuchen, mehr von der gleichen Ware an die gleichen – oder an andere – Verbraucher abzusetzen, aber für eine andere Verwendung. Reklamisten sind oft eifrig bemüht gewesen, neue Gebrauchsfunktionen für ihre Ware zu entdecken. Eine Hefefabrik warb für ihre Hefe als blutreinigende Diät (**74**, 62); elektrische Ventilatoren wurden sekundär zum Haartrocknen, zum Entfernen von Küchengerüchen und zum Trocknen von Kleidern angepriesen (**348**, 31); Gillette warb sekundär intensiv für seine Rasierklingen als Trennmesser und zum kosmetischen Gebrauch für die Frau; Colman empfiehlt, einen Löffel Colman's Senfpulver ins Badewasser zu geben (**626**, 33); und das amerikanische Gußeisenwerk Rogers, Brown & Company lobte um 1925 öffentlich eine Prämie für denjenigen aus, der eine neue Verwendung für Gußeisen fände.

4) Die Reklame kann versuchen, eine Ware bei neuen Konsumentenkreisen einzuführen. Reklame für bisherigen Oberklassenluxus wird – erschwingliche Preise vorausgesetzt – immer bei den prestigesüchtigen Mittelklassen Widerhall finden; Zigaretten wurden namentlich nach 1918 für Frauen angepriesen – usw.

Dagegen ist nicht die Rede von Marktausweitung bei homogen konkurrierender Reklame; dazu gehört die meiste Einzelhandelsreklame. Viele Markenwarenreklame befindet sich – ungeachtet ihrer Heterogenitätstendenz – in der gleichen Situation. Zahnpasta, Toilettenseife, Hautcreme und viele andere Dinge können kaum mit wesentlichen Neueroberungen rechnen; der Markt ist gesättigt. Die Reklame der Marken ist hier mehr oder weniger kampfgeprägt – was die eine gewinnt, verliert die andere.

VOLKSEINKOMMEN ALS GRENZE. „Die Reklame scheut keine Opfer, um die begrenzte Kauflust des Verbrauchers dem unbegrenzten Angebot des Verkäufers soweit als irgendmöglich anzupassen" (**218**, 11). Was bedeutet „soweit als irgendmöglich"?

Manche behaupten, die Grenze sei das gesamte Volkseinkommen. Von diesem statistischen Gesichtspunkt aus ist es von vornherein ausgeschlossen, daß die Reklame eine Steigerung des Gesamtabsatzes herbeizuführen vermag. Man kann einem Kahlköpfigen nicht die Haare auszupfen. Sozialprodukt und Kaufkraft wachsen zwar; das „ist aber ... nicht auf die Werbetätigkeit als solche zurückzuführen, sondern auf die Betätigung der Technik und auf die Wirkungen einer aufsteigenden Konjunktur" (**623**, 105). Die Reklame vermag nicht die Kaufmacht der Verbraucher zu vergrößern (**198**, 66; **668**, 115); diese bildet die Maximalgrenze der Bedarfswirkung der Reklame (**64**, 288; **463**, 42). – Wenn man behauptet, die Reklame besitze eine umsatzsteigernde Wirkung, „so muß man dieser Behauptung im wesentlichen widersprechen. In einem begrenzten Sinne kann man dieses Argument als ein privatwirtschaftliches gelten lassen. Eine Bedarfserhöhung – d. h. ‚Schaffung' von Nachfrage – im volkswirtschaftlichen Sinn könnte die Reklame nur bewirken, wenn sie es vermöchte, zugleich zusätzliches Einkommen zu schaffen. Den Beweis dafür wird wohl niemand zu erbringen versuchen. Lediglich Verschiebungen im Rahmen der gegebenen Nachfrage werden durch die Reklame hervorgerufen" (**598**, 203; **623**, 3; **513**, 191).

Es gibt, mit anderen Worten, nur zwei Möglichkeiten: Entweder kann die Reklame Neueroberungen auf dem Markte machen, nachdem Technik und Konjunktur neue Marktsubstanz geschaffen haben; oder die Reklame ist repressiv – in interner oder transversaler Konkurrenz. Vershofen geht mit diesem Ausgangspunkt so weit, die Reklame für die wirtschaftlichen Depressionen verantwortlich zu machen: Die nicht unbedingt lebensnotwendigen Produkte sind abhängig von der Mode und anderen irrationalen Faktoren. Hier kann die Reklame Markteroberungen für eine neue Ware auf Kosten der alten machen. Die Folge sind Ladenhüter – unverkäufliche Lagerbestände der verdrängten Ware, und „daß infolgedessen die mehr oder minder empfundene Krisis der Normalzustand unserer Wirtschaft ist" (**690**, 8). Damit mißt man allerdings den unverkäuflichen Warenresten allzuviel Bedeutung bei. Sie sind kaum so übermäßig groß, daß sie ernsthafte Stagnationen hervorrufen könnten. Erstens sind sie auf modeabhängige Ware beschränkt, die doch nur einen gewissen Teil der Gesamtproduktion bildet. Zweitens rechnen die Produzenten solcher Waren mit einer Geschmacksveränderung und stellen deshalb nicht in gleichem Grad für andere Produktionszweige auf Vorrat her. Drittens wird Ware, die unmodern geworden ist, nicht zum Abfall geworfen, sondern auf sekundären und tertiären Märkten verkauft – in der Provinz, auf dem Lande, an Gesellschaftsklassen, die dem Beispiel der fashionablen Kreise in einem gewissen Abstand folgen.

Kjær Hansen ist der Auffassung, daß selbst die durch die Reklame hervorgerufenen Verlagerungen auf dem Markt für die Gesellschaft als Ganzes nützlich seien, denn „der Übergang muß von einem Betrieb, der weniger rationell arbeitet, zu einem, der rationeller arbeitet, erfolgen oder zu einer Ware, die eine größere Bedürfnisbefriedigung gewährt als die Waren, die man früher verwendete" (**345**, 94). Auf den zweiten Teil der Alternative werden wir in anderem Zusammenhang eingehen; hier interessiert nur der erste Teil. Wenn die Reklame den am rationellsten arbeitenden Betrieb (oder die Branche) begünstigte, würde sie allerdings dadurch zu einer Vergrößerung des Volkseinkommens beitragen, indem sie den Effektivitätsgrad des Wirtschaftsunternehmens erhöhen würde. Aber es gibt überhaupt kein Anzeichen dafür, daß die Reklame auf diese Weise wirkt, eher ist das Gegenteil der Fall. Arbeitet Betrieb A rationeller als B, hat A auch innerhalb des Rahmens der Preiskonkurrenz selbst eine Möglichkeit, die Verbraucher von B für sich zu gewinnen; die Reklame wird gerade als ein Mittel angewandt, sich der homogenen Preiskonkurrenz zu entziehen, und dies wird möglicherweise heißen, sich trotz der geringeren Rationalität zu behaupten. Und was die Konkurrenz zwischen Branchen oder Warenvarianten innerhalb der Branche angeht, so ist es bereits bewiesen, daß die Reklame die Gesamteffektivität durch ihre Tendenz zur übertriebenen Variation herabsetzt.

Ansporn zum Geldverdienen. Die Auffassung, die vorhandene Kaufmacht bilde die absolute Grenze der Reklamewirkung, ist jedoch eine rein statistische Ansicht, und es ist zweifelhaft, ob sie auch in dynamischer Hinsicht gilt. Die Freunde der Reklame weisen darauf hin, daß die durch diese hervorgerufenen Wünsche nach höherem Verbrauch einen Ansporn zu vermehrter Arbeit darstellen, wodurch die Konsumenten ihre neuentstandenen Wünsche befriedigen können (**241**, 19; **289**, 19; und andere). Schematisch ausgedrückt: Arbeiter N. N. liest eine Annonce für ein neues Radiogerät – wünscht sich, einen solchen Rundfunkempfänger zu besitzen – und arbeitet mehr, um das für den Kauf notwendige Geld zu verdienen. Als ein ständiges Beispiel wird W. von Siemens' Schilderung in seinen Lebenserinnerungen darüber angeführt, wie er die natürliche Trägheit der einheimischen Bergbauarbeiter im Kaukasus überwand: Er richtete eine Kantine ein, in der sie essen und trinken konnten, und baute anständige Wohnhäuser, die sie mieten oder kaufen konnten, und deren Komfort alles überstieg, was sie sich je erträumt hatten (**413**, 39). – Alle Erwerbstätigkeit hat ihre Wurzel im Triebleben des Menschen; die Reklame appelliert an die Triebe – warum soll sie dann nicht die Arbeitsamkeit stimulieren und dadurch zu einer Steigerung des Volkseinkommens beitragen können?

Das klingt sehr gut, bedeutet aber in der Praxis wohl kaum sehr viel.

1) Die Beispiele, die genannt werden, entstammen bezeichnenderweise immer primitiven Verhältnissen, wo die Bevölkerung sehr genügsam ist und bei weitem nicht ihre Arbeitsfähigkeit ausnutzt. In dem Falle kann die Arbeitsintensität durch Stimulierung der Verbrauchswünsche erhöht werden. In den zivilisierten Ländern ist dies kaum notwendig.

2) Ein großer Teil der Bevölkerung kann überhaupt nicht willkürlich sein Einkommen vergrößern. Dies gilt zuallererst für alle Festbesoldeten, danach für die Arbeiter im Stundenlohn. Akkordarbeiter können zwar etwas mehr verdienen, gleichwohl gilt dies doch nur für den einen oder anderen im Verhältnis zu den übrigen, aber nicht für alle, da die Gesamtarbeitsleistung durch das Produktionsprogramm des Unternehmens bestimmt ist, und dieses ist wiederum abhängig von der vermuteten Aufnahmefähigkeit des Marktes. Diese bildet auch eine – allerdings elastische – Grenze für die Verdienstmöglichkeit bei den wirtschaftlich Selbständigen, die theoretisch ihr Einkommen durch eigene Initiative vergrößern können.

3) Endlich darf man vermuten, daß die meisten, unabhängig von der Reklame, mehr verdienen möchten, um mehr verbrauchen zu können. Wo die Verdienstleistung steigt, ist darum der Anteil der Reklame daran mindestens zweifelhaft. Die Reklame stimuliert wahrscheinlich nicht so sehr den Drang selbst, den Verdienst zu vergrößern, wie sie maßgebend dafür wird, w e l c h e Arten des Bedarfs unter denen, die

sich der Konsument leisten zu können wünscht, er an die erste Stelle setzt.

Vermehrte reale Kaufkraft durch Preissenkung. Es wird in der Regel großes Gewicht darauf gelegt, daß die Reklame typisierte Massenproduktion unterstützt und dadurch indirekt eine Preissenkung herbeiführt, die wiederum ein Ansteigen der gesamten realen Kaufkraft als Resultat ergibt.

Die Preissenkung ist unmittelbar technischen Fortschritten in der Massenproduktion zu verdanken. Es wird aber behauptet, der Massenabsatz, der technische Rationalisierung und Massenproduktion rentabel macht, könne nur durch Reklame erreicht werden, die den vermehrten Absatz, der die Massenproduktion selbst rentabel macht, herausfordert. Man kann dagegen nicht geltend machen, die Reklame verteuere ja gerade die Ware. Das tut sie natürlich im Verhältnis zu dem, was die Ware kosten würde, wenn sie ohne Reklame in der gleichen Menge abgesetzt werden könnte. Aber wenn die Reklame eine lohnenswerte rationalisierte Massenproduktion ist, muß man den nicht mit Reklame belasteten Preis auf den unteren technischen Produktionsstufen mit dem reklamebelasteten Preis auf den höheren technischen Stufen vergleichen; ist der letztere Preis, trotz der Werbekosten, niedriger, muß die Differenz der Reklame zugute gehalten werden – falls es also die Reklame ist, die allein die Durchführung der technischen Verbesserung ermöglicht hat. Es wird als eine Voraussetzung für all dieses bezeichnet, daß für die Reklame für Waren mit „degressiven Produktionskosten" gilt: „Es empfiehlt sich daher, für industrielle Waren mehr zu werben als für landwirtschaftliche Produkte" (**668**, 6). – Es gibt keine Ware, für die die Kosten ständig sinken. Wenn eine bestimmte Kapazitätsausnutzung erreicht ist, steigen die Kosten, bis die Kapazität der Anlage voll ausgenutzt ist (Figur 15). Wird die Kapazität danach erweitert, so erfordert dies einen augenblicklichen Mehreinsatz fester Anlagen, während der Absatz nicht sofort volle Ausnutzung der neuen Kapazität zuläßt. Der Absatz steigt nur allmählich, während die Kapazität sprunghaft erweitert wird. Die Bewegung der Produktionskosten verläuft deshalb wie in Figur 16 dargestellt. Zudem steigen üblicherweise die Minimalkosten der einzelnen Anlage mit der Produktion in der Branche. Richtig an der zitierten Betrachtung ist, daß die Reklame dazu beitragen kann, einen Absatz zu erreichen, der Produktion zu den für den Betrieb im Augenblick geltenden Minimalkosten erlaubt.

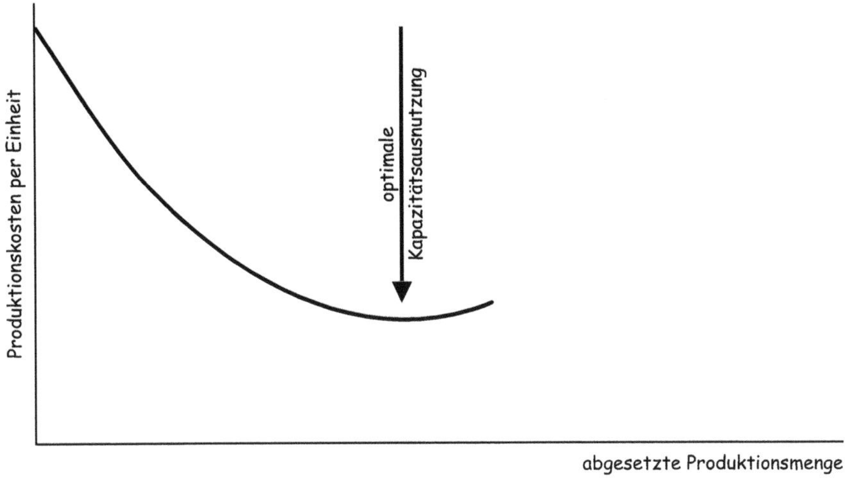

Figur 15

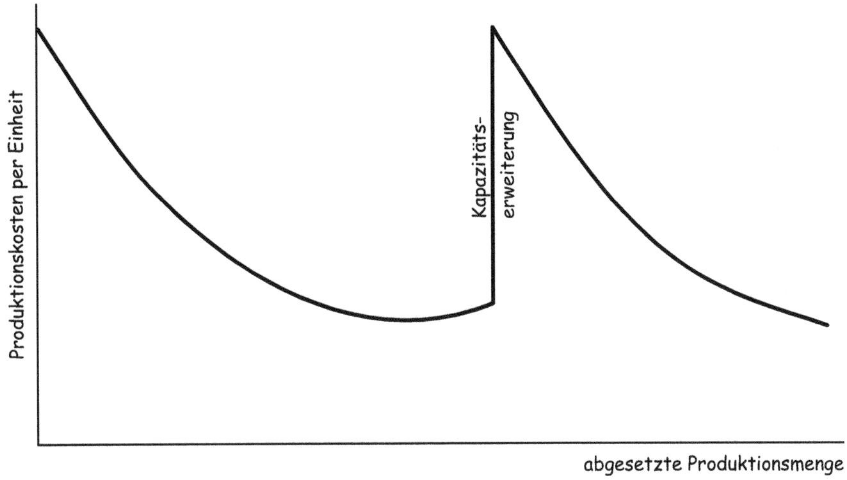

Figur 16

Sofern die gesteigerte Produktion eine Preissenkung gestattet, ist es jedoch die Frage, ob die Reklame für deren Durchführung notwendig ist. Galloway sieht „das Hauptproblem des 18. Jahrhunderts in der Produktion, während das Problem des 19. Jahrhunderts die Hebung des

Lebensstandards ‚der Bevölkerung' und die sich daraus ergebende Erhöhung des Konsums ist. Es ist die Reklame, die diese Aufgabe gelöst hat" (**222**, 12). Das klingt, als ob die produktionstechnischen Fortschritte des 18. Jahrhunderts nur eine Art Sport gewesen wären, nicht aber den durchschnittlichen Lebensstandard gehoben hätten. Wird mehr produziert, so wird gleichzeitig jenes vergrößerte Volkseinkommen geschaffen, das eine entsprechende Hebung des Lebensstandards erlaubt. Eine Steigerung des Sozialprodukts bringt als Kehrseite auch die Vergrößerung des Volkseinkommens mit sich, so daß das Produkt abgesetzt werden kann.

Wenn die Massenproduktion eine preissenkende technische Rationalisierung ermöglicht, kann man diese durchführen, den Preis entsprechend kalkulieren – und dann wird sich die Nachfrage selbst dem anpassen, vorausgesetzt, es ist ein größerer latenter Bedarf für die Ware vorhanden. – Die ganze ökonomische Expansion, die man der Reklame als Verdienst anrechnen will, hat Ursachen, die von dieser unabhängig sind; sie würde sich deshalb auch ohne Reklame einstellen.

Die Reklame hat insofern nur die Funktion, die Anpassung des Verbrauchs an die Produktionssteigerung zu beschleunigen. Sie wirkt nur katalytisch, indem sie die Absatzsteigerung fördert, die es ermöglicht, die Minimalkosten zu realisieren.

Mobilisierung der Kaufkraftreserven. Trotz aller Hervorhebungen, daß „die Reklame ... nur ‚Kaufwünsche' wecken, aber keine neue ‚Kaufkraft' hervorrufen kann" (**647**, 11), besteht doch die theoretische Möglichkeit, daß sie den Gesamtmarkt ausweiten könnte. Es gibt in der Wirtschaftsgesellschaft immer gewisse Kaufkraftreserven, die durch Reklame mobilisiert werden könnten. Diese kann zum Beispiel, indem sie größeres Verlangen nach einer Ware weckt, dem Sparen entgegenwirken oder – einen Schritt weiter – die Leute dazu veranlassen, ihr erspartes Vermögen zu verbrauchen oder sie endlich dazu bringen, eine Anleihe aufzunehmen, um kaufen zu können. In diesen Fällen werden Kaufkraftreserven mobilisiert oder neue Kaufkraft mit Hilfe des psychischen Drucks der Reklame geschaffen. Die künstlich erzeugte Nachfrage ermöglicht eine Produktionssteigerung, und diese bringt durch Auszahlung des Arbeitslohns und Vergütung für andere Leistungen neue Kaufmacht.

Says Gesetz vom Gleichgewicht zwischen der gesamten Kaufmacht der Gesellschaft und dem Wert des Sozialprodukts besagt nur, daß der Betrag, der von der Gesellschaft als Ganzes in die Produktionsfaktoren investiert wird, ausreicht, um die Kosten zu decken. Es handelt sich ja in Wirklichkeit um den gleichen Betrag. Aber es besteht keine Gewähr dafür, daß ebendieser Betrag zum Kauf verwendet wird; ein Teil davon kann gespart werden, oder es können Ersparnisse verwendet werden.

Sparen von Verbraucherseite bedeutet der klassischen Nationalökonomie zufolge nur, daß das ersparte Geld durch die Bank einer anderen Verwendung zugeführt wird. In Wirklichkeit tritt das gesparte Geld nicht zwangsläufig an anderer Stelle auf dem Markt als Nachfrage nach Waren auf, sondern fließt zu einem großen Teil in Anleihen, mit denen die Verkäufer ihre stagnierenden Lagerbestände finanzieren. Der Rückgang der Nachfrage selbst bindet auf diese Weise einen Teil des ersparten Geldes, schränkt die Produktion in der folgenden Phase ein und verringert dadurch das gesamte Volkseinkommen der folgenden Phase. Gelingt es der Reklame, die Nachfrage nach Waren auf Kosten des Sparens zu stimulieren, so erhöht sie damit indirekt durch vermehrte Beschäftigung das gesamte Volkseinkommen der folgenden Phase. Sparen, das ja doch eine verminderte Nachfrage nach Waren bedeutet, wirkt auf die Investition nicht so stimulierend, daß die ersparten Beträge automatisch von der Investition aufgesogen werden. Die klassische Theorie rechnet damit, daß dieses mit einer Senkung des Zinsfußes erreicht wird, aber erfahrungsgemäß reagiert der Zins nicht schnell genug, um dieses Resultat zu erreichen.

Die Möglichkeit einer künstlichen Stimulierung der Nachfrage ist durch die Experimente der letzten zehn Jahre in Deutschland und anderen Ländern nachgewiesen worden. Die Wirtschaftsgesellschaft kann den Markt durch künstliche Neuschöpfung von Kaufkraft erweitern – entweder durch Ingangsetzung öffentlicher Arbeiten, die via Lohnauszahlung das Volkseinkommen vergrößern und dadurch eine höhere Produktion ermöglichen oder durch Verbrauchsfinanzierung. Die gleiche Wirkung würde sich ergeben, wenn die Reklame durch Stimulierung der Verbrauchswünsche die Konsumenten dazu veranlassen könnte, weniger zu sparen, ihr Vermögen anzugreifen oder einen Kaufkredit aufzunehmen.

Die theoretischen Möglichkeiten für eine markterweiternde Wirkung der Reklame sind also vorhanden. Aber in der Praxis wird die Reklame nicht zu diesem Zweck verwendet. Wir werden im folgenden Abschnitt über das Verhältnis zwischen Reklame und Konjunkturschwankungen sehen, daß die meiste Reklame während der Aufstiegsperiode gemacht wird, in der eine spontane Ausdehnungstendenz vorhanden ist, wohingegen die Bemühungen der Reklame gerade in der Niedergangsperiode nachlassen, wo ein Ansporn nötig wäre. Die Erweiterung des Gesamtmarktes ist ein zu teures Reklameziel für den privaten Gewerbetreibenden und kann besser von den Behörden in Gang gesetzt werden.

Verbrauchslenkung. Die Reklame scheint dagegen eine andere Funktion im Dienste der Marktforcierung zu haben. Ohne Reklame würde die Richtung der Produktionssteigerung den spontanen Mehrverbrauchswünschen des Verbrauchers folgen; der Produzent wird im zweiseitigen freien Wettbewerb dafür belohnt, daß er den Bewegungen des Bedarfs auf die geschickteste Weise folgt. Die Reklame gestattet dagegen bis zu einem gewissen Grade, die Wünsche des Verbrauchers zu dirigieren. Sie ruft eine Verbrauchsausweitung in der Richtung hervor, in der man die Produktion auszuweiten wünscht. Deshalb sagt man: Der westliche Kapitalismus betrachtet den Verbraucher als Diener der Produktion, „was einer auf den Kopf gestellten Wirtschaft gleichkommt" (**469**, 72 f.). Aber es ist schwierig, zu erkennen, wie es anders werden kann. Es ist nämlich offensichtlich nicht die Schuld „des westlichen Kapitalismus", sondern die Schuld der Technik, und sie wird in einer staatsautoritär gelenkten Wirtschaft noch deutlicher hervortreten. Je größer und je verwickelter die technischen Produktionsapparate werden, desto unelastischer werden sie (**644**). Je weniger fixes Kapital im Produktionsapparat investiert ist, desto leichter kann die Produktion in gegenseitiger Konkurrenz den wechselnden Tendenzen des Verbrauchs folgen; große fixe Kapitalien erfordern eine gewisse Stabilität in der Art des Verbrauchs, und um die technischen Möglichkeiten ausnutzen zu können, muß die Struktur der Produktion bis zu einem gewissen Grade die Zusammensetzung des Verbrauchs bestimmen. Geschieht das nicht, indem man eine konkurrierende Ware zwangsweise fernhält, muß es durch Reklame geschehen. Und es ist nicht, wie Halfeld glaubt, ein amerikanisches Phänomen. Die Strategie des amerikanischen Unternehmers, schreibt er, „heißt Unabhängigkeit vom Markte, Gängelung der Käufer, Weckung des

Bedürfnisses für sein Erzeugnis ... Er wird sich in den seltensten Fällen für eine Ware interessieren, die nicht die Chance des Massenabsatzes für sich hat. So sieht er seine eigentliche Aufgabe darin, eine Riesennachfrage künstlich zu kreieren. ... Die Massenerzeugung, die in Europa zu einem Problem der Betriebsverbilligung zusammenschrumpft, weil ihr in der geistigen Unabhängigkeit des Menschen natürliche Grenzen gesteckt sind, wird in Amerika zur Grundlage des gesamten Lebens" (**256**, 99 f.). Das einzig Richtige daran ist wahrscheinlich, daß die „amerikanische" Strategie leichter in den USA durchzuführen ist, aber raffiniertere und andere Mittel als bei uns erfordert; das Prinzip ist das gleiche – muß es sein.

Die Konkurrenten können nicht länger die beste Absatzchance, die die wildwachsenden Verbrauchstendenzen bieten, flexibel wahrnehmen. „Zu Beginn des 20. Jahrhunderts ... hielt der aufmerksame Produzent es für einträglicher, die Bedürfnisse der Verbraucher zu manipulieren, denn es war für ihn einträglicher, die Verbrauchstendenzen, die er selbst geschaffen hat, auszunutzen, als alte und neue Produkte der Launenhaftigkeit des spontanen Verbrauchergeschmacks zu unterwerfen" (**644**, 49). Der Produzent wird nun im Wettbewerb nicht mehr für seine Anpassung an die Bedürfnisse des Verbrauchers belohnt, sondern für die Gründlichkeit, mit der er den Bedarf zu dirigieren vermag. Die „Reklame befolgt hierbei zunächst die Tendenz, die von der Produktion willkürlich eingeschlagene Richtung auf die Entwicklung des Bedarfs zu übertragen. Dies ist die Aufgabe, die ihr von den Produzenten gestellt worden ist" (**463**, 54).

Die Sprache der Reklame selbst klingt natürlich so, als ob des Käufers Wünsche und Launen für den Verkäufer Gesetz wären; aber dies ist nicht mehr als eine psychologische Taktik. Der Reklamist sagt in seinen fachlichen Äußerungen oft dasselbe, und die moderne Verbraucherpsychologie im Dienste der Marktanalyse scheint es zu bestätigen. Aber die näheren Erklärungen der Fachleute machen deutlich, daß man nur durch eine raffiniertere Technik den Verbraucher dazu bringen will, sich der Produktion unterzuordnen. Die Reklame muß nicht à tout prix verkaufen wollen, was der Fabrikant herstellt – sie soll lieber für das werben, was das Publikum wünscht. Dieses ist so zu verstehen, „daß es nicht allein die Aufgabe des reklametreibenden Fabrikanten sein muß, festzustellen, wofür ein Bedürfnis vorhanden ist, sondern auch zu ermitteln, wofür eine Bedürfnis anerzogen werden könnte, denn gerade der erzieherische Effekt der Reklame ist ein außerordentlicher" (**367**, 73). Darin liegt nur die Erkenntnis, daß es Grenzen für die Manipulation des Verbraucherverhaltens gibt und daß man den Verbraucher lieber biegen als brechen solle. Die psychologische Verbraucheranalyse stellt keine Unterordnung unter die Wünsche des Verbrauchers dar, sondern ein Auskundschaften der schwachen Punkte in seiner psychischen Verteidigung.

DIE REKLAME IM DIENSTE DER ZIVILISATION. Die in engerem Sinne erzieherische Wirkung der Reklame soll vor allem darauf beruhen, uns gelehrt zu haben, größere Ansprüche an das Leben zu stellen und durch Vergrößerung und Differenzierung des Verbrauchs den allgemeinen Lebensstandard gehoben zu haben. Die Reklame hat unsere Lebenswelt bereichert. „Wir haben größeren Spielraum, um unter verschiedenen Artikeln jeder Gattung zu wählen" (**241**, 82). Sie „gehört zu jenen Mitteln, die geeignet sind, die Bedürfnisbefriedigung des Menschen aus der Enge der lokalen Gebundenheit loszulösen und ihm den unerschöpflichen Reichtum der volks- und weltwirtschaftlichen Produktion zur Verfügung zu stellen" (**273**, 22).

Aber für diese Güter schulden wir sicher in erster Linie dem Dampfschiff, der Eisenbahn und dem Telegraphen Dank. Die Reklame hat höchstens als friktionssenkende Maßnahme Anteil an diesen Fortschritten.

Man macht viel Aufhebens davon, daß die Reklame „Luxus demokratisiert" (**285**, 62) habe; sie sei „Aladins Wunderlampe, welche ungeahnte Reichtümer für die Armen herbeizaubert. Sie hat den Reichen das Alleinrecht auf Luxus genommen" (**352**, 89). Fogg-Meade legt hauptsächlich Gewicht darauf, daß die Reklame in dieser Richtung viel getan habe, das Niveau der Mittelklassen zu heben (**200**). – Die einfache Bevölkerung ist in der Tat mit zahlreicheren Waren versehen als früher, darunter vieles, das früher für Luxus gehalten wurde. Es geht aus dem vorigen Abschnitt hervor, daß dies das Verdienst der Produktionstechnik ist, nicht das der Reklame. – In großem Umfange handelt es sich um eine, kulturell gesehen, wertvolle Hebung des Lebensstandards. Aber gerade bei unbestrittenen großem Anteil der Reklame ist der Gewinn äußerst zweifelhaft. Higham weist den Einwand zurück, daß „der Industrialismus mittels der Reklame in allzu hohem Grade die Nachfrage auf eine künstliche Weise forciert ... Diese Kritik verherrlicht mit größerer Beredsamkeit als der gesunde Menschenverstand eine bescheidenere Lebensweise" (**285**, 59). „Was versteht man unter ‚künstlich'? Es scheint einfach für ‚neu' zu stehen ... Und es ist bezeichnend, daß diese Kritik in der Regel von Leuten kommt, die selbst alle Güter der Zivilisation besitzen oder Zugang zu ihnen haben" (**287**, 142). Ich gehöre nicht zu den Romantikern, die von dem spartanischen Leben der guten alten Zeit begeistert sind. Mehrverbrauch ist wünschenswert, sofern er das allgemeine kulturelle Niveau oder die Lebensfreude der Menschen hebt. Aber ein Teil des Luxus, zu dem nun die einfachen Leute Zugang haben, ist Talmiluxus, der, kulturell gesehen, tiefer steht als die überwundene hausbackene Solidität.

„Eine ganze Seite war mit ... Annoncen angefüllt, die alles mögliche von orientalisch parfümierten Zigaretten bis zu elektrischen Leibgürteln offerierten, und Turgis las sie sämtlich aufmerksam durch. In der Öffentlichkeit tat er so, als wisse er Bescheid und betrachtete das Annoncenwesen mit zynischen Blicken, privatim aber war er immer noch das willige Opfer der Inserate, und fast jeder Schilling, den er ausgab, sei es für Kleidung, für Alkohol, für Tabak oder für Vergnügungen, wurde ihm durch die reichsten und geschicktesten Inseratenagenten aus der Tasche gezogen. Deshalb wahrscheinlich waren seine Anzüge so schnell verknüllt, deshalb zogen seine Schuhe sich mit Regen voll, deshalb platzten seine Zigaretten auf, und deshalb konnten seine Vergnügungen ihn nie vergnügen" (**503**, 136). – Es ist eine dreiste Behauptung, daß „der Einfluß der Reklame auf den Geschmack in die richtige Richtung geht" (**285**, 55). Falsche Vornehmheit wird oft auf Kosten des anderen Bedarfs, zum Beispiel der Ernährung, erkauft – so daß auf der anderen Seite eine Senkung des Lebensstandards auf wichtigen Gebieten eintritt. Selbst der der Reklame gegenüber freundlich eingestellte Angé sieht darin einen wohlbegründeten Einwand gegen die Reklame (**18**, 30). – Es ist auch fraglich, ob dieser Luxus die persönliche Befriedigung erhöht; er wird oft aus reinen Prestigegründen gekauft, und die Ausgabe wird als ein Opfer empfunden, das man seinem äußeren Ansehen bringt; außerdem durchschaut der Verbraucher selbst in der Regel, daß es doch nur der Glanz einer anderen sozialen Klasse ist, den er sich erlauben kann, und er fühlt sich mehr oder weniger von der Ware enttäuscht. – Ganz unsinnig ist es, in diesem Zusammenhang von Demokratisierung zu sprechen.

Eine wirkliche Angleichung des Verbrauchsniveaus findet nicht statt. Gewisse Formen des Luxus dringen – in billiger Volksausgabe – auf der sozialen Skala hinab, aber in der Zwischenzeit wird neuer Luxus geschaffen, der nun ebenso unerreichbar ist, wie es andere Dinge zuvor gewesen sind. Das Ganze ist ein ständiger Wettlauf zwischen Nachahmung und Distanzierung. Solange es Wohlhabende und kleine Leute gibt, wird es den Luxus geben, auf den die ersteren ein Alleinrecht haben, und keine Reklame kann das ändern.

Die Beurteilung des gesellschaftlichen Nutzens der Reklame muß natürlich davon abhängen, welche Konsumgewohnheiten die Reklame wachruft (**535**, 12 ff.). Mit verblüffender Gewißheit wird behauptet: „Die Reklame hat mehr gute Gewohnheiten bei den Menschen ausgebildet als irgendeine andere Macht auf Erden. Dieses gilt ohne Einschränkungen und Vorbehalte" (**285**, 64). Es mangelt auch nicht an Beispielen. Das Versicherungswesen weist auf die volkspädagogische Bedeutung seiner Reklame hin (**441**, 13 f.; **591**, 158). Zahnpflege und Sauberkeit sollen mehr oder weniger ausschließlich der Reklame für Zahnpasta und andere Pflegemittel zu verdanken sein (**354**, 97; und andere). Einrichtung und Ausstattung der Wohnung seien zweckmäßiger und geschmackvoller geworden, und „diese Entwicklung kann bestimmt nicht auf die Initiative des Konsumenten zurückgeführt werden" (**120**, 41). Ja, es soll die Reklame sein, die das Bedürfnis nach Kultur geweckt hat (**537**, 29). „Es bedurfte ihrer – und nichts anderes hätte an ihre Stelle treten können –, um das Bedürfnis nach Musik zu wecken" (**537**, 31) – befriedigt durch Grammophonplatten. Man könnte seitenweise mit Zitaten dieser Art fortfahren – genauso törichten wie das letzte über die Musik.

In einer großen Anzahl der Fälle hätte sich wahrscheinlich die Ware selbst, unterstützt durch eine neutrale Marktinformation, ohne Reklame durchgesetzt – wahrscheinlich etwas langsamer. Und dies gilt gerade für die Dinge, die wirklich reine Befriedigung geben. Avenarius bemerkt mit Recht, daß weder die Eisenbahnen und der Telegraph noch das Telephon auf ihrem Weg zum Erfolg der Reklame bedurft hätten (**26**, 4). In anderen Fällen hat die Reklame sicher einen lobenswerten Anteil gehabt; ich denke hier besonders an die Zahnpastareklame; aber auch hier hätte wahrscheinlich eine zentral geplante hygienische Propaganda von öffentlicher Seite das gleiche Resultat mit geringeren Kosten ergeben. Endlich kann man die volkshygienische Bedeutung der Zahnpastareklame um 1900 nicht als Argument für die Fortsetzung dieser im Jahre 1940 anführen. Ihre volkspädagogische Mission ist erfüllt; und „nun weigern sich viele Zahnpastafabrikanten tatsächlich, eine Marktausdehnung durch Erziehung weiterer Verbraucherkreise zu erstreben, denn das würde ihrer Meinung nach zu kostspielig sein. Sie konzentrieren statt dessen ihre Anstrengungen darauf, einen größeren Anteil auf dem bestehenden Markt zu erobern, indem sie einige der Kunden anderer Marken an sich ziehen" (**305**, 75).

Der teils sicher ehrliche, teils vielleicht für Propagandazwecke vorgetäuschte Optimismus der Werbefachleute hat die Opposition herausgefordert. „Nichts beleuchtet so grell die Herrschaft der Institutionen über den Menschen wie der Anblick einer stattlichen Anzahl Spezialisten ..., deren Lebensaufgabe es ist, den Bedarf der Konsumenten nicht im Interesse der Menschheit, sondern im Geschäftsinteresse zu gestalten" (**627**, 310). Und diese Spezialisten müssen selbst einräumen, daß es ihre Absicht ist, „das zu beschaffen, was man die Öffentlichkeit glauben macht zu benötigen – was aber nicht notwendigerweise das ist, was wir selbst am besten für sie halten würden" (**123**, 16). Ja, es wird nicht ohne Berechtigung behauptet: „Und doch ist gerade das Reklamewesen – so folgere ich weiter – seiner Natur nach besonders geeignet, die Theorie des wirtschaftlichen Liberalismus zu diskreditieren, denn der Nutzen, den einzelne Privatwirtschaften daraus ziehen, steht wirklich in gar keinem Verhältnis zu den schweren Nachteilen, die es einer Volkswirtschaft zufügt. Schon im Wesen der Reklame liegt es begründet, daß sie einen tatsächlichen Erfolg nur recht wenigen Produktionszweigen zu bringen imstande ist und überdies meist nur solchen, mit denen die Volkswirtschaft keinen besonderen Staat machen kann" (**711**, 434).

Es fällt nicht schwer, eine Anzahl Verbrauchsformen von kulturellem Wert aufzuzählen und dann zu behaupten, wir hätten der Reklame für deren Verbreitung zu danken. Aber dem fehlt die Beweiskraft, da man ebensogut das Gegenteil behaupten könnte. Der eine mag die Reklame dafür loben, daß sie den nahrhaften Kakao statt des schädlichen Bieres popularisiere (**535**, 12 f.), während ein anderer die Reklame beschuldigt, Schmutzliteratur und gefährliche Genußmittel zu verbreiten (**358**, 45), und der eine hat ebenso unrecht wie der andere. Russell gibt zunächst eine lange Aufzählung über die Verdienste der Reklame um die Kultur und behauptet, die Produzenten könnten diese Waren zwar ohne Reklame herstellen, deren Verbrauch sei aber ausschließlich das Verdienst der Reklame; danach fährt er ganz treuherzig fort, die Reklame werde nicht immer zu so ehrenhaften Zwecken benutzt; sie verderbe bisweilen den Geschmack der Verbraucher, anstatt diese zu erziehen. Aber dann sei es nicht der Fehler der Reklame: Gewissenlose Produzenten seien daran schuld (**537**, 31 f.). Das ist fast zu naiv, um dagegen zu opponieren; alle nützlichen Wirkungen werden der Reklame, nicht der Produktion zugeschrieben – an den weniger nützlichen soll die Produktion, nicht die Reklame schuld sein. Da die Reklame nur ein Mittel zum Zweck ist, kann sie selbst weder für die, kulturell gesehen, wertvollen noch die verwerflichen Verbrauchsformen, die mit ihrer Hilfe entstehen, verantwortlich sein. Sinclair Lewis beschreibt ironisch einen Werbeagenten: „Herr Pemberton ist der Napoleon patentierter Heilmittel und auch der Napoleon aller Präparate, die von den Ärzten verwendet werden" (**403**, 265). Und bei Dorothy Sayers finden wir folgenden Dialog zwischen zwei Werbefachleuten: „Ich finde unseren Beruf zutiefst unmoralisch. Wirklich. Stellen Sie sich nur mal vor, wie wir den Leuten den Magen verderben." „Ja schon – aber vergessen Sie nicht, wie wir uns auf der anderen Seite bemühen, das wieder auszugleichen. Mit der einen Hand ruinieren wir ihre Gesundheit, mit der anderen stellen wir sie wieder her. Die Vitamine, die wir beim Konservieren zerstören, geben wir ihnen mit Revito zurück; die Ballaststoffe, die wir aus Peabodys Hochlandporridge herausholen, stellen wir ihnen schön verpackt als Bunburys Frühstückskleie wieder auf den Tisch; die Mägen, die wir ihnen mit Pompagner verderben, kurieren wir mit Peplets Verdauungstabletten. Und indem wir das dumme Volk doppelt bezahlen lassen – einmal für die Entmannung ihrer Nahrung und dann für die Wiederherstellung der Vitalität –, halten wir die Räder der Wirtschaft in Gang und verschaffen Tausenden Arbeitsplätze – einschließlich Ihnen und mir" (**547**, 54).

Die Reklame sucht jede Verbrauchsform zu stimulieren, an der der Verkäufer verdienen zu können glaubt. Die Frage nach dem sozialen Wert oder der Verwerflichkeit des Verbrauchs liegt außerhalb von Zweck und

Mitteln des Systems des Reklameprozesses (**650**, 24). – Außerdem ist es eine gefährliche Sache, den sozialen Wert der Verbrauchsformen zu diskutieren, wenn man es nicht auf sich nehmen will, souverän anzuordnen, welche Bedürfnisse berechtigt und welche unberechtigt sind (**470**, 8 f.). Eine solche Grenze zwischen Schwarz und Weiß ist nur in einer autoritär gelenkten Wirtschaft möglich – und eher aus der Sicht der herrschenden Gruppe als nach allgemeingültigen sozialen Maßstäben.

UNIFORMIERUNG. Es ist sicher ungerechtfertigt, die Reklame zu beschuldigen, sie habe eine Uniformierung des Verbrauchs herbeigeführt. Lüddecke erblickt darin schlechthin die Hauptwirkung der Reklame (**413**, 36 ff.), Spann ist derselben Auffassung (**634**, 173), und Sinclair Lewis umschreibt sie in seinem Roman „Babbitt" mit folgenden Worten: „Ebenso wie er ein Elch, wie er ein Booster und ein Mitglied der Handelskammer war, ebenso wie die Priester der Presbyterianischen Kirche ihm seinen religiösen Glauben diktierten, und die Leiter der Republikanischen Partei irgendwo in Washington in kleinen raucherfüllten Zimmern darüber entschieden, was er über die Entwaffnung, über die Zölle und über Deutschland zu denken hatte, ebenso setzten die großen nationalen Anzeigen die äußere Seite seines Lebens fest, fixierten, was er als seine Individualität betrachtete. Diese stets wiederkehrenden Anzeigen der verschiedensten Waren – Zahnpasta, Socken, Pneus, photographische Apparate, Schnellsieder – waren seine Symbole und seine verläßlichen Gutachten; sie waren erst ein Zeichen, später Ersatzmaterial für Freude, Leidenschaft, Weisheit" (**402**, 139 f.).

Die Quelle dieser Auffassung ist eine falsche Sicht vom Verhältnis zwischen Reklame und Massenproduktion und eine romantische Abneigung gegen die letztere.

Es ist vor allem zumindest ungenau, von Uniformierung zu sprechen; es kann nur die Rede von einer Typisierung und Standardisierung sein, und wir sahen, daß die Reklame gerade eine oft sinnlose Vielfalt an Warentypen begünstigt. – Die Typisierung könnte nur auf die Reklame als Ursache zurückgeführt werden, wenn diese allein die Massenproduktion ermöglicht und wenn die Massenproduktion individuell verschiedene Ware verdrängt hätte. Das erstere ist falsch. Die Massenfabrikation entstand unabhängig von der Reklame und hat ihren Ursprung in der technischen Entwicklung. Und die Reklame hat den Verkauf von Massenprodukten nicht möglich gemacht; sie ist nur in besonderem Grade dafür brauchbar. Deshalb beginnt ihre eigentliche Blütezeit nicht mit der Reklame für Mode- und Luxusartikel zu Beginn des 19. Jahrhunderts, sondern erst gegen Ende des Jahrhunderts, als die Industrie zur Massenproduktion billiger Artikel des täglichen Bedarfs überging, hauptsächlich Haushaltsartikel oder ähnliches. Gerade hier zeigt es sich, daß die Massenproduktion auch nicht die Gleichförmigkeit des Verbrauchs herbeigeführt hat (**479**, 120 ff.). Hand in Hand mit dem Wachsen der Städte geraten immer größere Bevölkerungsteile unter totalen Marktzwang. Bedarfsgegenstände, die vorher zu Hause hergestellt wurden, kauft man jetzt fertig, und es sind gerade diese Waren, die Massenartikel im wahrsten Sinne sind; nicht weil die Massenindustrie oder ihre Reklame den Verbrauch des Volkes gleichgeschaltet haben, sondern weil der Bedarf der Menschen ohne Ansehen des Standes gleichförmig i s t, was Haushaltsseife und Scheuerpulver, Schuhcreme und Farbe und Hunderte anderer Dinge angeht. Ihre Herstellung ist niemals „individuell" gewesen, sondern nur zersplittert. – Die Reklame – als Massenbotschaft über eine Ware – setzt eine gewisse Gleichförmigkeit der Verbrauchswünsche größerer Menschenmengen als auch in deren psychischen Reaktionen voraus.

Es ist überhaupt eine romantische Vorstellung, daß unser Verbrauch jetzt uniformer sein solle als zum Beispiel im Mittelalter. Ohne den mindesten Beweis dafür zu erbringen, behauptet Sombart, die Uniformierung des Bedarfs sei eine Folge von Bürokratisierung und Proletarisierung; es „wird im allgemeinen nicht zweifelhaft sein, daß hundert Ratsdiener oder hundert Postsekretäre oder hundert Eisenbahnschaffner einen einförmigeren Privatbedarf haben werden als hundert Schuster, Schneider oder selbst Bauern. Die Schablonisierung ihres Gehirns wird viel weiter fortgeschritten sein dank der völlig gleichen Umwelt, in der sie ihre Tätigkeit ausüben, und damit die Vereinheitlichung ihres Geschmacks und Werturteils" (**629**, **III**, 628). Ich möchte wissen, woraus er das schließen will. Worin ist das Milieu des Eisenbahnschaffners einförmiger als das des Schuhmachers? Warum soll er in geistiger Hinsicht schablonisierter sein? Es besteht vielmehr Anlaß dazu, zu glauben, daß das Privatleben innerhalb einer Berufsgruppe jetzt differenzierter ist, weil die deutliche

Abgrenzung der privaten Lebenssphäre gegenüber dem „öffentlichen Leben" gerade eine Begleiterscheinung der Versachlichung beruflicher Tätigkeit in der modernen Zeit darstellt. – Und die Produktion selbst ist sicher auch nicht schablonenartiger als in der Handwerkszeit – sie ist es nur auf eine etwas andere Weise. Die Gleichförmigkeit der Waren, die die Massenproduktion und rationelle Gestaltung der Warentypen jetzt herbeiführen, war früher durch die Tradition des Handwerks begründet.

Eine ganz andere Frage ist, ob soziale Verbrauchsunterschiede verschwunden oder abgeschwächt sind. Dies ist zwar in großem Umfange der Fall, aber in erster Linie sicher nicht als Folge der Reklame. Die Ursachen dafür liegen vor allem darin, daß immer größere Bevölkerungsteile sich in den Städten ballen (**548**, 31), wo alle unter totalem Marktzwang leben, das heißt: unter reiner Geldwirtschaft; darin liegt ein ausgleichendes Moment, selbst wenn das Einkommen unterschiedlich hoch ist. Die Stadt gleicht auch die örtlichen Unterschiede in den Verbrauchsgewohnheiten aus, die auf dem Lande teils milieu-, teils traditionsbedingt sind. Dazu kommt der Wandel der Ständegesellschaft zur Klassengesellschaft, in der Art und Zusammensetzung des Verbrauchs selbständige, sozialdistinktive Bedeutung erhalten, und wo sich gerade aus diesem Grunde unter der einfacheren Bevölkerung ein starker Drang geltend macht, die Bessergestellten nachzuahmen. Alle diese Faktoren wirkten ganz unabhängig von der Reklame. Diese hat sie nur ausgenutzt und damit in zweiter Linie sicher die soziale Egalisierung der Verbrauchsformen vertieft. Aber sie war entschieden nicht die Ursache für eine Tendenz, die viel weiter zurückgeht als Massenproduktion und Reklame – nämlich bis in die Auflösungszeit der Ständegesellschaft.

SCHLUSSFOLGERUNG. Die Reklame kann, theoretisch gesehen, eine Marktausweitung nur durch Stimulierung der Erwerbslust oder durch Mobilisierung der Kaufkraftreserven herbeiführen. Das erstere ist nur in sehr begrenztem Umfange in der modernen Gesellschaft möglich, wo der größte Teil der Bevölkerung nicht willkürlich seinen Einsatz vergrößern kann. Von der anderen Möglichkeit macht die Reklame in der Praxis keinen Gebrauch, weil die Kosten zu hoch wären. In einer Richtung kann geradezu nachgewiesen werden, daß die Reklame die volle Produktionsentfaltung verhindert – insofern nämlich, als sie eine unsinnige

Zersplitterung der Produktionskräfte durch konzentrierte Erzeugung von Varianten und Scheinvarianten begünstigt (vgl. Seite 211 ff.).

Eine, kulturell gesehen, wünschenswerte Beeinflussung der Verbrauchsstruktur der Bevölkerung durch Reklame läßt sich nicht nachweisen. Teils sind günstige Verbrauchstendenzen anderen Faktoren als der Reklame zu verdanken, teils zeigt es sich, daß die Reklame unparteiisch sowohl wertvolle als auch verwerfliche Verbrauchstendenzen unterstützt, weil ihr leitender Gesichtspunkt ein gesteigerter Gewinn ohne Rücksicht auf den kulturellen Wert der Ware ist.

Reklame und Konjunktur

Postulate und Fakten. Es ist eine Menge über das Verhältnis zwischen Reklame und Konjunkturverlauf gesagt und geschrieben worden. Wenn man an die Fähigkeit der Reklame glaubt, eine umfassende Marktausdehnung zu bewirken, ist es nur eine logische Folge, sie als ein geeignetes Mittel anzusehen, wirtschaftliche Depressionen zu bekämpfen. Fowler stellte schon im Jahre 1893 die Regel auf, daß „die Reklame sowohl vorbeugt als auch heilt. In guten Zeiten s o l l t e man sie benutzen, in schlechten Zeiten m u ß man sie benutzen, ... und eine größere Dosis, je mehr das Geschäftsleben kränkelt" (**201**, 20; Hervorhebung von mir, Geiger). Was hier als Forderung ausgedrückt ist, wird von anderen als Faktum dargestellt. Higham begründet die Notwendigkeit der Reklame mit „der Unbegrenztheit und Fluktuation der Märkte. Um den Absatz stabil zu halten, war es notwendig, Nachfrage nach Waren" (**287**, 10) durch Reklame zu schaffen. Das klingt, als ob die Reklame wirklich die Konjunkturschwankungen ausgleiche, und Paneth nimmt es dann auch ohne Beweis als gegeben an, daß „die Reklame die durch Wirtschaftskrisen verursachten Absatzstockungen mildert" (**483**, IV), wie auch Taylor unter den wirtschaftlichen Funktionen der Reklame als Punkt 5 den Ausgleich von Konjunktur- und Saisonschwankungen nennt (**656**, 65 ff.).

Andere hegen die bescheidenere Auffassung, die Reklame könnte diese Wirkung haben, werde aber leider nicht dazu verwendet. Der gerade erwähnte Fowler wirft den Verkäufern vor, daß sie „in guten Zeiten mit Geld für die Reklame um sich werfen, in schlechten Zeiten aber die Reklame mit harter Hand beschneiden. Ein aufgeklärter Geschäftsmann sollte die Kunden führen, anstatt ihnen zu folgen" (**201**, 19); Kropeit schärft seinen Lesern ein: „Jede Unternehmung muß auftretende Konjunkturschwankungen zu meistern suchen. Die organisierte Werbung bietet ein wichtiges, oft das einzige Mittel dazu!" (**363**, 43).

Es sind offenbar zwei Fragen zu beantworten: 1) Wirkt die Reklame, so wie sie gehandhabt wird, konjunkturausgleichend? – Falls nicht: 2) Könnte sie so wirken, wenn die Geschäftswelt eine andere Reklamepolitik betriebe?

Gleicht die Reklame Konjunkturschwankungen aus? Man könnte sich die Beantwortung der ersten Frage leicht machen, indem man darauf hinweist, daß die Konjunktur ständig wechselt; ihre Schwankungen werden also weder durch die Reklame noch durch einen anderen Faktor ausgeglichen. Das wäre jedoch zu billig; wer kann wissen, ob die Schwankungen nicht ohne Reklame stärker wären?

Betrachtet man die Reklame als einen unter vielen Gewerbezweigen, so geht ihr Auf und Ab als Element in die allgemeine Konjunkturbewegung ein. Sie ist selbst Konjunkturschwankungen unterworfen. Das dem amerikanischen *Commerce Yearbook* (**132**, 395) entnommene Diagramm 17 zeigt die nicht weiter überraschende Tatsache, daß die Schwankungen der Werbekosten und des Produktionsindexes in genauer Übereinstimmung miteinander stehen.

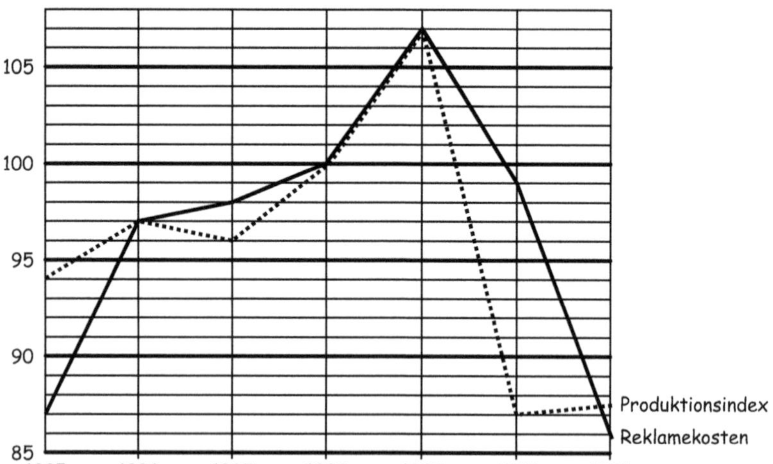

Figur 17

Erweist sich jedoch bei einer vergleichenden Untersuchung, daß Richtungsänderungen und Umschwung im Konjunkturverlauf in Werbeberufen früher als in anderen Branchen auftreten, so würde damit gesagt sein, daß die Reklame eine Schlüsselstellung für die Konjunkturpolitik einnimmt.

Der amerikanische Statistiker Crum hat das Thema in einem umfangreichen Buch behandelt (**138**); ich gebe seine Thesen auszugsweise wieder. Er sucht das Verhältnis zwischen der Reklameentwicklung (gemessen an der Annoncenmenge) und dem Konjunkturverlauf in Tageszeitungen und Wochenzeitschriften festzustellen und schildert seine Methode mit folgenden Sätzen: „Um Konjunkturschwankungen in der Reklameentwicklung aufzudecken, muß man zuerst die Saisonschwankungen messen und eliminieren ... Das statistische Hauptproblem in der Analyse der Reklameentwicklung ist deshalb das Messen der Saisonschwankungen. Dies ist hier besonders schwierig, weil die Reklameentwicklung in Tageszeitungen von der tatsächlichen Anzahl der Werktage in den Kalendermonaten und in Wochenzeitschriften in einigen Monaten von fünf Ausgaben abhängen kann. Es ist deshalb vor allem notwendig, die Rohzahlen zu einem hypothetischen Normalmonat mit einer festen Anzahl von Werk- und Sonntagen (26 Wochentage und 4 Sonntage) umzurechnen. Danach kann man mit Hilfe von Persons' Median-Gliedziffernmethode die Saisonschwankungen analysieren."

Diese Methode „gibt für jede individuelle Serie der Reklameentwicklung einen Saisonschwankungsindex an ... Dieser Index ist an sich schon von großem Interesse, weil die Oszillation der Werbeanstrengungen während des Jahres von großer Bedeutung für jede Untersuchung des ganzen Problems ist. Der Index ermöglicht außerdem eine Eliminierung der Saisonschwankungen ... Die Ausschläge in der Reklameentwicklung spiegeln – nach Eliminierung der Saisonschwankungen – die Konjunkturschwankungen wider ... Säkulare und saisonale Schwankungen sind dabei nicht eliminiert worden ..."

„Figur 18 vergleicht die Reklameentwicklung in einer ausgewählten Gruppe von Tageszeitungen, die in 29 über die Vereinigten Staaten verteilten Städten erscheinen, mit der allgemeinen Geschäftstätigkeit im Konjunkturverlauf (gemessen an Bankkrediten, um säkulare und saisonale Schwankungen bereinigt)."

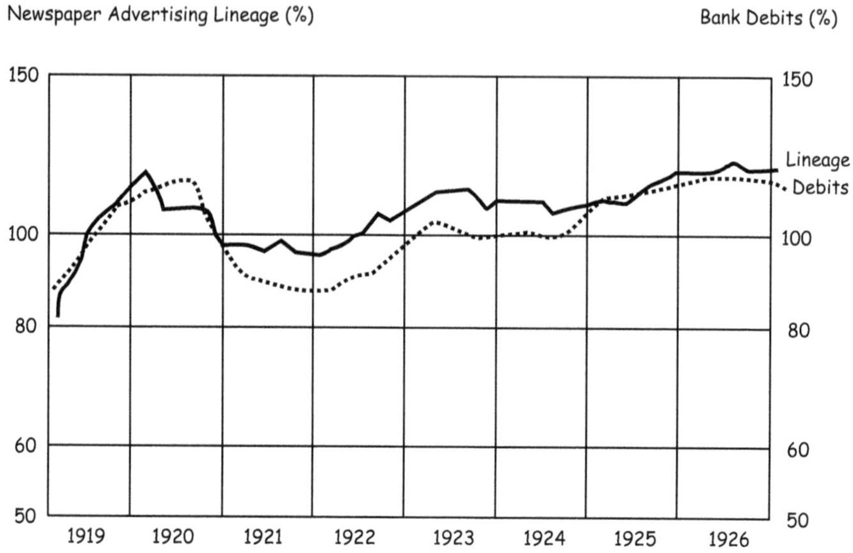

Figur 18

„Figur 19 zeigt den Vergleich der Kurve zwischen der Reklameentwicklung in einer ausgewählten Gruppe von Wochenzeitschriften und der allgemeinen Geschäftstätigkeit im Konjunkturverlauf."

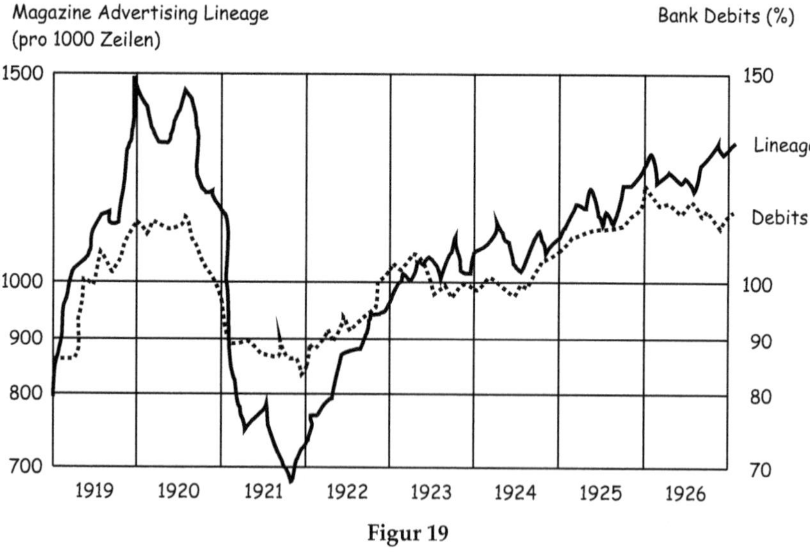

Figur 19

„Nahezu während der ganzen Bewegung seit 1919 geht die Kurve der Reklameentwicklung der Kurve der allgemeinen Geschäftstätigkeit im Konjunkturverlauf um ein Geringes voraus. Dieses ist in Anbetracht dessen, daß die Reklame entschieden dazu dient, den Absatz zu stimulieren, nicht anders zu erwarten. Wenn die statistischen Resultate bestätigen, daß die Reklameentwicklung, wie erwartet, der allgemeinen Geschäftstätigkeit im Konjunkturverlauf vorausgeht, dann ist das ein Test für die Gültigkeit der statistischen Analyse und flößt Vertrauen in die Richtigkeit des Bildes ein, das sie vom Auf und Ab der Reklameentwicklung gibt" (**138**, 7 ff.).

Die Reklameentwicklung scheint hiernach faktisch den Konjunkturverlauf zu beeinflussen. Die ganze Erklärung gibt Anlaß zu einer Reihe Bemerkungen:

1) Crums letzte Sätze zeigen, daß er von vornherein erwartet, die Reklamebewegung eile dem Konjunkturverlauf voraus. Es müßte gerade bewiesen werden, daß die Fakten den Erwartungen entsprechen – er aber benutzt diese Übereinstimmung direkt entgegengesetzt als ein Argument für die Richtigkeit der Methode.

2) Wenn die Erwartung und das ihr entsprechende Resultat richtig wären, müßte man die Frage nach der Ursache der Schwankungen der Reklamemenge aufwerfen.

3) Die Rohzahlen haben recht tiefgehende statistische Umrechnungen erfahren, nämlich zunächst die Umstellung auf einen Normalmonat und dann die Prozentberechnung mittels Median-Gliedziffernmethode; ich zweifle daran, daß man hiernach sehr viel auf die kleinen Schwankungen in der Kurve geben kann, selbst wenn ihr großer Duktus richtig wäre.

4) Die Diagramme zeigen meiner Meinung nach keineswegs deutlich, daß die Reklameentwicklung der allgemeinen Geschäftstätigkeit im Konjunkturverlauf „um ein Geringes voraus" ist. Im Diagramm 18 scheint die Reklame vielmehr ein wenig hinterherzuhinken. – Da die kleinen Schwankungen eher verwirrend als signifikant wirken können, habe ich die Kurven graphisch geglättet. Die Diagramme 20 und 21 nehmen diese

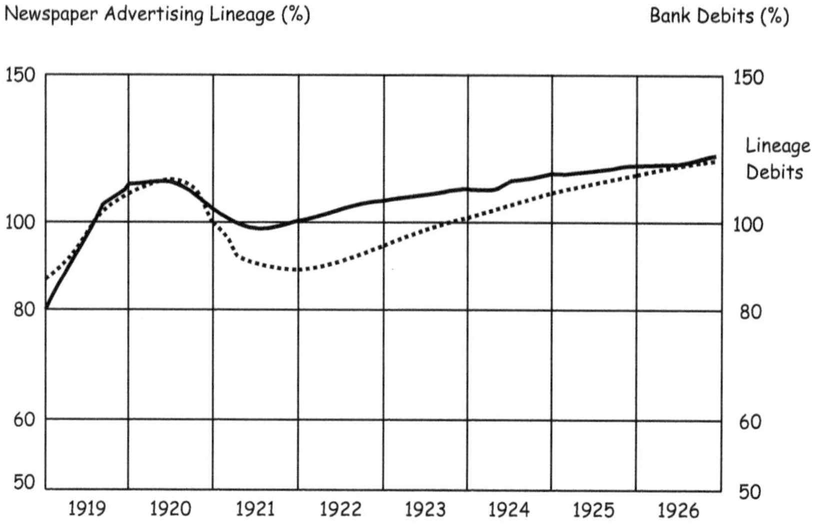

Figur 20

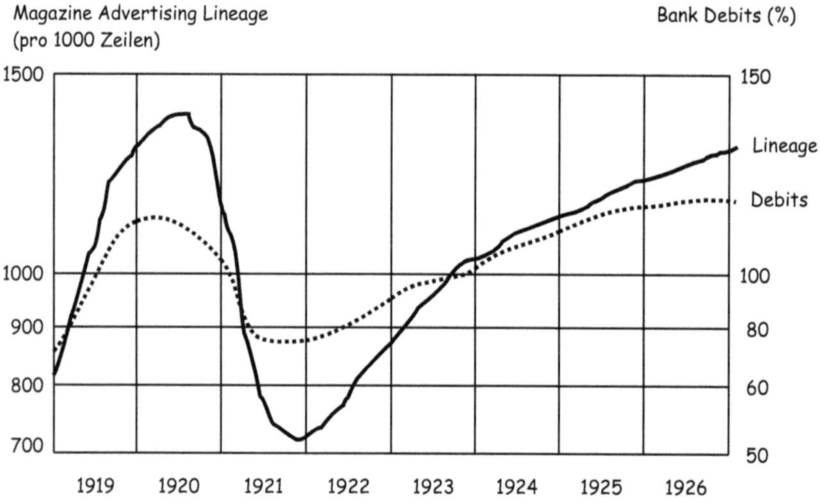

Figur 21

Operation mit Crums Diagrammen 18 und 19 vor. Hiernach gibt es kein einigermaßen sicheres Anzeichen für ein Präzedenzverhältnis.

5) Der Ausschlag der Reklamemenge in beiden Richtungen ist nach Crums Diagramm in Wochenzeitschriften stärker als in Tageszeitungen; die Reklame der Wochenzeitschriften scheint danach eher konjunkturempfindlicher zu sein. Babson kam schon im Jahre 1924 zum gleichen Resultat und glaubte auch, die Erklärung gefunden zu haben: In schlechten Zeiten sparen die Leser zuerst an Zeitschriften, die reiner Luxus sind, während sie jedoch auch jetzt noch die Zeitung kaufen. Die Inserenten folgen also vermutlich den Lesern (zitiert nach Redlich **514**, 51). Etwas Wahres ist möglicherweise an dieser Erklärung, aber die Hauptursache für den Unterschied zwischen der Zeitschrift- und der Zeitungskurve ist eine ganz andere. Sowohl Babson als auch Crum arbeiten mit dem amerikanischen Begriff „advertising". Nun ist Inserierung in Wochenzeitschriften ausschließlich echte Geschäftsreklame, während die Annoncierung in Tageszeitungen sehr viele Annoncen umfaßt, die nichts mit Geschäftsreklame zu tun haben. Als Folge davon tritt der Konjunkturverlauf in der Zeitschriftreklamekurve voll in Erscheinung, während er in der Zeitungsreklamekurve durch die konjunkturunabhängige, nicht geschäftliche Inserierung verwischt ist. Man muß hier namentlich bedenken, daß die Inseratengruppe „Stellengesuche" einschließlich Kauf und Verkauf gebrauchter Dinge gerade dann ihren Höhepunkt erreicht, wenn die Geschäftsreklame zusammen mit der Depression auf ihrem tiefsten Punkt angelangt ist.

6) Die Bewegung der Reklame ist Crums eigenen Diagrammen zufolge auf jeden Fall dem Konjunkturverlauf ein wenig voraus. Dies gibt Anlaß zum Nachdenken. Es dürfte sich ein wesentlicher Unterschied im Verhältnis der Zeitungs- und der Zeitschriftreklame zur Konjunktur zeigen, da die Wirkungsweise in den zwei Fällen unterschiedlich ist. Die unmittelbar von Tag zu Tag verkaufende Reklame (Einzelhandel, Warenhäuser) ist in den Zeitungen vorherrschend, fehlt aber fast ganz in den Wochenzeitschriften; diese Reklame bringt sofort einen Umsatz. Ist es die Reklame, die „das Geschäft bringt", so kann in diesem Falle eine recht schnelle Reaktion erwartet werden, und es würde dann begreiflich sein, daß die Bewegung der Reklame nur „um ein Geringes" dem Konjunkturverlauf voraus wäre. Die Wochenzeitschriften enthalten hauptsächlich Goodwillreklame auf lange Sicht, besonders Markenwarenreklame; deren Wirkung kann man erst nach einiger Zeit im Umsatz erwarten; die Bewegung der Reklame müßte also, die Richtigkeit von Crums Annah-

me vorausgesetzt, mehr als nur um ein Geringes voraus sein. Die nach Crums Diagramm 19 nur sehr geringe Distanz deutet gerade darauf hin, daß das von ihm vermutete Ursachenverhältnis nicht vorliegt.

7) Der von Crum bearbeitete Zeitraum von 8 Jahren ist wahrscheinlich zu kurz, um überhaupt eine deutliche Relation zu zeigen.

Ungeachtet dieser offensichtlichen Mängel, gibt der Statistiker Wagemann Crums Resultate kritiklos wieder (**666**, 7).

Reklamebudgetierung. Crums Vermutung, die Reklame schaffe gesteigerten Umsatz auf dem Gesamtmarkt und seine dementsprechenden statistischen Resultate müssen jedoch falsch sein. Dies läßt sich beweisen, wenn man vom Budgetierungsverhalten der Reklamisten ausgeht. Wenn die Reklame als konjunkturpolitisches Instrument wirken sollte, müßte das Budget vorausschauend aufgestellt werden, das heißt: der leitende Gesichtspunkt müßte der Umsatz sein, den man in Zukunft zu erreichen wünscht. In Wirklichkeit geht die Budgetierung in der Regel rückblickend vor sich, das heißt: mit Ausgangspunkt in der bisherigen Größe des Geschäfts.

Es wird in der Regel eine mehr oder minder fein differenzierte Reihe möglicher Budgetierungsmethoden genannt (**206**, 205; **215**, 130 f.; **280**, 183; **378**, 27 ff.; **617**, 459 ff.), worunter Berechnungen auf der Basis von bisherigem oder unter gegebenen Umständen zu erwartendem Umsatz, Werbekosten der Konkurrenz, verfügbare Geldmittel usw. überwiegen. Es wird sogar die Möglichkeit genannt, „daß das Reklamebudget jährlich um einen bestimmten Prozentsatz, z. B. 15 %, über das Vorjahr vergrößert wird“ (**215**, 131), um den Fortgang des Geschäftes zu forcieren – ohne die geringste Andeutung, daß zuerst untersucht werden müßte, ob überhaupt Möglichkeiten für eine weitere Absatzsteigerung bestehen. Konjunkturpolitisch vorausschauende Berechnungsmethoden spielen in allen diesen Zusammenstellungen eine recht untergeordnete Rolle und werden gelegentlich einfach als allzu spekulativ bezeichnet, während die rückblickenden Methoden für solider gehalten werden. Ein Verfasser einer älteren Studie behauptet, daß „der erfolgreiche Inserent einen bestimmten Prozentsatz des Vorjahresverkaufs aufwendet“ (**481**, 169). Auch in neuerer Zeit wird es als richtig bezeichnet, daß eine gute, wohldurchdachte, zielsichere Reklame im allgemeinen mit 5 Prozent des bisherigen Jahresumsatzes als Grundlage rechnen muß; für Markenartikel des täglichen Bedarfs muß man 10–15 Prozent, für Markenartikel des Luxus 30–40 Prozent rechnen. Dazu fügt man als Aufschlag einen entsprechenden Prozentsatz der im laufenden Jahr möglicherweise erreichten Umsatzsteigerung (**255**, 336 f.; **385**, 296). Hinsichtlich der Zigarettenindustrie wird einfach festgestellt: „Zunehmender Umsatz macht zunehmende Reklame erforderlich" (**471**, 61).

Hier und dort wird allerdings geltend gemacht, die rückblickende Budgetierung sei eine Folge „einer gewissen Denkfaulheit" (**150**, 91); daß „das Geschäftsvolumen, das man erreichen möchte, dafür entscheidend sein muß, wieviel man für Reklame aufwenden will" (**619**, 150); daß „das moderne und wissenschaftlich begründete Vorgehen selbstverständlich darin besteht, sich erst ein Ziel zu setzen und dann zu berechnen, wieviel Reklame zu dessen Erreichung erforderlich ist" (**366**, 298). Die übliche Methode, das Werbebudget auf der Basis des bisherigen Umsatzes festzulegen, sei „weder wissenschaftlich noch ökonomisch". Der Verkäufer soll durch Reklame „eine gewisse neue Absatzmenge zu einem bestimmten Preis erreichen", aber sich nicht mit dem Absatz begnügen, „den er für eine bestimmte Summe bekommen könnte ohne Rücksicht darauf, ob es sich für ihn tatsächlich lohnen würde" (**658**, 213 f.).

Die Reklame folgt der Konjunktur. Nur wenige Reklamisten folgen diesen Ratschlägen. Ich fand in der Literatur nur die Schilderung eines Falles, in dem eine Firma ihre Reklamemenge umgekehrt proportional zur Konjunkturbewegung regulierte (**61**, 376 ff.). Der Bericht über die Erfahrungen ist leider unvollständig.

Eine Umfrage Flörkes (**617**, 457 ff.) über das Thema wurde im Jahre 1924 von 58 der befragten 142 Firmen beantwortet. Nur 35 hatten überhaupt einen Werbeetat aufgestellt, während der Rest aufs Geratewohl arbeitete. Von den 35 gaben 29 an, wie sie das Budget berechneten; 21 hatten eine rein rückblickende Budgetierung; nur bei 4 gab es einen Ansatz für eine vorausschauende Methode. Zehn Jahre später ergab eine amerikanische Enquête das Resultat, daß 48 von 299 Firmen ganz und 31 teilweise vorausschauend budgetierten (**61**, 351). Frederick glaubt jedoch, die Industrie gehe allmählich mehr zu projektiven Methoden über. Auch

Kjær Hansen behauptet, die Prozentmethode werde immer mehr in der Weise angewandt, vom erwarteten Umsatz des kommenden Jahres auszugehen; sein Kommentar dazu zeigt aber, daß dieses nicht auf eine Art geschieht, die konjunkturausgleichend wirken kann. „Man geht natürlich von dem festen Punkt aus, den man im Verkauf des vorigen Jahres hat, reguliert aber die Größe des gegebenen Umsatzes in Übereinstimmung mit dem Konjunkturverlauf, der Konkurrenz, eigenen geplanten Verkaufsvorstößen und ähnlichen Umständen, die Einfluß auf das Resultat des nächsten Jahres ausüben können" (**344**, 623; Hervorhebung von mir, Geiger). Auch hier ist also im wesentlichen nicht daran gedacht, durch die Reklame die Entwicklung zu bestimmen, sondern konjunkturell einer erwarteten Entwicklung zu folgen.

Es ist nicht beabsichtigt, hier zu entscheiden, welche Methode, betriebswirtschaftlich gesehen, die richtige ist. Aber sicher ist, daß die rückschauende Budgetierung im großen und ganzen dazu führen muß, daß die Reklame der Konjunkturbewegung folgt. In dem Falle „liegt die stärkste Steigerung im Profit im Jahre vor dem relativ größten Zuwachs an Werbekosten" (**650**, 78), und nach dem Konjunkturumschwung abwärts wird die Reklameaktivität der Folgezeit dem verminderten Umsatz angepaßt. Als eine Schätzung wird vorgebracht, daß die „allgemeine Goodwillreklame in Wochenzeitschriften etwa mit 5, in Tageszeitungen mit 5 bis 9 Monaten Abstand der allgemeinen Konjunktur folgt" (**501**, 63). Die Reaktion dürfte schneller eintreten, als hier angegeben ist, aber das Anzeigengeschäft der Blätter folgt auf jeden Fall der Konjunkturbewegung. Born gibt zahlenmäßig belegte Beispiele dafür aus der Zeit von 1909–1914 (**63**, 29). – Vaile hat gleichzeitig mit Crum die Sache untersucht und kommt – für die gleiche Reihe von Jahren – zu dem gerade entgegengesetzten Resultat: Die Reklame folgt der Konjunktur (**668**, 113 ff.). Ich gebe seine Diagramme als Gegenstück zu den Crum'schen wieder (Figur 22 und 23).

Unter der Voraussetzung, daß die Reklame, wie beabsichtigt, wirkt, wird sie eher den Ausschlag der Konjunktur verschärfen als ihn mildern (**514**, 46). Die für die Reklame aufgewendeten Beträge steigen, während steigende Konjunktur an sich wachsende Kauflust und Kaufmacht mit sich bringt – und umgekehrt. „Die Reklamewirkung wird sich nämlich im Falle steigender Kaufkraft als progressive Ausgleichstendenz äußern.

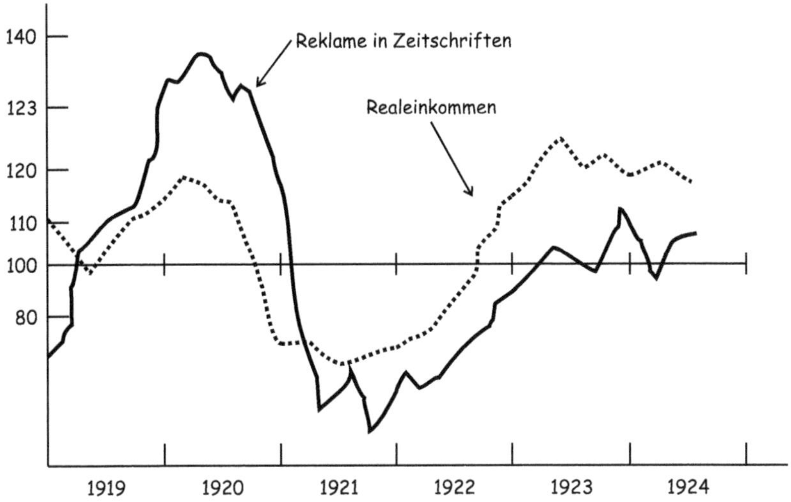

Figur 22 *(nach R. S. Vaile)*

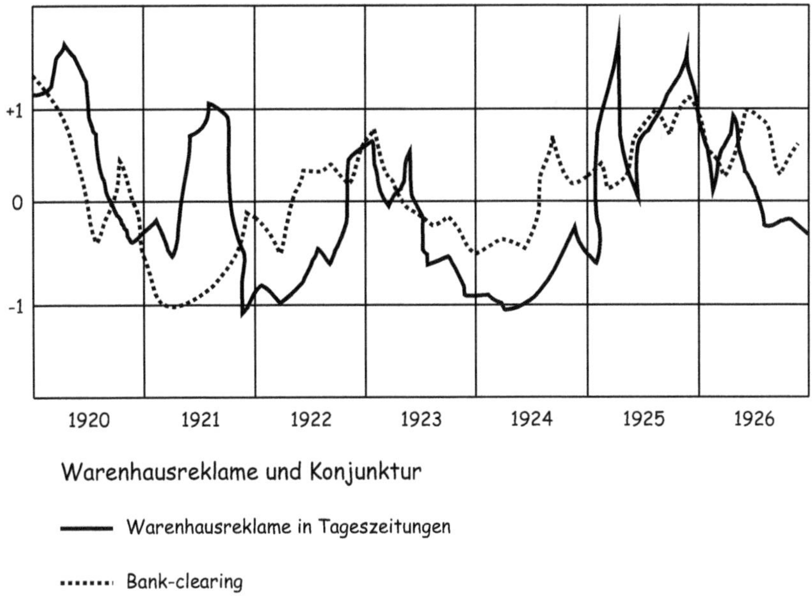

Figur 23 *(nach R. S. Vaile)*

Progressiv insofern, als sich mit einer Steigerung des allgemeinen volkswirtschaftlichen Wohlstandes eine zusätzliche Nachfrage ergibt, rege Kauflust hervorgerufen wird, die sich nun die Reklame zunutze macht, um diese über das an sich durch die Steigerung des Volkseinkommens gerechtfertigte Maß hinaus zu steigern" (**463**, 42; **623**, 106 f.). Wo die Reklame rückblickend nach einem bestimmten Schlüssel budgetiert wird, folgt dieser Tendenz, daß der für Reklame aufgewandte Betrag sich immer nach dem Konjunkturstand des letzten Jahres richtet. Ist kein festes Budget für die Reklame aufgestellt, so wird es vielleicht noch schlimmer; die Reklame wird dann, wenn es auf den Konjunkturhöhepunkt zugeht, überdosiert, da der Geschäftsmann optimistisch ist, und sie wird gegen den Tiefpunkt zu, wo ihn Pessimismus ergreift, unterdosiert (**656**, 56 ff.). Die Werbebranche trägt teilweise dazu bei, diese Tendenz noch zu verstärken. Reklame für die Reklame hat größte Aussicht, bei den Geschäftsleuten zu wirken, solange sie die Geschäfte von der positiven Seite sehen; die Werbebranche nutzt natürlich diese Chance bis zum äußersten, wohl wissend, daß der Widerstand der Reklamisten sehr hartnäckig wird, sobald flaue Zeiten einsetzen. Es wird deshalb den Zeitungsverlagen schlichtweg empfohlen, gerade während des Konjunkturanstiegs auf die Jagd nach Annoncenaufträgen zu gehen (**539**, 288).

In einer einzelnen Richtung soll die Reklame Redlich zufolge eine regulierende Wirkung ausüben. Ist ein Unternehmen während der Hochkonjunktur stark beschäftigt, so wird es in der Regel seine Reklame einschränken, und das ist, betriebswirtschaftlich gesehen, richtig; denn „steigert man in der Hochkonjunktur durch Reklame den Umsatz über die normale Kapazität hinaus, so sinkt infolge der progressiven Kosten der Überschuß relativ, vielleicht sogar absolut. ... Das bedeutet: Reklame erlangt im Stadium der Hochkonjunktur determinative Bedeutung für den Konjunkturablauf. Dazu kommt, daß Reklame in Zeiten ansteigender Konjunktur schon zur Aufblähung einzelner Bedarfe geführt haben, also auch schon vorher zu Disproportionalitäten beigetragen haben kann" (**514**, 47). Redlichs Vermutung, die Reklamepolitik der Unternehmer bremse die Konjunkturbewegung, verliert jedoch etwas von ihrem Gewicht, wenn man in Betracht zieht, daß die Unternehmer oft den Konjunkturanstieg zur Kapazitätserweiterung benutzen. Und während des Konjunkturrückganges, wo eine ausgleichende Tendenz am notwendigsten wäre, muß man annehmen,

„daß Reklame im Stadium des Rückschlages keine Rolle von Belang spielt" (**514**, 47).

Die Reklame wirkt so während der Depression, wo der Markt ein Stimulans braucht, nicht markterweiternd. Während des Konjunkturanstiegs, wo eine allgemeine Expansionstendenz vorhanden ist, sucht jeder Verkäufer sich durch Reklame seinen Anteil an dieser Ausweitung zu sichern. Während der Depression dagegen, wo der Markt schrumpft, fällt die Reklame in repressives Konkurrenzverhalten zurück. Der einzelne Verkäufer sucht da so viel wie möglich von dem eingeschränkten Markt für sich selbst zu retten (**150**, 20).

Eine aktive Konjunkturpolitik ist so von seiten der Reklame ausgeschlossen. Der Konjunkturverlauf bietet größere oder geringere Absatzchancen, und der Reklamist sucht seinerseits das Bestmögliche herauszuholen. Es fehlt also bisher jeder Nachweis für eine derartige konjunkturausgleichende Wirkung der Reklame (**598**, 204).

Kann die Reklame Konjunkturschwankungen ausgleichen?

Die Frage ist dann, ob die Reklame den Ausschlag der Konjunkturbewegung abschwächen k ö n n t e, wenn sie auf eine andere, rationellere Weise gehandhabt würde. Die Meinungen hierüber sind unterschiedlich, entsprechend den unterschiedlichen Auffassungen von der Fähigkeit der Reklame, den Gesamtmarkt auszuweiten.

Man kann der Äußerung, daß vermehrte Reklame in der Depression „natürlich für eine Reihe von Gewerben Mehrbeschäftigung bedeutet" und sie „so zu ihrem Teil zu einer Abschwächung der Konjunkturschwankungen beitragen" (**514**, 47) könnte, wohl kaum viel Bedeutung beimessen. Die Werbeberufe nehmen doch im Verhältnis zum gesamten Wirtschaftsleben, mengenmäßig gesehen, eine untergeordnete Stellung ein; ein kleiner Anstieg dort kann kaum einen Einfluß auf die gesamte Wirtschaftslage ausüben.

„Soweit rein psychische Faktoren hinter der Konjunkturbewegung stehen – und dies ist in verhältnismäßig geringem Grade der Fall –, soweit ist die Reklame ein bewegender Faktor in der Konjunktur" (**666**, 8). Die „Reklame kann die zur Zeit des Aufschwungs gegebene natürliche Tendenz verstärken, nicht aber sie beim Niedergang in ihr Gegenteil umkehren“ (**63**, 29). Man betrachtet die Konjunkturschwankungen als Ausschlag ökonomischer Faktoren, die sich willkürlicher Kontrolle entziehen, fast wie eine Art Naturphänomen, und deshalb kann „die Reklame ohne Rücksicht auf die Konjunktur kaum mit günstigem Resultat selbständige Wege gehen“ (**289**, 48); sie kann sich nur aufs Geratewohl der ökonomischen Bewegung anzupassen suchen (**289**, 52 f.). Die Reklame kann, mit anderen Worten, die Konjunkturbewegung nicht steuern, aber möglicherweise durch richtige Dosierung ihren Ausschlag bremsen und dämpfen. Eine solche Reklamepolitik wird in einem gewissen Umfange betrieben, wenn auch nicht im Hinblick auf die Konjunkturen. Die Markenwarenreklame ist Goodwillreklame auf lange Sicht; der Reklamist rechnet hier nicht mit unmittelbaren Verkaufsresultaten. Er setzt seine Reklame oft unvermindert während der Depression fort und wartet darauf, daß sie in der folgenden Aufstiegsperiode Frucht tragen werde. Langfristige Planung der Reklame und bedeutende Kapitalstärke erlauben hier ein stabiles, von Konjunkturschwankungen verhältnismäßig unberührtes Reklameverhalten.

Ähnliche Methoden werden für die Reklame im allgemeinen empfohlen. Fluss zieht folgende Schlüsse: In Krisenzeiten sinkt der Umsatz; die gleiche Reklamemenge ergibt deshalb sinkenden Reklamemehrwert; verringert man die Reklamemenge, so geht der Umsatz noch mehr zurück, und der Reklamemehrwert verschwindet vielleicht ganz; steigert man die Aufwendungen für Reklame, so kann man, selbst bei sinkendem Reklamemehrwert, doch möglicherweise die absolute Größe seines Umsatzes bewahren. Er empfiehlt deshalb, den Reklameaufwand, den man vor Einbruch der Depression mit Erfolg einsetzte, beizubehalten (**199**, 105 f.). Herzog und nach ihm Lysinski geben differenziertere Verhaltensmaßregeln. Die Reklame muß ihrer Meinung nach während der Hochkonjunktur etwas eingeschränkt werden, nachdem man sich ausreichend Beschäftigung gesichert hat. Beginnt ein Abflauen der Konjunktur, so soll man die Reklame verstärken, um die letzten Nachwirkungen der guten Zeitperiode auszunutzen. Danach wird die Reklame gedrosselt. Sobald sich die ersten Anzeichen einer Erholung zeigen, setzt man mit einer kräftigen Reklamewelle ein (**279**, 21 f.; **418**, 47 f.).

Hirsch glaubt der Reklame wirklich eine depressionshemmende Wirkung nachweisen zu können. Als Beweis führt er eine Untersuchung der Reklame und des Absatzes von 125 amerikanischen Firmen während der Krise im Jahre 1921 an. Die 58 Firmen, die ihr ursprüngliches Werbebudget beibehalten hatten, büßten nur 12 Prozent ihres Umsatzes ein, während die 67 Firmen, die ihr Werbebudget beschnitten, 25 Prozent einbüßten (**289**, 52 f.). Damit ist in Wirklichkeit gar nichts über die depressionshemmende Wirkung der Reklame gesagt. Zum einen weiß man nicht, ob die fortgeführte Reklame bei den 58 erfolgreichen Firmen die Ursache für deren günstige Stellung war, oder ob sie, im Gegenteil, ihre Reklame aufrechterhalten konnten, weil sie aus dem einen oder anderen Grunde mit der Depression verhältnismäßig besser zurechtkommen konnten. Aber selbst wenn die Reklame bei ihnen entscheidend war, so beweist das nur, daß die Reklame auch während der Depression eine relative Wirkung hat. Auf dem reduzierten Markt gewinnen die Verkäufer, die viel werben, einen Vorteil gegenüber jenen, die wenig werben. Verfolgen die Firmen einer Branche während der Depression eine unterschiedliche Reklamepolitik, so werden infolgedessen deren Wirkungen sich für die Reklamisten vorteilhaft ausnehmen, sich für die anderen aber verschärfen. Hätten sie alle ihre Reklamemenge beibehalten, würde der Verkauf aller durchschnittlich um 18–19 Prozent zurückgegangen sein. – Von einem solchen betriebsindividuellen Gesichtspunkt aus sagt Hughes (Edison General Electric Appliance Company), daß der geschäftstüchtige Reklamist seine große Chance während der Depression habe, während die schwächeren Reklamisten von der Bildfläche verschwänden. Damit deutet er an, daß eine Firma nicht in erster Linie durch die Reklame, sondern durch ihre Kapitalstärke die Depression überstehen könne. Die Reklame wird dann nur genutzt, um die in wettbewerbsmäßiger Hinsicht günstige Gelegenheit auszunutzen. Die gesamte Annoncenmenge in den Blättern wird verringert, und derjenige, der seine Reklame aufrechterhält, hat einen besseren Stand im Wettbewerb um die Aufmerksamkeit des Käufers. Eine finanziell gut abgesicherte Firma kann deshalb nach überstandener Depression günstiger dastehen als während der vorausgehenden Aufstiegsperiode: Die Depression hat viele weniger starke Konkurrenten aus dem Feld geschlagen und eine Konzentration begünstigt. Diese konkurrenztaktischen Möglichkeiten haben natürlich nichts mit einem allgemeinen Konjunkturausgleich zu tun. Das einzelne Unternehmen hat insofern während der Depression eine besondere Chance durch vermehrte Reklame, weil und solange die Mehrzahl ihre Reklame drosselt.

Es geht indessen aus dem letzten Kapitel hervor, daß die Reklame, theoretisch gesehen, sehr wohl einen Konjunkturrückgang hemmen könnte, zum Beispiel, indem sie durch psychische Reize liquides Geld, das der Verbraucher zurückhält, hervorlockt, was Vaile für eine Möglichkeit von ganz untergeordneter Bedeutung ansieht (**668**, 119 ff.); ein anderer Weg wäre Verbrauchsfinanzierung. Aber die Reklame wird in der Praxis nicht in dieser Weise angewandt. Um den Käuferwiderstand während der Depressionsperiode zu überwinden, müßte man wahrscheinlich eine so große Reklamemenge aufwenden, daß sich die Kosten im Hinblick auf die Wirkung nicht lohnen würden. Zudem kann ein Konjunkturrückgang vom Staate bewußt herbeigeführt werden, wenn Zahlungsschwierigkeiten gegenüber dem Ausland bestehen. In dem Falle kann die depressionshemmende Reklame der privaten Wirtschaft es nicht mit den Machtmitteln des Staates aufnehmen. Die Nationalbank würde nur die markterweiternde Reklame mit verstärkten krediteinschränkenden Maßnahmen beantworten. – Die Verbrauchsfinanzierung wird von den Verkäufern auf eine solche Weise gehandhabt, daß sie vielmehr die Konjunkturschwankungen verschärft. In der Niedergangsperiode ist man mit der Kreditvergabe vorsichtig, weil die Debitoren unsicher sind; in der Aufstiegsperiode, wo man Vertrauen in die Zahlungsfähigkeit der Verbraucher hat, wird man großzügig und stärkt dadurch den von vornherein steigenden Absatz der Aufstiegsperiode. Setzt hierauf die Periode des Niedergangs ein, so wird ihr Ausschlag um so stärker; teils hat die Kreditvergabe in Verbindung mit der größeren Kaufmacht der Aufstiegsperiode selbst dazu geführt, daß die Konsumenten mit Waren übersättigt sind, teils tragen sie nach dem Rückgang ihres Einkommens obendrein schwer an ihren Schulden, und Abzahlung entzieht dem geschrumpften Markt weitere Nachfrage.

Reklame, Preis und Qualität

Problemaufriss. Während einige die Reklame bekämpfen, weil sie die Ware verteuere, behaupten die meisten Reklameanhänger gerade entgegengesetzt, die Reklame führe zu einer Verbilligung oder trage zumindest dazu bei. – Auf der einen Seite steht Sombart, der sagt: Die Reklame „verteuert die Ware enorm“ (**630**, 285); er kann nicht mit Zahlen aufwarten, aber er zweifelt nicht daran, „daß wir eine Stunde am Tage weniger zu arbeiten brauchten, hätten wir keine Reklame nötig.“ Dieses würde circa 11 Prozent der Werbekosten entsprechen, da die damalige Zeit den neunstündigen Arbeitstag hatte. Gestützt auf Fakten berichtet Ettinger, zügellose Konkurrenz und Reklame hätten um 1905 die Preise der österreichischen Bekleidungsindustrie so hoch getrieben, daß die Kauflust des Publikums bedeutend abgenommen habe (**178**, 4 f.). – Chase/Schlink führen eine Menge glaubwürdiger Beispiele für horrende Überpreise an (**119**, Kapitel V), ohne jedoch die Hauptschuld der Reklame daran zu beweisen. „Diese Unsicherheit wird außerdem verstärkt durch den Widerstand und die Abneigung, welche der Käufer jenen Gütererzeugern entgegenbringt, in deren Warenpreis die Kosten für die ihm zugemutete Vertrauensseligkeit mit inbegriffen sind“ (**682**, 540). „Die Reklame ... ist ein Schmarotzer, der den Wert der Ware nicht steigert“ (**157**, 199). Andere bestreiten, daß die Reklame jemals die Ware verteuern könne (**204**, 17) – im Gegenteil: „Wer keine Annoncen liest, zahlt eine Sonderabgabe bei jedem Einkauf, weil er die Ware teurer bezahlt“ (**620**, 4). „Die erste kleine Kodak kostete im Jahre 1890 25 Dollar; jetzt kauft man einen weit besseren Apparat für 10 Dollar“ (**67**, 9); hier erhält die Reklame das Lob, das eigentlich dem Fortschritt der Technik gebührt. Hole/Hart schlagen jedoch jeden Rekord, indem sie die hohen Tarife der englischen Rechtsanwälte mit der Reklame für billigen Rechtsbeistand in gewissen Blättern vergleichen. „Juristischer Rat ist teuer, *weil* Rechtsanwälte keine Reklame machen“ (**293**, 66). Es scheint Hole und Hart nicht aufgegangen zu sein, daß die billige Rechtshilfe der

Blätter eine Form der Werbezugabe darstellt, um Abonnenten damit zu ködern. Die häufigste Argumentation ist jedoch die, die Reklame steigere den Umsatz und ermögliche die billige Massenproduktion (zum Beispiel **57**, 298).

Wo so entgegengesetzte Behauptungen aufeinanderprallen, ist in der Regel etwas an der Problemstellung falsch.

REKLAMEKOSTEN. Wir verweilen nicht bei den vielen Schätzungen darüber, was die Wirtschaftsgesellschaften für Reklame ausgeben. Das sind nur geschätzte Zahlen, deren Unzuverlässigkeit zum Teil aus den gegenseitigen Widersprüchen hervorgeht. So wird das gesamte Werbebudget der Welt im Jahre 1897 mit 2 Milliarden Dollar (**202**, 552) und im Jahre 1925 mit 400–500 Millionen Pfund Sterling (**287**, 7) angegeben, was ungefähr das gleiche ist – eine Unmöglichkeit in Anbetracht der Tatsachen, daß die Reklamemenge, die den Siegeszug der Markenware brachte, in diesen 28 Jahren stark zugenommen hat, die Tarife gestiegen sind und teurere Werbemittel zur Anwendung gelangten. – Für die USA finden wir dagegen aus dem Jahre 1893 eine Schätzung von 200 Millionen Dollar und eine aus dem Jahre 1898 von 500 Millionen Dollar (**618**, 152); hier ist der Unterschied unwahrscheinlich groß. Für die Jahre 1916 und 1924 fand ich vier Zahlen, nämlich 600 Millionen Dollar (**265**, 39), 651 Millionen Dollar (**387**, 61), 1,3 Milliarden Dollar (**617**, 664) und 2 Milliarden Dollar (**13**, 12). Ein Verhältnis von 1:3,3 zwischen der niedrigsten und der höchsten Schätzung ist mehr, als man mit verschiedenen Berechnungsmethoden erklären kann. – Schätzungen in Prozent des Volkseinkommens schwanken in der Regel zwischen 2 und 5 Prozent; in der letzten Zeit scheinen sich die meisten darin einig zu sein, daß die Werbekosten circa 3 Prozent des Volkseinkommens betragen.

Ein wenig greifbarer sind die Zahlen, die für einzelne Branchen in Prozent des Umsatzes angegeben werden. Um 1902 sollen 2–10 Prozent im Einzelhandel üblich gewesen sein – soweit er überhaupt warb; der Durchschnitt betrug 3 Prozent; herrschte aber dort eine starke Konkurrenz, so kam man auf ungefähr 10 Prozent (**424**, 346). Die laufende Reklame für Markenartikel in der Lebensmittelbranche soll circa 2–3 Prozent erfordern (**214**, 17).

Sammons (zitiert nach **121**, 356) untersuchte im Jahre 1916 die Verhältnisse bei mehreren Tausend Einzelhändlern und fand in Prozent des Verkaufs bei

Kolonialwarenhandel	0,83	Möbel	2,72
Metallwaren	1,12	Juwelen	2,85
Fahrzeugen u. Zubehör	1,22	Bekleidung	3,16
Gemischtwaren	1,52	Warenhäusern	4,01
Schuhen	1,65	Versandhandelshäusern	7,21
Kurzwaren	1,67		

Tabelle 17

Herrold (**276**, 35) gibt im Jahre 1923 eine Liste der Werbekosten in Prozent des Umsatzes; die meisten wenden 3–4 Prozent mit 1 Prozent als Minimum (Klöppelspitzen, Stickereien und ähnliches) und 5 Prozent als Maximum (Hausrat, Herrenbekleidung) auf.

White (**694**, 458) nennt im Jahre 1927 folgende Prozentzahlen für einzelne Fabrikanten mit einem Reklamebudget von über 100.000 Dollar pro Jahr:

Kragen	3,5	Bekleidung	1,5
Farben	3,5	Bekleidung	3,5
Zündkerzen	7,0	Seife u. Parfüm	2,0
Zigaretten	5,0	Grapefruitsaft	10,0
Seife	3,0	Kühlschränke	7,5
Grammophone	5,0	Lebensmittel	5,0

Tabelle 18

Frederick (**206**, 208) führt für 1932/33 eine Analyse von 285 nationalen Reklamebudgets (Konsumgüterproduzenten) durch, die beispielsweise folgende Resultate in Prozent des Verkaufs ergab:

Arzneimittel	41,67	elektrische Haushaltsgeräte	8,50
Petroleumprodukte	11,00	Radioanlagen u. Zubehör	7,25

Tabelle 19

Haase (zitiert nach **301**, 353) gibt folgende Zahlen aus den USA in Prozent des Verkaufs für 1929 und 1930:

Apotheken- u. Toilettenartikel	21,2–19,6	häusliche Ausstattung	4,5
Elektro- und Radiogeräte	5,9	Bekleidung	3,8
Juwelen und Silberwaren	5,7	Kraftfahrzeuge	3,5
Lebensmittel	5,8–5,6	Lederwaren und Schuhe	3,1–3,2
Eisenwaren	4,4–4,7	Industriewaren	2,0–2,3
Reise und Beförderung	4,6	Finanzen u. Versicherung	1,0–1,1

Tabelle 20

Das Distribution Committee des Twentieth Century Fund veröffentlichte im Jahre 1939 eine Untersuchung, wonach der Anteil der Produzentenreklame an dem Engrospreis folgender war:

Apothekenartikel u. Kosmetik	18,0	Möbel	6,1
Tabak, Zigaretten	8,2	Automobile	4,0
Getränke	6,7	Kleidung	3,7
Kolonialwaren	6,2	Metallwaren	2,2

Tabelle 21

Es wird hinzugefügt, daß der Anteil der Reklame an dem höheren Detailpreis entsprechend niedriger sei; dies dürfte jedoch teilweise falsch sein, denn auch Waren, für die der Produzent verbraucherunmittelbare Reklame macht, werden außerdem oft mit einer gewissen Detaillistenreklame belastet.

Jaederholm rechnet dann auch im Durchschnitt mit 3 Prozent Produzenten- und 2 Prozent Detaillistenreklame (**321**, 320), so daß die gesamte Reklamebelastung etwa 5 Prozent des Einzelhandelspreises ausmacht. – Im übrigen wird der Leser zur Kenntnis genommen haben, daß die angegebenen Zahlen erheblich variieren und man sich deshalb kaum auf sie verlassen kann. Es muß auch bemerkt werden, daß bedeutend höhere Sätze dort angeführt werden, wo die Werbefachleute die Reklame nicht gegen den Vorwurf, sie verteuere die Ware, verteidigen, sondern den Reklamisten sagen wollen, wieviel sie für Reklame aufwenden sollten.

Um das Bild abzurunden, werde ich einige andere Zahlen nennen, die hier und dort in der Literatur auftauchen. Der bekannte englische Pillendreher Beecham machte einige Jahre vor seinem Tode (1907) einen Umsatz von 150.000 Pfund Sterling; 25.000 Pfund Sterling wurden für Rohstoffe, Zinsen usw. verbraucht, 100.000 Pfund Sterling für Reklame und 25.000 Pfund Sterling waren Reingewinn (**439**, 85). Offenbar wendet die Quacksalberbranche tatsächlich bis zu zwei Drittel des Verkaufs für Reklame auf (**635**, 327). Ein Zirkusbesitzer gibt selbst an, 35–40 Prozent der Bruttoeinnahmen für Reklame auszugeben (**424**, 347). „Ja, es gibt Branchen, bei denen die Propagierung der Ware viel mehr kostet als die Ware an sich, so daß also im Kaufpreis letztere nur eine geringe Rolle spielt, wie es z. B. bei den bekannten Kukirol-Präparaten der Fall ist" (**197**, 25). Man mag einwenden, daß diese Fälle nicht für das Wirtschaftsleben als Ganzes bezeichnend seien. Aber Seÿffert nennt eine Parfumfabrik, die 40 Prozent des Verkaufs an Mittelamerika und 47 Prozent des Verkaufs an Kanada als Exportreklame in diesen Ländern aufwandte (**617**, 462). Blanchard behauptet, auf einigen Toilettenartikeln lägen 25–50 Prozent Werbekosten, während Lebensmittel nur mit 1–2 Prozent belastet seien. Ein einzelner Produzent in der Lebensmittelbranche „soll jedoch 50 Prozent seines Gewinns in Reklame investiert haben" (**57**, 114). Die Versandhandelsbranche vertreibt teilweise „Waren, deren tatsächlicher Einkaufspreis im Verhältnis zum Verkaufspreis äußerst gering ist ... Werbekosten von 25 bis 33 Prozent des Umsatzes sind hier nicht ungewöhnlich" (**225**, 78). Deutsche Malzkaffeefabriken sollen um 1930 100 Prozent Rohgewinn erzielt haben (**718**, 116); dieses läßt auf hohe Werbekosten schließen – sehr verständlich, wenn man weiß, daß gerade diese Branche das Zugabewesen in großem Stile betrieb. Die Werbekosten für Markenartikel sollen der Aussage von Markenfabrikanten zufolge „in einzelnen Fällen Beträge von 40 % des Umsatzes erreicht und überschritten" (**497**, 41) haben. Das Resultat einer deutschen Privatenquête wird in folgenden Sätzen zusammengefaßt: Werbekosten von 50 Prozent des Umsatzes sind nicht selten. 25 Prozent des Verkaufs muß man auf jeden Fall für die Einführungsreklame aufwenden. „Bei besonders auf Reklame angewiesenen Waren, die auch einen hohen Preis vertragen können, wird dieses Verhältnis zwischen Reklamekosten und Umsatz wohl auch dauernd beibehalten werden müssen" (**464**, 33). Auch in den USA glaubt man, daß „es eine Menge Goodwillinserenten gibt, die zwanzig, dreißig, ja vierzig Prozent ihrer Einnahmen für Reklame verwenden" (**424**, 347). Über einen englischen Grossisten wird berichtet, er habe 60.000–70.000 Pfund Sterling für Reklame aufgewandt, was 24–25 Prozent seiner Bruttoeinnahmen entsprach (**533**, 32). – Man beachte, daß die Berechnung immer in Prozent des Umsatzes vorgenommen wird; dann klingt das Verhältnis weniger horribel; es wird viel krasser, wenn man die Werbekosten in Prozent des Produktionspreises ausdrückt. Beechams Werbekosten betragen dann 400 Prozent der eigentlichen Kosten der Ware; 40 Prozent des Verkaufspreises bedeuten, daß 66⅔ Prozent der Werbekosten auf den Herstellungspreis aufgeschlagen werden usw.

Natürlich gehen die Beispiele in die entgegengesetzte Richtung; deutsche Literatur hebt gern hervor, Henkell zahle nur 3 Pfennig Reklame pro Flasche Sekt. Es wird jedoch nicht hinzugefügt, daß es Henkell selbst ist, der das sagt – in seiner Reklame.

Einige einzelne Beispiele beleuchten die steigende Tendenz der Werbekosten im Laufe der Jahre. So kostete die Reklame für deutsche Zigaretten im Jahre 1913 etwa 74 Pfennig pro 1.000 Stück, im Jahre 1927 rechnete man dagegen für eine 4 Pfennig-Zigarette 2,00 Reichsmark pro 1.000 Stück (**471**, 63). Die Werbekosten stiegen also im Laufe von 14 Jahren von 1,84 auf 5 Prozent, wahrscheinlich hauptsächlich als Folge der verschärften Konkurrenz. Vichy Mineralwasser teilt folgende Zahlen mit:

Jahr	Reklame in 1.000 französischen Francs	Verkauf in Millionen Flaschen	Reklame, Centimes pro Flasche
1895	360	9,7	3,7
1896	460	10,3	4,5
1899	700	14,0	5,0
1902	900	15,9	5,7
1905	965	19,3	5,0
1908	1.180	23,5	5,0

Tabelle 22

Alles in allem gebe ich nicht viel auf diese Zahlen. Sie beruhen zwangsläufig auf freiwilligen Auskünften von seiten der Firmen, und der Verkäufer ist daran interessiert und geneigt, so niedrige Werbekosten wie möglich anzugeben. Aber selbst wenn die Firmen ganz aufrichtig wären, würden die Zahlen dennoch zu niedrig ausfallen; der Verkäufer führt auf seinem Werbekonto nur die offenkundigen Werbeposten auf, wie Annoncenpreis, Plakatierung, Gehälter für das Personal einer besonderen Werbeabteilung usw. So hat der Controllers' Congress of the National Retail Dry Goods Association eine Liste derjenigen Posten aufgestellt, die mit zu den Werbekosten gerechnet werden müssen (**160**, 97 f.); hier fehlen unter anderem der Anteil der Werbeabteilung an den Mietkosten, an den Kosten für Strom und Heizung und anderes mehr. Das Institut für Verkauf und Reklame an der Norwegischen Handelshochschule (**516**, 202 f.) nennt als Werbekosten: Platz für Werbung, Zeichnungen, dealers' aid, das Drucken von Werbesachen, Lohn für das ausschließlich mit Reklame beschäftigte Personal, Transport von Werbematerial, Schaufensterdekoration und ähnliches. Dagegen sind ausdrücklich folgende Posten ausgenommen, die als ganz oder teilweise für die Werbung bestimmt angesehen werden müssen: Gratiswaren, Wohltätigkeit, Verpackung, Essen oder Unterhaltung für Kunden oder Kaufinteressierte. Die Ausgaben für eine Modenschau mit Tee und Musik sind Werbekosten, fallen aber nicht unter die oben wiedergegebene Liste.

Werbekosten und andere Kosten fließen in vielen Fällen fast untrennbar zusammen. Der Schaufensterdekorateur ist in kleineren Einzelhandelsgeschäften gleichzeitig Verkäufer, aber ein Teil seines Gehaltes muß auf das Werbekonto verbucht werden. Die Wertminderung ausgestellter und verblichener Ware zählt zu den Werbekosten. Die Verpackung hat eine „Warenfunktion", ist aber gewöhnlich um der Reklamewirkung willen kostspieliger als sachlich notwendig; die Differenz muß auf das Werbekonto verbucht werden, das heißt: die ganze Verpackung von Markenwaren, die keine hygienische oder ähnliche Bedeutung hat, sondern nur dazu dient, die Stapelware reklamefähig zu machen. Die innere Ausstattung des Geschäfts ist ein Werbeposten, sofern sie das verkaufstechnisch Notwendige übersteigt. Die Gebäude der Warenhäuser und der Fabriken sind oft, abgesehen von ihrer betrieblichen Funktion, auch architektonische Reklame, und ein entsprechender Teil der Bausumme muß als Werbekosten aufgeführt werden (**696**, 84). Für bestimmte, besonders reklameintensive Waren gilt das gleiche, was in einer Anekdote über den Besuch des sächsischen Königs beim Odol-Fabrikanten Lingner pointiert wird. Die Majestät wurde überall herumgeführt, alles wurde gezeigt – die Speditionsabteilung mit der Kartonageherstellung, die Druckerei, die Propagandaabteilung, das kaufmännische Kontor – alles äußerst repräsentabel. Endlich fragte der König: „Und wo stellen Sie das Odol her?" Lingner deutete auf einen erbärmlichen kleinen Schuppen in der Ecke des Hofes. „Dort, Eure Majestät" – er hatte fast vergessen, diese untergeordnete Abteilung des Betriebes zu zeigen. –

Kurz gesagt: Die Werbekosten sind höher, als selbst das ehrlichste Werbebudget sie angibt.

Wer bezahlt? Es ist zu einer stehenden Redensart geworden, daß der weniger erfolgreiche Konkurrent die Reklame bezahle (**293**, 75 f.; **597**, 17). Vielleicht sagt man es nur, weil es überraschend klingt. Der erfolglose Verkäufer bezahlt natürlich für seine wirkungslose Reklame; aber man bezweckt mit der Reklame, mehr zu verkaufen, und gelingt das, so bezahlt der Käufer mit dem Preis der Ware die Reklame, die ihn zum Kauf veranlaßt hat – und die teilweise nur notwendig war, um andere Verkäufer aus dem Felde zu schlagen. „Die spitzfindigsten Argumente können nicht beweisen, daß der Verkäufer, der keine Reklame macht, oder sonst irgend jemand die Kosten trägt – es bleibt eine Tatsache, daß der Konsument, und nur er allein, die Rechnung bezahlt" (**57**, 298). Es wird auch behauptet, wirkungsvolle Reklame koste nichts, sie mache sich selbst bezahlt (**285**, 49), während der erfolglose Verkäufer für seine wirkungslose Reklame bezahle (**366**, 182). Die Reklame verteuere nicht die Ware für den Käufer, heißt es, denn der werbende nehme denselben Preis wie der nicht werbende Verkäufer. So betont ein Zigarrenhändler aus Aarhus, ein eifriger und origineller Reklamist – von seinem Standpunkt aus mit Recht –, er könne doch die gleiche Packung Zigaretten nicht zum Überpreis verkaufen, um seine Werbekosten zu decken.

Nun gibt es erstens viele Fälle, in denen die Ware durch die Reklame teurer wird, während man sie an anderen Stellen wesentlich billiger erhalten kann. Abgesehen davon, ist oftmals tatsächlich der Preis für die gleiche Ware bei dem werbenden und bei dem nicht werbenden Verkäufer derselbe. Daraus kann man jedoch unmöglich schließen, daß die Reklame nicht vom Käufer, sondern vom Verkäufer bezahlt wird – aus dessen großem Umsatzgewinn (**366**, 180 ff.). Die Ware ist durch Reklame bei A nicht teurer als ohne Reklame bei B; aber die Gesamtkosten der Reklame, der effektiven und der wirkungslosen, belasten die ganze Konsumgesellschaft. Und der Einzelhandelspreis der preisgebundenen Markenwaren (zum Beispiel der Zigaretten) ist vom Produzenten so berechnet, daß er eine gewisse Reklame von seiten des Einzelhändlers ermöglicht. Gäbe es keine Reklame, so könnten die jetzt für sie verwendeten Rohstoffe und Arbeitsstunden für die Herstellung von mehr Verbrauchsgütern eingesetzt werden. Russell glaubt diesen Einwand damit abfertigen zu können, daß man ja auch nicht die Herstellung von Feuerwerkskörpern, Schmuck, Spielzeug, Bier und Tabak bekämpfe – die ja auch überflüssig seien (**535**, 57). Er bedenkt anscheinend nicht, daß die Verbraucher für diese Dinge freiwillig zahlen, während sie gezwungen sind, für die Reklame aufzukommen, wenn sie die Ware haben wollen, für die geworben wird; und daß die genannten Luxusdinge dem Verbraucher einen Genuß verschaffen – dessen objektiver Kulturwert zwar nicht diskutiert werden kann, auf den er aber auf jeden Fall subjektiv Wert legt.

Damit ist jedoch nicht gesagt, daß die ganze Reklame eine Verschwendung von Werten ist. Die Konsumgesellschaft bezahlt ja auch im Preis der Waren für Transport, Betriebsverwaltung und vieles andere, das nicht unmittelbar die Menge der Verbrauchsgüter vergrößert. Die Frage ist also: Was erhält die Konsumgesellschaft für die Werbekosten, und ist die Leistung das Geld wert? Wirkungslose Reklame „bedeutet natürlich vergeudete Kosten", und „es wäre schwierig zu sagen, wer nicht dafür bezahlt hätte" (**427**, **III**, 7), aber wenn die Institution selbst ihren Wert für die Wirtschaftsgesellschaft hat, kann und muß ein gewisser Verlust mit in Kauf genommen werden.

VERTEILUNGSKOSTEN. Die Reklame, heißt es, sei eine Absatz- und Verteilungsform. Die Ausgaben dafür seien Distributionskosten. So meinte G. Kenney in einer Rede vor der American Association of Advertising Agencies im Jahre 1939: „Wenn die Konsumenten nicht die niedrigen Kosten der Reklame bezahlen würden, müßten sie die höheren Kosten einer anderen Verkaufsmethode entrichten" (**684**, 21), und Hole/Hart behaupten in Übereinstimmung mit vielen anderen, daß „die Reklame eine unentbehrliche Funktion zum niedrigst möglichen Preis erfüllt" (**293**, 29). Als Beispiel dafür, daß die Reklame die Ware nicht verteuere, sondern die Verkaufskosten herabsetze, verweist Adams in einer Tabelle auf die Werbeausgaben und auf die gesamten Verkaufskosten von vier Bekleidungsfirmen (**2**, 6):

Firmen	Kosten für Annoncen in Zeitschriften 1909–1910	Verkaufskosten in % des Umsatzes
I	85.000 $	2,5–3
II	49.000 $	4
III	29.000 $	6
IV	24.000 $	7

Tabelle 23

Die Aufstellung ist nicht überzeugend, 1) weil sie nur die Annoncen in Zeitschriften angibt, während gerade die Bekleidungsbranche viel in Tageszeitungen annonciert; – 2) weil die Firmen nicht gleich groß sind; niedrigere Verkaufskosten bei dem größten Reklamisten können von dem größten Umsatz herrühren, den er erzielt – was nicht zwangsläufig die Folge seiner größeren Reklame ist. – Eine besonders naive „Beweisführung" fand ich bei Hall, der folgendermaßen argumentiert: Es kostet heute weniger, eine Dose Campbell's Suppe durch Reklame zu verkaufen, als eine bisher unbekannte Konkurrenzware, die gerade auf den Markt gekommen ist (**259**, 11). Dies beweist nur die besonders hohen Kosten für die Einführungsreklame, aber durchaus nicht, daß Reklame billiger als andere Verkaufsmethoden ist.

Aber es wird auch behauptet, die Reklame bewirke eine Ersparnis bei anderen Verkaufskosten und verteuere deshalb die Ware nicht, sondern verbillige sie sogar. In der Versandhandelsbranche tritt die Reklame in der Tat in großem Umfang an die Stelle anderer Verkaufsmaßnahmen, und ihre ziemlich hohen Werbekosten (es werden 7,2–10 Prozent und von anderen 25–33 Prozent genannt) können damit erklärt werden. – Sonst tritt jedoch die Reklame nicht an die Stelle anderer Verkaufsmaßnahmen, sondern wird den bisherigen hinzugefügt. Aber auch dies muß nicht eine unnötige Belastung der Konsumgesellschaft darstellen, sofern nämlich bewiesen werden kann, daß die weit verzweigte moderne Wirtschaftsgesellschaft möglicherweise andere Vorteile mit höheren Absatzkosten bezahlen muß. – Aber die aggressive und defensive Reklame im gegenseitigen Kampf der Firmen macht auf keinen Fall andere Verkaufskosten überflüssig, und es ist schwer einzusehen, welchen besonderen Wert sie für die Gesellschaft als Ganzes haben sollte. Hier kann man wahrscheinlich mit Recht von einer Verteuerung der Ware sprechen. – Dann ist da die Markenwarenreklame, die zu Einsparungen an Spesen für Geschäftsreisende und Eliminierung des Zwischenhändlers (Engroshandel) führen soll; das Thema ist an anderer Stelle berührt worden (vgl. Seite 202). Sofern die Behauptung richtig ist, bleibt immer noch die Frage, ob die Einsparungen die Werbekosten übersteigen.

Die Reklame ist möglicherweise, vom Gesichtspunkt des Verkäufers aus und unter den gegebenen Verhältnissen gesehen, die relativ kostengünstigste Absatzform. Aber ist sie es auch für die Wirtschaftsgesellschaft als Ganzes? Diese Frage ist eher Gegenstand von Spekulation als von Berechnung. „Die Behauptung kann weder bewiesen noch widerlegt werden, aus dem einfachen Grund, weil die gesamte Wirtschaftsstruktur ohne Reklame eine andere sein würde, und man die Verkaufskosten unter hypothetischen Bedingungen nicht mit denen vergleichen kann, die tatsächlich unter den gegebenen Verhältnissen auftreten" (**656**, 33).

MASSENABSATZ. Die Warenpreise sind in der Zeit gesunken, in der sich die Reklame zu ihrem jetzigen Umfang entwickelt hat, und dieses wird oft naiv als ein Beweis dafür angeführt, daß die Reklame verbilligend wirke. Erstens ist das Fallen der Preise aber eine Folge des Fortschritts der Produktionstechnik, nicht der Reklame. Zum anderen ist die fallende Preistendenz am deutlichsten bei gewissen verhältnismäßig neuen Industriewaren wie Fahrrädern, Automobilen, Elektrogeräten, Radiogeräten, Füllfederhaltern usw., also bei Dingen, die ursprünglich zum Luxuspreis verkauft wurden, aber billiger wurden, nachdem sie einen größeren Käuferkreis gefunden hatten. Dagegen sind gewisse Waren des täglichen Bedarfs eher im Preis gestiegen.

Jetzt wird allerdings behauptet, es sei gerade die Reklame, die die Ausnutzung technischer Fortschritte für die Massenproduktion ermögliche, indem sie große Käuferkreise mobilisiere. Die Folge sei eine „Selbstamortisierung der Reklamekosten" (**97**, 257). Die Frage ist nur, wie groß der Anteil der Reklame an der Marktausweitung ist; wir kommen zu dem Resultat, daß sie nicht dazu verwendet wird. Auch Strøm Tejsen hält es für „nicht ausgeschlossen, daß die Konkurrenz allein ohne ... Reklame ... diese niedrigeren Preise als Folge der technischen Entwicklung herbeigeführt haben würde ... aber dies wäre eine langsamere Entwicklung gewesen" (**650**, 86). Ich halte das nicht nur für möglich, sondern für sicher. – Auf jeden Fall gelten diese Überlegungen nur für die Pionierreklame; hat diese zur Ausweitung des Marktes beigetragen, so kann weitere Reklame für dieselbe Warengattung und gegenüber denselben Verbraucherkreisen die Ware durch Förderung der Massenproduktion nicht verbilligen.

Endlich ist die Frage der Werbekosten für die Gesellschaft „nicht allein eine Frage der absoluten Ausgabe ... sondern auch des Verhältnisses zwischen dieser und der Senkung der Herstellungs- und Vertriebskosten, die als Folge der durch die Reklame hervorgerufenen größeren Nachfrage eintreten" (**120**, 433). Die Absatzforcierung wird, wie bekannt, mit wachsendem Käuferwiderstand kostspieliger, und dieser wächst, je mehr man sich dem äußeren Rande des Potentialmarktes nähert. Es ist dann nicht ausgeschlossen, daß „die Vorteile durch die gepriesene Massenproduktion im Kampf um die Absatzkosten vergeudet werden" (**144**, 47). Ich kann und will keine bestimmte Meinung dazu vorbringen – es gibt vermutlich keine exakten Methoden, diese Frage zu entscheiden.

Hoher Preis als Zweck der Reklame. Der amerikanische Taschenuhrenfabrikant C. H. Ingersoll nimmt in der Frage des Verhältnisses von Reklame zu Warenpreis einen moderaten Standpunkt ein: „Alle wissen, daß die Reklame im Einzelfall die Preise erhöhen kann, und viele haben beobachtet, daß sie in anderen Fällen den Preis auch zu senken vermag. Aber es ist in beiden Fällen schwierig, mit unbedingter Sicherheit nachzuweisen, daß die Wirkung gerade von der Reklame herrührt" (zitiert nach **118**, **II**, 481). Was die Verbilligung betrifft, so haben wir das gleiche festgestellt; daß die Reklame, und nur diese, in gewissen Fällen zu einer Verteuerung führt, kann dagegen nachgewiesen werden, wenn es die unverhüllte Absicht des Reklamisten ist. Die Reklame erstrebt eine Qualifizierung in den Augen des Käufers. „Die qualifizierende Vertriebsreklame" sucht die Konsumenten dazu zu veranlassen, „den subjektiven Nutzen" des Reklameobjekts „höher als bisher einzuschätzen" (**351**, 1 f.). In der Folge davon wird mehr Ware gekauft oder sie wird teurer bezahlt oder beides.

Ich will nicht wieder von neuem über Quacksalbermedizin und ähnliche Produkte sprechen, wo man offenbar nur durch lügnerische Reklame haarsträubende Preise für eine Ware erhält, deren Herstellungswert minimal und deren Gebrauchswert oft gleich Null oder negativ ist. – „Die amerikanische University Buyers Association prüfte die Haltbarkeit verschiedener Arten Fußbodenlack. Ware zu 1,70 Dollar pro Kanister erwies sich der Ware zu 6,00 Dollar pro Kanister gegenüber als gleichwertig" (**119**, 81). Laut Feststellung der Federal Trade Commission im Jahre 1931 wurden 12 bekannte Markenmedikamente im Durchschnitt für 2,64 Dollar je Unze verkauft, während die gleichen chemischen Substanzen im Einzelverkauf für 94 Cents zu erhalten waren. Man braucht in diesem Zusammenhang nur zu erwähnen, daß das Preisverhältnis zwischen dem Aspirin der I. G. Farbenindustrie AG, Heydens Azetylin und anonymen Azetylsalizylsäuretabletten – alle drei chemisch identisch – 3:1½:1 ist (**526**, 41). Russell räumt diese Identität ein, fährt aber mit bemerkenswertem Mangel an Logik fort: „Substitution beraubt den Inserenten eines Kunden. Dieses ist jedoch, ökonomisch gesehen, weniger wichtig, als wenn sie gleichzeitig den Kunden der Sicherheit beraubt, die er beim Kauf eines bekannten, standardisierten Artikels hat" (**535**, 159 f.). Wessen wird der Käufer beraubt, wenn er, anstatt des verlangten Aspirins, die billigeren Azetylsalizylsäuretabletten erhält? Braithwaite berichtet von einer bekannten Seifenflocken-Markenware, für die für 150.000 Dollar jährlich geworben werde und die doppelt soviel koste wie eine Sorte Seifenflocken von chemisch genau gleicher Qualität, für die keine Werbung gemacht werde (**70**).

Es wird behauptet, Ware, für die nicht kräftig geworben werde, sei mitunter billiger als Reklamate gleicher Gattung, weil der Verkäufer auf dem von einem Großreklamisten geschaffenen Markt schmarotzen könne (**684**, 21). Dies ist jedoch nur in zwei Fällen möglich – entweder muß es sich um ein verhältnismäßig neues Produkt handeln, wo sekundäre Fabrikate sich ohne Reklame auf den durch die Pionierreklame der ersten Marke für die Gattung geschaffenen Markt drängen können; oder der Name und die Aufmachung der Ware, für die nicht geworben wird, sind auf Verwechslung mit dem Reklamat angelegt. Von etwas Derartigem ist jedoch nicht die Rede, wo einzelne Verkäufer dazu übergehen, eine bekannte Stapelware als Marke in Konkurrenz mit dem Einzelverkauf abzusetzen. Hier beabsichtigt der Markenwarenverkäufer geradezu, einen erhöhten Preis zu erzielen. Rheinsberg betrachtet das Markensystem überhaupt ausschließlich unter dem Gesichtspunkt: Wie kann man Käufer dazu bringen, für die gleiche Ware mehr auszugeben? „Gerade darin zeigt sich die ungeheure Macht der Reklame, daß diese das Publikum veranlaßt, Artikel, die wenige Pfennige wert sind, mit dem 10- bis 20fachen des wirklichen Wertes zu bezahlen. ... Auf alle Fälle gilt als Regel, daß der Preis der Markenartikel ein höherer sein soll als derjenige der gleichen Ware ohne Marke. Oder aber, wenn bereits andere Markenartikel derselben Kategorie existieren, so bin ich dafür, daß der Preis nicht niedriger angesetzt wird als derjenige der Konkurrenzprodukte. Lieber eine Kleinigkeit höher, damit beim Verkauf die beliebte Formel angewendet werden kann: ‚Sehen Sie, unser Artikel kostet allerdings eine Kleinigkeit mehr, aber ...‘ Eben wegen ‚dieser Kleinigkeit mehr‘ wird der Artikel gekauft“ (**519**, 14). Der amerikanische Werbeagent J. B. Crosby betont in einem Bericht über seine Gemeinschaftskampagne für Nutzholz mit Stolz, daß es ihm gelungen sei, den Preis um 50 Prozent hinaufzutreiben (zitiert nach **7**, 21 f.).

Es gibt allerdings reine Expansionsreklame, die bestrebt ist, die Nachfrage nach der Ware bei größeren Verbraucherkreisen zu verstärken, die infolgedessen bereit sind, sie mit dem bisherigen Preis zu bezahlen. Man setzt also auf die psychische Komponente der Nachfragekurve. Der größere Absatz kann dann möglicherweise zur Verbilligung der Produktion und dadurch zu einer Preissenkung führen. Oder der Marktprognose nach führe eine bestimmte Preissenkung zu einem entsprechend größeren Absatz und der niedrigere Preis erhöhe den Gewinn unter der Voraussetzung, daß der Absatz, wie erwartet, steige. Hier kann man mit der Preiskomponente der Nachfragekurve einsetzen, das heißt: zunächst den Preis herabsetzen, und die Reklame nur dazu benutzen, die Anpassung der Nachfrage an den neuen Preis zu beschleunigen. Insofern kann die Reklame im Dienste der Niedrigpreispolitik stehen. Man kann sie auch auf eine dritte Art verwenden, nämlich um den Rahm bei einem Publikum abzuschöpfen, das eine bestimmte Art Ware verbraucht; derjenige Teil der Verbraucher, der bereit ist, mehr als bisher auszugeben, wenn er glaubt, etwas besonders Erlesenes zu erhalten, wird von der ganzen Käufermasse ausgesondert. Dieses kann durch Individualisierung als Marke und eine dementsprechende Reklame geschehen, eventuell im Einzelhandel und indem man mittels Reklame und Aufmachung die Firma mit einem gewissen Nimbus umgibt. Die Ware wird dann über den homogenen Preiswettbewerb hinausgehoben und „im Bewußtsein des Käufers mit einem Wert versehen, der von der Preisvorstellung ganz unabhängig ist" (**427**, **VII**, 3); die Reklame knüpft im Bewußtsein des Verbrauchers eine gewisse Wertvorstellung an die Markenartikel (**497**, 31), und die Stärke dieser von der Reklame geschaffenen Wertvorstellung ist maßgebend dafür, wie hoch der Preis der Markenartikel über ihrem tatsächlichen Wert liegen kann (**497**, 35). Carnegie formulierte das einmal in einer Rede auf diese Weise: „Wenn Sie einen Hut für einen Dollar verkaufen können, so können Sie ihn ebensogut für zwei Dollar verkaufen, indem Sie ihn mit dem Namen Ihrer Firma versehen und bei den Käufern den Glauben erwecken, daß das etwas bedeute." Ja, die Wertvorstellung des Verbrauchers kann gleichsam zu einer Funktion des Preises werden.

In welchem Grade das gelingen kann, sieht man an einigen Beispielen: Ein deutsches Waschmittel für 40 Pfennig pro Packung wurde wenig nachgefragt. Als man den Preis, wie er für Persil als Ladenpreis verlangt wurde, auf 45 Pfennig heraufsetzte, ging der Verkauf ausgezeichnet (**526**, 40). Das deutsche Reichswirtschaftsministerium schlug im Jahre 1925 eine Preissenkungsaktion vor; von den Kosmetikfirmen waren Wolff & Sohn (Kaloderma Seife) die einzigen, die der Aufforderung folgten; aber die Konsumenten glaubten, die billigere Ware müsse schlechter geworden sein und gingen zu anderen Marken über. Wolff & Sohn waren gezwungen, den Preis für Kaloderma Seife wieder zu erhöhen, und eroberten sich bald ihren früheren Marktanteil zurück (**497**, 38). Auf der Karlsruher Frühjahrsmesse 1930 führte eine Solinger Firma Rasierklingen für 5 Pfennig vor. Der Vorführer hielt einen Vortrag, in dem er in allen Einzelheiten nachwies, daß man für 5 Pfennig die nach dem Stand der Technik beste Rasierklinge verkaufen – und daran verdienen könne. Das Resultat war mißtrauische Zurückhaltung der Verbraucher. „Sie können nicht gut sein, wenn andere Marken 10 und 15 Pfennig kosten." – Die Käufer bezahlen, ohne zu murren, zehn Cents für ein Kilo Quaker Oats, würden aber fünf Cents für ein Pfund gewöhnliches Hafermehl als Prellerei betrachten (**427**, **VII**, 7).

Kjær Hansen führt als eine Voraussetzung für die Reklame an, der Bruttogewinn an der Ware müsse groß genug sein, um die Werbekosten zu decken (**344**, 621). Man kann das auch von der anderen Seite sehen; die Reklame soll die Wertschätzung der Ware durch den Verbraucher so erhöhen, daß der dadurch erzielte höhere Bruttogewinn die Kosten der

Reklame tragen kann. Dies kann so weit gehen, daß höhere Preise geradezu als Reklameargument gegenüber einer bestimmten Käuferklasse verwendet werden. So suchte die Kupferberg Sektkellerei gerade durch Hervorhebung des höheren Preises für Kupferberg Riesling sich eine bevorzugte Stellung unter den anderen deutschen Sektmarken zu sichern. Simmel entlarvt scharfsinnig den psychologischen Hintergrund für die Preispolitik des fashionablen Geschäfts. Es appelliere an das vornehme Publikum, das nicht nach dem Preis frage. Es betone nicht das Wesentliche, die höhere Qualität der Ware, sondern das negative Korrelat, nämlich daß es nicht auf den Preis ankomme (**625**, 255).

Die Reklame wird auf diese Weise oft, in Verbindung mit der Individualisierung der Ware als Marke, für eine Hochpreispolitik benutzt. Um das Verhältnis der Reklame zur Preispolitik zu durchschauen, „braucht man nur irgendeine größere Werbeagentur zu fragen, wieviel sie zum Beispiel am Baumwollstückhandel, der mehr oder weniger am alten Wettbewerbsverhältnis festhält, und wieviel sie im Gegensatz dazu an der Zigarettenindustrie verdiene, in der der Produzent volle Kontrolle über den Preis hat ... Kontrolle über den Preis ist zwar nicht die Ursache für die Reklame, aber doch eine Voraussetzung für Reklame in großem Stil" (**144**, 48). Wo der Reklamist sich eine starke Sonderstellung zu schaffen vermag, kann er exorbitante Preise nehmen (**259**, 14). Da der Einzelhändler möglicherweise auf der Seite der Kunden stehen und ihnen raten könnte, eine billigere Ware zu kaufen, die ebenso gut sei, muß er „darauf aufmerksam gemacht werden, daß es sein Vorteil ist, die teurere Ware zu verkaufen, für die Reklame gemacht wird" (**429**, 125).

Diese mittels Reklame durchgeführte Hochpreispolitik wird manchmal damit verteidigt, daß nur die teuren Waren mit hohen Werbekosten belastet seien. „Es ist doch ein großer Unterschied, ob die Reklame alle Artikel im gleichen Maße im Preise erhöht oder ob diese Erhöhung eine ungleiche, eine abgestufte ist, abgestuft nach der wirtschaftlichen Dringlichkeit des Bedarfs. Wer feinere Artikel kauft, muß auch die hohen Kosten für ihre Propaganda tragen, wer sich mit dem Notwendigen begnügt, wird mit Reklamekosten nur wenig belastet" (**508**, 87 f.). Dieser Zusammenhang zwischen Luxus und Reklame ist ein Phänomen, das noch vor 50 Jahren bestand, das aber in der heutigen Zeit, wo die reklameintensive Marke gerade die Märkte für Waren des täglichen Bedarfs in einem solchen Grade durchdrungen hat, daß es auf manchen Gebieten schwierig ist, eine Ware im Einzelverkauf zu finden, nicht mehr gilt. Jenks hob auch schon zu Beginn dieses Jahrhunderts hervor, die Vertriebs- und Werbekosten jener Industrien, die für die breite Masse berechnet sind, seien oft so hoch, „dass der letzte Konsument einen doppelt so hohen Preis bezahlen muss, als wenn diese faux frais entfallen würden" (zitiert nach **178**, 139). Ich habe schon früher Kaffee-Ersatz als Beispiel genannt (vgl. Seite 369). Mayor Mitchel's Committee On Food Supply (New York) konstatierte im Jahre 1915 für 17 Lebensmittel in Markenartikelpackungen einen um fast 100 Prozent zu hohen Preis. Auch im Lebensmitteleinzelhandel haben also viele Markenartikel einen übertrieben hohen Preis (**497**, 24).

Der überhöhte Preis wirft am meisten ab, wenn es sich, absolut gesehen, um billige Ware handelt, die massenhaft verkauft wird; und verbraucherpsychologisch gesehen, trifft er hier auf geringeren Widerstand, da er nur einige „wenige Pfennige" (**519**, 14) beträgt, selbst wenn das 50 oder 100 Prozent ausmacht. Alle kleinen Haushalts- und ähnlichen Artikel in Markenpackungen werden wahrscheinlich überbezahlt.

ZUGABE. Einige Worte über die Zugabereklame sind in diesem Zusammenhang am Platze. Man unterscheidet innerhalb der sogenannten Wertreklame zwischen drei Hauptformen, nämlich 1) Rabatt, – 2) Zugabe, – 3) Verteilung von Werbegeschenken. Die drei Formen sind bereits früher kurz charakterisiert worden (Seite 34 f.). Hier interessiert nur das Zugabewesen. Der Reklamist benutzt das Versprechen einer Zugabe als Motiv in seiner verbalen Reklame. Nicht die Zugabe selbst, sondern das Versprechen dieser Zugabe ist Reklame.

Schon im Jahre 1837 sprach der Rat der Stadt Leipzig ein Verbot gegen die Zugabe aus, aber anscheinend ohne sonderliche Wirkung (**718**, 52). Ende des 19. Jahrhunderts verbreitete sich das Zugabewesen besonders im Zusammenhang mit bestimmten Marken von Haushaltsartikeln, Lebensmitteln, Zigaretten und Schokolade. Bird beschreibt eine lange Reihe besonderer Varianten und Tricks (**53**, 116 ff., 207 ff.). Der Verkauf der Zugabegegenstände ist zu einem besonderen Zweig innerhalb der Werbeindustrie geworden; auf der Reklameausstellung in Berlin 1929 lag eine Firma weit vorn mit über 2.500 verschiedenen Zugabeartikeln, deren Wert zwischen 1 Pfennig und 10 Reichsmark schwankte.

Die Anhänger des Zugabewesens verweisen auf den betriebswirtschaftlichen Vorteil, es sei hier ein Versprechen, welches als Reklame wirke, die Aufwendungen stünden daher in einem vorausberechenbaren Verhältnis zum Umsatz (**718**, 115), und sie erfolge teilweise (Bonsystem) nach dem Verkauf (**83**, 17). Aus volkswirtschaftlicher Sicht wird betont, es sei natürlich immer der Käufer, der für die Reklame bezahle, damit aber Werte für sein Geld erhalte.

Eine Kritik des Zugabewesens wird hauptsächlich an folgenden Punkten ansetzen:

1) Die Zugabereklame bedeutet eine gewisse Einsparung an Wortreklame, ersetzt sie aber nicht. Man benötigt viel Wortreklame, um die Käufer mit der Zugabe zu locken. Es ist deshalb nur teilweise wahr, daß die Werbekosten der Firma dem Käufer zugute kommen. Verkäufer, die Zugaben gewähren, rechnen mit ungewöhnlich hohen Reklameaufwendungen; in Deutschland wurden um 1930 etwa 6 Prozent des Umsatzes genannt (**718**, 116).

2) Der Käufer erhält zwar eine Extraleistung, aber diese ist oft ohne irgendeinen Gebrauchswert für ihn. „Ich habe niemals begreifen können, wie ein Verkäufer erwarten kann, mir Getränke, Kleidung oder Schuhe verkaufen zu können, indem er mir ein billiges Taschenmesser in die Hand drückt, ... er betrachtet alle Käufer als Dummköpfe und hält sie auf die schamloseste Weise zum Narren“ (**521**, 36).

3) Bei naiven Käufern wirkt der Köder. Es ist eine psychologische Erfahrung, daß die Menschen das besonders schätzen, was sie gratis erhalten (**643**, 110 ff.). Die „Gratisleistung“ ziehe „die Aufmerksamkeit des Käufers von der anzukaufenden Hauptware“ fort und lenke „sie auf einen für den Kauf ganz unwesentlichen Nebenvorgang ... Die Gefahr liege außerordentlich nahe, daß die zum Ankauf reizende Zugabe nur auf Kosten der Qualität der eigentlichen Ware geliefert werden könne und daß der Käufer diese in Wirklichkeit zu teuer bezahle“ (**170**, 143). Es wird auch als eine „unmoralische“ Wirkung der Zugabe bezeichnet, ein unbewußtes Gefühl der Dankbarkeit hervorzurufen, das ganz unbegründet sei, da der Käufer ja sowohl für die Ware als auch für die Zugabe bezahlt habe (**433**, 16 ff.).

4) Die Zugabe wirkt geradezu hinterhältig, indem sie oft auf eine Bestechung der Kinder oder der Hausangestellten abzielt, gegen den eigentlichen Käufer. Wegen der Reklamebilder oder der Briefmarken bringen die Kinder ihre Eltern dazu, bestimmte Marken zu kaufen, die diese nicht um der Ware willen kaufen würden, und die Hausangestellten sollen die Zugabe als eine Form betrachten, am Einkauf zu verdienen.

5) Eine besondere Kritik muß gegen das Zugabe-Bonsystem erhoben werden. Dieses wird vorzugsweise in Verbindung mit Waren eingesetzt, die pro Einheit verhältnismäßig billig sind, die aber in regelmäßigen kurzen Abständen gekauft werden – zum Beispiel Haushaltsartikel, Lebensmittel, Zigaretten und ähnliches – und dient hier dazu, den Käufer mit einer größeren Prämie zu locken. Aber die Laufzeit ist oft begrenzt. Der Verkäufer rechnet geradezu damit, daß ein Teil der ausgegebenen Bons niemals eingelöst wird oder daß der Verbraucher der Bons wegen mehr von der Ware kauft, als er eigentlich gebrauchen kann. Ein besonders krasser Fall ist der folgende: Eine deutsche Hafermehlfabrik versprach ein Dutzend versilberte Löffel gegen die Bons von 500 Pfundpackungen Haferflocken (**718**, 104). Eine Familie wird bei normalem Verbrauch mindesten 10 Jahre brauchen, um so viele Bons zu sammeln.

Auf jeden Fall gehört die Zugabereklame zu den plumpsten Suggestionsversuchen, und die Ware, für die mit dem Versprechen einer Zugabe geworben wird, ist überbezahlt. Die Presse, die sonst auf seiten der Reklame steht, ist bezeichnenderweise daran beteiligt, diese besondere Form der Reklame zu bekämpfen, die gegen die Interessen der Zeitungen verstößt, da sie einen gewissen Rückgang der Annoncierung mit sich bringt.

Unwirtschaftliche Wirkungen der Reklame. Wie klein oder groß die Kosten der Reklame selbst auch sind – die Wirtschaftsgesellschaft bezahlt auf alle Fälle mehr als das, was die Annonce, das Plakat usw. kosten. Es kommt ja nicht unwesentlich darauf an, wie die Reklame die Wirtschaftsstruktur beeinflußt, und hier haben wir einen ernsten Mißstand, den wir uns nun näher ansehen wollen.

In Anbetracht der Konkurrenzfunktion der Reklame kommen wir auch zu der Frage, inwieweit diese den Großbetrieb begünstigt. Hermanns argumentiert schlankweg, die Bedürfnisbefriedigung hänge vom Realeinkommen ab und die Reklame vergrößere das Realeinkommen, da sie den Großbetrieb unterstütze, der eine Preissenkung der Waren bewirke (**273**, 25). Wir fanden indessen heraus, daß der Großbetrieb zwar im allgemeinen reklameintensiver ist, abhängiger von der Reklame, und daß er einen relativ größeren Gewinn aus seinen Werbekosten zieht; aber wir weisen die oft gegen die Reklame vorgebrachte Behauptung zurück, sie begünstige monopolistische Konzentration. Ich will jetzt einen Schritt weitergehen und als Advocatus Diaboli auftreten. Die Gesellschaft ist ganz und gar nicht an einer Reklame uninteressiert, derzufolge nur A nicht nur C, sondern auch B und D das Geschäft wegnimmt. Zwar ist es den Konsumenten im Grunde gleichgültig, bei wem sie kaufen, wenn sie nur Ware der gleichen Qualität erhalten. Aber es könnte in gewissen Fällen als eine nützliche Wirkung angesehen werden, wenn die Reklame dazu beitrüge, die schwächsten Einheiten innerhalb der Branche auszusondern, so daß sich die Produktion (oder der Verkauf) in wenigen Händen befinden und die durchschnittliche Betriebsgröße das technische und organisatorische Optimum erreichen würde. Dies würde nicht gleichbedeutend sein mit dem Aufhören der Konkurrenz innerhalb der Branche; die Konkurrenz kann zwischen 5 Firmen ebenso scharf sein wie zwischen 50. Und selbst wenn eine Firma innerhalb ihrer Branche ein Monopol erreichen würde, brauchte dieses bekanntlich die Ware nicht zu verteuern. Der Monopolist verdient mehr Geld; aber teils bestimmt auch er seine Preise in (potentieller) Konkurrenz, teils ermöglicht die Konzentration sowohl größeren Gewinn als auch Preissenkung durch Rationalisierung.

Seit die Reklame im Dienste der Heterogenkonkurrenz verwendet wird, also hauptsächlich auf dem Gebiet der Markenware, wirkt sie jedoch direkt entgegengesetzt. Sie ist gerade der Faktor, der allein es gewissen Verkäufern ermöglicht, sich auf dem Markt zu halten oder sich in die Märkte hineinzudrängen, die, homogen-kompetitiv gesehen, überfüllt sind und wo sie ohne Reklame keinen Stand hätten. Was man auch zugunsten der Markenware sagen mag, mir erscheint es doch reichlich übertrieben, sie als „den bedeutendsten Gewinn, den der Konsument in den letzten Jahrzehnten für sich verbuchen kann" (**170**, 119), zu bezeichnen. Welche Vorteile das Markenprinzip auch mit sich bringen mag, es begünstigt auf jeden Fall eine Warendifferenzierung, die alle vernünftigen Grenzen überschreitet und die Produktivkräfte auf eine äußerst unwirtschaftliche Weise bindet.

In den USA gab es im Jahre 1905, vor der großen Konzentration in der Backpulverbranche, so viele „verschiedene" Backpulver, daß eine Umfrage unter 1.894 Farmerfamilien 74 Markennamen zutage brachte (**103**, 293). „Es gibt über zweihundert Kekssorten auf dem Markt. Der Unterschied zwischen ihnen ist sicher äußerst gering, und der größere Erfolg einer Marke über die einhundertneunundneunzig anderen liegt hauptsächlich an dem Geschick, mit dem sie den Konsumenten präsentiert wird" (**635**, 300 f.) Ich selbst habe bereits die unsinnig hohe Anzahl der Kaffee-Ersatz- und Zahnpastamarken genannt. Eine Enquête enthüllte im Jahre 1935, daß in der Stadt Milwaukee 250 Sorten Zahnbürsten, 50 Sorten Motorenöl für Automobile, 160 verschiedene Füllfederhaltermodelle und 100 Waschmaschinenmodelle zum Verkauf angeboten wurden (**376**, 40). Und so ist es mit vielen Dingen, hauptsächlich mit denen des täglichen Bedarfs.

Es wird zwar behauptet, diese feine Differenzierung sei ein großer Fortschritt; jeder Verbraucher finde die Ware, die ihm zusage, und die Möglichkeit, die Ware durch Marke und Reklame zu individualisieren, habe den Anstoß zu dieser Differenzierung gegeben. Dieses ist zweifellos richtig gewesen, als das Markenprinzip in den Wettbewerb vordrang. Aber in der Zwischenzeit ließ man der Heterogenisierung die Zügel schießen. „Die Mannigfaltigkeit der Größen und Stile, die jede Laune des Konsumenten zufriedenstellen ... erforderte eine ‚hektische' Reklame für bedeutungslose Varianten" (**259**, 39). Dieses ist noch nicht das Schlimmste. Ich habe nichts gegen die Differenzierung der Produktion einzuwenden, soweit es möglich ist, neue Realvarianten zu ersinnen, selbst wenn die Vorliebe einiger dafür noch so irrational sein mag. Alle Grenzen der Vernunft werden dagegen überschritten, wenn die Reklame nicht mehr die tatsächlich vorhandenen, wenn vielleicht auch uninteressanten Eigenschaften der Ware herausstellt, sondern die rein imaginäre „Eigenart" ausschließlich ein Reklameprodukt ist. Niemand kann mir erzählen, daß es über 200 wirklich verschiedene Sorten Kaffee-Ersatz, weit über 100 verschiedene Sorten Zahnpasta, 74 verschiedene Backpulversorten und 50 und mehr verschiedene Sorten Rasierklingen geben müsse.

Die Verbraucher sind offenbar auch nicht auf diese Überdifferenzierung erpicht, die zum großen Teil rein imaginär ist. Von den 1.894 Farmerfrauen Calkins' und Holdens nannten 635 Royal Baking Powder als ihre Marke; weitere 4 Marken erhielten je über 100 Stimmen; dann kamen 6 Marken zwischen 20 und 100 Stimmen, 20 mit 5 bis 20 Stimmen, während 43 Marken weniger als 5mal genannt wurden; auf sie entfielen also nicht einmal 3 Promille der Käufer (**103**, 293). Auch die Untersuchung von Hotchkiss und Franken über die Anziehungskraft der Marken für den Konsumenten zeigt (**304**), daß der Hauptteil des Umsatzes fast überall auf die Minderheit der favorisierten Marken fällt. „Der Markt für Drogerieartikel ist mit Marken übersättigt ... Trotz eifriger Reklame der Produzenten haben nur fünf oder sechs führende Marken wirklich im öffentlichen Bewußtsein Fuß gefaßt" (**445**, 28 f.). Ein großer Kosmetik- und Seifenhändler, der um die 30 Sorten Zahnpasta auf Lager hält, erklärte mir, 4/5 des Umsatzes gingen an sechs Marken. – Ich habe von keinem österreichischen Raucher gehört, der unter dem staatlichen Tabakmonopol zwischen einem Dutzend Zigarettenmarken wählen konnte und den Reichsdeutschen um die Möglichkeit beneidete, zwischen über 2.000 Zigarettenmarken zu wählen.

Da das Hauptgeschäft überall an vier oder fünf der bekanntesten Marken geht, folgern Hotchkiss und Franken, daß die Reklame die Anzahl Marken begrenze (**305**, 74 ff.), denn für die führenden Marken werde sehr viel geworben. Ein klarer Fehlschluß. Als „nicht annonciert" bezeichnen die Verfasser nämlich Marken, für die nur weniger und teilweise bloß lokal geworben wird (local brands). Außerdem ist es eine Frage, ob die Großen über die Kleinen durch Reklame gesiegt haben, oder ob sie imstande sind, die aufwendigste Reklame zu machen, weil sie den größten Anteil am Umsatz haben.

Die ganze Sache wäre nicht der Erwähnung wert, wenn wirklich einige führende Marken die anderen aus dem Felde schlagen würden. Das Dumme ist gerade, daß die Kleinen im Schutze der überhöhten Preise des Markenwarenmarktes weiter bestehen können, der es ihnen erlaubt, zu werben und die Einzelhändler mit Extrarabatten zu bestechen. Und ist eine Marke erst auf dem Markt, so wird es immer einige geben, die sich an das Etikett gewöhnen und bei der Ware bleiben, „aus Unwissenheit,

Trägheit (oder einfach aus Irrationalität) ... obwohl andere Produkte ihnen die gleiche Befriedigung geben würden" (**220**, 338).

Die Hauptschuld der Reklame an dieser übertriebenen und im Grunde genommen unwirtschaftlichen Heterogenisierung offenbart sich deutlich in folgendem Beispiel: Der deutsche Reichsfinanzminister setzte durch Verordnung vom 28. Mai 1927 Maximalsätze für die Zigarettenreklame fest, wobei er den vermuteten Grad der Kostendegression berücksichtigte (vgl. Tabelle 24, zitiert nach **513**, 172).

Umsatz pro Halbjahr in Millionen Reichsmark		erlaubte Werbekosten in % des Einzelhandelspreises
die ersten	3 Millionen	3,0
die nächsten	3 Millionen	2,5
die nächsten	5 Millionen	2,0
die nächsten	5 Millionen	1,75
die nächsten	10 Millionen	1,5
die nächsten	25 Millionen	1,25
jede weitere	1 Million	1,0

Tabelle 24

Kleinere Unternehmen wurden hierdurch ausgeschaltet, und selbst große hatten größte Umsatzverluste. Die in den niedrigsten Klassen erlaubten Reklamesätze waren so gering, daß kleinere Betriebe sich nicht auf dem Markt halten konnten. – Es würde interessieren, ob ein ähnlicher Eingriff von seiten der Preiskontrolle der Grund dafür war, daß die Anzahl der Kaffee-Ersatz-Sorten auf dem dänischen Markt, die zu Beginn des Jahres 1941 250 überschritten haben soll, sehr plötzlich auf weniger als die Hälfte sank.

Ohne Reklame würde es für unwesentliche Realvarianten schwierig und für bloße Nominalvarianten unmöglich sein, Käufer zu gewinnen und die Stellung zu behaupten. Und ihr Verschwinden würde nur von Vorteil sein. Galbraith weist allerdings die ganze Diskussion über irrationale Verbraucherpräferenz zurück: „Der Methodologe muß sich daran halten, daß die Frage der Gründe für das tatsächliche Verhalten des Konsumenten außerhalb der Grenzen der Ökonomie liegt. Das Thema des Ökonomen ist die Verwendung knapper Mittel zur Erreichung eines Zweckes, der, strenggenommen, indiskutabel ist" (**220**, 340). Das mag, exakt-wissenschaftlich betrachtet, richtig sein; aber ich kann nicht einsehen, warum es verboten sein soll – unexakt, aber deshalb nicht unwissenschaftlich –, das Zweckmäßige bei gewissen Zielen zu erörtern, für welche die knappen Mittel der Wirtschaftsgesellschaft verwendet werden.

Es besteht, nachdem die Gattungskonkurrenz begonnen hat, unbestreitbar ein „einfältiger Drang der Hersteller, bereits konkurrierende Produkte unter einem neuen Namen nachzuahmen und mit Hilfe der Reklame die neue Marke in den Markt einzuschleusen“ (**445**, 27). „Eine große Verschwendung ist die Folge des überholten Glaubens, daß man nur Geschäfte machen könne, indem man ‚etwas anderes‘ herstelle. Jeder Produzent glaubt, sich jedes neue Jahr für jede einzelne Ware einige neue Spitzfindigkeiten ausdenken zu müssen; jeder Verkäufer und jeder Verbraucher ist dazu erzogen worden, nach mehr Varianten zu verlangen, bis diese zur Manie werden. Ob die Verbraucher wohl wissen, wie weit wir mit dieser Überdifferenzierung gekommen sind?“ (Feiker, zitiert nach **501**, 36). Auch die Ansprache des Handelsministers Hoover vor der Handelskammer der Vereinigten Staaten 1925 in Washington nennt als Nummer 5 unter 15 Ursachen der Verschwendung bei der Warenverteilung die „unnötige Vielfalt von Preisen, Größen und Varianten“ (**7**, 234), die in Wirklichkeit viel mehr kosten als die, sozial gesehen, nutzlose Reklame für sie. Sie hält die Unternehmen am Leben, die entweder ihre Kapazität nicht ausnutzen können oder deren Struktur nicht dem heutigen technischen Rationalitätsstandard entspricht. Kapital und Arbeitskraft werden auf eine betriebswirtschaftlich rentable, aber gesellschaftlich unzweckmäßige Weise gebunden. Eines der Beispiele, die am meisten ins Auge fallen, ist die Kosmetikindustrie. Es wird behauptet, die Reklame für Gesichtscreme der 30 führenden amerikanischen Zeitschriften sei allein von 1918 bis 1919 von rund 200.000 Dollar auf rund 1,4 Millionen Dollar gestiegen (**445**, 3).

Die Reklame kann auf diese Weise „den Vorteilen des Großbetriebes bei einer zu starken Aufsplitterung ‚des Marktes‘ entgegenwirken“ (**34**, 33; **713**, 122). „Die hohen Erlöse aus der Markenartikelproduktion und -verteilung stützen Betriebe, die anderenfalls einem gesunden Konkurrenzkampfe erlegen wären“ (**497**, 88). „Und das, was in einer freien ökonomischen Entwicklung in Form von geringeren Preisen das Realeinkommen des Konsumenten steigern würde, wird hier den Händlern in Form von übermäßigen Rabatten zugewiesen oder auf ungesund hochgezüchtete Reklamefeldzüge verwendet“ (**497**, 90). Merkwürdigerweise erwähnt Redlich, der die volkswirtschaftliche Bedeutung der Reklame sehr gründlich erörtert, mit keinem Wort diese Verhältnisse (**513**, 177 ff.).

Die Produktionsmittel- und Kraftverschwendung greifen von der Produktion auf den Einzelhandel über. „Nur eine neue Marke“ einer gewöhnlichen Ware kostet nicht allein Reklame und führt zu einer mangelhaften Ausnutzung der Produktivkräfte der Gesellschaft, sondern erfordert auch eine unwirtschaftlich große Lagerhaltung beim Einzelhändler (**87**, 76), der aus Prestigerücksichten „wohlsortiert“ sein muß. Albucher unterstreicht die Klage der Einzelhändler, daß sie „zehn bis zwanzig Sorten Seife (nur ?) vorrätig halten müssen. ... Die Hälfte davon kaufen die Kunden nicht. ... Der Händler bleibt auf der Ware sitzen und trägt den Verlust“ (**10**, 33). Albucher rät dazu, nur wenige anerkannte Marken zu führen. Auch Strøm Tejsen tröstet uns mit Hotchkiss’ und Frankens Feststellung, daß 90 Prozent der Verbraucher trotzdem die 6–8 bekanntesten Marken kaufen. Der Einzelhändler müßte also nicht so sehr viele Marken auf Lager haben, um so ziemlich alle Kunden zufriedenzustellen (**650**, 53 f.). Er kann sich das anscheinend nicht erlauben; es könnte ja ein Käufer kommen, der gerade die Marke N. N. haben wolle, und der Einzelhändler sagt ungern, er führe eine Ware seiner Branche nicht. Allein die Existenz der vielen wenig bekannten Marken beweise doch, daß es Einzelhändler gebe, die sie verkaufen. – Es sei unfaßbar, wie man das Markenartikelwesen dafür loben könne, „eine Reduzierung des beim Handel oft umfangreichen Warenlagers“ (**611**, 71) ermöglicht zu haben.

Endlich wird einleuchtend festgestellt, daß der Markenartikel durch das Festpreissystem den weniger leistungsfähigen Einzelhändlern Schutz vor Konkurrenz gebe (**535**, 167). Durch den ausreichend großen Gewinn könnten sie sich halten, während sie ihre Existenz verlören, wenn andere Einzelhändler die Ware so billig verkaufen dürften, wie es ihre günstigeren Rentabilitätsverhältnisse zulassen würden. Deshalb seien die Warenhäuser ja auch gegen einen Preiszwang bei Markenartikeln und gegen syndizierte Markenartikel, solange sie unter Preiszwang stehen (**526**, 61). Überhaupt verschafft die Markenware wahrscheinlich vielen ganz kleinen Einzelhändlern ein gewisses Geschäft; die Kunden haben keine Bedenken, Marken einer vom Hersteller garantierten Standardqualität bei einem Manne zu kaufen, zu dessen Ware man sonst kaum Vertrauen haben würde, weil sein Laden zu klein und sein Umsatz zu schleppend ist. – Auch innerhalb des Einzelhandels trägt die Markenware auf diese Weise dazu bei, kleine Geschäfte zu erhalten, die im freien Wettbewerb unterliegen würden. Ebenso wie Zeuthen möchte ich mich damit nicht für eine schrankenlose Reduktion der kleinen selbständigen Existenzen aussprechen; ich weise nur darauf hin, daß die Gesellschaft als Ganzes ziemlich viel für deren Erhaltung aufwendet (**713**, 120). Es heißt zwar, die vielen Einzelhandelsgeschäfte böten einen Vorteil, weil die Kunden Zeit sparen, wenn sie in der Nachbarschaft kaufen können (**650**, 65). Sieht man jedoch die Anzahl der Lebensmittel- und Zigarrenhändler in den Vororten der Großstädte, oft 3–4 jeder Sorte in einem Karree, so kann man kaum umhin, anzunehmen, daß dem Verbraucher mit einem Bruchteil ebensogut gedient wäre.

Die weitgehende und teilweise nur imaginäre Warendifferenzierung ist hier als nutzlos bezeichnet worden. Hier ist etwas von der „Scheinarbeit im zersplitterten Wirtschaftsleben der Gegenwart“, die an den Pranger zu stellen selbst ein Kaufmann keine Bedenken hat (**524**, 25). Unter denen, die am eifrigsten die Reklame loben, sind einige, die in Übereinstimmung mit einer psychologischen Wertlehre (**146**) folgende Überlegung äußern: Keine Ware hat einen absoluten und objektiven Wert. Ihr Wert für den Käufer beruht auf der Befriedigung, den sie ihm gewährt. Glaubt der Käufer, die Ware A zu 2 Kronen gebe ihm für 50 Øre mehr Befriedigung als Ware B der gleichen Gattung zu 1,50 Kronen, so sind A und ihr Preis damit auf dem Markt durch die Bewertung des Verbrauchers legitimiert. Gibt es 30 Marken einer Warengattung, die jeden Geschmack treffen, und kann eine 31. Marke, die mit einer der 30 substanzidentisch ist, ihr Publikum finden, indem der Verkäufer einige Verbraucher glauben macht, sie würden etwas anderes oder Besseres kaufen, so würden diese Verbraucher das Verschwinden der Marke vom Markt als Entbehrung empfinden. Die Marke erfüllt also eine ökonomische Funktion, obgleich sie nur eine imaginäre Variante darstellt.

Es ist darauf hingewiesen worden, daß illusionäre und imaginäre Varianten nur durch Reklame einen festen Stand auf dem Markt finden können. Ohne Marke und Reklame könnten sie zwar angeboten werden, aber den meisten Käufern würde es egal sein, ob sie bei A oder B kaufen würden, solange beide den gleichen Preis nähmen. Nur einige wenige würden vielleicht die Ware des einen oder anderen Verkäufers vorziehen. Damit ist dem Verkäufer jedoch nicht gedient. Durch Individualisierung seiner Ware sucht er einen relativ festen Verbraucherkreis zu gewinnen. Die Reklame verspricht Vorzüge oder Andersartigkeit, die nicht vorhanden sind. Einige Käufer machen einen Versuch mit dem früher (vgl. Seite 140 ff.) beschriebenen Resultat: Da die Ware nicht ausgesprochen schlechter als andere Ware ist, besteht eine gewisse Chance, daß die Erwartung des Verbrauchers und der Probekauf selbstsuggestiv die Suggestion der Reklame unterstützen; der Käufer glaubt wirklich, ihm gefalle die Ware besser, und er „erlangt eine höhere Befriedigung".

Der Reklamist entzieht sich dadurch der Homogenkonkurrenz; „er muß sich nicht von seinem Konkurrenten oder seinem Konsumenten den Preis diktieren lassen, solange er den Konsumenten dazu bringen kann, Vorzüge und Preis der Ware höher zu bewerten ... als die Ware, die er woanders kaufen kann" (**427**, **VI**, 9). Die Reklame, sagt man, habe dem Verbraucher eine Befriedigung gegeben, die er sonst nicht empfinden würde. Sie „fügt den bereits vorhandenen Werten neue hinzu ... Nehmen wir an, der Hut, für den keine Reklame gemacht wird, sei von gleicher Qualität. Hat er dann denselben Wert *für den Käufer*? Er kann von gleicher Façon, Haltbarkeit, Feinheit usw. sein. Wenn aber der Verbraucher das nicht erkennt, hat der Hut nicht den gleichen Wert für ihn. Die Reklame hat auf diese Weise den Nutzwert der besonderen Marke in der Vorstellung des Käufers gesteigert" (**455**, 29; **427**, **IV**).

Daß das Marktverhalten des Verbrauchers in großem Umfange irrational ist, mag von einem ökonomischen Standpunkt aus beklagt werden; etwas kann sicher durch Aufklärung getan werden, aber man vermag es wahrscheinlich niemals ganz auszurotten. Mit einer gewissen Irrationalität muß man immer rechnen. Man hat zur Verteidigung der Verkäufer gesagt: „Wenn die Käufer einmal in ihren Einkäufen rational werden, wird der Inserent in seiner Produktion und seinem Verkauf nüchtern und sachlich werden“ (**280**, 335). Damit wälzt man die ganze Verantwortung auf den Verbraucher ab. Das scheint mir eine heuchlerische Argumentation zu sein. Wenn die Verkäufer sich über die Irrationalität des Verbrauchers beklagen, könnten sie ja doch etwas tun, um sie zu bekämpfen. Aber sie nutzen sie nicht nur aus – sie pflegen sie. In den erwähnten Fällen ist es nicht der Reklamand, der in erster Linie irrational urteilt, sondern es ist der Verkäufer, der ihm erst durch Reklame eine falsche Vorstellung vermittelt und sie dann zum eigenen Vorteil ausnutzt. Daß der Reklamand, nachdem er der Suggestion erlegen ist, selbst glaubt, etwas anderes als bei anderen Verkäufern zu erhalten, macht die Sache nicht besser. Ohne die phantasmagorische Reklame des Verkäufers würde er das nicht glauben – und nicht dafür bezahlen. Es ist die absolute Unwahrheit, wenn behauptet wird: „Die Reklame lenkt den Verbrauch zu jenen Waren, von denen sich die Kundschaft die meiste Freude verspricht“ (**347**, 19). Tatsächlich lenkt aber die Reklame den Verbrauch zu jenen Waren, deren Absatz dem Verkäufer den größten Profit bringt; dazu suggeriert man dem Käufer, daß er größere Freude an dieser Ware haben werde – man „bringt ihn dazu, zu glauben ...“ Die Reklame dafür zu loben, daß sie auf diese Weise die Befriedigung des Verbrauchers vergrößere, ist mehr als bloß sophistisch (**34**, 28); es ist das gleiche, als wenn man einem Manne die Carnegie-Medaille verliehe, weil er einen Ertrinkenden gerettet hat – den er selbst zuvor ins Wasser gestoßen hatte. Oder was würde man von einem Arzt sagen, der den Menschen zuerst eine Krankheit einimpft und sie später gegen Honorar heilt? Wird man ihn einen Wohltäter der Menschheit nennen, weil er den Menschen zu dem herrlichen Gefühl verholfen hat, von einer Krankheit zu genesen?

Reklame für imaginäre Varianten muß man, ökonomisch gesehen, als Verschwendung und moralisch als Bauernfängerei bezeichnen.

Die Qualität der Ware. Einige ergänzende Worte über das Verhältnis der Reklame zur Qualität der Ware sind hier angebracht. Es wird behauptet, Ware, für die geworben werde, sei besser als andere Produkte. Niemand hat jedoch bisher versucht, dies induktiv durch vergleichende

Analyse gattungsgleicher Waren, die mit und ohne Reklame verkauft werden, zu beweisen; die Beweisführung würde wahrscheinlich technisch unmöglich sein (**631**, 483). Man versucht es deshalb auf deduktivem Wege zu begründen: Reklame für schlechte Ware könne sich nicht lohnen. „Reklame ist mehr als eine Waffe: Sie ist ein Test ... Sie verlangt Genauigkeit oder sie vernichtet. Sie beschleunigt den Mißerfolg der ungerechten Sache ebenso, wie sie den Sieg der gerechten bestärkt" (**286**, 101).

Die Wirkung der Reklame in dieser Hinsicht wird sogar mit dem direkten Wahlrecht in der Politik verglichen. Die Reklame demokratisiere den Markt. „Früher kauften wir wöchentlich die Produkte, die der Kaufmann in seinen Regalen vorrätig hatte. Wir haben nicht erkannt, daß unser Wirtschaftssystem geradezu minderwertige Produkte begünstigte. Ebenso wie jetzt die politische Kontrolle des Volkes durch direkte Wahl wieder bessere Repräsentanten an die Spitze unserer Politik bringt, so rückt unsere direkte Wahl als Konsumenten durch die Reklame wieder die besten Produkte ins Zentrum des Marktes" (**31**, 61). Das würde richtig sein, wenn der Verbraucher wirklich sachkundig wäre und alle Waren vergleichen könnte. Aber in Wirklichkeit ist es wahrscheinlich auf dem Markt wie in der Politik – daß nicht der Beste, sondern der Lauteste an die Spitze gelangt. Gewiß lohnt es sich auf die Dauer, zufriedenstellende Ware zu verkaufen – mit oder ohne Reklame. Daß diese die Ware verbessern soll, klingt dagegen von vornherein unwahrscheinlich. Wenn das richtig wäre, müßten die Qualitäten durchgehend verbessert worden sein, seit die Reklame in das Wirtschaftsleben Eingang fand. Zu behaupten, die Qualitäten im 18. Jahrhundert seien weniger reell gewesen als jetzt, würde ebenso töricht sein wie die fast entgegengesetzte – und zu ihrer Zeit beliebte – Behauptung, die industrielle Herstellung habe die Qualitäten gesenkt. Auf vielen Gebieten sind die Waren jetzt besser als vor 100 oder 50 Jahren – aber nicht als Folge der Reklame; das verdanken wir dem technischen Fortschritt (**650**, 32). Ebensowenig rührt der geschärfte Sinn für Qualität beim Publikum von der „erzieherischen" Wirkung der Reklame her; der Qualitätssinn des breiten Publikums ist schon vor der Zeit der Fabrikware und der Reklame recht ausgeprägt gewesen, verfiel danach in jener Zeit, als die Industrialisierung einen Teil der Landbevölkerung in die Städte verpflanzte, wo sie in proletarischen Verhältnissen lebte. Mit der Anpassung an die neuen Verhältnisse und mit günstigeren ökonomischen Bedingungen entwickelte sie dann wieder

Qualitätssinn auf einer neuen Stufe – und die Produktion mußte darauf Rücksicht nehmen.

Eine Zeitlang stand die Reklame entschieden im Dienste der minderwertigen Ware. Sie hatte ihren ersten Durchbruch als Warenhausreklame, und das Warenhaus verkaufte in seiner ersten Periode nicht gerade die beste, oft geradezu unreelle Ware. Solide Geschäfte verabscheuten damals die Reklame. Freedley schreibt im Jahre 1852: „Die heutige Zeit ist das Zeitalter der Reklame. Die Reklame ist das beste Mittel, Käufer *anzuziehen*. Mit Hilfe der Reklame können Händler durch Verkauf wertloser Artikel *Vermögen verdienen*. Weshalb sollte das gleiche nicht für den möglich sein, der hochwertige Artikel verkauft?" (**208**, 119). Seitdem praktisch alle Verkäufer werben, befinden sich unter den Waren, für die geworben wird, zwangsläufig auch hochwertige Waren. Aber niemand wird wohl behaupten wollen, daß die schlechte Ware vom Markte verschwunden sei – und für diese wird in der Regel auch Reklame gemacht. „Bei manchen Waren ist das beste – die Reklame dafür" (**282**, 6).

Minderwertige Ware wird bisweilen ohne Reklame verkauft – wenn nämlich der Verkäufer an der Reklame für ein anerkanntes Produkt zu schmarotzen sucht, dessen äußere Aufmachung er nachahmt. Im übrigen ist es unwahr, daß schlechte Ware nicht durch Reklame verkauft werden könne. Man kommt der Sache vielleicht ein wenig näher, wenn man sagt, derjenige, der gute Ware auf dem Markt anbiete, wage es kaum, sie ohne Reklame zu verkaufen, teils, weil er mit Reklame Hochpreispolitik betreiben und mehr verdienen könne, teils aus einem psychologischen Grunde. Hand in Hand mit der Ausbreitung des Markenprinzips sind die Verbraucher markenversessen geworden; sie wagen nicht, die billigere Sortenware zu kaufen, weil sie glauben, sie müsse schlechter sein. Kein Produzent wagt es deshalb, seine gute Ware ohne Marke zu verkaufen und sie diesem Vorurteil auszusetzen. Der Preis, den Nichtmarkenware unter diesen Umständen erzielen kann, vermag für gute Qualität nicht auszureichen. Das von Werbeinteressenten planmäßig geschürte Vorurteil des Verbrauchers zwingt den Produzenten, eine qualitativ hochstehende Ware als Markenware zu verkaufen – natürlich durch Werbekosten verteuert. Es ist ein bekanntes Phänomen, daß einige große Markenwarenverkäufer auf diese Weise die ganze Branche unter das Markenprinzip zu zwingen vermögen. Goodall bezeichnet es als Aberglauben, daß der Übergang einzelner Branchen zur Markenware auf die der Ware innewohnenden Reklamekapazität zurückzuführen sei. Ist Zucker weniger reklamefähig als Seife? Kaffee weniger als Kakao? Es hängt einfach vom reinen Zufall ab, ob ein Produzent der Branche mit Markenwarenverkauf begonnen hat. Er zwingt die anderen, es ihm gleichzutun (**241**, 16). Als Folge davon ist gute lose Ware in bestimmten Branchen fast ganz verschwunden. Dies beweist durchaus nicht die qualitätssichernde Funktion der Reklame, sondern es ist eher ein starkes Argument gegen das Markenprinzip, das in gewissen Branchen schlechthin qualitativ hochstehende Sortenware verdrängt hat.

Diese Tatsachen kleidet Hirsch in eine reklamefreundliche Form, deren Logik mir etwas verworren erscheint: „Je höher die Qualität der Ware, desto größer wird ihr Bedarf an Reklame ... Die Markenwaren garantieren für die Qualität. Deshalb ist es so notwendig, für sie Reklame zu machen" (**289**, 20). Es ist völlig unerklärlich, warum man nicht für Qualität garantieren können soll, ohne gleichzeitig Reklame zu machen.

Bei einem einzigen Werbefachmann fand ich eine maßvolle und korrekte Beurteilung des Verhältnisses zwischen Reklame und Qualität: *„Ist die Reklame für zwei Artikel gleich gut, so verdrängt der gute Artikel den minderwertigen.* – Sind die Artikel gleich gut, so verdrängt die gute Reklame die schlechtere" (**18**, 29, 32). Und „ist der Artikel schlechter, kann eine überlegene Reklame die Minderwertigkeit des Artikels aufwiegen" (**18**, 60). Im übrigen liegt viel Propaganda für die Reklame in der unablässig wiederholten Klischeebehauptung: „Die Reklame hat die Markenware möglich gemacht hat, und diese allein gibt dem Konsumenten sichere Qualitätsgarantie" (**10**, 27). Hier hat der Verkäufer „eine Verkaufsmethode" gewählt, „die nicht auf Unwissenheit des Käufers über anonyme Produkte beruht, sondern auf der Qualität der Artikel, für die der Verkäufer eintreten kann und für die er direkt und persönlich verantwortlich ist" (**31**, 59).

1) Es wird zwar als ein Merkmal, gelegentlich sogar als das einzige charakteristische der Markenartikel behauptet, sie sei von garantierter und anerkannter Qualität (**611**, 7). Aber es ist mehr als zweifelhaft, ob das Prinzip eingehalten wird. Qualitätsminderungen, die sofort bemerkt werden können, werden vermieden. Deshalb verkaufen manche bekannten

Markenartikelfabriken unter Kriegsumständen besondere Ersatzmarken und vermeiden auf diese Weise Schaden für den guten Ruf ihrer alten Marke in der Nachkriegszeit (**526**, 39). Dagegen ermöglicht die suggestive Kraft der Reklame nach der festen Etablierung der Ware auf dem Markt gewisse, nicht allzu auffällige Minderungen, weil die Käufer sich durch Verpackung und Namen der Marke sicher fühlen (**650**, 30). Neue Zigarettenmarken pflegen vorzüglich zu sein, bis die Kenner sie genügend gelobt haben. Danach verschlechtert sich die Qualität; während Pfeifen- und Zigarrenraucher gewöhnlich etwas von der Ware verstehen, gehören zu den Zigarettenanhängern viele rein dekorative oder nervöse Raucher, die die Verschlechterung nicht bemerken. Der Kenner ist in der Zwischenzeit wiederum zu einer neuen Marke übergegangen, die durch relativ gute Qualität vorteilhafte Erwähnung sucht.

2) „Die meisten Leute denken zu wenig daran, daß es sich lohnt, für die Unverfälschtheit, Reinheit und Gleichförmigkeit, die sie wünschen und die sie beim Kauf der meisten beworbenen Artikel erhalten, ein wenig mehr auszugeben als für konkurrierende und billigere Artikel, die verfälscht, unrein und von ungewisser Qualität sind" (**31**, 54 f.). Diese Art Äußerungen werfen ein seltsames Licht auf die Geschäftsmoral im allgemeinen. Sollten die Reklame und der durch die Reklame erzielte höhere Preis die einzigen Motive sein, die den Geschäftsmann dazu bewegen können, Verfälschung und Pfuscherei zu unterlassen? Und ist die Reklame eine Garantie dagegen? Ich habe von „hygienisch" cellophanverpacktem Markenkonfekt gehört – das von tuberkulösem Personal eingepackt wurde, und von stark Reklame treibenden Wurstfabrikanten, die verdorbenes Fleisch verarbeiteten.

3) Es wird mit Vorliebe so dargestellt, als ob das Markenprodukt, für das geworben wird, das Gegenteil zur anonymen Ware wäre, für die „der Hersteller nicht einsteht". Erstens haftet der Hersteller unter allen Umständen, wenn nicht gegenüber dem Konsumenten, dann dem Händler gegenüber, und dafür bürgt dieser gegenüber dem Verbraucher. Zweitens braucht die Ware nicht „anonym" zu sein, weil sie keine Markenware ist. Der Hersteller übernimmt die Verantwortung für die Ware, indem er sie „bezeichnet", ihr einen Namen gibt, ohne für sie als Markenware zu werben. „Marktware" und „Markenware" ist nicht dasselbe. Man kannte und verwandte die Marke als Herkunftszeichen einige hundert Jahre vor

dem Erscheinen der Reklame und der Entstehung der Markenware. Es ist eine bewußte Irreführung des Publikums, wenn man es so darstellt, als ob der Hersteller die Verantwortlichkeit für die Qualität der Ware nur Hand in Hand mit einer Hochfrequenzreklame übernehmen könne, für die der Verbraucher mit überhöhtem Preis aufkommen müsse.

Das Publikum der Reklame

DAS REKLAMEPOTENTIAL DER WAREN UND DER KÄUFER. Nicht alle Waren sind im gleichen Grade für Reklame geeignet. Man spricht in diesem Zusammenhang von der Reklamekapazität oder dem Reklamepotential der Waren. Sparling stellt eine Skala darüber auf, angefangen von den Rohstoffen, die das niedrigste Reklamepotential haben, über Produktionsmittel bis zu Konsumgütern, die das höchste Reklamepotential besitzen (**635**, 298 ff.). Calkins behandelt die Frage recht detailliert (**102**, 151 ff.), während Sieben nur zwischen Grund- und Zusatzprodukt (etwa Luxusgüter) unterscheidet; das letztere umfaßt die Produkte mit der größten Reklamekapazität (**623**, 5). Man könnte wahrscheinlich eine recht genaue Skala aufstellen, wenn man die Waren nach ihren vielfältigen Eigenschaften analysieren und das Reklamepotential an diese einzelnen Züge knüpfen würde, zum Beispiel Unentbehrlichkeit oder Luxuscharakter der Ware, ob sie aus reinen Zweckmäßigkeitsgründen gekauft wird oder an Geschmack und Phantasie appelliert usw. Das Reklamepotential der Ware könnte von jedem einzelnen Gesichtspunkt aus nach Punkten beurteilt werden; die addierte Anzahl Punkte würde dann das gesamte Reklamepotential der Ware angeben. Unser augenblickliches Hauptinteresse gilt aber nicht der Reklamefähigkeit der Ware im allgemeinen. Unter den Faktoren, die dafür bestimmend sind, spielt der psychische und soziale Habitus der Käufer eine herausragende Rolle. Auch die Käufer haben ihr unterschiedliches Reklamepotential, und das Reklamepotential der Ware hängt teilweise davon ab.

REKLAME FÜR WOHLHABENDE. Es hat eine Zeit gegeben, in der man glaubte, die Reklame habe ihre spezielle Aufgabe beim Absatz von Luxusartikeln und ihr eigentliches Publikum sei die wohlhabende Oberklasse. „Es ist die Vielfalt, die der moderne Inserent im Auge hat, nicht die Lebensmittel, und er richtet deshalb seine Aufmerksamkeit auf die wohlhabenden Kreise und nicht auf die Armen" (**131**, 232). Der ökonomische Gedanke hinter dieser Auffassung ist in dem Engel'schen Gesetz ausgedrückt: Je ärmer eine Familie ist, desto größer ist der Teil der Gesamtausgaben, der für die notwendigen Nahrungsmittel aufgewandt werden muß (**171**, 169). Es habe keinen Sinn, die Werbekosten für Artikel auf sich zu nehmen, die die Verbraucher sowieso kaufen müßten; dagegen sei die Reklame am Platze, wo es gelte, die Verbraucher zum Kauf unnötiger Dinge zu überreden und teure Luxusartikel die Kosten der Reklame tragen könnten. Noch um 1900 kann man diese Auffassung von der Funktion der Reklame spüren. Fowler warnt davor, die Sensationspresse als Werbemittel zu benutzen: „Solch ein Blatt wird niemals von feinen Leuten gelesen, aber sie sind es, die Geld (!!) haben und die kaufen; bei neun Zehntel der Leser der Sensationspresse lohnt es sich nicht, Reklame an sie zu richten" (**202**, 385). Eine amerikanische Zeitschrift wollte Interessenten mit einem Hinweis auf ihre quality-circulation werben: „Eine Zeitschrift, die Morgan, Gould, Astor, Vanderbilt, Carnegie, Whitney und andere zu ihren Abonnenten zählt, muß wohl ein wertvolles Medium für Verkäufer von Qualitätsware sein" (**103**, 286). Die Berliner *National-Zeitung* bezeichnete es im Jahre 1905 in einem Inseratangebot als eine Voraussetzung für Erfolg, daß man in „einer Zeitung, deren Leser durchweg den gebildeten, wohlsituierten Kreisen angehören" (**99**, 14), annonciere. Und ein Annoncenkontor empfahl im Jahre 1902 als Medium eine Sportzeitung, „die von fast allen regierenden Fürsten, Königshöfen und Kapitalmagnaten Europas abonniert wird" (**98**, 8).

In Wirklichkeit sind die Wohlhabenden sicher niemals das wichtigste Publikum der Reklame gewesen, und auf keinen Fall sind sie es jetzt. Marx behauptete im Jahre 1865 in einem Vortrag, 20 Prozent der Bevölkerung würden zwei Drittel des Sozialproduktes verbrauchen. Das war sicher schon damals stark übertrieben. 1899 wies R. E. May nach, daß zwei Drittel der nationalen Produktion von drei Viertel der Bevölkerung verbraucht werden (**440**, 30 f.), und seitdem haben die „demokratisch" zusammengedrängte Einkommensskala und stark progressive Steuern weiter ausgleichend gewirkt.

Reklametechnisch gesehen, ist es zweifelhaft, ob die Massenbotschaft der Reklame einer dünnen und verstreuten Schicht Wohlhabender gegenüber praktikabel ist. Die Zeitung würde auf jeden Fall ein ungeeignetes Medium dafür sein. Und über das Plakat sagt Eley, es könne nicht dazu verwendet werden, für Dinge zu werben, die Leser mit weniger als 600 Pfund Sterling Jahreseinkommen – das heißt: rund 98 Prozent der Bevölkerung in Großbritannien und Nordirland – nicht kaufen könnten (**169**, 13 f.). Außerdem sind Wohlhabende wahrscheinlich sowohl in ökonomischer als auch in psychologischer Hinsicht für Reklame wenig empfänglich. „Wenn die Gesellschaft nur aus wohlhabenden und gebildeten Klassen bestünde, wäre expansive *Reklame* nicht notwendig; einfache Marktinformation würde dann genügen" (**110**, 19). Bunting hat „niemals von einem sehr reichen Manne ... gehört, der etwas kaufte, weil dafür geworben wurde. ... Im Gegenteil, die Reklame kann eine Ware für diese Gruppe unverkäuflich machen" (**86**, 70; **115**, 26).

Die breite Masse. Kurz gesagt: Im letzten halben Jahrhundert ist man sich darüber klar geworden, daß die Reklame „ein demokratischer Appell in einem demokratischen Zeitalter" (**242**, 74) sei. Der Pionier Hopkins wußte, daß „95 Prozent aller Kunden" (**298**, 20), die die Reklame lesen und die angepriesenen Waren kaufen, dem einfachen Volk angehören. – Die wenige Reklame, die es im 17. und 18. Jahrhundert gab, galt Genußmitteln, Modeartikeln und Kosmetika für die oberen Zehntausend. Aber der große Durchbruch der Reklame zu Beginn des 19. Jahrhunderts ist an den Vorläufer des Warenhauses, die Modezeitschrift, geknüpft. Seit damals wendet sich die Reklame „nicht an die Ärmsten, weil sie kein Geld haben, auch nicht an die Reichsten, weil sie sie, da sie sich ohnehin alles leisten können, nicht interessiert, sondern an alle anderen" (**157**, 201). Man kann, wenn man mit den Möglichkeiten der Reklame vor Augen die Gesellschaft studiert, von den Reichen und den Armen absehen (**200**, 229).

Musewald begeht einen groben Anachronismus, wenn er sagt, „daß je niedriger das Einkommen, bezw. die Kaufkraft des Einzelnen ist, um so größer der Anteil des reklamelosen und um so niedriger der Anteil des reklameintensiven Bedarfs ist. ... Nach dem bekannten Engel'schen Gesetz ist aber der Anteil an der Gesamtausgabe für Bedarfsgüter des Subsistenzbedarfes um so größer, je ärmer eine Familie ist. Daraus folgt, daß auch der Wirkungsbereich der Reklame bei niedrigen Einkommensklassen absolut und relativ niedriger ist als bei höheren Einkommensklassen" (**463**, 42 f.). Diese Behauptung hätte man allenfalls im Jahre 1899 aufstellen können (**131**, 231); um zu erkennen, wie wirklichkeitsfremd sie ist, braucht man nur zu beobachten, welche Waren in der Reklame der heutigen Zeit vorherrschend sind. Das sind Haushaltsartikel, Lebensmittel, billige volkstümliche Getränke (vor ausländischem Wein), billige Konfektion (mehr als teure Maßkleidung) usw. Alles in allem glaube ich, die Minderbemittelten tragen eher relativ mehr als weniger zu den gesamten Werbekosten der Gesellschaft bei.

Tatsächlich hat die Reklame prinzipiell keine Chance bei denen, deren Kaufmacht vollständig gebunden ist, das heißt: bei jenen, die nicht wählen können, ob sie einen Teil ihrer Kaufmacht für das eine oder lieber für etwas anderes verwenden wollen. Freie Kaufmacht, die Freiheit des Verbrauchers, über die Verwendung seiner Mittel zu disponieren, ist die Voraussetzung dafür, daß die Reklame ihn beeinflussen kann. Dieser Lehrsatz über das Verhältnis zwischen freier Kaufmacht und Reklamepotential ist jedoch mit einem einseitigen Ausgangspunkt in der verbrauchslenkenden Reklame aufgestellt worden. Stellt man sich einen Verbraucher vor, der, nur um leben zu können, gezwungen ist, seine ganze Kaufmacht zu bestimmten Anteilen für Waren bestimmter Art zu verwenden (so viel für Miete, so viel für Kleidung, Brot usw.), so besteht zwar keine Möglichkeit, ihn durch Reklame zum Kauf eines Füllfederhalters, anstatt eines neuen Oberhemdes, zu bewegen. Aber die Reklame wird auch, sogar in erster Linie, in der Homogenkonkurrenz verwandt; sie kann auch gebundene Kaufmacht von anderen Verkäufern abziehen, wenn der Reklamist die gleiche Ware zu verkaufen hat. Zum anderen ist der Verbraucher mit vollständig gebundener Kaufmacht eine rein hypothetische Figur im modernen Wirtschaftsleben; auch die Minderbemittelten stehen jetzt erheblich über dem absoluten Existenzminimum (das sich übrigens überhaupt nicht bestimmen läßt) und verfügen deshalb über einen Teil freier Kaufmacht, um die sich die verbrauchslenkenden Reklamisten streiten können. Drittens muß zwischen absolut und relativ gebundener Kaufmacht unterschieden werden. Der Arme muß einen gewissen Teil seines Einkommens für kohlehydrathaltige Nahrungsmittel ausgeben, hat aber die begrenzte Wahl zwischen Brot und Kartoffeln als billigsten Formen dieser Nahrung. Diese begrenzte Wahlfreiheit (alternativ gebundene Kaufmacht) gibt der Reklame auch der gebundenen Kaufmacht gegenüber eine Chance. Die moderne ökonomische Entwicklung hat, wie bekannt, nicht nur zu einer größeren allgemeinen Versorgungsreichhaltigkeit, sondern auch zu einer unglaublichen Versorgungsmannigfaltigkeit geführt. Auch die lebensnotwendigen Waren sind jetzt so differenziert, daß absoluter Bedarf auf verschiedene Weise gedeckt werden kann – durch verschiedene Marken der gleichen Ware, durch Varianten der gleichen Gattung oder durch ähnliche Substitutionswaren. Diese Differenzierung ist in großem Umfange gerade eine Folge der Bestrebungen der Verkäufer, auch Ware des täglichen Bedarfs reklamefähig zu machen. Die Reklame hat auf diese Weise selbst in den eng begrenzten Bedarfssatz des Bedürftigen Eingang gefunden, und ihre besonderen Möglichkeiten als Massenbotschaft werden erst voll entfaltet und genutzt, wo sie für den Massenabsatz von Massenwaren verwendet wird.

Der Nährboden der Reklame: Die Klassengesellschaft. Der soziale Nährboden der Reklame ist die moderne Klassengesellschaft, und innerhalb dieser ist die Mittelklasse das für die Reklame empfänglichste Publikum. Eine gewisse soziale Labilität ist als Voraussetzung für Reklame in großem Stil vielleicht wichtiger als die ökonomische Bewegungsfreiheit des Verbrauchers. Die Ständegesellschaft ist von distinktiven Überlieferungen in Lebensweise und Konsum geprägt. Jeder Stand hat seine standesgemäße Lebenshaltung, an die sich der einzelne im wesentlichen hält. Verbrauchslenkende und expansive Reklame setzt aber ein Publikum voraus, das gewillt ist, seine Verbrauchsgewohnheiten zu ändern (**110**, 17; **111**, 15 f.). Dies ist der Fall in der Atmosphäre von Gleichheit und Freiheit, die in der modernen Klassengesellschaft herrscht, wo der gegebene Platz des Individuums nicht zu einer durch Brauchtum und Sitte begründeten Lebensweise verpflichtet. Der erste Durchbruch des Klassenprinzips selbst und sein weiteres Vordringen bedeuteten eine Chance für verbrauchslenkende Reklame; die Gesellschaftsschichten der Vergangenheit lösten sich auf, ihre Mitglieder wurden umplaziert und gerieten unter sowohl sozial als auch lokal völlig andere Verhältnisse, die sie zwangen, ihre bisherigen Verbrauchsgewohnheiten aufzugeben. Mit alten Gewohnheiten wurde gebrochen, und das neue Milieu bot keine feste Verbrauchstradition. Hier, wo das Individuum, sozial gesehen, ratlos und mit leeren Händen dasteht, ist die Empfänglichkeit für äußere Einflüsse am größten. Und da soziale Mobilität eines der die Klassengesellschaft prägenden Charakteristika ist, kommen mit jeder neuen

Generation Massen jüngerer Menschen in die gleiche Situation, in der ihr Reklamepotential erhöht ist.

Die Mittelklasse und der Prestigeappell der Reklame. Darüber hinaus spielt jedoch die Struktur des persönlichen Verbrauchs eine distinktive Rolle in der Klassengesellschaft. „Die Art und Weise der Einkommensverwendung wird vorherrschender Maßstab für die Beurteilung der sozialen Stellung eines Menschen" (**623**, 6). Während die soziale Stellung in der Ständegesellschaft den Verbrauch des Individuums bestimmte, ist es in der Klassengesellschaft eher umgekehrt. Kleider machen Leute. Auf diese Weise „drängt der Mensch wie durch naturgesetzlichen Zwang sozial aufwärts, und dieser Trieb wird zur stärksten Großmacht in der Seele des modernen Durchschnittsmenschen, und zugleich zum stärksten unter den Faktoren, die die frei gewählte Konsumtion beherrschen" (**479**, 114). Hier erhält die Reklame – oder eine besondere Form der Reklame – ihre große Chance gegenüber den Mittelklassen, die – mit oder ohne Grund – sich in der modernen Gesellschaft zurückgesetzt fühlen.

Es ist kaum ein Zufall, daß die Laufbahn der europäischen Reklame in dem klassischen Mittelklasseland Frankreich begann. Die Stellung der Mittelklasse in der modernen Gesellschaft hat lange Zeit hindurch etwas Provisorisches, ja Negatives gehabt. Der Wohlhabende genoß seine ökonomische Macht, der Arbeiter seine politische Macht als organisierte Masse, der Akademiker hatte seine feste, standesbestimmte Stellung. Die besitzende Mittelklasse dagegen fühlte sich in ökonomischer Hinsicht bedrängt und ausgeschaltet, und die neue gehaltsbeziehende Mittelklasse suchte aus ideologischen Gründen Distanzierung zur Arbeiterklasse, deren ökonomisches Schicksal sie im wesentlichen teilte. Das Entscheidende daran ist, daß es sich nicht, wie bei der Arbeiterbewegung, um einen kollektiven Aufstieg handelt, der höheres Ansehen für die ganze soziale Klasse als solche erstrebt, sondern um einen Drang, sich als einzelner unter Verleugnung seines sozialen Standes Geltung zu verschaffen. Verwehrtes Verlangen nach sozialem Ansehen und Aufstieg machen eine Gesellschaftsklasse in hohem Grade für eine Reklame anfällig, die Befriedigung in dieser Richtung verspricht. „Die Mittelklasse ... bietet alle psychischen Voraussetzungen für effektive Reklame, da sie vom Aufstiegsverlangen erfüllt ist“ (**110**, 20). Das gleiche gilt für die Arbeiter in dem Umfange, wie sie sich mit verbesserten ökonomischen Verhältnissen von proletarischer Gesinnung und proletarischen Idealen entfernen. In diesem Zusammenhang sind zwei Fakten in der Geschichte der Reklame erwähnenswert. Der erste Durchbruch der Reklame fand während der Restauration in Frankreich statt, wo die besitzende Kleinbourgeoisie sich die Parkettplätze im Gesellschaftstheater zu erkämpfen suchte. Und das gigantische Anschwellen der Reklame seit 1890 fiel teils mit dem Anwachsen des gehaltsbeziehenden Büro- und Handelspersonals und dessen Konsolidierung als einer eigenen sozialen Klasse, teils mit den ersten bedeutenden Resultaten im Kampf um günstigere ökonomische Bedingungen zusammen. Die Bedeutung der Mittelklasse als Reklamand ist wahrscheinlich auch der Grund dafür, daß die billigen Wochenblätter seit circa 1900 zu den bevorzugten Reklamemedien wurden; sie sind die Literatur des kleinen Mannes und deshalb mittelklassenselektiv.

Namentlich der Verbrauch der gehaltsbeziehenden Mittelklasse ist – oft auf Kosten des Notwendigen und Vernünftigen – bestimmt vom Gesichtspunkt „einer gesellschaftlichen Wertung, d. h. er wird von Kräften bestimmt, die vom Sozialgebilde ausströmen, und zwar in dem Maße, wie solche zusätzlichen Eigenschaften und Neuheitsqualitäten bei Marktobjekten soziale Geltung für das Individuum verschaffen können“ (**218**, 13). Hier wird das unbefriedigte Geltungsbedürfnis des Verbrauchers zum Leitmotiv der Reklame (**704**, 30). Die Reklame entfaltet hier auf besonders wirkungsvolle Weise ihre suggestiven Springbrunnen und Feuerwerke, ihre ganze suggestive Kraft. Sie stützt sich auf „die Tagträume der Menschen, von denen sie geschätzt wird“ (**249**, 71), berechnet für diejenigen, „die sich verzehrten nach einem Luxus, der außerhalb ihrer Reichweite lag, nach einer Muße, die ihnen auf ewig versagt blieb, und die man deshalb drangsalieren oder verführen konnte, ihre sauer verdienten paar Pence für Dinge auszugeben, die ihnen wenigstens für einen Augenblick die Illusion von Wohlstand und Luxus gaben“ (**547**, 177). Die wirkungsvollste Form ist auch hier die indirekte Suggestion; die Ware wird nicht in dem Milieu gezeigt, in dem der zu gewinnende Verbraucher lebt, sondern in Verbindung mit dem Ziel seiner sozialen Sehnsüchte. Für billige Schokolade wird mit einem Plakat geworben, auf dem der Kavalier im Frack, mit Monokel im Auge, der seideknisternden Königin des Balletts eine Tafel Schokolade schenkt. Eine billige Zigarette wird auf einem Reklamebild auf einem silbernen Tablett präsentiert, das der untadelige Butler dem bequem im Clubsessel lehnenden Baron reicht. Der vorausberechnete Gedankengang des Opfers ist folgender: Eigentlich ist die Zigarette nichts Feines, denn ich kann den Preis bezahlen, aber diese hier muß trotzdem erlesen sein, wenn sie (auf dem Reklamebild!) von einem Mann geraucht wird, der Dienerschaft hat. – Am deutlichsten ist diese Tendenz natürlich in der Bekleidungsbranche, wo die Ware selbst eine unmittelbare soziale Prestigefunktion hat. Ein älterer Ratgeber für Reklame gibt Beispiele dafür, wie ein Verkäufer seine Botschaft nach der Mentalität der einzelnen Käuferschichten differenzieren muß: So soll ein Geschäft für Oberbekleidung für Jagd- und Reiseanzüge im konservativen, für Priestersoutane im katholischen, für Arbeitskleidung im sozialistischen Blatt inserieren, und seine Abteilung für Maßkleidung soll im liberalen Blatt für die Oberklasse annoncieren – aber in dem liberalen Blatt für die Mittelklasse soll für den „eleganten Herrenanzug" geworben werden – „elegant" als Blickfang mit riesengroßen Lettern (**48**, 17 ff.). Ein englischer Schneider fand den ausgeklügeltsten Schnitt; er versprach in seiner Annonce nicht, daß seine Käufer „wie Gentlemen" aussehen würden, sondern: „In meinen Anzügen gleicht jeder Kunde dem, was er ist – einem Gentleman" (**533**, 30) – sehr klug berechnet für junge Menschen in untergeordneter Stellung, die nach englischen Begriffen nicht als Gentlemen angesehen werden, und die das auch wissen. – Dieser Snob-Appeal wird in einem Umfange verwendet, der auf eine äußerst wirkungsvolle Resonanz hindeutet.

Das Prestigeverlangen der Oberklasse äußert sich in dem Wunsche, sich von anderen zu distanzieren; um Eindruck zu machen, muß die Reklame die Exklusivität der Ware und ihre Unvergleichbarkeit hervorheben, möglicherweise auch darauf hinweisen, daß ihr hoher Preis gewöhnliche Sterbliche daran hindere, sie zu kaufen. Weiter unten auf der sozialen Stufenleiter äußert sich sozialer Geltungsdrang darin, sich von jenen zu distanzieren, die noch weiter unten stehen, und dieses erreicht man am sichersten, wenn man diejenigen nachahmt, die eine oder mehrere Stufen höher stehen. Wer für etwas Besseres gehalten werden will, als er in Wirklichkeit ist, kann es sich nicht leisten, seinem eigenen Kopfe zu folgen oder seinen eigenen Geschmack zu pflegen; er fährt gewissermaßen auf dem Trittbrett mit. Hier kauft der Konsument „in unbewußtem Gehorsam gegenüber dem vermeintlichen Diktat einer erhabenen Autorität" (**427**, **VI**, 6). Die Reklame mit geborgtem Prestige, mit anerkennenden Äußerungen bekannter Persönlichkeiten soll sehr wirkungsvoll sein; englische Kosmetikfirmen sollen gut dafür bezahlen, Bild und Unterschrift irgendeiner Society-Schönheit als Reklame verwenden zu dürfen. „‚The Best People' sind Vorzeigefiguren ... Mayfair wird Golders Green als Vorbild präsentiert" (**656**, 45). Gelingt es erst einmal, einen neuen Artikel bei den tonangebenden 10 Prozent der Bevölkerung einzuführen, so kann man sie später mit Hilfe des Snob-Appeals an Millionen verkaufen (**102**, 13). „Klassenunterschiede ermöglichen es dem Fabrikanten, den Wechsel der Mode auf eine für ihn profitable Weise in Gang zu halten. Jene, die auf einem bescheidenen Niveau leben, wollen gern die Kleidung der Reichen und Vornehmen dieser Klasse nachahmen. Diese sehen ihre Exklusivität bedroht und gehen eiligst zu einer neuen Mode über. Auf diese Weise treiben Nachahmung und Differenzierung einander in einem endlosen Wettlauf voran" (**14**, 393). Ein besonders wirkungsvoller Trick ist es, seine Botschaft scheinbar an einen exklusiven Kreis zu richten, um desto sicherer dessen Nachahmer zu erreichen. So wird behauptet, amerikanische Parfümerien sprächen mit ihrer Reklame die Fifth Avenue an, um an Mrs. Smith und Mrs. Brown aus der Mittelklasse zu verkaufen (**404**, 92).

Hier besteht auch ein enger und typischer Zusammenhang zwischen Reklame und Luxus – aber, wohlgemerkt, dem billigen Luxus. Der Auftakt zu Zolas Warenhaus- und Reklameroman „Au Bonheur des Dames" ist bezeichnenderweise der weniger bekannte Roman „Pot-Bouille", dessen Hauptthema falscher Luxus ist und die krampfhaften Anstrengungen der Kleinbourgeoisie, vornehm zu sein.

Die Reklame wird teilweise wegen ihrer Funktion der Mittelklasse gegenüber gelobt, weil sie den Weg zum sozialen Aufstieg zeige und geschmacksbildend wirke (**635**, 305). Ich würde ihre Wirkung, von einem kulturkritischen Gesichtspunkt aus gesehen, eher als schädlich bezeichnen. Es ist nicht so zu verstehen, als ob die Reklame ein Bedürfnis wecke, sich durch seinen Verbrauch Geltung zu verschaffen – diese Tendenz besteht ganz unabhängig von der Reklame und hat ihre Wurzel in der Sozialstruktur der Mittelklasse. Aber die Reklame unterstützt diese kulturell unerwünschte, vielleicht auch ökonomisch schädliche Tendenz. Sie fördert eine gewisse Verlegenheit und eine Anbetung des äußeren Scheins auf Kosten der Qualität; es macht uns die Reklame auch nicht sympathischer, daß sie sich in so hohem Grade auf diese am wenigsten ansprechende Seite des Habitus der Mittelklasse stützt und sie ihrerseits bestätigt.

SUGGESTIBILITÄT UND REKLAMEPOTENTIAL. Reklame wirkt durch Suggestion. Je suggestibler eine Person ist, desto höher ist – unter sonst gleichen Bedingungen – ihr Reklamepotential. Es war früher eine verbreitete Auffassung, daß ein guter Verstand gegen Suggestion gefeit sei; infolgedessen glaubte man, die Empfänglichkeit des Verbrauchers für Reklame sei umgekehrt proportional zu seiner Intelligenz (**200**, 219). Es wird ferner von vielen behauptet oder vermutet, es bestehe ein enger Zusammenhang zwischen Intelligenz und sozialer Stellung. Hier sei zum Teil die Erklärung für das besonders große Reklamepotential der Mittelklasse zu suchen. „Die Konsumenten aus der Mittelklasse, die Hauptadressaten der Reklame, haben in der Regel ... eine geringe selbständige Urteilskraft" (**635**, 305). Shryer begründet es ausführlicher. Er geht davon aus, daß die Reklame kontrollierte „Assoziationen" hervorzurufen suche; damit meint er, sie suche durch gewisse, in der Reklamebotschaft enthaltene Reize vorausberechenbare Vorstellungen beim Reklamanden auszulösen. Die Wirkung der Reklame hänge davon ab, ob die Vorstellungskette beim Reklamanden nach der Berechnung des Reklamisten verlaufe, oder ob der Reklamand unerwartet anders reagiere. „Je unwissender und je weniger geistig trainiert die Menschen sind, desto weniger phantasiebegabt und desto gleichförmiger sind sie in ihren Assoziationen. Der gut Ausgebildete und Geschulte ist weniger begrenzt in seinen Assoziationen als der Ungebildete und Dumme ... Ein großer Teil ... des ‚gemeinen Volkes' ... ist als Folge seiner geringen geistigen Ausrüstung in seiner Assoziationsfähigkeit ziemlich begrenzt. Diese Leute sind für die Reklame besonders anfällig, denn sie sind leichter durch einen assoziativen Werbetext in eine bestimmt Bahn zu zwingen. Je intelligenter ein Mensch ist, desto unwahrscheinlicher vermag ihn die Reklame ganz bis an jenen Punkt zu führen, wo er kaufen soll, denn irgendeine seiner Tausende von Assoziationen kann ihn dazu bewegen, aus der Reklamebotschaft auszubrechen und statt dessen seinem eigenen Interesse zu folgen, das nichts mit der Reklamebotschaft zu tun hat" (**621**, 30).

Es gibt eine Reihe Einwände gegen diese Überlegungen:

1) Nimmt man hypothetisch einen Zusammenhang zwischen Intelligenz und sozialer Stellung an, so ist es doch schwer einzusehen, warum gerade die Mittelklasse für die Reklame am empfänglichsten sein sollte; sie hat sicher kein besonders hohes geistiges Niveau, ist aber doch durchschnittlich kaum weniger geistig ausgerüstet als der ungelernte Arbeiter, der Handarbeiter und die meisten Bauern.

2) Es ist keineswegs bewiesen, daß ein einigermaßen festes Verhältnis zwischen Intelligenz und sozialer Stellung besteht. Die Struktur und der Auswahlmechanismus unserer Gesellschaft machen das recht unwahrscheinlich.

3) Es ist sehr zu bezweifeln, daß die Dirigierbarkeit der Vorstellungsverbindungen in unmittelbarem Zusammenhang mit mangelndem Intellekt und fehlender Schulung stehen müßten. Das Entscheidende wird hier eher die Phantasie des einzelnen sein, und diese ist kaum direkt von seinem Verstand abhängig und in jedem Fall unabhängig von seiner intellektuellen Schulung. – Ob die Leute schablonenhaft und infolgedessen vorausberechenbar reagieren, kann durch eine bekannte Methode untersucht werden: Man sagt einzelne Wörter und bittet die Versuchspersonen, mit einem anderen Wort zu antworten – dem ersten, das ihnen einfällt. Auf „Wald" antworten die meisten mit „grün" oder „Baum", auf „Vater" mit „Mutter" oder „Sohn" usw. Man unterscheidet zwischen bevorzugten und isolierten (Ausnahme-)Reaktionen. Hätte Shryer recht, so müßten übereinstimmende, bevorzugte Reaktionen bei einer Gruppe unbegabter und ungebildeter Versuchspersonen am häufigsten sein, während isolierte, voneinander abweichende Reaktionen am häufigsten bei intelligenten und gut ausgebildeten Versuchspersonen eintreten müßten. Das genaue Gegenteil scheint der Fall zu sein. Isolierte Reaktionen treten häufig bei Personen auf, die an Dementia praecox leiden, und bei Kindern mit angeborenem Schwachsinn; die meisten normalen Kinder antworten mit bevorzugten Reaktionswörtern, und diese Tendenz nimmt mit zuneh-

mendem Lebensalter und Schulbesuch zu (**431**, **I**, 32 f.). Schablonenhafte Reaktion ist also am häufigsten, je mehr ein Individuum für geistige Dressur zugänglich und in einer Vorstellungskonvention geübt ist. Hinsichtlich der relevanten Intelligenzgrade ist das Verhältnis also eher dem von Shryer angenommenen entgegengesetzt. Was die Gesellschaftsklassen angeht, sind, soweit mir bekannt ist, keine differentiellen Versuche mit Reizwörtern gemacht worden; aber Shryers Behauptung wird auch schon hinfällig, indem er mangelhafte Intelligenz mit untergeordneter sozialer Stellung gleichsetzt.

4) Suggestibilität im allgemeinen ist, wie im reklamepsychologischen Abschnitt ausgeführt, nicht eindeutig vom Intelligenzgrad abhängig. Richtig ist nur, daß eine berufsmäßige und habituelle oder eine situationsbedingte und augenblickliche Betonung des kritisch-rationalen Verhaltens die Empfänglichkeit für Suggestion herabsetzt. Dieses artgemäße Verhalten kann aber unabhängig vom Intelligenzgrad des Individuums bestehen. Suggestibilität ist eher eine Sache des Temperaments. Außerdem spielen äußere Umstände und die Richtung der Suggestion eine wichtige Rolle. Das hohe Reklamepotential der Mittelklasse rührt durchaus nicht von einer größeren allgemeinen Suggestibilität her, sondern von der Tatsache, daß diese soziale Klasse in besonderem Maße unerfüllte soziale Wünsche hegt, die die Reklame mit Vorliebe anspricht.

Die Reklame und die Frau. Die Bedeutung der Frau als Käuferin wurde frühzeitig erkannt. Modezeitschrift und Warenhaus waren von Anfang an bestrebt, die Frau zu betören. Zolas betriebsamer Octave Mouret baut sein Geschäft bewußt darauf aus, „die Frau auszunutzen" (**716**, Kapitel 3). Damals war es die Mode, die das spezifische verbindende Glied zwischen der Frau und der Reklame bildete. Gegen 1900 wurde die Bedeutung der Frau als Reklamand weitaus größer. Die letzte Spur von Eigenproduktion schwand; selbst das Kochen wurde durch Fabrikation halbfertiger Speisen in Dosen reduziert. Gleichzeitig mit der Einschränkung der Funktion der Frau als Eigenproduzent steigt ihre Bedeutung als Käuferin auf dem Markt. Auch die Frauen der einfachen Stadtbevölkerung, ja selbst die der Landbewohner, geraten unter totalen Marktzwang. Um 1900 stürzt sich die Reklame auf Haushaltsartikel, Lebensmittel und andere Artikel des täglichen Bedarfs, deren Einkauf in den Händen der Frau liegt. Fowler wies schon 1893 darauf hin, daß die Frau unmittelbar über den größten Teil des Einkommens ihres Mannes disponiere und indirekt bestimme, was für den Rest gekauft werde (**201**, 317 ff.). Quantitative Schätzungen ihres Anteils am Einkauf schwanken stark. Die amerikanischen Frauen kaufen angeblich 80 Prozent der Konsumgüter. Casson und Paneth rechnen mit 75 Prozent aller Einzelhandelswaren, die von Frauen gekauft werden (**114**, 25; **483**, 14), und einer neueren deutschen Umfrage zufolge gehen circa 90 Prozent des Budgets einer Familie der Mittelklasse durch die Hände der Hausfrau (**75**, 322). Wygodzinski geht aufgrund genauerer Berechnungen von 60 Prozent des deutschen Nationaleinkommens aus, die von der Frau verwaltet werden (**709**, 18 f.). Ganz genau läßt sich das wahrscheinlich niemals sagen. Es bestehen auf jeden Fall große nationale und noch größere soziale Unterschiede – ganz abgesehen von den individuellen. Vom werbetaktischen Standpunkt aus würde es zumindest erforderlich sein, den Anteil der Frau am Umsatz der Warengattungen gesondert festzustellen. – Es wird namentlich großes Gewicht darauf gelegt, daß die Frau auch einen Teil der Einkäufe des Mannes auswähle. Thayer verwies im Jahre 1892 auf die Möglichkeit, für Herrenartikel selektiv in einer Frauenzeitschrift zu werben (**657**, 107). Der Einfluß der Frau auf die Einkäufe des Mannes (Kleidung, Automobilzubehör, Möbel und ähnliches) wird jedoch allzu einseitig betont; keiner erwähnt, daß ein Teil der Einkäufe der Frau auf Wunsch oder Anweisung des Mannes erfolgt. Alles in allem möchte ich annehmen, daß die Werbebranche die Rolle der Frau als Einkäuferin übertreibt; das gipfelt in amerikanischen Büchern über Einzelhandelsreklame, die nur von der Käuferin sprechen (**160**, 167 ff.). Was nach Abzug der Übertreibungen übrigbleibt, rechtfertigt jedoch vollkommen die besondere Beachtung, die die Werbebranche der Reaktion der Frau auf die Reklame schenkt. Thayer, der um 1893 einen Service für die Inserenten von *Ladies' Home Journal* einrichtete, stellte bald darauf eine Texterin und eine Illustratorin ein, in der Meinung, selektive Reklame für die Frau werde am besten von Frauen gemacht.

Was über weibliche Reklamepsychologie geschrieben worden ist, geht zum großen Teil über Plattitüden nicht hinaus (**207**, 45 ff.; **254**, 141 ff.; **265**, 27 ff.; und andere). Es besteht sicher ein Unterschied zwischen der Reaktion der Geschlechter auf einzelne Werbemittel. Man behauptet,

Frauen betrachteten durchschnittlich die Auslagen eines Schaufensters 2 Sekunden länger als Männer (**617**, 596) – sehr natürlich, da Frauen in die Stadt zum Einkaufen gehen, während Männer zur Arbeitsstätte oder von dort nach Hause eilen. Die Frau soll auch die Annoncen aufmerksamer lesen als der Mann (**201**, 317 ff.; **241**, 31). Sonst sind die Anschauungen über das Verhältnis der Geschlechter zu den Werbemitteln sehr verschieden. Das Plakat wird in der Regel als Reklame für Männer angesehen, weil der Mann sich mehr in der City bewege und das Plakat zum schnellen Erfassen der Reklame wie geschaffen sei; die ältere Tabakreklame bevorzugte deshalb das Plakat (**592**, 210 ff.). Das Plakat wirke auf Männer, Schaufenster auf Frauen (**662**, 82). Gerade entgegengesetzt glaubt man durch eine deutsche Umfrage im Zusammenhang mit der Gemeinschaftswerbung der späteren Jahre folgendes Rangverhältnis zwischen den Medien festgestellt zu haben: Bei Männern ist die Reihenfolge 1) Zeitung, – 2) Plakat, – 3) Prospekt; bei Frauen dagegen 1) Plakat, – 2) Zeitung, – 3) Aufdruck auf der Tüte (**359**, 63 f.). Die Widersprüche flößen kein Vertrauen zu einer der Behauptungen ein. Auch hier müßte man, um zu einem brauchbaren Resultat zu gelangen, zwischen Frauen verschiedener Gesellschaftsklassen unterscheiden. Es kann angenommen werden, daß 1) Annoncen in Zeitschriften mehr von Frauen als von Männern g e s e h e n werden; – 2) die Zeitungsannonce von beiden gesehen wird; – 3) die Frau der Ober- und Mittelklasse mehr Annoncen l i e s t als der Mann der gleichen Gesellschaftsklasse; – 4) ein langer Text größere Chance hat, von Frauen als von Männern gelesen zu werden; – 5) Kleinanzeigen am meisten von Frauen beachtet werden (**662**, 82); – 6) der Mann Annoncen liest, weil sie ihm plötzlich ins Auge fallen, während die Frau sie teilweise sucht – hauptsächlich gewisse, in gleichen Zeitabständen erscheinende Warenhausannoncen.

Es besteht auch Uneinigkeit über den richtigen Stil und den rechten Appell der Reklame für Frauen. Man hält Humor für schlecht angebracht (**661**, 35). Ziemlich sicher sei ferner, daß die bekannten Werbepreise – 98 Pfennig – nur auf Frauen wirken. „Denn sie haben im letzten Falle nicht nur das Gefühl: 98 Pfg. ausgegeben zu haben, sondern das angenehmere – 2 Pfg. gespart zu haben" (**254**, 145). „Alle Frauen möchten es so haben, und sie glauben billiger zu kaufen, wenn wir die Ware mit neunundvierzig Cents auszeichnen. Ja, sie wollen lieber neunundsechzig Cents für etwas bezahlen als einen halben Dollar" (**135**, 256). Dieses liegt jedoch kaum an ihrem Unvermögen zu rechnen, sondern eher an ihrer Gewohnheit, mit kleinen Beträgen zu wirtschaften. Deshalb ist auch Reklame ohne Preisangabe falsch (**265**, 32 f.; 661, 35). Vernünftig klingt Gales Beobachtung, daß künstlerische Illustration mehr auf Frauen als auf Männer wirke (**221**, 68). Unwahrscheinlich ist es hingegen, daß Gutachten weniger Eindruck auf Frauen als auf Männer machen sollen (**621**, 135); modifizierend wird auch behauptet, nur Äußerungen von Leuten in gehobener sozialer Stellung würden Eindruck machen (**376**, 141 f.). – Einige meinen, der Mann vertraue der Behauptung in der Annonce blind, während die Frau Argumente und Beweise verlange; der Mann verabscheue Einzelheiten, die Frau fordere sie (**159**, 58 f.). Andere lehnen, im Gegensatz dazu, Reason-why-Reklame für Frauen ab und halten ästhetische und sentimentale Beeinflussung für das einzig Richtige (**659**, 277 ff.). – Von psychoanalytischer Seite wird betont, Sinneseindrücke würden für die Frau mehr bedeuten, und sie sei snobistischer und mehr auf Äußerlichkeiten bedacht als der Mann (**376**, 33 ff.). Sie kaufe die elegante Linie des Automobils, nicht seine Pferdestärken (**259**, 156). Eine Vertreterin der Werbebranche gibt folgende Reklameregeln für Frauen: 1) Eine negative Begründung wirkt besonders gut. „Die Frau liebt die Anspielung!" (**205**, 48). – 2) Das Aussehen der Artikel und der Reklame ist für sie wichtiger als für den Mann (**205**, 50 f.). – 3) Lebensmittelreklame muß auf dem „Kalorienbewußtsein der modernen Frau" aufbauen (**205**, 130 f.). – 4) Technische Details müssen vermieden werden; die Frau will nicht wissen, wie ein Ding konstruiert ist oder funktioniert, sondern wie man es benutzt (**205**, 171 f.). – Man nimmt an, die Frau erliege im allgemeinen der Reklame leichter, da sie gefühlsbetonter und suggestibler sei.

Die meisten dieser Behauptungen müssen sicher cum grano salis genommen werden. Es wird auch hier und dort geltend gemacht, der Unterschied zwischen den Geschlechtern sei übertrieben (**259**, 156; **321**, 338 f.). Mögliche Unterschiede lägen vermutlich mehr an einer ungleichen Stellung als Käufer als am Geschlecht. Der werbetechnisch wesentliche Typus ist, mit anderen Worten, nicht die Frau, sondern die Hausfrau, oder, wie Eliasberg sagt: der Fachmann Frau (**170**, 251); die selbst Geld verdienende Frau unterscheidet sich wahrscheinlich nicht wesentlich vom Mann. Die Hausfrau disponiert über das relativ festgelegte Einkommen, den Teil des Budgets, der für den täglichen Bedarf verbraucht wird. Einkaufen ist für sie eine Lebensaufgabe; sie sucht hauszuhalten, vergleicht Preis und Qualität, wählt und verwirft und scheut nicht den Zeitverlust, der damit verbunden ist. Als Autodidakt in Warenkenntnis erliegt sie oft der planmäßigen Verschleierungstaktik der Reklame, beeinflußt durch einen unwesentlich niedrigeren Preis für erheblich geringere Qualität oder durch eine etwas bessere Qualität für einen viel zu hohen Preis und ist hilflos gegenüber einleuchtenden, sehr ausführlich vorgebrachten Scheinargumenten. – Der Mann kauft zum großen Teil als Fachmann auf seinem Gebiet und ist deshalb der Reklame gegenüber verhältnismäßig immun; das ist die berufstätige Frau auf ihrem Gebiet natürlich auch. Es wird viel über die vermeintliche Ungeschicklichkeit der Frau als Automobilkäuferin berichtet, aber der Fall ist ohne Signifikanz. Der Geschäftsmann oder der Arzt wählt sein Automobil im Hinblick auf seinen Nutzen; aber ihre Frauen möchten gern ein elegantes, modernes Auto für Ausflugsfahrten. Die Ärztin folgt dagegen der gleichen Motivation wie ihre männlichen Kollegen, und der junge Mann, der sein Automobil als Luxusgegenstand erwirbt, wird von den gleichen geschmacklichen und äußerlichen Gesichtspunkten bestimmt wie die Frau des Arztes. – Die übrigen Einkäufe des Mannes betreffen häufig Kleinigkeiten, die er für sein Taschengeld ersteht. Er möchte nicht lange über diese Dinge nachdenken, und der Einkauf soll schnell vonstatten gehen. Hier gilt die Regel, daß Suggestion effektiver ist, wo es sich um relativ billige Objekte handelt (**639**, 55) und – möchte ich hinzufügen – um Gegenstände, die für das Geld gekauft werden, mit dem man nicht in derselben Weise haushält wie mit dem relativ gebundenen Budget. – Beim Kauf von Geschenken sieht der Mann in der Regel mehr auf den Preis als seine Frau und ist deswegen der Reklame und der Verkaufsrhetorik doppelt preisgegeben. – Die Frau ist möglicherweise in höherem Grade als der Mann Prestigekäufer. Dies erklärt sich daraus, daß das Leben des Mannes in erster Linie von seiner A r b e i t bestimmt ist, das der Frau dagegen von der damit verbundenen S t e l l u n g, die sie deshalb besonders eifrig zu unterstreichen – und möglicherweise nach außen hin zu „korrigieren" – bemüht ist. Im übrigen ist das Snobmotiv, wie gesagt, aus sozialpsychologischen Gründen hauptsächlich innerhalb der Mittelklassen wirksam, wo es für beide Geschlechter charakteristisch ist und sich bei der Frau nur in höherem Grade äußert. Alles im allem möchte ich annehmen, daß Männer, wenn alle anderen Umstände gleich sind, weder weniger suggestibel noch für Reklame weniger empfänglich sind als Frauen. Sie sind es nur in anderer Hinsicht und gegenüber anderen Methoden. Die ganze Frage bedürfte wohl einer wirklich exakten Untersuchung; aber dann müßte man nicht von „der Frau“ sprechen; es gibt bestimmte Frauentypen – Arbeiter- und Beamtenfrauen, die Frau der Oberklasse und die unverheiratete berufstätige Frau auf verschiedenen Gesellschaftsebenen usw., die differentialpsychologisch studiert werden müßten. Sonst wird man niemals über werbetechnisch wertlose Phrasen hinauskommen.

Reklame für junge Leute. Es wird im allgemeinen behauptet, ältere Leute seien für Reklame weniger empfänglich als jüngere (**151**, 18 ff.; **344**, 577). Die Gründe dafür sind unterschiedliche. Vor allem fallen gewisse Bedarfsgattungen fort, die in jüngeren Jahren eine große Rolle spielen. In bestimmten Gesellschaftsklassen sinkt zum Beispiel der Bedarf an Kleidung mit steigendem Alter, die soziale Abnutzungsgrenze nähert sich mehr der technischen Verschleißgrenze; teils entfällt bei der Bekleidung auch der Gesichtspunkt des Modischen, und dies bedeutet Übergang zu Qualitäten, die ein niedrigeres Reklamepotential besitzen. In den USA hat man marktanalytisch festgestellt, daß Personen zwischen 18 und 30 Jahren 40–42 Prozent und Personen zwischen 30 und 45 Jahren 36 Prozent des gesamten Umsatzes der Möbel-, Teppich- und Gardinenbranche kaufen; das hängt natürlich damit zusammen, daß diese Bedürfnisse auftreten, wenn die Leute einen Hausstand gründen. Es ist jedoch die Frage, ob die Reklame möglicherweise bei älteren Ehepaaren ein Bedürfnis nach Erneuerung ihrer Wohnungseinrichtung wecken könnte, so, wie die Tapetenfabriken in den USA mit ihrer Reklame für jährliches Tapezieren der Wohnung Erfolg hatten. Auf der anderen Seite gibt es jedoch viele Waren, die sich gerade an ältere Leute wenden, wie Arzneimittel gegen Altersbeschwerden, Mittel gegen Haarausfall usw. – Aber es gibt natürlich viele Gebiete, wo die Reklame jugendselektiv sein muß, weil die Verbrauchsformen selbst typisch jugendlich sind – zum Beispiel Vergnügen und Unterhaltung, Sport und alles, was damit zusammenhängt.

Endlich gibt es einen Teil des Bedarfs, der ziemlich unverändert bleibt, etwa Lebensmittel, Haushaltswaren, Toilettenartikel usw. Aber hier haben ältere Leute in der Regel eingewurzelte Verbrauchsgewohnheiten, die sich durch Reklame nicht so leicht ändern lassen.

Deshalb wird ausdrücklich dazu geraten, im allgemeinen die Reklame hauptsächlich an Leute zwischen 17 und 30 Jahren zu richten, wo die Verbrauchsgewohnheiten vermutlich erst gebildet werden, und wo die Reklame deshalb größere Chancen hat, Einfluß auszuüben (**151**, 18 ff.).

Aus diesem Grunde ist in den USA ein Versuch gemacht worden, für Waren des Bedarfs Erwachsener in Kinderzeitschriften zu werben, um zukünftige Käufer schon als Kinder für bestimmte Marken zu gewinnen (**603**, 43). Dies scheint jedoch in den meisten Fällen ein allzu spekulatives Verfahren zu sein. Zum einen ist es zweifelhaft, ob sich eine Marke so lange auf dem Markt halten kann, bis die heutigen Kinder zu Käufern herangewachsen sind. Die Verbrauchsgewohnheiten wechseln, neue technische Fortschritte können die heute sehr beliebte Ware außer Kurs setzen usw. Zum anderen kann man in der heutigen Gesellschaft mit ihrer sozialen Mobilität niemals wissen, ob die Kinder in der Gesellschaftsklasse ihrer Eltern verbleiben oder einer anderen angehören werden. Im letzteren Falle würde sich die an die Kinder gerichtete Reklame als vergeblich herausstellen, sofern die Ware selbst ihr typisches Verbraucherpublikum in der Gesellschaftsklasse der Eltern hat.

Die Warenkenntnis des Reklamanden. Die Fürsprecher der informativen Funktion der Reklame betonen gern, sie vermittle dem Konsumenten eine bedeutende Warenkenntnis; er sei nicht mehr so unwissend wie zuvor (**455**, 449), ja er sei zum Experten geworden (**10**, 25). „Die Reklame der heutigen Zeit macht alle Konsumenten zu Kennern. Sie ist ein großartiger, kostenloser Fernunterricht in Warenkenntnis. Leute ohne Geschmack werden durch Reklame für Möbel, Tapeten, Architektur, Bekleidung und für unzählige andere Dinge zu gutem Geschmack erzogen. Ihr Kunstverstand ist durch Reklame für Keramik gehoben worden. Die Reklame der Klavierhersteller hat sie über Anschlag und Ton belehrt. Sie haben wissenschaftliche Fakten über Nährwerte erfahren ... " (**120**, 90 f.).

In Wirklichkeit ist es eher umgekehrt. Vor allem ist es in der heutigen Zeit mit ihrer märchenhaften Warenvielfalt und den komplizierten Herstellungsmethoden für den Konsumenten ganz unmöglich, über die Waren, die er kauft, Bescheid zu wissen (**119**, 256; **497**, 36). Die Warenkenntnis der Hausfrau auf ihrem speziellen Gebiet ist sogar geringer geworden, seit sie nicht mehr Waren dieser oder jener Art kauft, sondern eine Marke.

Das Markenwarensystem ist doch gerade als Entlastung des Verbrauchers in dieser Hinsicht gedacht. „Ehe Produkte im großen Stil inseriert wurden, war der Käufer bei der Beurteilung der Qualität weit mehr als heute auf sich gestellt" (**74**, 15). Die Marke garantiert eine gewisse gleichförmige Qualität, auf die der Verbraucher sich verlassen kann. Die Folge dieser Entlastung ist: „Der Verbraucher kennt sich besser mit den Markennamen aus als mit den Produkten" (**212**, 49). Es ist geradezu die Absicht des Reklamisten, die Warenkenntnis des Reklamanden durch Kenntnis der Namen zu ersetzen, denn der Reklamist verkauft in den meisten Fällen eine Packung mit einem Namen darauf – keine Ware mit speziellen Eigenschaften. Und selbst diese Markenkenntnis ist unsicher auf Gebieten, auf denen die Anzahl konkurrierender Marken so groß ist, daß der einzelne nur einen Bruchteil von ihnen durch eigene Erfahrung kennt. Der Verbraucher „steht eingeklemmt zwischen den verschiedensten Reklamefronten" (**413**, 34) und ist „dem Trommelfeuer lobender Eigenschaftswörter ausgesetzt; ein hilfloses Opfer eines gigantischen Wettbewerbs, der mit Worten ausgetragen wird" (**119**, 2). Es ist deshalb ganz und gar unwahr, daß die Reklame die Verbrauchsgewohnheiten stabilisiere und das Vertrauen des Konsumenten zum Reklamat stärke (**455**, 379 ff.). Dieses ist zwar die Absicht des einzelnen Reklamisten; aber da alle in gegenseitiger Konkurrenz denselben Zweck verfolgen, wird der Verbraucher hin- und hergerissen und wird entweder völlig ratlos, oder er hört nicht länger auf die Reklame.

Die Unwissenheit des Verbrauchers ist geradezu eine Voraussetzung für einen großen Teil der Reklame. Wie sollte sie sonst beim Publikum besondere Wertvorstellungen von Markenwaren entwickeln, die sich nicht wesentlich von anderen gleicher Gattung unterscheiden? „Mit nur ein wenig Beobachtungsgabe kann man erkennen, daß die Leute sich sehr bestimmt positiv über die Qualität und besondere Eigenschaften der Markenwaren äußern, ohne die geringsten Voraussetzungen für eine individuelle Beurteilung zu besitzen. Würde man die Markennamen von diesen Waren entfernen und die Waren in der Homogenkonkurrenz mit anderen zusammen verkaufen, könnten sie wahrscheinlich die eine nicht von der anderen unterscheiden" (**427**, **VII**, 7). Ein amerikanisches Experiment erläutert dies: Drei Paar genau gleicher Strümpfe wurden mit verschiedenen Parfüms imprägniert, während ein viertes Paar so vorgelegt wurde, wie es von der Fabrik kam. 250 Frauen wurden gefragt, welche „Qualität" sie vorzögen. Alle erlagen der Suggestion eines Qualitätsunterschiedes; einigen fiel es schwer, zu entscheiden, welche Sorte „am besten" sei (50 Prozent stimmten für die mit dem Narzissenduft), aber nachdem sie ihre Wahl getroffen hatten, konnten alle greifbare Vorzüge ihres Favoritenpaares anführen. – Der Konsument wählt die Waren nicht nach ihrem essentiellen Wert; Gefühle und Illusionen spielen eine größere Rolle als der Verstand (**420**, 149). Wenn es umgekehrt wäre, gäbe es nicht viel Reklame.

Die „Information", die die Reklame selbst gibt, beabsichtigt auch nicht, die Urteilskraft des Käufers zu schärfen und seine Urteilsvoraussetzungen zu erweitern; sie verringert ja gerade „noch weiter die an sich schon geringe Urtheilsfähigkeit des Käufers" (**631**, 484) und vermittelt ein Vorurteil zugunsten des Reklamats. Zu diesem Zweck werden ständig neue, mystische Gattungs- und Qualitätsbezeichnungen ausschließlich zu Reklamezwecken erfunden. „Die Absatzpolitik des Produzenten versucht in vielen Fällen durch Hervorhebung schwer erkennbarer Eigenschaften das Urteil des Konsumenten zu beeinflussen, wie dies durch die Bezeichnungen ‚Vollfettkäse' und ‚vitaminhaltig' beispielsweise geschieht" (**497**, 37).

Deswegen gibt es nicht viel Reklame für Gewerbetreibende. Der Produzent, der Rohstoffe und Maschinen kauft, der Großhändler, der Waren für sein Lager kauft, sind Sachkundige auf ihren Gebieten (**508**, 54 f.), und die Einkaufssituation ruft den kritischen Verstand hervor und läßt ihn tätig werden. „Ein Paar Schuhe an einen Experten zu verkaufen oder an eine Frau, die glaubt, sie habe einen schmalen Fuß, sind zwei sehr verschiedene Dinge. – Was der Verkäufer im ersten Falle sagt, hängt davon ab, was er über die Ware weiß. Was er im letzteren Falle sagt, ist davon abhängig, was er über die Kundin weiß" (**249**, 3). Suggestive Bearbeitung von Fachleuten ist, mit anderen Worten, ziemlich sinnlos, weil der Käufer sowohl seinem Wesen nach als auch im gegebenen Falle gegen Suggestion gefeit ist; die Marktbearbeitung ist deshalb im wesentlichen auf das Informatorische begrenzt (**110**, 23 ff.), das wir von der Reklame getrennt halten. Es wird direkt geraten, in der „Reklame" für Maschinen selbst die Nachteile der Ware – neben ihren Vorzügen – aufzudecken. Zum einen wisse der Käufer selbst, daß jede technische Konstruktion ja doch nur ein Kompromiß sei, zum anderen könne man sicher sein, daß die Konkurrenten die Nachteile der Konstruktion hervorheben würden, wenn man es nicht selbst tun würde (**260**, 3). „Auch der Arzt ist dankbar für neue Informationen über moderne Behandlungsmethoden und moderne Entwicklungen bei chirurgischen Instrumenten. Aber er will ausdrücklich nicht ‚beworben' werden – er wehrt sich gegen Leute, die ihn stimmungsmäßig zu beeinflussen suchen ... Kurz gesagt: Er ist bereit, medizinisch ‚sachliche Informationen' zu lesen, weigert sich aber auf das entschiedenste, ‚Reklame' zu lesen" (**530**, 178). Eggenschwyler unterscheidet einfach zwischen ehrlicher und unehrlicher Reklame und betont, daß die erstere sich an einen eng umschriebenen Berufs- und Interessenkreis wende, denn ihr Objekt sind vorzugsweise Produktionsmittel (**161**, 263). Als Verbraucher sei derselbe Mann für suggestive Reklame vielleicht sehr zugänglich, aber innerhalb seines Fachgebietes sei sein Reklamepotential gering. Hier „wird die Ware nur auf der Basis ihres essentiellen Wertes verkauft ... Die Rationalität des Käufers erreicht ihren Höhepunkt, und der Inserent hat nur äußerst begrenzte Möglichkeiten" (**635**, 299, 302). Dieses ist eine beschönigende Form, um auszudrücken: Die Reklame hat keine Chance, sobald sie gezwungen ist, wirklich aufrichtig zu sein.

Soziale Machtverschiebungen

Handel gegen Produktion. Unter den Veränderungen, die die Reklame in der Struktur des Wirtschaftslebens herbeiführt, beobachtet man gewisse Machtverschiebungen innerhalb der Wirtschaftsgesellschaft.

Die Bedeutung der Verteilung für das Wirtschaftsleben als Ganzes wächst auf dem forciert-expansiven Markt. Der Hersteller ist in der Ausnutzung und der Erweiterung seiner Kapazität abhängig von der Fähigkeit und dem Willen des Handels, die Waren abzusetzen. Der Handel steht als Vermittler zwischen dem Ausdehnungsdrang der Produktion und dem passiven Widerstand des Verbrauchers.

Zunächst ist es der Einzelhandel, der Reklame anwendet, und das reklameintensive Einzelhandelsunternehmen, besonders das Warenhaus, erreicht dem Hersteller gegenüber bald eine recht starke Position. Das Warenhaus schart, teils einfach kraft seiner Struktur als Großbetrieb, teils durch seine ziemlich aufdringliche Reklame, einen großen Käuferkreis um sich und kann deshalb bei einer Bestellung Aufträge für ungeahnte Mengen erteilen. Kein Hersteller möchte einen solchen Abnehmer verlieren, und die Warenhäuser konnten es sich deshalb erlauben, die Preise stark zu drücken (**97**, 259). Zola schildert das scharfe Vorgehen Pariser Modehäuser gegen Lyons Seidenweber um 1860 (**716**). Eine ähnliche Machtstellung erlangten ein paar Jahrzehnte später die großen Versandhandelsfirmen. Auch bedeutende Spezialgeschäfte konnten in manchen Fällen die gleiche Macht ausüben. Pottier berichtet folgende Fälle aus der Zeit um 1920: Ein Handschuhfabrikant hatte mit seinem größten Abnehmer eine Absprache getroffen, wonach dieser nur die Waren des Fabrikanten verkaufen sollte, wogegen der Fabrikant versprach, nicht an andere Einzelhändler zu liefern. Die Geschäfte gingen glänzend, und der Fabrikant konnte seine Produktion erweitern. Als die Vereinbarung ablief, wollte der Einzelhändler sie nur unter der Bedingung der Preissenkung erneuern. Der Fabrikant glaubte, sich nicht darauf einlassen zu können.

Der Einzelhändler kaufte daraufhin bei einem anderen Lieferanten, und der erste saß mit seiner erweiterten Kapazität ohne Markt da, weil er vorher infolge der Absprache die Verbindung mit allen anderen Abnehmern abgebrochen hatte (**499**, 4 f.).

Verbraucherunmittelbare Reklame. Bis Ende des 19. Jahrhunderts hatte der Handel der Produktion gegenüber eine überlegene Machtstellung. Erstens war der Produzent von den Aufträgen des Handels abhängig; zum anderen hatte der Einzelhändler unmittelbare Fühlung mit dem Verbraucher und wurde so zu seinem Ratgeber im Hinblick auf den Wert der Ware und zum Ratgeber des Fabrikanten im Hinblick auf deren Gestaltung. Diese Position wurde durch die Reklame, die der Hersteller unmittelbar an den Verbraucher richtete, untergraben.

Die Umwälzung, die seinerzeit gewisse Märkte herbeiführten, können wir uns heute, da der jetzige Stand der Dinge für uns zu einer Selbstverständlichkeit geworden ist, schwer vorstellen. Die Verteilung erfolgte, indem der Einzelhändler beim Grossisten die Ware bestellte, die der Verbraucher verlangte (oder zu deren Kauf ihn der Einzelhändler veranlaßte), und der Großhändler sie beim Hersteller bestellte. Dieser war durch Mittelsmänner vom Verbraucher getrennt. Die Marktbearbeitung war nur möglich, indem der eine Verkäufer sich an das nächstuntere Glied auf der Skala wandte. Wenn man Produzent, Grossist, Detaillist und Verbraucher mit P, G, D und V bezeichnet, stellt sich der ganze Prozeß folgendermaßen dar:

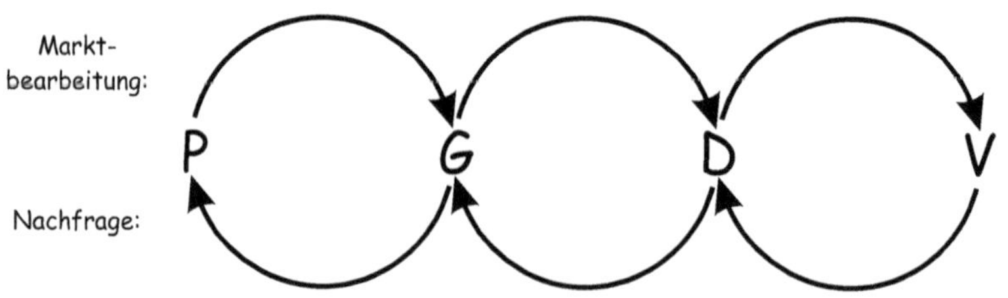

Figur 24

Die verbraucherunmittelbare Reklame des Produzenten kehrt das Ganze folgendermaßen um:

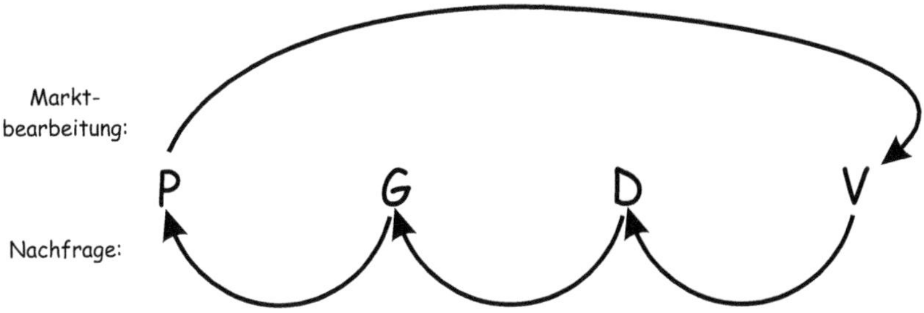

Figur 25

Man hat in diesem Sinne zwischen „selling by push" und „selling by pull" (**241**, 15) oder propulsiver und attraktiver Methode (**24**, 120) unterschieden und es bisweilen so dargestellt, daß die alte Linie P ⟶ G ⟶ D ⟶ V nun zu einem „Geschäftsdreieck" (**103**, 45; und andere) wird (siehe Figur 26).

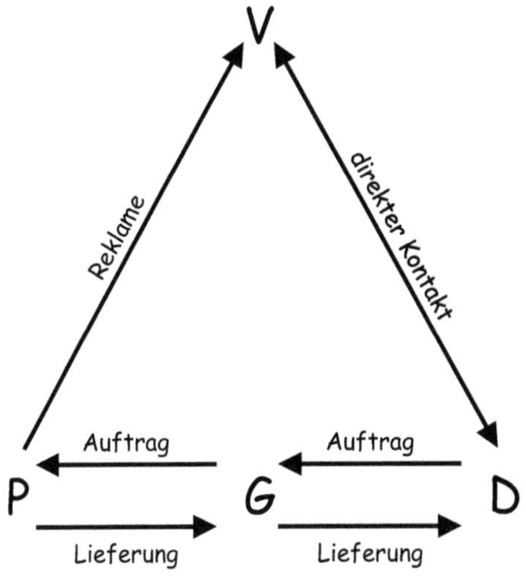

Figur 26

Die Reklame ermöglicht auf diese Weise dem Produzenten, sich gewissermaßen über den Kopf des Handels hinweg mit dem Verbraucher direkt in Verbindung zu setzen.

MARKENREKLAME UND ANDERE MÖGLICHKEITEN. Es ist im Grunde erstaunlich, daß diese Möglichkeit nicht früher in großem Stile ausgenutzt wurde. Für Warren's Schuhwichse wurde zwar schon im Jahre 1820 unmittelbar beim Verbraucher geworben; aber dies war nur ein einzelner Fall. Die erste Welle verbraucherunmittelbarer Produzentenreklame kam in den USA in den 1860ern Jahren (Backpulver, Reinigungsmittel). Ein anonymer englischer Verfasser empfahl sie im Jahre 1878 als ein Mittel, sich vom Einzelhandel zu emanzipieren, und sagte dieser Reklameform eine große Zukunft voraus (**505**, 13 f.). Aber erst Ende des 19. Jahrhunderts wurde sie allgemein üblich.

Die bekannteste und am meisten verbreitete Form der verbraucherunmittelbaren Reklame des Produzenten ist an die Markenware geknüpft; der Hersteller kennzeichnet sein Produkt durch Aufmachung und Namen als eine Warenindividualität, erzeugt durch Reklame unter den Verbrauchern Stimmung für sie und übernimmt ihnen gegenüber direkt die Verantwortung für die Ware. Der Verbraucher, der früher zu seinem Kaufmann ging und ein Kilo Marseiller Seife verlangte und darauf vertraute, daß der Kaufmann gute Ware verkaufe, verlangt nun ein Paket Sunlicht Seife. Hat die Reklame des Herstellers ihre Wirkung getan, wird der Käufer jedes andere anonyme oder namentlich gekennzeichnete Fabrikat zurückweisen. Der Kaufmann ist gezwungen, Sunlicht Seife vorrätig zu halten, wenn er den Kunden behalten will. Sunlicht hat durch seine Reklame den Verbraucher gewonnen und durch den Verbraucher den Auftrag des Einzelhändlers erzwungen.

Diese Methode ist jedoch nur auf Konsumgüter anwendbar. Wird die Ware als Zubehör, Halbfabrikat oder Rohstoff zur Herstellung anderer Ware gebraucht und infolgedessen nicht vom Verbraucher, sondern von einem anderen Hersteller gekauft, so kann eine spezielle Form distanzierter Reklame angewandt werden. Produzent A macht gegenüber seinem Abnehmer, Produzent B, für seine Ware keine Reklame, sondern gegenüber den Verbrauchern dieses Produktes b, damit diese die Verwendung der Ware a bei der Herstellung von Produkt b fordern. Hier folgen einige Beispiele: Die Prager Firma Koh-I-Noor Incorporated hatte Schwierigkeiten, Druckknöpfe in die USA einzuführen; der Verbrauch in den Familien war drüben – im Gegensatz zu Europa – nur äußerst gering, und die Damenschneider leisteten zähen Widerstand gegen den Artikel; aber es gelang durch eine Kampagne („Good Bye, Old Hook and Eye") in Zeitungs- und Familienblätterinseraten, das Publikum dazu zu bringen, Koh-i-noor-Druckknöpfe an der Kleidung zu verlangen (**669**, 146). – Franklin Murphy wendete diese Methode bereits im Jahre 1893 an. „Die Kunden kaufen in der Regel nicht Firnis, aber sie kaufen lackierte, also mit Firnis behandelte Dinge"; er zwang Stellmacher, Maler und Möbeltischler durch ihre Kunden dazu, Murphy-Firnis zu verwenden (**201**, 512). – Ein berühmtes historisches Beispiel sind die amerikanischen Maschinen zum Schneiden von Feilen. Die Maschinen konnten in Europa nicht abgesetzt werden, da die Feilenhauer kapitalschwache kleine Gewerbetreibende waren, die sich die teuren Maschinen nicht leisten konnten. Der Maschinenfabrikant machte daraufhin vor allem bei den Feilenkonsumenten Reklame für maschinengeschnittene Feilen. Diese zogen nach kurzer Zeit die geschnittene Feile der gehauenen vor; die Feilenfabriken und Feilenwerkstätten sahen sich gezwungen, Feilenschneidmaschinen anzuschaffen (**279**, 10 ff.). – Autozubehör wird in der Regel nicht extra gekauft, sondern zusammen mit dem Automobil; Bosch machte bei den Autofahrern Reklame für seine Zündung und seine Autobeleuchtung, so daß selbst Ford gezwungen war, seine Wagen für den deutschen Markt mit Bosch-Ausstattung zu versehen (**43**, 59 f.). – In den USA wurde für Timken Rollenlager in Automobilen mit dem Motiv erhöhter Betriebssicherheit geworben, und die Käufer verlangten folglich Automobile mit Timken Rollenlagern (**74**, 256). – In der Folge ging man in diesen Fällen dazu über, in der Reklame für das fertige Produkt die Verwendung des Zubehörs, für das auf diese Weise verbraucherunmittelbar geworben wurde, als einen besonderen Vorzug hervorzuheben. Diese „kollaterale Reklame" (**206**, 222 f.) von seiten beider Produzenten treibt den Verbraucher in die Enge.

Das Zeitalter der Grossreklame. Mit der verbraucherunmittelbaren Produzentenreklame tritt die Reklame erstmals in ihre große Periode ein.

Zuvor hatte man auf der einen Seite die lokale Reklame des Einzelhandels, auf der anderen Seite die Reklame des Fabrikanten an die Einzelhändler in deren Fachblättern. Jetzt entwickelt sich die landesweite Reklame in einem vorher ungeahnten Ausmaße, denn die Fabrikanten, namentlich die Markenwarenfabriken, bearbeiten den ganzen nationalen Markt. Neue Werbemedien treten damit in den Vordergrund; die lokale Einzelhandelsreklame benutzt hauptsächlich die Zeitung, während die landesweite Reklame vorteilhaft durch Zeitschriften gemacht werden kann. Unsere ganze Lichtreklame und ein großer Teil der Plakatreklame wären ohne Markenware undenkbar. Die Knüpfung der Reklameverpackung an die Markenware ist offenkundig und wurde bereits erörtert.

Die Wirkungsmittel der Reklame werden kostspieliger, und ihr technischer Stand wird gehoben, da die Produktion über ganz anderes Betriebskapital verfügt als der Einzelhandel. Die Amateurreklame des kleinen Gewerbetreibenden wird von der Reklame des Fachmannes überschattet. Die neuen Werbemittel – hauptsächlich die Wochenzeitschrift und das Plakat – erfordern mehr künstlerische Wirkungsmittel. In die gleiche Richtung wirkt das Ziel der Markenreklame; sie will nicht als Aktionsreklame von einem Tag zum anderen verkaufen, sondern ist Empfehlungsreklame auf längere Sicht, bei der die Sympathie, die die Reklame selbst erweckt, eine große Rolle für den Erfolg der Ware spielen kann.

Gleichzeitig vergrößert sich die Gesamtmenge der Reklame ganz enorm. Eine ganze Reihe Stapelwaren wird erst durch das Markenwarenprinzip reklamefähig; eine Warengattung, für die keine Reklame gemacht wird (Scheuerpulver oder Zahnkreide), wird jetzt durch eine Vielzahl von im Kampf miteinander befindlichen Marken ersetzt, für die stark geworben wird. Der Einzelhändler machte früher nur Reklame in bescheidenem Umfange – abgesehen von Warenhaus, Versandhandelsfirma und einzelnen großen Spezialgeschäften. In gewissen Branchen, in denen das Nachbarschaftsgeschäft überwog, war die Reklame des Einzelhändlers fast gleich Null; die Waren, die er verkaufte, standen damit praktisch außerhalb der Reklame. Nun überziehen die Hersteller alle Märkte mit einer ganz neuen Reklamedecke.

ELIMINIERUNG DES HANDELS. Als äußerste Folge des Markenwarenprinzips würde der Hersteller selbst den Verkauf seiner Ware übernehmen.

Es besteht dann auch allgemein innerhalb der Markenwarenbranchen eine Tendenz, den Großhandel auszuschalten (**102**, 103 f.; **103**, 44; **259**, 34; **535**, 71 f.; und andere). In einigen Fällen entfällt die Funktion des Großhandel als volkswirtschaftliche Verteilungsstufe völlig; „in anderen Fällen begünstigt er durch die in ihm begründete Vereinfachung des

Betriebsprozesses beim Großhändler die Übernahme der mechanisierten Funktionen durch den Produzenten oder den Einzelhandel" (**497**, 74). Der Markenwarenproduzent verkauft teils direkt von der Fabrik an den Einzelhändler, indem ein Handelsvertreter die Aufträge einsammelt, teils unterhält der Hersteller lokale Lagerdepots in eigener Regie (**611**, 63). Das letztere ist an manchen Stellen in der Zigarettenbranche durchgeführt worden (**471**, 18, 33). – Die Großhändler handeln dann nur mit den weniger bekannten Marken, deren Absatz keine eigenen Engrosfilialen tragen kann; außerdem behalten sie bisweilen den Absatz für den peripheren Einzelhandel, zum Beispiel von Zigaretten für Gastwirtschaften, Zigaretten und Schokolade für Kioske und ähnliches.

Die Politik der Hersteller ist jedoch nicht ganz einheitlich. Ein Teil ist von der Mengenrabattberechnung abhängig (**635**, 246). So ist der Engroshändler bei Kellogg's Corn Flakes völlig ausgeschaltet, da die Firma, ungeachtet der Größe des Auftrags, den gleichen Rabatt gewährt, während die Diamond Match Company, die vor 1914 90 Prozent des Verbrauchs an Streichhölzern in den USA deckte, eine Kiste gratis für mindestens 10, später für 5 Kisten gab. Da die meisten Einzelhändler nicht so große Mengen kaufen, behielt der Engroshändler hier seine Funktion weitgehend bei (**120**, 36, 248 ff.). Ein ähnliches Verhältnis wird aus der Arzneimittelbranche berichtet. 74 Prozent aller Einzelhandelsaufträge lauten nur auf ¼ Dutzend; 35 Prozent aller Bestellungen auf 10 Cents-Artikel belaufen sich auf ein Dutzend oder weniger. Der Fabrikant kann sich nicht selbst um so kleine Aufträge kümmern. Der Grossist kann es tun, da er mit Hunderten solcher Artikel handelt, die von verschiedenen Produzenten hergestellt werden. Der Einzelhändler kauft in so geringen Mengen ein, um sein Lager so klein wie möglich zu halten und dadurch die Umsatzrate zu steigern (**259**, 35 f.). Daraus kann man folgendes herleiten: Der Großhändler behält hier, dank der übertriebenen Differenzierung in der Branche, seine Funktion. Da die Anzahl (essentiell identischer) Marken so groß ist, bände der gesamte Lagerbestand des Einzelhändlers zu viel Betriebskapital, wenn er größere Mengen jeder einzelnen Marke auf einmal bestellen würde. Es wird in der Regel betont, die Markenware, für die geworben wird, bedeute eine Ersparnis für die Gesellschaft, da sie die Zwischenhändler überflüssig mache. Hier zeigt sich, daß die große Anzahl konkurrierender Marken diesen Vorteil aufhebt. – Endlich wird der Engroshändler in gewissen Fällen als Kreditgeber beibehalten, da der

Produzent eine große Anzahl weit verstreuter Kleindebitoren im Auge behalten muß.

Der Engroshandel kann sich zwar zu behaupten suchen, indem er selbst eine Marke auf den Markt bringt, was in den USA besonders häufig ist. Aber in dem Falle wird in der Folge nach Verlauf einiger Zeit der Großhändler zum Produzenten.

Der Einzelhandel kann im Prinzip teilweise ebenfalls ausgeschaltet werden. Man braucht nur daran zu denken, wie viele Markenartikel des täglichen Bedarfs, wenn es sein müßte, durch Automaten verkauft werden könnten. Es gibt nichts, was die Produzenten hindern könnte, in passenden Abständen Automaten für Zigaretten, Schokolade, Waschmittel, gewisse Haushaltsartikel usw. aufzustellen.

In einigen Fällen ist der Produzent dazu übergegangen, Ware in eigenen Verkaufsstellen anzubieten. Dieses hat den Vorteil, daß „mit der Übernahme der Einzelhandelsfunktion auch die persönliche Beeinflussung der Wertvorstellung des Konsumenten in der Hand des Produzenten liegen würde" (**497**, 79; Hervorhebung von mir, Geiger). Als erstes amerikanisches Beispiel werden Regal Schuhe von Bliss zum Einheitspreis von 3,50 Dollar genannt, die seit 1895 in eigenen Verkaufsläden angeboten wurden, welche sich – mit Ausgangspunkt in Boston – allmählich über die ganzen Vereinigten Staaten verbreiteten (**399**, 77 ff.). Diese Methode hat in der Schuhbranche viele Nachfolger gefunden; bei Automobilen ist sie allgemein üblich. Aber die Voraussetzung dafür ist immer eine genügend große Käuferzahl, und das heißt: die Anzahl der konkurrierenden Marken ist nicht allzu groß. Deshalb mußten die deutschen Margarinewerke Mohr & Co. GmbH den Versuch aufgeben (**526**, 60). – In der deutschen Tabakbranche sehen wir übrigens ein paradoxes Verhältnis. Die Zigaretten konnten – mit Ausnahme einzelner stark bevorzugter Marken – nicht in eigenen Verkaufsstellen abgesetzt werden, da die Anzahl der Marken allzu groß war (es werden Zahlen um 2.000 genannt), so daß der Konsum eine starke Streuung aufwies und die Käuferdichte für die einzelne Marke zu gering war. Die Übertreibung des Markenprinzips verhinderte hier den direkten Absatz (**471**, 45). Dagegen haben einige deutsche Zigarrenfabriken (Loeser & Wolff, Palm, Neumann) ihre eigenen Verkaufsstellen; dieses ist gerade möglich, weil das Markenprinzip in der Zigarrenbranche weniger ausgeprägt ist. Man kauft nicht eine bestimmte Zigarre, sondern – mit Angabe des bevorzugten Formats und des Preises, den man zahlen will – eine starke Havanna, eine leichte Brasil usw.

Die Degradierung des Detaillisten. Überläßt der Produzent die Käuferbearbeitung dem Einzelhändler, so kann er ihm zwar gewisse Hinweise geben, wie er sich die Präsentierung seiner Ware beim Verkaufsgespräch wünscht, aber er hat nicht die Gewißheit, daß der Einzelhändler seinen Instruktionen folgt. Das Publikum erhält in verschiedenen Geschäften unterschiedliche, vielleicht sogar einander widersprechende Auskünfte über die Ware, so daß diese es nicht erreicht, als eine scharf konturierte Individualität in der Vorstellung des Verbraucherpublikums zu erscheinen – und gerade daran ist der Produzent interessiert. Wirbt er selbst bei den Verbrauchern für seine Ware, so bestimmt er, mit welchen Argumenten sie empfohlen wird, und ist sich einer straffen und einheitlichen Linie der Käuferbearbeitung sicher. „Keine Mittelsperson drängt sich hier zwischen Produzenten und Konsumenten ein, welche das verdrehen und verändern kann, was der Fabrikant dem Publikum zu sagen hat" (**215**, 111).

Ich gehe im folgenden vorläufig von der Annahme aus, die Reklame des Produzenten wirke völlig planmäßig. Das Prinzip ist praktisch, die Ware dem Konsumenten par distance zu verkaufen, so daß dieser zum nächsten Einzelhändler geht und sie ohne weitere Diskussion verlangt. Der Produzent wird dadurch vom Verkaufstalent und dem guten Willen des Einzelhändlers unabhängig (**497**, 33; **635**, 131; **656**, 22). Die Reklame des Produzenten treibt die Käufer geradezu in den Laden des Einzelhändlers (**87**, 16), so daß dieser um seines Geschäftes willen gezwungen ist, die Ware vorrätig zu halten (**635**, 295 f.).

Es wird von Benjamin Brandreth berichtet, der seine blutreinigenden Pillen nur direkt per Post verkaufte und sie nicht an Drogisten und Apotheker lieferte und einen solchen Erfolg mit seiner Reklame hatte, daß die Drogisten und Apotheker sich die Pillen auf Umwegen beschafften (**36**, 65 ff.). Um Druck auf den Einzelhändler auszuüben, fügt man der an den Verbraucher gerichteten Reklame die Aufforderung hinzu: „Verlangen Sie diese Ware bei Ihrem Kaufmann!" Ja, der Hersteller schickt Leute aus, die „als Verbraucher" von Geschäft zu Geschäft gehen und die Ware verlangen, so daß die Einzelhändler glauben, nicht auf sie verzichten zu können. Ein Whiskyfabrikant richtete seine Inserate an die Verbraucher – aber mit deutlicher Adresse an die Einzelhändler: „Sollten Sie aus Versehen an einen Händler geraten, der meinen Whisky nicht führt, so schleichen Sie sich leise hinaus – es wäre schade, seinen Schlaf zu stören." Sunlicht wandte im Jahre 1927 eine recht raffinierte Methode an, um sein neues Waschmittel Suma in Deutschland einzuführen. Das Unternehmen ließ Gutscheine an Hausfrauen verteilen, die dazu berechtigten, bei jedem Einzelhändler ein Paket Suma und ein Paket Lux für zusammen 50 Pfennig zu kaufen. Die Einzelhändler waren also gezwungen, Suma vorrätig zu halten, um die Gutscheine einlösen zu können. Sunlicht löste die eingesandten Gutscheine vom Einzelhändler aber nur durch eine weitere Lieferung von Suma ein, wodurch dem Einzelhändler ein Warenstau im Lager entstand, den er nur durch Anpreisen von Suma beheben konnte (**497**, 34 f.).

Im gleichen Grade, wie es dem Hersteller gelingt, durch seine Reklame feste Käufer für seine Artikel zu gewinnen, wird der Einzelhändler zu einem bloßen Verteiler der Artikel degradiert; er übt keine aktive Verkaufstätigkeit mehr aus, sondern reicht nur das Paket über den Ladentisch (**224**, 43; **387**, 66 f.; **650**, 54 f.; und andere). Er verliert die Kontrolle über seine Kunden und reduziert sie auf den Status von Automaten (**301**, 56). Der Markenartikel und die Reklame für ihn waren deshalb bei den Einzelhändlern anfangs nicht gern gesehen (**521**, 30). Priestley schildert den Zorn eines kleinen Tabakhändlers über die demütigende „Mechanisierung", die die Markenzigaretten für seine Branche mit sich gebracht hätten (**503**, 213 f.). Wir werden bald sehen, warum dieses Verhalten später eine Veränderung erfahren hat.

Merkwürdigerweise nennt Fahrenbruch in seiner Studie über die Markenartikel nicht einmal die geschwächte Stellung des Einzelhandels (**183**, 54 ff.). In Kjær Hansens Augen ist der Einzelhändler vom Einkaufschef des Verbrauchers zum Verkaufschef des Herstellers geworden (**343a**, 22); dies ist eine für den Einzelhändler schmeichelhafte Formulierung in

Anbetracht dessen, daß „der Verkaufschef" vom Handelsvertreter des Herstellers kontrolliert wird.

Der Geschäftsreisende übt keine selbständige Verkaufstätigkeit mehr aus. Er wird nicht eliminiert, aber seine Funktion wird eingeschränkt (**103**, 35 f.). Als Handelsvertreter für Stapelware ist er ein selbständiger Geschäftsmann. Das zeigte sich früher häufig in den Fällen, in denen ein Geschäftsreisender seinen Kontrakt mit dem Hersteller auflöste, um die Vertretung eines anderen zu übernehmen. Die Einzelhändler folgten ihm dann oft, weil sie nicht an den Hersteller gebunden waren, sondern an den Handelsvertreter, den sie persönlich kannten und zu dem sie Vertrauen hatten (**103**, 47). Das gleiche ist mit Markenwaren nicht mehr möglich; die kauft der Einzelhändler als Individualitäten. Die Aufgabe des Geschäftsreisenden besteht in einigen Fällen darin, den persönlichen Kontakt mit dem Händler aufrechtzuerhalten und die Aufträge einzusammeln, die der durch die Reklame des Herstellers stimulierte Einkauf des Verbrauchers notwendig gemacht hat. Oft ist er nicht einmal mehr der Abgesandte der Firma, sondern nur ihr Kontrollorgan; er sammelt die Erfahrungen der Einzelhändler im Hinblick auf die Wirkung der Reklame auf die Verbraucher, inspiziert das Lager des Einzelhändlers und kontrolliert die Einhaltung der Verkaufsbedingungen. Aber er braucht den Einzelhändler nicht mehr zu Aufträgen zu überreden; dafür sorgen die Reklame und die Nachfrage der Verbraucher.

FOLGEN FÜR DIE STELLUNG DES EINZELHANDELS. In gleichem Umfang, wie die verbraucherunmittelbare Reklame ihrem Zwecke entsprechend wirkt, wird der aktive Anteil des Einzelhändlers am Verkauf aufgehoben. Dadurch ist nicht allein der Hersteller vom guten Willen des Einzelhändlers unabhängig geworden, sondern es hat sich auch das Verhältnis des Einzelhändlers zum Käufer verändert. Die Ware ist praktisch in dem Augenblick verkauft, da der Verbraucher den Laden betritt. Der Kaufmann holt sie nur vom Regal und reicht sie dem Käufer. Er ist nicht mehr dessen Berater bei der Wahl der Ware. Das persönliche Vertrauensverhältnis zwischen Verbraucher und Einzelhändler hat seine Bedeutung verloren. Der Verbraucher verläßt sich auf den Hersteller, der ihm gegenüber direkt die Garantie für die Ware übernimmt. Für den Käufer wird es gleichgültig, bei welchem Händler er die Ware kauft. Die auf Vertrauen beruhende Vorrangstellung des Einzelhändlers gegenüber seinen Kunden ist aufgehoben.

Der Wettbewerb innerhalb des Einzelhandels tritt in eine neue Phase. Der Einzelhändler kann nicht mehr in Gattungskonkurrenz mit anderen Händlern Käufer durch die spezielle Ware, die er beschafft, gewinnen (**368**, 17). Sein Vermögen, gute und vorteilhafte Einkaufsquellen ausfindig zu machen, spielt keine Rolle mehr. Er verkauft Standardwaren, die man „überall erhält", zum gleichen Preis wie alle anderen. Die Markenreklame stärkt dadurch jenen Einzelhändler, der sich früher in Gefahr befand, von denjenigen verdrängt zu werden, die sich besser auf den Handel verstanden. Der Leistungswettbewerb wird in großem Umfang aufgehoben. Der Einzelhändler ist in Disposition und Kalkulation nicht mehr selbständig. Das Spekulationsmoment wird, Kjær Hansen zufolge, aus dem Einzelhandel entfernt, „so daß er auf einer klaren ökonomischen Grundlage arbeiten kann" (**343a**, 23); ohne die Standardisierung der Markenware würde „jeder feste Ausgangspunkt für eine Budgetierung des Verhältnisses zwischen Umsatz und Kosten unmöglich gemacht werden, was der markterweiternden Verkaufsarbeit, die die wichtigste Aufgabe des Einzelhandels ist, jede Grundlage entziehen würde" (**343a**, 23 f.). Dazu ist zu bemerken, daß das Markenwarenprinzip dem Einzelhändler die Entscheidung darüber nimmt, welche Ware er führen will; aufgrund gebundener Markenwarenpreise hat er weder beim Einkauf noch beim Verkauf irgendeinen Einfluß auf den Preis. Er kalkuliert nicht mehr als Kaufmann. Die ökonomische Grundlage ist zwar insofern „klar", als der Einzelhändler keinen Anteil daran hat, sie zu schaffen. Was die markterweiternde Verkaufsarbeit angeht, so ist diese jedoch gerade im Zeitalter der Markenware nicht mehr die Aufgabe des Einzelhandels, sondern wird durch die Reklame vom Hersteller übernommen. Spricht man von der Entfernung des Spekulationsmomentes, so klingt es, als handle es sich geradezu um eine Reform, da das Wort „Spekulation" keinen guten Klang hat; sagt man statt dessen „Risiko – und dieses ist der Sinn –, tritt das wahre Verhältnis deutlich zutage: Der Einzelhändler, der nicht mehr selbständig disponiert und kalkuliert, hat seinen Platz im aktiven Wettbewerb verloren und damit auch seine verantwortliche Funktion als Unternehmer, die ihm Anspruch auf einen Unternehmergewinn verlieh. Er ist ein Verteiler, der, statt eines festen Lohnes, Rabatt erhält; er sucht seine Einnahmen nicht durch kommerzielle Initiative zu vergrößern, die

mit Risiko verbunden ist, sondern durch Gewinnforderungen gegenüber den Herstellern.

Das soziale Niveau des Einzelhandels hat infolgedessen eine sinkende Tendenz. Fachliches Wissen und Können sind nicht im gleichen Umfang wie früher erforderlich, da für selbständige Kalkulation kein Platz ist. Ein Rundgang durch die Stadt zeigt die Stelle, wo eine Möglichkeit besteht, sich mit einem Zigarren- oder Seifenhandel, einem Kolonialwaren- oder Konfitürengeschäft auf den Markt zu drängen. Die Wahl des Ortes ist der einzige Einsatz des Einzelhändlers als Unternehmer. Ein durch seine Lage bestimmter Markt von ziemlich berechenbarem Umfang ist damit gegeben, und wenn der Händler die Käufer zuvorkommend behandelt und die Geschäftsräume einen freundlichen Eindruck machen, läuft das übrige von selbst. Nicht einmal Warenkenntnis ist mehr nötig (**97**, 258), da sie weder beim Einkauf der Markenwaren noch beim Verkauf an die Kundschaft eine Rolle spielt. Wo, unter anderem aus standesgemäßen Prestigegründen, betont wird, dem Einzelhändler nütze gründliche Warenkenntnis immer, auch beim Verkauf von Markenartikeln (**344**, 456), geschieht das ohne besonders überzeugende Kraft. Die Beschaffung und Verteilung des Markenartikels setzt beim Einzelhändler keine spezielle Branchenkenntnis voraus (**497**, 73). Ich fand die interessante Bemerkung: Bei „zunehmender Verkaufsausbildung liegt die Gefahr nahe, daß der Einzelhandel in zunehmendem Maße befähigt wird, die Kunden dazu zu veranlassen, die Artikel zu kaufen, für welche die höchsten Verkaufsrabatte gewährt werden“ (**557**, 90 f.). Hierin liegt eine Andeutung, daß der Markenwarenproduzent gleichsam an einem Einzelhändlerstand von niedrigem fachlichem Niveau interessiert ist – als Schutz vor Substitution. Es ist eine Sache für sich, ob das stimmt; aber es ist bezeichnend, daß der Gedanke überhaupt geäußert werden kann.

Die Verkäufer werden zwischen den Branchen mehr und mehr austauschbar, da Warenkenntnis nicht mehr notwendig ist, wenn man nur eine Packung mit einem bestimmten Namen über den Ladentisch reicht. Ich empfehle, die Verkäufer der kleinen Geschäfte innerhalb der stark vom Markenprinzip erfaßten Branchen (zum Beispiel Toilettenartikel oder Tabakwaren) über die Ware, die sie verkaufen, auszufragen; man wird dann einen lebendigen Eindruck davon erhalten, wie jegliches Verhältnis zur Ware und jede nähere Kenntnis über sie in der Regel fehlen. Soweit das Personal überhaupt eine Ausbildung erhält, handelt es sich um eine branchenindifferente Unterweisung im Umgang mit Käufern. Ein genaues Bild der Verhältnisse ist kaum zu erhalten; die einzigen Stellen, bei denen man sich erkundigen könnte, die Organisationen der Geschäftsleute und der Handlungsgehilfen, sind beide aus Prestigegründen nicht sonderlich daran interessiert, die Wahrheit über den Stand der Entwicklung zu verbreiten. Gewisse Anhaltspunkte erhält man bei Croner (**137**, 301 ff.), namentlich beim Vergleich der Prozentzahlen für die fachlich Ausgebildeten in den einzelnen Altersklassen (**137**, 305).

Da der Verkauf von Markenwaren keine fachlichen Ansprüche an den Einzelhändler stellt, sind die markenintensiven Einzelhandelszweige allmählich direkt zu Zufluchtsstätten für Händler geworden, die von anderen Stellen verdrängt wurden. Das fachliche und soziale Niveau des Standes ist dadurch nicht gerade höher geworden. Als weitere Folge davon ist die Anzahl kleiner Geschäfte in bestimmten Branchen unangemessen hoch, und sie richten sich gegenseitig zugrunde.

GEGENGEWICHT. Dies alles gilt, wie gesagt, nur in dem Umfange, wie das Markenprinzip die einzelnen Branchen durchdrungen hat und die Markenreklame nach Wunsch des Reklamisten wirkt. Es ist jedoch die Frage, inwieweit das letztere der Fall ist.

Eine gewisse Kritik ist vor allem gegenüber der Auffassung notwendig, die Markenreklame wirke total, das heißt: daß sie praktisch „die Ware verkauft". Dieses möchte der Reklamist am liebsten erreichen. Redlich bedauert geradezu, die Gesetzgebung habe bisher nicht die Konsequenz aus der wirklichen Entwicklung gezogen, sondern behandle den Einzelhändler immer noch als Verkäufer, während es doch der reklametreibende Fabrikant sei, der dem Konsumenten gegenüber als eigentlicher Verkäufer fungiere (**513**, 208 f.). So würde es sein, wenn in der Regel der Entschluß zum Kauf in dem Augenblick feststände, da der Verbraucher den Laden betritt. In Wirklichkeit hat der Einzelhändler größeren Einfluß, als im Interesse des Produzenten liegt. Hémet hält deshalb daran fest, daß die Markenartikelreklame nicht unmittelbare Aktionsreklame, sondern verkaufsvorbereitende Empfehlungsreklame sei, obgleich sie sich in gewissem Grade der unmittelbaren Verkaufsreklame nähere (**271, I**, 178). Fischer räumt ein: „Tatsächlich scheint beim Markenartikel als Massenerzeugnis die Tendenz vorzuherrschen, den persönlichen Verkäufer auszuschalten", aber da man das nicht allgemein behaupten kann, wird man „auch beim Massen-Markenerzeugnis der Bedeutung und Wirkungsmöglichkeit der unpersönlichen Werbung besser gerecht, wenn man ihr Ziel stets nur in möglicher Erleichterung des Verkaufsabschlusses, in seiner Vorbereitung von der Weckung des Bedarfes an bis bestenfalls zur Abschlußreife sieht, soweit man ihre Wirkung auf das einzelne Geschäft im Auge hat" (**193**, 86).

Ein Beweis dafür sei, daß der Markenartikelhersteller sich die Kooperation des Einzelhändlers sichern müsse, hauptsächlich zu Beginn, und späterhin gezwungen sei, sich mindestens seiner Neutralität zu versichern. Solle der Einzelhändler durch den Verbraucher genötigt werden, die Ware vorrätig zu halten, so setze dieses voraus, daß der Verbraucher zuerst durch die Reklame gewonnen worden sei. Andererseits dürfe man nicht beim Verbraucher für die Ware werben, solange sie nicht bei den Einzelhändlern zum Verkauf ausliege. Sonst werde der Verbraucher, der die Ware gern kaufen wolle, sie aber nicht erhalten könne, ärgerlich, und sei als Kunde für immer verloren (**87**, 8; **150**, 87). Der Reklamist sei in dieser Zwickmühle vom Einzelhändler abhängig. In Wirklichkeit nimmt nun in der Regel der Einzelhändler eine neue Markenware auf Lager – entweder weil er gute Erfahrungen beim Verkauf anderer Marken desselben Herstellers gemacht hat oder weil die geplante Markenreklame viel verspricht. Die verbraucherunmittelbare Reklame hat auf diese Weise eine sekundäre Wirkung gegenüber dem Einzelhändler (**65**, 99) und wird oft als Argument in der an die Einzelhändler gerichteten Reklame des Herstellers benutzt.

Eine solche wird nämlich in der Regel für notwendig erachtet; man spricht in diesem Sinne vom „zweimaligem Verkauf der Ware" (**422**, 71). Dieses Phänomen widerlegt die Legende, nach der die Ware durch an den Verbraucher gerichtete Reklame verkauft werde. Wenn ein wirksamer Zwang gegenüber dem Einzelhändler vorläge, hätte man es nicht nötig, sich in der Reklame an ihn zu wenden.

Der Einzelhändler ist im allgemeinen, dank seiner direkten Fühlung mit den Verbrauchern, dem Markenartikelhersteller gegenüber nicht so hilflos wie der Grossist. Seine stärkste Waffe ist Substitution – entweder durch die Marke eines anderen Produzenten oder durch anonyme Stapelware oder durch einen eigenen Markenartikel. Die Reklameleitfäden für Einzelhändler fordern direkt dazu auf, die Markenartikelhersteller durch Markenartikel zu bekämpfen (**533**, 69 ff.). Wenn die Herstellerreklame tatsächlich „die Ware verkaufen" würde, wären Substitutionsversuche vergebens; daß sie oft gelingen, beweist das Gegenteil. Es wird zwar behauptet, der Verbraucher stehe auf der Seite des Markenreklamisten, weil eine „eingewurzelte Feindschaft zwischen Käufer und Einzelhändler" bestehe. „Der Kaufmann braucht nur eine bestimmte Marke vorzuschlagen, schon wird der Käufer mißtrauisch" (**454**, 10 f.). Ich habe es nicht bestätigt gefunden, sondern vielmehr beobachtet, daß die Käufer eher den Einzelhändler fragen, welche Marke er für die beste halte (**9**, 51 f.). Teils befinden sie sich in dem Irrglauben, der Einzelhändler wisse über seine Waren Bescheid und besitze mehr Sachverstand als sie selbst; teils gehen sie davon aus, daß der Gewinn bei allen Marken der gleiche und es dem Einzelhändler deshalb einerlei sei, welche Marke er verkaufe. Ich bin geneigt, jenen beizupflichten, die Substitution in großem Umfange für möglich halten, wenn der Einzelhändler selbst zu substituieren wünsche und sich nicht allzu ungeschickt benähme (**120**, 40 f.; und andere). G. L. Louis hat Versuche in dieser Richtung angestellt und herausgefunden, daß nur 17 von 100 Konsumenten ganz bewußt eine bestimmte Marke verlangten; die übrigen Konsumenten fragten: „Haben Sie das und das?" Diese fragende Haltung ist die Chance des Kaufmanns (**120**, 40). Diese Beobachtungen sind nicht konklusiv. Unter den 83 Käufern können sich einige befinden, die sich an eine bestimmte Marke gewöhnt haben und entschlossen sind, sie zu kaufen, die aber die fragende Form verwenden, da sie niemals bei diesem Einzelhändler gekauft haben und deshalb fragen: „Haben Sie das, was ich kaufen möchte?" Das fragende Verhalten gilt dem Einzelhändler, ist aber kein Zeichen der Unsicherheit im Hinblick auf die Ware. Außerdem kann die Frage rein rhetorisch sein. Ich kann sehr wohl im Bahnhof fragen: „Können Sie mir eine Fahrkarte nach Aarhus geben?", obwohl ich weiß, daß der Mann am Schalter das kann, und ich nähme es übel auf, wenn er antworten würde: „Nein, aber tut es eine Fahrkarte nach Ringkøbing nicht auch?" – Aber im allgemeinen „muß es sicher ein erbärmlicher Kaufmann sein, der Konsumenten verliert, weil er eine neue Marke nicht führt." Die Reklame des Herstellers weckt auf jeden Fall keine feste Nachfrage in dem Sinne, daß „der Konsument von Geschäft zu Geschäft läuft und sich weigert, statt dessen eine andere Marke zu kaufen“ (**455**, 412).

Wenn der Reklamist gegenüber der Markenreklame wehrlos wäre, würde es wohl kaum notwendig gewesen sein, Interessenverbände der Markenartikelproduzenten (1896 in England, 1903 in Deutschland) zum Schutz gegen anonyme Ware, gegen nicht syndizierte wilde Marken und gegen die Tendenz der Einzelhändler zur Substitution und zum Verkauf unter Preis einzusetzen. Der Reklamechef der Oakland Chemical Company, H. M. Horr, hat in den USA sogar vorgeschlagen, die Markenartikelproduzenten sollten 250.000 Dollar für eine Gemeinschaftsreklame zur Erziehung der Konsumenten „durch Hervorhebung der Qualität und Zuverlässigkeit aller Markenartikel, für die landesweit geworben wird,“ zur Verfügung stellen; „das Publikum muß auf alle erdenkliche Weise zum *Glauben* an die angepriesene Ware erzogen werden“ (**120**, 107 ff.). Wenn die Substitutionsversuche des Einzelhändlers ganz hoffnungslos wären, würde ein solcher Gedanke völlig unverständlich sein. Die Substitution wird um so schwieriger, je besser die Reklame ist, je entschiedener der Käufer, je loser sein Verhältnis zum Einzelhändler und je geringer die Anzahl konkurrierender Marken innerhalb einer Warengattung. Das letztere ist das Wichtigste. Die „Machtstellung des Händlers nimmt mit dem Steigen der Konkurrenz in der betreffenden Warengattung zu, mit steigender Permanenz der festbestimmten Nachfrage wird sie aber geringer“ (**497**, 65). Befinden sich mehrere konkurrierende Marken innerhalb einer Warengattung, so übt die Reklame der einzelnen Marke, rein psychologisch gesehen, keine so unwiderstehliche Wirkung auf den Verbraucher aus, weil konkurrierende Reklame sich zum Teil gegenseitig neutralisiert. Zum anderen wird der Reklamand durch die vielen Namen verwirrt; die Reklame für die einzelne Marke büßt etwas von ihrer distinktiven Kraft ein. Der Einzelhändler kann in solchem Falle mit rein passiver Substitution bei manchen Käufern Resultate erzielen (**535**, 160); er versucht nicht, mit aller Gewalt und Macht, den Käufern etwas anderes aufzudrängen, sondern baut nur die Markenware, die er am liebsten verkaufen möchte, auf dem Ladentisch auf. Viele Käufer kommen, um Zahnpasta zu kaufen – und nennen die Marke, die sie auf dem Ladentisch sehen. Verlangt der Käufer ausdrücklich eine andere Marke, erhält er sie ohne Widerrede – der Kaufmann holt sie unter dem Ladentisch hervor. Die deutschen Tabakhändler bekämpften mit diesem Mittel den amerikanischen Tabak

Trust auf dem deutschen Markt. – Ist eine Warengattung vollständig vom Markenprinzip erfaßt und ist die Anzahl der Marken groß, so wird sie als Gesamtmenge in der Vorstellung des Käufers wiederum zu einer Gattungsbezeichnung, und dann wird der Einzelhändler wieder zu einer Instanz. Er kann mit Erfolg etwas anderes als „ebenso gut" (**183**, 66) verkaufen – in der Regel sagt er heutzutage, es sei „genau das gleiche", und das stimmt in den meisten Fällen. Damit rechnet auch der Käufer, und es ist ihm deshalb ziemlich egal, welche Marke er erhält, namentlich, da es sich in der Regel um Kleinigkeiten handelt, bei denen das Risiko beim einzelnen Einkauf nicht besonders groß ist.

Auch hier zeigt es sich, daß das Markenprinzip sich abnutzt, sobald es allgemein wird.

DER EINZELHÄNDLER WIRD UMWORBEN. Zu Beginn des Markenbildungsprozesses innerhalb einer Warengattung sucht die einzelne Marke Anhänger unter denen zu gewinnen, die bisher anonyme Ware kauften. Auch einige wenige Markenwarenproduzenten einer Branche sind mehr darauf aus, einen weiteren Angriff auf den Absatz der Stapelware zu unternehmen, als sich gegenseitig die Käufer abspenstig zu machen, weil sie im ersten Fall auf geringeren Widerstand stoßen. Hier kann sich der Produzent auf seine verbraucherunmittelbare Reklame verlassen, weil er diese Waffe seinem Gegenspieler voraus hat. Er ist zufrieden, wenn der Einzelhändler nicht direkt aufsässig ist, sondern sich neutral verhält. Wächst die Anzahl der Marken und ist die anonyme Stapelware praktisch vom Markt verdrängt, so wird die gegenseitige Konkurrenz zwischen den Marken schärfer, und dieser Wettkampf wird mit gleichen Waffen ausgetragen. Hier kann der Markenwarenproduzent die aktive Unterstützung durch den Einzelhändler nicht entbehren. „Der Händler muß veranlaßt werden, seinerseits das Bewußtsein des Konsumenten in der Richtung einer bestimmten Gebrauchswertvorstellung zu beeinflussen" (**497**, 32). Der Wettbewerb der Marken gilt den Einzelhändlern nicht weniger als den Verbrauchern, und er ist besonders scharf von seiten der neuen Marken, die sich Zugang zum Markt zu verschaffen suchen.

Die Einzelhändler werden teils durch steigenden Gewinn mit steigendem Absatz umworben, so daß sie daran interessiert werden, möglichst viel von einer Marke zu verkaufen. Die Formen dafür sind der progressive

Mengenrabatt, Extraprämien für Überschreitung gewisser Absatzmengen und Gratislieferungen von gestaffelter Größe bei Bestellung größerer Mengen. Außerdem überbieten sich die Markenwarenproduzenten gegenseitig mit ihren Gewinnsätzen; dieses führt zwangsläufig zu einer unangemessenen Verteuerung der Markenwaren. Die Produzenten wetteifern buchstäblich darum, den Einzelhändler dazu zu veranlassen, ihre Ware durch die anderer Marken zu substituieren.

Es besteht Grund, von Bestechung des Einzelhändlers zu sprechen. Eine spezielle Form davon ist die sogenannte advertising allowance, ein Reklamezuschuß, den der Produzent an den Einzelhändler zahlt. Dieses Phänomen entstand in den USA in den Jahren 1890–95 mit Ursprung in der sogenannten dealers' aid; der Produzent pflegte den Einzelhändler mit bestimmten Werbematerialien zu versorgen, die dieser in seinem Geschäft verwenden sollte: Schilder zur Anbringung an der Fassade, an der Tür oder im Fenster, Ständer und Vitrinen, um die Ware auf dem Ladentisch auszulegen usw. Der Reklamezuschuß ist ursprünglich eine veränderte und erweiterte Form davon. Der Einzelhändler darf seine Reklame für den Markt selbst planen und vorbereiten und erhält seine Ausgaben vom Produzenten erstattet. Es besteht zum Beispiel die Möglichkeit für den Einzelhändler, parallel zur landesweiten Reklame des Herstellers, Lokalreklame in den Blättern zu machen, der Hersteller kann für eine neue Marke plakatieren, während der Einzelhändler in Lokalzeitungen oder durch direkte Reklame seine Kunden darauf aufmerksam macht, daß er die Marke führt (**276**, 79). Oder der Einzelhändler dekoriert sein Schaufenster ausschließlich mit Paketen der Herstellermarke; oder aber er stellt dem Dekorateur des Herstellers ein Schaufenster zur Verfügung. Deutsche Zigarettenfabriken zahlten auf diese Weise um 1925 zwischen 100 und 3.000 Reichsmark Miete für das Schaufenster eines Tabakhändlers (**471**, 62). Oder der Einzelhändler räumt dem Vorführer des Herstellers eine Ecke im Laden ein usw. usf. Anläßlich eines Gerichtsverfahrens im Jahre 1930 kam heraus, daß Gillette einer großen Ladenkette 500.000 Dollar für die Favorisierung der Gillette Rasierklingen in der Verkaufsreklame der Firma angeboten hatte. – In Deutschland sind diese Reklamezuschüsse seit 1935 verboten, da es irreführend sei, wenn die Reklame des Einzelhändlers vom Hersteller bezahlt werde; die Kundschaft fasse die spezielle Reklame des Einzelhändlers für eine Marke als Ausdruck einer fachmännischen Empfehlung der Ware auf

(**268**, 136). Der Reklamezuschuß wird jedoch nicht nur als Vergütung für tatsächliche Kosten geleistet; die Höhe des Zuschusses im Verhältnis zur Leistung zeigt in der Regel deutlich, daß es sich nicht um eine Erstattung handelt, sondern um Bestechung. Noch deutlicher tritt dies dort zutage, wo der Zuschuß für besondere Empfehlung der Marke an Händler, die bei der Wahl einer Marke unschlüssig sind, für die Zusage, keine anderen Marken zu verkaufen und ähnliches, gewährt wird (**415**, 16 ff.). Der Zuschuß ist dann auch nicht mit einer bestimmten Geldsumme festgesetzt, sondern wird als ein Sonderrabatt für die abgesetzte Menge berechnet. So berichtet L. J. Gumpert in *Printers' Ink* vom 7. April 1932 über einen Fall, in dem der Reklamerabatt bei einer Kette von 500 Läden rund 44 Prozent des Umsatzes ausmachte!

Friede zwischen Marke und Einzelhandel. Jetzt begreift man, daß der Einzelhandel mit dem Markenprinzip Frieden geschlossen hat. Es hat zwar dem Einzelhändler Geschäftsinitiative und Kalkulation entzogen und ihn zum Verteiler unter der Kontrolle des Markenfabrikanten degradiert – aber damit finden sich jene Einzelhändler ab, die sowieso zu nichts anderem qualifiziert sind. Durch Begünstigung der weniger konkurrenzfähigen Händler hat sich die Markenware die große Mehrzahl der Kleinhändler zu Freunden gemacht. Außerdem führt die Markenware zwar zu einer fachlichen Deklassierung, aber andererseits sichert sie dem Einzelhändler als Gegenleistung ein risikofreies Einkommen. Die Markenreklame schickt ihm Käufer in den Laden; der Hersteller übernimmt die Haftung für die Qualität der Ware. Die Reklame des Herstellers hat erst vollen Erfolg, wenn die Regale des Einzelhändlers leer sind und er neue Waren auf Vorrat bestellen muß (**155**, 7); der Einzelhändler weiß deshalb, daß der Hersteller alles tun wird, um für Absatz zu sorgen (**267**, 80). Und nachdem das Markenprinzip den jetzigen Umfang angenommen hat, wo die Marken sich gegenseitig bedrängen, ist die Stellung des Einzelhändlers wieder gefestigt. Die Hersteller wetteifern um sein Wohlwollen, der angebotene Gewinn steigt und ermöglicht eine bescheidene, aber ziemlich sichere Existenz für Tausende von Kleinhändlern, deren kommerzielle Fähigkeiten gleich Null sind und die sonst nicht zurechtkommen würden.

Der Verbraucher bezahlt die Zeche.

Die Reklame als Kulturfaktor

DIE REKLAME MUSS NACH IHRER ÖKONOMISCHEN FUNKTION BEURTEILT WERDEN. In dem Umfange, wie die Reklame zunahm, wurde sie zu einem hervortretenden Zug in der äußeren Erscheinung des modernen Lebens. Ein Kulturbild unserer Zeit kann sie nicht übergehen. Aber etwas ganz anderes ist es, Argumente für oder gegen die Reklame von ihrer Beeinflussung der Kultur im allgemeinen herzuleiten. Es gibt einige, die das tun – entweder indem sie die ökonomische Wirkung der Reklame von kulturkritischen Gesichtspunkten aus oder mit Ausgangspunkt in der Reklame selbst und im kulturellen Wert der Werbemittel beurteilen.

Die allgemein-kulturelle Bedeutung der ökonomischen Wirkungen der Reklame ist Gegenstand subjektiver Wertung, und ich verspüre nicht das Bedürfnis, meine persönlichen Ansichten hierüber kundzutun. Es handelt sich hauptsächlich um drei Dinge: 1) Den Wert der ökonomischen Expansion, die durch die Reklame begünstigt wird. – 2) Die vermutliche Förderung einer Uniformierung des Verbrauchs. – 3) Ihre erzieherische oder vernichtende Wirkung in dem Sinne, daß sie zu kulturell erwünschten oder abzulehnenden Verbrauchsformen auffordert. – Diese Behauptungen sind bereits erörtert worden. Hier dreht es sich um die Wirkungen, die die Reklame außerhalb des ökonomischen Gebietes hat. Die wesentlichen Punkte sind der ästhetische Wert der Reklame selbst und ihre Bedeutung für die Finanzierung der Presse; auf einige untergeordnete Gesichtspunkte werden wir ebenfalls eingehen.

Einer näheren Betrachtung der Einzelheiten müssen einige prinzipielle Bemerkungen vorausgehen. Die Reklame ist ein Mittel zu einem ökonomischen Zweck; ihre Rechtfertigung liegt in diesem Zwecke und in ihrer Tauglichkeit als Mittel dazu. Es geht am Kern der Sache vorbei und ist obendrein für die Reklame gefährlich, wenn man sie als eine „Brücke zwischen Produzent und Verbraucher" bezeichnet, „über die fast unbemerkt eine Reihe bedeutungsvoller Kulturgüter zu den Massen gelangen" (**289**,

72). Eine dienende, rein instrumentelle Maßnahme darf nicht als ein selbständiges Phänomen betrachtet und von Gesichtspunkten aus beurteilt werden, die ihren Existenzgrund nicht betreffen. Man kann nicht durch Hervorhebung ihrer kulturellen Nebenwirkungen zwischen der Reklame und ihren Gegnern Frieden stiften wollen. Vermögen die Verteidiger der Reklame denn nicht zu sehen, daß sie damit eine Schwäche in ihrer Stellung zugeben? Wären sie selbst von der Stärke ihrer ökonomischen Argumente überzeugt, so würden sie nicht Zuflucht dazu nehmen, angestrengt akzessorische Vorteile nachzuweisen. Ist der ökonomische Zweck der Reklame gut, so ist die Reklame als Mittel dazu legitimiert; keine kulturellen Vorteile können ihre gute Sache noch besser machen, und sollte sie gewisse kulturelle Nachteile mit sich bringen, so müßte man diese mit in Kauf nehmen, sofern sie nicht ausgemerzt werden können, ohne die ökonomische Wirkung der Reklame zu schwächen. Verwirft man den ökonomischen Zweck oder ist die Reklame ein ungeeignetes Mittel dafür, so kann sie nicht durch Nachweis einiger heller Seiten legitimiert werden, die sie, abgesehen von ihrer eigentlichen Funktion, haben dürfte.

Aber gehen wir nun, ungeachtet dieser prinzipiellen Einwände, auf die vermeintlichen kulturellen Vorteile ein.

Ästhetische Gesichtspunkte. Sombart hat sich in seinen unbeherrschten Angriffen auf die Reklame hauptsächlich gegen ihre Geschmacklosigkeiten gewandt (**630**) und nicht mit scharfen Worten gespart: „Wird man endlich einsehen, daß es einem Kulturvolke nicht ansteht, sich immerfort – auf Schritt und Tritt, zu Haus und auf den Straßen – von aufdringlichen, schwatzhaften Profitjägern sekkieren zu lassen, immerfort durch Wort und Bild an die unappetitlichsten Vorgänge des Lebens erinnert zu werden oder Einblicke in fremde Schlafzimmer zu bekommen, wenn man ganz andere Dinge im Kopfe hat? Wird man wenigstens die Familienblätter, die öffentlichen Verkehrsmittel, die Schaufenster, die Landschaft, die Luft, von diesem lepraartigen Ausschlag befreien? ... Hier muß die Staatsgewalt mit starker Hand eingreifen und die Säuberung vornehmen“ (**632**, 311). Als Kritik an den Geschmacksverirrungen der Reklame ist es übertrieben, und als Argument gegen die Reklame trifft es völlig daneben. Bücher weist es scharf, aber treffend als „impotentes Aesthetentum“ (**97**, 237) zurück. – Andererseits kann man die Reklame auch nicht mit „dem Kunstgenuß“ (**242**, 83), den sie bereitet und der „puren Freude“ der Menschen durch die Reklame verteidigen oder behaupten: „Die Straßen würden trist sein“ (**650**, 23) ohne sie. Das ästhetische Verhältnis der Menschen zur Reklame ist sicher verschieden, und der Schönheitswert der Reklame selbst ist es auch. Wird eine Straßenbahn dadurch schöner, daß auf beiden Seiten des Daches ein langes Reklamebrett angebracht ist, auf dem man einen wohlbeleibten Mann mit herabhängenden Hosenträgern beim Rasieren sieht?

Sowohl die Schaufenster- als auch die Lichtreklame können festlich und belebend wirken, aber auch verwirrend und vulgär durch allzu aufdringliche Effekte; und die Versuche der Reklamisten, einander zu übertrumpfen, tendieren zum Grellen und Abstoßenden. Aber ich vermag darin keinen Grund zu sehen, die Reklame als solche zu bekämpfen. Sie wird nicht gemacht, um Straßen zu schmücken, sondern aus ökonomischen Nützlichkeitserwägungen. Der Dampf der Lokomotiven ist in der Stadt unangenehm, und rußgeschwärzte Fassaden sind häßlich – aber wir wollen trotzdem den Bahnhof gern mitten in der Stadt haben. Im übrigen ist auch ein erheblicher Teil der Denkmäler, die die Kommunen aufstellen, kein ästhetischer Schmuck – und für die bezahlt man sogar. –

Die Reklame ist allmählich zu einem festen Bestandteil des Stadtbildes geworden; ob sie nun schmückt oder verunstaltet – wir haben uns an sie gewöhnt; und so läßt sich über d i e Sache nicht mehr sagen.

In einem Punkt hat die Reklame jedoch unzweifelhaft eine in ästhetischer Hinsicht nützliche Wirkung. Ich denke an die architektonische Reklame, die Repräsentativbauten der Geschäftsunternehmen. Wieviel diese für das Stadtbild bedeutet, kann man bei einem Vergleich zwischen Geschäftsgebäuden von 1860 und der Gegenwart ersehen. Der „eigenartige, monumental wirkende Baustil der modernen Geschäftshäuser hat sich beispielsweise ausschließlich aus Reklamerücksichten entwickelt“ (**463**, 3 f.).

Reklame, die die Landschaft verunstaltet. Die Außenreklame hat dem Großstadtbild schon früh ihr Gepräge gegeben, am allermeisten in den USA, wo Ankleben und Bemalung nicht durch Polizeiverordnungen gehemmt wurden. Schon während des Bürgerkrieges bestanden in den USA 175 Plakatfirmen, von denen jede zwischen 2 und 20 Plakatkleber beschäftigte. Von den Städten, wo Plakate und Werbemalereien sich bald gegenseitig auslöschten, wanderte die Reklame frühzeitig hinaus aufs Land, wo die einzelne Botschaft isoliert angebracht werden konnte und eine bessere Wirkung hatte – an Landstraßen, Eisenbahnlinien und an stark besuchten Ausflugsorten. Die großen amerikanischen Freiluftreklamisten um 1860 waren durchweg Verkäufer von Arzneimitteln. Einige von ihnen hatten ihre eigenen Malkolonnen, die im Lande herumreisten, um eine Reklameschrift an jedem Schuppen und jedem Zaun, an Bäumen und Bergklippen anzubringen. Im Jahre 1860 fand man die Felsen der Niagarafälle mit der Aufschrift „St. Jacob's Oil" in Riesenbuchstaben verziert (**8**, 328). Kurz darauf stand auf einer der ägyptischen Pyramiden von Giseh: „Verlangen Sie WARREN'S Schuhwichse. 30 STRAND, London". Englische Touristen waren wütend über die Schmach und drückten ihre Verärgerung auf eine für den Engländer der Oberklasse typische Weise aus – durch Briefe an die *Times*, kaum ahnend, daß sie damit in Warrens Interesse handelten und ihm gratis im eigenen Lande eine Publicity verschafften, die er für Geld nicht hätte kaufen können.

Die Verärgerung blieb nicht auf das Publikum begrenzt; selbst ein so aufdringlicher Reklamist wie P. T. Barnum bezeichnete es im Jahre 1866 als ungehörig, Riesenplakate in die Landschaft zu stellen (**36**, 21 f.). Seit 1885 war es in einigen der Staaten verboten, in den Badeorten Plakatständer am Strand aufzustellen; die Reklamisten umgingen das Verbot, indem sie ganze Flottillen von Segelbooten anheuerten, deren Segel mit Reklame versehen waren, und sie draußen vor dem Badestrand kreuzen ließen (**136**, 26).

In England trat ab 1893 die Society for Checking the Abuses of Public Advertising für den Schutz der Landschaft und des Straßenbildes vor den Auswüchsen der Reklame ein; in Deutschland übernahm der Bund Deutscher Heimatschutz im Jahre 1905 die gleiche Aufgabe. Die Literatur hat sich sehr stark mit dem Thema beschäftigt (**158**, 116; **269**; **270**; **407**; **531**). Die Meinungen waren stets geteilt, auch innerhalb der Werbebranche. Reklamisten, die in besonders großem Umfange Außenreklame betrieben – Einzelhandel und Markenwaren –, hätten am liebsten freien Spielraum behalten; die Zeitungen traten dagegen in der Regel für die Reformbestrebungen ein, da sie von dem Rückgang der Außenreklame eine Zunahme der gedruckten Reklame erwarteten. In Deutschland entstand im Jahre 1910 – in Opposition zur Heimatschutzbewegung – ein Verband der Reklame-Interessenten und Interessenten für Außenreklame, und die Plakatindustrie tat sich mit der Baustoffindustrie zur Bekämpfung und Beseitigung der „Übertreibungen" des Heimatschutzes zusammen (**477**, 22). Der Präsident der Outdoor Advertising Company of America, F. W. Nye, wagte die Äußerung: „Ehrliche und gekonnt entworfene Außenreklame gehört mit zur modernen Landschaft, ebenso wie Bäume und Blumen" (**501**, 311), während der Reklamechef der Packard Motor Car Company, E. R. Estep, es am liebsten sähe, wenn die Außenreklame abgeschafft würde: „Werbeplakate sind so etwas wie Parasiten des Geschäftes" (**517**, 22).

Im allgemeinen hält sich jetzt die Außenreklame in der Stadt und auf dem Lande in der teils durch die Polizei, teils durch die von der öffentlichen Meinung erzwungenen autonomen Beschränkung innerhalb erträglicher Grenzen; erträglich jedenfalls für die heutige Generation, die durch Gewöhnung gegen ästhetische Ärgernisse immun geworden ist.

Kunst und Reklame. Das Verhältnis der Reklame zur Kunst war eine Zeitlang ein vielbesprochenes Thema.

Die ersten Anfänge des Kunstplakates gehen auf Frankreich zurück, wo es etwa 1830–40 zur Reklame für Bücher verwandt wurde. Die bekannten Namen aus dieser Zeit sind Lalance, Nanteuil und Raffet, deren erste Arbeiten in die Jahre 1836–38 fallen (**284**, 11 f.). – Kolorierte Plakate in großem Format sah man zuerst um 1860 in den USA; von dort kamen sie nach Frankreich, wo der Lithograph and Zeichner Jules Chéret ab 1866 die künstlerischen Möglichkeiten der Technik entwickelte und bald zum Meister des klassischen Kunstplakates wurde. Von Frankreich aus verbreitete sich das Kunstplakat über Europa und fand seinen Weg zurück in die USA, wo I. Kimball damit große Anerkennung erntete (**156**, 56). Gute Darstellungen über die Entwicklung der Plakatkunst sind von Sponsel (**637**), Hiatt (**284**) und Zur Westen (**719**; **720**) geschrieben worden. Ein großer Teil der Beispiele, die man in diesen Quellenwerken findet, ist bezeichnenderweise keine Reklame für Konsumgüter, sondern für Bücher, Zeitschriften, Ausstellungen und mondäne Vergnügungen.

Die künstlerische Reklame für Konsumgüter – sowohl Plakat als auch Verpackung – blühte auf in Verbindung mit der Markenware und gleichzeitig mit einer Welle des Ästhetizismus, die die europäische Gesellschaft in der Zeit um 1900 bis hin zum Ersten Weltkrieg ergriff. In dieser Periode, in welcher der Kampf gegen die Reklame sich hauptsächlich ästhetischer Gründe bediente, wurde der Gedanke an künstlerische Reklame gleichsam als Gegenzug benutzt. Kurz nach Sombarts ästhetisierendem Angriff auf die Reklame, der weit über seine Bedeutung hinaus Widerhall fand, kam ein Buch über die Reform der Reklame heraus (**82**); um dem wachsenden Widerwillen gegen die Reklame den Boden zu entziehen, wurde darin folgendes vorgeschlagen: 1) „Propaganda" statt „Reklame" zu sagen und – 2) künstlerische Reklame zu pflegen. – Der Verfasser hält es für schwierig, den volkswirtschaftlichen Nutzen der Reklame nachzuweisen (**82**, 20 ff.); wenn die Reklame künstlerisch werde, trage sie zur Hebung der Kultur bei und steigere die Lebensmöglichkeiten des ganzes Volkes. „Gestalten wir die Reklame so, daß sie das Verlangen des Nationalökonomen, der sich allerdings seines ausschließlichen Charakters als solcher entkleiden und sich auf pädagogisches Gebiet begeben muß, wie des Aesthetikers und des rechnenden Kaufmanns erfüllt und das Problem der Reklame ist, soweit als möglich und soweit es praktisch in Frage kommt, gelöst, wir haben die künstlerische Reklame ..." (**82**, 23). Man kann sich schwerlich eine strengere Verurteilung der Reklame denken, als sie dieser Reformvorschlag enthält.

Aber eine Zeitlang suchte man wirklich die Reklame mit ihrem ästhetischen Wert zu rechtfertigen. Sie wurde als ein Mittel ästhetischer Volksbildung bezeichnet (**273**, 32 f.), als die *„Gemäldeausstellung des kleinen Mannes"* (**457**, 81); diese Seite des Themas hat sogar ihre belletristische Verherrlichung gefunden (**480**). Auf der anderen Seite wird hervorgehoben, die Reklame gebe dem Künstler Brot (**617**, 657), und der englische Werbeagent C. Chisholm hat berechnet, daß die Wirtschaft 40.000 Pfund Sterling pro Woche für die Kunst ausgebe.

Dazu ist folgendes zu sagen: 1) Erfüllt die Reklame einen vernünftigen ökonomischen Zweck, so braucht sie keine ästhetische Rechtfertigung, und kann sie nicht ausreichend mit ökonomischen Gründen gerechtfertigt werden, so vermag man ihre Sache auch nicht mit ästhetischen Motiven zu retten. – 2) Der Geschäftsmann ist nicht dazu berufen, als

Kunstpädagoge und Mäzen der Künstler aufzutreten. Öffentliche Kunstförderung würde wahrscheinlich andere Werte wählen, um sie unter der Bevölkerung zu verbreiten. – 3) Es ist doch stets nur ein kleiner Bruchteil der Reklame, der als künstlerisch bezeichnet werden kann, selbst wenn man in der Auslegung den Begriff sehr weit faßt; und dies bißchen Kunst kann kein Argument für die Reklame als Ganzes mit ihren vielen ästhetischen Geschmacklosigkeiten darstellen.

Der Wert der Kunst für die Reklame. Aber betrachten wir es nun vom eher entgegengesetzten Gesichtspunkt aus, von dem des Reklamisten. Ist künstlerische Reklame besonders wirkungsvoll? Ist künstlerische Gestaltung der Reklame eine selbstverständliche Forderung, über jede Diskussion erhaben (**52**, 94 f.)? In neuerer Zeit ist man in dieser Hinsicht skeptisch. Sombart bezeichnet die Kunst im Dienste der Reklame als eine „der vielen gründlichen Verirrungen unserer Kultur" (**630**, 286), während Feller sie im Namen der Reklame als eine Epidemie ansieht (**187**, 84 ff.). Die Wahrheit liegt vermutlich zwischen den Extremen.

Künstlerische Mittel wurden zuerst in der Reklame für Belletristik, Kunsthandel, Kunstausstellungen und ähnliches eingesetzt. Hier wandte sich das Reklamat selbst an den Kunstsinn. Künstlerische Reklame befolgt da die werbetaktische Regel, derzufolge die Botschaft die Ware repräsentiere und ihr deshalb im Stile entsprechen müsse. Die Reklamekunst als allgemeine Doktrin steht in engem Zusammenhang mit dem Psychologismus, fällt zeitmäßig mit diesem zusammen und ist den gleichen Einwänden ausgesetzt. Der Grundgedanke war, Aufmerksamkeit und angenehme Vorstellungen bei den Reklamanden zu wecken, und dazu schienen künstlerisches Plakat und Bildannonce gut geeignet zu sein, selbst wenn das Reklamat keine Verbindung zur Welt der Kunst hatte. Bisweilen bestand nicht einmal ein sachlicher Zusammenhang zwischen der Ware und dem Sujet des Reklamebildes. Eine Heidelandschaft mit blühendem Heidekraut als Reklame für die Schreibmaschine „Erika" ist typisch für diese Zeit und verstößt gerade gegen die Prinzipien, die man später für die inhaltliche und stilistische Beziehung der Reklame zum Reklamat aufgestellt hat. Bezeichnenderweise spielt die Reklame für Fahrräder unter den ersten Beispielen für künstlerische Warenreklame eine herausragende Rolle. Die Erklärung liegt darin, daß das Fahrrad damals, 1880–90, eine neue Ware war; die Reklame dafür folgte sofort der ästhetischen Tendenz der Zeit, während ältere Waren bis zu einem gewissen Grade an ihre Reklametradition gebunden waren. Hier drang künstlerische Reklame nur allmählich vor, in der Regel, indem neue Marken damit begannen und die älteren nachfolgten. Schokolade, Zigaretten, Parfum und Kosmetika sind die Branchen, die sich in größtem Umfange künstlerischer Mittel bedienten.

Die Kunst ist als Werbemittel nicht ganz ungefährlich und kann in „kostspieligen künstlerischen Snobismus" (**346**, 25) ausarten. Sie gefällt zwar dem Auge – sofern das Auge für Kunst empfänglich ist. Aber es gibt keine Sicherheit dafür, daß diese Wirkung der Ware zugute kommt. Eine Reklame kann einen großen Publikumserfolg haben, ohne daß von der Ware ein Stück mehr verkauft wird. Das wirkliche Kunstwerk weckt rein künstlerische Vorstellungen und schließt dadurch andere aus, darunter auch die an die Ware geknüpften (**621**, 32). Das Kunstwerk ruht in sich selbst, weist aber nicht über sich selbst hinaus (**466**, 272), während es, um eine Reklamewirkung zu erzielen, die Aufmerksamkeit gerade auf die Ware lenken müßte. „Das Gemälde eines Rubens, Tizians oder Leonardo da Vincis löst in uns künstlerische Gefühle allgemeiner Natur aus, ein künstlerisches Reklamebild soll das gerade nicht tun, sondern soll das Empfinden nicht mit dem Bild als solchem, sondern mit dem durch dasselbe angekündigten Gegenstand verknüpfen" (**387**, 35).

Nicht Kunst, sondern guter Geschmack. Reklamekunst ist demzufolge keine Kunst im strengen Sinne. „Wenn die Leute von Kunst sprechen, so meinen sie etwas anderes als der Maler" (**212**, 238). Das Kunstwerk trägt seinen Wert und seine Bedeutung in sich selbst, während es sich in der Reklame um angewandte Kunst im Dienste praktischer Ziele handelt (**717**, 6 ff., 12). Die Reklame dient nicht der Kunst, sondern nimmt sie als „Magd der Psychologie" (**211**, 53) in ihren Dienst. Das Künstlerische muß dem Zweck des Plakates untergeordnet werden (**252**, 49). Reklamekunst ist nicht Kunst um der Kunst, sondern um des Gewinnes willen (**211**, 53).

Die Reklamekunst wird auf diese Weise zu geschmackvoller Reklame reduziert (**176**; **487**; **523**). „Die Forderung der Zeit ist es also: nicht künstlerische Reklame – sondern Geschmacksreklame" (**254**, 132). Diese Erkenntnis ist in der Reklame epochemachend gewesen. Das Kunstplakat erstrebte bis circa 1910 Bildwirkung; es stellte in einem Bild eine Szene dar, die zu dem Reklamat eine Beziehung hatte und auf dieses hindeutete: eine Ballszene als Reklame für Champagner; spielende Kinder, strotzend vor Gesundheit, als Reklame für Grieß; ein holländisches Interieur mit einer jungen Frau am Frühstückstisch als Reklame für Kakao ... Unter diesem Gesichtspunkt wurde es auch möglich, als Reklamebilder Gemälde zu verwenden, die um der Kunst willen erschaffen worden waren; Pears kaufte Millais' Gemälde „Soap bubbles" (1886), und der Künstler war darüber aufgebracht, daß sein Werk als Seifenreklame benutzt wurde. Die Parfümerie- und die Tabakbranche machten Anleihen bei den alten Meistern, die jedem Mißbrauch preisgegeben sind ... Die folgende Zeit brachte die dekorative Reklame; die Ware wurde in einer passenden stilistischen Atmosphäre ohne Anspruch auf Bildwirkung präsentiert; die Mittel sind Ornament und Symbol. Die wachsende Bedeutung der Verpackung förderte diese Richtung, deren Pionier Lucian Bernhard war (Manoli Zigaretten, Indanthrenstoff, Osram Lampen und anderes). – Mit dieser Richtung kommt auch eine scharfe Trennung zwischen Künstler und Reklamezeichner.

Aber selbst über diese mehr prosaische Form der künstlerischen Reklame sind die Meinungen geteilt. – Sie ist am Platze, wo das Werbemittel selbst sich an den ästhetischen Sinn wendet (**717**, 72; **617**, 57 f.); dies gilt für Kosmetika, feinere Genußmittel, Wohnungseinrichtung, Porzellan, Schmuck, Sommeraufenthalt usw. Aber es ist eine – sowohl in ästhetischer als auch in geschäftsmäßiger Hinsicht – falsche Kalkulation, „Nachttöpfe und Bratheringe in Schönheit kaufen zu wollen!" (**630**, 285) – Außerdem kann künstlerisch gestaltete Reklame selektiv wirken; sie wird gegenüber Käuferkreisen mit verwöhntem Geschmack angewandt.

Um 1900, als Waren mit künstlerischer und solche mit altmodischer Reklame miteinander konkurrierten, zum Beispiel in der Zigaretten- und Schokoladenbranche, glaubte man, ästhetisch-künstlerische Reklame sei nicht zwingend der weniger geschmackvollen überlegen. Die neuen, künstlerisch propagierten Marken hatten damals besonderen Erfolg. Aber es besteht gerade im Hinblick auf diese und ähnliche Waren eine allgemeine Tendenz, dann und wann die Marke zu wechseln, und dieses kommt stets den neuesten Marken zugute, gleichgültig, welche

Mittel sie in ihrer Reklame benutzen. Zum anderen ist es sehr wahrscheinlich, daß künstlerische Reklame damals besonders gut wirkte – nicht weil künstlerische Mittel unbedingt wirkungsvoller sind, sondern weil sie neu und anders als der bis dahin vorherrschende Reklamestil waren. Später, als die meisten zur künstlerischen Reklame übergegangen waren, wirkte sie nicht mehr besonders gut; Anderssein muß man jetzt in anderer Richtung zu erreichen suchen. Der „Kaufmann gibt sich stets als Werbelaie zu erkennen, wenn er den Entwurf für ein Werbestück ablehnt ... Die Begriffe ‚werbemäßig', ‚werbekräftig' sind vielmehr rein seelenkundlich; der Entwurf, der Aufmerksamkeit erzwingt, der die Vorstellungsbildung in der gewollten Richtung in Gang setzt, der mit unentrinnbarer Sicherheit die Werturteile und Willensentschlüsse zeitigt, die zum Ankauf der Ware führen – ein solcher Entwurf besitzt Werbekraft, auch wenn er von niemandem schön oder geschmackvoll gefunden wird" (**676**, 20); ja, es wird jetzt behauptet: „Je weniger ein Plakat dem allgemeinen Schönheitssinn entspricht, desto grösser wird seine Wirkung sein" (**252**, 27), weil es sich aufdränge und schockiere.

ANDERE BILDUNGSWERTE. Auch in literarischer Hinsicht soll die Reklame geschmacksbildend wirken. Es wird behauptet, die Annoncen seien besser geschrieben als der Text in den Zeitschriften (**392**, 197 f.). Man weiß nicht, ob man das als ein Lob für die Annoncen oder als Charakterisierung des literarischen Niveaus der Zeitschriftenschreiber auffassen soll. „Autoritäten geben zu, daß die besten Beispiele für modernes, kraftvolles Englisch auf den Reklameseiten der Zeitungen und Zeitschriften zu finden sind" (**501**, 248); die Autoritäten werden leider nicht genannt. In Wirklichkeit sind nur äußerst wenige Annoncen gut abgefaßt. Dieses ist zum Teil eine Folge der Übertreibung und des Schwulstes, die immer noch als wirkungsvolle Mittel angesehen und benutzt werden. Es ist keine wesentliche Veränderung eingetreten seit Balzac, der über einen von seinem Birotteau selbst verfaßten Prospekt sagt, daß „dessen alberner Stil ein wesentliches Moment seines Erfolges wurde" (**32**, 51). Auf der anderen Seite gibt es zahlreiche Werbefachleute, die den Straßenjargon verwenden, weil sie glauben, damit einen stärkeren Eindruck auf den einfachen Käufer zu machen. Sinclair Lewis ironisiert darüber in seinem „Babbitt". – Ein typisch amerikanisches Phänomen ist der Infantilismus in der Reklame, der gelegentlich bis zur Anwendung der Babysprache betrieben wird. H. N. McKinney (Werbeagentur Ayer & Son) hat das zweifelhafte Verdienst, Bahnbrecher zu sein; er schuf im Jahre 1898 den Namen „Uneeda Biscuit“ (You need a biscuit). Ein neuerer amerikanischer Kritiker prangert diese Geschmacksverirrung an: „Viele Jahre hindurch war die Reklame auf ein Intelligenzalter des Volkes von etwa zwölf Jahren abgestellt. Heute sind es sechs Jahre. Allerhöchstens. Vielleicht liegt es noch niedriger“ (**174**, 6). –

Andere betonen den allgemein orientierenden Wert der Reklame. Sie „ergänzt die Belehrung, die man andernorts erhalten hat; die meiste Kenntnis über die Siege der modernen Technik, zum Beispiel die Erfindung des Radiogerätes, ist zu Reklamezwecken verbreitet worden“ (**650**, 23). Als Kuriosum führe ich in diesem Zusammenhang die deutsche Gesellschaft „Die Brücke“ an, die um 1912 mit folgendem Programm erschien: Die Annoncenreklame solle soweit wie möglich durch „Monoreklame“ ersetzt werden, das heißt: direkte Reklame durch belehrende Monographien, alle im gleichen Format. Die Gesellschaft solle Sammelmappen für diese kleinen Schriften liefern, so daß die Leser sie aufbewahren und registrieren könnten. Auf diese Weise entsteht „allmählich eine reichhaltige und kostenlos in Riesenauflagen erscheinende Bibliothek – die wahre Volksbibliothek –, die die Geschäftswelt der Menschheit schenken will“ (**540**, 16 f.). Die „Reklame, früher fast mit Verachtung angesehen, erscheint als Kulturträger, als die mit Riesenmitteln ausgestattete Volkshochschule!“ (**540**, 18). Hier hat man die Idee von der „Kunstgalerie des kleinen Mannes“ auf das intellektuelle Gebiet übertragen.

Die Reklame macht die Menschen zwar mit neuen Erfindungen, Produktionsmethoden und ähnlichem bekannt. Aber da dies nicht zur Belehrung geschieht, sondern um des Anreizes willen, ist die Information stets unvollständig und oftmals geradezu irreführend. Die Verbreitung dieser Art tendenziös gefärbten Halbwissens ist kaum ein kulturelles Verdienst.

Sex-Appeal. „Erotik verkauft alles – Zigaretten und Kleidung, Automobile und Hustentropfen“, sagte ein amerikanischer Journalist. Die Reklame sucht die Triebe zu wecken, und es wäre verwunderlich, wenn sie nicht an den stärksten unter ihnen, den Geschlechtstrieb, appellieren würde. Amerikanischer Puritanismus hat die Erotik in der Reklame verurteilt (**173**; und andere) und mit Verärgerung von der „‚Latrinen'richtung in der Reklame" (**476**, 16) und vom „Schmutzkult" (**79**) gesprochen.

Eine absolute Verurteilung des erotischen Motivs in der Reklame ist sicher unberechtigt – und im übrigen von vornherein wirkungslos. Etwas Erotik ist fast unumgänglich und auf jeden Fall angebracht, wenn die Ware selbst Beziehung zum Erotischen hat. Dieses ist der Fall bei allen Kosmetika, bei den meisten Kleidungsstücken, bei Schmuck und anderen Luxusartikeln. Sofern die Ware selbst und ihre Verwendung an das Erotische appellieren, kann die Reklame nicht davon absehen.

Außerdem gehen die Puritaner in ihrem Suchen nach erotischen Elementen allzu weit. Sie tun, als ob jedes Reklamebild mit einer unvollständig bekleideten Frau „erotisch" wäre. Man fragt sich mit Recht, warum man nicht für ein Badelaken mit dem Bild einer Frau, die sich nach dem Bade abtrocknet, werben solle (**549**); die Reklame soll die Ware im Gebrauch zeigen, und es ist aus rein ästhetischen Gründen nichts dagegen einzuwenden, wenn der Reklamezeichner ein attraktives junges Mädchen einem alten Manne mit Bauch vorzieht.

Noch übertriebener sind die Psychoanalytiker in ihrer erotischen Interpretation der Reklame, nur mit dem Unterschied, daß sie den erotischen Einschlag fordern, statt ihn zu verurteilen. Die Reklame wirkt nach ihrer Meinung ausschließlich oder hauptsächlich durch das Sexuelle. So weist Giese die unbewußte erotische Bedeutung des Rhythmus nach (**237**, 101 ff.), und Feller analysiert sehr detailliert die vermeintliche sexuelle Ornamentik und Symbolik, die am liebsten dem Beispiel des Lokuszeichners folgen solle (**187**).

Wir können das ganze Problem der Sittenpolizei überlassen, die das wirklich Anstößige schon fassen wird; im übrigen müssen die Reklamisten selbst wissen, ob sie glauben, mit erotischen Andeutungen und Vorstellungen Geschäfte machen zu können.

Die „Milchkuh" der Presse

Es wird mit Vorliebe auf den finanziellen Beitrag der Reklame zur Aufrechterhaltung einer weit verzweigten, billigen und vielseitigen Presse hingewiesen. Ein sehr hoher Prozentsatz, in den meisten Fällen weit über die Hälfte der Einnahmen der Zeitungen und Zeitschriften, hat bekanntermaßen seine Quelle in der Reklame. Die Verbilligung der Zeitungen wird deshalb als ein nützlicher Nebeneffekt der Reklame genannt (**242**, 83). Ein Franzose drückt das mit größerer Emphase aus: „Wir schulden vor allem der Reklame Dank für das Bestehen und Gedeihen vieler verschiedener, periodisch erscheinender Schriften. Die Reklame ermöglichte auf diese Weise die großen Geistesbewegungen des letzten Jahrhunderts und die großen Demokratien der neuen Zeit. Die Reklame hat die moderne Presse mit ihren Riesenauflagen geschaffen und damit für eine allseitige Orientierung der Bevölkerung zu einem billigen Preis gesorgt" (**10**, 30). In den USA wird auch der Rundfunk ausschließlich durch Reklame finanziert (**8**, 377).

MEHR BLÄTTER. Es wird also vor allem als ein kulturelles Verdienst angesehen, daß die Reklame so zahlreiche Blätter möglich macht, die ohne sie nicht bestehen könnten. Es ist interessant, dieses unleugbare Faktum in Verbindung mit einem Phänomen, das sich in den Jahren 1933/34 in Deutschland zeigte, zu betrachten. Die gesamte deutsche Reklamemenge nahm zu diesem Zeitpunkt so stark ab, daß die Werbebranche sich beunruhigt fühlte. Einer der Hauptgründe des Rückganges war nach offizieller und inoffizieller Aussage, daß die politische Umwälzung Hunderte von Tageszeitungen und Zeitschriften zugrunde gerichtet hatte. Die Dezimierung der Werbemittel führte zwangsläufig zu einer Abnahme der Reklamemenge. Das wirft ein ganz anderes Licht auf die Angelegenheit. Nur die Reklame ermöglicht die vielen Blätter; würde man deren Anzahl verringern, ginge die Reklamemenge zurück. Daraus kann man schließen, daß die Reklame als Alimentator der Presse gesellschaftlichen Nutzen bringt, vorausgesetzt, das Vorhandensein so vieler Blätter wäre ein Kulturgewinn. Man kann es aber auch ökonomisch sehen und es als Beweis für eine außerordentlich große Reklamevergeudung nehmen. Wenn nämlich die vor 1933 gemessene deutsche Reklamemenge betriebs-

und volkswirtschaftlich notwendig gewesen wäre, hätten die Reklamisten nach dem Verschwinden so vieler Zeitungen eiligst versucht, andere Medien zu schaffen, um die nötige Reklamemenge zu plazieren. Statt dessen freuten sie sich über die durch die eingegangenen Blätter eingesparte Reklame. – Man wird antworten, die Reklame sei nicht vergeudet gewesen, solange es Leser für die vielen verschiedenen Blätter gegeben habe, sie sei notwendig gewesen, um alle zu erreichen. Richtig – aber dann vergißt man den Ausgangspunkt, nämlich die Behauptung, diese Blätter könnten nur durch die Gnade der Reklame bestehen und hätten oftmals nur als Anzeigenblätter begonnen. Die Reklame ermöglicht, mit anderen Worten, immer neue Blätter und zwingt sich dadurch selbst zu einer unwirtschaftlich großen Menge, indem sie durch Alimentierung sonst lebensunfähiger Blätter für die Verteilung der Zeitungsleser über viele Organe sorgt, in denen inseriert werden muß, um alle Verbraucher zu erreichen. Diese ökonomische Sinnlosigkeit ist hinsichtlich der industriellen Fachblätter scharf gerügt worden (**492**). – Die Anhänger der Reklame sehen das kulturell Erstrebenswerte in der Vielzahl der Blätter, unter denen die Leser wählen können. Dadurch halte man, so sagen sie, öffentliche Debatte und Meinungsbildung lebendig. Die Werbung mache zwar selbst durch Aufsplitterung ihrer Medien ihre ökonomische Funktion teurer als notwendig, leiste aber gleichzeitig einen kulturellen Dienst. Die Reklame wird auf diese Weise als eine Art geistig-kulturelle Wohltätigkeitsveranstaltung ausgegeben. Es bleibt vorläufig dahingestellt, ob dieses Geschenk an die Gesellschaft von so großem Kulturwert ist.

BILLIGE PRESSE. Zunächst betrachten wir die andere Behauptung, wonach die Reklame den niedrigen Abonnementspreis erlaube, der allein es so breiten Massen ermögliche, Zeitungen und Zeitschriften zu halten.

Das Blatt sei für den Abonnenten entschieden billiger, als der Textinhalt ohne Reklame nach einer ökonomischen Kostenkalkulation verkauft werden könne. „Ohne Reklame würden Monatszeitschriften das Doppelte ihres Preises kosten, Wochen- und Tageszeitungen vier- bis zehnmal soviel. Diesen Vorteil verdanken die Leser der Reklame“ (**296**, 18; **533**, 8). – Zugegeben! Von irgendwoher muß das Geld aber kommen. Wer bezahlt es? In erster Instanz selbstverständlich der Reklamist; er erhält es aber als ein in dem Preis der propagierten Ware einkalkuliertes Kostenelement erstattet. Letzten Endes zahlt der Käufer der annoncierten Ware.

Ich nehme zunächst grob zwei Fälle an: 1) Die Abonnenten des Blattes bezahlen als Käufer der in dem Blatt propagierten Waren für die Reklame und beschaffen damit selbst die Mittel, mit denen das Blatt den Abonnementspreis senken kann. – 2) Die Reklameeinnahmen des Blattes kommen von anderen Verbrauchern als den Abonnenten, die die Verbilligung genießen.

Bücher konstruiert es vielleicht mehr auf die erste Weise: „Die Abonnenten empfangen in dem scheinbaren Geschenk, das ihnen der Verleger dadurch macht, daß er die Abonnentenpreise unter den Gesamtherstellungskosten hält, nur eine Vergütung für das, was sie selbst (durch ihre Zahl und ihren Vermögensstand) geschaffen, eben jene Publikationskraft“ (**97**, 263 f.). Die Publikationskraft ist ja, reklametechnisch gesehen, die Verkaufsfähigkeit, die man dem Blatt zuspricht. In dem Falle nimmt man das Geld aus unseren Taschen, kauft etwas dafür, um das wir nicht gebeten haben, und schenkt es uns. Wenn ich nicht als Käufer von Rasierklingen, Rosinen, Schokolade und Krawatten meinen Anteil an den Reklameeinnahmen bezahlen müßte, könnte ich es mir bestimmt leisten, für die Zeitung den Preis zu zahlen, den ihre Herstellung kostet. Da obendrein ein Teil der Reklame ökonomisch vergeudet ist, würde ich vielleicht das Doppelte der notwendigen Abonnementserhöhung sparen, wenn ich von der Zahlung eines Reklamekontingentes für meine Wareneinkäufe verschont bliebe. Aber selbst wenn die beiden Posten sich gegenseitig aufheben würden, wäre doch überhaupt nichts damit gewonnen, daß ich als Warenverbraucher bezahlen muß, was ich eigentlich als Zeitungsleser zahlen müßte.

Die zweite Möglichkeit ist, daß andere (teilweise) als Verbraucher der Ware, für die geworben wird, die Verbilligung bezahlen müssen, die die Abonnenten genießen. Jaederholm faßt das offenbar so auf: Die Anzeigen erlauben „das Herstellen in großen Mengen und zu geringen Preisen von Zeitschriften, Zeitungen usw., deren kulturelle Bedeutung nicht zu unterschätzen ist; es wird berechnet, daß rund ¾ der Einkommen dieser Publikationen aus Anzeigen bezogen werden“ (**321**, 322).

Diese Konstruktion ist die richtige; Zahlende und Nutznießer gehören nicht zum gleichen Kreis. Einige der Abonnenten tragen natürlich durch Kauf einiger im Blatt annoncierter Waren selbst etwas zur Verbilligung ihres eigenen Abonnements bei. Denn die Reklamisten würden im Blatt nicht inserieren, wenn es ihnen keine Käufer brächte. Aber die Rechnung stellt sich als Ganzes so dar: Reklamist A, der in Blatt I inseriert, berechnet seine gesamten Werbekosten – die in Blatt I und in allen anderen von ihm verwendeten Medien – und schlägt die zur Kostendeckung erforderliche Quote auf jede Einheit seiner Waren auf. Das gleiche tun die ebenfalls in Blatt I inserierenden Reklamisten B, C, D, E ... Der Abonnent von Blatt I, der eine Einheit A-Ware kauft, ist, je nach höherem oder niedrigerem Effektivitätsrang des Mediums I, im Reklamesystem von A ein relativ „teurer“ oder „billiger“ Käufer für A. Aber der Abonnent trägt in jedem Falle zum Wareneinheitsdurchschnitt der Werbekosten von A bei. Der Zeitungsverlag I berechnet andererseits alle seine Reklameeinnahmen von A, B, C, D, E ..., und die dementsprechende Nettoeinnahme der Reklame dient dazu, den Preis des Blattes herabzusetzen; ob ein bestimmter Abonnent viele, wenige oder gar keine Waren bei A, B, C, D, E ... gekauft hat, ist einerlei; er profitiert auf jeden Fall von der Nettoeinnahme der Reklame dividiert durch die Anzahl der Abonnenten. Es müßte merkwürdig zugehen, wenn alle Abonnenten des Blattes I durch Kauf im Blatt avertierter Waren gleich viel zur Werbeeinnahme beitrügen. Der einzelne wird im Wirtschaftsleben durch Abonnementsverbilligung immer mehr oder weniger seinen Beitrag zu den Werbekosten im Blatt I erhalten.

Wer ist dann überhaupt begünstigt? Wie wird die Last der „Kulturabgabe“ verteilt? Wie der Erlös? In einem Wort ausgedrückt: unsozial. Die Minderbemittelten zahlen für die Wohlhabenden. Es profitiert nämlich derjenige am meisten, der sich die größte Anzahl reklamealimentierter Blätter im Verhältnis zu seinem Verbrauch an reklameintensiv abgesetzten Waren hält. Nur verhältnismäßig Wohlhabende halten sich eine größere Anzahl Zeitungen und bekommen dadurch mehrere Portionen vom kulturellen Volksgeschenk der Reklame. Auf der anderen Seite zahlt der Bessergestellte einen verhältnismäßig geringen Anteil an den gesamten Werbekosten der Gesellschaft, denn die Waren des täglichen Bedarfs tragen im Zeitalter der Markenartikel die größten Werbekosten, während die Luxusartikel weniger stark durch Reklame belastet sind und Miete von Werbekosten befreit ist.

BESSERE BLÄTTER? Als dritter Vorteil wird genannt, die Reklame ermögliche größere Vielfalt im Textteil der Blätter. Floriere das Blatt durch Annoncen, so könne es sich größere Ausgaben für seinen redaktionellen Teil erlauben. Die Leipziger *Illustrirte Zeitung* hätte im Jahre 1843 nur zwei Anzeigenseiten je Nummer gehabt – jetzt sei sie voller Annoncen, und mit dem Erfolg der Annoncenaufträge biete das Blatt auch mehr Text- und Bildmaterial (**708**, 64). Auch das drucktechnische Niveau der Blätter werde gehoben. Als illustrierte Blätter um der Bildreklame willen neue, künstlerisch vollkommene Reproduktionsmethoden angewandt hätten, sei dieses auch ihrem redaktionellen Teil zugute gekommen. Die Reklameliteratur stellt es nur von dieser vorteilhaften Seite dar. Aber es gibt andere, über die man gern schweigt. Zeitungen und Zeitschriften, deren Annoncengeschäft wächst, sind um jeden Preis gezwungen, ihren redaktionellen Teil auszuweiten – oder auszuwalzen. „... es gibt Grenzen dafür, wie groß eine Reklamemenge sein darf, um eine gewisse Menge Lesestoff ‚tragen' zu können ... machen die Annoncen mehr als die Hälfte oder zwei Drittel der Nummer aus, wird diese zu umfangreich, und der Reklamewert der Annoncenseiten verringert sich" (**296**, 31). Ausnahmen sind Fachblätter und ähnliches, wo die Anzeige von Fachspezialitäten fachlichen Wert an sich besitzt. „Die Dicke des Schinkens und die Stärke des Brotes müssen in einem angemessenen Verhältnis zueinander stehen, um ein schmackhaftes Butterbrot zu ergeben" (**296**, 31 f.). Die sogenannten Anzeigenblätter haben das erfahren müssen. Die Meinungspresse entdeckte zu einem bestimmten Zeitpunkt, daß die Anzeigenseiten ein besseres Geschäft sind als der Blätterverkauf. Sofort gab es einige, die glaubten, man könne das Annoncengeschäft übernehmen und den Luxus des Überzeugens anderen überlassen. Die neue journalistische Kombination wurde „Generalanzeiger" genannt. Das waren Blätter, die sozusagen von hinten angefangen hatten, mit den Inseratseiten als Ausgangs- und Schwerpunkt. Der redaktionelle Teil fehlte ganz oder war nur gering. Aber es zeigte sich bald, daß es um des Reklamegeschäftes willen notwendig war, mehr Wert auf den Text zu legen, da das Publikum sonst abtrünnig werden würde – und wer würde dann annoncieren? Ja, da die Leute eine Zeitung lesen wollen, die für eine Sache eintritt und eine Meinung repräsentiert, wurde die Generalanzeigerpresse allmählich in eine politische Richtung gedrängt – in der Regel in eine gemäßigte bürgerlich-liberale. Hier hat man den interessanten Fall, in dem nicht die Inserenten eine publikumsselektive Reklame im Verhältnis zur Gattung ihrer Ware machen, sondern das Medium eine publikumsadaptive Meinungspolitik betreibt, um eine Auflage zu erreichen, die die Inserenten anzuziehen und zu halten vermag. Das war zu der Zeit, als man die Mittelklassen als das geeignete Publikum der Reklame und der reklameintensiven Waren entdeckte. – Eine Wochenzeitschrift kann so viele Werbeaufträge erhalten, daß der Verlag gezwungen ist, neue Blätter herauszugeben, um alle Inserate plazieren zu können, ohne daß das einzelne Exemplar zu dick wird. Neue Zeitschriften entstehen, vom gleichen Genre wie die Mutterzeitschrift, auf das gleiche Publikum abzielend – denn das sind die selektiven Gesichtspunkte, die bestimmen, von welchen Personen das Blatt gelesen werden soll. Es liegt gar kein neuer Lesebedarf vor; es gilt nur, die Reklameproduktionsleistung des Verlages zu steigern. Die neue Zeitschrift ist ein Anzeigenblatt, und ihr redaktioneller Teil ist von entsprechender Qualität.

Welche Blätter unterstützen die Reklame? Damit kommen wir zum entscheidenden Punkt. Ist die Alimentation der Blätter durch die Reklame ein kultureller Gewinn? Bücher beschränkt sich auf folgende Bemerkung: „Diese Verquickung der Geistesarbeit mit der Reklame hat schwere Nachteile im Gefolge gehabt" (**97**, 264), und ein großer Teil der zeitungswissenschaftlichen Literatur folgt ihm darin. Die Sache ist in Wirklichkeit schlimmer, als man auf den ersten Blick vermuten sollte. – Wenn man im Namen der Gesellschaft durch eine kleine Sonderabgabe auf den Warenverbrauch etwas zur Förderung des Kulturlebens zu tun wünschte – würde man dann das Geld zur Unterstützung der Blätter verwenden, die die Reklame am Leben erhält? Unter den Zeitschriften sind viele, die man um der Kultur willen gern entbehren könnte. Einige sind so schlecht, daß man sagen darf, die Reklame hefte einen Makel an den Schild der Gesellschaft, indem sie sie finanziere. Hier rächen sich die „kulturellen" Argumente der Reklameverfechter; es wäre besser, wenn sie sich an die ökonomischen Gesichtspunkte halten würden. Die Reklame für Kleidung und Schokolade ist eine banale, aber unanfechtbare ökonomische Erscheinung; verwendet der Verleger das durch diese Reklame verdiente Geld dazu, eine minderwertige Zeitschrift herauszugeben, so geht das auf seine Rechnung, und der Reklame kann es einerlei sein. Indem man sich auf die kulturellen Verdienste der Reklame beruft, erklärt man sich solidarisch mit dem kulturellen Unsinn, den ihr Geld verursacht.

Hat es einen Sinn, daß wir jedesmal einige Øre extra für Reklame bezahlen müssen, wenn wir eine Tube Zahnpasta, ein Stück Seife, eine Packung Zigaretten kaufen – um die „Kulturwerte" Polizeioberwachtmeister Kviks, Tarzans, Jens Lyns und anderer Zeitschriften-Comicserien für Fahrradboten, Verkäuferinnen und Kolonialwarenhändler zugänglich zu machen? Wer diese Art Lektüre mag, der dürfte um der Gesellschaft willen die vollen Kosten tragen. Gerade die eindeutig reklamealimentierte Zeitschriftenpresse vermag gelegentlich den ketzerischen Gedanken zu wecken, das allgemeine Kulturniveau sei durch Ausrottung des Analphabetentums nicht allzu sehr gehoben worden ...

Selbst in der Reklameliteratur findet man einzelne Zeichen der Unsicherheit in dieser Richtung. Man kann die Wirkung einzelner dieser Publikationen bezweifeln, aber man kann nicht geteilter Meinung über deren Bildungswert insgesamt sein (**517**, 61). Es ist bedauerlicherweise unmöglich, sie als eine Gesamtheit zu betrachten, weil es nicht die Presse als Ganzes ist, sondern eine ganz bestimmte Sorte Blätter, die von der Reklame lebt. Auf die Zeitungspresse werden wir im folgenden noch eingehen. Die Fachblätter bilden eine Kategorie für sich; einige von ihnen können nur durch Reklame leben – die überflüssigen (**492**), aber unschädlichen. Aber hinsichtlich der literarischen und anderen Zeitschriften geht das meiste des Goldstromes der Reklame an denen von kultureller Bedeutung vorbei. Die ganze wissenschaftliche Presse muß sich durch hohe Abonnementspreise und fast ohne Reklamesubvention behaupten. Das gleiche gilt – nicht ganz so unbedingt, aber doch im wesentlichen – für allgemeinbildende Zeitschriften von Rang. Das Geld der Reklame läuft den großen Auflagen nach, die großen Auflagen müssen der großen Masse nachlaufen, und die große Masse läuft nicht dem kulturell Wertvollen nach. Angesehene Journalisten vermuten, daß „dieses der Grund für den hohen Prozentsatz an eingegangenen erstklassigen Periodica von Bildungswert in den letzten Jahren ist" (**641**, 145). „Die besten Periodica werden ausgehungert" (**641**, 151).

Die Rekordjagd der Auflagen. Dieses ist leider nicht alles. Hand in Hand mit dem Siegeszug der Reklame und ihrer Übernahme der Patenschaft für die Blätter der politischen Meinungspresse ist das Niveau gesenkt worden. Ein amerikanischer Journalist meint allerdings: „Die Reklame macht die großen Zeitungs- und Zeitschriftenverlage möglich ... mit ihrem Stab erfahrener Herausgeber, Reporter und Werbetexter, der in Anzahl und geistiger Kapazität einer Fakultät innerhalb einer Universität mittlerer Größe entspricht" (**296**, 32). Nun kann man wählen, ob man das als ein Lob für die amerikanische Presse oder als ein schlechtes Zeugnis für die Universitäten verstehen will ...

Die Auflagenrekordjagd ist der böse Geist der Presse. Der Verkaufswert der Annoncenseiten steigt im Verhältnis zur Auflage. Um Anzeigenaufträge zu erhalten und sie sich teuer bezahlen zu lassen, gilt es zunächst, Abonnenten zu werben; um Abonnenten zu bekommen, macht man sich bei ihnen beliebt – die gefährlichste Form der Pressekorruption. Welchen Wert hat die Presse für die öffentliche Meinungsbildung, wenn sie keine eigene Meinung zu haben wagt, sondern der breiten Masse erzählt, was diese am liebsten hören will? Die Werbebranche begrüßte seinerzeit die offenen Auflagenangaben als einen großen Fortschritt; sie haben zweifellos das Gute, daß undurchsichtige Anzeigenagenten und Verleger von Anzeigenblättern nicht länger mit selbst aufgegebenen Scheinannoncen bei den Reklamisten partizipieren können. Aber es gibt eine Kehrseite. Gerade die offenen Auflagenzertifikate führten zwischen den Blättern zu einem hektischen Wettstreit um den größten Absatz und ließen Persönlichkeiten wie Hearst und den Viscount Northcliffe in der Blätterwelt aufkommen. Wickham Steed sagt darüber folgendes: „ ... kann ein Blatt durch Sensationen und Gratisleistungen eine Million oder zwei Millionen dazu bringen, es zu kaufen, so kann man sicher sein, daß die Werbeagenturen die Kosten decken und dem Verlag obendrein einen guten Profit verschaffen werden. ... Das Blatt muß Preisausschreiben veranstalten und den Lesern Extrageschenke versprechen. Es muß, mit anderen Worten, die Journalisten degradieren, ihnen einen untergeordneten Posten zuweisen und sie, statt journalistischer Tätigkeit, einen Krämerhandel von der Art treiben lassen, der eine Zugabe beim Kauf von einem Pfund Tee verspricht" (**641**, 154 f.). Der Autor faßt sein Urteil in folgenden Worten zusammen: „Die Werbe‚profession' trägt eine große Verantwortung für die unbestreitbare Verringerung von Charakter und Qualität, welche die englische Presse im Laufe der letzten zehn oder zwanzig Jahre erfahren hat" (**641**, 150). Wenn man „der Reklame das Hauptverdienst um das hohe Niveau der modernen Presse" (**289**, 72) zuschreibt, muß man hinzufügen, daß dieses nur für ihr t e c h n i s c h e s Niveau gelte.

SCHUSTER, BLEIB' BEI DEINEM LEISTEN! Die Presse wird auf diese Weise um des Werbegeschäftes willen zur aktiven Abonnentenbestechung verführt; gleichzeitig ist sie passiver Bestechung von seiten der Reklamisten ausgesetzt – aber über diese Sache werden wir im nächsten Kapitel sprechen.

Von solcher Art sind auch die kulturellen Verdienste der Reklame um die Presse. Ich habe sie nicht als ein Argument gegen die Reklame als solche geschildert, sondern mich damit gegen die Behauptung von der kulturellen Mission der Reklame gewandt. Diese wird nicht um der Kultur willen gemacht; deshalb soll sie auch nicht wegen kultureller Wirkungen anerkannt oder verurteilt werden. Sie soll beweisen, daß sie dort etwas taugt, wo ihr Platz ist: im Wirtschaftsleben. Es sind die Werbetexter selbst, die ihre Sache so scharfer Kritik aussetzen, indem sie für die Reklame einen Ehrenplatz in einer Sphäre erobern wollen, in die sie nicht hineingehört.

Zeitung und Reklame

REKLAME – DIE LEBENSQUELLE DER ZEITUNG. Eine allseitige Darstellung des Verhältnisses zwischen Zeitung und Reklame kann nicht die Aufgabe dieses Buches sein; sie müßte in eine umfassende zeitungswissenschaftliche Untersuchung münden. Ich beschränke mich auf einige Züge, die von besonderem Interesse sind.

Eine einzelne Seite der Sache, nämlich der Einfluß der Reklame auf die Menge, den Umfang und den Preis der Blätter, ist im letzten Kapitel erörtert worden. Der Ausgangspunkt, die ökonomische Bedeutung der Reklame für das Blatt, verdient nähere Beleuchtung.

Die Zeitung betrachtete die Annoncen ursprünglich als Neuigkeitsstoff und behandelte sie dementsprechend. Bis ins 18. Jahrhundert hinein hat das Inserat in der Regel die Form einer kurzen redaktionellen Mitteilung und wird gratis aufgenommen (**446**, 203 ff.; **251**, **III**, 157). In Frankreich war der *Moniteur Universel* das erste Blatt, das am 24. November 1789 einen Annoncentarif veröffentlichte. In Dresden betrug die Gebühr für ein Inserat im Jahre 1730 je „nach Proportion und Sachen" 1–4 Groschen; und noch im Jahre 1786 versprach man ohne nähere Angaben über die Anzeigenpreise ganz allgemein „billigste Bedienung" (**602**, 106).

Noch in den ersten Dezennien des 19. Jahrhunderts machten die Annonceneinnahmen nur einen geringen Teil des Gesamtertrages beim Zeitungsverlag aus. Der Wendepunkt geht deutlich aus folgenden Zahlen hervor, die die Entwicklung der Einnahmen bei der *Vossischen Zeitung* beleuchten (**58**, 57):

Jahr	Einnahmen in 1.000 Talern		Anteil der Annoncen in % der Gesamteinnahmen
	Zeitungsverkauf	Annoncen	
1813	19	5,0	23
1814	24	5,5	19
1830	24,5	16,5	40
1840	36	22,5	38
1850	59	34,0	36

Tabelle 25

Der Einschnitt liegt zwischen 1814 und 1830 und fällt genau mit der Datierung der modernen Reklame in den 1820er Jahren zusammen (vgl. Seite 50 ff.). Es könnten viele ähnliche Zahlenbeispiele angeführt werden. Seit circa 1828 ist die Annonce in Frankreich eine wesentliche Einnahmequelle für die Zeitung gewesen. In den ersten paar Jahren der Juli-Monarchie (1830–32) verdiente ein Blatt mit einer Auflage um 10.000 zwischen 200.000 und 250.000 Francs jährlich an Annoncen. Der Platz für Inserate war so gefragt, daß die Inserenten oft eine Woche warten mußten, bis sie an die Reihe kamen, und das *Journal des Débats* von Zeit zu Zeit eine gesonderte Beilage herausgab, um alle Annoncenaufträge ausführen zu können (**446**, 202).

In dieser Situation entstand der neue betriebswirtschaftliche Gedanke, die Zeitung solle nicht mehr auf die Leser, sondern auf die Inserenten bauen. Émile de Girardin soll der erste gewesen sein, der diesen Gedanken verwirklichte; er setzte im Jahre 1836 den Preis für sein Blatt *La Presse* von 80 auf 40 Francs jährlich herab und betrieb das Geschäft mit den Kleinanzeigen als Haupteinnahmequelle. Aber bereits ein Jahr zuvor hatte James Gordon Bennett seinen *New York Herald* auf dem gleichen Prinzip wie das erste amerikanische 1 Cent-Massenblatt gegründet, während die anderen 6–8 Cents nahmen. Der Verleger produziert nun eine hervorragend verkäufliche Ware und wird abhängig von denen, die sie kaufen, nämlich von den Inserenten (**292**, 393).

Die äußerste Folge sind die reinen Anzeigenblätter, die auf dem Annonceteil aufgebaut sind (**63**, 9). So gründete J. La Ruelle um 1870 eine Reihe Blätter in Brüssel, Aachen, Krefeld, Bremen und Köln, sogenannte *General-Anzeiger* mit ganz wenig Text und einer Menge Inserate. Das

Blatt wurde, ebenso wie unsere heutigen kleinen Vorortblätter, gratis verteilt. In Deutschland wurde der Gedanke in großem Stile von August Scherl aufgegriffen; sein *Berliner Lokal-Anzeiger* (1883) war ein Blatt, dessen politisch indifferenter Inhalt nur Annoncen tragen sollte. Der Preis, 10 Pfennig pro Monat, diente eigentlich allein dazu, die Boten zu kontrollieren, die das Blatt austrugen. – Man hat mit Blick auf diese neue Entwicklung zwischen Meinungs- und Geschäftspresse einen Unterschied machen wollen; aber die Unterscheidung ist nicht mehr berechtigt, seit auch die Meinungspresse überwiegend von Annoncen lebt.

Es kann nur als ein Versuch aufgefaßt werden, für die Zeitungsannonce in Konkurrenz mit anderen Reklamemitteln zu werben, wenn behauptet wird: „Die Zeitung ist das einzige Werbemedium, für das die Leser bezahlen" (**505**, 238). Selbst damals – 1878 – gab es bereits Tageszeitungen, bei denen der Verkauf nur ⅕ der Gesamteinnahmen erbrachte (**251**, **III**, 372), obwohl das Verhältnis der Abonnements- zu den Inserateinnahmen mit 1:2 damals noch normal war. Es wird schon im Jahre 1878 in einem Artikel der *Encyclopædia Britannica* festgestellt, daß „die Annoncen die ökonomische Grundlage für die Mehrzahl der Zeitungen bilden" (**5**, 177). Heutzutage ist es die Regel, daß circa 50 Prozent der Gesamteinnahmen des Blattes aus Annoncen stammen; aber es gibt Fälle, in denen sie ⅔ der Kosten decken, vom Nettogewinn ganz zu schweigen (**641**, 142), ja, die Annoncen bringen bisweilen bis zu 80 Prozent der Bruttoeinnahmen (**656**, 147).

Die Reklame ist auf die Weise zur „Nährmutter" der Presse (**362**, **I**, 21; **691**, 39) geworden. Man hat in diesem Zusammenhang von Ertragssubstitution gesprochen (**63**, 9, 14); die Absicht dabei ist, den Gewinn aus dem Zeitungsverkauf durch Inserateinnahmen zu ersetzen. Die Zeitung, die vorher Nachrichten und Neuigkeiten an die Leser verkaufte, verkauft nun ihre Leser an die Reklamisten. Das Blatt erreicht Millionen oder „einige Hunderttausend mehr" Leser (**392**, 180), und der Reklamist muß Annoncenplatz bezahlen, um zu ihnen sprechen zu dürfen. Bücher hat das als Definition ausgedrückt: „Die Zeitung ist ein Erwerbsunternehmen, das Annoncenraum als Ware erzeugt, die nur durch einen redaktionellen Teil verkäuflich wird" (**97**, 377). Er glaubt,die Zeitungsverleger wollten nicht, daß dies bekannt werde; aber der große amerikanische Zeitschriftentycoon Curtis sagte selbst: „Es ist nicht mein Hauptanliegen, eine Million oder mehr Frauen durch Gedichte, Geschichten und Modetips zu erbauen, zu unterhalten und zu belehren. ... Um offen und ehrlich Ihnen gegenüber zu sein, so gebe ich *The Ladies' Home Journal* ausdrücklich um der Inserenten wegen heraus. Daß ich nur so der Zeitschrift einen Inhalt geben kann, der das künstlerische Auge fesselt und die Seele des Lesers froh stimmt, ist dem Umstand zu verdanken, daß ein Inserent bereit ist, 4.000 Dollar für eine Reklameseite zu bezahlen" (**674**, 23). Die Reklame war einmal nur ein Nebenprodukt der Zeitung gewesen, jetzt ist die Journalistik ein Nebenprodukt der Reklame (**535**, 45). Das Zeitungswesen ist kommerzialisiert.

ANNONCENJAGD. Die wachsende Abhängigkeit der Blätter von der Reklame hat in nicht geringem Grade zur Reklameinflation der heutigen Zeit beigetragen. Die Zeitungsverlage selbst und später die Annoncenexpeditionen sandten ihre Annoncenagenten zu den Geschäftsleuten (**251**, **III**, 225). Den rührigen „Agenten in den Annoncenexpeditionen" ist der enorme „Aufschwung des Inseratwesens" seit 1870 zu verdanken. Sie sind es, die „durch geschickte Propaganda die deutsche Geschäftswelt von der Nützlichkeit und Notwendigkeit einer lebhaften Zeitungsreklame überzeugten" (**462**, 73 f.). Es ist nur natürlich, daß die an Reklame interessierten Verfasser das als ein „unzweifelhaftes Verdienst" ansehen; wir anderen dürfen zweifeln. Die lebhafte Agententätigkeit hat sicher eine ihrer Hauptquellen in jenem Teil der Reklame, der, volkswirtschaftlich gesehen, den geringsten Nutzen bringt. Ein geschickter Agent überredet A, über seinen genuinen Bedarf hinaus zu werben; danach ist es verhältnismäßig leicht, B zu vermehrter Reklame zu überreden, um die Reklame von A zu neutralisieren. Die Arbeitsweise der Agenten bestätigt und unterstreicht diese Auffassung von der Sache; ihr stärkstes Argument sind nach wie vor die neuen Werbeaufträge der konkurrierenden Reklamisten.

Ein früher oft angewandter Trick war die vom Blatt inszenierte Sammelanzeige (**251**, **III**, 270). Der Annoncenagent des Blattes sucht von irgendeinem Gesichtspunkt aus (Weihnachtseinkauf, Konfirmation, Fremdenverkehrssaison und ähnliches) eine Anzahl ortsansässiger Geschäftsleute für eine Annonce auf einer besonderen Seite unter gemeinsamer Rubrik zu gewinnen (vgl. Seite 225 ff.). Rösler nennt eine lange Reihe solcher Ideen, auf denen man eine Sammelannonce aufbauen kann (**539**, 334 f.).

Er verrät auch einen besonderen Geschäftstrick: Der Agent erscheint mit einer aufgesetzten Probeseite, die eine Anzahl stadtbekannter Firmen und einen freien Platz enthält, der für den Reklamisten „reserviert" ist, den er gerade bearbeiten will; das Opfer sieht die anderen Annoncen und glaubt, sich nicht ausschließen zu können (**539**, 326 f.), nicht ahnend, daß die anderen Annoncen nicht bestellt sind, sondern, daß der Auftrag erst auf die gleiche Weise wie sein eigener zustande kommen soll.

Diese Praktik nähert sich stark der sogenannten Scheinannonce. Sampson behauptet, daß man bereits im 18. Jahrhundert „,Schein'annoncen abdruckte, um weitere Inserenten zu gewinnen" (**543**, 216). Der Nachdruck hatte jedoch damals wahrscheinlich einen anderen Grund; die Inserate wurden wie Nachrichtenstoff betrachtet, und die Zeitung übernahm sie von anderen Stellen als eine Art Service gegenüber ihren Lesern. Aber von der Mitte des 19. Jahrhunderts ab wird die Scheinannonce zur Annoncenjagd verwendet. Namentlich weniger angesehene Blätter füllten ihren leeren Platz für Inserate mit aus vornehmen Blättern übernommenen Annoncen großer Firmen von bestem Rufe und übten dadurch einen psychischen Druck auf die kleineren und mittleren Konkurrenzfirmen aus (**279**, 42 f.). „Gewöhnliche Inserenten lassen sich in der Regel dadurch gewinnen, daß man eine Zeitlang Annoncen für angesehene Firmen gratis publiziert und so tut, als wären sie gegen Bezahlung angenommen worden" (**505**, 36). Es gab und gibt immer noch Blätter, hauptsächlich kleine Journale, die ausschließlich davon leben. Diese Schwindelblätter „entstehen durch fleißige Benutzung von Schere und Kleister ... präsentiert auf gutem Papier und in schönen Lettern. Zwischen einer Anzahl guter Musterinserate befindet sich gerade ein Platz, der frei geblieben ist, weil die bedeutende Firma, die ihn bisher innehatte, ihre Dispositionen geändert hat (*Eine Anfrage würde entlarven, daß die bedeutende Firma niemals einen Anzeigenplatz bestellt hatte.*). Die Auflagen dieser hübsch aussehenden Journale überschreiten die Anzahl der Inserenten nur mit einigen wenigen Exemplaren" (**505**, 27 f.). Diese Methode ist selbstverständlich illegitim (**290**, 16 f.).

Zu einem anderen Trick wird in einem Leitfaden für Zeitungsverleger geraten: „Soweit man selbst Verwendung für inserierte Artikel hat, beziehe man diese auch nur von seinen Inserenten, aber nicht etwa direkt, sondern durch irgend einen Bekannten oder Angestellten, natürlich unter

Bezugnahme auf das Blatt. Bestellt der Verleger selbst bei dem Inserenten, so betrachtet das dieser entweder als etwas ganz Selbstverständliches oder er erblickt darin nur ein verzweifeltes Mittel, um den Inserenten für die Annoncengelder einigen Ersatz zu gewähren; vielen Leuten ist es ja nicht möglich, den Erfolg ihrer Inserate in der einen oder anderen Zeitschrift zu kontrollieren. Bestellt man hingegen durch eine dritte Person, so muß der Inserent dies als einen Erfolg seiner Anzeige betrachten und wird dann mindestens nicht von einer völligen Nutzlosigkeit des Inserierens in jenem Blatte reden können" (**100**, 30). –

ABONNENTENJAGD. Es stimmt nicht mehr, daß „ein Blatt, das nicht ohne Inserenten bestehen kann, ein schlechtes Werbemedium ist" (**201**, 133). Die ökonomische Lebensquelle des Blattes ist die Reklame, aber das Werbegeschäft setzt einen großen Leserkreis voraus. Deshalb suchen die Blätter Abonnenten zu gewinnen. Die Zahlenreihe der im folgenden wiedergegebenen Tabelle zeigt, in welchem Verhältnis sich die durchschnittliche Auflage und die Reklameeinnahmen bei Curtis' *Saturday Evening Post* entwickelt haben (**502**, 483):

Jahr	durchschnittliche Auflage in 1.000	Reklameeinnahmen in 1.000 Dollar
1897	2	7
1902	315	360
1907	727	1.267
1912	1.921	7.115
1917	1.883	16.077
1922	2.187	28.279
1927	2.816	53.145
1928	2.844	48.662

Tabelle 26

Ein beträchtlicher Teil des starken Anstiegs der Reklameeinnahmen rührt natürlich von der allgemeinen Zunahme der Reklame in der Zeit von 1897–1928 und von einer Erhöhung der Annoncentarife her. Aber abgesehen davon, scheinen die Reklameeinnahmen nicht nur im Verhältnis zur Auflage, sondern auch recht stark progressiv zu wachsen. –

Auf der anderen Seite bedeutet Steigerung der Abonnentenzahl ohne gleichzeitigen Anstieg des Reklamegeschäftes einen Gewinnrückgang. A. Zang (*Die Presse*, Wien) hat es übertrieben ausgedrückt: „Jeder Abonnent ist mein Feind" (**251**, **III**, 441). Huck hat für die Auflage, die eine gegebene Inseratmenge tragen kann, die nach ihm benannte Papiergrenze aufgestellt (**308**); das heißt: die Annonceneinnahmen müssen mindestens ebenso stark steigen wie die durch den vermehrten Zeitungsverkauf steigenden Ausgaben für Papier. Das Papier steht hier für die größte unter den proportional steigenden Kosten des Zeitungsunternehmens. –

Gegenüber möglichen Reklamisten ist die Verbreitung des Blattes das wichtigste Verkaufsargument. Deswegen suchen die Blätter Leser zu gewinnen (circulation-hunting) und sind geneigt, die Anzahl ihrer Leser hoch zu beziffern. G. P. Rowell begann als Werbeagent in Boston 1866 eine Liste über Blätter mit ihren Auflagen aufzustellen. Im Jahre 1870 gab er den ersten amerikanischen Zeitungswegweiser heraus, in dem er ohne Nachprüfung die von den Verlegern angegebenen Auflagen aufführte. Er bezeichnete diese Zahlen als „behauptete Auflagen" (claims); darüber wurden die Verleger zornig; auch der darauf verwendete Ausdruck „geschätzt" (estimated) gefiel ihnen nicht. So schlug Rowell vor, die Auflagenzahl mit einem besonderen Zeichen zu versehen, wenn der Verleger bereit sei, sie zu beeiden (sworn circulation statement). Gleichzeitig hetzte er die Verleger gegeneinander auf, indem er für jeden, der die Unrichtigkeit einer Auflagenzahl nachweisen konnte, eine Prämie von 100 Dollar aussetzte (**212**, 153 ff.). Den gleichen Trick wandte Thayer im Jahre 1898 an: Auf seine Veranlassung setzte *The Boston Journal* eine Prämie von 1.000 Dollar für denjenigen aus, der die Richtigkeit (sic!) der vom Konkurrenzblatt *Boston Herald* behaupteten Auflage beweisen konnte. *Boston Herald* entfernte daraufhin eiligst die Auflagenangabe aus seinem Impressum (**657**, 166 f.). Im Jahre 1899 begann die Association of National Advertisers die Auflagen zu kontrollieren und eine Unterscheidung zwischen Druck- und Verkaufsauflagen einzuführen. Im Jahre 1914 wurde das jetzige Audit Bureau of Circulations, eine Organisation der Zeitungsverleger, Werbeagenten und Großreklamisten, gegründet.

Die Abonnentenjagd wird das alles beherrschende Prinzip für Hearst (**698**, 69 ff.) und Pulitzer in den USA, und der Viscount Northcliffe veröffentlichte als erster in England Nettoverkaufszertifikate für *Daily Mail* und seine übrigen Blätter.

Diese Entwicklung hat in erster Linie die Konzentrationstendenz im Zeitungswesen gefördert. Das Riesenunternehmen hat hier nicht nur – wie überall – den Vorteil, ökonomischer arbeiten zu können, der produzierte Annoncenplatz hat außerdem höheren Handelswert, und die Nachfrage ist größer. – Zum anderen werden die Blätter auf diese Weise zu reinen Geschäftsunternehmen, während die Behandlung politischer Ideen in den Hintergrund tritt. Dieses bedeutet für den Zeitungsverleger nicht zwangsläufig, seine Überzeugung zu verleugnen – falls er überhaupt eine hat; aber es ist fast unmöglich, mit dem Blatt für eine Richtung einzutreten, das nicht genügend Leser anzuziehen vermag, um ein großes Reklamegeschäft darauf aufzubauen. – Drittens führt es dazu, daß die Blätter immer mehr von einem nach unten tendierenden abstoßenden Snobismus geprägt werden. Man hat oft behauptet, eine Senkung des Niveaus der Zeitungen rühre hauptsächlich von der „demokratischen" Verbreitung der Zeitung her. Die Zeitungen der früheren Zeit waren für die Oberklasse geschrieben; das billige Blatt wandte sich an die breite Masse. 1836 gab es in Paris 70.000 Zeitungsabonnenten; in diesem Jahr ging de Girardin zu seiner neuen Preispolitik über, und im Jahre 1846 gab es 200.000 Zeitungsabonnenten in Paris (**10**, 30 f.). Das billige Blatt für die einfache Bevölkerung muß sich zwangsläufig auf einem bescheideneren Niveau bewegen. Aber dieses ist nur die halbe Wahrheit. Ist man gezwungen, mit dem niedrigen Niveau der breiten Masse zu rechnen, so könnte man doch versuchen, es zu heben. Die Zeitung hat jedoch nicht mehr die Absicht, das allgemeine Niveau zu heben; sie hat viel von ihrer Bedeutung für die Bildung der öffentlichen Meinung eingebüßt. Die Presse suchte zu Beginn des 19. Jahrhunderts die Leserschaft zu beraten und aufzuklären – jetzt bestimmt die Leserschaft den Inhalt der Zeitung. Die moderne Geschäftspresse kann es sich nicht mehr leisten, die Leser zu beraten und ihr geistiges Niveau zu heben, denn dazu gehört das Wagnis, ihnen dann und wann eine unangenehme Wahrheit zu sagen. Aber die Presse ist um des Reklamegeschäftes willen gezwungen, die Leser zu halten; deshalb macht sie nicht mehr die öffentliche Meinung, sondern horcht auf die Stimmung der Gasse. Es gilt, der größtmöglichen Anzahl Leser zu gefallen, und da das Niveau der breiten Masse nicht sonderlich hoch ist, sinkt das Niveau der Zeitung. Man sagt mit Blick auf Hearst, ohne ihn jedoch ausdrücklich zu nennen: „Sein ganzes Blatt ist ein einziger Appell an die ungebildetste Klasse, die die großen Verkaufsauflagen und damit die großen Reklameaufträge bringt" (**318**, 443 f.). Die Presse ist so durch ihre Kommerzialisierung vom Fackelträger der demokratischen Aufklärung zum Sprachrohr der Straße und zum Werkzeug der Herrschaft der breiten Masse geworden. Und das gilt für Blätter aller Richtungen – denn die breite Masse ist durchaus nicht auf die sogenannten unteren Gesellschaftsklassen beschränkt. Die Zeitung appelliert überall an das niedrigste Niveau, das sich innerhalb des speziellen Kreises findet, an den sie sich wendet. Dieses ist die unmittelbare Folge davon, daß die Administration Kontrolle über die Redaktion gewonnen hat. Namhafte Journalisten beklagen ganz offen, daß Abonnentenjagd und Auflagenrekord die moderne Presse sowohl in intellektueller als auch in moralischer Hinsicht verdorben hätten (**641**, 144 ff.).

Redaktionelle Reklame. Unter redaktioneller Reklame versteht man Empfehlungen, die nicht als bezahlte Annonce erscheinen, sondern im Text des Blattes. Englisch und Amerikanisch unterscheiden in dieser Hinsicht zwischen „advertising" und „publicity". Es ist von historischem Interesse, daß das Wort „Reklame" ursprünglich gerade redaktionelle Reklame, im Gegensatz zur Annoncierung, bedeutete. Die bezahlten Buchbesprechungen zu Beginn des 19. Jahrhunderts waren Reklame in diesem Sinne.

Eine strenge Unterscheidung zwischen Annoncen- und Textteil war, wie erwähnt, in der älteren Periode des Journalismus unbekannt. Wie die Blätter vor 1750 zum Teil ohne Gebühr Annoncen wie Nachrichtenstoff annahmen, so wurde es seit Ende des 18. Jahrhunderts, als für Annoncen Bezahlung verlangt wurde, als natürlich und legitim angesehen, wenn ein Blatt für die Aufnahme von Reklameartikeln in seinen Textteil Bezahlung nahm. Schon im Jahre 1700 war es zu Beschwerden darüber gekommen, daß jeder, den der Ehrgeiz plage, namentlich in Holland, das Erscheinen eines lobhudelnden Artikels in der Zeitung kaufen könne (**134**, 49). R. Z. Beckers *Reichs-Anzeiger* und andere deutsche Blätter veröffentlichten ganz ungeniert Tarife und berechneten „für längere Artikel, ‚die den Vorteil des Einsenders betreffen', eine Gebühr" (**251**, **III**, 158). Aber die Öffentlichkeit empfand das teilweise bereits damals als ungeziemend. Voltaire äußert 1767 in einem Brief an Abbé d'Olivet seine Verärgerung über eine Hymne auf Landwirtschaft und Handel, die sich als Reklame für einen Lebensmittelhändler erwies (**673**, 27).

Erst in neuerer Zeit ist eine scharfe Trennung zwischen Annoncen und Text durchgeführt worden, und man sieht es als korrupt an, wenn das Annoncengeschäft den Inhalt des Blattes beeinflußt. Der Reklamist ist an lobender Erwähnung im Blatt interessiert, weil sie auf den Leser vertrauenerweckender wirkt als die Annonce, in der er seine eigene Sache vertritt. Aber gerade das Prestige der Druckerschwärze und das Vertrauen der Leser, daß die Zeitung sein Interesse wahrnehme, legen der Redaktion eine verschärfte Verantwortung auf; es wird von ihr erwartet, als Kritiker der Wirtschaft aufzutreten, nicht als ihr Gehilfe.

Die englische Presse soll einen besonders strengen Standpunkt einnehmen; sie vermeidet es nicht nur, im Text zu Produkten, für die im Annoncenteil geworben wird, Stellung zu nehmen, sondern unterläßt es sogar, auch nur die Namen der Gewerbetreibenden in Verbindung mit Neuigkeiten zu nennen (**535**, 24), obwohl eine solche spontane Erwähnung ohne Beziehung zum Annoncengeschäft des Blattes rechtens wäre. Große Stiftungen Gewerbetreibender, Wohltätigkeitsveranstaltungen und ähnliches erhalten gerade durch die Berichte der Blätter Reklamewert und werden deshalb als „arranged publicity" (**507**, 205 ff.) bezeichnet.

Etwas ganz anderes ist es, wenn das Blatt im Text zur Ware selbst Stellung nimmt oder auf andere Weise eine günstige Stimmung für den Verkäufer schafft – entweder unmittelbar gegen Gebühr oder als Entgegenkommen einem Großabnehmer von Annoncenplatz gegenüber. So konnte man im August 1912 in der Berliner Presse lesen, daß der schwer lungenkranke Raubmörder Trenkler mit Hilfe von Sanatogen und Biomalz so weit zu Kräften gekommen sei, daß er nun zur Hinrichtung geführt werden könne. Die Blätter würden in dieser Sensationsmeldung sicher nur ganz allgemein von „künstlichen Stärkungsmitteln" gesprochen haben, wenn sie nicht ein besonderes Interesse daran gehabt hätten, die beiden Präparate zu nennen, für die damals stark geworben wurde. Redaktionelle Reklame dieser Art gehört zu den gröbsten Formen der Pressekorruption.

Besonders haarsträubend waren die Verhältnisse im Handelsteil und in der Finanzreklame der großen Blätter in Frankreich unter Napoléon

III., in den USA, als das Eisenbahnwesen sich entwickelte, und in Deutschlands Gründerzeit. Französische klerikale Blätter hatten schlichtweg ihre Börsenberichte an Finanzmagnaten verpachtet, die so im Schutze der Autorität der Redaktion schreiben konnten, was in ihrem spekulativen Interesse lag (**251**, **III**, 302), und in Deutschland hatten Handelsredakteure teilweise gleichzeitig die Aufgabe, Annoncenaufträge von Banken und Finanzierungsgesellschaften einzuwerben (**251**, **I**, 995 ff.).

Redaktionelle Reklame in Verbindung mit Annoncenaufträgen war auf jeden Fall früher allgemein üblich. Als die Reklame in den 1820er Jahren in Frankreich entstand, erhielt die Redaktion des Blattes gewöhnlich gleichzeitig eine Buchbesprechung und eine Annonce, und der Annoncenauftrag wurde von der Veröffentlichung der Besprechung abhängig gemacht, ob das Blatt auch die Besprechung brachte. Als Rudolf Mosse im Jahre 1867 seine Annoncenexpedition eröffnete, versprach er in seinem Prospekt schlichtweg, daß „Reklamen in Begleitung von Inserataufträgen möglichst in alle Journale gratis bewerkstelligt werden“ (**58**, 69); das gleiche taten die Werbeagentur Daube & Co. für ihr Verpachtungsblatt *Sport im Bild* und Dr. Kühnel für die vier großen Berliner Blätter, die er repräsentierte (**98**, 8, 11). Fowler gibt Hotelbesitzern den Rat, „mit den Blättern Vereinbarungen über die Veröffentlichung der Namen der ankommenden Hotelgäste zu treffen; ein regelmäßiger Inserent kann das beinahe in jedem der Blätter gratis erreichen. ... Schmeichelhafte Berichte über die im Hotel veranstalteten Bankette und Empfänge sind mit einem erstklassigen Essen für die Zeitungsreporter nicht zu teuer bezahlt“ (**201**, 56). Die Reklamisten sehen diese Art kleiner Dienste von seiten der Presse geradezu als ihr gutes Recht an (**296**, 35 f.). Herzog nimmt sie als selbstverständlich und empfiehlt deshalb, Inserataufträge direkt zu erteilen, nicht durch „Inseratenbureaus“, weil man auf die erste Weise persönliche Verbindung mit dem Blatt aufrechterhalte. „Es wird ferner in vielen Fällen möglich sein, zu erreichen, daß auch von redaktioneller Seite dem Inserierenden gewisse Aufmerksamkeit geschenkt wird, die ihren Ausdruck in Besprechungen seiner Erzeugnisse findet, sofern hiermit eine Belehrung und Aufklärung des Leserkreises verbunden werden kann“ (**279**, 32). Es sei die Aufgabe des Journalisten, der redaktionellen Reklame den Anschein von „Aufklärung“ zu verleihen. Der Reklamist wird aufgefordert, „bei gleichwertigen Blättern

... jene vorzuziehen, die im gegebenen Falle die Erzeugnisse auch redaktionell beachten, wenn letztere für den Leserkreis Interesse haben" (**279**, 38) – das heißt: andere zu boykottieren.

Die Verärgerung der Zeitungsleute gilt nicht so sehr der Forderung nach redaktioneller Reklame im allgemeinen, sondern der Tatsache, daß auch Nichtinserenten sie erwarten. Ein amerikanischer Annoncenredakteur zählte im Jahre 1935 im Laufe eines einzigen Monats 1.760 Anfragen, nämlich

87	von regelmäßigen Inserenten,
126	von gelegentlichen Inserenten,
324	von Firmen, die nicht im Blatt inserierten,
517	von Firmen, die überhaupt keine bezahlte Reklame verwendeten,
470	von Ausstellungen und ähnliches,
260	von staatlichen Behörden.

Tabelle 27

Das Unbillige wird nicht darin gesehen, daß die Geschäftsleute redaktionelle Reklame wünschen, sondern darin, daß die meisten Publicitysuchenden Nichtinserenten sind, die nur die Reklame gratis haben möchten (**154**, 108 f.).

Daß es sich hier um reine Bestechung handelt, geht aus folgender naiver Verteidigung der redaktionellen Reklame aus dem Jahre 1895 hervor: „So viel von einigen Journalisten und Redakteuren auch gegen diesen ‚Reklame-Unfug', wie diese es nennen, geeifert werden mag, so sehr haben auch die in den redaktionellen Theil einer Zeitung lancirten Hinweise Berechtigung. – ... Es ist daher nicht mehr als recht und billig, wenn die Redaktion den Inserenten durch solche Besprechungen unterstützt, umsomehr, als es doch gerade die Inserate sind, welche heutzutage nur noch die meisten Zeitungen zu erhalten vermögen" (**600**, 77). Noch im Jahre 1914 kann man bei Rösler folgende Instruktion für den „Journalisten als Kaufmann" lesen: Wenn ein Gesuch um Gratisaufnahme von Reklamenotiz in den redaktionellen Teil „an die Redaktion gelangt, so hat es der Redakteur der Geschäftsleitung zu übergeben, die dann an den betreffenden Inserenten ein Schreiben richtet, ‚daß sie gern dazu bereit wäre, die Aufnahme der Notiz zu befürworten, wenn die betreffende Firma sich auch in geschäftlicher Weise erkenntlich zeigen würde. Das ganze Geschäftsleben beruhe ja nur auf dem Prinzip des Handinhandgehens.' ... Ein dezenter Wink ... an den Inserenten genügt schon oft, dem Blatte sofort einen Insertionsauftrag zu verschaffen, um den sich die Geschäftsstelle vergebens bemüht oder bemühen würde"(**539**, 303, 362).

Passive Unterstützung. Aber es gibt subtilere Formen der Korruption. „Zeitungsverleger werden in unterschiedlicher Weise von der Tatsache beeinflußt, daß die Annoncen ihre Haupteinkünfte bilden" (**705**, 28). Es ist heutzutage selten, daß große Blätter eine Firma direkt durch redaktionelle Reklame unterstützen – teilweise sicher, weil die Leser allmählich wachsam geworden sind. Dagegen ist es ein ganz alltägliches Phänomen, daß das Blatt sich selbst eine wohlwollende Neutralität den großen Reklamisten gegenüber auferlegt, nachdem die Presse oft teuer für ihre Unabhängigkeit hat zahlen müssen. Hierzulande vermißt Zeuthen sehr stark die Kritik der Presse gegenüber der Reklame und den Reklamemachern (**714**, 57 f.). Hearst setzte sich während der Wahlkampagne im Jahre 1896 für den Demokraten Bryan ein, der für ein internationales Währungssystem auf der Grundlage von Gold und Silber eintrat, und schadete dadurch den Interessen der Finanz- und Industriekreise; er büßte über 1 Million Dollar an Reklame ein (**698**, 122 f.). Ein großes Pariser Blatt startete um 1910 eine Abstinenzkampagne und forderte ein Absinthverbot; es wurde sofort von der Fédération des Marchands de Vin boykottiert. Der Streit wurde ein halbes Jahr später beigelegt, nachdem das Blatt unterwürfige Abbitte leistete und „Entschädigung" an den Weinhändlerverband gezahlt hatte. Das Argument des Blattes, es habe aus Rücksicht auf die Volksgesundheit gehandelt, wurde mit der Bemerkung beiseite geschoben, die Zeitung sei ebenso ein Geschäft wie der Absinth (**161**, 264). Als der Kongreß in den USA ein Gesetz diskutierte, wonach Arzneimittel künftig mit einer Angabe der Bestandteile versehen werden sollten, trat ein Teil der Blätter für die Gesetzesvorlage ein. Die Kampagne wurde plötzlich eingestellt, weil die Arzneimittelhersteller folgende zwei Fragen an die Presse gerichtet hatten: Wer wird Arzneimittel kaufen, wenn ihre Zusammensetzung bekannt ist? Welches Reklamegeschäft kann die Presse von einer ruinierten Arzneimittelbranche erwarten? Durch ihre passive Haltung bewahrte die Presse eine

Branche, „die durch die Spalten der Blätter schlechte Ware verkauft, vor öffentlicher Kontrolle ... und schadete so bewußt ihren gutgläubigen Lesern" (**705**, 48). Hier in Dänemark ist *Politiken* einer ähnlichen „Strafaktion" von seiten der Industrie ausgesetzt gewesen, als sie im Jahre 1920 für den Generalstreik gegen die Regierung Liebes eintrat. –

Ein New Yorker Abendblatt büßte alle Fahrradreklame ein, weil es die Tatsache aufdeckte, daß ein Fahrrad, das für 75–125 Dollar verkauft wurde, in der Herstellung nur 15–20 Dollar kostete. *The Cincinatti Times-Star* hatte im Jahre 1908 den Theaterprinzipal beleidigt, woraufhin die Theaterannoncen in allen anderen Blättern mit einer besonderen Schlagzeile erschienen: „Wir annoncieren nicht in ‚The Times-Star'" (**296**, 66). Die Sektfirma Söhnlein fügte im Jahre 1925 allen ihren längerfristigen Annoncenverträgen folgende Klausel hinzu: „Ohne Sie in der Richtung (!!) des Blattes irgendwie beeinflussen zu wollen, machen wir Sie darauf aufmerksam, daß wir berechtigt sind, ohne Kündigung von unserem Auftrag zurückzutreten, falls Sie während der Laufzeit unseres Inserates in Ihrer Zeitung irgendetwas gegen Alkohol im allgemeinen oder gegen Sekt im besonderen bringen" (**58**, 71 f.). Die amerikanischen Gas- und Verkehrsbetriebe hatten lange Zeit keine besonders gute Presse; als Quasimonopolisten warben sie nicht. „Dann kam die Gasreklame, und die Zeitungsreklame warb in der Öffentlichkeit für den Einstieg in die Gasnutzung. Die Gasgesellschaften verstanden den Hinweis und versuchten fortan, die Gunst der Öffentlichkeit zu gewinnen, indem sie zuerst das Wohlwollen der Presse suchten. ... Sobald nun die Trolleybus-Gesellschaften in der Lokalpresse zu annoncieren beginnen ..., tritt eine Änderung in der Haltung der Presse ihnen gegenüber ein. ... Es soll damit nicht gesagt werden, daß man die Presse kaufen könne ... – aber ein wenig Freundlichkeit und Entgegenkommen beiderseits vermögen vor großen Unannehmlichkeiten zu bewahren" (**518**, 22). Man mag im Hinblick auf den spezifisch volkswirtschaftlichen Wert einer Reklame, die aus diesen Motiven heraus gemacht wird, seine eigenen Schlüsse ziehen.

Die sozialistische Presse war unabhängig, solange allgemeiner Abonnementszwang innerhalb der Arbeiterbewegung die Ausgaben deckte.

Seit auch die sozialistische Presse finanziell von der Reklame abhängig ist, zeigt sie sich den großen Reklamisten gegenüber ebenso „entgegenkommend“ wie die bürgerliche Presse. „Eine der extremen und erklärtermaßen unabhängigen amerikanischen Zeitungen, ... die größte Rücksicht auf Gewerkschaftsinteressen nahm, gab ihre Angriffe auf die New Yorker Gesellschaften des Städteschnellverkehrs während des Untergrundbahnstreiks auf, da ihr mit dem Verlust aller Warenhausreklame gedroht wurde. Sie hatte die Kaufhäuser niemals wegen der Entlassung von Angestellten zu kritisieren gewagt, die versucht hatten, eine Gewerkschaft zu gründen“ (**318**, 441).

Ein seltenes Mal zeigt sich die Presse standhaft. Die Sampson Electric Company in Chicago richtete im Jahre 1938 ein Rundschreiben an ihre Händler: „Reklame ist die Lebensquelle der Blätter. – Jeder Verkäufer muß verlangen, ehe er seinen Auftrag für ein neues Inserat erteilt, daß das Blatt auf der Vorderseite ein bis zwei optimistische Notizen bringt und daß ähnliche Artikel gleichmäßig über die ganze Nummer verstreut werden.“ Denn ökonomischer Pessimismus ist eine schlechte Resonanz für Reklame, da er die Leser geizig macht. Die Blätter schienen im allgemeinen ihren Widerstand aufgegeben zu haben. Nur R. R. McCormick (*Chicago Tribune*) veröffentlichte den berüchtigten Brief in seiner Zeitung und fügte hinzu: „Unser Kommentar ist mit einem Satz gegeben: Wir nehmen keine Schmiergelder.“ –

In Anbetracht der gegebenen Beispiele, die nach Belieben vermehrt werden könnten, wäre es wohl kaum unberechtigt, wenn man sagen würde: „Mehr Kopfzerbrechen macht die Möglichkeit einer Zuhälterrolle seitens des redaktionellen Teils“ (**492**, 5). Der Leser erwartet von der Zeitung, daß sie nach Überzeugung der Redaktion Mißbrauch und Unehrlichkeit anprangere. Aber die Blätter können es sich nicht leisten, die Überzeugung der Redaktion auszudrücken, wo die Reklameeinnahmen gefährdet sind. Die große Presse ist in der Regel nicht im eigentlichen Sinne bestechlich – aber sie wird ein Opfer dessen, was L. V. Birck Milieubestechung genannt hat. „Wir haben Zeitungsverleger in den USA, die man nicht für alles Geld, das man ihnen bietet, kaufen kann – aber das Geld, das sie bereits in der Tasche haben, spricht tagtäglich seine Sprache durch die Spalten ihrer Blätter und ihrer Leitartikel" (**698**, 120). „Wenn der Journalismus kein Beruf mehr ist, sondern ein Geschäft, so liegt das einzig und allein am zunehmenden Anteil der Reklame" (**296**, 34). „Zwei Versuchungen engen die Freiheit des Herausgebers eines Blattes ein: Gekränkte Inserenten stellen ihre Annoncen ein, gekränkte Leser ihr Abonnement. ... Um es mit beiden nicht zu verderben, ist er gezwungen, einen dünnen Aufguß zu servieren. Er muß sich darauf beschränken, über Dinge zu schreiben, mit denen alle einverstanden sind und für die sich niemand interessiert" (**296**, 37 f.).

Die Emanzipation des Blattes durch Reklame. In Anbetracht dieser Fakten ist es unbegreiflich, wie man hat behaupten können, gerade die Reklame mache ein Blatt unabhängig. Im allgemeinen wird A. E. Filene als der Vater dieses Gedankens angesehen; er äußerte ihn im Jahre 1924, aber ich finde ihn bereits im Jahre 1911 bei Vathelet: „Die Sonntagsausgabe des ‚*New York Herald*' umfaßt 64 Seiten, von denen 30 Annoncen sind. Es sind diese 30 Seiten, die die Moral im Textteil des Blattes garantieren" (**673**, 211). Hier bei uns glaubt Strøm Tejsen, daß ohne Reklame „große Gefahr bestünde, daß der größte Teil der Tagespresse im Hinblick auf die Art ihres Inhaltes direkt von einer begrenzten kapitalstarken Gruppe von Einzelpersonen abhängig werden würde" (**650**, 23). Bei Filene erscheint der Gedanke in typisch nachkriegsgeprägtem, pazifistischem Zusammenhang. Ich führe ihn nach Groth (**251**, **III**, 357 f.) und d'Ester (**177**, 79) an. „Ein großes Inseratengeschäft ist geeignet, die Presse unabhängig zu machen. Es schafft gesündere Zustände, als sie in den Fällen vorhanden sind, in denen ‚besondere Interessen' in einem Blatte die Oberhand haben, unternehmende Ideologen es finanzieren ... Eine freie Presse gibt es nur, wenn sie sich ein Einkommen außerhalb der Unterstützung von Interessengruppen verschafft. Dafür gibt es nur eine Quelle: das Annoncengeschäft. Nun wird zwar behauptet, auch das Annoncengeschäft machte die Presse zur Dienerin von Sonderinteressen. Aber das ist nicht richtig. Denn je breiter die Basis ist, auf der dieses Geschäft geführt wird, desto mehr ist jeder Einzeleinfluß ausgeschlossen. Uebrigens ist der Erfolg der Annoncen abhängig vom Vertrauen der Leser und das Vertrauen der Leser abhängig vom Glauben an die Unabhängigkeit der Presse. Gerade also, um das Annoncengeschäft zur wirtschaftlichen Grundlage zu machen, muß sich die Presse von Sondereinflüssen frei zu halten wissen." – „Das beste Mittel zur Förderung der internationalen Verständigung ist die Presse, denn sie formt heute die öffentliche Meinung. Ist diese richtig informiert und frei von dem Einfluß von Unheilstiftern, dann kann die Welt in Frieden leben. Es gilt also, eine freie Presse zu schaffen. ... Für Filene ist daher ein großes Inseratengeschäft keine nationalökonomische Verschwendung, sondern eine soziale Leistung. Es ist für ihn ‚die Basis für eine Presse, die finanziell frei ist, es ist das Fundament, auf dem die Fähigkeit der Presse beruht, uninteressiert und unparteiisch Nachrichten zu liefern und so die Aussichten für den Weltfrieden zu fördern'."

Das klingt verlockend, kann aber einer Kritik nicht standhalten. Zwar bedarf in der Tat die durch Reklame finanzierte Presse in geringerem Grade der Hilfe des Staates oder der Unterstützung durch einzelne Machtgruppen; dieses räumt auch Steed ein (**641**, 142). Aber sie wird doch nur von der einen Knechtschaft befreit, um in die andere zu geraten. Es nützt nichts, die Abhängigkeit der Presse von der Reklame mit Filenes Argument zu leugnen, der einzelne könne keine Macht ausüben, wo der Herren so viele seien. Die gegebenen Beispiele haben gezeigt, daß der einzelne Einfluß hat und sich nicht scheut, ihn geltend zu machen. Außerdem „können Großinserenten durch Zusammenschluß die Richtung jedes Blattes diktieren" (**157**, 205); *Politiken* hat das im Jahre 1920 erfahren müssen. Endlich ist eine organisierte Solidarität gar nicht notwendig; die Reklame treibende Wirtschaft hat so viele gemeinsame Interessen (zum Beispiel steuer- und sozialpolitische), daß ein solidarischer Druck ganz von selbst und ohne Absprache entsteht.

Natürlich ziehen der Geschäftsmann und der Reklamist die Abhängigkeit der Presse vom Geschäftsleben einer staatlichen oder parteipolitischen Unterstützung vor; aber damit ist das Problem für die übrige Gesellschaft nicht gelöst. Es kann sogar angeführt werden, daß jeder Einfluß von seiten subventionierender Machtgruppen weniger gefährlich sei. Der kann nämlich niemals auf die Dauer geheimgehalten werden, denn hier werden die einzelnen Blätter dem Publikum gegenüber als gegenseitige Spitzel auftreten, weil sie von entgegengesetzten Interessen abhängig sind. Als durch Reklame finanzierte Presse sitzen sie dagegen alle im selben Boot und schweigen über ihre gemeinsamen Fesseln. Hier ist der Leser einer solidarischen Front reklamekorrumpierter Meinungsmacherei preisgegeben.

Es stimmt auch nicht, daß die Wirkung der Reklame tatsächliche Unabhängigkeit voraussetze, weil die Leser sonst das Vertrauen verlören. Wenn keiner da ist, der den Lesern die Augen öffnet, werden sie nur bei sehr groben und plumpen Fällen von Parteilichkeit stutzen. Im übrigen sehen wir ja, daß die Reklame, trotz der offenkundigen Abhängigkeit der Presse von der Reklame, wirkt.

Es ist schon richtig, was Hatin bereits im Jahre 1859 unter dem Eindruck des ersten goldenen Zeitalters der Reklame für die französische Presse schrieb: Nicht ohne Grund wird der Presse vorgeworfen, „in ein gewöhnliches Hökergeschäft verwandelt zu haben, was einstmals eine noble Betätigung, ja fast eine priesterliche Berufung war ... Sie hat sich unter dem Vorwand einer Demokratisierung dem Geschäftsleben angeboten" (**266**, **I**, XXVIII). Im gleichen Sinne erörterte Avenarius ein halbes Jahrhundert später das Verhältnis der Presse zur Reklame (**26**, 8 ff.).

DAS BLATT ALS REKLAMEZENSOR. In der Zeit, als die Reklame noch nicht die wichtigste Einnahmequelle der Zeitung bildete, bewies nicht selten die Redaktion ihre Unabhängigkeit, indem sie scharfe Angriffe gegen Interessen brachte, die durch Annoncen im Blatt vertreten waren. So wetterte Steele gegen den Schwindel der Quacksalbermedizin – zum Beispiel in Nummer 444 des *Spectator* –, während das Blatt selbst gar nicht so wenige Quacksalberannoncen brachte (**400**, 121 ff.). Dementsprechend schreibt A. Mallinckrodt (*Westfälischer Anzeiger*) einige Jahrzehnte später folgendes: „Alte Weiber – adeligen oder bürgerlichen Standes – verdorbene Handwerker, Leineweber, Rademacher, Drahtzieher, Uhrmacher, abgedankte Soldaten, Juden, Scharfrichter, Kurschmiede, die herumwandernden Thüringer, Ungarn, Olitätenkrämer, Hebammen, Chirurgen, Apotheker, die sich unberufen innerliche Kuren anmaßen – die Erfinder, Verfertiger, Verkäufer geheimer Arzneien und ihre posaunenden Helfershelfer, die Verleger mancher Zeitungen, z. B. des Hamburgischer Correspondenten, der Elberfelder Zeitung u. a. drängten sich in buntem Gemisch herbei, um, jeder in seiner Art, den hilfsbegierigen leidenden Kranken herbeizulocken, ums Geld zu prellen und, so Gott will, zur sanften Grabesruhe zu befördern." Aber Mallinckrodt selbst hält sein eigenes Blatt nicht von Quacksalberannoncen frei (**251**, **III**, 296). – Ähnliche Verhältnisse findet man auch in neuerer und neuester Zeit bei einzelnen Blättern, deren Ökonomie nicht mit der Reklame steht und fällt. „Ich sah in New Yorker Blättern Annoncen, die zum Kauf von Aktien aufforderten, und kurz darauf brachten dieselben Blätter auf der ersten Seite das Bild von Direktoren der Gesellschaft, die als Mittelpunkt eines Finanzskandals vor Gericht standen" (**659**, 497).

Einige deuten es als ein erfreuliches Zeichen, daß Redaktion und Annoncengeschäft streng getrennt sind und das Blatt sich von Reklamekorruption freihält. „Wenn die Zeitung Inserate aufnimmt, die ihrer Tendenz widersprechen und sie im Textteil einen anderen Standpunkt betont, so zeigt sie eben, daß Redaktion und Inseratenteil scharf voneinander getrennt sind und daß der Inseratenteil keinen Einfluß auf die Redaktion hat. Das tritt dann namentlich in die Erscheinung, wenn in dem Handelsteil direkte Warnungen vor Finanzinseraten erlassen werden ... Und ... derartige Warnungen vor Inseraten, die in der gleichen Nummer abgedruckt sind ... gehören zu den Selbstverständlichkeiten der anständigen und unabhängigen Presse" (Jöhlinger, zitiert nach **251**, **III**, 316). Selbst die sozialdemokratische Presse hat unter dem Einfluß des Revisionismus nach 1900 diesen Standpunkt eingenommen. Ich führe hier eine bezeichnende Äußerung des Exponenten der deutschen sozialdemokratischen Presse, W. Sollmann, an: „Hinter dem Impressum der Redaktion höre für mich die Parteipolitik auf, und es beginne der kapitalistische Markt, den wir beim besten Willen in unserem und durch unseren Inseratenteil nicht ethisieren und nicht sozialisieren können. ... Wir müssen den Inserenten die Tore weit aufmachen. Ob die Anpreisungen der Wahrheit entsprechen? Ihr guten Götter, wir müßten die Annoncenannahme schließen, wenn wir das nachprüfen wollten. Die Geschäftsleute, die bei uns inserieren, werden nicht besser und nicht schlechter sein als die anderen: sie wollen verdienen und im Geschäftsleben bleibt die Warnung: Trau, schau, wem! Wir müssen unseren Genossen beibringen, sozialistische Politik und Ethik im redaktionellen Teil zu suchen und den Inseratenteil zu beurteilen wie einen anderen Markt auch. ... Zeigen wir uns zimperlich, so helfen wir nur die Kassen der bürgerlichen Inseratenplantagen noch mehr zu füllen, die mit Annoncengewinnen Politik gegen die Arbeiterklasse machen" (**450**, 1 f.).

Nun wissen wir ja alle, daß die Arbeiterpresse nicht dabei stehengeblieben ist, sondern gerade um des Reklamegeschäftes willen sich zu einer gewissen Zurückhaltung hat bequemen müssen, auch in der „sozialistischen Politik und Ethik", die der Leser „im redaktionellen Teil suchen" sollte. Aber selbst wenn dessen vollständige Unabhängigkeit gewahrt werden könnte, würde das Problem damit in der Praxis nicht gelöst sein. Groth bemerkt ganz richtig in Opposition zu Jöhlinger, daß diese Widersprüche zwischen Annonce und redaktionellem Standpunkt vom Leser durchaus nicht als ein Ausdruck der Unabhängigkeit und Unbestechlichkeit aufgefaßt werden (**251**, **III**, 376). Der einfache Leser, der die Verhältnisse nicht durchschaut, wird verwirrt und fühlt sich unsicher. Er „betrachtet sein Blatt als ein Ganzes, sieht daher in der Aufnahme von Inseraten, die dem redaktionellen Teil grundsätzlich und schroff widersprechen, lediglich eine Zwiespältigkeit und unterstellt Käuflichkeit und Charakterlosigkeit" (**251**, **III**, 321). Außerdem muß man bedenken, daß man das Blatt ja nicht von Anfang bis Ende liest; der Leser kann deshalb ein Opfer der Annonce werden, weil er nicht die Auskünfte der Redaktion über Reklamist und Reklamat gelesen hat.

Überlegungen dieser Art haben schon sehr früh zum Gedanken an eine Annoncenzensur von seiten der Blätter geführt. Dieses stimmt mit der alten Aufklärungstradition der Presse überein, wonach das Blatt die Interessen der Öffentlichkeit wahren soll. Schon am 13. Januar 1804 rief der Polizeipräfekt in Paris den Beistand der Presse gegen das Quacksalberwesen an: „Bürger, ich sehe täglich, daß Individuen, die keine rechtliche Befugnis dazu haben, die Tätigkeit eines Arztes oder Apothekers auszuüben, Arzneien und Mixturen von zweifelhaftem Wert annoncieren. Da die Gesundheit der Bürger durch diese Mittel Schaden leiden könnte, empfehle ich Ihnen, derartige Annoncen in Ihrem Blatt nicht ohne meine ausdrückliche Billigung anzunehmen. Ich erwarte, daß Sie diesem meinem Ersuchen genau Folge leisten werden" (*Journal des Débats* vom 13. Januar 1804, Seite 2).

Die Arzneimittelreklame wurde schon in den 1860er Jahren aus einzelnen englischen Blättern verbannt, und die *Augsburger Allgemeine Zeitung* folgte im Jahre 1871 diesem Beispiel (**50**, 33). Im Jahre 1892 wies das *Ladies' Home Journal* auf Veranlassung von J. A. Thayer alle Arzneimittelreklame zurück (**657**, 87 ff.). Eine recht sonderbare Maßnahme ist es, daß „eine Reihe Blätter einen höheren Tarif für Arzneimittelreklame verlangt als für gewöhnliche Reklame" (**293**, 33); geschieht es, weil in dieser Branche besonders viel verdient wird, so ist es unberechtigt, denn es geht die Zeitung nichts an, wieviel Wert der Annoncenplatz für den Inserenten hat; geschieht es im Hinblick auf die Obskurität der Branche, so ist es schlichtweg eine Form der Gelderpressung, und die Presse macht sich unmittelbar mitschuldig an der Quacksalberei.

Einzelne Blätter, die wegen ihres etablierten Rufs für die Reklamisten unentbehrlich sind und die sich deshalb ein festes Auftreten erlauben können, haben eine weitergehende Reklamezensur eingeführt. Der Verleger Curtis stellte so in den 1890er Jahren für seine Blätter (*The Ladies' Home Journal, The Saturday Evening Post, The Country Gentleman* und *The Criterion of Fashion*) einen besonderen Reklamekodex auf (wiedergegeben in **102**, 338 ff.). Ausgeschlossen sind danach merkwürdigerweise nicht nur Arzneimittel und hochspekulative Kapitalanlage, sondern auch Tabak, Zigaretten, Spielkarten und harte Getränke. Reklame für die beiden Ersterwähnten kann von vornherein als Schwindel angesehen werden, und Curtis' Kodex wirkt insoweit als eine – zwar unvollständige – Kontrolle der Ehrlichkeit der Reklame. Der Ausschluß von Tabak, Alkohol und Spielkarten bedeutet dagegen eine Kontrolle der Verbrauchsmoral der Leser, und es kann kaum die Aufgabe eines Blattes sein, Gouvernante für seine Leser zu spielen. Mehr in Richtung einer Reklamekontrolle im Interesse der Verbraucher geht es, wenn die Zeitschrift *Good Housekeeping* schon um 1900 ihr eigenes technisches Laboratorium zur Untersuchung der Waren hatte, die avertiert werden sollten; fiel das Reklamat in der Prüfung durch, so wurde die Annonce nicht angenommen. Dieselbe Zeitschrift hat seit 1925 unter Hearst den Lesern gegenüber Garantie für die annoncierten Waren übernommen und stand ein für das Recht des Käufers, das Geld zurückzuverlangen, wenn er unzufrieden sei. Als Chef des Kontrollaboratoriums fungierte Dr. Wiley, der früher im öffentlichen Food Bureau in Washington angestellt war. Die Reklameeinnahmen sanken in den ersten paar Jahren außerordentlich stark, aber danach stiegen sie höher als jemals, und das Prestige der Wiley-Prüfung ermöglichte eine Preiserhöhung der Zeitschrift (**698**, 245 f.).

Auch in Deutschland (**43**, 25 ff.) und Frankreich (**10**, 20) sind Forderungen nach Annoncenzensur im Interesse der Leser erhoben worden, zum Teil mit der Begründung, das größere Vertrauen der Leserschaft zur redaktionell zensierten Reklame erlaube Preiserhöhungen. „Scheinbar ethisch bedingte Handlungen, wie Verbesserung des Textteils und Ablehnung zweifelhafter Inserate, lösen sich bei näherem Zusehen meist in betriebsrationale auf; doch die Oeffentlichkeit, der es nur auf den Effekt ankommt, nimmt daran keinen Schaden" (**63**, 11).

Im allgemeinen kann man jedoch sagen, daß die Blätter sich darauf beschränken, Annoncen von schlichtweg krimineller Art oder solche, die auf andere Weise das Blatt selbst stark kompromittieren, auszuschließen, und selbst hier begnügt man sich mit dem äußeren Dekorum. Das kann man – außerhalb des eigentlichen Gebietes der Reklame – an den „persönlichen" Annoncen sehen, wo jeder ungeniert und auf eine leicht durchschaubare Weise nach einer losen Liebschaft suchen kann, wenn er nur zum Schein ein unverbindliches „eventuell Heirat" hinzufügt. – Von einem Schutze der Leser vor lügnerischer und unehrlicher Reklame ist im großen und ganzen nicht die Rede. „Solange die Inserenten bereit sind zu zahlen, ist keine Lüge zu grob, um von der Zeitung gedruckt zu werden. Auch heute kann man in den weitaus meisten Blättern jede Übertreibung inserieren, die nicht den Stempel krimineller Täuschung trägt, und es werden keine zudringlichen Fragen gestellt. Nur ganz wenige, mit *London Opinion* an der Spitze, übernehmen eine Verantwortung für ihre Inserate" (**535**, 23).

Reform ist unmöglich. Man kann so nur dem folgenden beipflichten: „Wie es früher gewesen ist, so sollen auch in Zukunft die Bezieher die Zeitung bezahlen. So gehört es sich, wenn eine Zeitung den Anspruch erhebt, eine Stätte geistiger Arbeit zu sein" (**555**, 33).

Seit Abschaffung des Intelligenzzwanges des 18. und 19. Jahrhunderts hat es deshalb – namentlich in Deutschland – immer wieder Vorschläge für ein staatliches Monopol für Inserate gegeben. Allgemein bekannt ist

Lassalles Vorstoß in dieser Richtung in einer Rede im Jahre 1863: „Ich habe Euch gezeigt, daß das Verderben der Presse mit Nothwendigkeit daraus hervorgegangen, daß sie unter dem Vorwand geistige Interessen zu verfechten, durch das Annoncen-Wesen zu einer industriellen Geldspeculation wurde" (**383**, 18 f.). Er fordert um der Pressemoral willen eine strenge Trennung zwischen politischer Zeitung und Annoncenblatt. „Was hat der Prediger mit dem öffentlichen Trompeter zu thun und ist es nicht eine Mißgeburt, beide Dinge miteinander zu verbinden? In einem social-demokratischen Staate muß also ein Gesetz gegeben werden, welches jeder Zeitung verbietet, irgend eine Annonce zu bringen, und diese ausschließlich und allein dem vom Staate oder von den Gemeinden publicirten Amtsblättern zuweist" (**383**, 19). Lassalle läßt die utopische Auffassung der Aufklärungszeit von der Mission der Presse wieder lebendig werden – und utopisch ist sein Gedanke, die politische Presse von der Knechtschaft der Reklame zu befreien. Mit Emphase beteuert er, daß die sozialdemokratische Presse, im Gegensatz zur korrupten bürgerlichen, alles Blätter seien, „welche keine Annoncen haben noch bringen, noch jemals zu bringen hoffen oder streben" (**383**, 19). Er hätte die Arbeiterpresse 40 Jahre später erleben müssen! – Als nächster trat Schmölder im Jahre 1879 in einer bekannten Schrift für die Wiedereinführung des Intelligenzzwanges des Polizeistaates ein (**590**). Nach ihm kommt der Historiker H. von Treitschke. Er war einer der unversöhnlichsten Gegner der Sozialdemokratie, einer der schärfsten Verfechter des Sozialistengesetzes, jedoch mit Lassalle darin einig, daß die Verbindung zwischen Presse und Reklame naturwidrig sei (**664**), und er sprach mit Bedauern über den „Januskopf" der modernen Presse. Aber als praktischer Politiker sah er ein, daß die Uhr der Entwicklung nicht zurückgedreht werden könne. – In den Jahren 1916–19 flammte die Diskussion wieder auf. Der Journalist H. Brauweiler (*Düsseldorfer Tageblatt*) und der Werbefachmann E. E. H. Schmidt (**555**) waren die führenden Stimmen in dieser Debatte.

Rußland hat als einziges Land ein Monopol für Inserate erhalten (1917). Damit ist auch angedeutet, unter welchen Umständen es allein denkbar ist. Eine vollständig sozialisierte Wirtschaft kann ein Annoncenmonopol tolerieren – weil sie die Reklame entbehren kann. In Mittel- und Westeuropa hat man dagegen die Vorschläge niemals ernstgenommen. Die Gegenargumente sind teilweise von zweifelhaftem Wert. Die Blätter würden, so wird gesagt, viel teurer werden und dadurch eine geringere Verbreitung haben; man würde großen Teilen der Bevölkerung ihre wesentliche „geistige Kost" entziehen. Das ist wahr, aber ich bin sicher, das Unglück wäre nicht besonders groß – in Anbetracht des Nährwertes dieser Kost. – Ein ganzer Teil zweckloser parteipolitischer Propaganda würde unmöglich gemacht werden, und als Informationsmittel für das Volk haben wir in der Zwischenzeit das Radiogerät bekommen. – Ein großer Teil der Blätter würde verschwinden, da sie ihre ökonomische Basis verlören, vor allem die kleinen lokalen Blätter – was auch kein größerer kultureller Schaden wäre. Die Menge der Blätter trägt nicht mehr zu einer breiteren Grundlage für Meinungsbildung bei, da die kleinen Blätter doch nur das nachdrucken, was in den großen gleicher Couleur zu lesen ist. – Daß die Presse im jetzigen Umfange so und so vielen Menschen Brot gebe (**251**, **III**, 351), ist kein stichhaltiges Argument dafür, all die vielen Blätter am Leben zu erhalten; nach einer schwierigen Übergangszeit würden sie ihre Existenz in nützlicheren Produktionszweigen finden.

Aber alle diese Argumente und ihre Widerlegungen sind von rein akademischem Interesse. Die bestehenden Machtverhältnisse und die herrschende öffentliche Meinung verurteilen von vornherein den Gedanken an ein Monopol für Inserate zum Fiasko. Auf jeden Fall wäre seine Durchführung mit der Unterbindung der Reklame gleichbedeutend, denn diese würde in den offiziellen Anzeigenblättern relativ wertlos sein. Das Prinzip hinter der Zeitungsreklame ist, daß die Leser das Blatt um des Textes willen kaufen – und sich mit den Annoncen konfrontiert sehen. Nur wenige werden ein Blatt wegen der Inserate kaufen und lesen, und die Reklame im privilegierten Annoncenblatt würde ein Prediger in der Wüste sein …

V. Teil

Die Zukunft der Reklame

Die Zukunft der Reklame

Reklame und Propaganda für die Reklame. Märchenhaft ist die Entwicklung der Reklame in den vergangenen Jahrhunderten gewesen, und begeisterte Apostel prophezeien eine immer größere Entfaltung (**172**, 58). Sie tun auf jeden Fall alles, was in ihrer Macht steht, sie herbeizuführen. Immer wieder hat es während der Analyse der verschiedenen Probleme der Reklame Anlaß gegeben, auf propagandistische Einschläge in der Literatur hinzuweisen. Ich rekapituliere sie hier nicht, sondern beschränke mich auf eine mehr allgemeine Beobachtung dieses Phänomens, das vielleicht das Interessanteste – aber auch das Abstoßendste – an der Reklame ist.

Entsprechend der im ersten Kapitel entwickelten Begriffsbildung, unterscheide ich zwischen Reklame und Propaganda für die Reklame. Reklame für die Reklame ist die psychische Bearbeitung möglicher Käufer von Reklame durch Verkäufer von Reklame zu Geschäftszwecken. Propaganda für Reklame wendet sich an einen weiteren Kreis, hauptsächlich an die Käufer angepriesener und reklamefähiger Ware – ein Versuch, mit psychologischen Mitteln Stimmung für die Reklame als einen Bestandteil des modernen gesellschaftlichen Lebens zu machen. In der Reklame für die Reklame sind es namentlich betriebswirtschaftliche Gewinne und besondere Vorzüge einzelner Reklameformen, die die Hauptrolle spielen, während der behauptete gesellschaftliche Nutzen der Reklame und ihr Wert für Kultur und Zivilisation das Lieblingsthema der Reklamepropaganda sind.

Werbebranche und Reklameliteratur. Um 1828 finden wir in den USA einzelne unabhängige Annoncenagenten, die die Geschäftsleute besuchen, sie zum Kauf von Annoncenplatz veranlassen und eine gewisse Provision von seiten der Blätter beziehen (freelance-solicitors, Annoncenjäger). Orlando Bourne ist der am meisten Erwähnte unter dieser ersten Generation der Werbeagenten. 1841 gründete V. B. Palmer die erste amerikanische Werbeagentur in Philadelphia (Pennsylvania), und andere folgten bald darauf. Damit war die Werbebranche etabliert; die Reklame war nun Gegenstand eines besonderen Gewerbezweiges geworden, der sich in der Zwischenzeit zu ansehnlichen Dimensionen entwickelt hat. Diese Entwicklung ist von unübersehbarer Tragweite für die Reklame.

Die Reklame ist zu einer Ware geworden und damit selbst zum Reklamat. Eine wachsende Anzahl von Erwerbspersonen lebt ausschließlich von der Reklame, die für sie der Inhalt des Lebens und ein Zweck an sich ist. Deshalb sind sie „intolerant gegenüber jenen, die nicht ihre hohe Meinung von der Reklame teilen ... Die Erfolgreichen unter ihnen werden zwangsläufig Anhänger, Verfechter und Sachwalter der Reklame" (**694**, 583). Reklame und Propaganda für die Reklame haben ihre Quelle in diesem Kreise.

Cronau gibt schon im Jahre 1886 eine Reihe drastischer Beispiele von Reklame für Reklame (**136**, 63 ff.), namentlich aus den USA. Fachverbände verleihen diesen Bestrebungen bald solidarisches Gewicht und Elan. Die Associated Advertising Clubs of America erhielt im Jahre 1906 ihre Satzung, deren Präambel es als erstes Ziel bezeichnete, „to advertise advertising". Nur drei Jahre später sieht sich E. R. Estep (Packard Motor Car Company) veranlaßt, Maßhalten zu empfehlen: „Wir haben in unseren Werbeverbänden und auf anderen Wegen die Reklame um ihretwillen groß aufgezogen. Wir haben sie zu einer Art Fetisch gemacht" (**517**, 24). Im selben Jahr 1909 meint French, es geschehe immer noch zu wenig, ja, daß „es bis jetzt keine Reklame für Reklame gibt ... Ihr Evangelium drängt nach Verkündigung" (**211**, 279, 281). Das blieb auf jeden Fall seine Meinung, nicht jedoch die Esteps, der den Sieg davontrug und die folgende Zeit prägte. Durstine kann elf Jahre später konstatieren: „Noch nie gab es eine Zeit wie diese, wo die Reklame so wirkungsvoll für die Reklame zu werben verstand" (**156**, 6 f.).

Der Propagandagesichtspunkt durchdringt fast die ganze Literatur. Der größte Teil davon ist von praktischen Werbefachleuten geschrieben worden. Viele Anleitungen für Reklame treibende Geschäftsleute sind leicht durchschaubare Reklame für die eigene Agentur oder die spezielle Methode des Verfassers. Besonders peinlich wirkt das in den Werken, die

Anspruch auf Wissenschaftlichkeit erheben. Ein Werbefachmann kann nicht theoretisch über seinen Gegenstand schreiben – je tüchtiger er in seinem Fach ist und je mehr er daher zu sagen hat, desto weniger ist er imstande, sein Gebiet theoretisch zu betrachten. Als Werbefachmann ist er gewohnt, die Leute als Käufer zu gewinnen und sie zum Kauf zu verlocken; als Theoretiker muß er eine distanzierte Sicht und eine neutral-abwägende Haltung einnehmen. Das sind zwei scharfe Gegensätze, und die begeisterten Hymnen übertönen regelmäßig das gedämpfte Räsonnement des Theoretikers. Bisweilen merkt der Werbefachmann es selbst; Arren schließt die Einleitung zu seinem Buch mit der ausdrücklichen Bemerkung, daß man „in diesem Buch über Reklame nicht eine einzige Zeile Reklame findet" (**23**, VIII). Er hat selbst das Empfinden, das meiste, was seine Berufsgenossen schreiben, sei Reklame für Reklame, diene aber nicht der Erforschung der Reklame.

Es gibt zwar auch Literatur, die von Theoretikern geschrieben worden ist, seit der Blütezeit des Psychologismus sogar ziemlich viel. Die Bücher der amerikanischen Professoren für Reklamewissenschaft sind in dem Sinne wissenschaftlicher als die der Werbeagenten und Journalisten, wie der theoretische Apparat der Verfasser größer, ihre wissenschaftliche Schulung gründlicher ist; aber die Tendenz ist in der Regel die gleiche. Wes Brot ich ess', des Lied ich sing'. Der Einfluß des Geschäftslebens auf die Universitäten ist in den USA so groß, daß ein Professor für Reklamewissenschaft, der eine skeptische oder stark kritische Haltung einnähme, bald seine Rolle ausgespielt hätte. Selbst in Deutschland gab es 1908/9 einen Aufschrei der Empörung, als Sombart, Professor an der Berliner Handelshochschule, sich erdreistet hatte, einen abfälligen Artikel über die Reklame zu schreiben. Die meisten amerikanischen Professoren für Reklamewissenschaft haben außerdem als Mitarbeiter oder Ratgeber durch Forschungsarbeit oder durch Responsa über große Reklameprojekte gute Beziehungen zur Branche. Die Propaganda ist weniger plump, raffinierter, besser mit dem künstlichen Schleier der Theorie verhüllt – und deshalb um so gefährlicher.

Der propagandistische Charakter der Reklameliteratur macht sie zu einer besonders anstrengenden Lektüre. Hat man an die tausend Schriften durchgearbeitet, so ist man sich darüber klar, daß man sich gut mit einem Dutzend hätte begnügen können; die anderen kauen nur wieder, was bereits früher gesagt worden ist. Das ist keine Wissenschaft, sondern – Reklame.

Die Kehrseite davon ist eine ausgeprägte Kampfliteratur gegen die Reklame, durch welche sich entgegengesetzte Interessen geltend machen. „Es ist eine schwierige Frage, ob eine richtige Bewertung der Rolle der Reklame im modernen Wirtschaftsleben mehr durch unwissende Schmähung oder durch ebenso unwissende Lobhudelei gehemmt worden ist" (**13**, XI).

Reklame für die Reklame. Wir sahen in anderem Zusammenhang (vgl. Seite 416 ff.), daß die Reklame nur eine begrenzte Chance hat, wenn die Ware aus rein rationalen Beweggründen von Sachkundigen gekauft wird, namentlich in Verbindung mit ihrer fachlichen Tätigkeit. Demnach sollte man annehmen, die Reklame als Ware habe ein äußerst geringes Reklamepotential, denn sie wird als Betriebsnotwendigkeit von Fachleuten gekauft. Und doch wird „für nichts so viel Reklame gemacht wie für die Reklame selbst" (**289**, 19). Der scheinbare Widerspruch hat eine einfache Erklärung: Reklame wird zwar von Gewerbetreibenden in Verbindung mit ihrer beruflichen Tätigkeit gekauft, aber durchaus nicht in rationalem Verhalten. Das Wirtschaftleben hat seinen irrationalen Einschlag, nicht nur auf seiten des Verbrauchers, sondern auch auf der Seite des Verkäufers. Die Reklame als Ware appelliert an Begehr und Wünsche des Verkäufers; der Reklameverkäufer verspricht etwas, an dessen Realisation der Geschäftsmann gern glauben möchte. Hier findet die Suggestion Einlaß. „Der Kaufmann gilt im allgemeinen als der Mann des kalten Verstandes, der nur das für wahr und richtig hält, was er als trockene Zahl in seine Berechnungen einstellen kann; wenn man ihn aber einmal bei der Werbearbeit beobachtet, wird man in vielen Fällen durchaus nicht die kalte Ueberlegung, sondern im Gegenteil die überschwenglichste Hoffnungsseligkeit am Werke sehen" (**677**, 116). Ich möchte behaupten, daß nicht allein leichtgläubiger Optimismus, sondern auch ein anderes, ebenso irrationales Verhalten, nämlich eingewurzelter Konservatismus, dem Glauben des Geschäftsmannes an die Reklame zugrunde liegt. „Alle machen Reklame – also muß sie wirkungsvoll sein." Diese übliche Meinung rührt teils von den aufsehenerregenden Erfolgen der Pionierzeit her, teils von eifriger Reklame für die Reklame. „Das Gewinnstreben der Reklameerzeuger, der Reklameunternehmer baute vorzugsweise das Gebiet der Kundenwerbung immer mehr und mehr aus ..." (**313**, 12). Betrachtet man zum Beispiel die Inseratmethoden der Zeitungsverleger und Annoncenexpeditionen näher (**98**), so erhält man ein recht grelles Bild davon, wie die Reklame für die Reklame Dumme zu überlisten vermag, die durch Reklame noch Dümmere zu fangen hoffen.

Die Reklame ist aphoristisch als „die Kunst, die Leute dazu zu bringen, etwas zu mögen" (Kjær Hansen) bestimmt worden; wohlan – dann ist die Reklame für die Reklame die Kunst, die Geschäftsleute zu veranlassen, Gefallen an der Reklame zu finden. Auch hier verleugnet die Reklame nicht ihre eigentümliche Moral. Bei der Warenreklame, so heißt es, komme es nicht darauf an, wie wertvoll die Ware s e i, sondern wie wertvoll sie dem Reklamanden e r s c h e i n e; durch seinen Glauben an die Behauptungen der Reklame erlangt der Käufer vermehrte Befriedigung an der Ware; ebenso in der Reklame für die Reklame. Es kommt nicht darauf an, ob die Reklame notwendig und effektiv i s t, wenn nur der Geschäftsmann g l a u b t, sie sei es. Nicht ohne guten Grund spricht man vom „hypnotischen Einfluß der Werbeagenturen" (**86**, 29) auf die Reklamisten. Natürlich sind es nicht die wenigen großen Gewerbetreibenden, welche die Reklame für die Reklame als ihre Opfer wählt, sondern die Tausende der kleineren und kleinsten – hauptsächlich das Heer der kleinen Einzelhändler wird mit Nachdruck bearbeitet (**533**). Die meisten von ihnen brauchen dringend höheren Umsatz und sind nicht durch kommerzielle Schulung gegen schöne Versprechungen gefeit.

Es muß geradezu als ein Glück für die Werbeberufe angesehen werden, daß die Wirkung der Reklame so schwer festzustellen ist. Die Zuverlässigkeit der Reklame für die Reklame ist unkontrollierbar. Geht ein Geschäft gut, so ist es das Verdienst der Reklame; geht es schlecht, liegt es an anderen Faktoren oder an einer zu schwachen oder falschen Reklame.

Reklameverbände und Fachzeitschriften machen Gemeinschaftsreklame für die Reklame, und derjenige Teil der Literatur, der von Praktikern geschrieben ist, geht in diese Richtung. „Es ist ganz offenkundig der Hauptzweck der Reklamezeitschriften, Berichte über Reklameerfolge zu bringen, am liebsten mit ausgewiesener Umsatzsteigerung; der Leser soll nach Belieben diese Beispiele in Übereinstimmung mit seiner Werbephilosophie deuten" (**212**, 8). Es ist Reklame für die Branche, wenn die

Literatur sich in einer Reihe Dogmen so rührend einig ist, zum Beispiel darin, daß „etwas Reklame nichts bewirkt; man muß einen größeren Betrag veranschlagen“ oder „nur anhaltende Reklame kann zum Ziele führen“. Ein Zeitungsverleger schreibt: „Ausdauer lohnt sich immer. Wer ängstlich wird und aufhört, bezahlt die Zeche“ (**619**, 159) und: „Es ist besser, etwas zuviel Reklame zu machen, als nicht ausreichend zu werben“ (**619**, 183). Die Interessen der Werbeagenten und der Zeitungsverleger gehen Hand in Hand; beide sind mehr an der Menge der Reklame als an ihrer Intensität interessiert. Reklame für die Branche ist es, wenn Lehrbücher und Anleitungen darauf halten, daß der Reklamist nicht seine eigene Reklame machen, sondern die Agentur für sich sorgen lassen solle. Schon 1878 wird empfohlen, „Rat bei Agenten, die Erfahrung und Übung besitzen“ (**505**, 25) zu suchen. Nur der Außenstehende kann die Ware und ihre Verkaufsmöglichkeiten ohne Vorbehalte beurteilen (**112**, 151 f.); der Außenstehende ist natürlich – eine Agentur. Die ersten 47 Seiten in dem Handbuch eines Werbeberaters behandeln in unendlichen Variationen ausführlich das Thema „Fachmännische Beratung“ (**394**, 1 ff.). Der so wirkungsvolle Appell an die Eitelkeit wird auch hier benutzt. „Es ist nicht die Aufgabe des Inserenten, seine eigenen Annoncen zu schreiben, weil seine genaue Kenntnis der Branche und seine technische Vertrautheit mit der Ware ihn ungeeignet machen, sie der Öffentlichkeit auf eine Weise zu beschreiben, die diese versteht. – Wer fähig ist, ein großes Geschäft aufzubauen, hat keine Zeit, um Annoncen zu schreiben, aber er kann es sich leisten, einen einfallsreichen Annoncenschreiber für diese Arbeit zu engagieren“ (**202**, 344). Ein 1909 erschienenes Buch über „Advertising Development“ erweist sich bei näherem Hinsehen als eine kostspielige Form der Gemeinschaftsreklame von seiten der Agenturen. Die „historische“ Beschreibung ist in Wirklichkeit ein Panegyrikus auf die Reklame – und der Anhang besteht aus 250 Portraits von Werbeagenten (**128**).

Die Werbetechnik wird zu Reklamezwecken mit theoretischem Nimbus umgeben. Der wissenschaftliche Apparat soll auf die Geschäftsleute Eindruck machen, so daß sie nicht selbst ihre Reklame zu machen wagen, sondern sich an Experten wenden. Es wirkt ehrfurchtgebietend, wenn man die zahlreichen hochwissenschaftlichen Qualifikationen liest, die ein Werbefachmann besitzen soll. Da gibt es eine Reihe „akademischer“ Fächer, nämlich Muttersprache (??), Nationalökonomie, Psychologie, Geschichte und „eine gewisse Vertrautheit mit Wissenschaft“ (??), außerdem praktische Fächer wie Buchhaltung, Verkaufs- und Marktpraxis, Reportage, Graphik und Drucktechnik (**13**, 124). Die Geheimwissenschaft der Reklame soll den einfachen Geschäftsmann davon abschrecken, sein eigener Reklamechef zu sein (**282**, 17 ff.). Sinclair Lewis ironisiert darüber, daß das Manöver auch seine Wirkung tue: „Obwohl Herr Pemberton genau wußte, daß die Seifenfabrikation ein vollkommen natürliches Phänomen ist, konnte er doch nicht umhin, sich über die übernatürliche Art zu wundern, mit der die Reklame ein Etwas aus dem Nichts zu schaffen schien. ... Herr Pemberton konnte niemals ganz verstehen, daß die Reklame nur eine Sache des Verkaufs durch Tinte und Papier ist ... Nein, der vertrauensvolle alte Seeräuber glaubte, daß es notwendig sei, einen geweihten Reklamechef zu haben wie Herrn Roß, einen wirklich Eingeweihten, der das Gesicht in Falten legen konnte und über die ‚Psychologie des utilitaristischen Moments‘ und der ‚treibenden Kräfte‘ und über alle übrigen Weisheiten der Lehre sprechen konnte. Und so zahlte er, der Mädchen im Packraum nicht mehr als vier Dollar wöchentlich gab, Herrn Roß fünfzehntausend Dollar jährlich. ... Sie [seine Sekretärin] konnte nicht glauben, daß er nicht wußte, was für ein blendender Schwindler er sei“ (**403**, 266 f.).

Tatsachen stehen in einem schlechten Verhältnis zu den hohen fachlichen Ansprüchen. „In der ersten Zeit der modernen Reklame renommierten die Annoncenschreiber gern mit der Bezeichnung ‚Experte‘ und brachten damit diese Bezeichnung in schlechten Ruf“ (**257**, 1). Die Werbebranche war damals – 1878 – ein Zufluchtsort für verkrachte Existenzen (**505**, 26), ihre „Mannschaft waren unternehmungslustige Freibeuter“ (**212**, 14). Aber auch viel später gibt es Zweifel am Standard der Branche. Hans Heinz Moor, der sich selbst „Reklamechef der Aktiengesellschaft in Berlin“ nannte, gab im Jahre 1908 ein Buch heraus, dessen Stil grauenvoll und dessen Rechtschreibung analphabetisch ist (**453**). Etwa zur gleichen Zeit schreibt Bunting harte Worte über die Werbefachleute: Der Geschäftsmann vertraut unglücklicherweise sein Werbebudget „einem jungen oder älteren Manne an, dessen einzige Qualifikation als ‚Experte‘ darin besteht, daß er eine Webeagentur betreibt. Ich kenne persönlich solche Werbeagenten, die ein gutes Geschäft machen, für deren Schulung und angeborene Fähigkeiten ich aber keine 10 Cents geben würde ... Jeder, der in anderen Branchen Schiffbruch erlitten hat, wendet sich heutzutage der

,Werbebranche' zu, ... wo Ignoranz und der Wunsch, im Handumdrehen reich zu werden, ausreichende Qualifikationen sind. Diese Art Reklame der Werbeagenten ist im Wirtschaftsleben des Landes vorherrschend und bestimmt dessen Schicksal" (**86**, 170). Im Hinblick auf Deutschland sagt Bücher: „Das Reklamewesen bietet eine Zuflucht für angebliche S a c h - k u n d i g e, die weit mehr versprechen, als sie halten können" (**97**, 255), und Lee „kennt keinen Werbefachmann, der auch nur zwanzig Prozent der Ansprüche erfüllt, die an die Branche gestellt werden müssen" (**392**, 222 f.). Anständige und mit einem gewissen Standardwissen ausgestattete Menschen haben in der Zwischenzeit die Plätze der Glücksritter und Piraten eingenommen; die Reklame selbst ist bescheidener geworden – aber ihr spezifischer Reklamewert ist bezeichnenderweise eher gesunken als gestiegen. Die großen, aufsehenerregenden Erfolge der Reklame gehören der Zeit der Abenteurer an.

Man spricht viel von den speziellen Forschungsabteilungen der modernen Agenturen und der großen analytischen Arbeit, die sie ausführen, ehe sie eine Kampagne beginnen. Taylor behauptet schlichtweg, daß diese „Marktforschungsabteilungen" bestünden in den meisten Fällen nur um der Reklame für die Reklame willen, während ihre praktische Leistung sehr gering sei (**656**, 53). Eine Werbeagentur sagt selbst, daß das „spellbinding department bis zu drei Viertel des gesamten Personals umfaßt" (**306**, 29) und imstande ist, „alles zu versprechen, was zum Abschluß eines großen Auftrags führen kann" (**306**, 30); es ist unnötig zu bemerken, daß die Broschüre, die die Geschäftsleute über diese Praktiken aufklärt, Kunden gewinnen will, indem sie „aus der Schule plaudert". Verfangen die alten Tricks nicht mehr, sucht man das Vertrauen des Geschäftsmannes zu gewinnen, indem man mit seinem erwachenden Mißtrauen gegenüber der Branche als Gesamtheit sympathisiert.

In gegenseitiger Konkurrenz suchen die Verkäufer von Reklame ihre spezielle Form der Reklame, eine werbetechnische Richtung (**340**) oder eine bestimmte Art Medium durchzusetzen. Russell macht die Überlegenheit der Zeitungsannonce gegenüber jeder anderen Reklameform geltend (**533**, 36 ff.); man betrachtet seine Argumente skeptisch, wenn man weiß, daß er als Annoncenmanager von *The Times* spricht. Ein anonymer Journalist oder Zeitungsverleger – wahrscheinlich an *The Kan-*

sas City Star gebunden – schreibt einen Lobgesang auf die Zeitungsannonce und warnt geradezu vor anderen Medien, namentlich vor der Plakatierung (**619**). Der Verband der amerikanischen Zeitungsverleger schildert in einem umfangreichen Werk die Verdienste der Zeitung um die Bank- und Investitionsreklame (**89**). Curtis ließ im Jahre 1913 ein Buch veröffentlichen, das Reklame für den Annoncenplatz in den Curtis-Zeitschriften machte (**612**), und Bellamys 361 Seiten starkes Werk in Quartformat aus dem Jahre 1907 ist ausschließlich Reklame für *Everybody's Magazine* als Werbemedium (**44**). Eine deutsche Broschüre über die Ethik der Geschäftsreklame, die von einem katholischen Gesichtspunkt aus gesehen und von einem katholischen Verlag herausgegeben wird (**333**), klingt wie Reklame für Reklame in katholischen Blättern; die letzte der an die Reklame gestellten ethischen Forderungen lautet, man müsse unmoralische Medien „durch Unterstützung der guten Presse mit Reklamezuwendungen" boykottieren. „Unsere katholischen Blätter ... sind deshalb die besten und geeignetsten Mitkämpfer für den vornehmen Geschäftsmann" im Kampfe gegen den Reklamemißbrauch. „Aber sie müssen auch leben ..." (**333**, 22 f.). – Bunting wirkt durch die Entlarvung der Überbewertung der Annoncenreklame als Interessenideologie der Zeitungsverlage und Agenturen sympathisch; aber die Sympathie wird gedämpft, wenn man später entdeckt, daß er selbst Herausgeber des Firmenblattes *The Novelty News* ist und mit Werbegeschenkartikeln handelt; das erklärt sein Eintreten für „specialty advertising" und seine abschätzige Meinung vom Blattinserat.

Dutzende belehrender kleinerer Schriften über Reklame sind zu Werbezwecken von den Agenturen herausgegeben worden (zum Beispiel **496**; **306**; **27**, **239**; **60**; **541**; **92**), und kleine Leitfäden wenden sich an den „Amateur", den kleinen Geschäftsmann, der sich keine fachmännische Hilfe leisten kann. So versandte Raffelsberg im Jahre 1910 Prospekte, in denen er prahlerisch und mit märchenhaften Versprechungen sein „Werk" über „Die neuesten gewinnbringenden Reklame-Systeme" (**509**) empfahl; wahrscheinlich haben sich viele kleinere Geschäftsleute durch den vielversprechenden Titel dazu verleiten lassen, das Werk für den sehr hohen Preis von – zwanzig Mark – zu bestellen, und erhielten ein Heft von 48 Seiten, das nichts brachte, was nicht schon damals Allgemeingut war.

Propaganda für die Reklame. Mindestens ebenso wichtig wie die an den Verkäufer gerichtete Reklame für die Reklame ist die Reklamepropaganda beim Käufer – in neuester Zeit vielleicht wichtiger, weil das wachsende Mißtrauen des Verbrauchers gegenüber der Reklame und seine abnehmende Reaktionsfreudigkeit den Wirkungsgrad der Reklame und damit ihre Verkäuflichkeit zu vermindern drohen.

Es ist wahrscheinlich der vierte Punkt, der im Code of Advertising Ethics des Associated Advertising Clubs of the World auf seinem 10. Weltkongreß am 22. Juni 1914 in Toronto am ernstesten gemeint ist, in dem man sich gegenseitig verspricht, „mit allen erdenklichen Mitteln, nicht nur in unserer eigenen individuellen Reklame, sondern auch durch Organisation und Zusammenarbeit, das Vertrauen des Publikums in die Behauptungen der Reklame zu stärken" (zitiert nach **13**, 149). Im Jahre darauf bezeichnete Hugh Chalmers in einer Rede die Skepsis der Konsumenten als eine der Hauptursachen für Verluste in der Reklame und schlug vor, Reklameinteressenten (Zeitungsverleger, Werbeagenten und Großreklamisten) sollten gemeinsam eine „aufklärende Broschüre" über den Wert der Reklame für den Konsumenten herausgeben (*Printers' Ink* vom 4. März 1915). Er hat natürlich darin recht, daß die Reklame größeren Gewinn bringen würde, wenn die Bevölkerung noch leichtgläubiger wäre. Daraus braucht man jedoch nicht wie er abzuleiten, der Konsument müsse Respekt vor der Reklame lernen; man kann auch, ganz im Gegensatz dazu, den Schluß ziehen, daß die Reklame eingestellt werden müßte, wenn sie nicht mehr effektiv ist.

Wir haben die meisten der Gründe dargelegt, die von der Reklamepropaganda dem Publikum gegenüber angeführt werden: den wirtschaftsexpansiven Nutzen der Reklame, ihre preissenkende Wirkung und ihren günstigen Einfluß auf die Qualität der Waren; ihre Aufrichtigkeit in neuerer Zeit, ihre allgemein belehrende und verbrauchererzieherische Funktion; ihren künstlerischen Wert und ihre Bedeutung für das Bestehen der Presse. Nach einer kritischen Betrachtung ist nicht sehr viel von diesen Propagandabehauptungen übriggeblieben.

Die Propaganda hat, wie wir sahen, sogar die Reklamedefinitionen übernommen, in denen die Reklame als „Aufklärung", als Bekanntmachen der „Wahrheit über die Ware" usw. bestimmt wird. Der Verein Deutscher

Reklamefachleute gab im Jahre 1918 in einem Flugblatt folgende Definition: „Unter Reklame verstehen wir die planmäßige, kaufmännische Angebotsarbeit im Dienste der Allgemeinheit, um einen zuverlässigen und zweckmäßigen Ausgleich zwischen Angebot und Nachfrage herzustellen" (zitiert nach **149**, **I**, 37). Diese Definition trägt den Stempel des reinen Propagandazweckes; sie betont einseitig den gesellschaftlichen Nutzen der Reklame, als ob dieser den Beweggrund des Reklamisten bilde. Die informative Funktion der Reklame wird hervorgehoben, die suggestive verschwiegen. Es wird so hingestellt, als ob das Gleichgewicht zwischen Angebot und Nachfrage das Ziel des Reklamisten sei, aber es wird kein Wort darüber verloren, daß er selbst durch Produktionsausweitung ein Ungleichgewicht schafft, um es danach durch Reklame auszugleichen, mit anderen Worten, daß es sich nicht um einen Ausgleich zwischen Angebot und Nachfrage, sondern um eine einseitige Anpassung der Nachfrage handelt. Diese Versuche, die Reklamisten als uneigennützige Wohltäter der Gesellschaft hinzustellen, wirken irritierend. Mit heuchlerischer Sorge wird festgestellt: „Der Reklamebegriff ist daher auch in den Geruch des Profitstrebens gekommen ... Die Reklame bedarf der Reinigung vom Streben nach Gewinn um jeden Preis, als des profitlichen Einschlags" (**190**, 255). Das offenbar mißtrauische Publikum „sieht in der Reklame immer noch einen Zweck, den Zweck der Täuschung. In Wirklichkeit aber ist und bleibt die Reklame ein Mittel. Der Zweck ist das Kaufen und Verkaufen", und nach amerikanischem Muster wird Reklamepropaganda empfohlen, um den Verbrauchern ihr „Vorurteil" (**254**, 201 ff.) gegenüber der Reklame abzugewöhnen. Welch dunkle Logik! Als ob die Verbraucher nicht wüßten, daß es der Zweck der Reklame ist, Waren zu verkaufen und sie zum Kauf zu veranlassen! Sie vermuten nur – mit Recht –, daß man den Zweck häufig zu erreichen sucht, indem man ihnen etwas vormacht. Paneth wirft die Frage auf, weshalb bedauerlicherweise festzustellen ist, „daß besonders unter der Bürokratie und den Festbesoldeten eine zwar ständig abnehmende, aber immerhin noch immer sehr beträchtliche Abneigung gegen die Reklame vorherrscht" ... und findet den Grund dafür in dem Umstand, daß „die wissenschaftliche Erkenntnis der Reklame bisher nur in relativ kleine Kreise eingedrungen ist, die Reklame selbst und ihre Wirkungen aber für die Mehrheit der Bevölkerung ein unverständliches Geheimnis darstellen ... weil ihnen die Beschäftigung mit ihr als eine Art Zauberei erscheint" (**483**, V). Er bemerkt in seinem

Propagandaeifer seinen eigenen Widerspruch nicht. Der Beamtenstand, allgemeiner ausgedrückt, die Akademiker und andere Bevölkerungsteile mit einer hochqualifizierten Ausbildung, hegen eine Abneigung gegen die Reklame; aber gerade bei ihnen kann Scheu vor dem Mystischen kaum der Grund sein.

Die Werbebranche läßt sich auf ihrem Propagandakreuzzug zu den lächerlichsten Übertreibungen verleiten. Der 25. Weltreklamekongreß 1929 in Berlin renommierte mit „Die Reklame – der Schlüssel zum Wohlstand der Welt!" Angé behauptet in Übereinstimmung damit, es bestehe ein direktes proportionales Verhältnis zwischen dem ökonomischen Stand eines Landes und seiner Reklame (**18**, 37), und auf dem Titelblatt eines amerikanischen Lehrbuches wird es als Motto insbesondere für die Vereinigten Staaten benutzt: „Wir Amerikaner ... das praktischste und fortgeschrittenste Volk der Welt ... geben mehr für Reklame aus als irgendeine andere Nation und sind entschlossen, von Jahr zu Jahr noch mehr dafür aufzuwenden" (**31**). Zwar gehen tatsächlich großer Wohlstand und viel Reklame Hand in Hand, aber durchaus nicht, weil wir der Reklame die ökonomische Entwicklung verdanken; alles spricht dafür, daß es – gerade umgekehrt – das Gedeihen der Wirtschaft ist, das die Reklame begünstigt.

Es gibt keine „Segnungen", die der Reklame nicht zugeschrieben werden: „Unter einem sozialistischen Wirtschaftssystem könnte der Konsument Hunderte von Millionen für die Reklame sparen, aber es würde die Zivilisation hart treffen. Das Verschwinden der Reklame ... würde zu einer Senkung des Lebensstandards führen ... weil die Konsumenten nichts über die Dinge erfahren, die das Leben angenehm machen" (**120**, 455). Hole und Hart gehen sogar so weit, die Reklame als den einzigen gesunden Kern im „Narrenhaus" (**293**, 118) des modernen Wirtschaftslebens zu bezeichnen. Ich kann hier nicht die folgende Lobrede Blanchards vorenthalten: „Was hat die Reklame geleistet? Sie hat die Welt lebenswerter gemacht, indem sie unaufhörlich öffentliche Verbesserungen förderte und zur Aneignung hygienischer Maßnahmen in den Haushalten drängte. Sie hat große Industrien geschaffen, Eisenbahnen gebaut, Städte errichtet und weite Landstriche des Agrarlandes für die Besiedlung erschlossen. Sie hat die Bürde der Menschheit durch arbeitssparende Einrichtungen erleichtert, hat die Gefährlichkeit der Eisenbahnreisen durch Einführung von Signalanlagen verringert, die Zugkollisionen verhindern, und große Geschwindigkeiten erlauben. Sie hat die Menschen gelehrt, durch den Verbrauch reiner Lebensmittel und durch zweckmäßige Kleidung gesund zu leben. Sie hat den Armen Wohlstand gebracht, keimenden Erfindergeist gefördert und den Menschen gezeigt, wie sie das Leben genießen können" (**57**, 4). Man fragt erstaunt, welche Wunder die Reklame n i c h t vollbracht habe. Ein wenig mehr Selbstkritik und Bescheidenheit in der Reklamepropaganda würde wahrscheinlich der Sache der Werbebranche nur frommen.

Das törichtste aller Propagandaargumente – und doch eines der beliebtesten – ist, daß die Reklame Erwerb und Verdienst für eine große Zahl von Beschäftigten schaffe (**691**, 39 ff.; **621**, 9; und andere). Kobatsch hebt es sogar in einer Lehre von der Wirtschaftlichkeit der Reklame hervor (**354**, 97 f.), Lauterer führt es als einen der volkswirtschaftlichen Vorteile der Reklame an (**385**, 23 ff.), und Seÿffert erblickt die wirtschaftliche Bedeutung jeder Reklame darin, „daß durch die Werbemaßnahmen – gleichgültig, ob für wirtschaftliche, politische, soziale, humanitäre, religiöse, künstlerische, wissenschaftliche oder persönliche Zwecke geworben wird – ein umfangreicher Apparat in Bewegung gesetzt und erhalten wird, in dem wichtige wirtschaftliche Werte investiert sind" (**617**, 656). In der Tat beschäftigt die Reklame eine wachsende Anzahl Erwerbstätiger. Mit Blick auf England wird bereits im Jahre 1899 behauptet, daß 33.710 Versorger und 15.168 Versorgte ausschließlich von Reklame leben (**640**, 34 f.); im Jahre 1914 geht man von einer Steigerung auf insgesamt 80.000 Personen aus (**242**, 3), und in Deutschland rechnete man im Jahre 1936 mit 50.000 Versorgern. Eine genaue Berechnung der mengenmäßigen Bedeutung der Reklame als Existenzbasis ist kaum möglich, da sie in so viele verschiedene Gewerbezweige eingreift. Da gibt es die Werbebranche im engeren Sinne mit ihren selbständigen Betrieben, festen Angestellten und den vielen, die die Reklametätigkeit, neben anderen Aufgaben, ausführen; Agenturen, Plakatunternehmen, Werbeberater, Reklamezeichner, das eigene Werbepersonal der Betriebe, Schaufensterdekorateure usw. Dann gibt es Gewerbezweige, die so eng mit der Werbebranche verbunden sind, daß die Existenz der Unternehmen und des Personals zum großen Teil auf Reklame beruht: Zeitungen und Zeitschriften, Druckereien und Kunstanstalten. Und endlich gibt es eine Reihe Branchen, die unter anderem auch Werbeaufträge ausführen und in denen einzelne

Betriebe möglicherweise in dieser Richtung spezialisiert sind: Kartonagenfabriken (Verpackung), Maler und die Farbenbranche (Bemalung), die Tischler- und Glaserbranche (Geschäftsausstattung), die Elektrobranche (Lichtreklame), Film und Kino; es gibt eine ganze kleine Industrie für Schaufensterausstattung, Schaufensterpuppen und Werbegeschenke. Architekten und das Baugewerbe, Künstler, Literaten und Schauspieler werden gelegentlich in der Reklame beschäftigt ...

Es ist unter den gegebenen Umständen vorteilhaft für sie alle, und die Einkünfte seien ihnen gegönnt. Aber ist das ein Argument für die Reklame? Nur einzelne wagen das zu verneinen (**198**, 48 f.; **454**, 16). Ist es nicht das gleiche, als wenn man von den Vorteilen des Schulwesens für die Gesellschaft den nennen würde, daß es den Lehrern Broterwerb gebe? Ist die Reklame für die Gesellschaft nützlich, so hat man es nicht nötig, sie dadurch zu rechtfertigen, sie gebe dem Brot, der diese nützliche Arbeit verrichte. Und ist die Leistung nutzlos, so kann man die Institution nicht damit legitimieren, daß die Leute von der Ausführung dieser Arbeit leben; sie könnten in dem Falle um der Gesellschaft willen „ebensogut im Arbeitshaus sitzen" (**454**, 16). Ist die Reklame selbst für die Gesellschaft nicht wertvoll genug, so macht es die Sache nur noch schlimmer, daß die Kraft so vieler Menschen dazu gebraucht wird, statt für eine nützliche Produktion eingesetzt zu werden.

Schutz vor der Reklame

Staatliche Kontrolle. Bei der Betrachtung der Reklame aus vielen Perspektiven haben wir die meisten Einwände kennengelernt, die gegen sie erhoben werden; hier wollen wir nur einen Blick auf die Möglichkeiten einer wirkungsvollen Defensive gegen ihre Ausschweifungen werfen.

Der nächstliegende Gedanke ist Kontrolle der Reklame durch staatliche Gesetzgebung, wie Bücher sie vorgeschlagen hat (**97**, 262). Es wird allerdings nicht ohne Grund behauptet, sie würde niemals effektiv und deshalb mehr schädlich als nützlich sein; denn sie flöße den Reklamanden Vertrauen ein, weit über die Garantien hinaus, die sie geben könne (**438**, 29). Eine gewisse öffentliche Reklamekontrolle besteht in allen Ländern, ist aber in der Regel äußerst lasch. Der Verbraucher ist nur vor direkten Verfälschungen oder vor dem Verkauf gesundheitsschädlicher Waren geschützt. Im übrigen basieren die werberechtlichen Beschränkungen auf dem Gedanken des unlauteren Wettbewerbs und schützen deshalb mehr die Reklamisten vor unfairen Konkurrenten als die Verbraucher vor dem Reklamisten (**191**; **548**, 51).

Eine Sonderstellung nimmt Deutschland seit 1933 ein. Das Reichsgesetz über Wirtschaftswerbung vom 12. September 1933 hat hier eine Neuordnung gebracht, die durch die Revision des Reichsgesetzes von 1. März 1939 weiter ausgebaut wurde. Es ist beim Propagandaministerium ein Werberat der deutschen Wirtschaft eingerichtet worden. Der Werberat hat, neben anderen Aufgaben, hauptsächlich die Regulierung der Werbung im einzelnen durchzuführen und hat zu diesem Zweck eine lange Reihe von Verordnungen erlassen (**72**; **240**). Die Werberegulierung umfaßt 1) eine avertierungstechnische und tarifliche Standardisierung, – 2) Überwachung von Inhalt und Methoden der Werbung, – 3) eine erzwungene Organisation der Werbebranche, entsprechend den allgemeinen berufsständischen Bestrebungen.

Als avertierungstechnische und tarifliche Maßnahmen werden folgende genannt: Die Spaltenbreite ist standardisiert. Die Tarife müssen veröffentlicht werden; Sondertarife sind nur in außergewöhnlichen Fällen erlaubt, die das Gesetz einzeln nennt. Rabatt darf nur innerhalb fester Grenzen und nach generellen Regeln eingeräumt werden. Sondervereinbarungen mit einzelnen Inserenten sind verboten. – Die Blätter sind zu wahrheitsgemäßen Auskünften über Druck- und Verkaufsauflagen verpflichtet. – Entsprechende Bestimmungen gelten für die übrigen Werbemedien, das Auflagewesen, direkte Reklame, Ausstellungen und Messen, Modenschauen, Verkehrsreklame usw. – Dazu kommen Tarifbestimmungen für alle Zweige der Werbebranche. – Ein wohlwollend gesinnter Beobachter urteilt über diesen Teil der Gesetzgebung folgendermaßen: Deutschland hätte auf diesem Gebiet bis 1933 in der Entwicklung weit zurückgelegen. Es sei äußerst notwendig gewesen, das deutsche Reklamechaos in Ordnung zu bringen. „Die eiserne deutsche Faust erzwingt hier, was die Branche in den USA freiwillig tut“ (**686**, 76).

Inhalt und Methoden der Reklame werden von einer Reihe Verordnungen berührt, die die Reklame der einzelnen Gewerbezweige betreffen (Arzneimittel, Versicherung, Elektrizität, Gas und Brennstoffe, Film- und Kinobranche, Lesezirkel). Die wenigen allgemeinen Bestimmungen über den Gegenstand sind recht dehnbar, und ihre eigentliche Durchführung wird durch deren arbiträre Anwendung vom Werberat erledigt. Eine Äußerung des Präsidenten des Werberates der deutschen Wirtschaft, H. Hunke, verrät, daß eine gewisse Rechtsunsicherheit zu Unzufriedenheit unter den „Werbungstreibenden" geführt haben dürfte: „Man hat manchmal die Grundgedanken des Werberechts begrüßt, aber doch darauf hingewiesen, daß es immer mehr zu einer Geheimwissenschaft würde. ... Wenn man vor der mathematischen Anwendung der Werberatsbestimmungen gewarnt hat, so soll es ganz klar ausgesprochen werden, daß der Werberat will, daß seine Bestimmung nicht der Form nach, sondern dem Geiste nach eingehalten werden" (**312**, 38). Dieses ist eine deutliche Warnung an die „Werbungstreibenden", die natürlich auch hier nach kleinen Lücken im Gesetz suchten.

In der zeitgenössischen Literatur wird mit Begeisterung hervorgehoben, daß deutsche Gesetzgebung mit der liberalistischen Unsitte gebrochen habe, die Reklame negativ zu regulieren, indem man den schlimmsten Wildwuchs beseitigte, aber nun sei man zu positiven Formulierungen übergegangen (**548**, 77 f.). Tatsächlich würde sich liberale Gesinnung am liebsten mit einer negativen Regulierung begnügen; das nicht ausdrücklich Verbotene ist implizite erlaubt. Die Ausgangsbasis ist hier die im Naturrecht begründete Handlungsfreiheit des einzelnen, die der Staat nur in einzelnen Punkten einschränken darf, wo es um der Allgemeinheit willen unbedingt erforderlich ist. Es würde nur den Erwartungen entsprechen, wenn der totalitäre Staat von seiner Auffassung über das Verhältnis zwischen Nation und Einzelperson her der entgegengesetzten Linie folgen würde. Die allgemeinen Regeln für die Reklame sind folgende: „Die Werbung hat in Gesinnung und Ausdruck deutsch zu sein. Sie darf das sittliche Empfinden des deutschen Volkes, insbesondere sein religiöses, vaterländisches und politisches Fühlen und Wollen nicht verletzen. – Die Werbung soll geschmackvoll und ansprechend gestaltet sein. Verunstaltungen von Bauwerken, Ortschaften und Landschaften müssen unterbleiben. – Wer Wirtschaftswerbung ausführt, hat dabei als ehrbarer Kaufmann zu handeln. Alle Angaben müssen wahr und klar sein und die Möglichkeit einer Irreführung vermeiden. ... Die Werbung darf weiter nicht in marktschreierischer Weise oder durch Übertreibung verlocken, sondern soll in sachlicher Beweisführung die Vorteile der eigenen Leistung hervorheben. Der Wettbewerber darf nicht herabgesetzt werden" (**72**, 12). Auch hier mangelt es nicht an negativen Bestimmungen, und die positiven entsprechen sehr genau den geschäftsmoralischen Forderungen, die auch in liberaler Atmosphäre vorgebracht werden – wenn man nur die nationalistische Note ausnimmt. Der Unterschied liegt nicht so sehr im Inhalt wie in der Drohung mit staatlichem Zwang, durch die bisherige moralische Normen zu Rechtsnormen gemacht worden sind.

Das deutsche Gesetz sucht zu erzwingen, was die Reklameliteratur in Deutschland und anderen Ländern aus Gründen der Klugheit empfohlen hat. Einzelne deutsche Verfasser betonen selbst diese allgemeine Tendenz: „Komparativ und Superlativ sind übrigens bei allen guten Werbeberatern ebenso wenig beliebt, wie beim Werberat" (**179**, 516 f.). Die autonom-freiwillige Beschränkung wird natürlich rücksichtsvoller sein, während autoritäre Kontrolle ihre Vorschriften rigoros durchführen kann.

In einzelnen Richtungen scheint die staatliche Kontrolle jedoch nicht wesentlich mehr als die Selbstkontrolle erreichen zu können. So sind Vergleiche mit der Ware des Konkurrenten verboten (**312**, 4); später war man jedoch aus praktischen Gründen gezwungen, durch eine Reihe von Ausnahmen dort etwas vom Prinzip abzuweichen (**312**, 94 ff.), wo Vergleich zulässig ist, wenn er in sachlicher und taktvoller Form geschieht, und wenn er die einzige Möglichkeit darstellt, die besonderen Eigenschaften der Ware hervorzuheben. Preisvergleiche sind jedoch immer noch ungern gesehen, obwohl der Vergleich gerade hier die einzige Möglichkeit zu sein scheint, den Vorteil der Ware – ihre Billigkeit – zu betonen. Ein Versandhandelshaus erhielt folgende Mitteilung vom deutschen Werberat: „Mir liegt Ihre Werbeschrift vor, in der Sie Ihren Ceylontee zum Preise von 6.50 RM. für 1 Pfund anbieten. Sie behaupten in dem Schreiben: ‚Für Tee gleicher Güte müssen Sie in jedem Ladengeschäft 10.– RM. zahlen.' Diese Behauptung enthält, auch wenn sie zutreffen sollte, eine Herabsetzung der Ladengeschäfte und die Aufforderung, die Ladengeschäfte von Teekäufen auszuschließen. Sie verstoßen mit dieser Art der Werbung gegen Ziff. 6 meiner 2. Bekanntmachung vom 1. 11. 1933 (*Reichsanzeiger* vom 1. 11. 1933 Nr. 256). Hiernach ist es nicht zulässig, den Wettbewerber herabzusetzen." Die strenge Handhabung des Vergleichsverbotes hat in diesem Falle wahrscheinlich mittelstandspolitische Gründe. Das geht aus dem abschließenden Satz hervor: „Es verstößt im übrigen gegen das politische, namentlich gegen das wirtschaftspolitische Fühlen und Wollen des deutschen Volkes, wenn Sie dazu aufreizen, den Einzelhandel zu umgehen" (*Die deutsche Werbung*, 1935, Seite 770). – Die Bewegung für „Ehrliche Reklame" hat sicher nicht weltweit dazu geführt, daß die Reklame 100 Prozent Wahrheit enthält. Zwischen nachweislichen Lügen und der reinen Wahrheit liegt eine breite Zone, wo es für Gesetz und Obrigkeit vielleicht noch schwieriger ist, Gut und Böse voneinander zu trennen, als für das Gewissen des einzelnen. Man muß sich damit begnügen, Minimalforderungen aufzustellen und die Moral für den Rest sorgen zu lassen.

Die Strenge der deutschen Reklameregulierung hat in bestimmten Richtungen zu starken Hemmungen der Reklame geführt. Diese soll sich ausschließlich an sachliche Beweisführung halten. Nimmt man das wörtlich, so wird der Reklame, die ihrem Wesen nach suggestiv ist, der Boden entzogen. Das Gesetz läßt zwar einen Weg offen, um Suggestivwirkung zu erreichen, nämlich die Wiederholung von Warenzeichen und Schlagworten. Aber Hochfrequenzreklame ist die kostspieligste Methode. Die Geschäftswelt spürt das Handicap, dem sie ausgesetzt ist, weil sie nicht anlocken, nicht übertreiben, nicht vergleichen darf. Es ist verständlich, daß die Reklamisten und ihre fachlichen Ratgeber alles tun, um suggestiv zu wirken, ohne mit dem Werberat in Konflikt zu geraten, und es gelingt ihnen erstaunlich gut. Aber ein genaues Studium neudeutscher Literatur über die Reklame hinterläßt einen starken Eindruck von der gelegentlichen Unzufriedenheit innerhalb der Werbebranche, weil die Menge der Reklame nicht den Erwartungen entsprach. Unmittelbar seiner Unzufriedenheit Luft zu machen verbietet sich zwar von selbst; aber das Vorhandensein der Unzufriedenheit offenbart sich durch offizielle Äußerungen, deren defensive Absicht nicht zu verkennen ist. So betont der Präsident des Werberates, daß „die notwendigen Eingriffe in die Reklame ... keinerlei negativen Einfluß auf den Umfang der Werbung gehabt" (**312**, 49) haben. An anderer Stelle polemisiert er ausdrücklich dagegen, daß „die Anhänger des Amerikanismus in der Werbung vielfach die Verordnungen des Werberates der deutschen Wirtschaft für den behaupteten Rückgang in der Werbung verantwortlich machen" (**310**, 440). Das *Berliner Tageblatt* vom 16. Mai 1937 berichtet, der Gesamtumsatz an Reklame sei in der Zeit von 1934–36 jährlich um 7–9 Prozent gestiegen, fügt aber hinzu, der Umsatz habe 1936 25 Prozent unter dem des Jahres 1929 gelegen. Die volle Bedeutung dieser Zahlen erfaßt man erst, wenn man bedenkt, daß 1) die Arbeitslosigkeit im Jahre 1929 sehr groß war, im Jahre 1936 aber fast verschwunden ist und die Reklame also einen Konjunkturaufschwung aufweisen müßte; – 2) die deutsche Werbestatistik die öffentliche Wirtschaftspropaganda mitrechnet, die es im Jahre 1929 überhaupt nicht gab, die aber im Jahre 1936 einen sehr großen Teil der Annoncierung und Plakatierung ausmachte.

Als Ursachen für den Rückgang der Reklame wird folgendes angeführt: 1) Liquidation von 1.200 Tageszeitungen und von 700 bis 800 Zeitschriften; – 2) Zwangskartelle und die mit ihnen häufig einhergehenden Errichtungsverbote und Produktionsbeschränkungen, hauptsächlich im Einzelhandel, wodurch ein Teil der Kampf- und Einführungsreklame fortfiel; – 3) Rechtsunsicherheit durch die vielfach geschriebenen und ungeschriebenen Bestimmungen der Kartellvorschriften und Verbote der Wirtschaftsverbände, die dazu führte, daß einzelne Verbände ihren Mitgliedern anfangs zu werben untersagten; – 4) eine ganze Reihe von Firmen und Wirtschaftsgruppen haben sich durch die Rohstoffverknappung veranlaßt gesehen, ihre Werbung einzuschränken, weil sich im voraus nicht übersehen läßt, ob sie später überhaupt ihre Aufträge ausführen können; – 5) öffentliche Wirtschaftswerbung für Surrogatprodukte und andere Erzeugnisse wurde durch staatliche Initiative unentgeltlich durchgeführt (**310**, 440 ff.). Der Hauptgrund für den Rückgang der Reklame war jedoch zweifellos das Sinken der gesamten freien Kaufmacht. Die deutsche Statistik registrierte zwar bis zum Kriege eine Steigerung des Volkseinkommens und der Produktion; entscheidend für die Reklamemenge sind jedoch nicht diese Größen, sondern der freie Verbrauch, und der ging zurück. Hierüber schrieb die *Rheinische Landeszeitung* im Jahre 1936 folgendes: „Konsumfreiheit ist immer nur eine liberalistische Fiktion gewesen ... Der Unterschied liegt nur darin, daß es jetzt der Staat ist, der eine Verbrauchslenkung vornimmt ... zum einen durch Einfluß auf die Verwendung des Einkommens (teils psychologische Methoden, teils auch Zwang), zum anderen durch vermehrten Gemeinschaftsverbrauch (zum Beispiel beim Aufbau der Wehrmacht). Es wird allgemein behauptet, die Entwicklung des Verbrauchs sei nicht der Produktionssteigerung gefolgt. In der Tat ist der Verbrauch nur auf Kosten des persönlichen Bedarfs und zugunsten des Kollektivverbrauchs verschoben worden." Dieser, dem einzelnen aufgezwungene Kollektivverbrauch, wird durch Absatz ohne Reklame gedeckt. Insofern ist der Abbau der Reklame in Deutschland eine Übergangserscheinung, hervorgerufen durch die Kriegsvorbereitungen und die ganze damit zusammenhängende Wirtschaftspolitik. Zweifellos ist es die straffe Regulierung selbst, die die Reklamefreudigkeit der Gewerbebetriebe gedämpft hat. Es ist verständlich, daß die Werbebranche darüber klagt; aber, volkswirtschaftlich gesehen, besteht gar kein Grund, das zu bedauern.

Nur autoritäre Staaten können so hart vorgehen, während der Rechtsstaat immer eine gewisse Zurückhaltung wahren wird, teils aus Prinzip, teils, weil er nicht in gleichem Maße daran glaubt, daß die Zwangsmittel auf die Dauer wirken würden. Unter besonderen Umständen kann es jedoch auch hier zu recht tiefgehenden Eingriffen kommen. Nach gewissen, in der Presse erschienenen Äußerungen scheint die dänische Preiskontrolle die Reklame unterbunden zu haben, indem bei der Preisfestsetzung Werbekosten dort nicht anerkannt werden, wo Reklame bei der gegenwärtig herrschenden Knappheit überflüssig ist. Ich habe jedoch nicht erfahren können, welchen Warengattungen gegenüber und nach welchen allgemeinen Prinzipien dieses geschehen ist.

Die Verbraucherbewegung. Ein anderer und auf die Dauer vielleicht effektiverer Weg ist Selbsthilfe von seiten der Verbraucher. In den Vereinigten Staaten ist in der Zeit nach 1930 eine stark reklamefeindliche Verbraucherbewegung mit einer allmählich recht umfassenden Literatur entstanden (**229**, 178 Fußnote). Ihre Hauptargumente gegen die Reklame sind, sie verteuere die Waren, führe zu einer unwirtschaftlichen Warendifferenzierung und begünstige in der Produktion die Förderung werbewirksamer Wareneigenschaften auf Kosten solider Qualität. Die Bewegung erstrebt deshalb „eine Verbreitung des Prinzips, daß der Käufer einer unparteiischen, wissenschaftlichen Beurteilung der Waren folgen solle, statt den Fanfaren und Posaunen der höheren

Verkaufskunst"(**119**, 3). Öffentliche Untersuchungslaboratorien sollen die Verbraucher bei ihren Einkäufen beraten.

Davon erhofft man sich folgende Resultate:

1) Es wird ein Standard dafür festgelegt, welche Qualität man bei der jeweilig gegebenen technischen Entwicklung von den einzelnen Waren verlangen kann. Die Werbung für minderwertige Ware zu normalem Preis oder für gleich gute Ware zum überhöhten Preis wird auf diese Weise unmöglich.

2) Die Analyse enthüllt die bloßen Scheinvarianten innerhalb der einzelnen Warengattungen und macht so die Werbung für neue Marken unmöglich, die sich praktisch nicht von anderen Produkten der gleichen Art unterscheiden.

3) Die Beurteilung der Waren durch den Verbraucher wird rationalisiert, und infolgedessen wird eine Standardisierung und Typisierung der Waren möglich werden. Außer bloßen Scheinvarianten werden damit auch echte Varianten ihre sichere Stellung auf dem Markt einbüßen, soweit sie keinen spezifischen Gebrauchswert haben.

Der Ausgangspunkt der Bewegung ist also die mangelnde Warenkenntnis des Verbrauchers, die die größte Chance der Reklame darstellt. Die Empörung der Werbeinteressenten über diese Forderungen und Vorschläge verrät ihr schlechtes Gewissen. Wenn alles wahr wäre, was sie über den günstigen Einfluß der Reklame auf Preis und Qualität der Waren erzählen, könnten sie der aufschlußreichen Tätigkeit der Laboratorien ruhig entgegensehen. In Wirklichkeit wissen sie, daß eine nüchterne Aufklärung der Verbraucher über den Wert der Waren der Reklame ihre Grundlage entziehen würde. Deshalb hat man versucht, die Bewegung bei der amerikanischen Mittelklasse zu disqualifizieren, indem man den Anteil kommunistischer Kreise an den Bestrebungen enthüllte (**147**).

Die bloße Tatsache, daß unter anderem auch kommunistische Verbraucherkreise sich am Kampf gegen die Reklame beteiligen, kann doch kaum ein hinreichender Grund sein, die Bewegung abzulehnen, wenn sie sonst berechtigt ist und mit vernünftigen Argumenten arbeitet. Selbst einzelne

Werbefachleute haben vor dieser billigen Polemik gewarnt. Die Kommunisten, die der Bewegung nahestehen, bieten eine bequeme – vielleicht allzu bequeme – Zielscheibe. „Jeder Inserent, der glaubt, er könne das Verbraucherproblem mit einer solchen Hexenverfolgung lösen, befindet sich im Irrtum" (**381**, 72). Es wird eingeräumt, daß die eifrigsten Gegner der Bewegung die unredlichsten Geschäftemacher des Wirtschaftslebens seien, und man schlägt eine Zusammenarbeit zwischen den gemäßigten Elementen beider Fronten vor (**381**, 72 f.). Andere folgen jedoch den alten Methoden und glauben, durch eine Gemeinschaftsreklame für die Reklame die Käufer von der Verbraucherbewegung und deren Programm fortzulocken (**84**, 69). Alles in allem zeigt die lebhafte Diskussion über die Verbraucherbewegung und ihre Literatur, daß die Reklame sich an einer wunden Stelle getroffen fühlt. Eine der herausragenden Gestalten der Bewegung ist H. Woodward (**706**), die selbst viele Jahre hindurch in der Werbebranche tätig war, und über eine Menge, für die Anhänger der Reklame unangenehme Sachkenntnis aus erster Hand verfügt. Bezeichnenderweise gib *Printers' Ink* vom 3. November 1938 in einer undurchsichtigen Buchbesprechung von Woodwards „It's an Art" (New York 1938) zu, daß man „das Ganze nicht mit einem Lachen abtun kann" (Seite 73) – dann muß also sehr viel Wahrheit in dem Buch liegen.

Eine andere Frage ist es, ob eine wissenschaftliche Warenkontrolle den Erwartungen der Bewegung entsprechen würde. Gragg und Borden haben sich eingehend mit dem Problem befaßt und glauben, daß „es nicht die Frage ist, ob eine sachliche, vernünftige Verbraucheraufklärung wünschenswert sei, sondern eher die Frage, inwieweit sie möglich wäre" (**247**, 1).

Es wird zunächst behauptet, Qualitätstests seien nur in begrenztem Umfange geeignet, die Verbraucher zu beraten. Die Voraussetzung dafür sei nämlich, klar ausgedrückte Forderungen an die Ware zu stellen, denn sonst fehle ein fester Maßstab für die technische Beurteilung. Die Methode sei deshalb nur auf Ware anwendbar, die ausschließlich wegen des Gebrauchswertes gekauft werde, versage aber zwangsläufig dort, wo Maßstäbe der Mode, des Geschmacks und andere irrationale Maßstäbe mitspielen. Der Test- und Standardisierungsgedanke berücksichtige einseitig den rationalen Gebrauchswert der Ware, nicht die vielen irrationalen Gesichtspunkte, die für den Käufer oft entscheidend seien (**218**, 5).

Eine Harvard-Untersuchung des Test- und Standardisierungsgedankens komme dann auch in dieser Richtung zu einem wenig ermutigenden Resultat (**444**; **683**). Gragg und Borden meinen außerdem, der Verbraucher bedürfe am allerwenigsten dort der Aufklärung, wo eine objektive Wertbestimmung möglich sei; denn hier wisse er von vornherein Bescheid (**247**, 72). In anderen Fällen könne man zwar den Gebrauchswert der Ware objektiv beurteilen, aber daran sei der Käufer nicht in erster Linie interessiert. „Die Marine der Vereinigten Staaten weiß, wie ein Mantel beschaffen sein muß, um zehn Jahre halten zu können" (**119**, 52); aber „wenn die Käufer ... wirklich einen Anzug wünschten, der zwanzig Jahre hielte, und bereit wären, den Preis dafür zu bezahlen, würden die Fabrikanten diese Art Ware herstellen, und die Händler würden sie verkaufen" (**122**, 80). Da der Verbraucher gar nicht so solide Ware wünsche, könne die Verbraucherbewegung keine Fortschritte machen (**122**).

Der andere Einwand besagt, daß sich Verbraucher in den Fällen, in denen es bereits eine Qualitätskontrolle dieser Art gebe, nicht danach richten würden. Kanada hat nun seit circa 20 Jahren eine staatliche Kontrolle in der Konservenindustrie, „und die kanadische Regierung hat durch eine Erziehungskampagne versucht, die Verbraucher zu veranlassen, nach Qualitätsstempel zu kaufen. ... Aber ... nur 24 % der in Ontario, Quebec oder Manitoba befragten Frauen wußten überhaupt, daß sich Qualitätsstempel auf den Etiketten der Dosen befanden, und nur ein Achtel von ihnen hatte beim Kauf zum Staatsstempel größeres Vertrauen als zur Händlermarke" (**247**, 72). –

Diese Einwände enthalten zweifellos etwas Richtiges, aber sie sind nicht imstande, den Gedanken an Standard und Test zu diskreditieren. Es ist verständlich, daß die Werbefachleute und die Reklamisten daran interessiert sind, eine unbequeme und gefürchtete Maßnahme als nutzlos darzustellen.

Man muß zwischen zwei Dingen unterscheiden: Das erste ist die Aufstellung eines Standards für die einzelnen Warengattungen, damit der Käufer weiß, welche Haltbarkeit usw. er von hochwertiger Ware erwarten kann. Das andere ist eine Untersuchung der Waren, die auf den Markt kommen, und ihre Bewertung im Verhältnis zum Standard.

Sehr viele Waren werden vom Käufer ausschließlich nach rationalen Maßstäben beurteilt oder würden danach beurteilt werden, wenn der Käufer das nötige Wissen besäße, zum Beispiel Haushaltsartikel und ähnliches. Hier wird ein Qualitätstest erwartungsgemäß wirken. Es ist völlig falsch, anzunehmen, die Käufer würden in diesen Fällen keine Beratung benötigen, weil sie von vornherein Bescheid wüßten. Ihre Warenkenntnis ist auf diesen Gebieten nicht größer als auf vielen anderen. Welche Hausfrau weiß heutzutage, wie so alltägliche Waren wie Schuhcreme, Fußbodenlack, Putzmittel und ähnliches zusammengesetzt sein müssen? Vaile berichtet zum Beispiel, daß die Hälfte aller Annoncen in der *Saturday Evening Post* im April 1925 Waren gegolten habe, für die es einen objektiven Qualitätstest gebe (**668**, 10); in allen diesen Fällen dient die Reklame nur dazu, den Wert der Ware zu verschleiern. Offizielle Tests würden hier auf jeden Fall bewirken, daß schlechte Ware oder solche mit ungünstigen Eigenschaften nicht mehr verkauft und Dutzendware ohne besondere Vorzüge nicht länger mit Hilfe der Reklame zu überhöhten Preisen abgesetzt werden könnte. – Und dort, wo irrationale Beweggründe beim Einkauf mitbestimmend sind, werden die Qualitätstests dennoch von Wert sein. Man kauft zwar Kleidungsstücke nicht ausschließlich nach Qualität, wird jedoch auch nicht aus Gründen des Geschmacks ausgesprochen schlechte Ware kaufen. Gerade erst hat in Dänemark die Regierung den Verkauf von Kaffee-Ersatz, der Sägemehl enthielt, verboten; die meisten haben wahrscheinlich erst dadurch erfahren, daß solche unreelle Ware bisher verkauft wurde, und sicher hätte sie niemals abgesetzt werden können, wenn die Bevölkerung etwas von den Ingredienzien geahnt hätte. Qualitätstests vermögen zwar nicht, Käufe aus geschmacklichen Gründen abzuschaffen; dies würde nicht einmal wünschenswert sein. Wenn man aber die Verbraucher darüber unterrichten würde, welche Waren nach ihrem Gebrauchswert reell sind, würden sie zwischen mehreren Waren gleichen Nutzwertes die wählen, die am meisten ihrem Geschmack entspräche; und wenn der Käufer aus irrationalen Gründen von seinen Qualitätsansprüchen abwiche, so täte er das ganz bewußt. Außerdem würde Publizität der objektiv bestimmbaren Eigenschaften der Ware den Verbraucher daran gewöhnen, nicht mehr den rein illusionären „Vorzügen“ zu erliegen. – Der Einwand, das Publikum würde trotzdem nicht dem Qualitätstest folgen, ist nach meiner Überzeugung unhaltbar. Es ist eine Frage des Vertrauens zu der Instanz, welche die Analyse vornimmt, und der Gewöhnung des Käufers. Wenn dänische Hausfrauen daran gewöhnt werden könnten, Fleisch mit Kontrollstempel zu kaufen, könnte man zweifellos das gleiche auch mit anderen Waren, für die eindeutige Maßstäbe festgelegt werden können, durchführen.

Die Aufstellung von Standardqualitäten würde in Verbindung mit einer allmählich eintretenden Rationalisierung des Verbraucherverhaltens den Waren gegenüber ganz von selbst auch zu einer Normierung führen, für die sich N. T. Carver sehr einsetzt (**108**, 341 ff.); Kobatsch folgt ihm darin (**354**, 88 f.) und weist auf geringere Lager- und Produktionskosten hin, die sich daraus ergäben. Ich habe an anderer Stelle auf das Widersinnige der jetzt herrschenden Überdifferenzierung hingewiesen, für die man ohne Berechtigung die Launenhaftigkeit des Verbrauchers verantwortlich macht. Eine der größeren dänischen Zigarrenfabriken stellt 70 Zigarren- und 30 Zigarillomarken her. Der Fabrikant gibt – *Fyns Stiftstidende* vom 3. Mai 1942 zufolge – selbst zu, daß diese Vielfalt, „ehrlich gesagt“, nicht notwendig sei. Der tschechoslowakische Textilindustrielle Dr. Grohmann hat hinsichtlich seiner Branche die Konsequenz daraus gezogen. Er wählte von den bisher produzierten 2.000 Tuchsorten die 200 meistgefragten aus, bot sie 5 Prozent billiger an als zuvor und verlangte für alle anderen 5 Prozent Aufschlag; nach kurzer Zeit hatten sich die 200 Sorten im Handel durchgesetzt, die Verwaltungskosten hatten sich verringert, und die Ersparnis erlaubte sogar eine Lohnerhöhung (**354**, 89). Wenn dieses in einer Branche möglich ist, die wie keine andere der Mode und dem Geschmack unterworfen ist, müßte es sich auf vielen verschiedenen Gebieten durchführen lassen.

Immunisierung. „Jeder Verkauf ist ein Kampf zwischen Widerstand und Überredung. Die Reklame hat die Aufgabe, den Widerstand zu brechen“ (**491**, 245). In diesem Kampf stehen einander unebenbürtige Parteien gegenüber. Der Verkäufer ist Experte in der Technik der Überredung, während der Käufer ein Laie in der Kunst des Durchschauens ist.

Unter den theoretischen Möglichkeiten, dem abzuhelfen, ist die erste eine Hebung des moralischen Niveaus des Verkäufers, so wie sie von der Bewegung für ehrliche Reklame durch ihren ethischen Kodex und von vielen naiven Wirtschaftsethikern proklamiert wird. Eine Kritik hieran ist bereits in dem Kapitel geäußert worden, das sich mit der Wahrhaftigkeit der Reklame befaßt. Die Verkäufer haben im allgemeinen keine moralischen Bedenken, ihre Überlegenheit dem Käufer gegenüber auszunutzen. Ihr moralisches Niveau ist gewöhnlich nicht höher, „als es der vorherrschenden Gesinnung der sie umgebenden Gesellschaft entspricht" (**705**, 21). Moralische Vorstellungen vermögen einen Einfluß auf das Gewissen des einzelnen Reklamisten auszuüben, aber die Reklame als Institution wird immer von den Methoden geprägt sein, die sich als wirkungsvoll erweisen. Wo moralische Forderungen und ökonomische Interessen einander gegenüberstehen, werden die letzteren – kollektiv und institutionell gesehen – den Sieg davontragen. Hat der einzelne Verkäufer einen strengeren moralischen Standard, so wird er sich gehandicapt fühlen und sich möglicherweise geschäftlich ruinieren, wenn er seinem Gewissen folgt. Er wird deshalb in der Regel die üblichen Methoden anwenden und sein Gewissen damit beruhigen, daß man ja gezwungen sei, mit den Wölfen zu heulen; der nächste Schritt ist, über seiner interessenbedingten Handlungsweise eine Rechtfertigungsideologie zu errichten. Kann man seine Moral nicht praktizieren, so moralisiert man seine Praxis.

Die zweite Möglichkeit ist Zwanganwendung von staatlicher oder anderer Seite dem Reklamisten gegenüber. Der gröbste Mißbrauch mag dadurch verhindert werden, aber das Problem kann man durch Zwang nicht vollkommen lösen.

Deshalb hat man als dritte Möglichkeit Käuferselbsthilfe vorgeschlagen und als einen Weg dorthin Verbraucheraufklärung genannt. Dieser Gedanke bildet den Kern der Verbraucherbewegung. Schon 1854 bezeichnet man es als „eine äußerst bedauerliche Tatsache, daß sich das Publikum durch reißerische Anzeigen von preiswerten Angeboten so leicht verführen läßt. Die Urheber sind in der Regel unseriöse Händler, deren Läden in Wirklichkeit die teuersten sind. Aber sie fahren fort mit ihrer Marktschreierei und ihrer Betrügerei und nehmen dem ehrlichen Kaufmann die Kunden weg. Bluffreklame lohnt sich, und die Händler, die sie anwenden, haben Zulauf. Dieser skandalöse Zustand wird weiterbestehen, bis die Bevölkerung besser aufgeklärt sein wird und es lernen wird, ihre Pflicht als Käufer zu erfüllen" (**414**, 41). Barnum hat den gleichen Gedanken. Er berichtet, daß er einige Zeit mit einem Zauberer die Südstaaten bereiste. Sie blieben in jeder Stadt zwei Tage. Am ersten Abend erweckte der Zauberkünstler mit seinen Darbietungen ungläubiges Erstaunen – am nächsten Abend verriet er die Tricks. Infolgedessen konnte man dieselbe Reiseroute mehrere Jahre nicht mehr benutzen. „So ist es auch mit den ‚Tricks des Handels'. Wenn wir sie vollends aufdecken könnten, ... würde die kommende Generation vielleicht etwas klüger sein" (**36**, VII).

Eine solche Aufklärung – sowohl die positive über die Qualität der Ware als auch die negative über die Tricks der Reklame – würde jedoch nur eine begrenzte Wirkung haben. Sie schützt den Reklamanden vor den Tricks, die man ihm enthüllt hat, führt aber dazu, daß die Reklamisten neue ersinnen. Auf diese Weise kommt es zu einem fortwährenden „Kampf, ähnlich wie zwischen den Geschützen und den Panzerschiffen. Immer stärkere Kanonen, immer stärkere Panzer" (**675**, 89). Gewissermaßen hat die Aufklärung hier, wie in des Wortes umfassenderer, volkspädagogischer Bedeutung, geradezu Schaden gestiftet, indem sie, gleichzeitig mit einem bestimmten Wissen, den Leuten einen übertriebenen Glauben an den Wert dieses Wissens gab. Worauf ich hinziele, geht aus folgendem Bericht über eine Umfrage unter amerikanischen Frauen zur Wahrhaftigkeit der Reklame hervor, der von H. F. Pringle 1939 in *Ladies' Home Journal* veröffentlicht wurde. Die Frage: „Glauben Sie, daß die heutige Reklame die Wahrheit sagt?" beantwortet eine Arbeiterfrau mit Ja, „weil es so viele Millionen Frauen gibt, die mißtrauisch und auf der Hut sind". Die Propaganda für die Reklame zieht nachgewiesenermaßen Vorteil aus diesem Aufklärungsglauben des Publikums.

Die hier erörterte Form der Aufklärung vermag nur vor unreeller Ware und unehrlicher Reklame zu schützen. Aber wir denken nicht nur daran, wenn wir davon sprechen, daß der Verbraucher der Reklame preisgegeben sei. Sie verführt ihn durch Suggestion dazu, etwas zu kaufen, für das er kein echtes Bedürfnis hat und das oft auf Kosten wichtigerer Anschaffungen geht. Es kommt nicht nur darauf an, den Verbraucher vor unehrlicher Reklame zu schützen, sondern auch darauf, ein Gegengewicht gegen die Reklame überhaupt zu bilden.

Ein radikaleres Mittel wäre hier erforderlich, nämlich eine Immunisierung der Bevölkerung im allgemeinen; an etwas in dieser Richtung denkt auch Zeuthen (**714**, 57 f.). Während der Behandlung des Suggestiven in der Reklame wurde zwischen dem passiven, allgemeinen Mißtrauen gegen die Reklame und der aktiv-kritischen Einstellung ihr gegenüber unterschieden. Das erstere verhindert die Wirkung der Reklame im einzelnen Falle nicht. Die kritisch-rationale Einstellung bildet dagegen, wie wir gesehen haben, einen recht starken Schutz vor Suggestion überhaupt und vor Reklame im besonderen. Soweit die Reklame mit Verstandesgründen arbeitet, werden diese sofort einer Kritik unterworfen, die die Schwächen der Argumentation aufdeckt; hier erhält die positive Verbraucheraufklärung auf der Grundlage fachlicher Warenanalyse ihre Bedeutung, indem sie den Reklamanden mit konkreten Gegenargumenten versieht. Den gefühlsbetonten Bestandteilen der Reklame gegenüber verhält sich der kritisch-rationale Reklamand sehr abweisend. Er ist auf der Hut vor allen fremden Bemühungen, ihn zu veranlassen, eine Einstellung anzunehmen oder in bestimmter Weise zu handeln; gerade, daß jemand ihn dazu bringen möchte, etwas zu tun, ist für ihn eher ein Grund mehr, es nicht zu tun. Es ist ziemlich müßig, in allen Einzelheiten die Frage zu erörtern, ob es ethisch sei, Einfluß auf andere auszuüben (**649**, X. Kapitel). Man kann nicht die gegen die Moral verstoßende Beeinflussung durch andere verhindern, indem man den Suggerierenden gegenüber Moral predigt, sondern nur, indem man ihre möglichen Opfer gegen Suggestion impft. Alle Reklamekundigen sind sich darüber einig, daß Fachleute auf ihrem Gebiet und Intellektuelle im allgemeinen schwer zu beeinflussen sind, weil sie die Suggestion durch kritisches Nachdenken abwehren würden. Eine allgemeine Stärkung des kritisch-rationalen Verhaltens, eine Intellektualisierung der Bevölkerung, würde die Wirkungschancen der Suggestion herabsetzen; ist die Suggestion weniger wirkungsvoll, so macht sie sich weniger bezahlt; lohnt sie sich weniger, so wird sie in geringerem Umfange ausgeübt (**26**, 10).

Es besteht leider nur wenig Hoffnung, daß die Schule dazu beitragen werde. Sie wird bereit sein, die Reklame zu bekämpfen, die Kinder vor den Behauptungen der Reklame zu warnen – und damit nur halbe Arbeit verrichten. Ganze Arbeit wäre es, wenn die Schule die Jugend zu radikalem Zweifel erziehen und ihre Kritikfähigkeit schärfen würde, um sie vor aller Suggestion, vor jeder Propaganda zu schützen. Wie sollte die Schule das jedoch können, solange sie selbst ein staatliches Propagandainstrument ist? Sie tut vielmehr alles, um die Empfänglichkeit der Jugend für „die gute" Propaganda zu bewahren. Solange unser Erziehungssystem einer „kulturell wertvollen" Propaganda die Tür öffnet, ja den Boden für sie bereitet, kann es die Jugend nicht gegen Reklame und „verwerfliche Propaganda" immunisieren. Eine wirkliche Immunisierung würde nur unter dem Gesichtspunkt zu erreichen sein, daß die Propaganda als solche von Übel sei und daß die beste Sache durch Anwendung von Suggestion in ihrem Dienste Schaden nehmen würde. –

Es wäre aber selbst utopisch, davon eine vollständige Unempfänglichkeit für Suggestion zu erwarten. Zum einen kann die Suggestibilität des Menschen durch starke Hemmungen nur abgeschwächt, aber nicht ausgerottet werden. Zum anderen hilft die Immunisierung nur gegen die gefühlsmotivierte Reklame (oder andere Propaganda), aber nicht gegen die Hochfrequenztechnik, die ja rein psychomechanisch wirkt und sich damit außerhalb der Reichweite intellektueller Hemmungen befindet. Aber das, was auf diese Weise erreicht werden könnte, wäre ausreichend, um die Rentabilität der Reklame so bedeutend herabzusetzen, daß diese auf eine Menge beschränkt werden müßte, die in einem vernünftigeren Verhältnis zu unserem sonstigen kulturellen Niveau stünde.

Die Reklame hat ihren Höhepunkt erreicht

Reklame und Kapitalismus. Die Reklame gewann entscheidend an Bedeutung während des Hochkapitalismus und ist deshalb Sombart zufolge, „ein notwendiger Bestandteil ... rein kapitalistischer Wirtschaft. Aber auch nur dieser" (**630**, 284; und andere). Es ist jedoch sowohl der Begriff „Kapitalismus" als auch der Begriff „Reklame" fließend; infolgedessen dürfte das Verhältnis zwischen den beiden etwas problematisch sein. Von einem anderen Reklamebegriff ausgehend als Sombart, hält Bücher es für möglich, daß die Reklame das kapitalistische Wirtschaftssystem überdauern werde (**97**, 256), und Goodall behauptet mit Bestimmtheit, die Reklame würde unter dem Sozialismus weiterbestehen (**242**, 87 f.), aber er spricht in diesem Zusammenhang von „Reklameflächen, ...,adjektivlosen' Preislisten, vielleicht gelegentlich mit einem Anflug rhetorischer Warenbeschreibung, um die überschüssigen Lagerbestände zu räumen" (**242**, 87). Er denkt also nicht an Reklame in der hier festgelegten Bedeutung, sondern an Marktinformation. Den gleichen Gedanken hat Musewald: „Infolge ihrer Notwendigkeit wird die Reklame daher auch länger Bestand haben als der Kapitalismus; mit dem Verfall des Kapitalismus wird sie höchstens das in ihr eingedrungene kapitalistische Gepräge abstreifen" (**463**, 8). Die Unentbehrlichkeit der Reklame wird hier damit begründet, daß das während des Kapitalismus entstandene unpersönliche Verhältnis zwischen Käufer und Verkäufer sich unter jedem denkbaren Wirtschaftssystem, das den Kapitalismus ablösen könnte, zwangsläufig fortsetzen müßte. Die Anonymität des Massenmarktes erfordert jedoch nicht notwendigerweise, wie wir gesehen haben, die suggestive Reklame, sondern nur die eindimensionale Marktinformation. Fluss erklärt die Reklame unter dem Kommunismus für unmöglich, denn hier seien die Gütererzeugung und die Güterverteilung autoritativ geregelt, so daß es an angebotsfähigen Wirtschaftseinheiten fehle, an welche die Reklame sich wenden könnte. Im Sozialismus sei die Reklame theoretisch denkbar, weil der einzelne in der Zusammensetzung seiner „Bedürfnisse in den Grenzen seiner Tauschfähigkeit" autonom sei, aber in der Praxis sei es unwahrscheinlich, weil keine Konkurrenz der Produzenten bestünde, „da ja die Produktionsmittel in der Hand der Gesellschaft wären, und diese bei ihrer Monopolstellung in der Regel keine Reklame zu treiben brauchte" (**198**, 23).

Die ganze Diskussion ist sicher wenig fruchtbar. Niemand kann ja etwas Bestimmtes über die Struktur des Wirtschaftssystems wissen, das auf den Kapitalismus folgen wird. Niemand vermag vorauszusehen, welche der für die Reklame notwendigen Eigenschaften in das folgende Wirtschaftssystem übergehen werden. Das einzige, was man deshalb mit einiger Sicherheit sagen kann, ist folgendes: Die Reklame wird ihre Funktion in jedem Wirtschaftssystem behalten, das 1) die dynamische Expansivität des Marktes bewahrt und 2) ihre Realisierung der Privatinitiative der konkurrierenden Unternehmen oder Wirtschaftsgruppen überläßt, vorausgesetzt, 3) suggestive Beeinflussung der Käufer erweist sich fortgesetzt als ein rentables Verfahren im Dienste dieses Zieles. Damit ist eine Möglichkeit angedeutet, die außerhalb des Gesichtskreises der bisherigen Literatur liegt: die Reklame könnte nämlich unter gewissen Umständen ihre Funktion oder einen großen Teil davon unter dem Kapitalismus selbst einbüßen.

Rationalisierung der Reklame. Es besteht kein Zweifel darüber – die Werbebranche selbst rühmt sich dessen –, daß der gegenwärtige Umfang der Reklame in großem Ausmaße der Reklame für die Reklame zu verdanken ist. Mit anderen Worten: Der jetzige Umfang der Reklame geht weit über den tatsächlichen Bedarf an Reklame hinaus – und die Verkäufer spüren das selbst. Ein sehr großer Teil der Anstrengungen, welche die Reklame heute unternimmt, dient ausschließlich dazu, ein Gegengewicht gegen die Reklame der Konkurrenten zu bilden, und die konkurrierenden Unternehmen treiben sich gegenseitig zu wachsenden Werbeausgaben. Der Verkauf kostet immer mehr; er belastet nicht nur die Käufer der Waren, für die geworben wird, sondern auch die Verkäufer, die sie verkaufen, und dieses um so stärker, als ein Teil der Werbekosten als feste Kosten angesehen werden muß. Eine Folge davon sind bestimmte Versuche, die Reklame durch Absprache zu rationalisieren. Eine gewisse Frontenverschiebung ist in der Sache der Reklame vor sich gegangen. Noch vor einem Dutzend Jahren bestand eine natürliche Gemeinschaft unter Bundesgenossen zwischen den Verkäufern und der Werbebranche; seit kurzem ist ein Teil der Verkäufer in einigen Punkten geneigt, die Partei der Verbraucher zu ergreifen – vor allem in der Frage der Rentabilität der Reklame. Es ist wahr –: Die Reklame für die Reklame hat die Warenverkäufer selbst zu Opfern der Reklame gemacht, und als solche nehmen sie den Standpunkt des Reklamanden ein. Dieser Interessengegensatz zwischen Reklamisten und Werbebranche zeichnet sich mit wachsender Deutlichkeit innerhalb der Reklameliteratur ab und prägt gelegentlich die Diskussionen der Werbeverbände. Ein typisches Beispiel dafür sind Esteps Äußerungen über die sinkende Rentabilität der Reklame (**517**, 23). In den Werbeverbänden beginnen die Warenverkäufer, die Reklame kaufen, hier und dort Mißmut darüber zu zeigen, daß die Werbefachleute die Werbeverbände als ihre fachliche Interessenorganisation betrachten. Der Reklamist hat ein natürliches Interesse daran, das Bestmögliche mit geringstmöglichen Werbekosten zu erreichen, während die Werbewirtschaft gern soviel Reklame wie möglich verkaufen möchte – und deshalb ist sie der natürliche Gegner einer Einschränkung der Reklameintensivierung.

Die vielen, ausschließlich von Reklame lebenden Presseorgane sind ein Beispiel dafür. Sie verdanken ihre Existenz nicht einem wachsenden Bedarf an Werbemöglichkeiten von seiten der Wirtschaft, sondern zwingen vielmehr durch die vermehrte Gelegenheit zur Reklame, die sie schaffen, die Wirtschaft zu verstärkter Werbung (**492**). – Mühlbradt macht darauf aufmerksam, daß eine methodische Leser- und Abonnentenanalyse im Hinblick auf die Zeitungsreklame die gleiche, Reklame einsparende hohe Selektionsmöglichkeit böte, wie sie in der Zeitschriften- und Fachzeitschriftenreklame genutzt werde (**464**, 51 ff.). Es läge im Interesse der Inserenten, wenn die Blätter nicht nur ihre Auflagenzahl, sondern auch die soziale Zusammensetzung ihres Abonnentenkreises veröffentlichen würden. Es hat in dieser Richtung Ansätze gegeben. *Der Tag* in Berlin versandte so im Jahre 1905, als andere Zeitungen noch in allgemeinen Wendungen mit „den besten Kreisen“ als ihren Lesern warben, ein Annoncenangebot mit näherer Angabe der sozialen und wirtschaftlichen Stellung der Abonnenten, soweit dieses unter den damaligen Umständen möglich war; genaue Zahlen konnten damals nämlich nicht genannt werden, da das deutsche Postwesen keine Auskünfte über die Verhältnisse der Postabonnenten gab; die Statistik konnte deshalb nur die Leser umfassen, die durch direkte Zustellung das Blatt abonnierten. Um 1910 führte *McClure's Magazine* eine Leseranalyse durch, und *Ladies' World* ging zu Werbezwecken so weit, die Wohnungen aller Abonnenten als Maßstab für deren Lebensstandard zu photographieren. Aber diese Tendenz hat sich im Hinblick auf die Tageszeitungen nicht eingebürgert, obgleich eine ziemlich genaue Analyse ausgearbeitet werden könnte. Die deutschen Blätter sind nach Mühlbradt in der Regel gut über die Zusammensetzung ihrer Abonnentenkreise unterrichtet, aber nur ganz wenige veröffentlichen ihr Material, weil „die Zeitungsverlage infolge der bisher überaus günstigen Rentabilität durchaus keine Veranlassung haben, sich mit derartig schwierigen Problemen zu befassen, um ihren Inserenten mehr zu bieten. Ja, man kann sich ganz gut vorstellen, daß sie sogar im Gegenteil bestrebt sind, den darauf hinzielenden Forderungen seitens der Inserenten entgegenzuarbeiten, weil die aus ihrer Verwirklichung sich unzweifelhaft ergebenden Rationalisierungsmöglichkeiten in der Reklame ihren privaten Interessen zuwider laufen" (**464**, 53 f.).

Jede Rationalisierung der Reklame müßte im Kampf gegen die Werbewirtschaft durchgeführt werden. Und da es sich, im gegenseitigen Verhältnis der Reklamisten zueinander, um eine Einschränkung handeln würde, wäre eine gemeinsame Aktion von ihrer Seite die einzige Möglichkeit. Eine isolierte Beschränkung der Reklame seitens einzelner, selbst ziemlich großer, Reklamisten würde nur dazu führen, daß die anderen den Gewinn einstreichen würden. Es ist in Wirklichkeit die Furcht des Reklamisten vor der Reklamemenge der Konkurrenten, die der Werbewirtschaft eine so günstige Stellung verschafft.

Die grosse Zeit der Reklame ist vorbei. Eine allgemeine Einschränkung wäre durchaus möglich, ja, ich wage zu behaupten, die Wirtschaft trüge keinen größeren Schaden davon, wenn alle Verkäufer nach Vereinbarung ab morgen mit ihrer Reklame aufhören und sich auf indifferente Marktinformation beschränken würden. Mit der Reklame verhält es sich ebenso wie mit anderen Institutionen; sie haben ihre Zeit, in der sie eine Mission erfüllen; danach schaden sie mehr, als daß sie nützen, bestehen aber trotzdem weiter, teils kraft ihres institutionellen Eigengewichts und der Gewohnheiten der Gesellschaft, teils künstlich aufrechterhalten von jenen, die von ihnen leben. Die Reklame hat möglicherweise einmal alle die wichtigen Funktionen besessen, deren man sie rühmt, aber im Laufe der Zeit hat sich das geändert.

Betriebswirtschaftlich gesehen, hat sich die Reklame gerade durch ihre ungeheure Verbreitung selbst überlebt. Die Reklame der einzelnen Unternehmen wird zum großen Teil im Konkurrenzkampf aufgehoben, und das gleiche gilt auch für die Gemeinschaftsreklame. Es ist zweifelhaft, ob der vollständige Fortfall der Reklame auf lange Sicht die relativen Anteile der seriösen Verkäufer an den Märkten wesentlich verändern würde. Es gibt solche, die sich nur durch Reklame auf dem Markte halten können, und diese würden ruiniert werden

– zum Nutzen der ganzen Gesellschaft. Es wäre nur wünschenswert, wenn die beste Ware und nicht das größte Mundwerk den Sieg davontrüge. Als Wettbewerbsmittel wird die Reklame bereits jetzt von vielen Reklamisten selbst als ein Hemmnis empfunden; man wirbt, weil man damit nicht aufhören kann, solange die anderen nicht ebenfalls damit aufhören, und niemand traut sich, der Katze die Schelle umzuhängen (**631**).

Volkswirtschaftlich gesehen, ist der Nutzen der Reklame allzeit problematisch gewesen, und er ist hier bereits zum Gegenstand einer eingehenden Kritik gemacht worden. Die Frage ist, ob die Reklame – selbst mit allen früher gemachten Vorbehalten – immer noch ein geeignetes Mittel zur Markterweiterung darstellt. Natürlich werden ständig neue Waren kommen, die eine Einführung auf dem Markt verlangen; hier wird eine gewisse Pionierreklame stets sinnvoll sein, obwohl eine neutrale Marktinformation – etwas langsamer – auch zum Ziele führen würde, da unser Verlangen nach neuen Dingen nun einmal stark entwickelt ist. Im großen und ganzen wird die Ausweitung des Verbrauchs künftig wahrscheinlich weniger durch Einführung neuer Verbrauchsformen als durch Ausbreitung der bekannten Waren in weiteren Kreisen geschehen. Hier hat die Reklame zweifellos ihre Mission in einer Zeit gehabt, in der die sozialen Abstände zwischen den einzelnen Bevölkerungsklassen viel größer und die Verbrauchsgewohnheiten in großem Umfange in der Tradition verankert waren. Auf dem jetzt erreichten sozialen Niveau ist es kaum notwendig, „den Leuten beizubringen, mehr Dinge zu wünschen". Eine Demokratisierung des Bedarfs ist nicht mehr zeitgemäß. Wir hätten alle gern all die guten Dinge, die es gibt, und wenn sich der einzelne von seiner speziellen Geschmacksrichtung her ohne Reklameimpuls etwas nicht wünscht, wird sich daran wahrscheinlich auch durch Reklame nichts ändern. Es muß nicht mehr der Bedarf der Verbraucher stimuliert werden, um den Absatz zu steigern. Unser aller Bedarf übersteigt unsere Kaufmacht, und die Reklame für Luxus als Impuls zu vermehrtem Arbeitseinsatz ist eine Legende, da der größte Teil der Bevölkerung sein Einkommen nicht willkürlich vergrößern kann. Die Produktionserweiterung geschieht nicht durch vermehrten Arbeitseinsatz, sondern durch technische Intensivierung, und die Verbrauchsausweitung wird in Zukunft keine Frage der Popularisierung des Luxusbedarfs, sondern der Egalisierung der Einkommensverteilung sein. Diese

Aufgabe wird nicht von der Reklame gelöst, sondern durch Lohn- und Steuerpolitik.

Es gibt bereits Anzeichen einer gewissen Skepsis gegenüber der Reklame und von Reklamemüdigkeit bei den Verkäufern, und es läßt sich nicht vermeiden, daß diese Stimmung sich in dem Maße vertieft und ausbreitet, wie die Kosten für Reklame steigen und ihr Profit sinkt. Die Folge davon würde eine Stagnation und auf gewissen Gebieten eine Verminderung der Reklame sein.

Öffentliche Wirtschaftspropaganda

Viele Zeichen deuten auf eine Zunahme der öffentlichen Marktpropaganda hin, Hand in Hand mit dem Eindringen planwirtschaftlicher Tendenzen in das kapitalistische Wirtschaftssystem.

Die Gemeinschaftsreklame und die anonyme Reklame für die Gattung überhaupt nutzen die Erkenntnis, daß man mit suggestiven Mitteln Einfluß auf die Zusammensetzung des Konsums auszuüben vermag. Ein Teil der gesamten Kaufmacht kann von der einen Verbrauchsform in eine andere überführt werden. Damit ist erwiesen, daß Propaganda für bestimmte Waren und Verbrauchsformen ein nützliches Mittel für die Verfolgung wirtschaftspolitischer Ziele ist. Der Staat kann dadurch bis zu einem gewissen Grade den Verbrauch zu bestimmten Waren hinlenken und ihn von anderen abziehen, wenn es im allgemeinen Interesse zu liegen scheint, Produktion und Absatz zu fördern oder zu hemmen. – Da Deutschland in den letzten zehn Jahren mehr als irgendein anderes Land dieses Mittel angewandt hat, ist es naheliegend, sich auf Beispiele von dort zu stützen.

Wirtschaftspolitisch regulierte Reklame. Eine planmäßige verbrauchslenkende Wirtschaftspropaganda kann sicher die Geschäftsreklame nicht unberührt lassen. Weicht man erst so weit von liberalen Grundsätzen ab, daß man den Verbrauch der Leute in bestimmte Richtungen zu lenken sucht, wird man folgerichtig nicht seine darauf abzielende Propaganda einer Neutralisierung durch eine in entgegengesetzter Richtung wirkende Geschäftsreklame aussetzen. Der einzelne Reklamist kann die Reklame der anderen nur durch mehr und stärkere Reklame zu übertrumpfen suchen, der Staat dagegen ist in der Lage, die volle Wirkung seiner Propaganda durch Verbot von Gegenreklame zu sichern, und er wird diese Möglichkeit nutzen, wenn das Propagandaziel selbst als für die Gesellschaft notwendig erachtet wird. Die logische Folge davon ist staatliche Begünstigung derjenigen Geschäftsreklame, die mit den wirtschaftspolitischen Zielen des Staates übereinstimmt, und Unterdrückung jener Reklame, die gegen die staatliche Wirtschaftspolitik verstößt. Der autoritäre Staat ist darin konsequent.

„In der gewerblichen Wirtschaft besteht entsprechend ihren Marktordnungsgrundsätzen und Marktbindungen eine Verkoppelung von Privatinitiative und staatlicher Führung, die sich in der gewerblichen Werbegestaltung widerspiegelt" (**548**, 82). Die Geschäftsreklame nimmt dadurch eine eigenartige Doppelnatur an; sie ist, ebenso wie in der freien kapitalistischen Wirtschaft, eine Absatzaktion von seiten der Gewerbetreibenden und ein Ausschlag ihrer selbstverantwortlichen Initiative, aber sie soll gleichzeitig im Dienste der staatlichen Wirtschaftspolitik stehen. Die Reklame wird auf diese Weise „zur volkswirtschaftlichen Propaganda ... selbst wenn sie scheinbar den Sonderinteressen der einzelnen Unternehmen dient ... Die Impulse zu den unzähligen kleinen und großen Einzelaktionen des Wirtschaftslebens sollen zu einer planmäßig festgelegten Marschroute führen" (**551**, 336 f.). So kommt man, von einem wirtschaftspolitischen Gesichtspunkt aus gesehen, zu einer normativen Begriffsbestimmung. „Reklame heute ist oder sollte sein in den Händen des politischen Wirtschaftsführers: ein Instrument zur planmäßigen Beeinflussung der freien Entschlußkraft der Käufergruppen in Richtung gemeinwirtschaftlicher Ziele" (**106**, 5); sie ist Trägerin „von Angeboten solcher Dinge, die man kaufen kann, ohne den gemeinnützigen Bestrebungen irgendwie zu schaden" (**106**, 16).

Die Reklame ist und bleibt ein Ausschlag privater Initiative, aber diese darf sich nur entfalten, soweit sie nicht mit den wirtschaftspolitischen Zielen des Staates in Konflikt gerät. Selbst die Marktanalyse, die die Reklame vorbereitet, wird davon berührt. Es ist nicht mehr ihre

Aufgabe, „ungelenkte, gewissermaßen wild wachsende Bedürfnisse zu registrieren und bedenkenlos durch entsprechendes Warenangebot zu befriedigen ... Man sieht, daß es sich hier nicht um eine rein ‚objektive', sondern um eine bewußte Tendenzeinstellung handelt" (**552**, 631). Schaefer geht noch einen Schritt weiter; die selbstherrliche Reklame des Liberalismus vermag durch „eine suggestiv durchgeführte Reklame dem Publikum einen Lebensstandard aufzuzwingen, der auf die Dauer nicht eingehalten werden kann oder der nur unter Verzicht auf lebensnotwendige Dinge aufrechtzuerhalten ist. Eine gewissenlose Industrie ... kann durch Umlenkung des Bedarfs und damit der Produktion schwere Schädigungen der Gesamtwirtschaft herbeiführen ... Ferner können durch die Reklame Gebrauchsgewohnheiten geweckt werden, die gesamtwirtschaftlich nicht tragbar sind (z. B. Werbung für übermäßigen Weißbrotgenuß in einer auf Roggenanbau basierenden Landwirtschaft, so daß der Reklamebedarf eine höhere Einfuhr notwendig macht)" (**548**, 50). Diese Unterscheidung zwischen legitimem und illegitimem Bedarf spielt eine gewisse Rolle in der neueren deutschen Marktforschung (**469**, 38 ff.; **470**, 8 f.).

Die Reklamekontrolle geht auf dieser Linie mit der zwangsweise durchgeführten negativen Verbrauchslenkung Hand in Hand. Wird eine Ware knapp, so dürfen die Verkäufer keine Werbung für sie machen. Als die Produktion reiner Wollwaren vor mehreren Jahren eingestellt wurde, durfte alte Ware nicht als reine Wolle angepriesen werden. Für den Einzelhandel mit Lebensmitteln erging im Jahre 1936 folgende Anordnung des Leiters der Wirtschaftsgruppe Einzelhandel: Alle „Fette, die der menschlichen Ernährung dienen, sind von dem offenen Wettbewerb im Lebensmitteleinzelhandel auszuschließen. Es soll vielmehr nur für solche Lebensmittel geworben werden, deren Mehrverbrauch vor allem im volkswirtschaftlichen Interesse wünschenswert ist. Hierzu gehören u. a. Zucker, Marmelade, Kartoffeln, Fische, Quark, Graupen, Grütze usw. – In der Anordnung wird weiter ausgeführt, was unter offenem Wettbewerb in diesem Zusammenhang zu verstehen sei, und zwar jede Anpreisung von Butter, Schmalz, Margarine, Speck usw. beispielsweise durch Zeitungsanzeigen, durch Preislisten oder Plakate, ferner durch eine hervorstechende Ausstellung in Schaufensterauslagen und dergleichen" (*Die deutsche Werbung*, 1937, Seite 28).

Diese Tendenz zu scharfer Kontrolle der Reklame wird bei H. Jacobsen-Faulück deutlich: „Es unterliegt ja keinem Zweifel, daß jede Wirtschaftsordnung, auch die gemeinwirtschaftlich ausgerichtete, eine Massenbeeinflussung braucht. ... und mir scheint, daß eine in Produktion und Verbrauch gelenkte Volkswirtschaft auch eine gelenkte Werbung haben muß. ... Auch hier werden die Leiter der Wirtschaftsgruppen führend und leitend eingreifen müssen" (**320**, 1008 f.). Damit ist angedeutet, daß das positive Verhältnis zwischen der Wirtschaftswerbung der Betriebe und der öffentlichen Verbrauchslenkung für wichtiger gehalten wird als die genannten Restriktionen. Eine positive Zusammenarbeit zwischen Geschäftswerbung und wirtschaftspolitischer Propaganda hat sich namentlich im Zusammenhang mit der Gemeinschaftswerbung entwickelt. Der Staat ist gewiß nicht unmittelbar an der Prosperität der Einzelfirmen interessiert. Die Branchenwerbung setzt sich dagegen möglicherweise für eine Warengattung ein, die man gern in größerer Menge vor der damit transversal konkurrierenden Warengattung abgesetzt sähe.

Eine Gemeinschaftskampagne darf in Deutschland nur mit Billigung des Werberates veranstaltet werden; auf der anderen Seite werden gewisse Branchenkampagnen direkt vom Staate durchgeführt. Es besteht so keine scharfe Grenze zwischen privater Werbung und öffentlicher Wirtschaftspropaganda, und der deutsche Ausdruck „Gemeinschaftswerbung" deckt beide Teile. Gewisse Gemeinschaftskampagnen sind zwar Geschäftsreklame, während andere unmittelbar vom Staat unternommen werden. Aber dann gibt es gewisse Wirtschaftsgruppen, die eine öffentlich-rechtliche Stellung in der erwerbsständischen Struktur innehaben; ihre Gemeinschaftswerbung als Branche erhält dadurch öffentlichen Charakter. Alle Gemeinschaftswerbung wird auf jeden Fall wirtschaftspolitisch kontrolliert. „In dem Maße, in dem die Wirtschaftspolitik in eine einheitliche Linie mit der Staatspolitik gebracht wurde, mußte auch die Wirtschaftswerbung eine totale Gleichrichtung erfahren" (**365**, 5).

KONJUNKTURAUSGLEICH. In Deutschland hat man jedoch in den ersten paar Jahren nach der Machtübernahme, als der Kampf gegen die Arbeitslosigkeit die wichtigste Aufgabe war, wirtschaftspolitische Propaganda zur Erweiterung des Gesamtmarktes angewandt. Eine Reihe der frühen deutschen Gemeinschaftskampagnen hatte ausschließlich diesen Zweck; die erste im Jahre 1933 wurde schlichtweg als „Arbeitsbeschaffungsfront im Gas- und Elektrohandwerk" bezeichnet. Es meldete sich jedoch sogleich eine gewisse Kritik am volkswirtschaftlichen Nutzen dieser Kampagnen und ein Zweifel daran, ob sie etwas anderes erreichen würden, als ein ums andere Mal die Kaufmacht von der einen Branche auf die andere zu verschieben und durch ihre Menge den Verbraucher zu verwirren. Bereits im Jahre 1934 wurde aus dem gleichen Grund ein mehr zentralisiertes Verfahren gefordert. „Es ist klar, daß diejenigen Wirtschaftszweige, die einer Besserung am dringendsten bedürfen, auch durch Gemeinschaftswerbung vordringlichst gefordert werden müssen. Die Wirtschaftswerbung wird sich hier von denselben Prinzipien leiten lassen wie die Wirtschaftspolitik. Es bleibt aber einer planvollen Führung der Gemeinschaftswerbung vorbehalten, dadurch erzielte Mehreinkommen eines einzelnen Wirtschaftszweiges als neue Kaufkraft anderen Wirtschaftszweigen möglichst rasch wieder zuzuführen. Werden also z. B. großangelegte Gemeinschaftswerbungen für die Landwirtschaft aufgezogen, so müssen auf Grund der für die Landwirtschaft erzielten Mehreinkommen weitere Gemeinschaftswerbungen inszeniert werden, die die gesteigerte Kaufkraft des Landwirts sofort als vermehrte Nachfrage anderen Wirtschaftszweigen (z. B. der Industrie) wieder zugute kommen lassen." Die volkswirtschaftliche Bedeutung der Gemeinschaftswerbung besteht also darin, „daß sie von allen Seiten her Mehrverbrauch anregt, aber für die einzelnen Gemeinschaftswerbungen im Rahmen eines umfassenden und systematischen Planes: Einsatz, Tempo und Reihenfolge bestimmt" (**194**, 206 f.). Es ist jedoch höchst unwahrscheinlich, ein solches Programm überhaupt auszuarbeiten, geschweige denn mit Erfolg durchführen zu können. Hat eine Branche Mehreinnahmen erreicht, so wird die folgende Kampagne, die den Verkaufsgewinn an eine andere Branche weiterzuleiten sucht, doch nur unvollkommen wirken können und so fort. Rechnet man nur mit einer Oszillation von 20 Prozent für jede neue Stufe der Weiterleitung, so wird die Gesamtwirkung recht schnell nachlassen, ganz zu schweigen davon, daß man in der Regel kaum eine bestimmte Branche finden wird, zu der man die Mehreinnahmen einer anderen hinleiten kann. Man könnte versuchen, die Mehreinkünfte der Landwirtschaft an die Branchen für landwirtschaftliche Maschinen und Kunstdünger weiterzuleiten; aber für welche Branche soll man Propaganda machen, wenn es gilt, die Mehreinnahmen aufzufangen, die die Fischhändler aus einer Kampagne für „Eßt mehr Fisch und ihr bleibt gesund!" erzielt haben?

Der Staat hat jedoch ein Mittel, das er in Verbindung mit Propaganda für bestimmte Branchen zu einer Nettoausweitung des Marktes anwenden kann, und damit wäre auch das Problem des Konjunkturausgleichs mit Hilfe der Reklame gelöst. Ich denke an Verbrauchsfinanzierung. Verbraucherkredit vergrößert die Nachfrage. Vermehrte Nachfrage legitimiert erweiterte Produktion. Erweiterte Produktion schafft die vermehrte Kaufmacht, die der Konsumkredit vorweggenommen hat. So war die deutsche Elektrokampagne 1933 mit einer Verbrauchsfinanzierung (von Ratenzahlungen und dergleichen) verbunden (**78**, 61), und das klassische Beispiel ist die Propaganda für den Volkswagen. Natürlich kann die Verbrauchsfinanzierung auch vom einzelnen Reklamisten angewandt werden, und in bestimmten Branchen geschieht das auch (Automobile, Radiogeräte, Möbel usw.); aber wie wir bereits gesehen haben, geht dies auf eine konjunkturverschärfende Weise vor sich (vgl. Seite 364). Der Staat kann das erstens in größerem Stile durch die Reichsbank machen, zweitens kann er als Ausgangspunkt die für eine allgemeine Markterweiterung günstigste Branche wählen, das heißt: eine Schlüsselindustrie, zum Beispiel den Wohnungsbau, und ihn durch großzügigen Baukredit fördern, und drittens ist er in der Lage, eine Kreditaktion während der Depression zu beginnen, wo eine Marktexpansion vonnöten ist. In dem Falle bestünde auch keine Gefahr für die Konsumfinanzierung, zu einem ungesunden Aufblähen irrationeller, vielleicht geradezu gesellschaftsschädlicher Bedürfnisse zu führen (**354**, 100).

WESHALB WIRTSCHAFTSPROPAGANDA? Es ist zu spüren, daß die Werbewirtschaft der Wirtschaftspropaganda als einer neuen Einnahmequelle entgegensieht, ja, es gibt bereits recht deutliche Ansätze zu einer Reklame für Wirtschaftspropaganda von seiten der Werbebranche.

Die Frage ist jedoch, ob die Wirtschaftspropaganda zweckmäßig ist. Ich kann mir auf diesem Gebiet nicht vorstellen, daß Propaganda „vieles erreichen kann, was der Zwang niemals vermag" (**272**, 998). Sofern der Staat eine Verbrauchsform einzustellen oder zu begrenzen wünscht, ist er in der Lage, dieses durch Zwang zu erreichen. Der Verbrauch ausländischer Ware läßt sich zum Beispiel durch ein Importverbot verhindern oder durch Prohibitivzoll einschränken. Der Verbrauch gewisser Waren kann durch Produktionsverbot oder eine hohe Luxussteuer eingestellt oder beschränkt werden. Die Umgewöhnung an die Ersatzware, die der

Staat gern statt dessen sähe, geschieht ganz von selbst durch Angebot dieser Ersatzware auf dem Markt und durch eine indifferente, einführende Marktinformation. In der Regel wird Zwang obendrein durchgreifender wirken als Propaganda. Keine Propaganda der Welt kann mich dazu bringen, Ungenießbares zu trinken, solange ich genießbaren Kaffee zu einem erschwinglichen Preise bekommen kann – und kann ich ihn nicht bekommen, so bedarf es keiner Propaganda, ihn mir abzugewöhnen ...

Für die Wirtschaftspropaganda spricht einzig, daß sie auf suggestivem Wege den Zwang entbehrlich oder weniger spürbar machen kann. Deshalb wendet der liberale Staat auch eher Wirtschaftspropaganda an – er scheut sich, Zwang anzuwenden und möchte den Schein von Freiheit aufrechterhalten. Und der autoritäre Staat rechnet damit, durch Wirtschaftspropaganda seinen Zweck reibungsloser zu erreichen. In beiden Fällen scheint mir Zwanganwendung der bessere Weg zu sein. Sie ist auf jeden Fall ehrlicher. Zwang steht ja sowieso drohend im Hintergrund: „Propaganda ist schließlich ein Imperativ, der aber nicht befehlsweise gegeben wird, sondern der herangetragen wird als Anregung, ohne daß normaler Weise das Verhältnis des bestimmenden Beeinflussungswillens besonders stark betont wird" (**494**, 16). Die Alternative zwischen Propaganda und Zwang zieht sich wie ein roter Faden durch alles, was der Präsident des Werberates der deutschen Wirtschaft, Hunke, über das Thema geschrieben hat: Wer keine Propaganda will, „muß den Zwang wollen" (**311**, 1048). In Deutschland hat deshalb die Zwanganwendung in großem Ausmaß die Wirtschaftspropaganda verdrängt, nachdem die wichtigste Aufgabe nicht mehr in der Markterweiterung im Hinblick auf die Beschäftigung, sondern in der Einschränkung des Verbrauchs im Hinblick auf die Aufrüstung bestand. Die Entwicklung der Marktordnung hat einen Teil der Propaganda überflüssig gemacht. So macht der *Zeitungsdienst des Reichsnährstandes* in seinem III. Jahrgang in der Nummer 226 vom 6. Oktober 1936 darauf aufmerksam, daß vor der im Frühjahr 1935 eingeleiteten Marktregelung für Garten- und Weinbauerzeugnisse die Propaganda für deutsches Obst eine große Rolle spielte, da der deutsche Markt stets mit ausländischer Ware überschwemmt war. Diese Propaganda hat nun ihre Aktualität eingebüßt, da die Devisenknappheit schlichtweg den Import größerer Mengen verbietet. Eine Propaganda ist damit sowohl faktisch als auch prinzipiell hinfällig geworden. Sie ist durch die neue, für den Garten- und Weinbau vollzogene Marktordnung ersetzt. – Je größere Opfer man von der Bevölkerung erwartet, desto mehr wird man jedoch genötigt sein, Zwang statt Propaganda anzuwenden.

Man mag vielleicht einwenden, Zwang wirke nur negativ, er versage also zwangsläufig im Dienste einer expansiven Marktpolitik, wo es gelte, die Verbraucher zu veranlassen, mehr als bisher zu kaufen. Aber auch im Hinblick auf eine markterweiternde Wirtschaftspolitik würden andere Mittel effektiver sein als die Propaganda – vor allem eine einkommenssteigernde Lohn- und Steuerpolitik. Die bedeutende Marktausweitung, die Deutschland in den Jahren 1933–35 erreichte, ist aller Wahrscheinlichkeit nach in weit geringerem Grade der Gemeinschaftswerbung und der Wirtschaftspropaganda der damaligen Zeit zu verdanken als der großangelegten Beschäftigungspolitik des Reiches und einer Reihe anderer einkommenssteigernder Maßnahmen.

Literaturverzeichnis

1 ABRAMSON: Advertising and Economic Theory. (The American Economic Review. Dezember 1931).

2 ADAMS, H. F.: Advertising and its Mental Laws. 1922.

3 ADAMS, W. H. D.: The Secret of Success. 1884.

4 ADDISON: The Works of Joseph Addison. (Anmerkungen von R. Hurd. Hrsg. von H. G. Bohn). Vol. II. 1901.

5 Advertisement. (The Encyclopædia Britannica. Vol. 1. 9. Aufl. 1878).

6 Advertising. (The Encyclopædia Britannica. Vol. 1. 14. Aufl. 1929).

7 AGNEW: Cooperative Advertising by Competitors. 1926.

8 AGNEW: Advertising Media. 1932.

9 AGNEW: Outdoor Advertising. 1938.

10 ALBUCHER: La Publicité Commerciale et son Rôle Économique. 1923.

11 ALGER: Moral Overstrain. 1906.

12 ALKJÆR: Emballagen i det moderne Produktions- og Afsætningssystem. 1939.

13 ALLEN: Advertising as a Vocation. 1924.

14 ALLPORT: Social Psychology. 1924.

15 Amusemens des bains de Bade en Suisse, de Schintznach et de Pfeffers. 1739.

16 ANDERSEN, M. (HRSG.): Køb og Salg i Danmark. 1930.

17 ANDERSON: Is Advertising Truthful? ... HELL NO! (Advertising & Selling. Oktober 1939).

18 ANGÉ: Manuel de Publicité. 2. Aufl. 1930.

19 ANGELL: Die falsche Rechnung. 1913.

20 Die Anzeigen- und Abonnenten-Gewinnung des Zeitungs- und Zeitschriften-Verlegers. 1908.

21 ARMSTRONG: In Behalf of Candid Copy. (Printers' Ink. 7. April 1938).

22 ARNOLD: Advertising's Relation to Monopoly (Interview). (Advertising & Selling. Dezember 1938).

23 ARREN: La Publicité Lucrative et Raisonnée. 1909.

24 ARREN: Comment il Faut Faire de la Publicité. 1912.

25 AUSTERLITZ: 100 Mittel zur Verbesserung des Geschäfts. 1909.

26 AVENARIUS: Reklame und Kultur. 46. Flugschrift zur Ausdruckskultur des Dürerbundes. o. J.

27 AYER, N. W. & SON: Forty Years of Advertising: 1869–1909. 1910.

28 BACHEM: Das Eindringen der Reklame in die deutschen politischen Tageszeitungen. 1929.
29 BADER: Das Inseratenwesen. 1903.
30 BAKKEN/SCHAARS: The Economics of Cooperative Marketing. 1937.
31 BALMER: The Science of Advertising. 1910.
32 BALZAC: Histoire de la Grandeur et de la Décadence de César Birotteau. 1837.
33 BALZAC: Illusions Perdues. 1836/1843.
34 BARFOD: Reklamen i teoretisk-økonomisk Belysning. 1937.
35 BARFOD: Zur Theorie der Reklame. Ms. o. J.
36 BARNUM: The Humbugs of the World. 1866.
37 BARNUM: Struggles and Triumphs. 1889.
38 BAUER: Die öffentliche Meinung und ihre geschichtlichen Grundlagen. 1914.
39 BECHTEREW: Die Bedeutung der Suggestion im sozialen Leben. 1905.
40 BECK: Die wahrheitswidrige Reklame. 1911.
41 BEHRMANN: Reklame. 1923.
42 BEHRMANN: Das Wort in der Reklame. 1925.
43 BEHRMANN: Das Inserat. 1928.
44 BELLAMY: Effective Magazine Advertising. 1907.
45 BERLINER: Japanische Reklame in der Tageszeitung. 1925.
46 BERNAYS: Crystallizing Public Opinion. 1923.
47 BERNDT: Korrespondenz, Reklame und Organisation. 1913.
48 BERTHOLD: Wie macht man erfolgreich Reklame? 1904.
49 BERTRAM: Die Frage der Gemeinschaftswerbung für Solinger Stahlwaren. 1931.
50 BETA: Die Geheimmittel- und Unsittlichkeits-Industrie in der Tagespresse. 1872.
51 BEUHNE: Das Schaufenster. 1912.
52 BIEBRACH: Die Kunst im Leben des Kaufmanns. 1924.
53 BIRD: Sales Plans. 1906.
54 BISCH: Psychiatry and Advertising: Why Copy Should Appeal to Human Emotions. (Printers' Ink. 6. Januar 1938).
55 BJÖRKLUND/HEDVALL: Hur man annonserar med framgång. 1924.
56 BJÖRKLUND/HEDVALL: Hur man gör reklam. 1931.
57 BLANCHARD: The Essentials of Advertising. 1921.
58 BLAU: Der Inseratenmarkt der deutschen Tageszeitungen. 1932.
59 BLUMENFELD: Zur Psychotechnik der Werbewirkung des Schaufensters. (Praktische Psychologie. II. 1920/1921. Heft 3).
60 The Book of Advertising Tests. o. J.
61 BORDEN: Problems in Advertising. 3. Aufl. 1937.

62 BORDEN/LOVEKIN: A Test of the Consumer Jury Method of Ranking Advertisements. 1935.

63 BORN: Das Anzeigengeschäft der Tagespresse. 1929.

64 BORSODI: The Distribution Age. 1927.

65 BOTTOMLEY: Succesful ... Salesmanship. 1908.

66 BOULDER: Hidden Causes of Reckless Advertising Waste. 1913.

67 BOWER DE: Advertising Principles. 1925.

68 BRADDOCK: Psychology and Advertising. 1932.

69 BRADDOCK: Applied Psychology for Advertisers. 1933.

70 BRAITHWAITE: The Economic Effects of Advertising. (The Economic Journal. 1928).

71 BRAUNMÜHL VON: Der Begriff „Gemeinschaftswerbung" im Sinne des Werberats. (Die deutsche Fertigware. VII. A. 1935).

72 BRAUNMÜHL VON: Die Regelung der Wirtschaftswerbung. 3. Aufl. 1939.

73 BREDT: Das Plakat, seine Freunde und Feinde, sein Recht und Reich. 1912.

74 BREWSTER/PALMER: Introduction to Advertising. 3. Aufl. 1935.

75 BREYER: Die Erforschung der Einkaufsgewohnheiten und der Möglichkeiten ihrer Beeinflussung und Lenkung. (Die deutsche Werbung. 1934).

76 BRIDGEWATER: Advertising or the Art of Making Known. 1910.

77 BRISCO: Economics of Business. 1913.

78 BROSE: Technik und Taktik der Gemeinschaftswerbung. (Die deutsche Fertigware. VII. A. 1935).

79 BROWIN: The Cult of Dirt. (Printers' Ink. 4. Februar 1937).

80 BRUNSTEIN: Die Reklame im Lichte des Rechtes. 1904.

81 BRYN: Varemerket. 1927.

82 BUCHHOLZ: Die Reform der Reklame. 1910.

83 BUHL: Die Wertreklame. 1929.

84 BULLARD: Advertising's Own Medicine. (Printers' Ink. 31. März 1938).

85 BUNTING: Specialty Advertising – The New Way to Build Business. 1910.

86 BUNTING: The Elementary Laws of Advertising: And How to Use Them. 1913.

87 BURDICK: Advertising to Retailers. 1923.

88 BUREAU OF AGRICULTURAL ECONOMICS (UNITED STATES): Barriers to Internal Trade in Farm Products. Von G. R. Taylor, E. L. Burtis, F. V. Waugh. 1939.

89 BUREAU OF ADVERTISING OF AMERICAN NEWSPAPER PUBLISHERS ASSOCIATION: Finance and Advertising. 1927.

90 BURTT: Psychology of Advertising. 1938.

91 The Business Blue Book. o. J.

92 Business Research. 1923.

93 BUTTER: Die Kunst zu inseriren. 1880.

94 BUTTKE: Balzac als Dichter des modernen Kapitalismus. 1932.

95 BÜCHER: Das Zeitungswesen. In: P. Hinneberg (Hrsg.): Die allgemeinen Grundlagen der Kultur der Gegenwart [= Die Kultur der Gegenwart. Teil 1. Abteilung I.]. 1906.

96 BÜCHER: Die Entstehung der Volkswirtschaft. 2. Sammlung. 1918.

97 BÜCHER: Gesammelte Aufsätze zur Zeitungskunde. 1926.

98 BÄRWINKEL: Die Inseraten-Acquisition der deutschen Zeitungen und Zeitschriften. 1902.

99 BÄRWINKEL: Die Inseraten-Acquisition der deutschen Zeitungen und Zeitschriften. 3. Aufl. 1902.

100 BÄRWINKEL/WEBEL: Die Praxis des Zeitschriften-Verlegers. 2. Aufl. 1899.

101 BÄRWINKEL/WEBEL: Handbuch für Inserenten. 1900.

102 CALKINS: The Business of Advertising. 1915.

103 CALKINS/HOLDEN: Modern Advertising. 1905.

104 CANTRIL/ALLPORT: The Psychology of Radio. 1935.

105 CANZLER: Einzelbetrieb und Wirtschaft. (Die deutsche Werbung. 1935).

106 CANZLER: Wirtschaftswerbung im neuen Reich. 1935.

107 CAPLES: Tested Advertising Methods. 1932.

108 CARVER: Standardization in Marketing. (The Quarterly Journal of Economics. 1917).

109 CASE: Handbook of Church Advertising. 1921.

110 CASSOLA: La „réclame“ dal punto di vista economico. 1909.

111 CASSOLA: Primi appunti di un saggio sulla réclame. 1916.

112 CASSON: Ads and Sales. 1911.

113 CASSON: Avertering og Salg. (Dänisch von J. Lehmann). 1931.

114 CASSON: Reklamens konst i 294 punkter. (Schwedisch von T. A. Björklund). 1930.

115 CASSON/GEIGER: Das Schaufensterlehrbuch. 1930.

116 CASTAREDE DE: Money-Making by Ad.-Writing. o. J.

117 CHALKLEY: Copy-Testing Experiments. (Printers' Ink. 27. Februar 1936).

118 CHAPMAN: The Law of Advertising and Sales. II. 1908.

119 CHASE/SCHLINK: Your Money's Worth. 1931.

120 CHERINGTON: Advertising as a Business Force. 1913.

121 CHERINGTON: The First Advertising Book. 1916.

122 CHERINGTON: Why Consumer Movement Isn't Getting Anywhere. (Printers' Ink. 8. Dezember 1938).

123 CLARK: Retail Drapery Advertising. 1910.

124 COBB: Business Philosophy. 1905.

125 CODY: How to Do Business by Letter and Advertising. 1911.

126 CODY: How to Deal with Human Nature in Business. 5. Aufl. 1915.

127 CODY: L'art de Vendre. (Französisch von G. Mis). 1924.

128 COLEMAN: Advertising Development. 1909.
129 COLLIN: Filmreklame und Reklamefilms. (Das Plakat. 7. Heft 5/6. September/November 1916).
130 COLLINS: Protests on Pre-Tests. (Printers' Ink. 18. Mai 1939).
131 Comment. (The Yale Review. November 1899).
132 Commerce Yearbook. 1932.
133 COPELAND: Principles of Merchandising. 1924.
134 CONSENTIUS: Die Berliner Zeitungen bis zur Regierung Friedrichs des Großen. 1904.
135 CREWDSON: Building Business. 1907.
136 CRONAU: Das Buch der Reklame. 1887/^{2}1889.
137 CRONER: De svenska privatanställda. 1939.
138 CRUM: Advertising Fluctuations. 1927.

139 DANNENBERG: Erfolgsichere Reklame. 1920.
140 DARWIN (HRSG.): The Dickens Advertiser. 1930.
141 DATZ: Histoire de la Publicité depuis les Temps les plus Reculés jusqu' à nos Jours. 1894.
142 DAVID: Die Zeitung. 1906.
143 DELAND: Imagination in Business. 1909.
144 DENNISON/GALBRAITH: Modern Competition and Business Policy. 1938.
145 Deutsches Marktbuch. 1931.
146 DIBBLEE: The Psychological Theory of Value. 1924.
147 Dies Report Charges Communist Influence in Consumer Groups. (Printers' Ink. 15. Dezember 1939).
148 Discussion Following Association of National Advertisers, Inc. Address. Oktober 1928.
149 DOLGE: Was ist Reklame? (VDR-Handbuch der Reklame. I. 1925).
150 DOMIZLAFF: Typische Denkfehler der Reklamekritik. 1929.
151 DONOVAN: Advertising Response. 1924.
152 DOVIFAT: Zeitungswissenschaft. 1931.
153 DUNLAP: Radio in Advertising. 1931.
154 DUNNE: Competition in Publicity. (Printers' Ink. 20. Februar 1936).
155 DURSTINE: Reklame die lohnt. (Deutsch von Th. König und I. M. Witte). 1926.
156 DURSTINE: Making Advertisements And Making Them Pay. 1920.
157 DWIGHT: The Significance of Advertising. (The Yale Review. 1909).
158 DYKE VAN: The Money God. 1908.

159 EDGAR: How to Advertise a Retail Store. 1907.
160 EDWARDS/HOWARD: Retail Advertising and Sales Promotion. 1936.

161 EGGENSCHWYLER: Die Reklame vom volkswirtschaftlichen Standpunkt. (Zeitschrift für Socialwissenschaft. 1915).

162 EHMCKE: Wahrzeichen – Warenzeichen. 1921.

163 EISLER: Handwörterbuch der Philosophie. 2. Aufl. 1922.

167 ELBOURNE: The Marketing Problem. 1926.

168 ELDER: Fundamentals of Industrial Marketing. 1935.

169 ELEY: Advertising Media. 1932.

170 ELIASBERG: Reklamewissenschaften. 1936.

171 ENGEL: Die vorherrschenden Gewerbezweige in den Gerichtsämtern mit Beziehung auf die Productions- und Consumptionsverhältnisse des Königreichs Sachsen. (Zeitschrift des Statistischen Bureaus des Königlich Sächsischen Ministeriums des Innern. 1857).

172 ENNER: Hvad Reklame angaar. 1937.

173 ERBES: Advertising Goes Nudist. (Printers' Ink. 30. April 1937).

174 ERBES: Cut It Down to Six! (Printers' Ink. 29. September 1939).

175 ERHARD: Marktverbände und Gemeinschaftswerbung. (Die deutsche Fertigware. VII. A. 1935).

176 ERNST: Zeitgemäße Reklame. 1911.

177 D'ESTER: Zeitungswesen. 1928.

178 ETTINGER: Die Regelung des Wettbewerbs im modernen Wirtschaftssystem. 1905.

179 EULEMANN: Interessantes aus der Praxis des Werberechts. (Die deutsche Werbung. 1934).

180 EXNER: Moderne Schaufenster-Reklame. 1896.

181 Die Export-Reklame. I. II. III. (Vol. 1). 1910.

182 FABER: National Advertising Drive in Newspapers is Based on Localized Appeals. (Printers' Ink. 15. Dezember 1938).

183 FAHRENBRUCH: Verkaufsbetrieb von Markenartikelfabriken. 1927.

184 FAILLETAZ: Balzac et le Monde des Affaires. 1932.

185 Faker and Sucker: A Practical Primer on Fraudulent Advertising. Von W. B. Jones. 1900.

186 FARRINGTON: Talks by the Old Storekeeper. 1906.

187 FELLER: Psycho-Dynamik der Reklame. 1932.

188 FERROL: Ferrols 24 Erfolgsfaktoren für jede Reklame. 1925.

189 Festschrift zur Feier des 25-jährigen Bestehens der Manoli Zigarettenfabrik. 1919.

190 FINDEISEN: Organik. 1931.

191 FINKELHOR: Legal Phases of Advertising. 1938.

192 FIRTH: Testing Advertisements. 1934.

193 FISCHER, B.: Werbung und Organisation – ihre Bedeutung für den Fabrikbetrieb. 1929.

194 FISCHER, H.: Gemeinschaftswerbung im Aufbau der Wirtschaft. (Die deutsche Werbung. 1934).

195 FLEISCHHACK: Suggestion und Reklame. (VDR-Handbuch der Reklame. I. 1925).

196 FLEISCHMANN: Die moderne Kundenwerbung. 1921.

197 FLEISCHMANN: Wie erhöhe ich den Umsatz meines Geschäftes? 1927.

198 FLUSS: Die volkswirtschaftliche Bedeutung der Reklame. 1932.

199 FLUSS: Reklame und Krise. (Die Betriebswirtschaft. 1933. Heft 4).

200 FOGG-MEADE: The Place of Advertising in Modern Business. (The Journal of Political Economy. 1901).

201 FOWLER: Building Business. 1893.

202 FOWLER: Fowler's Publicity. 1897.

203 FOWLER: Starting in Life. 1906.

204 FRANK: Handbuch der Reklame. 1928.

205 FREDERICK, CH.: Selling Mrs. Consumer. 1929.

206 FREDERICK, J. H.: Industrial Marketing. 1934.

207 FREER: The Inner Side of Advertising. 1925.

208 FREEDLEY: A Practical Treatise on Business. 6. Aufl. 1853.

209 FREEMAN: One Hundred Advertising Talks. 1912.

210 FREISCHÜTZ: Kollektivreklame. (Zeitschrift für Handelswissenschaft und Handelspraxis. XX. 1927. Heft 11).

211 FRENCH: The Art and Science of Advertising. 1909.

212 FRENCH: 20th Century Advertising. 1926.

213 FRERK: Reklame-Fachwörterbuch des Reklame-, Druck- und Verkaufswesens. 1929.

214 FREULON: Notes sur la Publicité. 1923.

215 FRIEDLAENDER: Fabrikation und Verkauf. 2. Aufl. 1925.

216 FRIEDLAENDER: Der Weg zum Käufer. 2. Aufl. 1926.

217 FRIESENHAHN / SCHWERING: Handbuch der Reklame für Kaufleute, Industrielle, Gewerbetreibende, Handlungsgehilfen und Reklamefachmänner. 2. Aufl. 1910.

218 FRITZ: Die wirtschaftliche Bedeutung der Konsumentenhaltung. 1935.

219 The Functions of the Modern Advertising Agency. 1917.

220 GALBRAITH: Rational and Irrational Consumer Preference. (The Economic Journal. XLIII. 1938).

221 GALE: On the Psychology of Advertising. (Psychological Studies. 1900).

222 GALLOWAY: Advertising. 1913.

223 GAMBLE: The Business Life. 1907.

224 GARBATY-ROSENTHAL: Der Markenartikel. (Jahrbuch der Philosophischen Fakultät zu Leipzig. 1920).

225 GARTH: Make Money in the Mail-Order Business. 1905.

226 G. C. M.: How to Do More Business. 1906.

227 GEIGER: Reklame for Parlamentsstyret. (Nationaløkonomisk Tidsskrift for Samfundsspørgsmål, Økonomi og Handel. 1938).

228 GEIGER: Sociologi. 1939.

229 GEIGER: Reklame og erhvervspolitisk Propaganda. (Nationaløkonomisk Tidsskrift for Samfundsspørgsmål, Økonomi og Handel. 1940).

230 GEIGER: Konkurrence. 1941.

231 GEISSLER: Association-Reactions Applied to Ideas of Commercial Brands of Familiar Articles. (The Journal of Applied Psychology. Vol. 1. September 1917).

232 GÉRIN: Au Fil des Affaires. o. J.

233 GÉRIN: Causeries Publicitaires Dédiées aux Détaillants. 1913.

234 GÉRIN/ESPINADEL: La Publicité Suggestive. 1911.

235 GIELLERUP: Let's Stop Guessing About Advertisements. (Advertising & Selling. 31. Oktober 1928).

236 GIELLERUP: Is the „Cumulative Effect" Idea a Fallacy? (Advertising & Selling. 3. Oktober 1928).

237 GIESE: Psychoanalytische Psychotechnik. (Imago. X. 1924. Heft 1).

238 GIESE-HÜSER: Zur Psychologie des Bücherkaufens. (Deutsche Psychologie. III. 1921. Hefte 5/6).

239 The Glen Buck Book. 1911.

240 GOLDMANN: Der Werberat der deutschen Wirtschaft. 1939.

241 GOODALL: Business and Advertising. 1908.

242 GOODALL: Advertising. 1914.

243 GOODE: Things Will Be Different for the Advertising Man of 1950. (Advertising & Selling. 5. September 1928).

244 GOODE: How to Turn People into Gold. 1929.

245 GOODE: Manual of Modern Advertising. 1932.

245a GOODE: What About Radio? 1937.

246 GOULD: Seminar in Advertising Evaluations. (Advertising & Selling. Januar/März 1939).

247 GRAGG/BORDEN: Merchandise Testing as a Guide to Consumer Buying. 1938.

248 GRAND-CARTERET: L'Enseigne. 1902.

249 GREEN: The Mind in Action. 1923.

250 GREGOR: Schmissige Reklame. 1924.

251 GROTH: Die Zeitung. 1928/30.

252 GROWALD: Der Plakat-Spiegel. 1904.

253 GROWALD: Reklame-Fibel für Reklame-Verbraucher. 1933.

254 HALBERT: Der Geist der Reklame. 1918.

255 HALBERT: Praktische Reklame. 1927.

256 HALFELD: Amerika und der Amerikanismus. 1927.

257 HALL: Writing an Advertisement. 1915.

258 HALL: The Advertisement Handbook. 1921.

259 HALL: Theory and Practice of Advertising. 1926.

260 HANFFSTENGEL VON: Die Reklame des Maschinenbaues. 1923.

261 HARING: Advertising Develops Its Own Proving Grounds. (Advertising & Selling. 3. Oktober 1928).

262 HARLANG: Er Folkestyret en Reklamekampagne værd? 1938.

263 HARTUNGEN VON: Psychologische und praktische Betrachtungen über die Reklame in Italien. (Zeitschrift für Handelswissenschaft und Handelspraxis. XIV. 1921/22. Heft 5).

264 HARTUNGEN VON: Der Markenartikel. (Zeitschrift für Handelswissenschaft und Handelspraxis. XV. 1922. Heft 3).

265 HARTUNGEN VON: Psychologie der Reklame. 2. Aufl. 1926.

266 HATIN: Histoire Politique et Littéraire de la Presse en France. 1859/61.

267 HAYNE: Endlich bessere Anzeigen im Kampf um den Kunden von morgen. 1927.

268 HECHT/KÜMPFEL (HRSG.) IM AUFTRAGE DER INDUSTRIE- UND HANDELSKAMMER ZU BERLIN: Der Wettbewerb. 1936.

269 HELLWEG: Die Außenreklame in Stadt und Land. 1919.

270 HELLWEG: Die Kultur der Außenreklame. 1923.

271 HÉMET: Traité Pratique de la Publicité Commerciale et Industrielle. (Hrsg. von L. Angé). 1922.

272 HERLE: Werbung = Dienst am Vierjahresplan. (Ruhr und Rhein. Wirtschaftszeitung. 4. November 1938).

273 HERMANNS: Beiträge zur volkswirtschaftlichen Würdigung der Reklame. 1912.

274 HERRLEIN: Reklame und Propaganda. 1909.

275 HERRLEIN: Kaufmännische Propaganda. 1910.

276 HERROLD: Advertising for the Retailer. 1923.

277 HERTING: Einige psychologische Betrachtungen über die Ortsreklame. (Zeitschrift für Handelswissenschaft und Handelspraxis. XII. 1919/20. Heft 4/6).

278 HERWEGH: Der Film als Werbemittel der Schwerindustrie. o. J.

279 HERZOG: Industrielle und kaufmännische Propaganda. 1911.

280 HESS, H. W.: Productive Advertising. 1915.

281 HESS, H. W.: Advertising. Its Economics, Philosophy and Technique. 1931.

282 HESS, W.: Reklame-Erfahrungen. 1909.

283 HETTINGER/NEFF: Practical Radio Advertisement. 1938.

284 HIATT: Picture Posters. 1896.

285 HIGHAM: Scientific Distribution. 1916.

286 HIGHAM: Looking Forward. Mass Education Through Publicity. 1920.

287 HIGHAM: Advertising. Its Use and Abuse. 1925.

288 HIRSCH: Organisation und Formen des Handels und der staatlichen Binnenhandelspolitik. (Grundriß der Sozialökonomik. V. 1918).

289 HIRSCH: Kan det betale sig at reklamere? 1934.

290 HOENIGER: Das Inseratenrecht und andere verlagsrechtliche Aufsätze. 1909.

291 HOFFMANN: Wie beeinflusse ich? 1929.

292 HOGG: Fortunes Made in Business. o. J.

293 HOLE/HART: Advertising and Progress. 1914.

294 HOLLINGWORTH: Advertising and Selling. 1913.

295 HOYT, CH. W.: Training for the Business of Advertising. 1922.

296 HOLT, H.: Commercialism and Journalism. 1909.

297 HOPKINS: Mitt liv i reklamens tjänst. (Schwedisch von T. A. Björklund). 1928.

298 HOPKINS: Propaganda. Meine Lebensarbeit. (Deutsch von E. Krahnen). 4. Aufl. 1929.

299 HORSTER: Vertrauliche Mitteilungen über moderne Reklame. o. J.

300 HOTCHKISS: Advertising Copy. 1924.

301 HOTCHKISS: An Outline of Advertising. 1937.

302 HOTCHKISS: On Telling the Truth. (Printers' Ink. 7. Januar 1937).

303 HOTCHKISS: Milestones of Marketing. 1938.

304 HOTCHKISS/FRANKEN: The Leadership of Advertised Brands. 1923.

305 HOTCHKISS/FRANKEN: The Measurement of Advertising Effects. 1927.

306 How to Judge an Advertising Agency. J. H. Cross Company. 1920.

307 The Adviser: or, How to Successfully Conduct Mail Order Business. o. J.

308 HUCK: Die kleine Anzeige, ihre Organisation und volkswirtschaftliche Bedeutung. 1914.

309 HUNDHAUSEN: Kundenwerbung amerikanischer Banken. 1929.

310 HUNKE: Bedeutsame Ausführungen über Wirtschaft und Wirtschaftswerbung. (Die deutsche Werbung. 1934).

311 HUNKE: Aktuelle Tages-Fragen. Deutsche Werbepolitik. (Die deutsche Werbung. 1937).

312 HUNKE: Die neue Wirtschaftswerbung. 1938.

313 HÖLLER: Die moderne Reklameunternehmung, ihre Entstehung, Organisation und Stellung im Rahmen des gesamten Wirtschaftslebens. 1925.

314 IMMICH: Thema: Erfolgskontrolle. (Die deutsche Werbung. 1936).

315 INSTITUT FÜR WIRTSCHAFTSBEOBACHTUNG DER DEUTSCHEN FERTIGWARE: Die Gemeinschaftswerbung für Konsumfertigwaren. (Die deutsche Fertigware. VII. B. 1935).

316 International Correspondence Schools. Reference Library. A Series Of Textbooks Prepared For Students Of The International Correspondence Schools And Containing In Permanent Form The Instruction Papers, Examination Questions, And Keys Used In Their Various Courses. Retail Advertising (Parts 1–7, Parts 8–13).

International Correspondence Schools at Scranton, Pennsylvania. Retail Advertising. 1903/1905.

317 Interview mit Präsident Reichard. (Die deutsche Werbung. 1935. S. 926).

318 Is an Honest and Sane Newspaper Press Possible? Von einem nicht namentlich genannten New Yorker Verfasser. (Atlantic Monthly. Oktober 1908).

319 IVERSEN: Geschäftskniffe. 1918.

320 JACOBSEN-FAULÜCK: Ein werblicher Mobilmachungsplan. (Die deutsche Werbung. 1939).

321 JAEDERHOLM: Die Psychologie der Anzeige in den Vereinigten Staaten von Nordarmerika. In: Nachrichtendienst, Schriftverkehr und Reklame. (Grundriß der Betriebswirtschaftslehre. XIII. 1928).

322 JAEDERHOLM: Psychotechnik des Verkaufs. 1926.

323 JAHN: Reklame durch das Schaufenster. 1926.

324 JAMAKORZIAN: De la Publicité Commerciale en France. 1911.

325 JAMES: Advertising And Other Addresses. 1907.

326 JENKINS: Psychology in Business and Industry. 1935.

327 JONES: Handbook of Advertising. 1912.

328 KAHN: Die Werbung des Schuheinzelhändlers. 1930.

329 KAHN: Some Notes on Ideal Output. (The Economic Journal. März 1935).

330 KAINDL: Bibliographie der deutschen Reklame-, Plakat- und Zeitungs-Literatur. 1918.

331 KAINDL: Kaindl's Reklame-Bücherei. 1918 ff.

332 KAINDL (HRSG.): Bücher und Schriften über Reklame, Plakatkunst, Zeitungswesen und Geschäfts-Organisation. 1928.

333 KELLER: Die Ethik der Geschäftsreklame. 1916.

334 KELLEN: Lehrbuch der kaufmännischen Propaganda im besonderen der Anzeige- und Reklame-Kunst. 1899.

335 KELLEN: Lehrbuch der kaufmännischen Propaganda. 2. Aufl. 1911.

336 KEMP: A Treatise on the Science of Trade, as Applied to Legislation. 1844.

337 KEMPE: Menschliche Schwächen im Dienste der Reklame. o. J.

338 KEMPE: Der Industrie-Reklamefilm. o. J.

339 KEMPE: Zur Psychologie der kaufmännischen Reklame. 1914.

340 KENNEDY: Reason-Why Advertising. 1912.

341 KERNDL: Kennzahlen in der Werbung. (Die Reklame. 1933).

342 KITSON: The Mind of the Buyer. 1924.

343 KITSON: Scientific Advertising. 1926.

343a KJÆR HANSEN: Forbrugerne og Mærkevarerne. 1940.

344 KJÆR HANSEN: Detailsalget. 1937.

345 KJÆR HANSEN: Salg og Reklame. 1930.

346 KJÆR HANSEN/NORVIL: Haandbog i Reklame til Brug ved Handelsundervisning. 1926.

347 KJÆR HANSEN/PETERSEN: Reklamehaandbogen. 2. Aufl. 1936.

348 KLEPPNER: Advertising Procedure. 1925.

349 KLIEMANN: Die Stellung der Reklame im sozialen und geistigen Leben. (Die Reklame. 1924).

350 KLIEMANN: Wie und wo erfasse ich Käuferschichten? 1928.

351 KLUGKIST: Die qualifizierende Vertriebsreklame. 1927.

352 KNAPP: Reklame, Propaganda, Werbung, ihre Weltorganisation. 1929.

353 KNIES: Der Telegraph als Verkehrsmittel. 1857.

354 KOBATSCH: Wirtschaftlichkeitslehre. 1928.

355 KOHLER: Vorwort zu P. Ruben (Hrsg.): Die Reklame. Bd. 2. 1914.

356 KRAMER: Handbuch der Reklame für den modernen Geschäftsmann. Von P. Friesenhahn und A. Schwering. 3. Aufl. o. J.

357 KRAMER: Kundenwerbung durch die Post. 1920.

358 KRENGEL: Die Reklame in der Lehre von der Marktwirtschaft. 1936.

359 KRIEGER: Wie stellen sich die Einzelhändler und Verbraucher zur Gemeinschaftswerbung? (Die deutsche Fertigware. VII. B. 1935).

360 KRISTENSEN: Monopol og Konkurrence. (Nationaløkonomisk Tidsskrift for Samfundsspørgsmål, Økonomi og Handel. 1936).

361 Kritik am Werbefilm. (Die deutsche Werbung. 1939).

362 KROPEIT: Die Reklame-Schule. I. 2. Aufl. 1908.

363 KROPEIT: Werbearbeit. 1926.

364 KROPFF: Psychologie in der Reklame als Hilfe zur Bestgestaltung des Entwurfs. 1934.

365 KROPFF: Totalität der Werbung. 1939.

366 KROPFF/RANDOLPH: Marktanalyse. 1928.

367 KUPFERBERG: Das Wissenschaftliche in der Reklame. In: P. Ruben (Hrsg.): Die Reklame. Bd. 2. 1914.

368 KUPFERBERG: Deutsche Werbeköpfe. I. 1923.

369 KUPFERBERG: Wie eine Gemeinschaftswerbung entstand. (Die deutsche Werbung. 1934).

370 KURTZIG: Zur Psychologie des Inserats. (Industrielle Psychotechnik. I. 1924).

371 KÜCHENMEISTER: Wie? Das Problem der Reclame. 1895.

372 KÖNIG: Reklame-Psychologie. 3. Aufl. 1926.

373 LACOSTE DE: L'Exercise Illégal de la Médicine et les Articles de Réclame Médico-Pharmaceutique à Tournure Scientifique. Préface de M. Georges Rocher. 1909.

374 LAING: The Theory of Business. 1867.

375 LAIRD: Critique of the Association Test as an Applied to Advertising. (Journal of Experimental Psychology. VI. 1923).

376 LAIRD: What Makes People Buy. 1935.

377 LANCELOTTI: Storia aneddotica della réclame. 1912.

378 LANE: Advertising Administration. (Principles and Practice). 1931.

379 LARRABEE: Trade-Marked Potatoes. (Printers' Ink. 3. Februar 1938).

380 LARRABEE: Association Advertising, Often a Headache, Can Succeed Minus these Faults. (Printers' Ink. 16. März 1939).

381 LARRABEE: Consumer Groups Gain as Advertisers Beat Bushes For Witches. (Printers' Ink. 24. November 1939).

382 LARWOOD/HOTTEN: The History of Signboards, from the Earliest Times to the Present Day. 1900.

383 LASSALLE: Die Feste, die Presse und der Frankfurter Abgeordnetentag. 1863.

384 LAUTERER: Die Reklame des Detaillisten. 1917.

385 LAUTERER: Lehrbuch der Reklame. 1923.

386 LAUTERER: Die Reklame von morgen. o. J.

387 LAZARUS: Die Reklame durch Vermittlung der Post. 1923.

388 LEARNED: Problems in Marketing. 1936.

389 LEAVENWORTH: Lost Monopolies. (Printers' Ink. 30. September 1937).

390 LECHNER: Die werbepolitischen Probleme in der künftigen Wirtschaftswerbung. (Die deutsche Werbung. 1934).

391 LECHNER: Handwerkswerbung – Neuland in der Wirtschaftswerbung. (Die deutsche Werbung. 1935).

392 LEE, G. ST.: We. 1916.

393 LEE, J.: Twenty-Five Years in the Mail Order Business. 1902.

394 LEMCKE: Handbuch der Reklame. 1901.

395 LENNEP VAN/TER GOUW: De Uithangteekens, in verband met Geschiedenis en Volksleven beschouwd. Vier Teile in zwei Bänden. 1868.

396 LENNEP VAN/TER GOUW: De Uithangteekens, in verband met Geschiedenis en Volksleven beschouwd. De Uithangteekens in het algemeen beschouwd. Zweiter Teil: Erste Abteilung. 1868.

397 LENÔTRE: Paris Révolutionnaire. 1900/24.

398 LEUCHS: System des Handels. 1804.

399 LEWIS, H. H.: How Fortunes are made in Advertising. 1908.

400 LEWIS, L.: The Advertisements of The Spectator. 1909.

401 LEWIS, E. ST. E.: Financial Advertising. 1908.

402 LEWIS, SINCLAIR: Babbitt. 1922.

403 LEWIS, SINCLAIR: The Job. An American Novel. 1917.

404 LICHTENBERG/BARTON: Advertising Campaigns. 1926.

405 LIEFMANN-KEIL: Organisierte Konkurrenz-Preisbildung. 1936.

406 LIESENBERG: Persönliche · Geschäftliche · Politische Reklame. 1912.

407 LINDNER: Zur Frage der Strecken-Reklame. o. J.

408 LINK: The New Psychology of Selling and Advertising. 1934.

409 LIPMANN/PLAUT (HRSG.): Die Lüge in psychologischer, philosophischer, juristischer, pädagogischer, historischer, soziologischer, sprach- und literaturwissenschaftlicher und entwicklungsgeschichtlicher Betrachtung. 1927.

410 LISOWSKY: Werbeinhalte. (Zeitschrift für Betriebswirtschaft. 1932).

411 LOHMANN: Die Marktordnungsaufgaben der Gruppen in der Organisation der gewerblichen Wirtschaft <mit Ausschluß des Verkehrs>. 1939.

412 LUCAS/BENSON: Relative Values of Positive and Negative Advertising Appeals as Measured by Coupons Returned. (Journal of Applied Psychology. 1929).

413 LÜDDECKE: Der Einfluß der Reklame auf das Antlitz der Kultur. (Deutsche Rundschau. Oktober 1929).

414 LYNDALL: Business: As It Is, and As It Might Be. 1854.

415 LYON: Advertising Allowances. 1932.

416 LYSINSKI: Psychologie des Betriebes. 1923.

417 LYSINSKI: Zur Psychologie der Schaufensterreklame. (Zeitschrift für Handelswissenschaft und Handelspraxis. XII. 1919/20. Heft 1/3).

418 LYSINSKI: Die Organisation der Reklame. 1924.

419 LYSINSKI: Die psychologischen Grundlagen der Reklame. (Grundriß der Betriebswirtschaftslehre. XIII. 1928).

420 LYSINSKI: Zur Psychologie der Wortmarkenreklame. (Zeitschrift für Handelswissenschaft und Handelspraxis. XI. 1918/19. Heft 7/9).

421 LYSINSKI/SEYFFERT: Begriff, Arten, allgemeine Bedeutung und Anwendungsgebiete der Werbung. (Zeitschrift für Handelswissenschaft und Handelspraxis. XIII. 1920. Heft 3, 5, 6, 9).

422 MACBAIN: Selling. 1905.

423 MACCLURE: Death Behind the Door. 1933.

424 MACDONALD: Successful Advertising. 1902.

425 MACGREGOR: Pushing Your Business. 1908.

426 MACGREGOR: Two Thousand Points for Financial Advertising. 1912.

427 MAHIN: Lectures on Advertising. o. J.

428 MAHIN: The Commercial Value of Advertising. 1904.

429 MAHIN: Advertising: Selling the Consumer. 1914.

430 MAINDRON: Les Affiches Illustrées (1886–1895). 1896.

431 MARBE: Die Gleichförmigkeit in der Welt. I. 1916.

432 MARBE: Psychologie der Werbung. 1927.

433 MARBE: Psychologie der Wertreklame. 1930.

434 MARES: Advertising that Tells. 1907.

435 MARKHOFF: Kinder – künftige Käufer kritisieren die Reklame. (Die Reklame. 1933).

436 MARSHALL: Business Administration. 1921.

437 MARTEAU: Gemeinschaftspropaganda in Großbritannien: Die Werbefeldzüge der Elektrizitätsindustrie und der Gaswerke. (Seidels Reklame. Juli 1927).

438 MASTERS: An Advertising Critic Speaks Up. (Advertising & Selling. Februar 1938).

439 MATAJA: Die Reklame. 2. Aufl. 1916.

439a MATAJA: Die Reklame. 4. Aufl. 1926.

440 MAY: Das Verhältnis des Verbrauches der Massen zu demjenigen der „kleinen Leute", der Wohlhabenden und Reichen und die Marxistische Doktrin. (Jahrbuch für Gesetzgebung, Verwaltung und Volkswirtschaft im Deutschen Reiche. XXIII. 1. 1899).

441 MAZAL: Die Reclame: im Dienste der Versicherung. 1883.

442 MCCURRY: Fakes, Grafts and Swindles Exposed. 1899.

443 MCNAUGHTON: Increasing Directed Advertising Returns. 1923.

444 Merchandise Testing as a Guide to Consumer Buying. (Harvard University. Graduate School of Business Administration. Division of Research. Business Research Studies. 1940).

445 Merchandising Advertised Products Through Drug Stores. 1920.

446 MERMET: La Publicité en France. 1879.

447 METCALFE/CHRISTENSEN: How to Use Talking Pictures in Business. 1938.

448 MILLER: Supermarket Merchandising Methods. (Advertising & Selling. 9. September 1937).

449 Af Millionmandens Betragtninger. (Aarhus Stifstidende, Søndagsmagasin. 13. Oktober 1940).

450 Mitteilungen des Vereins Arbeiterpresse. Nr. 256. 1926.

451 MOEDE: Psychologie der Reklame. (Praktische Psychologie. I. 1919/1920. Heft 7).

452 MOEDE: Konsumpsychologie. 1933.

453 MOOR: Reklame-Lexikon. 1908.

454 MORAN: The Business of Advertising. 1905.

455 MORIARTY: The Economics of Marketing and Advertising. 1923.

456 MOSSELMANS: La Défence des Petits Commerçants par la Publicité. 1911.

457 MOSSELMANS: La Publicité. Comment s'en servir? 1908.

458 MOWRY: Community Advertising. 1924.

459 MUELLER: Das Studium der Reklame. 1910.

460 MUELLER: Introduction à la Pratique de la Réclame. o. J.

461 MUMBY: The Romance of Bookselling. 1910.

462 MUNZINGER: Die Entwicklung des Inseratenwesens in den deutschen Zeitungen. 1902.

463 MUSEWALD: Die Reklame als volkswirtschaftliche Erscheinung. 1934.

464 MÜHLBRADT: Das Werbebudget unter besonderer Berücksichtigung des Insertionsplanes und die Möglichkeit der Erfolgsberechung. Diss. 1933.

465 MÜNSTERBERG: Psychologie und Wirtschaftsleben. 1912.

466 MÜNSTERBERG: Psychology and Industrial Efficiency. 1913.
467 MÜNZNER: Öffentliche Meinung und Presse. 1928.

468 NICKLISCH: Die Betriebswirtschaft. 7. Aufl. 1932.
469 NICKLISCH: Neue Deutsche Wirtschaftsführung. 1933.
470 NICKLISCH: Die Lenkung der Wirtschaft. 1935.
471 NIPPES: Die Absatzorganisation in der deutschen Zigarettenindustrie. 1927.
472 NIXON: Principles of Advertising. 1937.
473 Nordisk Reklamekongres i København 1931. 1931.
474 NORVIL: Annonceteknisk Haandbog. 1927.
475 NOTZ: Die amerikanischen Trade Associations. (Weltwirtschaftliches Archiv. 1921/I).

476 O'DEA: A Preface to Advertising. 1937.
477 OECHSELHAEUSER VON: Die Auswüchse des Reklamewesens. In: P. Ruben (Hrsg.): Die Reklame. Bd. 2. 1914.
478 OETKER: Die betriebliche Werbung im Dienste des Vierjahresplanes. 1938.
479 OLDENBERG: Die Konsumtion. (Grundriß der Sozialökonomik. II. 1914).
480 OWEN: The Hoarding. o. J.

481 PAGE: Advertising. 1903.
482 PANETH: Entwicklung der Reklame vom Altertum bis zur Gegenwart. 1926.
483 PANETH: Grundriss der kaufmännischen Reklame und des Reklamerechts in Deutschland und Oesterreich. 1927.
484 PANETH: Reklame des Detailkaufmannes. 1929.
485 PANETH: Wirtschaftliche und rechtliche Beschränkungen der geschäftlichen Reklame. 1930.
486 PARK: Masse und Publikum. 1904.
487 PARSONS: Principles of Advertising Arrangement. 2. Aufl. 1913.
488 PAULI: Rhythmus und Resonanz als ökonomisches Prinzip in der Reklame. 1926.
489 PETZOLD: Wie organisiert man eine Gemeinschaftspropaganda? (Seidels Reklame. Juli 1927).
490 PHILLIPS: How Department Stores Are Carried On. 1905.
491 PICKEN: Principles of Selling by Mail. 1927.
492 PINTSCHOVIUS: Nutzloser Reklamebetrieb. 1929.
493 PLAUT: Grundsätzliches zur Reklamepsychologie. (Zeitschrift für angewandte Psychologie. 1921).
494 PLENGE: Deutsche Propaganda. 1922.
495 POFFENBERGER: Psychology in Advertising. 1925.
496 Points on Merchandising Advertised Products Through Department Stores. 1918.

497 POLLERT: Die Preisbildung bei Markenartikeln und ihre Beziehungen zur Absatzpolitik. 1930.
498 POTTER DE: De Advertentie in de Nieuwsbladen. 1879.
499 POTTIER: Le Secret de la Fortune par la Publicité. 1919.
500 POWELL: Powell's Practical Advertiser. 1905.
501 PRAIGG: Advertising and Selling. 1924.
502 PRESBREY: The History and Development of Advertising. 1929.
503 PRIESTLEY: Angel Pavement. 1930.
504 PROPSON: Export Advertising Practice. 1923.
505 Publicity. An Essay on Advertising. Von D. Nicoll. 1878.
506 A Publisher's Confession. Von W. H. Page. 1905.

507 QUIETT/CASEY: Principles of Publicity. 1926.

508 RACKOW: Die Reklame als wirtschaftliches Gebilde. 1910.
509 RAFFELSBERG: Die neuesten gewinnbringenden Reklame-Systeme. o. J.
510 RAMSAY: Effective House Organs. 2. Aufl. 1928.
511 RAPP: Willensskelette in der modernen Malerei: kritische Studie vom Standpunkt der modernen Plakatkunst aus. (Das Plakat. 11. September 1920 = Sonderheft „Die Packung").
512 RAUTER: Das Warenzeichen. 1922.
513 REDLICH: Reklame. Begriff – Geschichte – Theorie. 1935.
514 REDLICH: Reklame und Wechsellagenkreislauf. (Schmollers Jahrbuch für Gesetzgebung, Verwaltung und Volkswirtschaft. LIX. 1. 1935).
515 REISNER: Church Publicity. 1913.
516 Reklamehåndboka. 1940.
517 Report of Addresses. Advertising First Adfest. Held at Cleveland, Ohio, October 23, 1909. Participants: Cleveland Advertising Club, Adcraft Club, Detroit, Buffalo Ad Club. 1909.
518 Report of New Business Methods to the American Gas Institute at the First Meeting at Chicago, Ill. October 17th, 18th, 19th, 1906.
519 RHEINSBERG: Die geheimen Gesetze der Reklame. 1911.
520 RHEINSTROM: Psyching the Ads. 1929.
521 RICHARDSON: The Power of Advertising. 1911.
522 RICHTER, H. E.: Das Geheimmittel-Unwesen. 1872.
523 RICHTER, M.: Moderne Reklamekunst. 1901.
524 RIECK: Verschwendung im Handel. 1917.
525 RIEDEMANN: Was ist erlaubt – was ist verboten? Werberecht von A bis Z. 1938.
526 RIESE: Die ökonomische Theorie des Verkehrs mit Markenartikeln. 1931.
527 RILEY: Depth-Advertising. (Printers' Ink. 22. September 1938).

528 RINDFUSZ: Can Advertising Create a Monopoly? In a Sense, Yes; But It Also Builds Competition. (Printers' Ink. 20. April 1939).

529 On the Rise and Progress of Advertisements. (Rev. of ‚Scottish Newspaper Directory and Guide to Advertisers. A complete Manual of the Newspaper Press.' und ‚The Fourth Estate: Contributions towards a History of Newspapers, and of the Liberty of the Press by F. Knight Hunt.') (Quarterly Review. 97. Juni & September 1855).

530 RITTENBERG: Direct Mail and Mail-Order. 1931.

531 ROBINSON: Abuses of Public Advertising. (Atlantic Monthly. März 1904).

532 RUDECK: Meine Erfahrungen als Grossinserent. o. J.

533 RUSSELL, TH.: Success in Retail Advertising. 1910.

534 RUSSELL, TH.: Articles on Commercial Advertising from The Times Financial & Commercial Supplement. 1911.

535 RUSSELL, TH.: Commercial Advertising. 1920.

536 RUSSELL, TH.: Commercial Advertising. 2. Aufl. 1923.

537 RUSSELL, G.: Nuntius. Advertising and its Future. 1926.

538 RÄBER: Die gewerbliche Reklame. 1886.

539 RÖSLER: Der Buchdrucker und Zeitungsfachmann als Kaufmann. 1914.

540 SAAGER: Die Kulturmission der Reklame. 1912.

541 Safe Advertising ... (Lord & Thomas). o. J.

542 Salmonsens Konversationsleksikon. Bd. 19. 5. Aufl. 1925. Artikel „Reklame".

543 SAMPSON: A History of Advertising from the Earliest Times. 1874.

544 SANDER: Die Organisation der Reklame. 1910.

545 SANDIG: Bedarfsforschung. 1934.

546 SAWYER: Secrets of the Mail Order-Trade. 1900.

547 SAYERS: Murder Must Advertise. A Detective Story. 1933.

548 SCHAEFER: Markt und Werbung. 1937.

549 SCHAFRIN: A Defense of Sex Appeal. (Printers' Ink. 18. Februar 1937).

550 SCHLEICH: Gemeinschafts-Werbung. (Die deutsche Werbung. 1936).

551 SCHMIDT, A. K.: Vom Geiste der kommenden Werbung. (Die Reklame. 1933).

552 SCHMIDT, A. K.: Neue Probleme der Marktanalyse. (Die Reklame. 1933).

553 SCHMIDT, E. E. H.: Tabak und Reklame. 1916.

554 SCHMIDT, E. E. H.: Von Reklame und anderen Dingen. 1918.

555 SCHMIDT, E. E. H.: Für ein Inseraten-Monopol. 1919.

556 SCHMIDT, E. E. H.: Tabak und Reklame. 2. Aufl. 1919.

557 SCHMIEDCHEN: Neues Handbuch der Reklame. 1929.

558 SCHMITT: „Teekanne" GMBH. 1930.

559 SCHMOLLER: Grundriss der allgemeinen Volkswirtschaftslehre. 1919.

590 SCHMÖLDER: Das Inseratenwesen, ein Staatsinstitut. 1879.

591 SCHNEIDER: Konkurrenz und Reklame in der deutschen Lebensversicherung. 1888.

592 SCHOENFELDT: Wie der Tabakhandel Kunden wirbt. In: P. Ruben (Hrsg.): Die Reklame. Band 2. 1914.

593 SCHORN: Begutachtung von Reklameplakaten und Inseraten. (Praktische Psychologie. II. 1920/1921. Heft 2).

594 SCHULTZE PFAELZER: Propaganda, Agitation, Reklame. 1923.

595 SCHWAB: The Weather and Other Factors Affecting Results from Advertising. (Printers' Ink. 14. Juli. 1939).

596 SCHWARZKOPF: Der Leitfaden der Reclame. 2. Aufl. 1887.

597 SCHYBERG: Lønnsom Reklame. 1929.

598 SCHÄFER, E.: Grundfragen einer Wirtschaftslehre der Reklame. (Festschrift für Eugen Schmalenbach. 1933).

599 SCHÄFER, E.: Gemeinschaftswerbung und Fertigwarenwirtschaft. (Die deutsche Fertigware. VII. A. 1935).

600 SCHÄFER, W.: Das Geheimniß der modernen Reklame. 1895.

601 SCHÖLL: César Birotteau. 1932.

602 SCHÖNE: Die Zeitung und ihre Wissenschaft. 1928.

603 SCOTT: The Theory of Advertising. 1908.

604 SCOTT: The Psychology of Advertising. 1908.

605 SCOTT: Influencing Men in Business. 1911.

606 SCOTT: Influencing Men in Business. 2. Aufl. 1916.

607 SCOTT: Increasing Human Efficiency in Business. 1911.

608 SCOTT: The Psychology of Advertising in Theory and Practice. 1921.

609 SEIDT: Neues Handbuch der Reklame zum praktischen Gebrauch für Kaufleute. 1914.

610 SELDIS: Die Abfassung der Zeitungs-Annoncen und ihre muthmaßlichen Erfolge. 1871.

611 SELLERT: Markenartikel und Preispolitik. 1927.

612 Selling Forces. Abgefaßt von R. J. Walsh. 1913.

613 Seminar für Reklame und Organisationskunde an der Handelshochschule zu Köln: ... Vortragsreihe ... 1. Sommer-Sem. 1915/Winter-Sem. 1916/17.

614 SEMLOW: Wie man billig und erfolgreich Reklame macht! o. J.

615 SEMON: Die Mneme. 2. Aufl. 1908.

616 SEMON: Die Mnemischen Empfindungen in ihren Beziehungen zu den Originalempfindungen. 1909.

617 SEŸFFERT: Allgemeine Werbelehre. 1929.

618 SHERMAN: Advertising in The United States. (Publications of the American Statistical Association. Dezember 1900).

619 Short Talks on Advertising. Von C. A. Bates. 1898.

620 SHOWALTER-BOYER: Vôtre Intérêt. o. J.

621 SHRYER: Analytical Advertising. 1912.
622 SIEBEN: Schrifttum über Gemeinschaftswerbung. (Die deutsche Fertigware. VII. B. 1935).
623 SIEBEN: Gemeinschaftswerbung für Konsumfertigwaren. Diss. 1937.
624 SIMMAT: The Principles & Practice of Advertising. 1935.
625 SIMMEL: Philosophie des Geldes. 5. Aufl. 1930.
626 SIMONIS: Success in Advertising. 1908.
627 SLICHTER: The Organization and Control of Economic Activity. In: M. A. Copeland et al. (Hrsg.): The Trend of Economics. 1924.
628 SMITH: Advertise. How? When? Where? 1863.
629 SOMBART: Der moderne Kapitalismus. 4. Aufl. 1924.
630 SOMBART: Die Reklame. (Der Morgen. 1908).
631 SOMBART: Ihre Majestät die Reklame. (Die Zukunft. 1908).
632 SOMBART: Deutscher Sozialismus. 1934.
633 SOMBART: Der Bourgeois. 2. Aufl. 1920.
634 SPANN: Kurzgefaßtes System der Gesellschaftslehre. 1914.
635 SPARLING: Introduction to Business Organization. 1906.
636 SPIERS: The Art of Publicity and Its Application to Business. 1910.
637 SPONSEL: Das moderne Plakat. 1897.
638 STARCH: An Analysis of 5,000,000 Inquiries Received by 163 Firms from 3,500 Magazine and Newspaper Advertisements. 1930.
639 STARCH: Principles of Advertising. 1923.
640 STEAD: The Art of Advertising. 1899.
641 STEED: The Press. 1938.
642 STELZLE: Principles of Successful Church Advertising. 1908.
643 STERN: Angewandte Psychologie. 1921.
644 STOCKING: Modern Advertising and Economic Theory. (The American Economic Review. 1931).
645 STODDARD: This Public Debate on Advertising. (Printers' Ink. 15. Juli 1937).
646 STRAUS: Wesen und Vorgang der Suggestion. 1925.
647 STRONG: The Relative Merit of Advertisements. (Archives of Psychology. 17. 1911).
648 STRONG: The Psychology of Selling and Advertising. 1925.
649 STRONG: Psychological Aspects of Business. 1938.
650 STRØM TEJSEN: Reklamens samfundsøkonomiske Virkninger. 1932.
651 SUTTER: Die grosse Trommel. Phineas Taylor Barnum, der Meister der Reklame. 1924.
652 SVEISTRUP: Driftsøkonomiens Anvendelse ved Salget. 1939.
653 SWETT: Principles of the Mail Order Business. 3. Aufl. o. J.
654 SWETT: Principles of the Mail Order Business. 5. Aufl. o. J.

655 SYDOW VON: Annonsens historia i Sverige intill år 1700. 1929.

656 TAYLOR: The Economics of Advertising. 1934.
657 THAYER: Astir. 1910.
658 TIPPER/FRENCH: Advertising Campaigns. 1923.
659 TIPPER/HOLLINGWORTH/HOTCHKISS/PARSONS: Advertising. Its Principles and Practice. 1915.
660 TIPPER/HOLLINGWORTH/HOTCHKISS/PARSONS: Richtige Reklame. (Deutsch von H. Hahn). 1928.
661 TOLLEFSEN: Reklame-ABC. 1933.
662 TOR STRAATEN: Die Technik des Erfolgs. 1931.
663 TOTOMIANZ: Konsumentenorganisation. 3. Aufl. 1929.
664 TREITSCHKE VON: Politik. Vorlesungen, gehalten an der Universität zu Berlin. (Hrsg. von M. Cornicelius). I. 1897.

665 WADSWORTH: Principles and Practice of Advertising. 1913.
666 WAGEMANN: Werbung und Konjunkturpolitik. (Wirtschaftsheft 7 WERBUNG der Frankfurter Zeitung. 1932).
667 WAGNER: Mätt och vägd reklam. (Affärsekonomi. Nr. 1. 1934).
668 VAILE: Economics of Advertising. 1927.
669 WALDES: Was wir in Amerika durch Reklame erzielten. In: P. Ruben (Hrsg.): Die Reklame. Bd. 2. 1914.
670 WALLFRIED: Reklame in Oesterreich-Ungarn. In: P. Ruben (Hrsg.): Die Reklame. Band 2. 1914.
671 WALTER: Das Schaufenster und sein Schmuck. 2. Aufl. 1921.
672 WARBASSE: Genossenschaftliche Demokratie. 1926.
673 VATHELET: La Publicité dans le Journalisme. 1911.
674 WEESE DE: The Principles of Practical Publicity. 1906.
675 WEHLE: Die Reclame. 1880.
676 WEIDENMÜLLER: Beiträge zur Werbelehre. 1912.
677 WEIDENMÜLLER: Erfolgreiche Kundenwerbung. 1912.
678 WEIDENMÜLLER: Werbe-Unterricht. 1916.
679 WEIDENMÜLLER: Kurzer Grundriss der Werbelehre. 1916.
680 WEIDENMÜLLER: Stoff und Geist in der Werbelehre. 1919.
681 WEIDENMÜLLER: Vom Begriffbau der Anbietlehre. 1926.
682 WEISS: Gemeinschaftswerbung. (Zeitschrift für Betriebswirtschaft. 1927).
683 WELD: Merchandise Testing as a Guide to Buying. (Printers' Ink. 23. Februar 1939).
684 WELD: Some Advertised Goods Costs More than Unadvertised; let's be sensitive about it. (Printers' Ink. 7. Juli 1939).

685 WELD: Some Unsolved Problems in Advertising Research. (Printers' Ink. 6. Februar 1936).

686 WELD: Germany's Iron Role Over Advertising. (Printers' Ink. 18. November 1937).

687 WELLS: Tono-Bungay. Norwegisch von C. J. Hambro. 1924

688 WERNER: P. T. Barnum. 1923.

689 VERSHOFEN: Kritisches zur Gemeinschaftswerbung. (Keramos. 1934).

690 VERSHOFEN: Produktionsankurbelung oder Belebung des Verbrauchs? 1933.

691 WESSLING: Werbe-Winke aus der Praxis. 1920.

692 WEST: Split-Run Copy Testing. Teil I und II. (Advertising & Selling. August/September 1939).

693 WESTERBY: Magasin Reklame (Vortrag). 1931.

694 WHITE: Advertising Research. 1927.

695 WHITE: Market Analysis. 2. Aufl. 1925.

696 WIENER: Geschäftsbauten und Reklame. In: P. Ruben (Hrsg.): Die Reklame. Band 2. 1914.

697 WILDEN: Fritz Henkel. 1933.

698 WINKLER: W. R. Hearst. 1928.

699 WITIES: Das Wirkungsprinzip der Reklame. (Zeitschrift für Philosophie und philosophische Kritik. 1906).

700 WOLFRADT: Ironische Reklame. (Die Kultur der Reklame. 3. 1921. Heft 5. Beilage zu „Das Plakat". 12. Heft 5. Mai 1921).

701 VOLGER: Die Kunst der Reklame. 1901.

702 VOLGER: Moderne Reklamekunst. 1907.

703 WOLLF: Lingner und sein Vermächtnis. 1930.

704 WOLTER: Reklame und Wirtschaft. 1928.

705 WOOD: Money Hunger. 1908.

706 WOODWARD: It's an Art. 1938.

707 WUSSOW VON: Geschichte und Entwickelung der Warenhäuser. 1906.

708 WUTTKE: Die Entwicklung der Handelsformen und der Reklame an der Hand der „Illustrirten Zeitung". In: P. Ruben (Hrsg.): Die Reklame. Bd. 2. 1914.

709 WYGODZINSKI: Die Hausfrau und die Volkswirtschaft. 1916.

710 WÜNDRICH: Der Prospekt als geschäftliches Werbemittel. 1927.

711 ZEITLIN: Götze Reklame. (Plutus. 1908).

712 Zeitungs- und Annoncen-Sekretär. 1871/2.

713 ZEUTHEN: Nogle økonomiske og sociale Udviklingstendenser og deres politiske Konsekvenser. (Statsøkonomisk Tidsskrift. 1938).

714 ZEUTHEN: Reklame eller Videnskab. (Nationaløkonomisk Tidsskrift for Samfundsspørgsmål, Økonomi og Handel. 1937).

715 ZGODA: Die Annonce. 1892.

716 ZOLA: Au Bonheur des Dames. 1883.

717 ZSCHOCKE: Muss die Reklame künstlerisch sein, um zu wirken? 1926.

718 Das Zugabewesen. 1930.

719 ZUR WESTEN VON: Reklamekunst. 2. Aufl. 1914.

720 ZUR WESTEN VON: Reklamekunst aus zwei Jahrtausenden. 1925.

Apparat

Editorischer Bericht

Die Übersetzungsgrundlage der vorliegenden deutschen Textfassung ist Theodor Geigers dänische Monographie „KRITIK AF REKLAMEN", die im Jahre 1943 im Kopenhagener Nyt Nordisk Forlag · Arnold Busck erschienen ist; sie blieb als Ausgabe letzter Hand die einzige Auflage zu Geigers Lebzeiten und ist auch nach seinem Tod im Jahre 1952 nicht wiederaufgelegt worden. Die Monographie schien vergessen, und daran hat, wenn auch gewiß nicht willentlich, schon der Verleger mitgewirkt. Er hatte offenkundig keine guten Kontakte zur (Fach-)Presse – es erschienen insgesamt, wie bereits in der Vorrede erwähnt, offenbar nur drei dänische Rezensionen. Sehr wahrscheinlich spielte in seinen Überlegungen auch die bedrohliche politische Lage nach der deutschen Besetzung Dänemarks eine große Rolle und könnte zu seiner Zurückhaltung beigetragen haben; niemand wußte ja, wie sich die Dinge entwickeln würden. Vermutlich wurde die Monographie auch nur in kleiner Auflage gedruckt.[1]

Geigers Untersuchung hat eine in vielfacher Hinsicht lange und nicht ganz einfache Entstehungs- und Editionsgeschichte. Geiger begann mit den Vorarbeiten und einer intensiven, systematischen Lektüre der Fachliteratur offensichtlich sehr bald nach seiner Berufung auf den Lehrstuhl für Soziologie und Wirtschaftsgeschichte an der Universität Aarhus im Jahre 1938,[2] setzte sie mit einem zwischenzeitlichen Studienaufenthalt zur Literaturrecherche an der Handelshochschule Kopenhagen im Frühjahr 1940 fort und beendete die Arbeit schließlich mit der Niederschrift und

1 Das Archiv des Nyt Nordisk Forlag · Arnold Busck, das den Schriftwechsel enthielt und über alle aufgeworfenen Fragen hätte Auskunft geben können, fiel vor einigen Jahren einem Wasserschaden zum Opfer (Mitteilung des Verlags vom 16. Mai 2012).

2 Es war vermutlich Geiger, der angeregt hatte, einschlägige anglo-amerikanische, deutsch-, französisch- und italienischsprachige Reklameliteratur von der Staatsbibliothek Aarhus anschaffen zu lassen. Sie war (und ist) an keiner der zentralen Länderbibliotheken (beispielsweise Deutsche Nationalbibliothek, Staatsbibliothek zu Berlin – Preußischer Kulturbesitz, Bayerische Staatsbibliothek, The British Library, Bibliothèque nationale de France, Library of Congress) oder anderen nationalen oder internationalen Universitätsbibliotheken im Bestand vorhanden. Die Staatsbibliothek Aarhus entpuppte sich in dieser Hinsicht als wahre Fundgrube für meine Literaturrecherchen zu Geigers Reklamestudie.

Überarbeitung des Manuskripts in Odense unter recht eingeschränkten wissenschaftlichen Möglichkeiten im Frühsommer 1942.[3]

Daß Geiger unter diesen obwaltenden Umständen beim Abfassen seiner Monographie sicherlich am meisten die nicht greifbaren Schriften und Artikel vermißte, ist sehr naheliegend. Das betraf insbesondere das vergewissernde Nachschlagen der angeführten Zitate. Diese notierte er während seiner ausgedehnten Lektüre aus einer immensen Anzahl von Schriften und Artikeln vor allem aus dem Englischen (50,9 Prozent) und Deutschen (39 Prozent) (siehe die folgende Aufstellung), die ihm besonders bedeutsam erschienen und deren Autoren ihm auch, dank seines außergewöhnlich guten Gedächtnisses, erinnerlich waren.

Sprache	absolute Häufigkeit	relative Häufigkeit in %
Englisch	517	50,9
Deutsch	396	39,0
Französisch	55	5,4
Dänisch	30	2,9
Schwedisch	8	0,8
Italienisch	6	0,6
Norwegisch	4	0,4
Summe	1016	100,0

Quelle: Kritik af Reklamen, Kjøbenhavn 1943

Geiger kam dabei seine außerordentliche Sprachbegabung zugute – er beherrschte vom Dänischen, Schwedischen und Norwegischen über das Englische und Französische bis zum Italienischen viele europäische Sprachen.

Von besonderem Gewicht dürften in diesem Zusammenhang, zieht man nur die am häufigsten genannten Zitatquellen als einen Indikator des Kenntnisstandes heran, die Reklamewerke von Bunting 1913 (9 Zitate), Chase/Schlink 1931 (10 Zitate), Fowler 1893 (13 Zitate) und 1897 (13 Zitate), French 1926 (13 Zitate), Hémet 1922 (12 Zitate), Mahin o. J. (11 Zitate), Musewald 1934 (9 Zitate), Russell 1920 (13 Zitate), Shryer 1912

[3] Siehe auch Geigers Bemerkung in dem in der Vorrede übersetzten Handschreiben aus Odense an Alf Ross vom 16. Februar 1942.

(10 Zitate) und Sieben 1937 (10 Zitate) sein, von denen viele als klassische Standardwerke der Reklameliteratur gelten; als sehr nützlich für die Zeitungskunde erwies sich überdies Büchers Abhandlung von 1926 (10 Zitate).

Geiger hatte indes beim Exzerpieren keineswegs immer genau vermerkt, welchen Literaturquellen er sie entnommen oder zugeordnet hatte, was übrigens einige Male ebenso auf die wiedergegebenen Tabellen zutraf; sie konnten nur durch Zufall oder glückliche Umstände bei der Quellenforschung verifiziert werden.[4] Dabei kam eine erfreuliche Tatsache zu Hilfe: In der Staatsbibliothek Aarhus und in der Universitätsbibliothek der Technischen Universität Braunschweig konnten zahlreiche Bände, mit denen Geiger gearbeitet hatte, anhand der für ihn typischen Lesespuren (Anstreichungen charakteristischer Definitionen mit Kopierstift) und Randnotizen (Anmerkungen in der Gabelsberger Kurzschrift, Seitenverweise im Band), die von keinem achtsamen Bibliothekar ausradiert worden waren, ausfindig gemacht werden. Geiger hatte die Möglichkeit des direkten Nachschlagens in Odense nicht. Er hatte den zu übersetzenden Originalwortlaut der Zitate aus den Fremdsprachen (sie machen den Großteil der in seine Studie übernommenen Zitate aus) vielfach nicht zur Hand, sondern offenkundig nur seine ohne genaue Literaturangaben vorgenommenen Übertragungen – eben aus dem Deutschen, Englischen, Französischen oder Italienischen ins Dänische.

Mit übersetzten Zitaten ist Geiger teilweise sehr frei umgegangen, hat Worte oder ganze Sätze gestrichen oder auch hinzugefügt, stilistisch überarbeitet, umformuliert oder ergänzt; Auslassungen in Zitaten wurden manchmal – höchstwahrscheinlich wegen des nicht vorliegenden Originalzitats oder versehentlich – nicht gekennzeichnet. In wenigen Fällen konzentrierte er sich in seinen Darlegungen nur auf die Wiedergabe des inhaltlichen Grundgedankens des Zitats, den er zumeist in Anführungszeichen setzte, wobei manchmal erst die Recherchen klärten, ob er ihn wortwörtlich übertragen oder in eigenen Worten wiedergegeben hatte.

Geiger kümmerte sich dabei auch wenig um den Kontext der Zitate, also um die reklametypische Philosophie oder Weltanschauung, es sei denn,

4 Die Literaturquelle wurde in diesem Falle mit dem entsprechenden Seitenbezug nach dem Zitat oder mit einem Literaturverweis auf die als Beleg abgedruckten Tabellen im Text angeführt.

sie wurden eigens einer scharfen Kritik unterzogen. Diese Vorgehensweise hatte für ihn auch ihre Berechtigung, kam es ihm doch – vor dem Hintergrund der Ausgangsdefinition in seiner Studie – in erster Linie auf die Essenz der Textstelle, auf den ihr innewohnenden „Geist", und nicht auf weitschweifige Worte an. Daß damit zugleich die Arrangier- und Deutungshoheit bei Geiger lag, versteht sich von selbst, stellt einen als Herausgeber allerdings – sieht man einmal von den deutschsprachigen Zitaten ab – vor erhebliche Schwierigkeiten des Umgangs mit der Übertragung ins Deutsche. Damit aber nicht genug.

Das Rohmanuskript der Übersetzung des dänischen Textes besorgte Elisabeth Bergunde im Laufe des Jahres 1984 unter dem Titel „Kritik der Reklame".[5] Dieser Titel ist zumindest in grammatikalischer Hinsicht mißverständlich. Es lag daher nahe, für die Übersetzung den aussagekräftigeren Titel „Kritische Betrachtungen über Reklame" zu wählen, der Geigers wissenschaftliches Anliegen angemessener zum Ausdruck bringt.

Elisabeth Bergunde hat die dänische Textfassung umstandslos ins Deutsche übertragen, ohne dabei – wohl aus zeitlichen Gründen und der begrenzten finanziellen Mittel wegen – ihre Aufmerksamkeit den Feinheiten der wissenschaftlichen Terminologie und den Originalstellen der von Geiger aus anderen Sprache ins Dänische übertragenen Zitate dieser Monographie widmen zu können. Immerhin lag damit aber erstmals eine lesbare deutschsprachige Textfassung vor, die überarbeitet und auf Fehler hin durchgesehen wurde; sie ist die Grundlage der hier vorliegenden deutschen Textfassung.

Um sowohl den Nuancierungen der wissenschaftlichen Terminologie und den Originalstellen der ins Dänische übersetzten Zitate der Studie

---

[5] Die Übertragung wurde von Rainer Geißler und Horst Pöttker (Universität-Gesamthochschule Siegen) veranlaßt und aus Fondsmitteln der Universität-Gesamthochschule Siegen bestritten. Das Rohmanuskript der Übersetzung ist von Rainer Geißler und Horst Pöttker im Juli 1986 in kleiner Auflage in hektographierter Form herausgegeben worden; es ist in dieser Form auch in der Universitätsbibliothek Siegen und einigen anderen deutschen Universitätsbibliotheken einsehbar und ausleihbar. Auszüge der Übersetzung wurden zum Teil mit einführenden Worten bzw. mit Anmerkungen von beiden Autoren in verschiedenen Periodica unter den Titeln: „Theodor Geiger: Die Genesis der Reklame, in: Publizistik. Vierteljahreshefte für Kommunikationsforschung", XXXII (1987), Heft 3, Seite 325–337, „Theodor Geiger: Kritik der Reklame – Wesen, Wirkungsprinzipien, Publikum", in: Soziale Welt, 38 (1987), 4, Seite 471–492, und „Theodor Geiger: Die ‚Milchkuh' der Presse. Hat Reklame positive Kultureffekte?" In: medium. Vierteljahresschrift für Hörfunk, Fernsehen, Film, Presse, XVIII (1988), 4, Seite 29–32, veröffentlicht.

als auch den aus den schwierigen wissenschaftlichen Arbeitsbedingungen resultierenden Folgen für das Abfassen der Studie Geigers gerecht zu werden, ist in der Übersetzung folgendes an Hand der angegebenen Literaturreferenzen durchgängig auf (fach-)sprachliche Genauigkeit überprüft und gegebenenfalls berichtigt worden, was nicht auf der Korrektur eindeutiger (und mithin stillschweigend korrigierter) Druckfehler (siehe unten) beruht:

1. die wissenschaftlichen Fachtermini;

2. der präzise Wortlaut der ins Dänische übertragenen deutschen und fremdsprachigen Zitate;

3. die genaue Wiedergabe der ins Dänische übertragenen Kategorien in Tabellen und Abbildungen (einschließlich ihrer Überschriften und Quellenangaben) wie auch die im Text selber dokumentierten sozialen Tatsachen und Sachverhalte (Firmen, Produkte, Werbeslogans, Jahreszahlen usw.), so wie sie der herangezogenen deutschen und fremdsprachigen Literatur zu entnehmen sind, und, als Folge davon,

4. die angegebenen Literaturquellen selbst. Im Literaturverzeichnis hat Geiger tatsächlich nur 689 und nicht, wie aus den fortlaufenden Nummern des Literaturverzeichnisses hervorgeht, 720 Schriften und Artikel aufgeführt, wobei er offenkundig die unter der fortlaufenden Nummer 245, 343 und 439 aufgeführten Schriften noch nachträglich in den Korrekturfahnen jeweils um die Schriften 245a, 343a und 439a ergänzt hat und nach der fortlaufenden Nummer 163 beziehungsweise 559 vermutlich aufgrund von Schreibfehlern mit der Nummer 167 beziehungsweise 590 fortgefahren ist. Geiger hat darüber hinaus – auch dies eine Besonderheit des Literaturverzeichnisses – zum einen Autorennamen mit den Umlauten ä, ö oder ü als zweitem Buchstaben – wie im Dänischen – ans Ende des jeweiligen Buchstabens, mit dem der Autorenname beginnt, alphabetisch eingeordnet; zum anderen die unter W („doppeltes V“) aufgeführten Schriften und Artikel unter V eingereiht, weil es im Dänischen keine genuinen Wörter und Namen mit diesem

Anfangsbuchstaben gibt – es sei denn fremdsprachige, ins Dänische übernommene Wörter und Namen.

Die vorliegende Monographie vermeidet alle willkürlichen Eingriffe, Kürzungen und Verbesserungen im Text und ist um eine zuverlässige Wiedergabe der ursprünglichen Darstellungsform der Monographie Geigers bemüht. In Einrichtung und Gestaltung des Textes gleicht die deutsche Übertragung – abgesehen von den im folgenden erwähnten Einschränkungen – deswegen überwiegend dem von Geiger autorisierten Erstdruck; die Schreibweisen von Namen, Bezugsliteratur und Orten sind in der Regel beibehalten worden.[6]

Bei der Einrichtung und Gestaltung des Textes ist folgendes formal vereinheitlicht oder berichtigt worden:

1. Geiger hat im Inhaltsverzeichnis den „I. Teil. WESEN UND GENESIS DER REKLAME" in seiner dänischen Studie nicht mit einer Hauptüberschrift versehen. Es liegt aber auf der Hand, die beiden Kapitelüberschriften im ersten Teil miteinander zu einer Hauptüberschrift zu verknüpfen, um die Grundlagen der Studie auf den ersten Blick besser zu verdeutlichen;

2. Waren- und Appellisten, die als Aufstellungen aus unterschiedlichen Untersuchungen wiedergegeben wurden, sind vereinheitlicht in Tabellenform dargestellt worden;

3. die Tabellen sind durchnumeriert worden;

4. die Kapitelüberschrift des V. Teils „DIE ZUKUNFT DER REKLAME" wurde im Inhaltsverzeichnis allein der Analogie wegen dem Verzeichnis der entsprechenden Abschnitte vorangestellt;

---

[6] Ich halte mich an die vom dänischen Parlament im Jahre 1948 beschlossene orthographische Reform der Schriftsprache. Dänisch wird – das sei zum allgemeinen Verständnis hinzugefügt – mit dem um drei Buchstaben ergänzten lateinischen Alphabet geschrieben. Den deutschen Umlauten ä und ö entsprechen im Dänischen æ beziehungsweise ø; dazu kommt der ursprünglich schwedische und norwegische Buchstabe å, der bis zum Jahre 1948 in der Form von aa verwandt wurde; eine Ausnahme bilden nur Namen von Personen und Institutionen von vor 1948; Städtenamen fallen allerdings nicht unter diese Ausnahme.

5. kursive Hervorhebungen im übersetzten Erstdruck wurden im kursiv wiedergegebenen Text in den Erläuterungen durch die Grundschrift kenntlich gemacht;

6. offensichtliche und eindeutig zu berichtigende Druckfehler und Setzversehen, Flüchtigkeitsfehler und Irrtümer im Erstdruck wurden stillschweigend korrigiert;

7. Namen von Tageszeitungen, Wochen- und Monatszeitschriften sowie Fach- und Werbezeitschriften wurden stets kursiv geschrieben;

8. Initialen von Organisationen und Institutionen und Abkürzungen für einzelne Wörter im Erstdruck wurden – bis auf „vgl.", „usw.", „usf." und „f." beziehungsweise „ff." und den geläufigen Abkürzungen im Literaturverzeichnis – aufgelöst;

9. Zahlen wurden gelegentlich ausgeschrieben;

10. Fußnotenexponenten wurden in der Regel jeweils nach Komma, Semikolon oder Punkt angefügt;

11. Auslassungen in der Vorrede und in den Erläuterungen sind durch runde Klammern (...) mit drei Auslassungspunkten bezeichnet worden;

12. zusätzliche Anmerkungen in der Vorrede, im Text und in den Erläuterungen sind durch eckige Klammern [ ] gekennzeichnet worden.

Die Erläuterungen im Apparat geben Auskunft über die in jedem Kapitel angesprochenen unterschiedlichen Bezüge in Geigers Monographie und dienen außerdem deren besserem allgemeinen Verständnis. Sie beschränken sich vorwiegend auf Angaben zu den zeit- und wissen(schaft)sgeschichtlichen Hintergründen und verzichten in der Regel auf Deutungen. Die des Kommentars bedürftigen Stellen werden durch einen kursiv abgesetzten sinnvollen Textauszug (gegebenenfalls nur durch ein zu erklärendes Wort oder einige wenige zu erläuternde Wörter) hervorgehoben; ihnen wird die jeweilige Seitenangabe vorangestellt, auf die sich der Textauszug in der hier vorliegenden Ausgabe bezieht. Der Kommentar selbst erschließt wichtige Informationen über Personen und Sachzusammenhänge und versteht sich in erster Linie ebenso als knappe Aufschlüsselung der biographischen und bibliographischen Angaben wie er auch im unmittelbaren Zusammenhang mit deren inhaltlichen Bezügen steht: dem Erläutern von Fragestellungen, Begriffen, Sachverhalten, Zitaten und Lebensdaten von Personen.

Personennamen und Sacherläuterungen werden stets an der Stelle ihrer erstmaligen Erwähnung aufgeführt; erfolgt eine erneute Nennung, wird darauf in den Anmerkungen der Erläuterungen nicht mehr eigens eingegangen. Gleiches gilt für Übertragungen von Titeln und Zitaten der Sekundärliteratur aus dem Dänischen ins Deutsche; sie wurden jeweils des allgemein besseren Verstehens und Lesens wegen in den Anmerkungen der Erläuterungen in Anführungszeichen in eine mit einem Stern gekennzeichnete Fußnote aufgenommen; Titel und Zitate in einer geläufigeren Fremdsprache wurden nicht ins Deutsche übertragen. Was sich mit Hilfe eines Fach- oder Konversationslexikons leicht erschließen läßt, wird gewöhnlich nicht weiter ausgeführt. Ebenfalls nicht näher eingegangen wird in den Anmerkungen selbst auf erstmalig genannte Personen und Werke, sofern nicht ein triftiger Grund das notwendig erscheinen läßt. Wenn nicht immer alle angesprochenen Sachverhalte in wünschenswerter Weise aufgeklärt werden konnten, so ist das an den entsprechenden Stellen der Anmerkungen vermerkt worden.

Die von Geiger herangezogene Literatur und wiedergegebenen Zitate sind in den jeweiligen Anmerkungen der Erläuterungen nur dann als Quelle aufgeführt und kommentiert, wenn dies unbedingt sachlich erforderlich war; ihre im Einzelfall unvollständige oder ungenaue Anführung ist in der Erläuterung kenntlich gemacht. Anspielungen, Paraphrasen und Aperçus werden nur überprüft, wenn sie als solche klar erkennbar sind und wenn eine Erläuterung geboten erscheint. Um vor allem ein zeitaufwendiges Nachforschen und Nachschlagen der zum Teil nur schwer zugänglichen Literatur zu ersparen, sind die Quellen im Literaturverzeichnis, die einige bibliographisch fehlerhafte Angaben enthielten,[7] überprüft und entsprechend korrigiert worden. Die zahlreichen darüber

[7] Das ist wohl ein weiterer Hinweis darauf, daß Geiger die Literaturquellen in Odense vielfach nicht zur Hand hatte.

hinaus zu Rate gezogenen Werke, vor allem die biographischen Nachschlagewerke, finden keine gesonderte Erwähnung.

Erläuterungen

Motti auf dem Titelblatt

1 *Verily, man shall not live by bread alone but mainly by catchwords.* R. L. Stevenson – Das erste Motto in seinem Buch entlieh Geiger als verkürzten Satz der Schrift des Romanciers Robert Louis Stevenson (1850 bis 1894) „Virginibus Puerisque and Other Papers" dem in Kapitel 1 abgedruckten Essay: „Virginibus Puerisque", das nach der in London erschienenen Ausgabe von 1881 auf Seite 42 folgendermaßen lautet: „Man is a creature who lives not upon bread alone, but principally by catchwords."

1 *Injudicious liars have brought all liars into bad repute.* Mark Twain – Das zweite Motto stammt aus des Schriftstellers Mark Twains (1835 bis 1910) Essay „On the Decay of the Art of Lying", wurde indes von Geiger stark verkürzt und zugleich verändert wiedergegeben, und lautet nach der auf Waiheke Island publizierten Ausgabe von 1885 auf Seite 1 wie folgt: „Judicious lying is what the world needs. I sometimes think it were even better and safer not to lie at all than to lie injudiciously. An awkward, unscientific lie is often as ineffectual as the truth."

Vorwort

4 f. *Ohne die Verantwortung für ein Detail in meiner Darstellung ablehnen zu wollen, sage ich hier meinem Freunde, Professor Dr. polit. Jørgen Pedersen, Dank für eine genaue Durchsicht des Manuskriptes und für guten Rat in Punkten, wo mein nationalökonomisches Wissen unsicher oder mangelhaft war.* – Jørgen Pedersen (1894 bis 1969) lehrte von 1936 bis 1960 Nationalökonomie an der „Wirtschaftswissen-

schaftlichen und Juristischen Fakultät" der Universität Aarhus; an derselben Fakultät hatte Geiger von 1938 bis 1952 die Professur für Soziologie und Wirtschaftsgeschichte inne.

I. Teil – Wesen und Genesis der Reklame

16 *Die Anstrengungen der Jesuiten, die schwedische Königin Kristina in den Schoß der Römischen Kirche zurückzuholen, sind nicht Propaganda, sondern Proselytenmacherei.* – Die Jesuiten versuchten gleichsam als Speerspitze der Gegenreformation, die eigenwillige protestantische Königin Kristina von Schweden (1626 bis 1689) in den letzten Jahren ihrer Regentschaft (1632 bis 1654) für den katholischen Glauben zu gewinnen, zu dem sie sich auch nach ihrer Abdankung im Jahre 1655 öffentlich bekannte.

25 *(...) „Rauch' Nihil Sine!" (...)* – Die Zigarrenfabrik P. Wulff in Kopenhagen, deren Motto: „Nihil sine labore" lautet, stellte seit dem Jahre 1887 eine Zigarrenmarke Namens „Nihil Sine" her.

27 *(...) „Dagens køb og salg" (...)* – Gemeint ist damit die Rubrik „Täglicher An- und Verkauf" in der dänischen Tageszeitung „Aarhus Stiftstidende".

27 *So gesehen, ist es unberechtigt, daß historische Darstellungen den von Montaignes Vater vorgeschlagenen (1569) (...)* – Michel de Montaigne (1533 bis 1992) schreibt in seinen Essays (1580) „in dem Kapitel D'un défault de nos polices, daß sein Vater gern in den Städten eine Einrichtung verwirklicht gesehen hätte, wonach die Leute, die irgendeine Sache nötig hätten, an bestimmter Stätte bei einem dazu bestellten Beamten eine entsprechende Eintragung machen könnten, etwa in der folgenden Weise: Ich habe Perlen zu verkaufen, ich suche Perlen zu kaufen, der und der wünscht Gesellschaft zur Reise nach Paris. Der und der sucht einen Bedienten mit den und den Eigenschaften, der und der einen Lehrer, der und der einen Arbeiter; kurz, der eine dies, der andere das, jeder nach seinem Bedarf" (O. Groth: Die Zeitung. Ein System der Zeitungskunde

(Journalistik). Dritter Band, Mannheim, Berlin, Leipzig 1930, Seite 169).

27 *(...) (bureau d'adresse et de rencontre) (...)* – das „un centre d'information et de publicité" sein sollte (siehe dazu E. Paneth: Entwicklung der Reklame vom Altertum bis zur Gegenwart. Erfolgreiche Mittel der Geschäfts-, Personen- und Ideenreklame aus allen Zeiten und Ländern. Mit einem Geleitwort von Viktor Mataja. München und Berlin 1926, Seite 88).

32 *Ford zog jahrelang Vorteil aus den wenig schmeichelhaften Scherzen über sein Automobil.* – Gemeint ist damit Fords stets schwarz lackiertes „Modell T", welches liebevoll ironisch auch „Tin Lizzy" (Blechliesel) genannt wurde; über dieses in Massenproduktion gefertigte Modell (1907–1927) kursierten zahllose Geschichten, Karikaturen, Anekdoten, Gedichte und Lieder, die die ungeheure Popularität weit über Amerikas Grenzen hinaus verstärkten. So spottete etwa Brecht 1934 im Gedicht „ALFABET": „Ford hat ein Auto gebaut/Das fährt ein wenig laut./Es ist nicht wasserdicht/Und fährt auch manchmal nicht." In: Bertolt Brecht „Die Gedichte". Herausgegeben von Jan Knopf, Frankfurt 2007, Seite 1012.

39 *(...) Kaufmacht (...)* – Geiger übernimmt hier und im weiteren den bereits in seiner dänischen Monographie „Konkurrence. En sociologisk Analyse" (København 1941) als Fußnote auf Seite 93 erläuterten ökonomischen Fachbegriff „købeevne". Die vom Nationalökonomen und Soziologen Friedrich von Gottl-Ottlilienfeld (1868 bis 1958) in seiner speziellen Terminologie erstmals verwendeten Fachausdrücke „Kaufkraft und Kaufmacht" wurden auch in der vorliegenden Übersetzung beibehalten. Geiger beruft sich sicherlich auf Gottl-Ottlilienfelds Abhandlung „Bedarf und Deckung. Ein Vorgriff in Theorie der Wirtschaft als Leben", Jena 1928, in der es im Kapitel „VIII. Vom Rüstgut der Wirtschaft im besonderen" in einer Passage auf Seite 257 f. heißt: „Nur noch der Hinweis, wie sehr auch in Dingen der Fugmacht der Blick der heutigen Theorie völlig gebannt bleibt auf das heutige Wirtschaftsleben: ebensowenig wie sie vom Unwandelbaren der Fernfugmacht etwas weiß, ebensowenig auch vom Unwandelbaren der Fugmacht selber! In

ihren beschränkten Sehkreis tritt nur jene besondere Form der Fernfugmacht, die heute als Kapital zum Tatbestand wird, und so auch bloß jene besondere Form von Fugmacht, die heute als Kaufmacht vorliegt. In beiden Richtungen aber verzeichnen sich dieser Theorie erst noch diese Tatbestände, aus Schuld jenes ‚Denkens in Gütern', das ihr vom Alltag her nachhängt. So bleibt, einer stillschweigenden communis opinio gemäß, Kapital für sie eben doch ein ‚Stock von Gütern', und aus der Kaufmacht, die dem Träger der Fuggewalten eingeräumt ist, wird die ‚Kaufkraft', im Sinne eines Vermögens der Objekte! Nur gelegentlich wird auch im persönlichen Sinne davon gesprochen, etwa mit Wendungen gleich jener von einer Hebung der ‚Kaufkraft der Massen'."

40 *(...) Gesellschaftsklassen (...)* – Geiger verwendet hier und im folgenden den Begriff „Gesellschaftsklasse", wie er im skandinavischen oder anglo-amerikanischen Sprachraum gebräuchlich ist; „Gesellschaftsklasse", „Kaste" und „Stand" sind Unterbegriffe, gewissermaßen Spezialfälle von „sozialer Schicht", die er als logischen Oberbegriff verwendet; diese begriffliche Unterscheidung hat er erstmals in seiner Studie „Die soziale Schichtung des deutschen Volkes. Soziographischer Versuch auf statistischer Grundlage", Stuttgart 1932, vorgeschlagen.

48 *(...) preußisches (und dänisches) Intelligenzmonopol haben zum Beispiel die Entwicklung der Reklame in diesen Ländern gehemmt.* – In Preußen und Dänemark galt bis ins 19. Jahrhundert der sogenannte Intelligenzzwang; er verpflichtete Inserenten, Werbeanzeigen nur in eigens dafür gedruckten staatlichen Intelligenzblättern zu publizieren. Für die privaten Verlage war die Aufhebung des Intelligenzmonopols in diesen Ländern ökonomisch ein Segen. Fortan konnten Kleinanzeigen von zahlenden Inserenten auch in Tages- und Wochenzeitungen erscheinen und belebten das Reklamegeschäft.

50 *(...) Condottieri (...)* – Söldner- und Freischarführer in Italien (14./15. Jahrhundert), die Soldverträge mit den nur mit schwachen Streitkräften ausgerüsteten Stadtstaaten abschlossen, deren Schutz

vor Angriffen fremder Mächte wie auch neidischer Nachbarn sie übernahmen und deren Kriege sie führten.

51 *(...) zur Zeit Cromwells (...)* – Oliver Cromwell (1599 bis 1658), bedeutender Staatsmann in der englischen bürgerlichen Revolution, Puritaner, und nach dem Sturz der Stuarts Staatsoberhaupt (Lordprotektor) von England, Schottland und Irland während der kurzen republikanischen Periode.

51 *(...) Weinrufer (...)* – Der Weinrufer („clamator vini") „hatte auszurufen, wo und zu welchem Preise Wein geschenkt wurde. (...) In Paris waren diese Weinrufer zu einer Gilde zusammengeschlossen, deren Satzungen 1268 registriert wurden. Neben dem Ankündigen und Ausklingeln der Weinverkäufe hatten sie zugleich die recht einträgliche Aufgabe, gegen beträchtliche Sporteln Todesfälle auszurufen (...) Der Korporation, die daher die Bezeichnung: Jurés Crieurs de Corps et de Vins führte, stand endlich noch das ausschließliche Vorrecht zu, den Verlust von Gegenständen und das Abhandenkommen von Kindern bekanntzumachen" (Walter von Zur Westen: Reklamekunst aus zwei Jahrtausenden, Berlin 1925, Seite 31).

66 *„Bei dem weiteren Vorgehen machte er sich das Prinzip des Petit-Matelot zu eigen und entwickelte, als erster unter den Parfümhändlern, jenen Luxus von Plakaten, Annoncen und andern Reklamen, die man vielleicht mit Unrecht Scharlatanerie nennt" (...)* – Im vorliegenden Band wurde nach der deutschen Ausgabe Honoré de Balzac: Cäsar Birotteaus Größe und Niedergang (Die menschliche Komödie). Roman. Deutsch von Hugo Kraatz, Zürich 1998, Seite 51, zitiert.

II. Teil – Psychologische Streiflichter

84 *(...)* ***278*** *(...)* – Der Titel mit der Nummer 278 des Literaturverzeichnisses „HERWEGH: Der Film als Werbemittel der Schwerindustrie. o. J." konnte bibliographisch nicht ermittelt werden. Vermutlich zog Geiger Arnulf Gnams „Der Film in seiner Bedeutung als Werbemittel. Inaugural-Dissertation zur Erlangung der Doktorwürde

an der Staatswirtschaftlichen Fakultät der Ludwig-Maximilians-Universität zu München o. J. [1928] zu Rate, deren Titel allerdings allgemeiner formuliert ist.

96 *(...) es sind einige Millionen Hansen und Jensen (...)* – Diese dänischen Namen entsprechen im Deutschen etwa den häufig vorkommenden Namen Schmidt und Schulze.

98 *Barnums Erfolg mit dem Zwerg Tom Thumb in England (...)* – „Um in London durchzudringen, setzte Barnum die Vorführung des Zwerges Tom Thumb vor der Königin durch. Die Wirkung faßte Barnum mit folgenden Worten zusammen: ‚Es war sozusagen ein Verstoß gegen Mode und guten Ton, Tom Thumb nicht gesehen zu haben'" (E. Paneth: Entwicklung der Reklame vom Altertum bis zur Gegenwart. Erfolgreiche Mittel der Geschäfts-, Personen- und Ideenreklame aus allen Zeiten und Ländern. Mit einem Geleitwort von Viktor Mataja. München und Berlin 1926, Seite 171).

98 *(...) Jenny-Lind-Boom in den USA (...)* – Als Barnum die schwedische Sopranistin Jenny Lind (1820 bis 1887) „im Jahre 1849 nach Amerika engagiert hatte, machten es sich die Modistinnen und Besitzer der besten Geschäfte zur Ehre, der Sängerin wertvolle Muster von Gewändern, Hüten, Handschuhen u. dgl. zu verehren. Durch die Bezeichnung der betreffenden Ware als Jenny Lind-Mäntel, -Hüte, -Handschuhe u. dgl., welche in gleicher Qualität vom Publikum stark begehrt wurden, brachten diese Lieferanten ihre Freigebigkeit bald vielfach ein" (E. Paneth: Entwicklung der Reklame vom Altertum bis zur Gegenwart. Erfolgreiche Mittel der Geschäfts-, Personen- und Ideenreklame aus allen Zeiten und Ländern. Mit einem Geleitwort von Viktor Mataja. München und Berlin 1926, Seite 170 f.)

101 *(...) grünem Cecil (...)* – Grüner Cecil ist der Markenname einer starken filterlosen dänischen Zigarette, die überwiegend von Arbeitern und wohl auch von Seeleuten geraucht wurde und wird.

118 *(...) Bernheim-Schule (...)* – Der Namensgeber dieser Schule, Hippolyte Bernheim (1840 bis 1919), lehrte an der medizinischen Fakultät

der Universität Nancy und vertrat die Ansicht, die Hypnose sei ein normales, nicht krankhaftes Phänomen, das als psychische Reaktion auf Suggestion einträte.

125 *R. Bonner soll Urheber jener Form sein, bei der dieselbe kurze Botschaft als großformatige Annonce oder als Plakatfries auf einem langen Bretterzaun bis ins Unendliche wiederholt wird.* – Der Journalist und Herausgeber des *New York Ledger*, Robert Bonner (1824 bis 1899), sorgte in den 1850er Jahren vor allem mit neuen Reklamewegen in Typographie und Aufmachung sowie Hochfrequenzreklame in seinem Blatt für großes Aufsehen in der amerikanischen Medienszene.

128 *(...) „There's a Reason'" for Postum (...)* – Dieser Ersatz-Kaffee wurde von der amerikanischen Postum Cereal Company seit 1885 als eine gesunde Alternative („There's a Reason") zum Koffein-Getränk Kaffee hergestellt und vermarktet.

156 *(...) „ehrlich für Lügen und Reklame" ausgaben, „um noch mehr zu verkaufen" (...)* – Im vorliegenden Band wurde nach der deutschen Ausgabe Herbert George Wells: Tono-Bungay. Roman. Aus dem Englischen übersetzt von Grit Zoller und Heinz von Sauter, München 1996, Seite 199, zitiert.

157 *Ja, selbst die alten grellen Formen werden verteidigt, „da der kleinere Geschäftsmann sich nur durch Marktschreierei unter so vielen Konkurrenten bemerkbar machen kann" (**299**, 6).* – Das von Geiger angeführte Zitat ist aufgrund der nicht nachzuweisenden Literaturquelle Nummer 299 „HORSTER: Vertrauliche Mitteilungen über moderne Reklame. o. J." nicht zu ermitteln.

160 *Es ist unehrliche Reklame, für Naturseide zu werben, aber Vistra zu verkaufen.* – Geiger spielt hier auf die große Export- und damit Devisenabhängigkeit von natürlichen Rohstoffen (Flachs, Rohwolle, Seide, Baumwolle) im nationalsozialistischen Deutschland an, das durch die Propagierung der künstlichen Textilrohstoffe Kunstseide und Zellwolle vom Ausland unabhängig werden wollte. Aus diesem Grund wurde vor allem die Zellwolle, deren Grundbestandteil

Zellulose ist, damals unter den Markennamen Vistra und Flox auf dem deutschen Textilmarkt stark beworben.

166 *(...) „keinerlei juristische Bedeutung" (...) haben* – Im vorliegenden Band wurde nach der deutschen Ausgabe Dorothy L. Sayers: Mord braucht Reklame. Roman. Deutsch von Otto Bayer, Reinbek bei Hamburg 2001, Seite 35, zitiert.

170 *(...) „ein verdammter Schwindel" (...)* – Im vorliegenden Band wurde nach der deutschen Ausgabe Herbert George Wells: Tono-Bungay. Roman. Aus dem Englischen übersetzt von Grit Zoller und Heinz von Sauter, a. a. O., Seite 177, zitiert.

172 *„Jedermann versteht das – jedermann berücksichtigt das" (...)* – Im vorliegenden Band wurde nach der deutschen Ausgabe Herbert George Wells: Tono-Bungay. Roman. Aus dem Englischen übersetzt von Grit Zoller und Heinz von Sauter, a. a. O., Seite 178, zitiert.

172 f. *(...) Es ist unsere Aufgabe, „für Geld möglichst überzeugend zu lügen –" – „Wie steht's denn mit der Wahrheit in der Werbung?" – „Natürlich steckt in der Werbung auch ein bißchen Wahrheit. Im Brot ist Hefe, aber aus Hefe allein kann man kein Brot backen. Die Wahrheit in der Werbung ... ist dem Sauerteige gleich, welchen ein Weib nahm und verbarg ihn unter drei Scheffel Mehls. Er erzeugt eine entsprechende Menge Gas, um eine unansehnliche Rohmasse in eine Form zu blähen, die der Öffentlichkeit mundet. Das bringt mich nebenbei auf den feinen, aber bedeutsamen Unterschied zwischen den Wörtern ‚mit' und ‚aus'. Wenn du zum Beispiel für Limonade wirbst, oder sagen wir, um nicht allzu gehässig zu werden, für Birnenmost, und du schreibst: ‚Unser Birnenmost ist nur aus frischgepflückten Birnen gemacht', dann muß er auch nur aus Birnen sein, sonst kann die Behauptung strafrechtliche Konsequenzen haben; sagst du einfach: ‚Aus Birnen', ohne das ‚nur' kannst du davon ausgehen, daß er vorwiegend aus Birnen gemacht ist; wenn du aber sagst: ‚Mit Birnen', dann heißt das im allgemeinen, daß auf eine Birne eine Tonne Rüben kommt, aber das Gesetz kann dir nichts anhaben – dies sind die Feinheiten unserer Sprache" (...)* – Im vorliegenden Band wurde nach der deutschen Ausgabe Dorothy L. Sayers: Mord braucht Reklame. Roman. Deutsch von Otto Bayer, a. a. O., Seite 74, zitiert.

181 *Eine solche moralische Kritik ist kaum berechtigt* (**230**, *103 ff.) (...)* – Dieser Sachverhalt ist in der ins Deutsche übertragenen Monographie Th. Geigers: Konkurrenz. Eine soziologische Analyse. Aus dem Dänischen von Gert J. Fode. Herausgegeben und erläutert von Klaus Rodax (Theodor Geiger Gesamtausgabe. Herausgegeben von Klaus Rodax. Abteilung VI: Wirtschafts- und Betriebssoziologie, Band 1), Frankfurt am Main 2012, auf den Seiten 116 ff. nachzulesen.

183 *(...) – die Form also, die ich an anderer Stelle als bracheninterne* (**230**, *97) Repressionskonkurrenz* (**230**, *48 ff.) bezeichnet habe.* – Dieser Sachverhalt ist in der ins Deutsche übertragenen Monographie Th. Geigers: Konkurrenz. Eine soziologische Analyse. Aus dem Dänischen von Gert J. Fode. Herausgegeben und erläutert von Klaus Rodax (Theodor Geiger Gesamtausgabe. Herausgegeben von Klaus Rodax. Abteilung VI: Wirtschafts- und Betriebssoziologie, Band 1), a. a. O., auf den Seiten 110 und 56 ff. nachzulesen.

184 *Die Konkurrenz ist jedoch nicht auf die einzelnen Branchen begrenzt, sondern umfaßt den gesamten Markt, wo die Verkäufer der verschiedenen Branchen in transversaler Konkurrenz stehen* (**230**, *97 ff.).* – Dieser Sachverhalt ist in der ins Deutsche übertragenen Monographie Th. Geigers: Konkurrenz. Eine soziologische Analyse. Aus dem Dänischen von Gert J. Fode. Herausgegeben und erläutert von Klaus Rodax (Theodor Geiger Gesamtausgabe. Herausgegeben von Klaus Rodax. Abteilung VI: Wirtschafts- und Betriebssoziologie, Band 1), a. a. O., auf den Seiten 110 ff. nachzulesen.

185 f. *(...) wo die Konkurrenz in ein Kampfverhältnis umschlägt und die Reklame entsprechenden Charakter annimmt* (**230**, *12 f., 17 f., 40 f.).* – Dieser Sachverhalt ist in der ins Deutsche übertragenen Monographie Th. Geigers: Konkurrenz. Eine soziologische Analyse. Aus dem Dänischen von Gert J. Fode. Herausgegeben und erläutert von Klaus Rodax (Theodor Geiger Gesamtausgabe. Herausgegeben von Klaus Rodax. Abteilung VI: Wirtschafts- und Betriebssoziologie, Band 1), a. a. O., auf den Seiten 13 ff., 20 f. und 40 f. nachzulesen.

195 *Hier folgt als Illustration die Antwort eines Pfeifenfabrikanten auf das Rabattangebot eines Blattes auf Serienannoncen. „Ich gebe nicht länger Serienannoncen auf und verzichte auf Rabatt. Genaue Kontrolle hat ergeben, daß nur die ersten Annoncen ein Resultat bringen; hierauf nimmt die Wirkung ab und ist oft bereits bei der dritten Annonce gleich Null. Annonciere ich nach einer längeren Pause wieder in derselben Zeitung, pflegt die Annonce wieder Aufträge einzubringen" (**715**, 97 f.).* – Das von Geiger erwähnte Zitat ist in der im Literaturverzeichnis genannten Quelle Nummer 715 „ZGODA: Die Annonce. 1892." nicht zu ermitteln.

198 *(. . .) Lord Leverhulme (. . .)* – vormals William Hesketh Lever (1851 bis 1925), hat als Mitbegründer der Seifenfabrik Lever Brothers Limited in den 1890er Jahren sehr frühzeitig – neben F. & A. Pears – die Bedeutung der Reklame in England erkannt.

201 *Aber die Verkäuferkonkurrenz ist eine relativ aussperrende Aneignungskonkurrenz (**230**, 15 f.), bei der man zwischen absolutem und relativem Erfolg unterscheiden muß.* – Dieser Sachverhalt ist in der ins Deutsche übertragenen Monographie Th. Geigers: Konkurrenz. Eine soziologische Analyse. Aus dem Dänischen von Gert J. Fode. Herausgegeben und erläutert von Klaus Rodax (Theodor Geiger Gesamtausgabe. Herausgegeben von Klaus Rodax. Abteilung VI: Wirtschafts- und Betriebssoziologie, Band 1), a. a. O., auf den Seiten 18 f. nachzulesen.

201 *„Wenn Whifflets verkündet, ihre Zigaretten schadeten der Lunge nicht, behauptet Puffins, die ihren stärkten das Bronchialsystem, und Gasperettes zitiert Ärzte, die ihre Zigaretten bei Tuberkulose empfehlen. Jeder will dem andern den Knalleffekt stehlen, und was kommt dabei heraus? Die Leute rauchen die verschiedenen Marken reihum, genau wie vorher" (. . .)* – Im vorliegenden Band wurde nach der deutschen Ausgabe Dorothy L. Sayers: Mord braucht Reklame. Roman. Deutsch von Otto Bayer, a. a. O., Seite 248 f., zitiert.

212 *„Es wird immer schwieriger für den Konsumenten, einfach Farbe oder Chintz oder Tapeten oder Waschsoda zu kaufen, sondern er ertrinkt in einem Meer von ‚exes' und ‚ums', ‚oes' und ‚ols'" (**119**, 15).* – Geiger hat dieses auf die Mannigfaltigkeit der amerikanischen Konsumpro-

dukte wie beispielsweise „Celotex" [Dämmstoffplatten], „Postum" [Kaffee-Ersatz], „Polish-Shoe" [Schuhcreme] oder „Nujol" [Paraffinöl] abzielende Zitat aus der Studie von Chase und Schlink „Your Money's Worth" (New York 1931) für den dänischen Leser auf die Mannigfaltigkeit der Konsumprodukte in Dänemark übertragen: „Der Verbraucher kann nicht mehr Farbe, Möbelkattun, Tapeten oder Waschsoda kaufen; er ertrinkt in einem Meer von ...ol und ...in, ...il und ...ox" (Th. Geiger: Kritik af Reklamen, a. a. O., Seite 158) (Deutsch von Elisabeth Bergunde).

213 *Die 1. Kammer für Handelssachen des Landgerichts in Frankfurt am Main verkündete am 30. Mai 1938 ein Urteil, wonach es erlaubt sei, „Dacapo-Kaffee" (Darbovens koffeinfreien Kaffee) zu servieren, wenn der Gast „Einen Hag, bitte!" verlange.* – Am 7. Oktober 1938 hat der 4. Zivilsenat des Oberlandesgerichts in Frankfurt am Main das Urteil der ersten Instanz indes aufgehoben und die Flughafengaststätten Gesellschaft m.b.H. in Frankfurt am Main verurteilt: „1) es bei Meidung einer vom Gericht für jeden Fall der Zuwiderhandlung festzusetzenden Geld- oder Haftstrafe zu unterlassen, in ihren Gaststätten auf Bestellung von ‚Kaffee Hag' einen anderen Kaffee zu verabreichen oder verabreichen zu lassen und 2) es im besonderen zu unterlassen, im geschäftlichen Verkehr die Behauptung aufzustellen und zu verbreiten, der ‚Dacapo-Kaffee' sei dasselbe wie ‚Kaffee Hag'" (Seite 2 des Urteils des 4. Zivilsenats des Oberlandesgerichtes in Frankfurt am Main). Das Oberlandesgericht hat damit entschieden: Kaffee Hag bleibt ein Warenname und ist keine Gattungsbezeichnung.

224 *Dänische Zeitschriften enthielten im Jahre 1940 ganze Seiten mit der Überschrift: „Sie können sich immer auf Markenwaren verlassen", die Annoncen für „Ginge", „Penol", „Kløverblad", „Perletand", „Zyma" und „Kijafa" umfaßten (...)* – Bei diesen dänischen Markenwaren handelt es sich in der Reihe ihrer Namensnennung um Spindelmäher, Füllfederhalter, Haushaltswaren, Zahnpasta, Waschpulver und Kirschwein.

224 *„Zum Umzugstag! Lassen Sie Cito Ihren Hausrat transportieren und Quick Ihre Gardinen aufhängen!"* – Das Eilbotenbüro und die Um-

zugsfirma „Cito Budcentral“ begann in den 1930er Jahren in Aarhus ihre Dienste anzubieten. Zum Gardinengeschäft „Quick“ konnte nichts ermittelt werden.

224 *(...) „Sammel-Reklame“ (...)* – Im Original deutsch (Th. Geiger: Kritik af Reklamen, a. a. O., Seite 167).

224 *(...) „Gesamtreklame“ (...)* – Im Original deutsch (Th. Geiger: Kritik af Reklamen, a. a. O., Seite 167).

225 *(...) Trinkt deutschen Wein!* – Im Original deutsch (Th. Geiger: Kritik af Reklamen, a. a. O., Seite 167).

225 *(...) „Gemeinschaftsreklame“ (...)* – Im Original deutsch (Th. Geiger: Kritik af Reklamen, a. a. O., Seite 167).

226 *Die Beispiele zeigen zwei Arten von Komplementärverhältnissen: Schreibmaschine und Büromöbel, Henkell Sekt und Stollwerck Schokolade (1912) usw. stehen gleichgewichtig nebeneinander. In der Verbindung zwischen Fahrrad und Gummireifen, Schuhen und Schuhcreme usw. ist die eine Ware übergeordnet, während die andere Ware Zubehör darstellt.* – Geiger nannte die Geschäftsreklame zwischen unterschiedlichen Branchen und in der gleichen Branche in einem anderen Zusammenhang auch „Komplementärreklame“ beziehungsweise „Reklameverbund“ (siehe dazu auch Th. Geigers Aufsatz: Reklame og erhvervspolitische Propaganda*, in: Nationaløkonomisk Tidsskrift for Samfundsspørgsmål, Økonomi og Handel, Band LXXVIII, Heft 3, København 1940, Seite 179).

226 *(...) die Idee [der Komplementärreklame] wurde im Jahre 1935 von Flox Zellwolle und Persil übernommen.* – Eine Waschempfehlung der Henkel & Cie. A.-G. Düsseldorf unter dem Titel „Zellwolle und wie man sie wäscht ...“ vom 23. September 1938 rät deutschen Hausfrauen deshalb: „Eine wichtige Frage beim Kauf zellwollener oder zellwollhaltiger Wäsche ist immer: ‚Wie lassen sich die Sachen waschen?‘ Darauf ist folgendes zu sagen: Gewebe, die ganz oder zum Teil aus Zellwolle bestehen, lassen sich einwandfrei waschen!

* „Reklame und wirtschaftspolitische Propaganda“

Die von den verschiedenen Seiten durchgeführten Versuche und die in zwei Jahrzehnten gemachten Erfahrungen haben ergeben, daß das bewährte Persil auch hier das geeignete Waschmittel ist."

227 *(...) Kollektiv- oder Gemeinschaftswerbung (...)* – Im Original deutsch (Th. Geiger: Kritik af Reklamen, a. a. O., Seite 169).

229 *(...) Apotheken (...)* – Ihnen, oder wie man sie in den USA zu nennen pflegt, Drugstores, kommt eine umfassendere Verkaufsfunktion zu als in Deutschland. Drugstores verkaufen nämlich nicht nur Arzneimittel, sondern auch Süßigkeiten, Kosmetika, Spielzeug, Zeitschriften etc. – übernehmen also die Funktion eines Geschäfts für den alltäglichen Bedarf; ihr Besitzer muß Apotheker sein und eine entsprechende Ausbildung vorweisen. Diese Entwicklung ist Folge der Massenproduktion von Arzneimitteln in der Pharmaindustrie, die den Apothekern – des größeren Gewinns wegen – einen Großteil ihrer Verdienstmöglichkeiten nahm.

229 *(...) Verein der Zuckerindustrie (...)* – Im Original deutsch (Th. Geiger: Kritik af Reklamen, a. a. O., Seite 170).

229 *(...) „Zucker ein Nahrungsmittel" (...)* – Im Original deutsch (Th. Geiger: Kritik af Reklamen, a. a. O., Seite 170).

231 *(...) („Deutschlands grünes Herz" – Thüringen).* – Im Original deutsch (Th. Geiger: Kritik af Reklamen, a. a. O., Seite 171).

233 *(...) „Gemeinschaftswerbung" (...)* – Im Original deutsch (Th. Geiger: Kritik af Reklamen, a. a. O., Seite 173).

233 *(...) Mit dem Kennwort ‚Bleichsoda' hatte er – neben der Marke ‚Henkel' – eine Warengattung eingebürgert (...)* – Mit „er" ist der Mitgründer der Firma „Henkel & Cie.", Fritz Henkel, gemeint.

238 *(...) Arbeitsausschuß für Agrarpropaganda.* – Im Original deutsch (Th. Geiger: Kritik af Reklamen, a. a. O., Seite 176).

248 *(...) Marktverbänden (...)* – Im Original deutsch (Th. Geiger: Kritik af Reklamen, a. a. O., Seite 183).

253 *(...) Thanksgiving Day (...)* – Feiertag in den USA, am letzten Donnerstag des November, zur Erinnerung an das erste Erntedankfest der Pilgerväter in der Neuen Welt.

288 *(...) HOLLYWOOD (...)* – Gemeint ist damit Hollywood in Pennsylvania, nicht Hollywood in Kalifornien.

295 *Der Katalog von Sears, Roebuck & Company ist zum Beispiel bis zu 1.300 Seiten stark.* – Sears, Roebuck & Company ist eines der größten Warenhäuser und Postversandhandelsunternehmen der USA mit Sitz in Chicago; mit ihrem Katalog will es hauptsächlich die ländliche Bevölkerung ansprechen, die weit vom nächsten Geschäft entfernt wohnt.

299 *Winch gibt für Jungen: Blau – Rot – Grün – Gelb – Weiß – Schwarz; Mädchen: Blau – Rot – Grün – Weiß – Gelb – Schwarz an.* – Geiger bezieht sich hier mutmaßlich auf den im Literaturverzeichnis nicht aufgeführten Aufsatz des britischen Pädagogen und eines der Begründer des experimentellen Ansatzes in der Pädagogik William Henry Winch (1864 bis 1935) „Colour Preferences of School Children", in: British Journal of Psychology, Volume 3, 1909, Seite 42–65; Winch befragte in seiner Studie rund 2.000 Londoner Schulkinder zwischen 7 und 15 Jahren nach ihren Lieblingsfarben.

316 *(...) Handelsmarke Crisco (...)* – Sie wurde den Wortlauten „**crys**tallized **c**ottonseed **o**il" nachgebildet.

IV. Teil – Die Reklame in der Wirtschaftsgesellschaft

328 *Aus einem ähnlichen Grunde erhält die Reklame eine besondere Chance in Zeiten, wo mit gewissen Verbrauchsgewohnheiten unfreiwillig gebrochen wird – so in Deutschland während des Vierjahresplanes, wo die Rohstoffwirtschaft die Produktion gewisser gewohnter Waren einstellte (...)* – Hauptziel der staatlich gelenkten Wirtschaftspolitik im natio-

nalsozialistischen Deutschland war es, innerhalb des angestrebten Zeitrahmens von vier Jahren wirtschaftliche Autarkie zu erreichen, um die Wirtschaft, wie Hitlers geheime Denkschrift vom August 1936 programmatisch umriß, „kriegsfähig" zu machen. Dem diente die „Verordnung zur Durchführung des Vierjahresplanes" vom 18. Oktober 1936 im Reichsgesetzblatt, die die Rohstoffversorgung, den Arbeitseinsatz, die Konsumgüterproduktion und die Preisbildung regeln und ein System lückenloser Wirtschaftslenkung schaffen sollte.

341 *„Eine ganze Seite war mit ... Annoncen angefüllt, die alles mögliche von orientalisch parfümierten Zigaretten bis zu elektrischen Leibgürteln offerierten, und Turgis las sie sämtlich aufmerksam durch. In der Öffentlichkeit tat er so, als wisse er Bescheid und betrachtete das Annoncenwesen mit zynischen Blicken, privatim aber war er immer noch das willige Opfer der Inserate, und fast jeder Schilling, den er ausgab, sei es für Kleidung, für Alkohol, für Tabak oder für Vergnügungen, wurde ihm durch die reichsten und geschicktesten Inseratenagenten aus der Tasche gezogen. Deshalb wahrscheinlich waren seine Anzüge so schnell verknüllt, deshalb zogen seine Schuhe sich mit Regen voll, deshalb platzten seine Zigaretten auf, und deshalb konnten seine Vergnügungen ihn nie vergnügen" (...)* – Im vorliegenden Band wurde nach der deutschen Ausgabe John Boynton Priestley: Engelgasse. Roman. Übertragung von Paul Baudisch, Berlin 1931, Seite 136, zitiert.

344 *„Ich finde unseren Beruf zutiefst unmoralisch. Wirklich. Stellen Sie sich nur mal vor, wie wir den Leuten den Magen verderben." „Ja schon – aber vergessen Sie nicht, wie wir uns auf der anderen Seite bemühen, das wieder auszugleichen. Mit der einen Hand ruinieren wir ihre Gesundheit, mit der anderen stellen wir sie wieder her. Die Vitamine, die wir beim Konservieren zerstören, geben wir ihnen mit Revito zurück; die Ballaststoffe, die wir aus Peabodys Hochlandporridge herausholen, stellen wir ihnen schön verpackt als Bunburys Frühstückskleie wieder auf den Tisch; die Mägen, die wir ihnen mit Pompagner verderben, kurieren wir mit Peplets Verdauungstabletten. Und indem wir das dumme Volk doppelt bezahlen lassen – einmal für die Entmannung ihrer Nahrung und dann für die Wiederherstellung der Vitalität –, halten wir die Räder der Wirtschaft in Gang und verschaffen Tausenden Arbeitsplätze – einschließlich Ihnen und*

mir" (...) – Im vorliegenden Band wurde nach der deutschen Ausgabe Dorothy L. Sayers: Mord braucht Reklame. Roman. Deutsch von Otto Bayer, a. a. O., Seite 54, zitiert.

365 *(...) im Gegenteil: „Wer keine Annoncen liest, zahlt eine Sonderabgabe bei jedem Einkauf, weil er die Ware teurer bezahlt" (**620**, 4).* – Das von Geiger angeführte Zitat ist aufgrund der nicht nachzuweisenden Literaturquelle Nummer 620 „SHOWALTER-BOYER: Vôtre Intérêt. o. J." nicht zu ermitteln.

371 *(...) was in einer Anekdote über den Besuch des sächsischen Königs beim Odol-Fabrikanten Lingner pointiert wird.* – Gemeint ist damit König Friedrich August III. von Sachsen.

378 *(...) wenige Pfennige" (...)* – Im dänischen Original Geigers heißt es „få ører" (siehe Th. Geiger: Kritik af Reklamen, a. a. O., Seite 276).

392 *„Die Reklame lenkt den Verbrauch zu jenen Waren, von denen sich die Kundschaft die meiste Freude verspricht" (**347**, 19).* – Das von Geiger angeführte Zitat ist in der im Literaturverzeichnis genannten Quelle Nummer 347 „KJÆR HANSEN/PETERSEN: Reklamehaandbogen. 2. Auflage. 1936." nicht nachzuweisen.

392 *(...) es ist das gleiche, als wenn man einem Manne die Carnegie-Medaille verliehe, weil er einen Ertrinkenden gerettet hat – den er selbst zuvor ins Wasser gestoßen hatte.* – Die nach dem amerikanischen Großindustriellen und Philanthropen, Andrew Carnegie (1835 bis 1919), benannte Medaille wird an Bürger verliehen, die ihr Leben ohne Rücksicht auf das eigene einsetzen, um das Leben anderer zu retten.

405 *Der erste Durchbruch der Reklame fand während der Restauration in Frankreich statt (...)* – Die Restauration bezeichnet die Epoche der Wiedereinsetzung der Könige aus dem Hause Bourbon zwischen dem Ende des Ersten Kaiserreichs 1814/15 und der Julirevolution von 1830, die sich eng mit dem Kampf gegen die Neuerungen der Französischen Revolution verband.

405 *(...) „die sich verzehrten nach einem Luxus, der außerhalb ihrer Reichweite lag, nach einer Muße, die ihnen auf ewig versagt blieb, und die man deshalb drangsalieren oder verführen konnte, ihre sauer verdienten paar Pence für Dinge auszugeben, die ihnen wenigstens für einen Augenblick die Illusion von Wohlstand und Luxus gaben" (...)* – Im vorliegenden Band wurde nach der deutschen Ausgabe Dorothy L. Sayers: Mord braucht Reklame. Roman. Deutsch von Otto Bayer, a. a. O., Seite 177, zitiert.

407 *„‚The Best People' sind Vorzeigefiguren ... Mayfair wird Golders Green als Vorbild präsentiert" (**656**, 45).* – Geiger hat dieses auf den noblen Londoner Stadtteil Mayfair bezogene Zitat aus Taylors Studie: The Economics of Advertising (London 1934), Seite 45, zum besseren Verständnis für den dänischen Leser auf die vornehmen Kopenhagener Stadtteile Hellerup und Gentofte übertragen: „Die oberen Zehntausend sind die Standardfiguren ... Hellerup und Gentofte werden als Vorbilder für Vanløse und Valby präsentiert" (Th. Geiger: Kritik af Reklamen, a. a. O., Seite 295) (Deutsch von Elisabeth Bergunde).

407 *Der Auftakt zu Zolas Warenhaus- und Reklameroman „Au Bonheur des Dames" ist bezeichnenderweise der weniger bekannte Roman „Pot-Bouille" (...)* – Er erschien als zehnter Band in Émile Zolas zwanzigbändigem Romanzyklus „Die Rougon-Macquart. Natur- und Sozialgeschichte einer Familie unter dem Zweiten Kaiserreich" im Jahre 1883 in Paris.

412 f. *Ziemlich sicher sei ferner, daß die bekannten Werbepreise – 98 Pfennig – nur auf Frauen wirken. „Denn sie haben im letzten Falle nicht nur das Gefühl: 98 Pfg. ausgegeben zu haben, sondern das angenehmere – 2 Pfg. gespart zu haben" (**254**, 145). „Alle Frauen möchten es so haben, und sie glauben billiger zu kaufen, wenn wir die Ware mit neunundvierzig Cents auszeichnen. Ja, sie wollen lieber neunundsechzig Cents für etwas bezahlen als einen halben Dollar" (**135**, 256).* – Geiger hat in diesen Beispielen die entsprechenden Beträge unterschiedlicher Währungen für den dänischen Leser in Øre und Kronen übersetzt (siehe Th. Geiger: Kritik af Reklamen, a. a. O., Seite 299).

444 *Im Jahre 1860 fand man die Felsen der Niagarafälle mit der Aufschrift „St. Jacob's Oil" in Riesenbuchstaben verziert (8, 328).* – Das Öl wurde hauptsächlich als Heilmittel gegen Rheumatismus von der A. Vogeler & Company in den USA vertrieben und äußerst werbewirksam angepriesen. „There was hardly a township in the United States in which the word ‚St. Jacob's Oil for Rheumatism' or just ‚St. Jacob's Oil' were not carried on barns, fences, trees, or anywhere they could be placed, and hardly a newspaper that did not have the small but ever-present advertisement", in: F. Presbrey: The History and Development of Advertising. With more than three hundred and fifty Illustrations, Garden City, New York 1929, Seite 389 f.

444 *(...) Bund Deutscher Heimatschutz (...)* – Im Original deutsch (Th. Geiger: Kritik af Reklamen, a. a. O., Seite 322).

450 *(...) „dessen alberner Stil ein wesentliches Moment seines Erfolges wurde" (...)* – Im vorliegenden Band wurde nach der deutschen Ausgabe Honoré de Balzac: Cäsar Birotteaus Größe und Niedergang (Die menschliche Komödie). Roman. Deutsch von Hugo Kraatz, a. a. O., Seite 51, zitiert.

451 *(...) „Die Brücke" (...)* – Im Original deutsch (Th. Geiger: Kritik af Reklamen, a. a. O., Seite 327).

457 *(...) „Generalanzeiger" (...)* – Im Original deutsch (Th. Geiger: Kritik af Reklamen, a. a. O., Seite 332).

460 *(...) Viscount Northcliffe (...)* – Gemeint ist damit der englische Zeitungsmagnat Alfred Harmsworth, der im Jahre 1918 vom englischen Monarchen zum 1. Viscount Northcliffe erhoben wurde.

466 *(...) Annoncenexpeditionen (...)* – gemeint ist damit die neue Form der Reklameagentur.

471 *R. Z. Beckers* Reichs-Anzeiger *(...)* – Dem Hofrat Rudolf Zacharias Becker gelang es, „ein täglich, auch Sonntags erscheinendes Reichsintelligenzblatt zu schaffen, das in Gotha unter dem Namen Kaiserlich Privilegierter Deutscher Reichs-Anzeiger oder Allgemei-

nes Intelligenzblatt zum Behufe der Justiz, der Policey und der bürgerlichen Gewerbe im deutschen Reiche, wie auch zur öffentlichen Unterhaltung der Leser über gemeinnützige Gegenstände aller Art seit 1791, nachdem es zunächst als Beilage der Nationalzeitung erschienen war, als selbständiges Unternehmen herauskam. Der Reichs-Anzeiger, dem auch ein öffentlicher Sprechsaal für politische Fragen angegliedert war, gewann als Anzeigenblatt für Behörden und Private, besonders für die Buchhändler, Bedeutung und erhielt sich unter mannigfachen Titelveränderungen etwa 60 Jahre" (O. Groth: Die Zeitung. Ein System der Zeitungskunde (Journalistik). Dritter Band, Mannheim, Berlin, Leipzig 1930, Seite 185).

480 *(...) Rademacher (...)* – Radmacher war eine alte Berufsbezeichnung für den Handwerker, der Holzräder von Pferdefuhrwerken und -kutschen anfertigte und reparierte.

480 *(...) Kurschmiede (...)* – Kurschmied war eine alte Bezeichnung für den Schmied, dem das Beschlagen der Pferde und auch die Behandlung kranker Pferde oblag.

480 *(...) Olitätenkrämer (...)* – Sie vertrieben als herumziehende Händler („Buckelapotheker") wohlriechende Öle, Essenzen oder Salben als Naturheilmittel.

481 *Selbst die sozialdemokratische Presse hat unter dem Einfluß des Revisionismus nach 1900 diesen Standpunkt eingenommen.* – Der Revisionismus war eine gemäßigt-kritische Richtung in der deutschen Sozialdemokratie, die den orthodoxen Marxismus mit seiner Ausrichtung auf den Klassenkampf im Kapitalismus als überholt ansah und ihn durch Sozialreformen zu ersetzen trachtete.

V. Teil – Die Zukunft der Reklame

489 *(...) Annoncenjäger (...)* – Im Original deutsch (Th. Geiger: Kritik af Reklamen, a. a. O., Seite 355).

491 f. *Der propagandistische Charakter der Reklameliteratur macht sie zu einer besonders anstrengenden Lektüre. Hat man an die tausend Schriften durchgearbeitet, so ist man sich darüber klar, daß man sich gut mit einem Dutzend hätte begnügen können; die anderen schreiben nur nach, was bereits früher gesagt worden ist.* – Siehe dazu die auch die erläuternde Fußnote zum Literaturverzeichnis.

507 f. *Hierüber schrieb die* Rheinische Landeszeitung *im Jahre 1936 folgendes: „Konsumfreiheit ist immer nur eine liberalistische Fiktion gewesen ... Der Unterschied liegt nur darin, daß es jetzt der Staat ist, der eine Verbrauchslenkung vornimmt ... zum einen durch Einfluß auf die Verwendung des Einkommens (teils psychologische Methoden, teils auch Zwang), zum anderen durch vermehrten Gemeinschaftsverbrauch (zum Beispiel beim Aufbau der Wehrmacht). Es wird allgemein behauptet, daß die Entwicklung des Verbrauchs nicht der Produktionssteigerung gefolgt sei. In der Tat ist der Verbrauch nur auf Kosten des persönlichen Bedarfs und zugunsten des Kollektivverbrauchs verschoben worden."* – In der von Geiger erwähnten Quelle ist das Zitat ohne nähere Angaben nicht zu ermitteln.

525 *Als die Produktion reiner Wollwaren vor mehreren Jahren eingestellt wurde, durfte alte Ware nicht als reine Wolle angepriesen werden.* – Der weitaus größte Teil des Textilrohstoffbedarfs (Rohwolle, Baumwolle, Seide, Flachs) mußte seit der Jahrhundertwende in zunehmendem Maße gegen Devisen aus dem Ausland eingeführt werden und belastete die Handelsbilanz für Textilrohstoffe negativ. Um diese Exportabhängigkeit zu durchbrechen, setzte die nationalsozialistische Wirtschaftspolitik seit dem Jahre 1934 zunehmend auf die künstlichen Rohstoffe Kunstseide und Zellwolle.

526 *(...) „Gemeinschaftswerbung" (...)* – Im Original deutsch (Th. Geiger: Kritik af Reklamen, a. a. O., Seite 381).

528 *Ich kann mir auf diesem Gebiet nicht vorstellen, daß Propaganda „vieles erreichen kann, was der Zwang niemals vermag" (***272***, 998).* – Das erwähnte Zitat ist als wörtliche Bemerkung des nationalsozialistischen Reichswirtschaftsministers Funk in Herles Artikel gekenn-

zeichnet (J. Herle: Werbung = Dienst am Vierjahresplan, in: Ruhr und Rhein, 19. Jahrgang, Heft 44 vom 4. November 1938, Seite 998).

Personenregister

Das Personenregister führt grundsätzlich alle Namen auf; die von Geiger im Textteil erwähnten Namen erscheinen mit ihren Seitenverweisen recte, die in der Vorrede mit römischen Seitenverweisen ebenfalls und die im Apparat mit *kursiven* Seitenverweisen. Namen literarischer Figuren werden im Personenregister nicht aufgeführt.

Unternehmensregister

Das Unternehmensregister ist ein Verzeichnis der im Buch Geigers namentlich erwähnten Firmen, die auch in Verbindung mit deren Produktbezeichnungen Erwähnung finden.

Sachregister

Das Sachregister ist ein Stichwortregister der Fachausdrücke Geigers. Die Begriffe „Reklame“ und „Werbung“ sind, wenn sie ohne weiteren Zusatz in der Studie Geigers verwendet wurden, nicht ins Sachregister aufgenommen worden.

PLAN DER THEODOR-GEIGER-GESAMTAUSGABE

Abteilung I
Rechtswissenschaft und Rechtssoziologie

Band 1: Die Schutzaufsicht (1919)

Band 2: Das uneheliche Kind und seine Mutter im Recht des neuen Staates. Ein Versuch auf der Basis kritischer Rechtsvergleichung (1920)

Band 3: Das Recht der Volks-, Mittel- und Berufsschulen im Freistaat Braunschweig. Quellen-Texte mit Erläuterungen (1930)

Band 4: Über Moral und Recht. Streitgespräch mit Uppsala (dänisch 1946, deutsch 1979)

Band 5: Vorstudien zu einer Soziologie des Rechts (1947)

Band 6: Aufsätze und Rezensionen

Abteilung II
Volkshochschulbildung und Erziehungssoziologie

Band 1: Aufsätze zur Volkshochschulbildung und Rezensionen

Band 2: Aufsätze zur Erziehungssoziologie und Rezensionen

Abteilung III
Allgemeine Soziologie

Band 1: Die Masse und ihre Aktion. Ein Beitrag zur Soziologie der Revolutionen (1926)

Band 2: Die Gestalten der Gesellung (1928)

Band 3: Führen und Folgen (1928)

Band 4: Soziologie. Grundriß und Hauptprobleme (dänisch 1939)

Band 5*: Ranulf contra Geiger. Ein Angriff und eine offensive Verteidigung (dänisch 1946)

Band 6: Ideologie und Wahrheit. Eine soziologische Kritik des Denkens (1953)

Band 7: Aufsätze und Rezensionen

* bereits erschienen

Abteilung IV

Soziale Schichtung und Mobilität

Band 1: Die soziale Schichtung des deutschen Volkes. Soziographischer Versuch auf statistischer Grundlage (1932)

Band 2*: Die Klassengesellschaft im Schmelztiegel (1949)

Band 3*: Die dänische Intelligenz von der Reformationszeit bis zur Gegenwart. Eine empirisch-kultursoziologische Untersuchung. Mit einer englischen Zusammenfassung (dänisch 1949)

Band 4: Die soziale Herkunft der dänischen Studenten (dänisch 1950, deutsch 1991)

Band 5: Soziale Umschichtungen in einer dänischen Mittelstadt (1951)

Band 6: Aufsätze und Rezensionen

Abteilung V

Gesellschaft und Vererbung

Band 1: Erbpflege. Grundlagen, Planung, Grenzen (1934)

Band 2: Gesellschaft und Vererbung. Eine soziologische Untersuchung (dänisch 1935)

Band 3: Aufsätze und Rezensionen

Abteilung VI

Wirtschafts- und Betriebssoziologie

Band 1*: Konkurrenz. Eine soziologische Analyse (dänisch 1941)

Band 2*: Kritische Betrachtungen über Reklame (dänisch 1943)

Band 3: Aufsätze und Rezensionen

Abteilung VII

Erkenntnis, Aufklärung und Demokratie

Band 1: Aufgaben und Stellung der Intelligenz in der Gesellschaft (1949)

Band 2*: Über Moral in Vergangenheit und Zukunft (dänisch 1952)

Band 3: Die Gesellschaft zwischen Pathos und Nüchternheit (1960)

Band 4: Aufsätze und Rezensionen

Bibliographie und Gesamtregister

---

* bereits erschienen

www.ingramcontent.com/pod-product-compliance
Ingram Content Group UK Ltd.
Pitfield, Milton Keynes, MK11 3LW, UK
UKHW021920290926
8980IPUK00015B/1368

9 783631 648193